管理控制系统

第12版 专业版

[美] 罗伯特·安东尼 维杰伊·戈文达拉扬 著

刘霄仑 朱晓辉 译

杜胜利 审校

人民邮电出版社

北 京

图书在版编目（CIP）数据

管理控制系统（第12版，专业版）/（美）安东尼（Anthony，R. N.），戈文达拉扬（Govindarajan，V.）著；刘霄仑，朱晓辉 译. －北京：人民邮电出版社，2011. 1（2021.9 重印）
ISBN 978－7－115－24712－4
Ⅰ.①管… Ⅱ.①安… ②戈… ③刘… ④朱 Ⅲ.①管理会计 Ⅳ.①F234. 3
中国版本图书馆 CIP 数据核字（2010）第 257023 号

Robert N. Anthony，Vijay Govindarajan
Management Control Systems，12th Edition
ISBN 0－07－310089－7

管理控制系统（第12版，专业版）

◆ 著　　［美］罗伯特·安东尼　维杰伊·戈文达拉扬
　译　　刘霄仑　朱晓辉
　策　划　刘　力　陆　瑜
　责任编辑　徐向娟
　装帧设计　陶建胜

◆ 人民邮电出版社出版发行　北京市丰台区成寿寺路11号
　邮编　100164　电子函件　315@ptpress. com. cn
　网址　http：//www. ptpress. com. cn
　电话　（编辑部）010-84931398　（市场部）010－84937152
　三河市少明印务有限公司印刷
　新华书店经销

◆ 开本：787×1092　1/16　精装
　印张：44
　字数：1390 千字　2011 年 1 月第 1 版　2021 年 9 月第 5 次印刷

著作权合同登记号　图字：01－2010－7143

ISBN 978－7－115－24712－4/F

定价：158.00元

本书如有印装质量问题，请与本社联系　电话：（010）84937152

内容提要

本书是罗伯特·安东尼教授的绝笔之作。它涵盖了管理控制系统的概念、内容和案例。本书旨在帮助读者获取有关公司管理者如何设计、实施及利用计划和控制系统贯彻公司战略方面的知识、见解和分析技巧。本书不仅强调了管理控制过程的技术，而且强调了在运用这些技术中所涉及的行为因素。

全书共分为 3 个部分（包括课文和案例）。第 1 章介绍本书的总体概念框架。第一编（第 2 章~第 7 章）介绍管理控制发生的环境，即所谓的责任中心。第二编（第 8 章~第 12 章）介绍一般管理控制过程的步骤：战略计划、预算编制、运营及运营分析。第三编（第 13 章~第 16 章）介绍管理控制系统的变形：差异化战略下的管理控制、服务性组织中的管理控制、跨国性组织中的管理控制以及项目管理控制。

本书适合于会计或管理专业的高年级本科生及研究生阅读，也可作为经理人培训教材。对于经理人、管理顾问、计算机系统设计师和财务总监，以及所有涉及管理控制过程或受其影响的人员也有参考价值。

To our wives: Katherine and Kirthi

—Bob and VG

With special appreciation to my mother,
my most important supporter.

—VG

作 者 简 介

Robert N. Anthony

罗伯特·安东尼（1916.9~2006.12）是哈佛商学院管理控制学“罗斯·格雷厄姆·沃克”荣誉退休教授。除了在1940~1946年期间任职于海军供应部队，于1965~1968年间任国防部部长助理、财务总监外，哈佛一直是他的大本营。

安东尼教授撰写或与他人合著了27部著作；它们先后被翻译成14种语言。自1956年以来，他一直是McGraw-Hill/Irwin出版社的作者，并担任该社出版的罗伯特·安东尼/威拉德·格雷厄姆会计系列图书的编辑顾问。他所编写的《会计精要》（*Essentials of Accounting*）一书（与Leslie Breitner合著）现已出版了第8版，在教学中广为应用。

安东尼教授曾在两家《财富》500强公司——Carborundum公司和Warnaco公司——任董事；在科贝大学担任了30年理事，其间曾任董事会主席5年。他担任过众多公司和政府机构的顾问，如通用汽车公司、AT&T、柯达、美国审计总署和成本会计准则委员会。他还曾在北美、南美、欧洲、澳大利亚和亚洲参与过短期教育项目。

安东尼教授曾获得过众多殊荣，其中包括科贝大学荣誉硕士和博士，入选会计名人录，美国会计学会的卓越会计教育家奖、美国会计学会管理会计分会终生贡献奖、Beta Alpha Psi协会的年度会计教育家奖、总统办事机构功勋奖、国防部公共服务奖章、美国审计总署总审计长奖、哈佛商学院卓越贡献奖等。

Vijay Govindarajan

维杰伊·戈文达拉扬是达特茅斯塔克商学院Earl C.Daum（1924）国际商务教授，William F.Achtmeyer全球领导力中心创始人，还兼任塔克全球领导力2020培训项目主任。

25年来，戈文达拉扬教授一直在战略执行领域进行研究和探索，为各行各业的高级经理提供咨询，指导他们如何调整企业组织，以实现宏图大略。戈文达拉扬紧紧把握过去30多年的时代脉搏，帮助公司适应全球商业环境，转变公司看待战略的方式。在20世纪80年代，他曾对《财富》500强公司的几百位经理人进行过调查，了解他们在企业内部贯彻执行战略的不同方式。在20世纪90年代，他还曾帮助那些力图全球扩张的公司实现各国子公司间的差异化战略和一体化战略的最佳平衡。自2000年以来，戈文达拉扬一直致力于指导公司在维持自身核心业务中的领先地位的同时，开创突破性业务——这正是他的新书《战略创新者的十条法则》（哈佛商学院出版社）的主题。曾经向他咨询的公司包括AT&T、波音、英国电信、康宁公司[1]、福特公司、Gap、惠普、家得宝、IBM、摩根大通、强生、柯达、纽约时报、普华永道、索尼和沃尔玛。

戈文达拉扬被誉为当今世界最卓越的企业战略家之一。他曾被许多颇有影响的出版物如《商业周刊》评为年度最佳商学院"杰出指导教师"；《福布斯》杂志的"五大最受尊敬的经理人战略教练"；《商业周刊》的"十大公司经理人教育教授"；《华尔街日报》（在线）的"八大卓越经理人顾问"。此外还有一些荣誉，如《董事会内外》对戈文达拉扬做了特别报道，称赞他为来自印度的四大管理思想家"超级明星"之一。

戈文达拉扬目前在为FastCompany.com撰写一个专栏。他的文章曾刊登在《哈佛商业评论》、《战略+经营》、《加利福尼亚管理评论》、《麻省理工斯隆管理评论》、《会计、组织和社会》、《决策科学》、《企业战略杂志》等期刊上。此外，他的一篇论文还是《管理学会杂志》发行40年以来引用最频繁的十篇文章之一。戈文达拉扬还出版过6本著作，其中包括《如何统领全球》（Jossey-Base，2001）。他也是一位倍受欢迎的主旨演讲嘉宾，曾受邀在《商业周刊》CEO论坛和《经济学家》年会上发表演讲。

在到塔克商学院任教之前，戈文达拉扬曾在俄亥俄州立大学和印度管理学院（位于印度阿默达巴达[2]）任教。他还曾先后在哈佛商学院、INSEAD商学院（法国枫丹白露）、日本国际大学（日本浦佐）、赫尔辛基经济学院（芬兰赫尔辛基）任客座教授。早年，戈文达拉扬曾以优异的成绩获得哈佛商学院的工商管理硕士和博士学位。

---

1. 译者注：康宁公司（Corning）是美国500强企业，在玻璃、陶瓷、光纤等高性能材料和化工领域处于世界领先地位。
2. 译者注：印度圣雄甘地的故乡。

译者及审校者简介

刘霄仑 北京国家会计学院审计与风险管理研究所所长、副教授、财政部内部控制标准委员会委员、中国政法大学法务会计研究中心研究员、清华大学硕士研究生导师、财政部财科所硕士研究生导师、中国注册会计师、美国注册舞弊审查师（CFE）、国际注册内部审计师（CIA）。

曾在某四大会计师事务所从事审计及咨询服务，加入国家会计学院后为职业后续教育及MPAcc研究生讲授《审计理论及实务》、《企业风险管理及内部控制》、《职业会计师商务伦理》与《会计职业道德》等课程。主译及审校了二十余部国际经典教材，如《蒙哥马利审计学》、《布林克内部审计学》、《超越COSO》等。率先在国内开展注册会计师职业能力框架研究，并将其运用到课程设计中，取得了非常好的效果。

1994年毕业于中央财经大学会计系，获经济学学士学位。2001年毕业于北京大学光华管理学院，获工商管理硕士学位。2006年至今南开大学公司治理中心在读博士。

朱晓辉 1972年生于河北定州，1993年毕业于河北财经学院财政系会计专业。1996年赴美国留学，1998年获得美国夏威夷大学会计学硕士学位。之后又研修了一年博士，1999年回国。曾供职于中国总会计师协会，现为北京国家会计学院审计与风险管理研究所特邀研究员。翻译的著作有：《美国国际税收》、《公司治理：责任、企业和国际比较》、《财务分析技术》、《会计判断与会计决策》等。

杜胜利 清华大学会计研究所副所长。主要研究领域为：管理控制与业绩评价；资本管理与公司金融；控股公司与财务公司；CFO制度与CFO管理。曾在国家国有资产管理局企业司和中国纺织工业部机械局工作；曾任中央大型集团公司总会计师和非银行金融机构财务公司总裁。

中译本推荐序

20 世纪 60 年代，以哈佛大学安东尼教授为代表的学者将系统论引入管理控制并将管理控制系统作为一门学科加以建设。安东尼一生九十载，作为管理控制领域的巨人，对管理控制系统理论和学科做出了开创性和建设性贡献。从 1965 年的第 1 版到 2007 年的第 12 版（英文版），经历了 40 多年的不断发展和完善。《管理控制系统》作为一门独立学科已经成熟，作为一门系统课程得到了不断完善。

划分了企业控制的层次和主体 它将管理控制（management control）战略计划（strategic planning）与运营控制（operational control）这三个概念明确区分，认为他们是企业控制的三个相对界限分明的层次。战略计划是决定新战略的过程；管理控制是“管理者确保资源的获得和使用有效果和有效率以实现组织目标的过程”（1965），也就是决定如何落实战略的过程；运营控制则是保证特别任务有效完成的过程。管理控制是在既定的组织目标之下的控制，它不涉及反映行业特性的对作业的控制。安东尼将管理控制局限在组织的中层（mid-range），用它连接高层的战略计划和基层的运营作业控制。尽管安东尼过于强调运用会计的方法和手段实施管理控制，尽管早期的管理控制思想忽略管理控制对战略的影响，但这丝毫不影响安东尼管理控制理论的广泛应用并成为管理控制理论发展的主流，对形成今天的战略管理、管理控制、运营管理三大学科产生了极其深远的影响。

设定了管理控制的职能和边界 它指出管理控制在一些方面介于战略计划与运营控制之间——战略计划是最不系统的，运营控制则最具系统性；战略计划的重点在长期目标导向，运营控制的重点在短期工序运行，管理控制介于两者之间；战略计划中计划更为重要，运营控制中控制更为重要，而管理控制中计划和控制同等重要。管理控制和战略计划的区别在于：战略计划是决定新战略的过程，管理控制是决定如何落实战略的过程；管理控制和运营控制的区别在于：管理控制的重点在组织单元，运营控制的重点在组织单元的特定运营；管理控制和管理会计的区别在于：管理会计以财务行为为基础，管理控制包含财务和非财务行为。

定位了管理控制系统的功能和性质 它提出并将管理控制系统定位为战略的执行系统。认为管理者用于控制组织活动的系统称为管理控制系统。管理控制是一种过程，通过这种过程，管理者能够影响组织内其他成员并使之执行组织战略，即管理控制是管理者影响组织的其他成员以落实组织战略的过程。管理控制的目的是保证战略的实施以实现组织的目标。这种传统的观点至今仍被广泛接受，即认为战略形成是一个制定战略的过程，而管理控制是一个实施战略的过程。管理控制系统与战略是相对独立的，它仅仅是在战略形成之后来实施战略目标。

完善了管理控制系统与战略的关系 它指出，一种观点认为：管理控制必须与公司战略相互配套。公司首先需要通过一个正式、合理的程序开发自己的战略，而这个战略又制约着管理控制系统的设计。另一种观点认为：战略来源于实验，而实验则受到公司管理系统的影响，即管理控制系统影响着公司战略的开发。处于工业行业的公司，由于环境变化是可以预测的，因此，公司可以通过正式、合理的程序首先开发出自己的战略，然后设计出相应的管理控制系统，实施已经制定的公司战略。但是在瞬间即变的环境下，对于一个公司来说，战略也许只能来源于实验，而实验过程则受到公司管理系统的显著影响。

构建了基于会计手段的管理控制系统框架 框架由三部分构成：一是管理控制环境；二是管理控制过程；三是管理控制变化。管理控制环境包括：理解战略、组织行为、责任中心、利润中心、转移定价、资产评估。管理控制过程包括：战略计划、预算编制、财务分析、业绩评价、管理报酬。管理控制变化包括：差异化战略控制、服务型组织控制、跨国公司控制、项目管理控制。上述基于会计手段的管理控制系统框架，在理论和实践上提供了包括管理控制系统内在本质、外在环境和前后过程的一个完整的管理控制体系。

十年前，我在国内率先在清华大学开设《管理控制系统》课程时，安东尼和戈文达拉扬所著的《管理控制系统》便成为我们的教材（特别是案例）的首选。这不仅仅是考虑安东尼的开创性和哈佛大学的权威性，更重要的是这部教材的60多个典型案例几乎覆盖了管理控制系统的各个组成部分和关键控制要点。而且每3到4年就有新版再版，理论及框架不断完善和创新，典型案例不断积累并在保持经典案例的同时不断注入鲜活案例。这一特色一直延续到今天读者所见到的第12版。

遗憾的是，安东尼老先生在走完了90年人生道路和半个多世纪的管理控制职业生涯后，留下以《管理控制系统》为代表的、被翻译成15种语言的27部著作和100多篇文章，于2006年12月1日离世。因此，《管理控制系统》第12版的中译本的出版是对安东尼教授的最好纪念。

管理控制系统理论和实践是随着市场经济逐渐发展、企业的逐渐壮大、管理者的逐渐成熟而逐渐有所需求和不断丰富完善的。中国的改革开放和市场经济刚刚30年，如果说过去30年中国企业主要是致力于基于改革开放的企业改组、改制和改造的“硬件”建设的话，那么未来30年则必然拓展到基于和谐发展的公司治理、管理和伦理的“软件”建设，管理控制系统必将在其中发挥重要作用。从世界范围来看，此次全球性经济和金融危机实际上是对全球化和信息化时代的管理控制提出了严峻挑战，管理控制系统应该也必将在这其后扮演重要角色。

杜胜利

2009年7月21日于清华园

译者序

罗伯特·安东尼教授与维杰伊·戈文达拉扬教授合著的《管理控制系统》，是有关管理控制理论的经典之作，迄今已出版12版，其中第9版和第11版已被译成中文。能有机会翻译该书的最新版，对我们而言是一个难得的深化学习管理控制理论的机会。而就在我们着手第12版的翻译工作之际，却得到了安东尼老先生辞世的不幸消息。在对大师的故去表示深切哀悼的同时，我们也意识到他的离世给我们的翻译工作所带来的压力：一方面，全面反映安东尼先生思想的《管理控制系统》第12版已成绝笔，我们须以加倍的热情和严谨翻译此版，以表达我们对安东尼教授的哀悼和怀念；另一方面，我们在翻译学习过程中的一些体会和困惑，已无法得到大师的亲自指点和解答，这将成为我们永久的遗憾。

另一个令人感到遗憾的现实是，尽管从国际范围看《管理控制系统》以及相关的理论已经非常成熟，但相关理论在中国尚未得到应有的重视和推广。近几年来人们耳熟能详的概念是内部控制。内部控制与管理控制之间是什么关系？从现行的国内外有关"内部控制"的经典定义看，或明示或暗示，都认为内部控制包括管理控制。通过对本书的翻译学习和相关思考，我认为这种对内部控制的定义，既限制了管理控制理论的探讨和发展空间，反过来也制约了内部控制理论的推广与实施。

首先，现在的有关"内部控制"的概念，存在着控制目标与控制程序的着眼点不一致的重大缺陷。以COSO组织1992年发布的内部控制整体框架为例，内部控制的目标被界定为"合理保证经营的有效性、财务报告的可靠性、适用法律法规的遵从性"，而内部控制的过程则包括控制环境、风险评估、控制活动、沟通与信息、监控五要素，控制过程的落脚点是对风险的控制，并不能直接达成经营有效性的目标。

其次，在企业外包程度不断扩大以及企业边界日渐模糊化的今天，内部控制中的"内部"两字并不能真正体现控制的范围和边界。从这两个方面看，"风险控制"概念可能比"内部控制"概念更贴切——企业风险控制是一个受企业董事会监督、由企业管理层和员工共同参与、旨在将影响企业既定目标实现的风险控制在可接受水平的过程，是企业风险管理体系的组成部分。所谓企业的既定目标，是指企业已经建立起的使命、愿景以及战略目标。所谓影响企业既定目标实现的风险，具体说就是三类风险：影响企业运营有效性的风险、影响财务报告可靠性的风险以及合规性风险。

基于新的风险控制的定义，其与管理控制的关系也就昭然若揭。具体说，管理控制与风险控制有两个共同点：第一，都以既定战略目标为先决条件。管理控制是决定如何落实战略目标的过程，风险控制是对影响战略目标实现的风险的控制。第二，有共同的控制活动。某些控制活动既可以实现管理控制目标，也可实现风险控制目标。

但是，管理控制与风险控制之间也有很大的不同，具体表现在：

1. 目标不同。从管理学角度说，控制有三个环节：建立标准、测量偏差、采取措施纠正偏差。管理控制强调三个关系安排：基于资本契约关系的委托代理安排与目标确定、基于管理契约关系的企业业绩评价与管理业绩考核、基于利益相关关系的激励机制与管理报酬（杜胜利，2007）。管理控制与战略目标的设立有着直接的密不可分的关系，是决定如何落实战略的过程，是企业运营管理的明线。而风险控制的目标是将影响既定目标达成的风险控制在可接受水平，是企业运营管理的暗线。管理控制和风险控制从一明一暗这两个方面保证了企业目标的实现。
2. 达成目标的方式不同。管理控制是业绩目标导向的，业绩目标设定构成了管理契约的组成部分，它鼓励管理者和员工完成甚至超额完成目标。但企业风险控制的目标绝非是完成了多少个风险控制制度设计，而只在于是否有效减少控制薄弱环节、是否有效管理风险对目标达成的损害程度。换言之，风险控制绝非越严密越好。严密到保险柜一样密不透风的风险控制只会抑制企业活力。
3. 评价标准不同。达成管理控制目标程度与业绩评价标准成正相关关系。而对风险控制来说，正如混沌理论所认为的那样，灾害的发生总是不可避免的。在这种情况下，“勤勉尽责”和“应尽关注”成为评价标准。“无过便是功”，但责任追索期应延长。因此，有关风险控制的记录和保存成为重要的风险控制措施。管理控制评价标准与风险控制评价标准不能相互替代。

进而，曾经被奉为内部控制圭臬的“成本效益原则”在风险控制概念下受到质疑，原因在于：一方面，风险折现期限的无限延长使得风险控制的成本收益不再局限于当期损益；另一方面，相应的风险损害远非单纯的财务指标所能测度衡量。从这两个方面来看，成本效益原则更适用于管理控制而非风险控制。

以上心得，乃一家之言，只为抛砖引玉，激发读者更深入的思考，帮助广大读者在阅读本经典著作时更好地把握管理控制的边界与内涵。欢迎广大读者深入探讨并提出批评意见。

本书由我和朱晓辉合译，由杜胜利审校。限于译校者水平，如有错漏之处，敬请广大读者指正。我的电子邮箱是：Liuxl@mail.nai.edu.cn。借此机会，感谢新曲线出版咨询公司陆瑜女士以及徐向娟编辑的辛苦细致的工作。

本书翻译得到了教育部规划基金07JA630073项目（课题名称：高管治理评价与优化研究；主持人：南开大学张国萍副教授）的资金支持，特此致谢！

刘霄仑

2009年8月于北京国家会计学院

目 录

前 言 1

第 1 章 管理控制系统的性质 1

基本概念 2

控 制 2

管 理 4

系 统 5

管理控制的边界 6

管理控制 6

战略制定 9

任务控制 11

互联网对管理控制的影响 12

阅读指南 14

管理控制环境（第一编） 14

管理控制过程（第二编） 15

管理控制的变形（第三编） 16

小 结 17

推荐读物 17

案例 1–1 钮科公司（A） 19

案例 1–2 沃尔玛 28

案例 1–3 施乐公司（A） 31

案例 1–4 摩托罗拉（A） 37

第一编 管理控制环境 44

第 2 章 理解战略 46

组织目标 46

盈利能力 46

股东价值最大化 47

风 险 48
各方利益相关者方法 49
战略概念 49
公司层面的战略 51
单一经营公司 52
非相关多元化公司 52
相关多元化公司 53
核心竞争力与公司多元化 54
管理控制系统设计的意义 55
经营单元层面的战略 55
经营单元的经营宗旨 56
经营单元的竞争优势 60
小 结 64
推荐读物 64
案例 2–1 大英百科全书公司（A） 66
案例 2–2 大英百科全书公司（B） 68
案例 2–3 大英百科全书公司（C） 70
案例 2–4 思科系统公司（A） 72
案例 2–5 思科系统公司（B） 81
案例 2–6 技术注释：网络产品 85

第 3 章 组织行为 87
目标一致 87
影响目标一致的非正式因素 88
外部因素 88
内部因素 88
正式管理控制系统 92
规章制度 92
正式管理控制过程 93
组织类型 94
职能式组织结构 94
经营单元式组织结构 97
系统设计的意义 98
财务总监的职能 99

与直线集权型组织的关系 99
经营单元财务总监 100
小 结 102
推荐读物 102
案例 3-1 西南航空公司 103
案例 3-2 钮科公司（B） 106
案例 3-3 瑞德公司 108
附录：关于马泰公司财务总监机构的注释 111

第 4 章 责任中心：收入和费用中心 117
责任中心 117
责任中心的性质 118
投入和产出之间的关系 118
投入和产出的计量 119
效率和效益 119
责任中心的类型 120
收入中心 121
费用中心 122
技术性费用中心 122
酌量性费用中心 123
一般管理控制特征 124
行政管理和辅助中心 127
管理控制问题 127
预算编制 128
研发中心 129
控制问题 129
研发坐标轴 129
研发计划 130
年度预算 131
业绩计量 131
营销中心 131
物流作业 131
营销作业 132
小 结 133

推荐读物 133
案例 4–1 沃郡包装公司 134
案例 4–2 新泽西保险公司 139
案例 4–3 耐普罗注塑公司 145
案例 4–4 慧智计算器公司 155
案例 4–5 西港电气公司 159
案例 4–6 格兰德牛仔装公司 164

第 5 章 利润中心 167
一般考虑因素 167
利润责任的授权条件 167
利润中心的盛行 168
利润中心的优势 169
利润中心的劣势 170
经营单元作为利润中心 171
经营单元权力的约束 171
其他利润中心 173
职能单元 173
其他机构 176
评价盈利能力 176
盈利能力指标的类型 177
小 结 181
推荐读物 181
案例 5–1 利润中心问题 182
案例 5–2 北国汽车公司 183
案例 5–3 模拟设备公司：微型机电系统 190
案例 5–4 亚伯拉姆公司 203

第 6 章 转移定价 207
转让价格的目标 207
转移定价方法 208
基本原则 208
理想状况 209
对采购的约束 210

基于成本的转让价格 212
上游固定成本和利润 213
企业实践 216
为公司服务定价 216
控制服务数量 216
选择性使用服务 218
价格机制的简化 219
转让价格的管理 219
议 价 219
仲裁与冲突解决 220
产品分类 221
小 结 222
附录：一些理论因素 223
推荐读物 225
案例 6–1 转移定价问题 226
案例 6–2 桦纸公司 231
案例 6–3 通用电气公司 233
案例 6–4 美多克公司 240

第 7 章 评价与控制所运用的资产 242
分析架构 242
评价所运用的资产 245
现 金 245
应收账款 246
存 货 246
一般意义上的营运资本 247
不动产、厂房及设备 247
租赁资产 252
闲置资产 253
无形资产 253
非流动负债 253
资本成本 254
实践调查 254
经济增加值与投资报酬率 255

评价管理者需考虑的其他因素 260
评估实体的经济业绩 261
小 结 262
推荐读物 262
案例 7–1 投资中心问题（A） 263
案例 7–2 投资中心问题（B） 266
案例 7–3 优质金属服务中心 270
案例 7–4 Aloha 公司 277
案例 7–5 戴尔计算机公司 282
案例 7–6 工业产品公司 286
案例 7–7 摩盾公司 292

第二编 管理控制过程 293

第 8 章 战略计划 294

战略计划的性质 294
与战略制定的关系 294
战略计划的演变 295
战略计划的优势和局限 296
计划项目体系和内容 299
组织关系 299
分析新计划项目建议 300
资本投资分析 301
分析组织 302
分析持续计划项目 303
价值链分析 303
作业成本核算制度 305
利用 ABC 信息 307
战略计划过程 308
审查和更新战略计划 308
决定假设和指南 308
战略计划的第一轮迭代 309
分 析 309
战略计划的第二轮迭代 310
最终审批 310

小 结 311
推荐读物 311
案例 8–1 联合办公用品公司 312
案例 8–2 孩之宝互动 319
案例 8–3 艾默生电气公司 328

第 9 章 预算编制 339

预算的性质 339
与战略计划的关系 340
与预测对比 340
预算的用途 341
经营预算内容 342
经营预算类别 343
其他预算 344
资本预算 345
预算资产负债表 345
预算现金流量表 345
目标管理 345
预算编制过程 346
组 织 346
发布指南 347
最初的预算建议 347
外部力量的变化 347
内部政策和实务的变化 348
协 商 348
审 批 348
预算修订 348
或有预算 349
行为意义 350
参与预算过程 350
预算目标的难度 350
高管参与 351
预算部门 352
量化技术 352

模 拟 352
盈利能力估计 353
小 结 354
推荐读物 354
案例 9–1 纽约时报 355
案例 9–2 康宁微阵列科技公司 365

第 10 章 财务业绩分析报告 378
计算差异 378
收入差异 380
费用差异 383
汇总差异 385
实践中的变形 386
比较的期间 386
以毛利润边际为核心 387
评价标准 387
完全成本核算制度 389
详略程度 389
技术性成本和酌量性成本 390
差异分析的局限 390
管理行动 391
小 结 392
推荐读物 392
案例 10–1 差异分析问题 393
案例 10–2 太阳能电子公司 395
案例 10–3 盖尔沃公司 397

第 11 章 业绩计量 408
业绩计量系统 408
财务控制系统的局限性 408
一般考虑因素 410
平衡计分卡 411
业绩计量系统：其他考虑因素 411
关键成功因素 413

实施业绩计量系统 415
实施业绩计量系统的难点 416
计量实践 418
交互控制 419
小 结 422
推荐读物 422
案例 11–1 模拟设备公司（A） 424
附录 1：半生命周期/复杂性矩阵 435
附录 2：半生命周期与经验曲线之间的关系 436
案例 11–2 模拟设备公司（B） 438
案例 11–3 康普保险公司 445
案例 11–4 伊纳格工业公司 451

第 12 章 管理层薪酬 456
关于组织激励的研究成果 456
激励薪酬计划的特点 457
短期激励计划 458
长期激励计划 460
对公司高层管理者的激励 463
CEO 薪酬 463
对经营单元经理的激励 465
激励类型 465
奖金相对于工资的大小 466
奖金基础 468
绩效指标 469
奖金决定方法 472
代理理论 473
概 念 473
控制机制 474
评 述 476
小 结 477
推荐读物 477
案例 12–1 林肯电气公司（A） 479
附录：员工访谈 490

案例 12-2　皇冠宝家具公司　493
案例 12-3　沃辛顿工业公司　499
案例 12-4　Wayside 酒店　503

第三编　管理控制变形　512

第 13 章　差异化战略的控制　513

公司战略　513
　组织结构的意义　514
　对管理控制的意义　515
经营单元战略　518
　经营宗旨　518
　竞争优势　524
最高管理层管理风格　525
　管理风格的差异　525
　对管理控制的意义　526
小　结　527
推荐读物　528
案例 13-1　Pelican 仪器公司　529
案例 13-2　3M 公司　531
案例 13-3　德州仪器公司和惠普公司　533
案例 13-4　德州仪器公司　537

第 14 章　服务型组织　550

一般服务型组织　550
　特　征　550
　历史发展　552
专业服务组织　552
　特殊组织特征　552
　管理控制系统　554
金融服务组织　556
　金融服务领域　557
　特殊行业特征　558
医疗机构　559
　特殊行业特点　560

管理控制过程 561
非营利组织 562
特殊行业特征 562
管理控制系统 564
小 结 565
推荐读物 566
案例 14-1 奥瑞利联合公司 567
案例 14-2 威廉—奥利维会计师事务所 571
案例 14-3 哈兰基金会 580
案例 14-4 皮德蒙特大学 583
案例 14-5 汉华银行 586
案例 14-6 大都会银行 599

第 15 章 跨国组织 606
文化差异 606
转移定价 607
转移定价方法的运用 609
法律因素 609
《联邦税法典》第 482 节的意义 611
少数股权 613
汇 率 613
汇 率 613
汇率风险的不同类型 615
业绩计量的标准选择 615
控制系统设计问题 616
外币折算影响 616
经济风险敞口 617
交易影响 619
子公司的业绩 620
管理因素 620
小 结 621
附录：财务会计准则第 52 号：外币折算 622
推荐读物 624
案例 15-1 AB Thorsten 625

案例 15-2 飞鹰电气公司 632
附录 A：关于汇率和通货膨胀率之间关系的简要说明 636
案例 15-3 林肯电气公司（B） 637
案例 15-4 印度联合利华公司 642
案例 15-5 施乐公司（B） 648

第 16 章 项目管理控制 652

项目性质 652
  对比持续经营 653
控制环境 655
  项目组织体系 655
  合同关系 656
  信息体系 657
项目规划 658
  项目计划的性质 658
  工作关系网分析 659
  估计成本 660
  编制控制预算 661
  其他计划活动 661
项目执行 661
  报告的性质 662
  报告的用途 663
  信息的非正式来源 665
  修 订 665
  项目审计 665
项目评估 667
  业绩评价 667
  项目结果的评估 668
小 结 669
推荐读物 671
案例 16-1 现代飞机制造公司 672

前　言

《管理控制系统》第 12 版涵盖了管理控制系统的概念、内容和案例，可供教学使用。本书旨在帮助读者获取有关公司管理者如何设计、实施及利用计划和控制系统以贯彻公司战略方面的知识、见解以及分析技巧。本书不会详细探讨诸如成本会计和预算程序之类的主题，这些是专门的会计课程所要讨论的对象。本书不仅强调了管理控制过程的技术（如转移定价、预算编制和管理层薪酬制定），而且强调了在运用这些技术中所涉及的行为因素(如动机、目标一致、上下级的相关职责)，并且把二者摆在了同等重要的地位。

本书共分三个部分。第 1 章介绍本书的总体概念框架。第一编（第 2~7 章）介绍管理控制发生的环境，即所谓的责任中心。第二编（第 8~12 章）介绍一般管理控制过程的步骤：战略计划、预算编制、运营及运营分析。第三编（第 13~16 章）介绍管理控制系统的变形：差异化战略下的管理控制、服务型组织中的管理控制、跨国组织中的管理控制以及项目管理控制。

内容的变化

在吸取并保留了第 11 版的众多优点的基础上，我们对本书的内容和案例进行了大量改动，希望能增强它的实用性。在修订中，我们对第 11 版的读者及其他人士进行了广泛的调查。他们为本书的修订提出了具有建设性的意见和建议。

为了有助于学生学习，我们在修订中做了几项改进。其中包括充实了各章的介绍、增添了图表、列举实际案例、统一了术语、扩展了各章小结、更新了各章的参考文献。

我们相信，您一定会发现第 12 版的内容编排更系统，行文更简洁，案例更翔实，并且紧跟管理控制的最新理论和实践。

案例的变化

本书的一个鲜明特点就是汇集了大量强调实务的案例。案例来自哈佛商学院、达特茅斯塔克商学院以及其他一些院校，既有美国的，也有世界其他地方的。案例不仅要求学生分析具体形势，而且让学生体验公司真正发生了什么，而这种体验恰恰是理论讲述所无法充分传达的。就这个意义而言，案例可以被视作丰富的实践体验。

案例本身并不旨在说明管理问题的处理是否得当。正如大多数此类案例一样，它没有绝对正确的答案。案例的教学价值在于学生不仅可以在分析管理控制问题中，而且可以在课堂讨论和辩论时得到锻炼。

对于读者认为最有助于实现课程教学目标的案例，我们仍然予以保留。在本版的 66 个案例中，10 个是哈佛商学院的版权，26 个是达特茅斯塔克商学院的版权，其余 30 个来源于其他。第 12 版新增或修订了 11 个案例（20%）。

教师会发现本书的案例汇编对于满足课堂需要效果显著，其成功之处在于：

- 许多案例都基于大公司，例如通用电气、Champion International[1]、施乐、ITT[2]、3M[3]、德州仪器[4]、惠普、通用汽车、雀巢、摩托罗拉、林肯电气[5]、钮科（Nucor）、花旗、汉华银行、Nordstrom[6]、沃尔玛、西南航空、戴尔计算机、艾默生电气[7]。
- 案例涉猎广泛，内容新颖多样，涵盖了国内、国外和跨国经营的各类公司。
- 案例可以让学生接触各种各样的背景：小型企业组织、大型企业组织、制造业企业、服务型企业以及非营利组织。
- 汇编的案例耳熟能详且具有时代感，为学生提供了有趣的分析情境，并让学生受益良多。
- 我们格外关注案例的篇幅。尽力确保大多数案例都短小精悍。但也适当保留了一些中

---

1. 译者注：前美国林产品企业，从事建筑材料、纸制品、包装材料的制造业，于 2000 年被竞争者国际纸业公司（International Paper Company）收购。

2. 译者注：ITT 公司总部设在美国纽约州白滩，是美国《财富》500 强企业，是包括水处理在内的流体及水管理，国防通信、光电子、信息技术与服务，电子互连和开关，以及其他专业产品市场的主要供应商。在全球 135 个国家设有 274 家生产厂家和研发机构，拥有员工 40 000 人。

3. 译者注：3M 公司创建于 1902 年，总部设在美国明苏达州的圣保罗市，是世界著名的多元化科技创新型跨国企业。

4. 译者注：德州仪器 (Texas Instruments，TI) 是一家全球性的半导体公司，也是世界一流的实时数字处理解决方案的设计商和提供商。TI 的业务分为两部分：半导体以及教育产品。TI 的总部位于美国德克萨斯州达拉斯市，公司在全球约有 30 300 名雇员，并在亚洲、欧洲和美洲的超过 25 个国家中拥有公司，开展销售和制造业务。德州仪器在纽约证券交易所上市（公司代码：TXN）。

5. 译者注：林肯电气（Lincoln Electric）创建于 1895 年，在设计、开发和制造弧焊产品、自动化弧焊系统、等离子和氧气乙炔切割设备等方面居世界领先地位。总部设在美国俄亥俄州克利夫兰，在世界 18 个国家拥有生产经营企业和合资企业。分销商和销售处遍布全球 160 多个国家。林肯电气在美国纳斯达克上市（公司代码：LECO）。

6. 译者注：美国领先的时尚产品零售商之一。经营时装、鞋、服饰。是一家精于服务的百年老店。

7. 译者注：艾默生电气（Emerson Electric）创建于 1890 年，总部设在美国密苏里州圣路易斯，是《财富》500 强企业，是一家多元化经营全球科技公司，为工业、商业市场和终端客户提供一系列产品和服务，包括复杂工艺控制和自动化系统、气候控制技术、稳定的电力技术、工业制造解决方案、耐用、节能电动机及一系列家用和办公用产品。公司拥有 128 000 名员工，在世界各地设有 270 多个制造基地。艾默生电气在纽约证券交易所上市（公司代码：EMR）。

等和较长篇幅的案例——“两天”案例以及“两部分”案例。

- 就课程的讲授顺序而言，案例编排灵活，适于教学。

目标读者

本书旨在用于下列目的：

- 为已经学习了管理会计课程，并希望深入学习管理控制的研究生开设一学期或半学期的课程。
- 为已经学习了一门或两门管理会计课程的大三或大四的本科生开设一学期或半学期的课程。
- 成为经理人培训项目。
- 成为经理人、管理顾问、计算机系统设计师和财务总监，以及所有涉及管理控制过程或受其影响的人员的参考读物。

致 谢

本书第12版的出版有赖于众多人士的付出。学生、教材使用者、同事、审稿人都提供了不胜枚举的宝贵意见和建议，正是他们的无私贡献推动着本书的不断改进。

本书的材料最初来源于已故的罗斯·沃克先生在哈佛商学院开设的一门课程。沃克提出了这些课程所基于的概念，并建立了教授这些概念的方法。我们希望在此对他所做的开创性工作致以深深的谢意！对于为本书的撰写做出了许多贡献的哈佛商学院的教职员工，我们也在此一并表示感谢：Francis J.Aguilar、Robert H.Caplan、Charles J.Christenson、Robin Cooper、Russell H.Hassler、Julie H.Hertenstein、Regina E.Herzlinger、Robert A.Howell、Gerard G.Johnson、Robert S.Kaplan、Warren F.McFarlan、Kenneth Merchant、Krishna G.Palepu、John K.Shank、Robert Simons、Richard F.Vancil 和 John R.Yeager。

此外，我们希望对 Robert H.Deming、James S.Hekiman、John Maureil、Chei-Min Paik 和 Jack L.Treynor 所提供的帮助表示感谢。我们还希望感谢那些回复我们调查的审稿人：Ida Robinson-Backmon（巴尔的摩大学）、Bernard Beatty（维克森林大学）、Ingemar Lyberg（瑞典乌普萨拉大学）、Otto B.Martinson（奥多明尼昂大学）、Henry C.Smith Ⅲ（奥特拜因学院）、Tim Redmer（瑞金大学）、Tom Madison（圣玛丽大学）、Mary Fleming（加州州立大学-富勒敦分校）、Surendra P.Agrawal（埃及孟斐斯大学）、Patricia Elliot Williams（友谊大学）、Ralph Dtrina（罗琳斯学院）、Seymour Kaplan（纽约理工大学）、Barbara McElroy（贝瑞学院）。特别感谢塔克商学院2002级的 Rajeev Parlikar 和2006级的 Suraj Prabhu，感谢他们为书中案例提供的研究帮助。

印第安那大学的 Joseph Fisher 提供了第 12 章中所涵盖的代理理论的相关资料。塔克商学院的 Anant K.Sundaram 提供了第 15 章中所涵盖的汇率和业绩评估的相关资料。我们对二人所做的贡献表示衷心的感谢。

案例的选择始终是管理控制系统课程成功的关键。因此，我们向案例编写的作者和负责人致以诚挚的谢意。每个人的名字都在案例的引用中予以注明，并向相关公司表示特别感谢，正是他们的合作才使这些案例应用到本书。

若需使用哈佛版权所有的案例，请征得许可，具体联系方式为：哈佛商学院出版社版权许可部经理（300 North Beacon Street，Watertown，MA 02472，USA）；若需翻印 Osceola 学院或塔克商学院版权所有的案例，请与维杰伊·戈文德拉贾教授联系。

要出版这本书，组织和编写浩繁的必要材料绝非一日之功。我们要特别感谢戈文达拉扬教授的学术助理 Marcia Diefendorf 女士，她以熟练的书写和电脑操作技能，专业地处理了初稿和修订稿上千页的文字，实在难能可贵。我们还希望感谢 McGraw-Hill/Irwin 出版社的 Steve DeLancey，以及 Carlisle 出版服务公司的 Robin Reed，感谢他们为本书的出版所提供的帮助及所付出的努力。

我们不仅热衷于管理控制这个内涵丰富的话题，而且热衷于我们所采用的学习方法。编写这本书，就是为了与您分享这份浓厚的兴趣。对于您的任何建议和想法，我们都一如既往地珍视。我们诚挚地欢迎您对本书的内容和范围发表评论。书中如有纰漏，也敬请指正。我们的联系方式是：Vijay Govindarajan，Earl C.Daum 1924 Professor of International Business，The Tuck School of Business，Hanover，NH 03755；电话：（603）646-2156；传真：（603）646-1308；电子邮箱：VG@dartmouth.edu 。

罗伯特·安东尼

维杰伊·戈文达拉扬

2005 年 11 月

美国新罕布什尔州汉诺威市

第1章

管理控制系统的性质

本书的中心思想是战略实施。具体而言，本书所介绍的就是公司高层管理者如何设计和实施用于计划和控制公司业绩的管理系统方面的知识、见解和分析技巧。管理控制系统包括：战略计划；预算编制；资源配置；业绩计量、评价和奖酬；责任中心分配；以及转移定价。本书根据战略学、组织行为学、人力资源管理学、管理会计学建立了各种概念。

管理控制是任何实行分权制的组织所必备的。一种观点认为，管理控制必须符合公司战略。这意味着要首先通过正式的、理性的程序制定战略，然后，依据战略设计公司的管理系统。而另一种观点则认为，战略是在实验中形成的，受公司管理系统的影响。根据这些观点，管理控制系统会影响战略的制定。对于这两种观点及其对管理控制系统设计和运行的意义，我们都会予以考虑。

若在公司所经营的行业中环境变化是可预测的，则可以运用正式的、理性的程序首先制定战略，然后设计管理控制系统，以执行战略。但是，在一个变化莫测的环境中，公司很难首先建立战略，然后设计管理系统，执行所选择的战略。或许，在这种背景下，战略是在实验中通过非计划的过程逐渐形成的，且这一过程受到公司管理控制系统的显著影响。

本书所讨论的主题意义重大，它体现在一个普遍接受的真理上，即90%以上的企业(以及非营利组织）都在“战略实施”上栽跟头：要么是战略从未形成或遭到扭曲，要么是实施成本过高、耗时过多，远远超出了预期。无论战略意图多么值得称颂，如果无法实现，就只不过是一纸空文。相反，高效运行的公司都在战略执行上略胜一筹。本书旨在介绍一些概念、框架和工具，帮助读者赢得这种“执行优势”。

回顾一下 Tyco[1]、Global Crossing[2]、世通、安然等公司的破产，您会发现，这些公司覆灭的部分原因在于管理控制的失效。公司 CEO 和最高管理层们的薪酬与股票期权过于紧密地联系在一起，诱使管理层操纵财务数字，虚抬短期股价。

再看看艾默生电气、林肯电气、纽约时报、沃辛顿工业公司[3]、3M 公司、钮科、戴尔计算机、沃尔玛、西南航空、思科、康宁、孩之宝[4]和美国模拟器件有限公司[5]等世界级的知名公司，您也会发现，他们长期成功的秘诀不仅仅在于制定了卓越的战略，更重要的是他们设计了各种激励员工有效执行战略的系统和流程。本书编入了有关这些公司的案例，可以让您深刻地理解这些公司的战略实施能力具有何等的威力！

本章将首先定义书名中出现的三个术语：控制、管理和系统。在本章的第二编，我们将以管理控制职能为中心，区分管理控制职能与其他两种同样涉及计划和控制的职能：战略制定和任务控制。本章的第三编是一个路线图，提供了全书概览及各章内容简介。

基本概念

控 制

踩下油门，车就会加速；转动方向盘，车的方向就会改变；踩下刹车，车就会减速或停止。有了这些装置，您就可以控制速度和方向。如果其中任何一个失灵，车就不会听从您的驾驭。换句话说，车就会失控。

一个组织也必须予以控制，也就是说，必须安装各种装置，以确保战略意图得以实现。但是，控制一个组织远比控制一辆车复杂得多。所以，我们先从较简单的系统控制过程谈起。

---

1. 译者注：美国 Tyco 公司是世界最大的阀门公司之一，总部位于百慕大群岛。2002 年 9 月，公司前首席执行官科兹洛夫斯基（Dennis Kozlowski）和原首席财务官马克·斯沃茨（Mark H.Swartz）一起被起诉，指控多达 37 项，包括通过操纵股价、盗窃、伪造文件和公司腐败非法获利 6 亿美元。
2. 译者注：Global Crossing 公司是一家在全球范围内提供基于 IP 光纤网络的统一电信通讯方案的公司，总部位于百慕大群岛，在纽约证券交易所上市（公司代码：GX）。公司于 2002 年因资不抵债申请破产，创下电信产业最大破产事件，同时也是美国历史上第四大破产记录。
3. 译者注：沃辛顿工业公司（Worthington Industries）是一家全球性钢铁制造商，公司在纽约证券交易所上市（公司代码：WOR）。
4. 译者注：孩之宝（Hasbro）是世界第二大玩具生产商，仅次于玩具巨头 Mattel 公司。总部位于美国东部的罗得岛州。1983 年推出由汽车、飞机变形成机器人的玩具，即“变形金刚”，风靡全球。
5. 译者注：Analog Devices 是世界领先的信号处理解决方案提供商。在纽约证券交易所上市（公司代码：ADI）。

控制系统的要素

每个控制系统都至少具备四个要素：

1. 探测器（detector）或传感器——测量控制过程中实际状态的装置。
2. 鉴定器（assessor）——通过与标准状态或预期状态对比确定实际状态的重要性的装置。
3. 效应器（effector）——根据鉴定器显示必要与否改变行为的装置（通常被称为“反馈”）。
4. 通讯网络（communications network）——在探测器和鉴定器之间、鉴定器和效应器之间传输信息的装置。

任何控制系统的四个基本要素如图表 1.1 所示。我们将举三个例子说明其运行机制：控制室内温度的恒温器，控制体温的生物过程；控制车辆方向和速度的汽车驾驶员。这三个例子，复杂程度逐步递增。

恒温器 恒温器的构成部分包括：（1）温度计（探测器），测量室内当前温度；（2）鉴定器，用当前温度与可接受的温度标准对比；（3）效应器，启动暖气炉加热（如果实际温度低于标准温度），或者启动空调散热（如果实际温度高于标准温度），或者在温度达到标准水平时关掉这些装置；（4）通讯网络，把信息从温度计传输到鉴定器，从鉴定器传输到加热或冷却装置。

体　温 大多数哺乳动物都有一个与生俱来的内在体温标准；对于人类而言，标准体温是37℃。身体为维持标准体温而运用的控制机制包括下列要素：（1）感觉神经（探测器），分布在身体的各个部位；（2）大脑的下丘脑中心（鉴定器），把从探测器收到的信息与标

图表 1.1　控制过程的要素

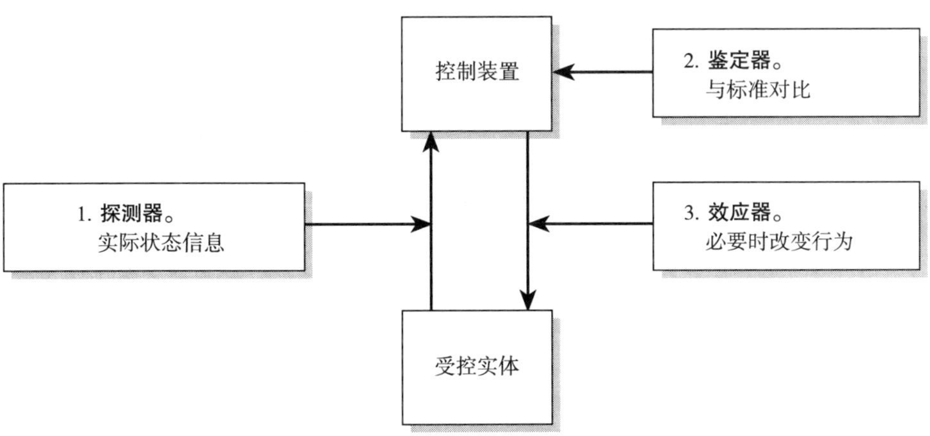

准体温37℃进行对比；（3）肌肉和器官（效应器），超过标准体温时降低温度（通过喘气和出汗、打开皮肤毛孔），低于标准体温时提高温度（通过颤抖和关闭皮肤毛孔）；（4）整个神经系统作为通讯系统。

生物控制系统是一个自我平衡系统，即自我调节。如果系统运行正常，它就能自动纠正对标准体温的任何偏离，而无需有意识的行为。

体温控制系统比恒温器复杂，感觉神经遍布身体各个部位，下丘脑指挥各项行动，调动各种各样的肌肉和器官。体温控制系统也更神秘，科学家只知道下丘脑做什么，但却不知道它如何做。

汽车驾驶员 假设您正在公路上驾驶，而公路法定限速（即标准）为时速65英里。您的控制系统会做出如下反应：（1）您的眼睛（传感器）观察里程计，观测实际速度；（2）您的大脑（鉴定器）比较实际速度和规定速度；（3）在觉察到偏离标准时，指示您的脚（效应器）踩下油门或松开油门；（4）如同体温控制一样，您的神经构成了通讯系统，把信息从眼睛传输给大脑，从大脑传输给脚。

但是，恰如体温控制比恒温器复杂一样，汽车的控制也比体温控制复杂。因为在收到从探测器传输的信息并予以评估后，大脑会发出什么指令具有不确定性。例如，一旦确定汽车的实际时速超过了65英里，有些驾驶员如果想保持在法定限速之内，就会松开油门，而另一些驾驶员，出于种种原因则不会。在这个系统中，控制不是自动的；要想预测在这个过程结束时汽车的实际速度，人们就必须或多或少地了解一下驾驶员的性格和所处的环境。

管 理

一个组织是由一群为了实现某个共同目标而一起工作的人组成的（在一个企业组织中，主要目标就是赚取令人满意的利润）。组织由不同等级的管理者领导，最高层是首席执行官（CEO），然后是业务单元、部门、职能以及组织机构图中更低一级的经理。组织的复杂程度决定了等级体系中的层数。除CEO外，所有管理者都既是上级又是下级；他们监督本部门的人员，同时又被其上级监督。

CEO（或者，在有些组织中的高级管理团队）决定总体战略，确保组织实现目标。而各个业务单元的经理则构建细分战略，并征得CEO的批准，确保各自的业务单元能推动目标的实现。**管理控制过程（management control process）就是各级管理者确保其所监管的人员实施其目标战略的过程。**

对比以上简单的控制过程

管理者运用的控制过程所包含的要素，与前面所介绍的较简单的控制系统相同，即探测器、鉴定器、效应器和通讯系统。探测器报告组织上上下下在发生什么；鉴定器把这项信息与预期状态对比；一旦发现实际状态和预期状态存在重大差异，效应器就采取矫正行动；通讯系统则告诉管理者正在发生什么及与预期状态对比如何。

但是，管理控制过程和前面所介绍的较简单的过程之间存在显著差异。

1. 与恒温器和体温系统不同，*标准不是事先设定的*。相反，它是有意识的计划过程的结果。在这个过程中，管理者决定组织应该做什么，而部分控制过程就是比较实际与计划。因此，组织的控制过程涉及计划。在许多情况下，计划和控制可以被视作两项独立的活动。但是，管理控制既涉及计划又涉及控制。
2. 如同控制汽车一样（但与控制室温和体温不同），*管理控制不是自动的*。组织中有些探测器可能是机械的，但是管理者经常要用自己的眼、耳及其他感官探查重要信息。尽管他可能有惯常的方法，比较关于正在发生的报告和应该发生的标准，但是，管理者必须亲自执行鉴定器的职能，自己决定实际业绩和标准业绩之间的差异是否显著到足以要采取行动；如果的确如此，应该采取什么行动。那么，管理者必须至少与另外一个人配合实现转变，因为旨在转变组织行为的行动都牵涉到人。
3. 控制汽车仅仅是单个人执行的职能，与此不同，*管理控制要求人与人之间的协调*。一个组织是由许多独立的部分组成的，管理控制必须确保每个部分都彼此和谐相处，而这种需要只最低限度地存在于控制体温的各种器官之间，对于恒温器则根本不存在。
4. *觉察到采取行动的需要与确定取得预期结果所要求的行动之间的联系可能不明确*。发挥鉴定器职能的管理者可能认为"成本太高"，但是又找不到便捷、自动的行动能够确保把成本降低到标准所要求的水平。"暗箱"这个术语所描述的就是其确切的性质无法观测的操作。与恒温器或汽车驾驶员不同，管理控制系统是一个"暗箱"。在实际业绩和预期业绩之间存在显著差异时，我们无法知道某个管理者采取什么行动，也不知道其他人会对管理者的信号做出什么反应，采取什么行动。而相比之下，我们则确切地知道恒温器什么时候指示需要采取行动，以及采取什么行动；在汽车驾驶员的例子中，鉴定器阶段涉及判断，但是一旦做出行动决定，行动本身就是机械的。
5. *许多管理控制都是自控的*。也就是说，控制不是由外部控制装置维持的（如恒温器），而是由运用自己的判断，不是机械遵从上级指示的管理者维持的。驾驶员遵守时速 65 英里的限速，不是因为一个信号命令他们这样做，而是因为他们意识到，遵守法律符合其最大利益。

系　统

系统（system）是指完成一项活动或一系列活动的规定方法，通常是重复性的方法。系统的特点是一系列旨在实现特定目的或多或少具有规律性、协调性、重复性的步骤。前面

所介绍的恒温器和体温控制过程就是系统的例子。正如我们所看到的那样，管理控制系统远比他们复杂，也更多地依赖于主观判断。

许多管理行为都不是系统性的。管理者经常遇到一些情况，没有明确的适用规则，因此，必须运用自己的判断决定采取什么行动最佳。管理行为的效果则是由人际关系处理技巧所决定的，而不是由系统的特定规则决定的（尽管系统也能表明适当反应的一般性质）。如果所有系统都能确保在所有情况下采取正确行动，那么就根本不需要人来管理了。

本书主要围绕管理控制职能的系统性（即正式系统）展开讨论。人们可以无限深入地描述正式系统中的各种步骤，每个步骤收集和使用的信息，以及系统整体运行的原理。但是却很难描述管理者在遇到正式系统未曾考虑的情况时，所应采取的正确行动，除非只是泛泛地讲。这些都取决于人的能力、性格和彼此之间的关系，以及问题产生的环境等因素。但是，这些非正式的过程都受组织正式控制系统设计和运行方式的强烈影响，认识这一点至关重要。

管理控制的边界

在这一节中，我们将定义管理控制，并区分它与另外两种同样需要计划和控制的系统（或者称活动）：战略制定和任务控制。如果把适用于一种系统的原理和一般原则应用在另一种系统中，就会犯严重错误。

正如您所看到的，无论从哪方面而言，管理控制都介于战略制定和任务控制之间。战略制定是三者中最不具有系统性的，任务控制是最具有系统性的，而管理控制则介于二者之间；战略制定侧重长期，任务控制侧重短期活动，而管理控制则介于二者之间；战略制定利用未来的粗略估计，任务控制利用现在的准确数据，而管理控制则介于二者之间；尽管每种活动都既涉及计划又涉及控制，但是活动类型不同，侧重点也各异。计划过程在战略制定中更重要，控制过程在任务控制中更重要，而计划和控制则在管理控制中大致同等重要。

这些活动系统彼此之间的关系如图表1.2所示。我们将在下面一节中详细定义管理控制、战略制定和任务控制，并进一步说明他们之间的区别。

管理控制

管理控制（management control）是指管理者通过影响组织的其他成员来实施组织战略的过程。下面我们就详细论述管理控制过程的几个方面。

图表 1.2
计划和控制职能之间的一般关系

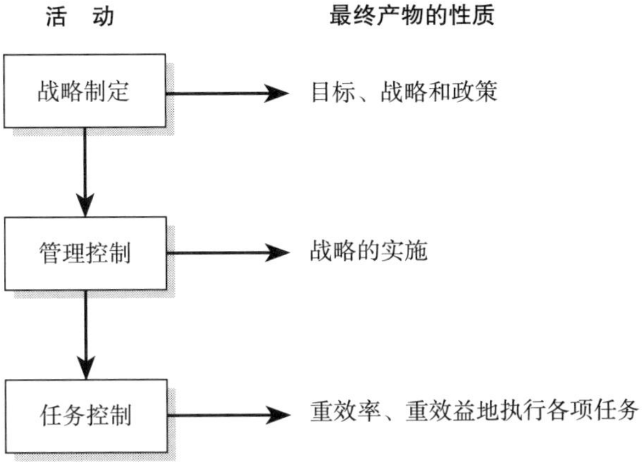

管理控制活动

管理控制涉及各种各样的活动，包括：

- 计划组织应该做什么。
- 协调组织各个部分的活动。
- 交流信息。
- 评估信息。
- 决定应该采取的必要行动。
- 影响人们改变行为。

管理控制未必要求所有行为都符合先前确定的计划，比如预算。因为这些计划基于制定计划时认为存在的情况。如果在实施时情况发生了变化，计划规定的行为就可能不再适宜。恒温器要感应室内的实际温度，而管理控制则要预测未来的状况，以确保实现组织的目标。如果管理者发现了更好的方法——比原定计划更可能实现组织目标的方法，那么管理控制系统就不应该阻止其实施。换句话说，符合预算未必是好事，而偏离预算也未必是坏事。

目标一致

尽管管理控制过程是系统性的，但是它绝不是机械的；相反，它涉及人与人之间的相互作用，而这又是无法以机械的方式描述的。管理者不仅拥有组织目标，也拥有个人目标。控制问题的核心就在于引导管理者在追求个人目标的同时，采取也有助于实现组织目标的方式。目标一致意味着组织的各个成员的目标应尽可能地与组织自身的目标保持一致。无论是设计，还是运行管理控制系统，都应该牢记目标一致原则。

实施战略的工具

管理控制系统有助于管理者引领组织实现战略目标。因此，管理控制关注的核心是战略执行。

实例 沃尔玛是世界最大的零售商，2005年销售收入超过了2 880亿美元，其成功的秘诀在于低成本销售品牌产品的战略。公司的管理控制系统专注于商店的高效管理，从而打造了公司范围的成本优势。公司利用电子手段实时收集、分析和传输关于5 300多个商店的销售收入、成本、利润和损失等数据，迅速揭示一个区域、一个地区、一个商店、商店的一个部门或者部门的一个商品销售状况如何。这些信息可以使公司降低缺货的可能性、避免滞销商品降价，从而最大化存货周转率。在5 300多家商店中“出类拔萃”的商店的数据就被用来改善“问题”商店的经营。而且，公司还制定了一项政策，若一个商店的行窃行为较之行业标准下降了，则由此形成的节约，商店的员工可以分享50%，从而降低了行窃行为造成的损失。[6]

管理控制只是管理者用来实施预期战略的工具之一。如图表1.3所示，战略还可以通过组织结构、人力资源管理和特定企业文化来实施。

组织结构是对那些会影响组织内部决策的职能、报告关系及职责划分的明确。人力资源管理是指员工的选聘、培训、考评、晋升和解聘，进而发展执行组织战略所需要的知识和技能。企业文化是指显性或隐性地指导管理行为的那些共同信仰、态度和规范。

图表1.3 战略实施框架

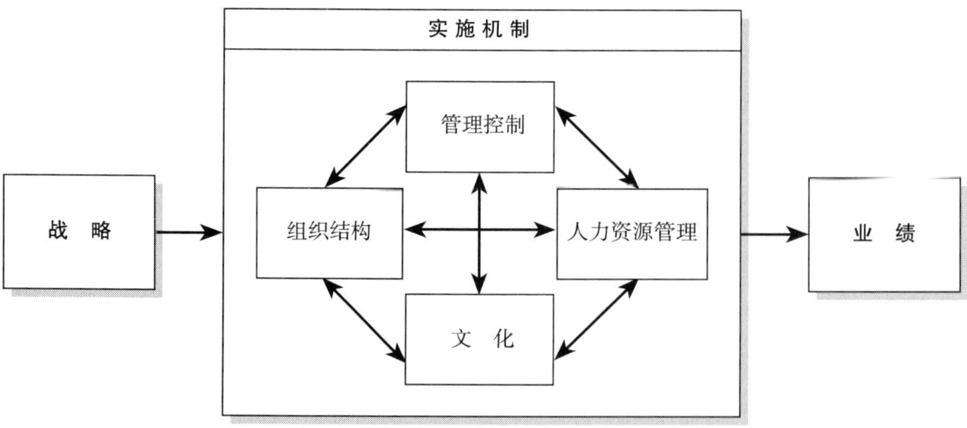

6. 沃尔玛，2004年年度报告。

财务和非财务并重

管理控制系统既包含财务业绩指标，也包含非财务业绩指标。财务方面关注货币“底线”，即净收益、股东权益收益率等。但是，实际上组织的所有子单元都有非财务目标——产品质量、市场份额、客户满意度、准时送货及员工士气。

帮助制定新战略

正如我们前面所讨论的，管理控制的基本职能是确保选定战略的执行。但是，在环境变化莫测的行业中，管理控制信息，尤其是非财务性质的管理控制信息，同样可以作为制定新战略的基础。这项功能称为交互控制[7]，如图表 1.4 所示。交互控制提醒管理者注意那些表明需要制定新战略的发展变化——既有消极的（如：丧失市场份额、客户投诉），又有积极的（如：由于政府取消某项管制而开放的新市场）。交互控制是管理控制系统不可分割的组成部分。

图表 1.4

交互控制

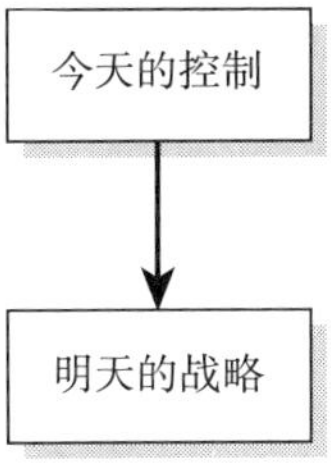

战略制定

战略制定（strategy formulation）是指确立组织目标及实现目标的战略的过程。在本书中，我们使用战略目标（goals）一词来描述广义上的组织总体目标。而使用战术目标（objectives）一词描述在一定期间实现战略目标的具体步骤。

战略目标是永恒的；只要不改变，就永远存在，而改变又是极其罕见的。对于许多企业来说，实现令人满意的投资报酬率都是一个重要的战略目标；而对于其他企业来说，获得巨大的市场份额也同等重要。非营利组织也有战略目标，一般而言，他们追求利用有限的资金提供最大限度的服务。在战略制定过程中，组织的战略目标通常被认为是既定的，尽管有时战略思考会集中于战略目标本身。

战略是宏大的计划、重要的计划。它们概括地表述高级管理者希望组织发展的方向。汽车制造商制定的生产和销售电动汽车的决策就是战略决策。

只有在洞察到威胁（如：竞争者抢占市场、客户转变偏好或政府颁布新法规）或者机会（如：技术创新、客户行为新观念或开发现有产品的新应用）后，通常才需要制定战略。一位新上任的 CEO，尤其是从外部引进的 CEO，对威胁和机会的认识，通常都有别于前任。因此，在新的 CEO 接管企业后，战略经常发生转变。

实例 路易斯·格斯特纳在 1993 年接任 IBM 的 CEO。在随后的 6 年间，他把公司从一个计算机

7. Robert Simons, “Control in an Age of Empowerment,” *Harvard Business Review*, March-April 1995, pp.80-88.

主机生产商转型成了网络系统、计算机服务和电子商务解决方案方面的领军者。

2003年12月爱德华·赞德接任摩托罗拉CEO，他的第一项举措就是让这个具有传奇色彩的公司以客户为中心，而不是专注于技术。为了实现这个战略，他主动征求公司一些大客户的反馈。随后，他改变了激励体系，根据公司的整体业绩而不是分部的业绩向员工发放奖金，从而有效地结束了“六个军阀”之间的战争（“六个军阀”是在其前任管理时对摩托罗拉的六类业务的谑称）。尽管大多数基础是在他上任之前早已奠定的，但是战略中心的转变使2004年第一季度的销售收入较之2003年第一季度增长了42%，净利润翻了3倍，经营收益增长了6倍。摩托罗拉的股价在同一期间上涨了40%。[8]

2000年，由于经营业绩差，3M公司有史以来第一次从外部引进了一位CEO——吉姆·麦克纳尼。在2000~2003年间，麦克纳尼不负众望，扭转了局面。在这一期间，无论利润还是股价，都增长了35%。麦克纳尼大刀阔斧地采取了几项有魄力的行动：

1. 他重视快速成长的市场，如医疗、商业展览与图片市场。
2. 他大规模地实施了6σ质量管理计划。
3. 他建立了新产品引入标准。
4. 他根据各分部的潜在增长机会，对各分部的研发投入区别对待，而不是等量增长。[9]

针对威胁或机会而制定的战略可以在任何时间、由组织的任何部门产生。创意不只源于研发团队或总部职员。实际上，任何人都可能想出一个“妙点子”，经过分析和讨论，就构成了新战略的基础。战略制定的全部职责决不能指派给一个人或一个组织单位。成功的关键在于建立一种方式，促使有价值的创意能直接引起高级管理层的注意，而不至于被阻挡在较低的层级。

战略制定和管理控制之间的区别

战略制定是确定新战略的过程；管理控制是实施战略的过程。从系统设计的立场来看，战略制定和管理控制之间最重要的区别在于，战略制定本质上是非系统性的。威胁、机会和创意不会按部就班地发生。因此，战略决策可以在任何时间制定。

而且，战略的性质不同，战略分析也各异。战略分析涉及许多主观判断，而分析过程中所使用的数字通常只是粗略的估计。相比之下，管理控制过程涉及一系列步骤，而这些步骤是根据大体固定的时间表和可靠的估计，按可预见的顺序发生的。

对提出的战略进行分析，通常仅涉及为数不多的几个人——创意的发起人、总部职员，还有高级管理层。相比之下，管理控制过程则要涉及组织各个层级的管理者及其员工。

---

8. www.motorola.com/content.
9. *BusinessWeek*, April 12, 2004.

任务控制

任务控制是指既保证效率又保证效益地完成规定任务的过程。

任务控制是业务导向型的，即任务控制（task control）是指根据管理控制过程确立的规则执行各项任务。任务控制往往包含监督这些规则的执行，在有些情况下，这项职能甚至无需人来执行。数控机床、工艺控制计算机、机器人等都是机械任务控制装置。只有证明人工控制的成本更低、性能更稳定时，它们的职能才由人执行；而只有意外事件经常发生，不值得根据处理意外事件的规则专门为计算机编程时，才可能发生这种情况。

许多任务控制活动都是科学性的。也就是说，在可接受的限度内，将失控状态调整回预期状态的最优决策或适当行动是可预见的。例如，经济的订货批量规则决定采购数量和采购时间。任务控制是许多管理科学和运营研究技术的核心。

组织内的大多数信息都是任务控制信息：客户订购的件数、制造产品耗用的材料重量和部件个数、员工工作的小时数、支付的现金金额。组织的许多中心活动，包括采购、调度、订货记录、物流、质量控制、现金管理等都是任务控制系统。其中有些尽管是机械的，但也可能极其复杂。

实例 整个钢厂都可以由电子设备控制，每个设备都执行计算机的指令，完成规定任务。计算机能感触环境（如：钢锭的温度）。如果它的结果显示偏离了预期状态，它可以启动矫正行为；如果它本身无法做到，它也可以把矫正要求传输给车间的一台总控计算机。然后，这台计算机把问题提交整个钢厂的协调计算机。在许多公司中，用来控制制造流程的制造资源计划（manufacturing resource planning，MRP Ⅱ）系统要求几百万条计算机指令。用于连接电话通话双方的转换机构要花费几十亿美元。金融市场中的电子交易系统，以及交易方的其他类型的决策系统，涉及复杂的决策规则和关于几百种金融工具价格的随时更新信息。

正如这些例子所表明的，有些活动曾经由管理者执行，但现在已经自动化了，因而就变成了任务控制活动。这种从管理控制向任务控制的转化为管理者腾出了一些时间，可以从事其他管理活动(除非公司取消了管理者的岗位)。

任务控制和管理控制之间的区别

任务控制和管理控制之间最重要的区别在于许多任务控制系统都是科学性的，而管理控制决不会降格为科学。根据定义，管理控制涉及管理者的行为，这是无法用公式表述的。若把管理科学家为任务控制环境创立的原理应用于管理控制环境，则会犯严重错误。在管理控制中，管理者要与其他管理者相互影响、相互配合；而在任务控制中，要么根本不涉及人（如一些自动化生产流程），要么是管理者与非管理者之间相互影响、相互配合。

在管理控制中，关注的焦点是组织的各个单位；而在任务控制中，关注的焦点则是这些组织单位执行的具体任务（如：生产批号为59268的产品，或者订购100个编号为3642的部件）。

管理控制关注在战略的总体约束下，决定要做什么的管理者的一般性活动。而任务控制则涉及具体任务，且大多数任务的执行很少需要或者根本不需要运用判断。

图表1.5举例说明了管理控制、任务控制和战略制定之间的差别。

互联网对管理控制的影响

信息革命始于19世纪末贝尔的电话发明。对于消费者而言，电话带来了极大的好处——便利。人们不必光顾商店去找关于产品的信息，就可确定是否有货或选购商品。信息革命的步伐因计算机的发明而大大加快，在20世纪90年代，又因互联网的来临而获得了巨大的推动力。

互联网带来了电话所无法企及的更大便利：

- 即时接入。在互联网上，海量信息可以在瞬间发送给世界任何地方的任何个人。
- 多目标通信（multi-targeted communication）。互联网大大扩展了一对多通信范围；一个网站门户就可以联系几百万人。
- 廉价的通信。若企业利用电话接线员与客户联系，则必须支付电话接线员工资、免费电话（“800”）租用费以及其他支持客户服务职能的费用。而通过互联网与客户沟通就可以避免所有这些成本。
- 能够显示图像。与电话不同，互联网能让客户看到所销售的产品。
- 权利和控制转交给个人。或许互联网最激动人心的好处在于个人成了“真正的上帝”。消费者处于主导地位，可以一天24小时随心所欲地使用互联网，而不会受到销售代表或电话推销员的打扰或不当影响。

由于具备这些优势，互联网已经改变了B2C（商家对消费者）商务领域的游戏规则。

图表1.5
计划和控制职能的决策举例

战略制定	管理控制	任务控制
收购非关联企业	引入新产品或新品牌	协调订货记录
进入新行业	扩建工厂	安排生产
增添直接邮寄销售	决定广告预算	预定电视广告
改变财务杠杆比率	发行新债	管理现金流
采用反歧视政策	实施少数族群招聘计划	保存人事档案
规划存货监测政策	决定存货水平	再订购一件物品
决定研究的规模和方向	控制研发组织	从事单个研究项目

实例 在1995 年之前，大多数图书都是从书店或者通过印刷商品目录购买。在 1995 年，亚马逊网站开始在线销售图书。截至 2005 年，亚马逊网站已经发展了来自多个国家、人数达 4 900 万的活跃的客户群，产品拓展至 31 类，从图书到园艺工具，无所不包。2004 财年的销售收入超过了 69.2 亿美元。亚马逊的虚拟商店模式较之传统的“钢筋水泥式”的商店，具有更便捷、更多选择和更低的价格等特点。自 2000 年以来，各大离线零售商都与亚马逊建立了合作关系，发展他们的在线零售业务。亚马逊与玩具反斗城[10]、Nordstrom 公司、Macy's[11]、Target[12]，甚至离线竞争者 Borders[13] 集团都建立了战略联盟，从而确立了它制定在线零售领域的游戏规则的地位。甚至已经在在线零售领域拥有一席之地的公司，如 OD 办公[14]和 Wine.com[15]，也与亚马逊建立了战略联盟。为了吸引小企业，亚马逊制定计划招募第三方销售商在其网站销售产品，获得了巨大成功（截至 2003 年年底接近 100 万商户），这些销售商被称为“加盟商”。对于许多加盟商来说，亚马逊已经成了他们的生存之源。[16]

互联网也改变了 B2B（商家对商家）商务。

实例 公司利用互联网重新塑造与客户的关系。以思科为例。思科是一家硅谷公司，供应通信网络的核心硬件——路由器、服务器、交换机等。在 2005 年，思科的全部销售收入实际上都来自网站的独立交易。引用布鲁斯·贾德森的话来说：思科的网站可以让客户自行配置具有复杂性能的产品，它的“智能配置器”软件会自动拒绝各部件之间不兼容的订单。在自动系统应用之前，互联网处理的订单的失误率为 25%以上，而现在则降至了不到 10%。思科网站产生的年节约估计超过了 2.5 亿美元，从中不仅反映了消除订单失误的效率，而且反映了其他行政管理效率。由于没有失误，思科才得以把送货时间缩短在 3 天之内。对于思科而言，互联网意味着更快捷的服务、更短的生产周期以及更大的节约。[17]

---

10. 译者注：玩具反斗城（Toys “R” Us）是美国玩具和婴儿用品零售商。
11. 译者注：美国零售商，经营百货店，在纽约证券交易所上市（公司代码：M）。
12. 译者注：Target 公司创立于 1902 年，总部设在美国明尼苏达州，是美国第五大零售商，仅次于沃尔玛、家得宝（Home Depot）、Kroger 和 Costco，经营百货折扣店。公司战略定位是品牌设计者的连锁店。公司在纽约证券交易所上市（公司代码：TGT）。
13. 译者注：Borders 集团是一家国际图书经销商，《财富》500 强公司，总部设在美国密歇根州。Borders 是美国第二大连锁书店，仅次于 Barnes & Noble。
14. 译者注：OD 办公（Office Depot）是全球办公用品连锁巨头，《财富》500 强公司。成立于 1986 年，总部设在美国佛罗里达州。公司在纽约证券交易所上市（公司代码：ODP）。
15. 译者注：Wine.com 成立于 1998 年，最大的在线酒类经销店。
16. 亚马逊（Amazon.com），年度报告和网站。
17. Bruce Judson, *Hyper Wars*, （New York：Scribner，1999），p.93.

毋庸置疑，互联网对商务领域产生了巨大影响。那么，互联网对组织内部的管理控制又产生了怎样的影响呢？管理控制系统涉及信息，而且组织需要一个基础设施处理这些信息。互联网恰恰提供了这样一个基础设施，使信息处理更加便捷、准确。在互联网上，管理者可以收集大量数据，予以存储，并按不同形式加以分析，然后传送给组织的任何一个人。管理者还可以利用这些信息编写专门的个性化报告。

尽管互联网通过高效信息处理为协调和控制提供了便利，但是，互联网无法替代管理控制的基本过程。因为通过管理控制实施战略，实质上是一个社会学和行为学过程，因而无法完全自动化。数据库的电子接入对于设计和运行最优控制系统所要求的主观判断也无济于事。这类主观判断包括：

1. 理解驱动个人行为的各种目标（有时是彼此竞争的目标）的相对重要性（如：个人成就与集体成就、为客户和股东创造价值与为自身创造价值）。
2. 协调各种个人目标和组织目标。
3. 制定评价业务单元、职能区和各个部门的目标。
4. 在组织上下贯彻战略和具体执行目标。
5. 确定评估个人对战略目标的贡献时所应评价的关键变量。
6. 根据业绩标准评估实际业绩，并评价管理者的管理效率。
7. 召开具有建设性的绩效评价会议。
8. 设计正确的奖酬体系。
9. 对个人施加影响来改变其行为。

总之，尽管互联网大大改进了信息处理方式，但是，管理控制的基本要素——收集什么信息和如何使用信息，本质上仍是行为科学，不适用公式方法。

阅读指南

本书共分三编，下面对每编做一简要介绍。

管理控制环境（第一编）

管理控制主要涉及战略实施。因此，作为背景，我们在第 2 章介绍了组织战略的基本类型。

在第 3 章中，我们介绍了一些影响管理控制过程的组织特征，这些特征主要集中在组织内部的个人行为上。

在第 4~7 章中，我们定义了不同类型的责任中心，并逐一做了介绍。此外还讨论了在向各种组织子单元分派财务职责时应考虑的因素。（把非财务指标纳入管理控制系统将在本书第二部分讨论，主要是在第 11 章。）

第 4 章介绍责任中心的基本概念。责任中心（responsibility center）是指由一个管理者领导并负责其活动的组织单元。每个责任中心都有投入和产出。投入是指责任中心从事活动所耗费的资源，产出是指责任中心的工作成果。从技术上讲，产出都是产品，但未必是对外销售的产品。一个责任中心向另一个责任中心提供的服务也是产品。根据投入和产出以货币标准评价的程序，责任中心可以划分为不同类型。

第 4 章介绍费用中心（expense center）和收入中心（revenue center）。在费用中心，投入按货币成本评价，但是产出要么根本不评价，要么按非货币数量标准评价。在费用中心，管理者主要负责费用控制。费用中心有两种类型。在技术性费用中心（engineered expense center），要比较实际成本和标准成本，以确定中心的运行效率。在酌量性费用中心（discretionary expense center），无法确定可靠的标准成本，费用由管理者及其上级自由裁量而定。酌量性费用中心的效率无法评价。

在收入中心，收入按货币标准评价，但是费用并不与收入匹配。销售分支机构常常是收入中心。对比预算收入和实际收入，就可以说明收入中心的效率。

第 5 章介绍利润中心（profit center）。在利润中心，既评价收入，又评价与创造收入相关的费用；二者之间的差额就是利润。对比实际利润与预算利润，就可以评价管理者的效率。

如果一个利润中心向另一个责任中心提供产出，或者如果一个利润中心接受另一个责任中心的投入，就必须为这些产出和投入确定价格。我们称之为转让价格，它区别于市场价格，即对外销售的价格。第 6 章讨论如何确定转让价格，协调管理控制。

在第 7 章，我们讨论投资中心（investment center），在投资中心，既评价利润，又评价履行中心的责任所用的投资（即资产）。投资报酬率是衡量管理者的效率和效益的最广义的指标。

管理控制过程（第二编）

许多管理控制过程都涉及管理者之间，或管理者及其下属之间的非正式交互影响。非正式沟通可以通过备忘录、会议、谈话甚至是面部表情方式进行。近来，出现了一个名词，称为“巡视管理”（management by walking around，也译作“走动式管理”），从中不难看出这种信息的重要性。非正式交互影响发生在正式的计划和控制系统中。这种系统包括下列活动：（1）战略计划；（2）预算编制；（3）执行；（4）业绩评价。每一项活动都导致下一项活动，如此循环，并共同构成了一个封闭循环。

在第 8 章，我们讨论了战略计划，它是指决定组织为实施战略而采用的重大计划，以及为各项计划投入的资源数量的过程。这个过程的产物是一份文件，称为“战略计划”（有些公司称为“长期计划”）。战略计划一般跨期几年（一般为3年或5年）。在营利性公司，每个主要产品或生产线都是一项计划（program）。在非营利组织，组织所提供的主要服务就是其计划。

战略计划是管理控制循环的第一步。在使用日历年度的公司，一般在预算年度前一年的春季或夏季进行战略计划。届时将制定决策，并考虑自制定上一个战略计划以来战略所发生的任何变化。

第9章讨论预算编制。经营预算是指组织一定期间的计划，通常为1年。预算代表对战略计划的微调，它融汇了最新的信息。在预算中，收入和费用从各项计划再分配给各责任中心。因此，预算表明了每位管理者预期发生的费用。编制预算的过程实质上就是各责任中心的管理者与其上级协商的过程。协商的最终产物是关于下一年度的预期费用的协议文件（如果责任中心是一个费用中心），或者是计划利润或预期投资报酬率（如果责任中心是利润中心或投资中心）。

在第10~12章，我们讨论业绩计量、业绩评价和管理者薪酬。

在一年中，管理者要执行他们所负责的计划或部分计划，并报告在履行职责中发生了什么。在理想状态下，编制报告应该既能提供关于计划的信息，又能提供关于责任中心的信息。关于责任中心的报告可以反映预算和实际信息、财务和非财务指标、内部和外部信息。这些报告可以让更高层的管理者了解其掌管的各项计划的状态，还有助于确保各责任中心之间的相互协调。

管理者的报告还可以用作控制的基础。评估的过程就是对比实际费用和应该发生的费用。如果预算过程中假设的情况保持未变，就对比预算和实际金额。如果情况发生了变化，就要考虑这些变化。最终，分析的结果就是表扬责任中心的管理者或者提出建设性的批评。

第10章讨论财务业绩指标的分析和评估。

第11章拓展了业绩评价的关注点，吸纳了非财务指标，并考虑平衡计分卡的设计。平衡计分卡的设计既包含了财务指标，又包含了非财务指标。本章还讨论了交互控制（interactive control）——利用管理控制信息（尤其是非财务多样性）制定新战略。

第12章介绍设计管理激励薪酬计划以促进目标一致时应考虑的因素。

管理控制的变形（第三编）

第二编的各章介绍了一般管理控制过程。在第三部分，我们将介绍几种管理控制的变形：差异化战略下的差异化控制（第13章）、服务性组织（第14章），以及跨国组织（第15章）。

最后一章（第16章）介绍项目的管理控制。这与持续经营的管理控制略有不同，而本书至此之前所讨论的核心都是持续经营的管理控制。

小　结

系统是指完成一项活动或一系列活动的规定方法。管理者用来控制组织的各项活动的系统称为管理控制系统。管理控制是指管理者影响组织的其他成员以实现组织战略的过程。管理控制可以由包含一系列循环发生的活动的正式系统协调。

管理控制是几乎任何一个组织中都存在的三项计划和控制职能之一。其他两项是战略制定和任务控制。战略制定是明确威胁和机会，确定应对的新战略的过程，它大体是非系统性的。任务控制是既保证效率又保证效益地完成具体任务的过程。

本书分为三编。第一编讨论组织的控制环境。控制是由监管责任中心的管理者执行的。第二编介绍管理控制过程，它由一系列有规律地重复发生的活动（战略计划、预算编制、执行和业绩评价）组成。第三编介绍几种偏离一般模式的控制系统。

推荐读物

Besanko, David, David Dranove, Mark Shanley, and Scott Schaefer. *Economics of Strategy*, 3rd ed. New York: John Wiley & Sons, 2004.

Bossidy, Larry, and Ram Charan. *Execution: The Discipline of Getting Things Done*. New York: Crown Books, 2002.

Collins, Jim. *Good to Great*. New York: HarperCollins, 2001.

Dell, Michael, and Kevin Rollins. "Execution Without Excuses." *Harvard Business Review*, March 2005, pp. 1–9.

Dent, Jeremy F. "Global Competition: Challenges for Management Accounting and Control." *Management Accounting Research* 7, no. 2 (June 1996), pp. 247–69.

Drake, A. R., S. Haka, and S. P. Ravenscroff. "Cost System and Incentive Structure Effects on Innovation, Efficiency, and Profitability in Teams." *The Accounting Review* 74, no. 3 (July 1999), pp. 323–45.

Evans, P., and T. S. Wurster. *Blown to Bits: How the New Economics of Information Transforms Strategy*. Boston: Harvard Business School Press, 1999.

Govindarajan, Vijay, and Joseph Fisher. "Impact of Output versus Behavior Controls and Resource Sharing on Performance: Strategy as a Mediating Variable." *Academy of Management Journal*, June 1990, pp. 259–85.

Govindarajan, Vijay, and Christopher Trimble. *Ten Rules for Strategic Innovators: From Idea to Execution*. Boston: Harvard Business School Press, 2005.

Hrebiniak, Lawrence G. *Making Strategy Work: Leading Effective Execution and Change*. Upper Saddle River, NJ: Wharton School Publishing, 2005.

Kaplan, S. Robert, and David P. Norton. *Strategy Maps: Converting Intangible Assets into Tangible Outcomes*. Boston: Harvard Business School Press, 2004.

Kim, Chan W., and Reneé Manborgne. *Blue Ocean Strategy*. Boston: Harvard Business School Press, 2005.

Maciariello, J. A., and C. J. Kirby. *Management Control Systems*. Englewood Cliffs, NJ: Prentice-Hall, 1994.

Marginson, D. E. W. "Management Control Systems and Their Effects on Strategy Formation at Middle Management Levels: Evidence from a U.K.Organization." *Strategic Management Journal* 23, no. 11 (November 2002), pp. 1019-30.

Shank, John K., and Vijay Govindarajan. *Strategic Cost Management*. New York: Free Press, 1993.

Simons, Robert. *Levers of Control*. Boston: Harvard Business School Press, 1995.

案例1-1

钮科公司（A）

我们所从事的是具有周期性质的业务……基本上当你处在高峰期时——时机好、利率低、人们都大兴土木——我们的利润边际就增长。当然，在处于低谷期时，利润边际就会遭到挤压。但是，在过去25年间，钮科公司从未在哪个季度出现过亏损。不仅从未在哪个季度出现过亏损，而且从未在哪个月、哪个星期出现过亏损。[1]

——约翰·科伦蒂，钮科公司总裁兼CEO

在1998年，钮科（Nucor Corporation）是一家《财富》500强公司，拥有6 900名员工，钢材及其相关产品的销售收入达43亿美元。董事长肯尼斯·艾沃森已经执掌了公司30多年。在他的任期内，钢铁业面临着大量问题，其中包括国外竞争、紧张的劳工关系，以及钢材需求的放缓（部分程度上与替代材料的取代相关）。尽管面临着如此多的行业挑战，在艾沃森的任期内，钮科的销售收入仍以约每年17%的速度递增。图表1是部分财务数据摘选。艾沃森和钮科的CEO约翰·科伦蒂都曾在不同的年度荣获《新钢铁》杂志的“年度钢铁制造商”称号。

历　史

钮科的起源要追溯到汽车制造商兰塞姆·奥兹，他创办了奥兹汽车公司（Oldsmobile），以及后来的瑞奥汽车公司（Reo Motor Cars）。通过一系列交易，奥兹创办的公司最终发展成了美国核工业公司（Nuclear Corporation of America），在20世纪50年代和60年代初期，公司从事核设备和电子产品的生产。

公司连年蒙受损失，在1965年濒临破产之际，39岁的肯尼斯·艾沃森受命担任总裁。

艾沃森拥有康奈尔大学航空工程学士学位和普渡大学机械工程硕士学位。在职业生涯伊始，他从事物理学研究工作，曾在金属行业担任过多个技术和管理职位。艾沃森于1962年加入美国核工业公司任副总裁，三年后升任总裁。

艾沃森为这个摇摇欲坠的公司重新定位，将发展集中在两项业务上：钢铁回收再生、制造非民用建筑钢梁。1972年，公司更名为钮科公司。到1998年，公司已经跃居为美国第二大钢铁制造商。

运　营

钮科的工厂遍布美国的农村地区，并与当地社区和劳工队伍建立了密切的联系。因为是知名公司，又能够支付高工资，所以它吸引了大量勤

本案例由维杰伊·戈文达拉扬教授编写。衷心感谢钮科公司的董事长肯尼斯·艾沃森为编写本案例研究提供的合作和帮助。

1. Richard Franklin, “An Interview with John D. Correnti, President and CEO, Nucor Corporation,” *The Wall Street Corporate Reporter*, September 9 - 15, 1996, pp. 19–20.

图表1 财务数据摘录1993~1997

	销售收入（十亿美元）1997	ROE(5年平均) % 1993~1997	负债/资本 % 1997	5年销售收入增长率 1993~1997	利润边际 % 1997
钮科公司	4.1	18%	7%	23%	8%
德州工业*（Chaparral 钢铁）	1.0	12	22	12	8
国家钢铁♀	3.1	7	27	6	7
USX-US 钢铁♀	6.8	10	21	7	6
Bethlehem 钢铁♀	4.7	负数	28	3	负数
LTV♀	4.3	11	18	3	1
西北钢铁*	0.6	2	71	7	负数
行业中值	1.9	10%	30%	8%	3%

* 微型钢厂。

♀ 一体化钢铁制造商。

资料来源：*Forbes*，January 12，1998，pp.196–97.

奋、敬业的员工。这些因素还使钮科在厂址选择中掌握了主动，只在税收制度有利于企业增长、政策法规不强制公司必须设立工会的州建立工厂。截至1998年，钮科及其子公司共有9家企业，建立了25个工厂。这些企业包括：

钮科钢铁公司(Nucor Steel)

产品：板材、棒材、角钢、轻结构碳钢和合金钢。

工厂：南卡罗来纳州达灵顿；内布拉斯加州诺福克；德克萨斯州诸伊特；犹他州普利茅斯；印地安那州克罗福斯韦尔；阿肯色州希克曼；南卡罗来纳州悦峰。

钮科—大和钢铁公司（Nucor-Yamato Steel Company)

产品：宽缘钢梁、钢桩、重型钢材。

工厂：阿肯色州布里兹维里。

沃工公司（Vulcraft)

产品：建筑用钢梁、钢面板。

工厂：南卡罗来纳州佛罗伦萨；内布拉斯加州诺福克；阿拉巴马州佩恩塞；德克萨斯州葡兰德；印地安那州圣乔；犹他州伯明翰市。

钮科冷加工钢铁公司（Nucor Cold Finish)

产品：制轴用冷加工精整钢材、精密零件。

工厂：内布拉斯加州诺福克；南卡罗来纳州达灵顿；犹他州伯明翰市。

钮科紧固件公司（Nucor Fastener)

产品：标准六角钢螺钉、六角螺栓、内六角螺钉。

工厂：印地安那州圣乔；阿肯色州康维。

钮科轴承产品公司（Nucor Bearing Products, Inc.)

产品：未抛光和半抛光汽车钢轴承、钢零部件。

工厂：北卡罗来纳州韦尔森。

钮科建筑系统（Nucor Building Systems)

产品：金属建筑、金属建筑构件。

工厂：印地安那州滑铁卢；南卡罗来纳州天鹅海。

钮科抛光球公司（Nucor Grinding Balls)

产品：抛光钢球，用于采矿业加工矿石。

工厂：犹他州伯明翰市。

钮科线材公司（Nucor Wire）
产品：不锈钢线材。
工厂：南卡罗来纳州兰卡斯特。

战　略

钮科的战略聚焦在两个核心竞争力上：经济建厂和高效运营。公司的特色是持续性创新、现代化设备、个性化客户服务以及对优质低价的承诺。钮科在行业内率先采用了大量新产品和创新工艺，其中包括薄板坯连铸钢、碳化铁和不锈钢线材直接浇铸技术。

1998 年，钮科生产的钢材种类超过了美国其他任何一家钢铁公司——不仅在钢筋之类的低端钢材（非扁钢）领域，而且在高端钢材（扁钢）领域，如洗碗机、洗衣机和烘干机用的电机叠片钢，以及汽车触媒转换器和排气系统用的不锈钢。

钮科的主要客户群是建筑行业（60%），汽车和家用电器行业（15%），石油、天然气行业（15%），一些零星用户分享了其余 10%。公司的全部低端钢材（占总产出的 50%）均由钢铁服务中心分销。公司的高端产品（其余 50%）则直接销售给原始设备制造商（OEMs）、装配商或终端用户。

钮科规定财务杠杆比率不得超过 30%。1997 年，财务杠杆比率为 7%。公司不信奉并购，相反，却致力于内生型增长。公司虽多元化经营，但不打算超出钢材及其相关产品的范围。

组织结构

一般的《财富》500 强公司都设置了 10 级或 10 级以上的管理层级。相比之下，钮科的组织结构是分权式的，只设有如下四级管理层：

董事长/副董事长/总裁
副总裁/工厂总经理
部门经理
工　长

"我们采用了非常扁平的组织结构，"总裁兼 CEO 约翰·科伦蒂说，"在公司流传着一个标准笑话：如果你是一个门卫，只要晋升 5 次，你就坐上科伦蒂的宝座了。如果您看一下一般的组织结构图，您会看到一个典型的金字塔。但是，如果您看一下我们公司，就得把金字塔倒过来——不是 6 800 名员工为我工作，而是我为 6 800 名员工工作。"[2]

1998 年，钮科的董事会只有 6 名董事：现任董事长、总裁、首席财务官及三名退休的执行官。只有 22%的员工（包括文秘人员）在公司总部工作，总部设在一幢朴素的建筑内，与一个购物中心隔街相望。其他所有员工都在公司的 25 家工厂，平均每家工厂雇佣了 250~300 人。

每个工厂的总经理都被赋予了很大的自治权，每个工厂实质上就是一个独立运营的企业。工厂既可以从钮科的其他工厂采购，也可以从外部市场采购。由于日常决策可以就地进行，沟通渠道畅通且为非正式的，所以问题可以迅速得到解决，无需坐等总部的决策。"我们完全自治，"一个工厂的总经理说，"这意味着我们与钮科其他工厂所做的工作相同。同一套计算程序，公司可能要开发 6 遍。但是，地方自治的优势无与伦比，我们认为值得。"[3]艾沃森指出，自治的优势之一就是提高了经营效率。"公司没有一个工厂与总部同在一城，即北卡罗来纳州夏洛特，"他说，"如果工厂与总部同在一城，我们总部的人就往往会去提建议，浪费他们的时间。若一个总经理在夏洛特经营工厂，他会觉得像多了一个婆

2. Richard Franklin, "An Interview with John D. Correnti, President and CEO, Nucor Corporation," *The Wall Street Corporate Reporter*, September 9–15, 1996, p.20.

3. Ken Iverson, *Plain Talk* (New York: John Wiley & Sons, 1998), p.27.

婆。”[4]

从艾沃森的其他谈话中，我们还可以体会到公司对试验的包容和勇于承担风险的精神：“我们努力让员工理解，我们不是所罗门王，可以无所不能。我非常喜欢我们常说的一句话：‘优秀的管理者也会做糟糕的决策。’我们认为，如果找一个普通人，放在管理岗位上，他所制定的决策会有50%是好的，50%是差的。而一个优秀的管理者所制定的决策也不过有60%是好的，这意味着40%的决策还有待提高。我们不断地提醒员工，他们有义务让管理者知道，还有40%的决策可以做得更好……关于决策，我想补充的只有一点，要吃一堑，长一智。”[5]

在1998年的一次访谈中，艾沃森说：“如果不冒一定的风险，管理不会出效益。最近，我们正在考虑将几百万美元投入新的工艺，应用这一工艺可以在加工前除掉全部铁锈。以往我们采用酸处理方法，但是，或许电解的方式效果更好、速度更快、成本更低……我喜欢公司里浮动着奇思妙想（就像这个），否则我将无法忍受。”[6]

人力资源政策

钮科在招聘员工时十分挑剔，它可以从大批储备求职者中挑选。艾沃森指出，“达灵顿（南卡罗来纳州）的工厂需要8名员工，我们就在小城的周报上刊登一则小广告：‘钮科钢铁公司招聘员工，星期六早晨8:30接受求职申请’。当我们去面试时，竟有1 200人在工厂排队。我们甚至都挤不进工厂，到不了人事部门……最后，我们只好请来了当地警察，说：‘麻烦你们务必采取措施。我们这里出现了交通拥堵’。值班警察却说：‘我们也无能为力，因为我们自己也有三个警察去应聘了！’”[7]

钮科的员工关系建立在以下四个原则上：

1. 管理者管理钮科的方式应保证员工“人尽其才、按劳分配”。
2. 员工应坚信：只要尽职尽责，就有工作保证。
3. 尊重员工权利、善待员工。
4. 员工遭受不公待遇，应有上诉渠道。

作为公平承诺的一部分，钮科公司建立了员工投诉程序。如果觉得上级处置不公，任何一个员工都可以要求审查。员工的不满可以一直递交到总经理一级，如果员工仍然不满，还可以递交到总部管理层，要求最后审理。

总经理要举办几次年宴，每次25~100人，与每位员工见面。这一形式为员工提供了一个讨论调度、设备、组织和生产问题的机会。讨论问题的基本规则很简单：所有的评论都要围绕企业，而不是人身攻击，管理者要悉心听取每一条批评，并采取切实行动。就像传统的新英格兰市民大会一样，形式是自由的、开放的。每年的主题也迥然不同，有时宴会甚至持续到深夜。

钮科员工关系的另一个主要方面是公司承诺在经营萧条时不裁员。钮科不在萧条期裁员（如一般行业惯例），而是采取减少工作周的方法。一家一体化钢铁公司的前员工说：“在钮科，冷轧厂的经理曾经说过，几乎全部技术革新都来自操作工和工长。而在我以前的工厂，操作工都不愿意提出技术革新，因为害怕采用新技术后会取

---

4. Ken Iverson, *Plain Talk* (New York: John Wiley & Sons, 1998), p.37.
5. F. Kenneth Iverson, “Effective Leadership: The Key Is Simplicity,” in Y.K.Shetty and V.M.Buchler, eds., *The Quest for Competitiveness* (New York: Quorum Books, 1991), p.287. Quoted in pankaj Ghemawat and Henrions J. Stander, “Nucor at Crossroads,” Harvard Business School Case, 1984, pp.8–9.
6. “The Art of Keeping Management Simple,” interview with Ken Iverson, *Harvard Management Update*, May 1998, p.7.
7. 同上，第2页。

消别的工人的岗位。”[8]

钮科的劳工队伍没有组建工会组织。钮科钢铁公司阿肯色州希克曼工厂的一名员工说出了大多数员工的看法：“为什么钮科没有建立工会组织？我认为有两个理由。第一，根本不需要。钮科非常善待公司员工。公司的工资和福利都是一流的。公司从未无缘无故地解雇过员工，也没有临时裁员。钮科召开月度职工大会、举行年度晚宴、进行员工调查，认真倾听公司员工的心声。我们完全不需要工会的调解……第二个原因是我们都团结一致。我们不愿制造分裂，我们不需要敌人。我们自己内部就可以通过对话解决我们自己的问题。”[9] 艾沃森曾提到这种方法的效果：“人们喜欢在这里工作。例如：工会组织者最后一次来达灵顿时，我们不得不派管理者去保护散发宣传册子的工会人员。”[10]

薪 酬

钮科为员工建立了与业绩挂钩的薪酬制度。公司有四种薪酬计划，都具有目标激励特点，每名员工都适用其中一种计划。

1. 生产激励计划

这项计划覆盖钮科的大部分员工。公司依照这项计划，给直接从事制造活动的员工发放周奖金。核发标准根据实际产量与预期产量对比而定。只有符合质量标准的工作才发放奖金，奖金与工作班组挂钩，而不是个人产量（每个工作班组有 25~40 名工人）。一旦确定了标准产量，就不再修订，除非由于工作班组外部的原因或生产工艺发生了显著变化。奖金与出勤率挂钩。如果由于一名工人的出勤率问题导致工作班组没有实现周产量目标，那么班组成员就都不能获得该周的奖金。“这种奖金制度十分苛刻”，艾沃森说，“如果你迟到了，即使只迟到了 5 分钟，你也会丢掉当天的奖金。如果你迟到了 30 分钟，或者因生病或其他什么原因缺勤了，你就丢掉了该周的奖金。现在，我们准许每年享受 4 天豁免日，因为人们难免要修房子，或者妻子要生孩子，但是只有 4 天。”[11]

维修人员分派给每个班次，他们分享该班次其他操作成员的奖金；如果设备停工，就不发放奖金。工长也属于工作班组，奖金与所监管的员工一样。每个工作班组的周产量和周奖金都展示在工厂正门入口。虽然没有上限，但生产激励奖金一般平均为基本工资的 80%~150%。

艾沃森举了一个例子，说明这项激励计划如何运作：“在钢厂，共有 9 个奖金班组：3 个熔铸工作班组、3 个轧制工作班组、3 个加工和运输工作班组。就拿熔铸班组来说吧，我们制定的基数是每小时 12 吨钢坯：超过基数，班组成员就获得每小时每吨 4%的奖金。因此，如果某个星期班组每小时生产了 32 吨——这并不高，就可以获得 80%的奖金。把正常工资、加班工资等都加起来，再乘以 80%，就是奖金——我们在下一周连同正常工资一起发放。[12]

2. 部门经理激励计划

钮科的部门经理监管工长，并向工厂的总经理直接汇报。部门经理发放年度激励奖金，核发标准根据其所在工厂的整体业绩而定。这里所要评价的目标业绩标准是资产收益率。每个工厂都作为一个独立的经营单元，所有工厂的业绩目标

---

8. Anthony Edwards, "How Efficient Are Our Work Practices?" *New Steel*, July 1996, p.31.

9. Claude Riggin, "Freedom and a Hell of a Lot More at Nucor," Newsfront column, *New Steel*, July 1996.

10. "Steel Man Ken Iverson," *Inc*, April 1986, pp.41–42.

11. 同上，第 44–45 页。

12. 同上。

都一样：工厂所占用资产的资产收益率为25%或25%以上。近些年来，奖金平均为基本工资的82%。

3. 非生产、非部门经理激励计划

所有未被生产激励计划或部门经理激励计划覆盖的员工，包括会计、工程师、文秘、办事员和前台接待，基本都根据每个工厂的资产收益率计发奖金。奖金总计可达员工基本工资的25%以上。各个工厂每月都收到一张表，列示截至目前的资产收益率。这张表连同奖金发放情况表张贴在员工食堂或休息室。这样，在一年中，员工就可以估计全年预期奖金水平。

4. 高级管理人员激励计划

“高级管理人员”包括公司所有执行官和工厂总经理。钮科的高级管理人员不签订雇佣合同，也不参与任何利润分享、养老金或退休计划。高级管理人员的基本工资普遍低于同类公司的高级管理层。高级管理人员只有一种激励薪酬制度，是基于超过最低收益水平的股东权益收益率。一部分税前收益留作奖金池，由高级管理人员分享。如果钮科经营得好，高级管理人员的奖金可能高达基本工资的几倍，以股票（约60%）和现金（约40%）的形式发放。如果钮科经营得差，高级管理人员的薪酬就只有基本工资，因此，会显著低于同等职位的平均工资。

在20世纪80年代的不景气时期，艾沃森被冠以“薪酬最低的《财富》500强CEO”称号。但他却不以为然，反而把它视为一项荣誉。“在那一段时期，我们不得不缩短为每周4个工作日，甚至3个半工作日，当我在工厂走动的时候，却从未听到一个员工抱怨”，他说：“他的工资或许削减了25%，但是他知道部门经理削减得更多，而高级管理人员削减得甚至还要多。我把这称为‘共担风雨’计划……我想1980年我挣了43万美元。而1982年，我只挣到了10.8万美元。管理层应该最大幅度地削减工资，因为他们承担着最大的责任。”[13]

信息系统

各个工厂每周都要向总部报告以下六个经营变量的数据：价格、订单、产量、原料储备、产品存货以及发货量。这些数字综合起来可以反映工厂的基本经营状况。全部25个工厂的数字汇总在一张A4的纸上。每个工厂还要提交第二份周报告，比较本周与上一周的六个变量的数字，以及最近13周与去年同期的数字。全部25个工厂提交的第二组数据将汇编成一份四页的报告。这样，25个工厂的周经营数据就全部汇总在了五页纸上，供公司审查。

各个工厂还要提交一份月报，比较销售收入、成本、贡献率和资产收益率的实际和预算数字。

艾沃森对钮科的信息系统设计曾做出如下评论：“我们不会查究工厂总经理，也不会让他们提交连篇累牍的报告来解释各项行动。但是，这并不表示我们不关心。只授权而不要求信息反馈就等于自杀……简而言之，我们不仅努力获取必要信息，而且同样努力地简化报告，避免‘信息超载’。很多管理者似乎都疏忽了信息超载和过度控制之间的联系。但是，他们之间的联系的确是显而易见的。无论信息太多，还是信息太少，都会将你置于同样的境地——你不知道发生了什么。如果你不知道发生了什么，你就很难置身事外。告诉下属‘相信你的直觉’，并真正做到绝非易事。”[14]

所有工厂的总经理每年与总部管理层召开三

---

13. “Steel Man Ken Iverson,” *Inc*, April 1986, p.44.

14. Iverson, *Plain Talk*, pp.37-39.

次集体会议——分别在 2 月、5 月和 11 月，评估各个工厂的业绩，计划未来几年和几个月的经营。此外，各个工厂的详细业绩数据也会定期下发给所有工厂总经理。工厂总经理和机器操作工通常还会互相参观彼此的工厂。

福　利

钮科公司实行人人平等的员工福利制度。高级管理人员不享受专用汽车、专用飞机、专用餐厅或者专用停车场之类的传统特权。“我们公司的食堂就是街对面的快餐店‘Deli’。”艾沃森说道。[15] 公司全体员工都乘坐经济舱，包括肯尼斯·艾沃森在内。有些福利，如利润分享和奖学金计划、员工持股计划、贡献奖，钮科的高级管理人员都无权享受。全体员工享受统一的节假日和保险计划；全体员工，包括 CEO 在内，统一佩戴绿色安全头盔（在一般的制造业公司，不同地位或工龄的员工要佩戴不同颜色的安全帽，CEO 通常都佩戴镀金的!）。钮科的每份年报都在封面按字母顺序列示了全体员工的名字。

公司专为高级管理层级以下的员工制定了一项利润分享计划，每年最少留存钮科税前收益的 10%。其中大约 15%~20%作为现金利润分享在下一年的 3 月发放给员工。剩余部分建立一个信托，根据员工收益占钮科收益总额的百分比分配给员工。员工本身无需向利润分享计划缴款。员工服务满 7 年就可以享受该计划，在退休或终止雇佣合同时领取。在 20 世纪 90 年代，有几名员工在信托中的公积金高达 30 万美元。

钮科建立了一个月度员工持股计划，其特点是公司相应缴款 10%。还有一个 401 (k) 退休储蓄计划，公司缴款占员工缴款的 5%~25%，具体根据公司的股东权益收益率而定。此外，员工每工作年满 5 年，就可以获得 5 股钮科公司普通股；同时，员工还享受标准医疗、牙科、工伤和人寿保险以及标准节假日。

钮科的福利计划也验证了公司的教育承诺。在岗培训是一项政策，培训员工掌握多项技能。钮科奖学基金奖励在高中毕业后继续高等教育或职业培训的员工子女，为期4 年，每年 2 200 美元。1996 年，该计划共资助了 600 多名学生，分别在 200 多家教育院校学习。据科伦蒂称，虽然这些奖学金每年要花费钮科约 130 万美元，但是却为钮科赢得了不可估量的声誉。“这使钮科成为人们茶余饭后谈论的话题”，他说，“它建立了员工的忠诚……我们的员工流动率微乎其微，我们甚至都不屑计量它。”[16]

钮科鼓励员工把朋友和亲戚介绍到公司工作。正如一位行业观察家所说的，“事实上，对于现有员工而言，钮科往往意味着侄子、叔叔、表姐，还有其他亲戚。”[17]

技　术

钮科并没有正式的研发机构、公司工程技术组或者首席技术官。相反，钮科依赖于设备供应商及其他公司进行研发，来进行技术革新——无论是钢铁制造方面的，还是装配方面的。由管理者、工程师和操作工组成的团队决定采用哪项技术。

一体化钢铁公司用鼓风炉炼钢。1969 年，钮科在南卡罗来纳州达灵顿建厂时成功地采用了“微型厂”概念，它最先形成于欧洲和日本。与一体化钢铁公司不同，微型厂不是从铁矿石开始，而是用小型电炉把废钢转化为成品钢。钮科按公开市场价格从第三方经纪人那里购买废钢。在钢铁业的非扁钢商品市场中（建筑用钢筋；管

---

15. 同上，第 59 页。

16. Franklin，“An Interview with John D.Correnti，”p.19.

17. Joseph A.Maciariello，*Lasting Value*（New York：John Wiley & Sons，2000），pp.140–141.

道、钢轨和螺钉用棒材)，微型厂比一体化钢铁制造商更具成本优势，最终把后者赶出了钢铁业的低端市场。

但是，直到20世纪80年代中期，微型厂才开始生产汽车和家用电器所要求的扁钢，先前这一高端市场一直由一体化钢铁制造商所垄断。于是，在1987年，钮科创造了历史，建立了第一家能够生产扁钢的微型厂（在印地安那州克罗福斯韦尔)，从而打进了钢铁业的高端市场。

在克罗福斯韦尔工厂，钮科把赌注压在一家西德公司（SMS Schloemann-Siemag）开发的薄板坯连铸技术上。来自100多家钢铁公司的工程师参观了SMS公司，考察这项技术。薄板坯连铸技术已经小规模试验成功，但是尚未在商业上得到证明。尽管如此，钮科毅然与SMS签订了非排他性合同，并附加了技术回流条款，获得了技术使用权，并率先采用了这项工艺。钮科在克罗福斯韦尔工厂的投资约为公司1987年净收益的5倍，实际上相当于当年股东在公司的全部股东权益!

到1997年，钮科已经又建了两家微型厂(分别在阿肯色州希克曼和南卡罗来纳州查理斯顿)，两家工厂均采用薄板坯连铸工艺生产扁钢。同样生产薄板坯连铸扁钢的第一个竞争厂商直到钮科实现创举8年之后的1995年才出现。

在1987年，钮科本着对技术卓越的执著追求，建立了钮科—大和钢铁公司，它是钮科与日本大和工业公司(Yamato Kogyo）的合资厂。大和工业公司采用自己的连铸技术在美国经营一家生产结构钢的钢厂。

几年后，钮科开始注意到其他几家公司建立的微型厂可能会大大抬高废钢的价格，甚至致使废钢完全断货。为了防范这种可能性，公司于1994年在西印度群岛的特立尼达建立了一家工厂。这家工厂成功采用了一项商业上尚未论证的技术，生产碳化铁——一种废钢的替代品，并向克罗福斯韦尔的扁钢厂供应。但是，在1998年，钮科论证了从特立尼达工厂供应碳化铁不经济，便关闭了该厂。

除了建立新厂外，钮科还致力于不断改造现有工厂，使其现代化。钮科的经营理念是每年至少新建和改建一个工厂，如果改建就彻底改建，而决非只是“在老厂新装几个管道”。在新建或改建工厂时，公司不依靠外部承包商，而是把设计和工程管理责任交给从钮科现有工厂中挑选的几个工程师。例如：在决定在阿肯色州布里兹维里的钮科—大和公司建第二个轧钢厂之后，钮科就派第一个工厂的熔炼车间的工长协调第二个工厂熔炼车间的设计和建设。让我们听听这个熔炼车间的工长格雷格·马西斯怎么说吧，“他们把全部担子都压在我肩上——计划、设计、外包、预算……我是说，这不是开玩笑，我们要干的是几百万美元的投资，而我要全权负责。不过结果还不错……因为，根据我们运转第一条生产线的熔炼车间的经验，我和我的团队都清楚什么不该做。”[18]

而且，工厂的实际建设也是由当地的工人承担，他们都知道日后他们也会应聘到工厂的。

艾沃森解释了这种技术管理方法背后的道理：“我们承认大约半数的新创意和新技术投资都不会产生有用的结果……钮科的每个工厂都有一个小型仓库，存放购置的、试运转了而后又报废了的设备。我们从所谓的‘失败’中获得的知识会引领我们走向辉煌的成功……我们让员工投资技术。大多数技术都是由工厂的员工确定和选择的。技术太多，进步太快。仅凭一小群管理者，是不可能面面俱到的。”[19]

1991年，布什总统授予艾沃森“国家技术奖章”，这是美国对技术成就和创新的最高奖。

18. Joseph A.Maciariello，*Lasting Value*（New York：John Wiley & Sons，2000)，pp.89-90.

19. 同上，第5、96、150页。

未 来

对于艾沃森而言，荣获“国家技术奖章”并不是顶峰，而是沿途的路标。“我们（未来）的最大挑战就是保持每年 15%~20%的增长，并使收益同步增长”，他说。“企业就像一朵花：要么盛开，要么凋谢。”[20]

思考题

1. 为什么钮科经营得这么好？
   a. 是因为钮科所处的行业吗？
   b. 是因为“微型厂”效应吗？
   c. 是因为市场的作用（规模经济）吗？
   d. 是因为分销渠道优势吗？
   e. 是因为原材料优势吗？
   f. 是因为技术优势吗？
   g. 是因为地理位置优势吗？
   h. 是因为品牌建设的结果吗？
   i. 是因为钮科所选择的独特战略吗？
   j. 是因为钮科执行战略的能力吗？
2. 在钮科的组织和控制方法中，哪些是能解释公司成功原因的最重要的因素呢？钮科的组织和控制机制与公司战略要求契合得如何？
3. 钮科成功的一个关键因素是调动两类知识的能力：建厂经验和制造工艺。什么样的机制使钮科有效运用管理知识？
   a. 哪些机制有助于公司在各个工厂积累这两类知识？
   b. 公司内部存在哪些机制协调 25 个工厂分享这些知识？
   c. 钮科怎样把知识转化为乡间原野上的新厂？
4. 钮科反复证明了其率先成功采用新技术的能力。公司的组织和控制方法对这种“表率”优势做出了怎样的贡献？
5. 您希望在钮科工作吗？
6. 为什么时至今日竞争者都无法效仿钮科的业绩？

20. “The Art of Keeping Management Simple,” Interview with Ken Iverson.

案例1–2

沃尔玛

1962年，沃尔玛第一家商店在阿肯色州的罗杰斯开业，创始人是山姆·沃尔顿。17年后，沃尔玛年销售收入跃升为10亿美元。截至2005年1月底，沃尔玛商业连锁公司（简称“沃尔玛”）是世界最大的零售商，销售收入达2 880亿美元(财务数据比较参见图表1)。在1995年，沃尔玛并不销售杂货；到2005年，公司已经成为美国超市中的领军者。沃尔玛是世界最大的私人雇主。驱动沃尔玛供应链和物流的信息技术是最强大的，仅次于美国五角大楼的计算机应用能力。公司拥有20多架飞机——供管理者巡视遍布世界各地的商店。沃尔玛的管理者乘公司自有飞机飞行的里程，可以使沃尔玛与一个中型商用航空公司相媲美。沃尔玛在美国拥有最大的私有卫星通讯网络，比任何一家网络电视播放的节目都多。[1]

图表1　选定公司的财务数据比较

	5年平均：1999~2004				
	Wal-Mart	Home Depot	Kroger	Costco	Target
股东权益收益率（百分比）	21.2	19.7	20.1	13.4	17.3
销售收入增长率（百分比）	11.6	13.7	4.5	11.9	6.8
经营收益增长率（百分比）	11.1	15.9	(13.8)	10.0	13.3
	2004年数据				
销售收入（十亿美元）	288.2	73.1	56.4	48.1	46.8
占销售收入百分比：					
销售成本	76.3	66.6	74.7	87.5	68.7
毛利润边际	22.7	33.4	25.3	12.5	31.3
销售和管理费用	17.8	22.6	20.0	9.6	20.9
经营收益	5.9	10.8	1.5	2.9	7.7
净收益	3.6	6.8	(0.2)	1.8	6.8
存货周转率	7.5	4.8	9.8	11.3	5.9
股东权益收益率（百分比）	23.2	22.1	(2.5)	12.8	15.6

本案例由达特茅斯塔克商学院的维杰伊·戈文达拉扬教授和朱丽·兰（塔克商学院93级学生）编写。

资料来源：**The Quest for Global Dominance: Transforming Global Presence into Global Competitive Advantage** by Vijay Govindarajan and Anil K. Gupta © 2001 by John Wiley & Sons,Inc. Chapter 4. **What Management Is: How it works and why it's everyone's business** by Joan Magretta, © 2002 The Free Press. **Sam Walton, Made In America:** My Story by Sam Walton,© 1992 Doubleday. http://www.walmart.com

1. “Wal Around The World,” *The Economist*, December 6, 2001; and “Can Wal-Mart Conquer Markets Outside The US,” Financial Times, January 7, 2003.

沃尔玛在美国的制胜之道是以低价销售品牌产品。每周约有 1.38 亿位顾客光顾沃尔玛在世界各地的商店。公司在世界各地雇佣了 160 万名“加盟者”（沃尔玛对员工的称呼），在美国拥有 3 700 多家店，在墨西哥、波多黎各、加拿大、阿根廷、巴西、中国、韩国、德国和英国拥有 1 600 多家店（第一家国际连锁店于 1991 年在墨西哥城开业）。沃尔玛还获得了日本零售连锁店西友百货（Seiyu）[2] 38%的控股权，目的是为了在世界第二大市场抢占一席之地，估计约为 1.3 万亿美元。

2002 年，沃尔玛被授予“罗恩·布朗企业领导力奖”——为在员工和社区关系方面成就卓著的公司颁发的总统奖。2004 年，《财富》杂志把沃尔玛列为“最受尊敬的公司”排行榜之首，第二年该公司同样榜上有名。

到 2005 年，沃尔玛在美国零售商店业占有 8.9%的市场份额。简单地说，美国人在零售商店每消费 100 美元，就有 8.9 美元是在沃尔玛消费的。沃尔玛拥有近 3 000 家供应商，其中包括宝洁、Clorox[3]、强生。尽管沃尔玛已经成为消费品生产商的最大客户，但是它有意确保自己不过于依赖任何一个供应商。任何一个供应商在沃尔玛的总体采购数量中所占的份额都不会超过 4%。为了提高供应链的效率，沃尔玛还劝说供应商与其商店进行电子链接，以适应最新的供应链技术，如 RFID，它可以加强存货的监控和管理。

沃尔玛在商店扩张中采用了“市场饱和”战略，标准是能够在一天内从配送中心驱车到达商店。配送中心都经过战略布局，以便能最终在一天内服务 150~200 个沃尔玛商店。商店尽量拉开距离，但是仍在距配送中心一天的车程范围之内。这样该地区就围绕配送中心形成一个饱和布局。每个配送中心都一天 24 小时运转，利用激光导引的输送带和 CDL 技术，在一边接货，同时在另一边供货。沃尔玛的配送系统效率极高，因而配送成本仅占销售收入的 1.3%，相比之下，紧随其后的竞争者已高达 3.5%。

公司拥有一个运输队，配备了 6 100 多辆卡车，雇佣了 7 600 多名货车司机，是美国最大的货运公司（大多数竞争者都外包货运）。沃尔玛实施了一套卫星网络系统，从而使信息得以在遍布各地的商店网点、配送中心和供应商之间分享。卫星网络系统可以合并订单，从而使公司可以整车采购，不用发生存货成本。

在创立初期，沃尔玛的经营战略是在农村小城镇建立大型折扣商店。相比之下，竞争者，如 Kmart，则定位在拥有 50 000 以上人口的大城镇。沃尔玛的营销战略是保证“天天平价”来吸引顾客。传统的折扣零售商则依赖于广告“打折”。

管理系统

每个商店都是一个投资中心，根据利润与存货投资之比进行评估。公司采用电子手段实时收集、分析并传送 5 300 多家商店的销售收入、费用、利润和损失等数据，迅速揭示一个地域、一个地区、一个商店、商店的一个部门、部门的一件商品的销售状况。这些信息使公司可以降低断货，对出货速度慢的商品降价，以及最大化存货周转率。公司参照 5 300 家中“出类拔萃”的商店的数据改善“问题”商店的经营。

零售商的一项重大成本是商店的盗窃行为。针对这个问题，沃尔玛制定了一项政策：若一个商店的盗窃行为较之行业标准下降了，则由此形成的节约，商店的员工可以分享其 50%。

在沃尔玛成立初期，山姆·沃尔顿实施了一项程序，要求商店管理者登记“昨日最佳”台

2. 译者注：日本第四大连锁超市。

3. 译者注：《财富》500 强公司。成立于 1913 年，总部位于美国加利福尼亚州。在纽约证券交易所上市（公司代码：CLX）。公司制造和销售家用清洁产品。

账。虽然形式较直接，但却能追踪日销售业绩，并与上一年的数字进行对照。沃尔顿回忆说："我们的确力争成为最好的经营者——最专业的管理者……我始终想成为经营者的典范，希望经营好，更好，尽可能最好。"[4] 他的组织确实是一个"店中店"，鼓励部门经理肩负起责任，激励他们勇于创新。成功的经验总会得到认可，并普及到其他商店。例如"迎宾员"制度，即在商店门口欢迎顾客的职员。迎宾员不仅能提供个人服务，而且他们的出现还起到了减少盗窃的作用。"三米微笑原则"是沃尔顿鼓励的另一项顾客服务方式。当这位创始人巡视商店时，他要求职员做出承诺，他说："我希望你们承诺，在距离顾客三米以内时，都要注视着顾客的眼睛、问候他并问他需要什么。"[5]

为了回馈员工的忠诚和奉献，沃尔顿在 1971 年开始实行利润分享计划。"每位员工，只要在沃尔玛至少工作了一年，至少每年工作 1 000 小时，都有资格享受该计划"，他解释说，"利用一个基于利润增长的公式，公司根据每位员工的工资的一定百分比向利润分享计划缴款，加盟者在离开公司时就可以领取，可以是现金，也可以是沃尔玛的股票。"[6] 在 2005 会计年度，沃尔玛的缴款额总计达 7.56 亿美元。

沃尔玛还为员工制定了几项其他政策和计划：激励奖金；折价购股计划；公司内部晋升计划；工资增长与业绩而不与工龄挂钩；公开透明政策。

沃尔玛的创始人山姆·沃尔顿崇尚节俭。尽管是个亿万富翁，但他仍然开着一辆破旧的老式卡车，乘坐经济舱。他把节俭精神注入了沃尔玛的血液。

讨 论

1. 沃尔玛的战略是什么？ 沃尔玛建立竞争优势的基础是什么？
2. 沃尔玛的控制系统怎样促进了公司战略的执行？

4. Joan Magretta，*What Management Is：How It Works and Why It's Everyone's Business*（The Free Press，2002），189.

5. http：//www.walmart.com.

6. Sam Walton，*Sam Walton，Made In America：My Story*（Doubleday，1992），132.

案例1-3

施乐公司（A）

埃尔·森特在施乐工作了25年之后，于1990年达到了职业的顶峰——出任财务副总裁。一位主管说：“从许多方面来讲，埃尔都可谓是施乐公司的产物，自信而且率直。对于施乐财务人员必须在公司新文化推行中起的作用，他十分坦率。埃尔坚信企业财务总监应该积极参与决策。”埃尔清晰地记得20世纪70年代，那是个分析的时代，人们更注重精确、严格的系统，而不是倾听客户。财务总监都是数字型的人，对数据或分析乐此不疲。在那个时代，一些优秀的人员离开了公司，而施乐却面临着新的竞争者争夺市场份额。值得庆幸的是，在20世纪80年代质量文化的革命中，公司发生了转变。但是，人们永远不满足于历史成就，埃尔又有了新的计划，继承并发扬在过去10年中开创的工作。据埃尔说：

> 控制职能的发挥必须与各级管理者配合，这样才能增加产品价值。我们必须积极参与管理决策。而实现的惟一途径就是聚集思想开放、训练有素的一流人才，站在信息技术的最前沿。财务部门必须与营销和技术部门合作，并明确其增加的价值。如果我们不能增加价值，那么我们就不属于施乐。我们的财务团队甭提多棒了。我们彼此信任，财务总裁委员会（Financial Executive Council）在公司普遍受到高度尊重。我时刻关注世界级的财务组织，寻求创意。我看的越多，对施乐的了解就越深。当然，我们知道，有些方面还有待提高，不过我们正在解决。

公司背景

施乐——文件处理专家，是一家服务于全球文件处理和金融服务市场的跨国公司。施乐在全世界130多个国家开发、制造和销售复印机、传真设备、扫描仪、工作站、计算机软件、耗材及其他相关设备。施乐的金融服务业务包括保险、设备融资、投资及投资银行业。本案例聚焦在公司的文件处理业务上。

施乐是世界上成就辉煌的企业之一。从1946~1973年，施乐的销售收入年增长率超过了25%，收益的年增长率超过了35%。之所以创下如此惊人的纪录，要归功于施乐在普通纸复印机领域确立的霸主地位。在1959年，公司推出了革命性的914型普通纸复印机。这一代办公设备激发了复印业务的大爆炸，从1957年的每年2 000万页，猛增至1965年的95亿页。[1] 在1990年，世界复印业务超过了9 000亿页。

普通纸复印机的原始专利于1970年到期，这无疑向潜在的竞争者发出了邀请。在随后的10年间，美国公司（IBM和柯达）和日本公司（佳能、美能达及其他）纷纷进入大型和小型复印设备行业。图表1提供了施乐公司在过去30年的

1. 这些数据及其他相关信息均摘自施乐复兴之路中。参见 Gary Jacobson and John Hillkirk，*Xerox*：*American Samurai* (New York: Macmillan, 1986) .

图表 1 施乐公司财务佳绩（百万美元，每股和员工数据除外）

	1991	1990	1989	1980	1970	1960
销售收入						
文件处理业务	13 819	13 583	12 431	8 037	1 690	40
施乐总计	17 830	17 973	17 229	8 037	1 690	40
净收益						
文件处理业务	537	549	488	553	192	3
施乐总计	454	243	704	565	192	3
财务状况（施乐总计）						
流动资产	21 766	20 178	18 253	3 515	842	15
资产总额	31 658	31 635	30 088	7 514	1 929	56
长期负债	6 247	7 149	7 511	898	382	5
股东权益	5 140	5 051	5 035	3 630	918	29
普通股每股净收益（美元）	3.86	1.66	6.41	6.69	2.33	0.13
普通股每股股利（美元）	3.00	3.00	3.00	2.80	0.65	0.05
年末员工数量（文件处理业务）	100 900	99 000	99 000	117 247	59 267	2 973

财务佳绩。

在这一迅速增长的时期，施乐建立了全球经营网络。施乐这个名字的创立者、施乐公司具有传奇色彩的董事长乔·威尔逊决定尽全速发展公司。[2]公司寻求能立即打入海外市场的外国合作伙伴。飞速发展、专利技术和独特营销方式（租赁合同而不是设备销售）都需要熟悉文化和市场的本地人。1965 年，施乐与兰克机构（Rank Organization PLC）达成 50/50 合资建厂协议，组建了兰克施乐有限公司（Rank Xerox Limited）。这使施乐得以进入欧洲、非洲和中东市场。1962 年，施乐与富士胶卷在日本建立了合作关系，创办了富士施乐公司（Fuji Xerox）。这使施乐得以进入日本和亚洲市场。与此同时，施乐还分别在中美洲和南美洲建立了分部，所有权结构依据国家和合作伙伴的不同而各异。

在 20 世纪 70 年代早期，施乐更多地关注于美国政府的反垄断诉讼案，而不是开辟国内外市场。直到 70 年代末，施乐才意识到严重的竞争问题。施乐在增长速度、收益和资产负债表方面具有明显优势，因而吸引了更多对其财务业绩满意的投资者。但是，施乐的经营管理者开始感觉到竞争压力。在 1970~1980 年期间，按美国复印机销售收入计，施乐的市场份额从 96%下降至 45%。日本公司侵入了低端和中端复印机市场，而国内竞争者则抢占高端设备市场。更让施乐管理层懊恼的是，日本公司竟然以施乐的制造成本价销售复印设备。

1982 年，大卫·科恩就任董事长。他深知市场份额的惨重损失。施乐的地位也不是容易撼动的，因为它不仅拥有强大的财力和先进的技术，而且维持着良好的客户关系。施乐制定了一项公司复兴计划，称为“质量先锋”。它建立在竞争标杆和员工参与之上。图表 2 列示了这项计划的核心特征，他们是施乐新的公司文化的基石。此外，施乐的高级管理层还着手改进

2. Jacobson and Hillkirk, *Xerox*, p.63.

图表 2　施乐培训教材节选

施乐质量战略——"质量先锋"

- 质量战略的基本原则就是满足客户需求。
- 质量的定义就是始终满足客户的需求。
- 计划始于领导的愿景，高级管理层来推动计划。但是，员工参与绝对是关键。员工是付诸实施的人，知道如何做到最好。培训和信息分享是"质量先锋"战略实施的关键。
- 质量是用于增强竞争力、提高组织效益的战略工具。既重过程，又重产品。
- 质量是一个长期过程，不仅要求持续不断的提高，而且要求管理者有耐心。
- 质量战略的三个主要构成因素是：

  1. 员工参与（EI）：利用质量圈、人员授权、石川鱼骨图[3]及其他工具解析问题的因果关系以及问题解决过程。
  2. 竞争标杆：确立内部业绩比较标准。推行最佳实践，以提高业绩。
  3. 质量改进过程：满足客户需求，审查所有内部程序，并不断改进。
- "质量先锋"战略是一套全面的综合经营过程。

竞争标杆

- 持续不断地对照最有力的竞争者或行业领军企业，衡量施乐的产品、服务和经营实践。
- 在各个领域保持领先地位——质量、产品可靠性、成本。
- 制定标杆是一种学习体验，要追踪并衡量最佳实践，制定未来目标。
- 员工参与也是整个"质量先锋"计划的有机组成部分，要与各业务单元的经营计划和战略密切联系。
- 它要求把竞争信息、实践、业绩整合进企业各个层级的决策和沟通职能。

管理过程中的繁文缛节。以往，公司的报告和计划过程是官僚制的，大多数管理者都不堪负重。更糟糕的是，各部门之间的报告格式甚至都不统一。施乐改进了管理信息系统，使报告格式标准化，从而解决了许多问题。

科恩在 80 年代扭转了施乐的败退局面，在 1991 年，他把公司帅印交给了保罗·阿莱尔。科恩的战略改变了施乐的公司文化，为施乐夺回市场份额、改善经营管理创造了巨大动力。战略的成功，在 1990 年的年报中就可见一斑。

文件处理业务成绩显著，具体如下：

- 在公司所服务的每个市场，客户满意度都显著提高。
- 销售收入增长了 9%，达到 136 亿美元，创历史纪录。
- 利润增长了 23%，达到 5.99 亿美元。
- 资产收益率提高了 2 个百分点以上，达到 14.6%。
- 创造了现金 11 亿美元。[4]

组织结构

重点放在 9 个事业部上，并辅之以 3 个按地理区域划分的客户管理事业部。这 12 个经营单元按 3 个运营群组织。施乐管理的焦点集中在业务管理层面，倡导市场与技术的有效结合。这些事业部对于满足客户需求具有终端到终端的责任。他们"……负责施乐所提供的产品和服务——研究、开发、制造、营销、销售、服务、

3. 因果图——译者注。

4. *Xerox 1990*, Annual Report.

管理全都天衣无缝地结合在一起，为客户更快更好地提供产品和服务……”[5]

财务和控制职能

在施乐，财务职能的核心是财务总裁委员会(FEC)。委员会由施乐主要经营组织的公司高级财务人员和首席财务官组成。委员会是在 20 世纪 80 年代针对财务高级管理层的目标成立的，即进一步改善财务管理、促进财务总裁的参与。据埃尔说：“……他们觉得财务管理人员（财务总监）应该参与经营单元的管理决策。这项行动的基本目的就是从一个会计政策团队转变为一个能为管理过程增加更多价值的团队。本着“质量先锋”战略的精神，财务工作不仅要求简化，而且要求重大修订。财务总裁委员会根据标杆研究制定了达到世界级财务管理的路线。”

请注意，财务总裁委员会是随着“质量先锋”战略和制定标杆活动的发起应运而生。施乐公司新的“质量先锋”文化要求一个具有主动参与精神的财务团队。价值增值概念的关键在于帮助各级管理者制定更明智的经营决策。此外，财务总裁委员会还是培养公司财务人才的核心机构。管理人员不仅认可委员会的优势和才智，而且在制定政策和战略时经常把它当作智囊团。

财务总裁委员会积极倡导在施乐的财务人员中建立互信。他们一般每季度召开两天会议，讨论广泛的财务和经营问题。会议是有序而轻松的。许多委员都已经在财务总裁委员会服务了 10 年之久，他们彼此都十分了解，能够无拘无束地表达观点和意见。在 20 世纪 80 年代组织和经营实践发生巨大变革的时候，这个团队设计了施乐的财务会计变革。公司财务总监，同时也是财务总裁委员会的发起成员之一的莱汉丹·萨奇德(以下称“萨奇”）曾发表过以下评论：“我们不清楚财务总裁委员会是如何发展演化而来的，但是财务不应再对各级管理者放马后炮了。我们可以选择做光荣的审计师，也可以选择在早期参与决策，成为管理过程的一部分。我们知道我们能够为管理过程增加价值，并为管理者提供有价值的分析和建议。现在，总经理都会倾听财务人员的意见，把他们当作智囊团，并保持着密切的工作关系。”

财务体制

在文件处理组织中，12 个经营单元的财务总监都直接（实线）向各经营单元的总经理报告。在受托职责、财务报告、职业发展方面，他们又与公司财务有虚线报告关系。施乐的文件处理财务体系是一种改良的矩阵式跨国体制，经营单元的财务总监既有实线报告责任，又有虚线报告责任。各事业部肩负着产品开发和制造的职责，管理本分部的全球业务。客户管理事业部按地理区域组织，管理客户关系。管理控制系统集中在 12 个经营单元的职责和执行上。

在各个经营单元中，还有多个子单元，比如制造工厂、配送和服务中心、销售部。每个经营单元都有各自的体制，子单元的财务总监直接向其总经理报告，并与经营单元的财务总监保持虚线报告关系。以下总结了全球文件处理运营体系。

事业部 正如上面所介绍的，各事业部负责其产品的全球业务的总体管理。

美国客户管理 美国客户管理根据与事业部签订的合同，为美国提供销售、服务和客户管理支持。他们从 9 个事业部购买文件处理及相关设备。

兰克施乐有限公司 这是与兰克机构共同建立的一个 51/49 的合资企业。施乐于 1969 年获得了多数股权，开始运营公司。兰克施乐在欧洲、非洲、

5. *Xerox 2000: Putting It Together*, a company document describing the organizational changes made in 1992.

亚洲部分地区为各业务分部销售文件处理及相关设备，并提供服务。兰克施乐这个法人实体还包括在欧洲建立的制造工厂。例如：在荷兰，他们不仅拥有广泛的销售网络，而且拥有一个重要的生产工厂，为包括美国在内的许多其他国家供应设备。在这种情况下，依照法律，这个工厂的经营结果要与兰克施乐的经营结果合并。但在业绩评价上，工厂则向事业部提供产品。因此，工厂的财务总监处在业绩组织矩阵的交叉点上。他与兰克施乐的 CFO 保持虚线报告关系，与工厂总经理保持实线报告关系。而工厂总经理则直接向办公文件产品事业部的 CEO 报告，并与兰克施乐业务分部的 CEO 保持虚线报告关系。

美洲客户管理　这个团队为各事业部在加拿大、中南美洲、中国大陆、中国香港销售文件处理产品，并提供服务。中南美洲的一些客户管理方式是与本地公司建立合资企业。但在每个合资企业中，施乐都控股并负责管理。

富士施乐　这是与日本富士胶卷共同建立的一个 50/50 合资企业。他们在日本及其他亚太地区开发、制造和销售富士施乐文件处理产品，并提供服务。他们按照独立的日本公司运营，向施乐其他事业部购买和销售。

开发和制造　在 1992 年，这个机构的职能（开发和制造施乐文件处理产品，包括复印机、影印机、电子打印机、传真设备、扫描仪、计算机软件及耗材）尽可能地整合进了 9 个事业部中。一个核心的公司战略服务机构为各事业部提供约定的支持。总之，如果开发或制造实体中至少 90% 的产出都服务于某项业务，那么就把他们归为那个事业部。如果这些实体支持多个业务群体，就把他们归为公司战略服务机构。

在对外财务报告中，施乐遵循法定组织结构。例如：富士施乐是一家关联公司，施乐只报告在富士施乐的股权投资相应的经营结果。在上面所提到的荷兰的一家工厂的例子中，他们合并工厂和兰克施乐的经营结果。通过合并报表，施乐把兰克施乐（多数股权子公司）的经营结果并入公司汇总。在业绩评价时，该工厂的经营结果通过其事业部报告。经营管理会计报告，或者称业绩报告，关注事业部的经营结果。管理者希望事业部内的每个经营单元都做到职与责相称。财务和管理控制报告制度也是并行的。一位前海外经营单元的财务总监说：“我们必须聚焦在主要目标上，必须实现计划的经营结果。这就要求我们善于管理和适应本地环境，因为环境有时可能会与原计划背离。”

管理控制

评价系统从计划过程开始。事业部或客户管理事业部内的各个经营单元都要制定各自的年度计划和长期计划。这些计划合并纳入业务和客户管理分部计划中。这是一般的经营实践，当计划过程在组织上下循环时，进行审查和反馈。首要原则是事业部的总经理要负责管理和控制经营环境，实现承诺的经营结果。

根据“质量先锋”战略（其中包括制定竞争标杆），管理者在评价系统中运用了多种经营指标，比如市场份额、客户满意度以及各种质量统计。这些数据扩充了传统的财务业绩指标，比如投资报酬率。竞争标杆可以提供世界级的业绩标准，并期望管理者在一定期间内提高到这样的水平。经营单元制定要实现的目标（每类设备的设备安装数量、每个地区的客户数量、准时送货率、服务反馈的时间水平、客户满意度评级等）。控制副总裁约翰·迈克金迪解释道：“我们深知是经营活动创造了业绩数字。而且，我们必须确立很好的时间观念，在实践上投入等量资金。这些质量概念有助于为控制框架提供可预见的、实用的过程。”

公司把财务目标和运营目标结合起来做出综合评价。资产收益率及一系列的经营统计就是指标，他们是基于经营单元的关键成功因素。各个经营单元都专门制定目标。管理者把评价经营单元的增长和利润指标与世界级业绩标杆的相关经营指标联系起来。

报告制度

直到 1987 年，月度报告制度都是一整套财务报表。报告有严格的时限，整套报告要在第 4 个工作日完成。1987 年，月度报告中增添了经营活动统计，必须在月末准备好，不用等到会计结账。较之全球月度财务结果的信息价值，财务总裁委员会讨论了时间和成本。委员会认为，各经营单元全面详细地报告月度财务结果并不必要。现在，经营单元只报告具体但有限的数据(包括销售收入、利润和关键经营统计)。对于公司报告制度而言，只在每个季度才需要全面财务数据。信息的价值未变，但是间接参与报告过程的人员数量显著减少。各个经营单元继续编制管理自身业务所必需的数据，但是，公司报告要求精简了。

此外还发展形成了一套非正式的报告制度。公开坦诚的交流加强了财务总监与公司的虚线联系。例如：萨奇每周至少与所有虚线报告人员谈一次话，了解其经营单元本季和全年的发展方向。这些谈话都是非正式的，围绕问题和经营风险。财务总裁委员会保持着一个“公开透明”的标准，在财务总监之间倡导互信。经营单元的财务总监既了解本经营单元的财务事宜，也了解经营事宜。这是财务人员与各级管理者建立合作关系的结果。非正式网络不是一锤定音，而是对问题的公开讨论。这样，非正式报告渠道就自然而然地成了正式渠道的有益补充。

思考题

1. 请勾勒一下施乐的管理控制系统。哪些是保证系统运作的主要因素？
2. 您认为施乐哪些近期发展趋势影响了管理控制过程？
3. 依您之见，组织文化和个人性格在施乐的控制过程中的重要性如何？

案例1-4

摩托罗拉（A）

摩托罗拉新组建的ASIC分部（专用集成电路事业部）的财务总监觉得，在决定有望成功的不同凡响的重要新业务中，他和他的下属应该发挥重要作用。他的事业部不仅在一个具有独特要求的新兴动态市场中竞争，而且还从根本上改变了配送产品的方式。根据这些情况，财务总监重新评估了管理控制系统设计中最基本的问题：应该评价什么？怎样评价？谁来评价？以及为谁评价？

公　司

摩托罗拉创立于1928年，迅速成为广为人知的无线电及其他消费类电气和电子产品的制造商。到20世纪60年代，它向世界各地的消费者、工业公司及军方销售半导体产品、通信设备及电子元器件。

摩托罗拉总部设在伊利诺伊州的绍姆堡。在1984年，摩托罗拉实现了55亿美元以上的销售收入，雇用99 000多名员工，研发投入达4.11亿美元。它是少数几家销售各类电子产品的美国公司之一，产品覆盖从极其复杂的集成电路到消费电子产品的各个领域。

组织结构

公司按产品和技术系列组织。各个经营单元根据规模分别组建成产品部和事业部。

半导体产品部（SPS）的总部设在亚利桑那州的凤凰城。在1984年，销售收入超过了22亿美元，占摩托罗拉销售净收入的39%。半导体产品部利用自己的销售队伍向世界各地的原始设备制造商销售产品。在半导体产品领域，技术日新月异。因此，半导体产品部制定了一项详细的研发计划，开发先进的半导体技术。

ASIC事业部的组建

在20世纪80年代初，半导体产品部生产一系列分离式二极管组件和集成电路。集成电路（IC）可以被看作（至少从功能上）为微型电路板。例如：录像机（VCR）的设计者就可以用一个1″×1″的硅片集成电路替代一个12″×12″的电路板及其全部组件，从而节约空间，降低能耗。到1985年，全世界的集成电路销售收入达202亿美元。

在集成电路的制造商中，摩托罗拉因设计和工艺而闻名，一跃成为日益盛行的半定制集成电路领域的领导者。

半定制集成电路是利用规定的功能模块设计的。在20世纪80年代初，摩托罗拉生产了一种版本的半定制集成电路，称为“门阵列”（Gate Array）。在门阵列上，每个“门”都是一个晶体管，执行一种操作。他们相互连接起来就可以实现一系列所需功能。一个芯片能容纳1 000多个门。每个芯片都是根据特定客户的要求而设计的。门阵列定制相对低廉，制造快，一般都是由计算机辅助设计系统设计。到1984年，门阵列市场已经增至4.55亿美元。在1985年，预计销

售收入达 7.40 亿美元，到 1990 年，估计市场年销售收入可达 14 亿美元。在 1984 年，高性能门阵列市场总值为 9 000 万美元。预测到 1990 年，市场会增至 6 亿美元。

摩托罗拉利用两种不同的半导体技术制造高性能门阵列：（1）Bipolar（双极）；（2）CMOS（互补性氧化金属半导体）。与 CMOS 技术相比，Bipolar 技术虽然可以提高电路的运行速度，但是能耗却增加了（满足散热要求的难度也增加了）。因此，预期 CMOS 门阵列的需求会比 Bipolar 门阵列增长更快。在 1984 年，CMOS 占据了 40% 的市场份额，预期还会增至 70%。

Bipolar 门阵列由半导体产品部的逻辑电路事业部（Logic Division）在凤凰城生产。在逻辑电路事业部的领导下，摩托罗拉的 Bipolar 门阵列业务迅速发展。摩托罗拉占据着这个市场的支配地位，成为众所周知的技术领导者。

CMOS 门阵列由微处理器产品部（Microprocessor Products Group）在德克萨斯州的奥斯汀生产。由于摩托罗拉把注意力都集中在维持微处理器市场的市场地位上，所以 CMOS 门阵列在这个产品部没有引起足够的重视。因此，摩托罗拉在 CMOS 门阵列市场仅占有很小的份额，同时面临着来自 LSI 逻辑公司[1]、日立、东芝、富士通、NEC 等公司的激烈竞争。

为了充分利用半定制集成电路日益增长的需求，摩托罗拉于 1984 年组建了 ASIC 事业部（专用集成电路分部），作为半导体产品部门的一部分。在 1985 年，ASIC 事业部占用着摩托罗拉的钱德勒工厂，这是公司在凤凰城地区的五家工厂中最新的一家。一般而言，摩托罗拉会与客户密切合作，设计半定制集成电路。但是，有几种设计被认为是标准设计，并备有存货。

ASIC 事业部的组织结构

ASIC 事业部是根据职能组织的（参见图表 1）。

产品设计部门

产品设计部门直接与客户打交道，在处理客

图表 1 ASIC 事业部的组织结构

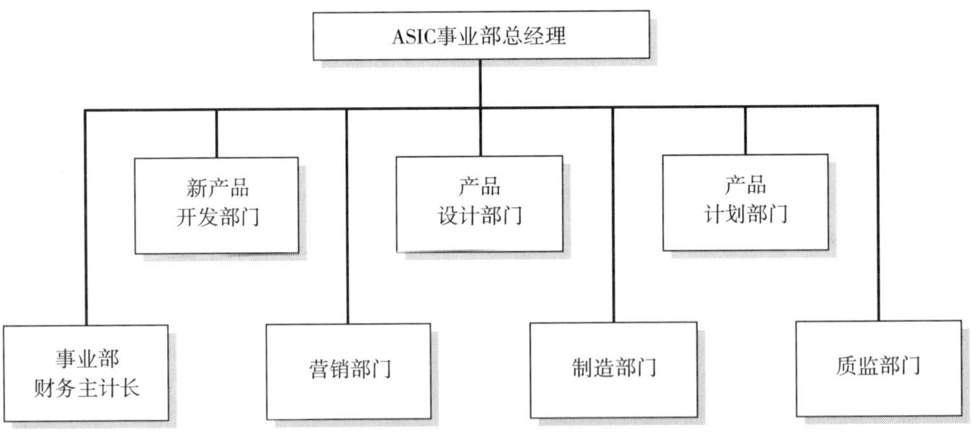

1. 译者注：LSI 逻辑公司是创新芯片、系统和软件技术的领先供应商，全球最大的存储器企业。成立于 1981 年，总部设在美国加州。2006 年 12 月，宣布与 Agere Systems Inc.合并，从而跃居全球半导体 20 强之列，在全球无晶圆设计类公司中排名第三。

户投诉中，承担着故障检修员的职责。它负责产品制造的技术方面。工程师被分派到一种或多种产品，为这些产品的客户服务。如果客户投诉集成电路，产品设计部门就应该给予答复。因此，产品设计部门是公司与现有产品的客户之间的技术媒介。

产品工程师为现有产品设计制造工艺，他们一般负责客户驱动型资本支出。如果客户希望或要求额外的制造工艺，且需要资本支出，那么工艺设计部门就进行可行性研究。可行性研究把成本划分为非重复性设计费用（NRE）和发生初始 NRE 费用之后的单位生产成本。此外，还要估计销售收入，从而估计产品盈利能力。可行性研究报告要经营销部门审查，以确保产品设计部门做出合理的估计和假设。

一项新产品的启动成本包含非重复性设计成本（NRE）。这项成本包括设计和软件开发成本，但是一般不包括工艺技术投资，除非产品的制造特别要求非常专业化的设备。非重复性设计费用由客户承担，分两个阶段收取：签署开发合同时支付 30%；交付第一批原型产品时支付 70%。

产品计划部门

产品计划和客服部门安排客户的订单。这个部门告诉制造部门什么时候开始生产，什么时候停止生产。由于摩托罗拉没有计算机化的生产计划系统，所以这项工作只是通过标准的电脑软件完成，如电子数据表。订单必须在车间人工跟踪。当产品交货后，产品计划部门就向客户出具发票，同时向财务财务总监报告。

营销部门

营销部门负责确定潜在客户，并向他们销售产品。此外，营销部门还负责产品定价和准确预测市场需求。

一旦确定了潜在客户，营销部门就充当联络员，以确保产品要求能从潜在客户准确地传达给新产品开发团队。然后，新产品开发团队估计制造成本，营销部门计算价格，计算标准是超出制造成本以上约 60%为目标。最后，还要考虑市场的竞争状况，对价格予以调整。营销部门还要预测今后 5 年的产品销量。

新产品开发部门

新产品开发团队负责将客户的特定要求转化为可制造的产品原型，并负责产品原型的生产。正如我们在前面所提到的，这个团队要为营销部门估计制造成本。在完成设计之后，要重新修订成本估计，并与收益率要求一起，都属于产品实施计划中的内容。在产品设计提交给制造部门之前，产品先用生产工具在开发设计区生产。在这个阶段，工艺必须满足最低收益率规定。这个收益率不同于计算产品长期制造成本时估计的收益率，而只是当生产沿学习曲线迅速下滑时令人满意的收益率。在 ASIC 事业部，大多数产品的学习曲线估计处在 70%的位置。70%的学习曲线表示：累计产量每翻一倍，全部产量的单位成本就下降 30%。

新产品开发部门每月向财务部门提交未来资本支出要求的最新预测，供财务部门进行资本计划。

质监部门

质监（QA）部门负责出厂产品的质量。在完成制造车间的多道工序之后，质监员就进行产品抽样质量检查。测试包括电子测试和视觉或机械测试。电子测试很简单。即：如果产品无法正常运行，就不合格。视觉或机械测试更主观一些。这方面的产品缺陷可能是错误印刷、模糊印刷、褪色元件或者导线弯曲。其中许多都不会影响电路的畅通，而只是影响视觉外观。质监人员知道日本对视觉质量非常敏感，如果摩托罗拉要在日本市场具有竞争力，就必须达到视觉上的完美。质监部门的主要职责之一就是向制造部门反映何谓不合格产品。质监部门的一个管理者说这个团队必须假扮客户的角色。

质监部门尽力同其他部门保持和谐的关系。它更希望执行预防性的职能。质监部门有培训师，他们与操作人员讨论什么样的产品被视为不合格产品。这一工作程序具有两个优点：（1）操作人员明白了生产必须达到一定的质量水平；（2）在生产的任何一个阶段，如果产品低于可接受质量，就会立即被操作人员视为不合格，从而节约了进一步加工的成本。近来，质监部门制定了一套程序，如果产品不合格，整个生产线就会停下来，直到质监部门和生产车间找到原因。

制造部门

制造部门由小时工、工长以及制造设计人员组成。小时工直接操作生产设备、检查生产线上的产品。制造设计人员负责保证在组装和测试中使用的生产工艺和方法。这个团队所关注的是制造工艺，而不是具体产品。

ASIC 事业部的市场

这个新分部的管理者意识到半定制集成电路业务的成功与商品类业务具有不同要求。

在半定制门阵列市场中，客户根据摩托罗拉设计者提供的“积木”创造独特的设计。客户在开发周期之中的参与不同于摩托罗拉所提供的其他半导体产品。摩托罗拉为客户提供设计服务，管理相对参与式的客户关系。因此，摩托罗拉的组织结构聚焦在客户上，而不是产品上。

ASIC 事业部的客户一般都是计算机制造商，例如数字设备公司（DEC）[2]、苹果计算机、优利系统（Unisys）[3]、Cray[4]、Prime 计算机[5]。这些客户在以日新月异的技术和新产品的迅速引入为特征进行市场竞争。缩短产品交付时间是他们的基本关注点。质量高、开发周期短、迅速实现批量生产的能力是赢得这些客户的重要因素。较之这些因素，价格因素倒在其次。

有些客户，如惠普，开发准时制（JIT）制造系统，并表示一定及时配送高质量的元器件。

摩托罗拉的制造和会计系统

在搬迁前，ASIC 事业部属于公司另外一个产品部。Bipolar 产品部在搬迁之前也是使用摩托罗拉现有的制造和会计系统。在工厂中，设备和工人都按职能组织。每台设备都由一个职能团队控制，并在物理距离上与执行类似职能的其他设备保持最近。这种职能设计造成了产品在车间较长的距离内进行大规模物理运动。每个制好的元件在车间内都有一个指定路径。

在这种工厂设计中，共有 29 个成本中心，存货按标准成本计价。在成本核算中，存货按完工阶段分类。产品在工厂的生产过程一般包括以下步骤：（1）元件。采购和准备各种原材料；（2）晶圆制造。制造包含逻辑阵的硅圆片；（3）电路小片。测试晶圆、切割为单个电路或芯片，然后安装在组件的基片上（永久性芯片封装）；（4）组装。在芯片上接上导线，封装完成；（5）测试。依照客户所要求的规格测试封装的芯片；（6）成品。成品打包发货。

这个系统要求详尽的记录。产品每次从一个

---

2. 译者注：成立于 1957 年。曾一度控制小型计算机市场。1998 年 1 月，这家世界上历史最悠久、规模最庞大的计算机公司，因为财政危机而被康柏收购。
3. 译者注：全球信息技术服务和解决方案提供商。提供的服务包括系统集成、网络设计、项目管理、技术支持。公司是最大的政府 IT 承包商之一，其他领域还包括通信、金融服务、交通运输等。
4. 译者注：超级计算机专业厂商。总部设在美国西雅图。
5. 译者注：一家迷你型计算机公司。1990 年被 J.H.Whiteney 公司购并，是当时的巨额私人股权购并交易之一。

成本中心移到另一个，都要进行记录。为了追踪和验证产品数量，要求经常进行存货实物审计。

材料、人工和管理费用标准每年更新两次。但是，由于环境不断变化，再加上学习曲线陡峭，所以标准经常过时。管理费用根据直接人工分配到产品。直接人工被一丝不苟地追踪记录，目的是将人工计入产品成本，并向产品分配管理费用。制造部门的管理者估计员工大约 8%~12% 的生产时间都耗费在记录上。

直接人工按小时计工资和奖金。奖金在很大程度上根据每名员工的实际人工小时数与标准人工小时数的对比而定。

工厂的职能设计为确定单个产品的责任造成了困难。生产计划部门的生产进度督察员在确保重要产品的及时完工方面起着至关重要的作用。即便如此，工厂仍被生产速度缓慢所困扰。管理者觉得，较之日本竞争公司，集成回路的周转时间太慢。

工厂的职能设计还造成了大量存货和大批量问题。大批量造成了各职能站点之间的在产品存货，而且造成了大量产成品虽然高效生产出来，但客户可能并不立即需要。

许多人都觉得，会计系统不但没有帮助管理者处理制造系统的复杂性，实际上反而恶化了问题。事业部的财务总监指出："会计部门所意识到的首要问题是，我们有时成为了发展中的障碍。会计系统造成了总体上失控的活动，阻碍了新制造技术的应用。"

标准成本制度很繁琐，工厂的员工不太了解。工厂员工难以将一项差异与特定问题挂钩。因为差异并未突出反映实际问题，所以难以确定解决差异的适当方案。一般的工厂工人都认为成本差异报告与成本无关，因而将它忽视。

报告的及时性也是问题。标准成本每月都在制定。由于缺少日或周信息反馈，所以很难确定不利差异的原因。月度差异是许多有利和不利活动的累积，而差异分析却未逐一明确。而且，差异报告上报不及时。会计记账在月末后第 7 个工作日结束。编制实际成本和差异报告则还需要 7 个工作日。到生产车间接到报告之时，对于制造部门而言，下一个会计期间业已过了一半了。

由于芯片制造面临着不断变化的环境，所以很难确定成本标准。新的芯片设计不断接踵而至，学习曲线又陡峭，致使成本标准迅速失效。标准成本一般总被视为是已经过时的。

由于差异受产量影响，在许多情况下，降低一项差异的方式就是全员满负荷运转，大批量生产。但是，这样又会造成各工作站之间的在产品存货增加，生产的产品，客户又不会立即需要，这一结果并不是大家希望看到的。同时，客户所需要的产品则可能未生产。这就造成了一方面成品存货增加，另一方面订单又断货。

在新工厂中，管理费用显著增加，直接人工成本相应下降。根据直接人工分配管理费用似乎不再适宜。

变革机会

新组建的 ASIC 事业部的管理者认识到，在钱德勒新建工厂意味着对制造系统引入实质性变革。因此，新工厂的生产布局设计不仅遵循着准时制生产的思想，而且符合工厂的特定工艺。钱德勒工厂的一位管理者表达了自己的看法，他认为，为了实现准时制生产而重组现有工厂职能可能要难得多。

工厂围绕着 9 个单元组织：（1）组装准备；（2）72-pin 组装；（3）149-pin 组装；（4）其他组装；（5）密封、机械测试、标记；（6）热沉；（7）老化；（8）生产测试及包装；（9）仓储及运货。图表 2 是工厂生产布局图。并非所有产品都要经过所有单元，例如，并非所有芯片都需要热沉。但是，钱德勒工厂生产的所有芯片都经过大多数加工的单元处理。

产品按图表 2 所示的顺序从一个单元移送到另一个单元。晶圆（每个晶圆都包含数个芯片）在到厂后被放在电路小片壳里。然后晶圆从电路小片壳送到电路小片准备单元，用探针检验尚未在晶圆制造厂测试的晶圆上的门阵列，确定哪些

图表 2 钱德勒工厂生产布局

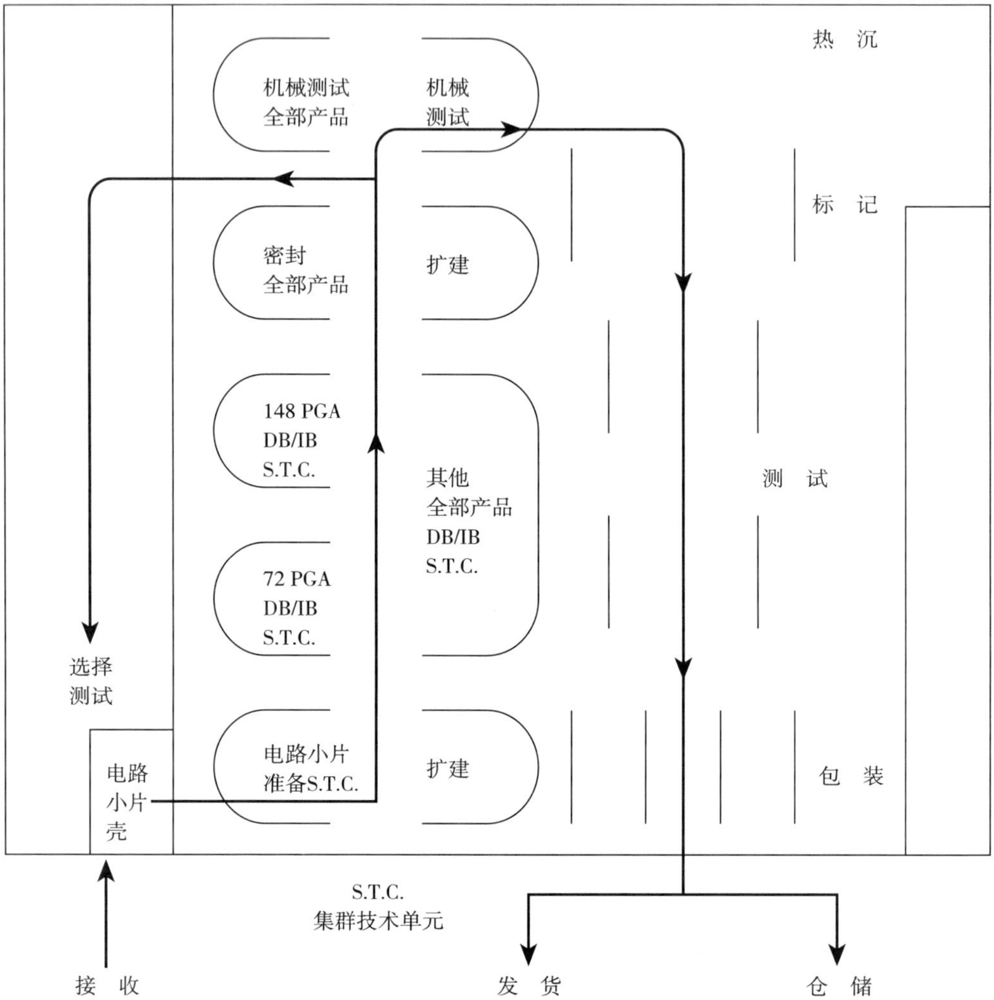

阵列运行正常。对未通过检验的阵列，做出标记，晶圆切成单个芯片后，有标记的阵列就扔掉了。

接下来，芯片送至三个组装单元之一（72-pin、149-pin 等），具体送至哪个单元，视产品类别及芯片所需连接的数量而定。在组装单元，进行芯片的电子连接。在密封、机械测试和标记单元，芯片被密封在保护件内，进行测试，并印上识别标志。在这个单元，一些小批量的芯片从正常生产流程中分离到专门的“选择生产线”。这条生产线用于生产批量非常低的集成电路，通常客户把这些集成电路用作原型和测试的产品。这条选择生产线关注的焦点是快速周转时间；对于集成电路而言，一批 12 件左右的产品，从接受设计起 3 个星期内就可以交货。较大批量的集成电路则继续通过其余单元生产。正如我们前面所指出的，并非所有的集成电路都送至热沉和老化单元，但是，所有集成电路都要经过测试、仓储和发货单元。

大多数工序都是机器控制速度的，而且大多数机器都极其复杂、昂贵。组装和测试单元尤其如此。例如，“选择生产线”上的自动化测试设备每台造价都在 200 万美元以上。

各个单元都由一个生产团队运转，由一个工长管理。工作流动通过“拉式生产系统”（pull system）控制，在指定区域，存放各工作站之间所允许的有限存货（“拉式生产系统”的特点是从产成品存货移走后就起动生产）。如果工作站前面的存放区已满，那么上一个工作站就必须停下来。图表 3 图解了一个组装单元。在这个单元中，芯片在电路小片焊接工作站被焊在永久性外壳的底部，然后按箭头所示方向移动；这个单元的最后一道工序是在焊丝工作站焊接导线。这个单元的设计思路是产品按 U 字形路线朝一个方向移动。

管理控制系统的作用

ASIC 事业部的财务总监敏锐地发现繁琐、过时的管理控制系统可能阻碍制造作业的进程。他强烈地感觉到，他的团队不应该仅仅是袖手旁观了，而应该在推动整个事业部的变革中采取积极主动的态度。但是，他不知道哪种管理控制系统能帮助甚至指引 ASIC 事业部中正在发生的渐进式变革。

思考题

1. 摩托罗拉的 ASIC 事业部成功的关键因素是什么？
2. 传统的标准成本制度强调这些关键成功因素吗？
3. 考核这些关键成功因素的合理指标是什么？
4. 您将怎样利用这些指标以及工厂的现有组织结构控制工厂呢？

图表 3 组装单元的生产布局图

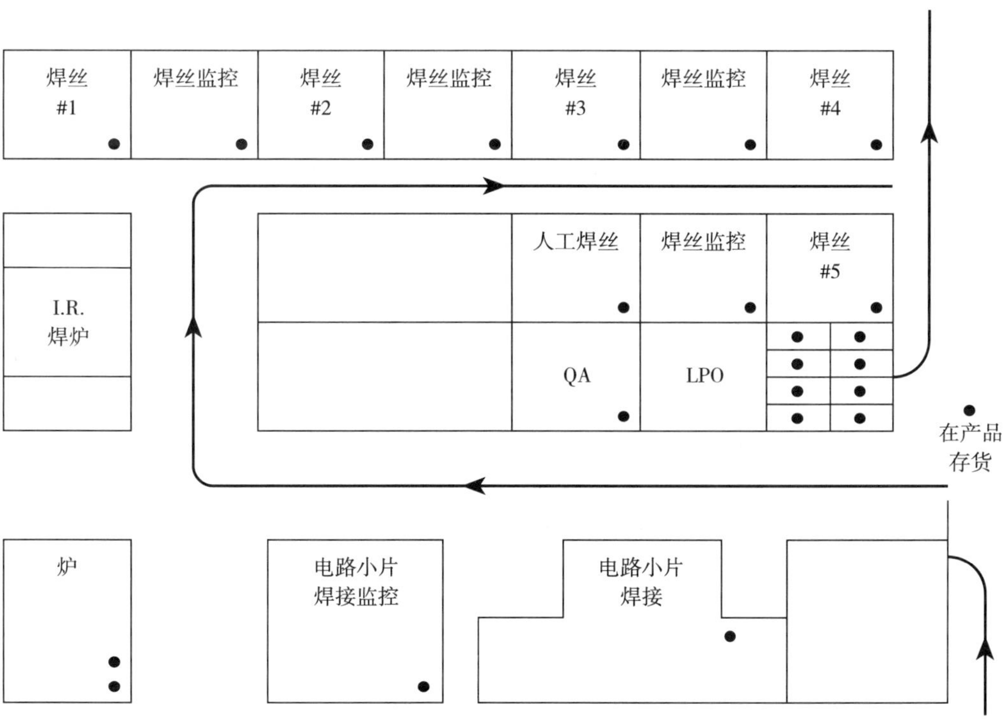

第 1 编

管理控制环境

在第 1 章，我们把管理控制定义为管理者影响组织其他成员实施组织战略的过程。管理控制过程涉及两种不同类型的活动——持续经营和独立项目。在第一编和第二编，我们将讨论持续经营的管理控制。独立项目的管理控制（如研发项目、建设项目、动画制作）将在第 16 章介绍。

第 2 章介绍了组织一般采用的典型战略。公司选择的战略是影响管理控制系统设计的环境的组成部分。

在第 3 章，我们将讨论组织行为的广泛领域：目标一致、多重利益相关者方法、正式和非正式管理系统、组织结构以及财务总监职能。

在接下来的第 4 章，我们将讨论责任中心，它是处于管理控制过程核心的组织单元。*责任中心*是由一个管理者负责各项活动的组织单元。

在第 4 章，我们还将讨论责任中心的特征。所有责任中心都有产出(即都从事一项活动)，也都有投入（即他们耗用资源）。根据报告运营的投入和产出所使用的评价指标，责任中心分为四类：（1）收入中心；（2）费用中心；（3）利润中心；（4）投资中心。

在*收入中心*（一般可以在公司的营销部门找到），管理控制系统按货币标准评价产出。收入中心将在第 4 章讨论。

在*费用中心*，则恰恰相反。管理控制系统按货币标准评价投入（即成本）。费用中心也将在第 4 章讨论。

在利润中心，管理控制系统按货币标准既追踪投入，又追踪产出。投入由费用构成，产出则由收入构成。利润就是二者之间的差额。利润中心将在第 5 章讨论。

许多利润中心都向公司内的其他利润中心转让产品（既有物品，又有服务）。这些转让产品的价值称为转让价格。第 6 章将介绍如何确定转让价值，以及转移定价的其他方面。

在投资中心，管理控制系统既把货币指标适用于责任中心的投入和产出，又适用于投资。我们将在第 7 章讨论投资中心，并介绍在决定一个责任中心是否应该被视作投资中心时需考虑的组织因素。

第 4~7 章介绍了向责任中心分配财务责任时需考虑的因素。财务标准的选择取决于希望下属在组织战略实施中表现出的行为。成本中心的管理者强调成本控制，收入中心的管理者关注创造收入，利润中心的管理者的指导方针是提高利润，而投资中心的管理者则以提高资产收益率为中心。在第 11 章，我们将介绍平衡计分卡，作为战略执行的工具，它综合了财务指标和非财务指标。

第 2 章

理解战略

管理控制系统是实施战略的工具。不同的组织战略也各异，管理控制应该符合具体战略的要求。战略不同，则要求不同的任务优先顺序、不同的关键成功因素以及不同的技能、观点和行为。因此，管理控制系统设计应持续关注系统所激发的行为是否符合战略要求。

战略是实现组织目标的计划。因此，在本章，我们将首先介绍几个组织的一般目标。然后，我们将讨论组织内两个层面的战略：公司层面和经营单元层面。战略为评估我们在第 4~12 章中所讨论的管理控制系统各项要素的最优性提供了一个广泛的背景。在第 13 章中，我们将讨论如何根据公司和经营单元战略的变化，变化管理控制系统的形式和结构。

组织目标

尽管我们经常提到公司目标，但是公司并没有目标。公司是一个假想的人，即我们所说的法人，它本身没有思想，也没有决策的能力。公司目标是由公司的 CEO 参考其他高级管理层的意见而决定的，通常还要经董事会的批准。在许多公司中，创始人最初确立的目标会坚持几代。例如，福特汽车公司的亨利·福特、通用汽车公司的阿尔福莱德·斯隆、迪斯尼公司的沃尔特·迪斯尼、柯达公司的乔治·伊斯曼以及沃尔玛的山姆·沃尔顿等各自所确立的目标。

盈利能力

在企业，盈利能力通常是最重要的目标。从最广义及概念上最合理的意义上来说，盈利能力可以用一个等式来表达，它是两个比率的乘积：

$$\frac{收入-费用}{收入} \times \frac{收入}{投资} = 投资报酬率$$

例如：

$$\frac{\$10\ 000-\$9\ 500}{\$10\ 000} \times \frac{\$10\ 000}{\$4\ 000} = 12.5\%$$

这个等式中的第一个比率是利润边际（百分比）：

$$(\$10\ 000-\$9\ 500)\ /\ \$10\ 000 = 5\%$$

第二个比率是投资周转率（investment turnover）：

$$\$10\ 000\ /\ \$4\ 000 = 2.5\ 次$$

这两个比率的乘积就是投资报酬率：5%×2.5=12.5%。投资报酬率也可以用利润（即：收入减去费用）除以投资直接得到。但是，采用这种方法，人们不会注意到两个主要构成要素：利润边际和投资周转率。

在这个等式的基本形式中，“投资”指股东的投资，由股票发行收入和留存收益构成。管理者的职责之一就是实现两种主要融资来源的适当平衡：债务性融资和权益性融资。股东的投资（即股权）指不是通过发行债务获得的融资额，也就是说，不是借来的。在许多情况下，融资来源并不相关。因此，“投资”就指债务资本和权益资本的总和。

“盈利能力”指长期利润，而不是当季或当年的利润。许多当期支出（如：广告费或研发支出）虽会减少当期利润，却增加长期利润。

有些 CEO 只强调盈利能力等式的一部分。如通用电气公司的前CEO 杰克·韦尔奇，就明确聚焦在收入上。他说，如果通用电气在某项业务的销售收入不能数一数二，那么就不应该从事这项业务。这并不意味着韦尔奇忽视等式的其他构成要素，相反，表明在他的思想中，市场份额与投资报酬率密切相关。

但是，其他 CEO 强调收入，则是出于不同原因：对于他们而言，公司规模就是目标。这样的目标会引发问题。如果费用太高，利润边际就不会为股东提供很好的投资报酬率。即使利润边际令人满意，如果投资太大，企业仍然不会获得很好的回报。

有些 CEO 聚焦在利润上，或者是货币金额，或者是相对于销售收入的百分比。这种关注没有认识到这样一项简单的事实，即：如果新增利润是因投资不成比例的增加而获得的，那么单位投资的盈利能力实际上就是下降的。

股东价值最大化

在 20 世纪 80 年代和 90 年代，股东价值（shareholder value）这个词经常出现在经济文献中。股东价值概念是指营利性组织的目标应为股东价值最大化。尽管这个词的含义并非总是那么明确，但是它很可能是指公司股票的市场价格。然而，我们认为，实现令人满意的利润能更好地表述公司的目标，原因有二：[1]

首先，“最大化”意味着存在找到公司能获得最大利润的方式。但事实并非如此。在两项行为之间做决定时，管理层通常会选择它认为能最大限度地增加盈利能力的那个。但是，即便有的话，管理层也很少能明确所有可能选择，及其各自对盈利能力的影响。而且，利润最大化要求计算边际成本和需求曲线，而管理者通常都不知道他们是什么。如果把最大化作为目标，管理者就会把分分秒秒都花在思考增加盈利能力的无穷无尽的备选方案中去。一般而言，人生太短暂了，无法保证能如此孜孜不倦。

其次，尽管股东价值最大化可以作为主要目标，但是，对于大多数组织而言，它绝非是惟一目标。当然，如果企业获得的利润都不能弥补资本成本，那么它绝对没有尽到义务。只有做到这一点，它才能履行任何其他职责。但是，经济业绩不是企业的惟一职责，股东价值也不是惟一职责。大多数管理者都希望秉持商业道德，觉得除了对股东负有义务之外，对组织的其他利益相关者也负有义务。

实例 亨利·福特的经营哲学就是令人满意的利润，而不是利润最大化。他曾写道：“我想在这里说，我不认为我们应该在汽车上赚取如此惊人的利润。合理的利润就行，不用太多。因此，我的政策就是在生产允许的情况下，尽可能地降低汽车的价格，把利益让给用户和劳动者——同时也为我们自己带来巨大的好处。”[2]

虽然我们驳斥了最大化概念，但并不意味着我们质疑一些显而易见的原则的有效性。若一项行为降低费用，但不影响另一要素，如市场份额，则此行为是合理的。同样，若一项行为增加费用，但收入增加的比例更大，则此行为也是合理的，如广告预算的增加。依此类推，若一项行为增加利润，且股东投资增加的比例较小或者是根本不增加，则行为也是合理的，如购置成本节约型设备。在任何一种情况下，这些原则都假设行为是合乎道德的，并且与公司其他目标保持一致。

风 险

一个组织对盈利能力的追求受管理层承担风险意愿的影响。管理者的性格不同，风险承受程度也各异。但是，总是有一个上限。有些组织明确表示管理者的主要职责就是资产保值，而把盈利能力视作次要目标。1996~1998 年爆发的亚洲金融危机，追根溯源，在很大

1. 1957 年，赫伯特·西蒙杜撰了“Satisficing” 这个词，描述恰当的公司目标，这个概念为他荣获诺贝尔经济学奖奠定了重要基础。在这个问题的原始论文之后，关于他的分析的一个便捷的来源是：Herbert A.Simon，*The New Science of Management Decision*（Englewood Cliffs，NJ：Prentice Hall，1977）。

2. Henry Ford, *My Life and Work* (Garden City, NY: Doubleday, Page & Co., 1922) , p. 162.

程度上是由于亚洲新兴市场的银行发放看似高回报的贷款，却没有对风险水平引起足够重视。

各方利益相关者方法

一个组织要参与三个市场：资本市场、产品市场和要素市场。公司从资本市场募集资金，因此公众股东就是一个重要的利益相关者。公司在产品市场销售产品和服务，客户就构成了一个主要利益相关者。公司又在要素市场竞争资源，如人力资本和原材料，因而基本利益相关者就是公司的员工、供应商以及资源和公司经营所在地的各种社区。

公司对各方利益相关者（multiple stakeholder）——股东、客户、员工、供应商及社区——全都负有职责。从理论上讲，公司的管理控制系统应该明确每个群体的目标，建立平衡计分卡，追踪业绩。

实例 在 2005 年，总部位于中国台湾的宏基集团是世界最大的计算机公司之一，年销售收入近 70 亿美元，占全球 PC 市场份额的 4%。公司采用了各方利益相关者方法，为满足多个利益群体的需要而管理内部经营。引用公司创始人施振荣的话来说：“客户是第一位的，员工是第二位的，股东是第三位的。在这一点上，我和我的同事始终是一致的。我甚至认为公司的银行、供应商及生意伙伴都是我们的利益相关者。甚至社会也是利益相关者。我尽最大的努力按这种方式管理公司。”[3]

林肯电气公司因其经营哲学而闻名，即：员工满意度胜于股东价值。詹姆斯·林肯写道：“最后要考虑的群体才是持股的股东，因为他们认为这种方式比任何其他投资方式回报都高。缺席股东（absentee stockholder）对于客户或工人而言根本不重要，因为除了股利增加和股价上涨之外，他对公司一无所知，也根本不感兴趣。”[4]董事长兼首席执行官唐纳德·哈斯汀强调指出，在 1996 年，这仍是公司的经营哲学。[5]

战略概念

尽管定义五花八门，但是人们一致认为，战略描绘组织实现目标的总体行动方向。尽管组织未必明确地表述出来，但任何一个有效管理的组织都具有一项或多项战略。在前面

3. “The ‘Fast Food’ Computer Company: An Interview with Stan Shih,” *Strategy & Business*, Fourth Quarter 1996, pp. 52–56.
4. James Lincoln, *A New Approach to Industrial Economics* (New York: Devin-Adair Company, 1961) , pp. 38–39.
5. Quoted in J. A. Maciariello, *Lasting Value* (New York: Wiley, 1999) , pp. 121–26.

图表 2.1
战略制定

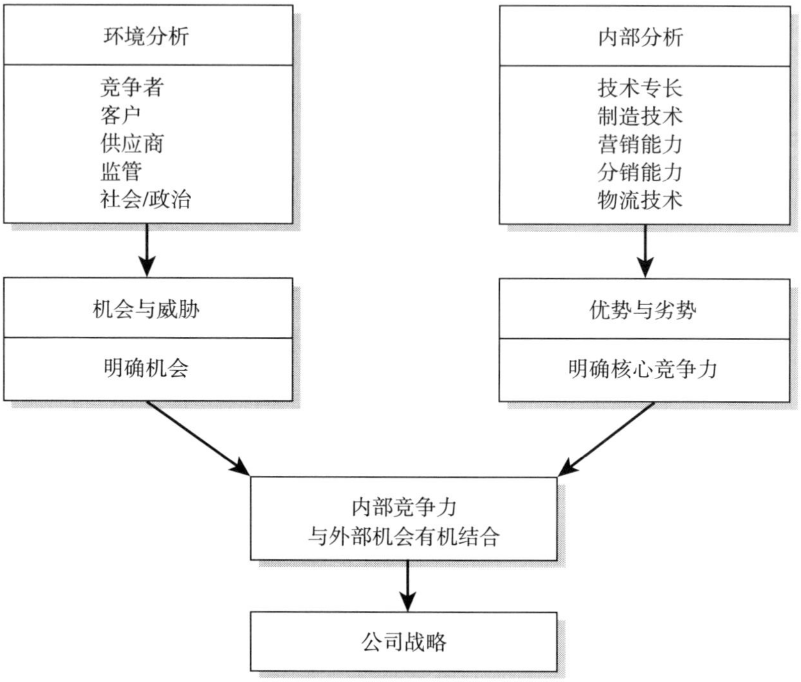

一节中，我们介绍了组织的一般目标。本章余下的篇幅将介绍有助于组织实现目标的基本战略。

公司把核心竞争力与行业机会有机结合，制定战略。图表 2.1 是公司战略制定的示意图。肯尼斯·安德鲁提出了这个基本概念。依照安德鲁的理论，战略制定是公司高层管理者根据外部环境呈现的机会和威胁，来评估公司优势和劣势，继而决定适合于外部环境机会的公司核心竞争力战略的过程。[6] 在过去 30 年间，大量注意力都集中在建立环境分析（明确机会和威胁）[7] 和内部分析（明确核心竞争力）[8] 的更严格的框架上。

战略分为两个层面：（1）整个组织的战略；（2）组织内部各经营单元的战略。大约 85%的美国《财富》500 强工业企业都具有不止一个经营单元，因此，都制定两个层面的战略。

尽管在不同的层面战略选择各异，但是各经营单元的战略与公司层面的战略必须保持

---

6. Kenneth R. Andrews, *The Concept of Corporate Strategy* (Homewood, IL: Dow Jones-Irwin, 1971) .

7. Michael E. Porter, *Competitive Strategy: Techniques for Analyzing Industries and Competitors* (New York:The Free Press, 1980) .

8. C. K. Prahalad and G. Hamel, "The Core Competence of the Corporation," *Harvard Business Review*, May–June 1990, pp. 79–91.

图表 2.2
两个层面的战略

战略层面	主要战略问题	基本战略选择	涉及的主要组织层面
公司层面	所跨行业正确吗？应介入哪些行业或行业分支？	单一经营 相关多元化 非相关多元化	公司总部
经营单元层面	经营单元的经营宗旨应该是什么？	拓展 维持 收获	公司总部和经营单元总经理
		剥离	经营单元总经理
	经营单元如何竞争以实现其经营宗旨？	低成本 差异化	

一致。图表 2.2 总结了这两个组织层面的战略关注和基本战略选择。本章的其余部分将阐释图表 2.2 所总结的思想。因为本书的主旨是管理控制系统，所以我们不会详尽地分析战略内容。我们仅让读者适当了解战略制定过程，以便在评估公司管理控制系统时，能够明辨组织各个层面的战略。

公司层面的战略

公司战略与进入正确的行业有关。因此，公司战略更多地关注在哪个行业竞争，而不是怎样在一个行业内竞争。后者是经营单元的战略。在公司层面，主要问题是：（1）界定公司将参与的业务；（2）在这些业务间配置资源。公司范围的战略分析就是决定要增加的业务、要保留的业务、要加强的业务、要削弱的业务以及要剥离的业务。

根据公司层面的战略，公司可以划分为三类。*单一经营*公司只在一个行业经营。埃克森美孚公司就是一个例子，它只经营石油；*相关多元化*公司在彼此相关联的多个行业经营，并从核心竞争力中受益。宝洁公司（P&G）就是一个相关多元化经营的例子，它的经营单元跨纸尿裤（帮宝适）、洗涤剂（汰渍）、香皂、牙膏（佳洁士）、洗发香波（海飞丝）以及其他品牌消费品。宝洁公司具有两项核心竞争力，使所有经营单元受益，即：（1）在多项化工技术领域的核心技术；（2）在低价品牌消费品推向超市方面的营销和分销专长；*非相关多元化*公司在彼此无关联的行业经营。经营单元之间的联系纯粹是财务上的。德事隆公司（textron）就是一个例子。德事隆公司经营跨多个行业，包括书写用具、直升机、链锯、飞机发动机部件、铲车、机床、专用紧固件以及燃气涡轮发动机。

在公司层面上，各种战略之间最显著的差异在于不同公司所采用的多元化程度和类型。如图表 2.3 所示。

图表 2.3
公司层面战略：
基本公司战略示意图

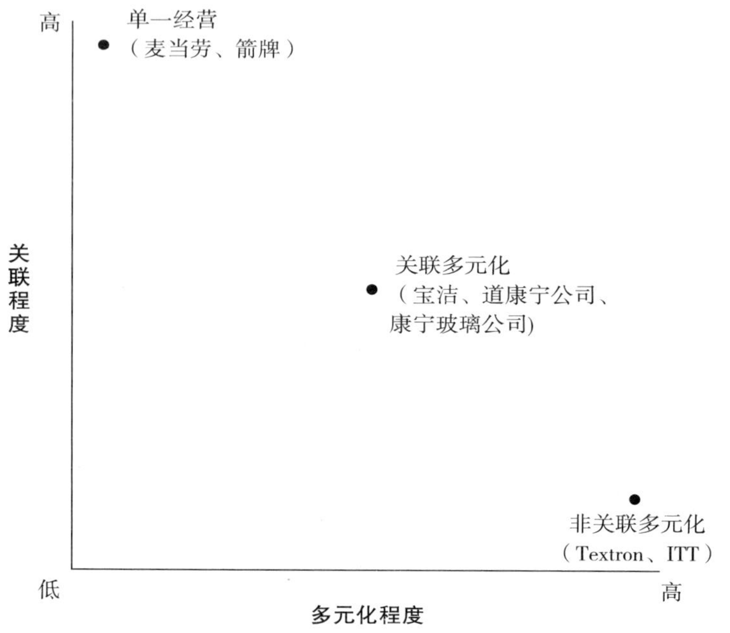

单一经营公司

在图表 2.3 中，横轴——多元化程度——指公司经营所跨的行业。极端情况下，公司完全致力于一个行业。追求单一经营战略的公司包括美泰（大型家用电气）、箭牌（口香糖）、裴顿农场（家禽类）以及钮科（钢铁）。单一经营公司利用核心竞争力追求在本行业内的增长。

实例　钮科公司一直专注于钢铁业，实现了在 38 年间（1966~2004）年增长率达 20%的目标。在实现这样的骄人业绩的过程中，公司充分利用了三个核心竞争力（制造工艺技术、新技术采用及实施专长、建厂经验）。[9]

非相关多元化公司

在另一个极端，公司在多个不同行业经营，比如德事隆公司。

在图表 2.3 中，纵轴——关联程度，指多个经营单元之间的联系的性质。这里我们所指的是各类业务的经营协同作用，他们是基于共同的核心竞争力，分享共同的资源。以德事隆公司为例，除了财务交易外，公司的各经营单元之间毫无共同之处。在德事隆公司内

---

9. *2004 NuCor Annual Reports*, Letter to the Shareholders.

部，各经营单元之间根本不存在经营协同效应。德事隆公司的总部发挥着一个控股公司的作用，借给各经营单元资金，期望创造高财务回报。我们把这类公司称为非相关多元化公司，或者称为企业集团（conglomerate）。企业集团主要通过收购实现增长。其他非相关多元化公司的例子包括利顿工业公司（Litton）[10]和LTV[11]等。

相关多元化公司

另一类包括在多个行业经营，且各项业务通过经营协同作用彼此关联的公司。我们把这类公司称为相关多元化公司。

经营协同作用包含两类经营单元之间的联系。（1）分享共同资源的能力；（2）分享核心竞争力的能力。相关多元化公司创造经营协同作用的一种方式是两个或多个经营单元分享资源，比如共同的销售团队、共同的制造设施、共同的采购职能。资源分享有助于公司获得规模经济和范围经济所带来的好处。

实例　宝洁公司的大多数产品都共享销售队伍以及物流渠道。公司大多数产品都是通过超市分销的。

相关多元化公司的另一个主要特点是他们拥有可以使许多经营单元受益的核心竞争力。他们利用一个经营单元创造的核心竞争力，多元化进入其他行业，从而实现增长。

实例　道康宁公司利用它在硅化学品领域的核心竞争力，多元化进入其他几个产品和市场。德州仪器利用它在电子技术领域的核心竞争力，多元化进入其他几个工业消费品市场。在2002年，戴姆勒—克莱斯勒一个新的经营单元Motormeile，多元化进入二手车交易市场。Motormeile销售所有品牌的产品，包括竞争者的产品。关于相关多元化经营的例子还有宝洁、NEC、佳能、菲利普莫里斯公司[12]、艾默生电气、杜邦等。

相关多元化公司一般都是通过研发实现内部增长。

在相关多元化公司中，公司总部的职责是双重的：（1）类似于企业集团，相关多元化公司的CEO必须制定各经营单元之间的资源分配决策；（2）但是，与企业集团不同，相关多元化公司的CEO还必须明确、发展、深化并利用公司范围的核心竞争力，使多个经营

---

10. 译者注：总部位于美国加州。世界军工企业100强之一。经营跨航空、防卫、电子等行业。20世纪90年代初，因规模过于庞大而分为军工、民用两个公司。军工公司保留利顿工业公司的名称，民用业务更名为Western Atlas Inc.，经营油田服务、商业服务、自动化装配生产线等。

11. 译者注：美国一体化钢铁制造商，公司拥有48个子公司，服务于钢铁服务中心、运输、电力、农业及其他设备和建筑市场。

12. 译者注：Philip Morris是当今世界上第一大烟草公司，总部设在美国纽约。

单元受益。

核心竞争力与公司多元化

尽管公司追求多元化的历史记录令人沮丧，但是，自20世纪60年代以来，许多公司都追求这项战略。波特写道：

> 我研究了1950~1986年间33家美国知名大公司的多元化记录，发现大多数公司后来剥离的收购业务远远超过了所保留下来的业务。大多数企业的公司战略都损耗了股东价值，而不是创造了股东价值。[13]

研究表明，平均而言，相关多元化公司经营得最好，单一化公司次之，而非相关多元化公司从长期来看则经营不善。[14]原因在于，在相关多元化公司中，公司总部有能力把一个经营单元的核心竞争力转化为另一个经营单元的核心竞争力。核心竞争力是指公司所擅长的、能显著增加客户价值的能力。因此，基于竞争力的增长和多元化具有很大的成功潜力。

> **实例** 本田的核心竞争力是设计小型发动机的能力。本田最初利用这项核心竞争力进入了摩托车行业。此后，本田又把它在小型发动机技术上的竞争力运用到各类行业，如汽车、割草机、清雪机、雪地机动车以及户外动力工具等。
>
> 联邦快递公司的核心竞争力之一是物流技术。它利用这项竞争力创建了隔夜快递业务。此后，公司又利用这项竞争力进入了几个新行业。例如，联邦快递为Laura Ashley（一家领先的化妆品公司）管理全部物流业务（包括内部存货）。

因为相关多元化经营公司可以利用各经营单元之间的经营协同作用，所以，如果分立为独立的公司，相关多元化公司的各经营单元的经营可能会恶化。例如，如果本田的各经营单元（摩托车、汽车、割草机等）被分立为独立的公司，那么他们就会丧失本田在小型发动机技术领域的专长所带来的好处。

另一方面，非相关多元化公司则不拥有经营协同作用。过去多元化经营失败的大多数公司都属于这一类。但是，有些非相关多元化公司（如：通用电气）则利润颇丰。因为我们不断看到非相关多元化公司的例子，所以我们将讨论这类公司战略。

---

13. Michael E. Porter, "From Competitive Advantage to Corporate Strategy," *Harvard Business Review*, May–June 1987, p. 28.

14. Richard P. Rumself, *Strategy, Structure and Economic Performance* (Boston: Division of Research, Harvard Business School, 1974) , pp. 128–42.

管理控制系统设计的意义

如果说公司战略是一个连续的坐标轴，那么坐标轴的一端就是单一化战略，而另一端是非相关多元化战略（相关多元化经营公司处在轴的中间）。许多公司未必可以确切地划归为这三类中的一类。但是，大多数公司都落在这个坐标轴上。公司在这个坐标轴上的位置取决于其多元化的程度和类型。图表 2.4 总结了基本公司战略的主要特点。

如果公司追求的多元化战略不同（即：多元化的程度和类型不同），计划和控制要求也就迥异。因此，管理控制系统设计者的主要问题就是：钮科（单一经营公司）、宝洁（相关多元化公司）或者德事隆（非相关多元化公司）的管理控制结构和形式应该如何不同？在第 4~12 章，我们将讨论管理控制系统的构成要素。在第 13 章中，我们将讨论应该如何设计管理控制系统要素，才能保证公司战略的实施。

经营单元层面的战略

多元化公司之间的竞争并非发生在公司层面。相反，却是一个公司中的经营单元(宝洁

图表 2.4　公司层面的战略：三种基本战略的总结

公司战略类型	单一经营公司	关联性多元化经营公司	非关联多元化经营公司
战略示意图	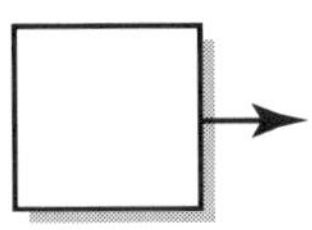	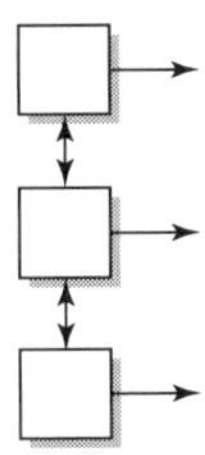	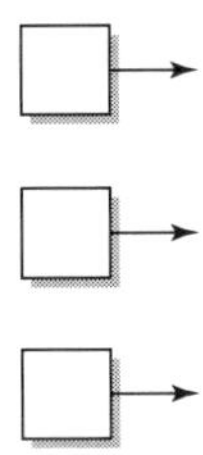
明确特征	只在一个行业内竞争	各经营单元分享核心竞争力	在完全不同的市场的独立单元
举　例	麦当劳 裴顿农场 爱荷华牛肉 箭牌 克劳·考克希尔公司 美泰 德克萨斯航空 福特汽车 钮科	宝洁 艾默生电气 康宁玻璃 强生 菲利普·莫里斯 道康宁公司 杜邦 通用食品 吉列 德州仪器 AT&T	ITT 德事隆 LTV 利顿工业 罗克韦尔公司 通用电气

的“帮宝适”经营单元）与另一个公司中的经营单元（金佰利的“好奇”经营单元）之间的竞争。多元化经营公司的公司总部本身并不创造利润。收入是经营单元创造的，成本也是经营单元发生的。经营单元战略解决的是怎样创造和保持在公司选择进入的各行业的竞争优势。经营单元的战略取决于两个相互关联的因素：（1）经营宗旨或使命（“它的总体目标是什么？”）；（2）竞争优势（“经营单元应该如何在本行业内竞争，以实现其经营宗旨？”）

经营单元的经营宗旨

在多元化经营的公司中，高级管理层的重要任务之一就是进行有效的资源配置，即：用一些经营单元创造的现金为另一些经营单元的增长融资。人们开发了几种计划模型，帮助多元化经营的公司层面的管理者有效分配资源。这些模型表明，从经营宗旨中可以确定，公司拥有几类经营单元。每类经营单元的战略有所不同。几类经营单元合起来构成了一个经营组合，正如投资组合的构成各不相同一样，经营组合的构成在风险/回报特点上也各不相同。公司总部和经营单元的总经理都要参与经营单元的经营宗旨的确定。

在众多的计划模型中，两个应用最广泛的是波士顿顾问集团(BCG）开发的2×2市场增长–市场份额矩阵（图表2.5）和通用电气公司/麦肯锡公司开发的3×3行业吸引力—企业优势矩阵(图表2.6)。虽然这些模型在确定各种经营单元的最佳经营宗旨时所使用的方法论各不相同，但是可供选择的经营宗旨却相同：拓展、维持、收获以及剥离。

拓　展

这项经营宗旨表明了增长市场份额的目标，甚至不惜以牺牲短期收益和现金流为代价(如：Merck公司的生物技术、Black & Decker的手持式电动工具)。

图表 2.5

经营单元的经营宗旨：BCG模型

资料来源：摘自R. A. Kerin, V. Mahajan, and P. R. Varadarajan, *Strategic Market Planning* (Boston: Allyn & Bacon, 1990). B. D. Henderson. *Corporate Strategy* (Cambridge, MA: Abt Books, 1979).

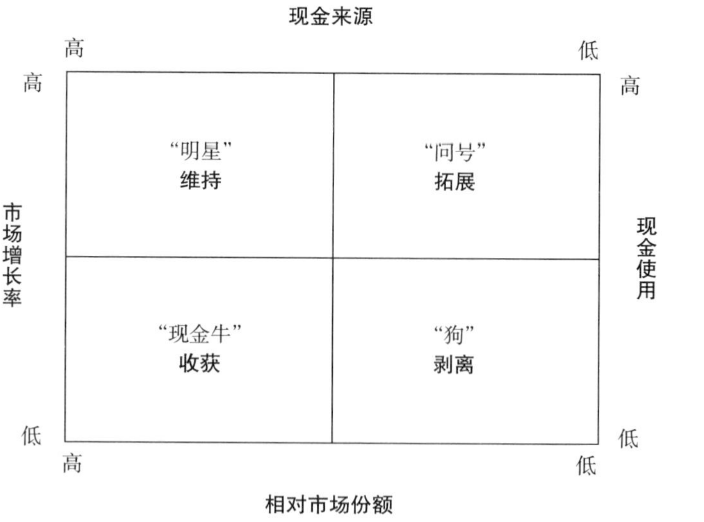

图表 2.6

经营单元的经营宗旨：通用电气计划模型

资料来源：摘自 R. A. Kerin, V. Mahajan, and P. R. Varadarajan, *Strategic Market Planning* (Boston: Allyn & Bacon, 1990) .

A

经营组合矩阵

行业吸引力 \ 经营优势	强	平均	弱
高	胜者	胜者	问号
平均	胜者	平均水平行业	败者
低	利润创造者	败者	败者

B

推荐经营战略

行业吸引力 \ 经营优势	强	平均	弱
高	投资/增长 大力（拓展）	投资/增长 选择性（拓展）	控制/推延/剥离
平均	投资/增长 选择性（拓展）	盈利/保护（拓展）	收获/剥离
低	盈利/保护（维持）	收获/剥离	收获/剥离

维　持

这项战略经营宗旨适合保护经营单元的市场份额和竞争地位(如：IBM 的大型计算机)。

收　获

这项经营宗旨的目标是最大化短期收益和现金流，甚至牺牲市场份额（如：American Brands 的烟草产品、通用电气和 Sylvania 公司的灯泡)。

剥　离

这项经营宗旨表示决定退出一个行业，可以通过缓慢的清算过程，也可以直接出售。

虽然计划模型可以帮助确立经营宗旨，但是他们不是现成的答案。一个经营单元在计划矩阵图中的位置不应该作为决定其经营宗旨的惟一基础。

在波士顿顾问集团（BCG）模型中，每个经营单元都可以放在四类——**问号**、**明星**、**现金牛**、**狗**中的一个，他们分别代表 2×2 矩阵的四个单元，矩阵的一个轴表示行业增长率，另一个轴表示相对市场份额（图表 2.5 ）。BCG 模型把行业增长率视作反映行业相对吸引力的指标，把相对市场份额视作反映一个经营单元在本行业中的相对竞争地位。

BCG 之所以把市场份额单列为一个主要战略变量，是因为它强调经验曲线（experience curve）这个概念。依照 BCG 的理论，单位成本会随产量的增加（累积经验）而下降。因为市场份额的领先者累积生产经验也最丰富，所以这类公司应该在行业内拥有最低的成本和最高的利润。市场份额和盈利能力之间的关联还得到了 PIMS 数据库（市场战略的利润影响数据库）的实证研究的支持。[15]

尽管经验曲线是一个强有力的分析工具，但是它也存在局限性：

1. 这个概念适用于竞争基础建立在价格之上的非差异化产品。对于这些产品而言，成为低成本的竞争者是关键。但是，市场份额和低成本并非是成功的惟一途径。有些市场份额低的公司也获得了高额利润，因为他们注重产品的独特性，而不是低成本。
2. 在有些情况下，工艺技术的改进会对单位成本的降低产生更大影响，其远远超过了对累积产量本身的影响。

实例 在美国钢铁业，有些公司通过大规模投资于技术改进，而不是生产比竞争者更多的钢(即累积产量)，大大降低了制造钢材的单位（吨）成本，夺回了大部分全球市场份额。

3. 过度追求通过标准产品的累积生产来降低成本，会导致市场灵活性的丧失。

实例 这个问题的一个典型例子是 20 世纪 20 年代亨利·福特把汽车标准化（“我能为您提供任何颜色，不过必须是黑色”），并大力降低成本。但是，当通用汽车向消费者销售多样化产品时，福特丧失了在汽车行业的领导地位，以至于在 1927 年福特停产 T 型车，而且在停工 12 个月后重组。[16]

4. 如果行业内出现新技术，那么恪守经验曲线概念会造成严重劣势。

实例 Timex[17] 经过多年打造，在钟表业中确立了低成本地位，但是，当德州仪器的数字手表进

15. Robert D. Buzzell, Bradley T. Gale, and Ralph G. M. Sultan, “Market Share—A Key to Profitability,” *Harvard Business Review*, January–February 1975, pp. 97–106.
16. William J. Abernathy and Kenneth Wayne, “Limits of the Learning Curve,” *Harvard Business Review*, September–October 1974, pp. 109–19.
17. 译者注：创立于 1854 年，是美国最大的钟表制造商。

入市场时，这种地位顷刻便被颠覆了。

5. 经验并不是惟一的成本动因。影响成本行为的其他动因包括：规模、范围、技术及复杂性。[18]公司必须认真考虑发挥作用的相关成本动因，以赢得低成本地位。

BCG 在为图 2.5 中的四个单元制定战略时利用了下列逻辑。若经营单元落在**“问号”**象限，则一般应确立的经营宗旨是：“拓展”市场份额。这项战略建议背后的逻辑涉及经验曲线的受益效应。BCG 认为，通过在行业增长阶段的初期拓展市场份额，经营单元就会享有低成本地位。这些经营单元是现金的主要使用者，因为无论在产品开发和市场拓展领域，还是在生产能力扩建领域，都需要现金支出。这些支出旨在短期内确立市场领导地位，但也会降低短期利润。然而，增加市场份额倾向于会提高长期盈利能力。如果打造竞争地位的现金需求太高，也可以剥离“问号”象限的业务。

实例 在 20 世纪 70 年代初，RCA[19] 决定剥离计算机分部，因为在这样一个资本密集、竞争激烈的行业拓展市场份额需要巨额现金支出。

若经营单元落在**“明星”**象限，则一般应确立的经营宗旨是：“维持”市场份额。这类经营单元已经在本行业中拥有了很高的市场份额，其目标是投入现金以维持现有市场地位。这类经营单元会创造大量现金（由于其市场领导地位），但是，他们也需要大量现金支出，以维持其在不断增长的市场中的竞争优势。因此，总而言之，这些经营单元能够自给自足，不需要来自组织其他经营单元的现金。

若经营单元落在**“现金牛”**象限，则该经营单元是公司主要的现金来源。因为这些经营单元拥有较高的市场份额，所以他们的单位成本可能最低，故而利润也最高。另一方面，因为这些经营单元在低增长甚至衰退的行业经营，所以他们不必将所创造的所有现金都用于再投资。因此，按照净额来说，这些经营单元创造了大量正现金流。这类经营单元一般应确立的经营宗旨是：“收获”短期利润和现金流。

若经营单元落在**“狗”**象限，则它处在一个不具有吸引力的行业，且竞争地位低。除非极有可能出现转机，否则他们应该被剥离。

公司总部应该明确哪些是创造正现金流的现金牛，重新配置这些资源来拓展“问号”经营单元的市场份额。

通用电气公司/麦肯锡开发的矩阵图（图表 2.6）类似于 BCG 模型，它均有助于公司确立各经营单元的经营宗旨。但是，它所运用的方法论有别于 BCG 模型，具体如下：

---

18. For a discussion on multiple cost drivers, see J. K. Shank and V. Govindarajan, *Strategic Cost Management* (New York: The Free Press, 1993), Chapter 10.
19. 译者注：1919 年由通用电气创立。全称是 Radio Corporation of America（美国无线电公司）。现在是美国一个知名家电品牌。产品涉及电视、声/像娱乐设备、电话、汽车音响等。

1. BCG用行业增长率表示行业吸引力。而在通用电气矩阵图中，行业吸引力则基于对市场规模、市场增长、进入壁垒、技术过时等因素的综合判断。
2. BCG用相对市场份额表示经营单元的现有竞争地位。而通用电气矩阵图则用市场份额、分销优势、设计优势等评估经营单元的竞争地位。

管理控制系统的设计者必须知道一个经营单元的经营宗旨是什么，但不一定要知道公司为什么选择这项经营宗旨。因为本书的中心是持续经营企业的管理控制系统设计，所以它会讨论拓展、维持、收获这三项经营宗旨，但不会讨论剥离。这些经营宗旨构成了一个连续的坐标轴，一端是“纯粹的拓展”，另一端是“纯粹的收获”。经营单元可以处在坐标轴的任何一点，这取决于它在拓展市场份额与最大化短期利润之间所做的权衡。

经营单元的竞争优势

每个经营单元都应该发展自己的竞争优势，以实现其经营宗旨。在发展一个经营单元的竞争优势时必须考虑三个相互联系的问题。第一，经营单元所处行业的产业结构是什么？第二，经营单元应该怎样利用产业结构？第三，经营单元的竞争优势是建立在什么基础之上的？迈克·波特介绍了两种分析方法——行业分析和价值链分析，帮助经营单元打造更强的、可持续的竞争优势。下面就分别予以介绍。

行业分析

研究表明，行业条件对公司业绩有重大影响。研究结果也证实，行业平均盈利能力至今仍是反映公司业绩的最重要的指标。[20]依照波特的理论，应该根据五种竞争作用力的合力分析产业结构（参见图表2.7）：[21]

1. 现存竞争者之间的竞争激烈程度。影响直接竞争的因素是：行业增长、产品差异性、竞争者的数量和多样性、固定成本的水平、间歇性产能过剩以及市场退出壁垒。
2. 客户的议价能力。影响买者议价能力的因素是：购买者的数量、买者的转换成本、买者后向整合的能力、经营单元的产品对买者的总成本的影响、经营单元的产品对买者的产品质量/性能的影响，以及经营单元的销量对买者的意义。
3. 供应商的议价能力。影响供应商的议价能力的因素是：供应商的数量、供应商前向整合的能力、替代投入的出现，以及经营单元的产量对供应商的重要性。

20. Birger Wernerfelt and Cynthia A. Montgomery, “Tobin's q and the Importance of Focus in Firm Performance,” *American Economic Review*, March 1988, p. 249; Richard Schmalensee, “Do Markets Differ Much?,” *American Economic Review*, June 1985, pp. 341–51.

21. Michael E. Porter, *Competitive Advantage* (New York: The Free Press, 1985).

图表 2.7

产业结构分析：波特的五种竞争作用力模型

资料来源：摘自 Michael E.Porter，*Competitive Advantage*（New York：The Free Press，1985）.

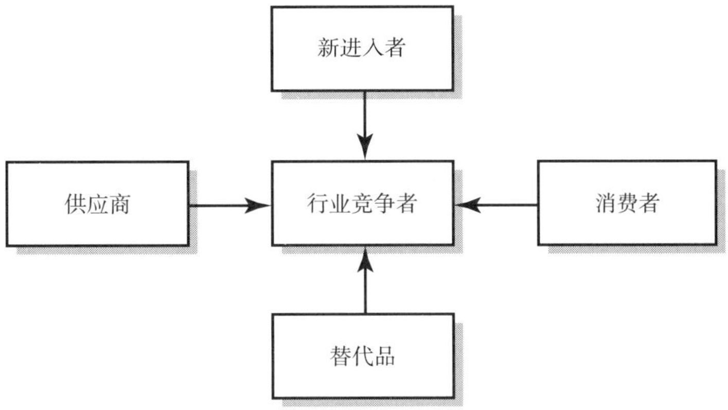

4. *替代品的威胁*。影响替代品威胁的因素是：替代品的相对价格/性能、买者的转换成本、买者对替代品的消费倾向。
5. *新进入者的威胁*。影响市场进入壁垒的因素是：资本要求、分销渠道的进入、规模经济、产品差异性、产品或工艺的技术复杂程度、预期现存公司的报复行动以及政府政策。

我们想对行业分析方法做出以下三点评论：

1. 这五种作用力越强，一个行业的的盈利能力可能就越低。若行业的平均盈利能力高(如饮料业和医药业)，则五种作用力就弱（如：在饮料业，市场进入壁垒高）。若行业的平均盈利能力低（如钢铁业和煤炭业），则五种作用力就强（如：在钢铁业，替代品威胁高）。
2. 不同行业经营单元所面临的主要战略问题也不同，这取决于五种作用力的相对强度。
3. 理解每种作用力的性质有助于公司制定有效的战略。供应商选择一个战略问题要借助于对几组供应商的相对议价能力的分析。在哪组供应商中拥有最大竞争优势，经营单元就应该与哪组建立联系。同样，分析几组消费者的相对议价能力也有助于选择目标客户群。

基本竞争优势

五种竞争作用力分析是打造竞争优势的起点，因为它有助于确定外部环境中的机会和威胁。基于这种理解，波特认为经营单元可以采用两种基本方式，利用对外部环境中的机会，打造可持续的竞争优势，即：低成本和差异化。

低成本　要赢得成本上的领导地位，可以利用生产规模经济、经验曲线效应、严格成本控制，以及成本最小化（在研发、服务、销售队伍或广告等领域）等方法。遵循这项战略的

图表 2.8
竞争优势的基础

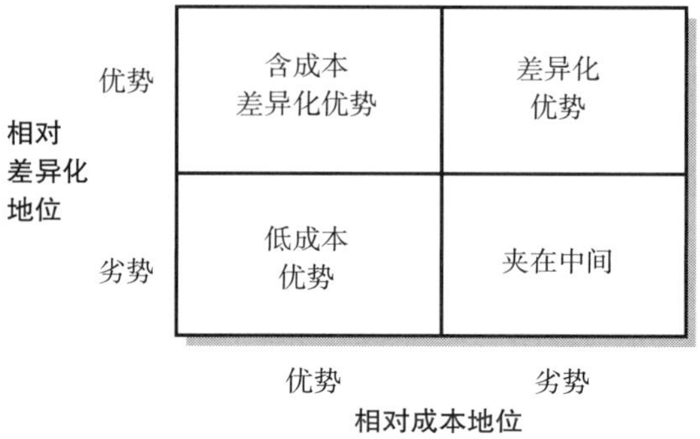

公司包括折扣批发商Charles Schwab、折扣零售店沃尔玛、消费电气行业中的德州仪器、电动发动机行业中的艾默生电气、汽车行业中的现代、计算机行业中的戴尔、机床行业中的Black & Decker、钢铁行业中的钮科、弧焊设备行业中的林肯电气，以及制笔业中的BIC。

差异化 这项战略的核心是经营单元生产差异化产品，创造消费者认为新奇独特的产品。产品差异化的方法包括品牌忠诚（饮料业中的可口可乐和百事可乐）、优质客户服务(零售业中的Nordstrom)、经销商网络（建筑设备行业中的Caterpillar Tractors）、产品设计和产品性能（电子行业中的惠普）以及技术（通信基础设施行业的思科）。遵循差异化战略的公司还有汽车业中的宝马、冷冻食品行业中的Stouffer、零售业中的Neiman-Marcus、制笔业中的Mont Blanc，以及手表行业中的劳力士。

价值链分析 正如前一节中所指出的，也正如图表2.8所示，经营单元可以根据低成本、差异化，或者二者兼而有之，发展竞争优势。最具有吸引力的竞争地位是实现“含成本差异化”（cost-cum-differentiation）。

无论是从直觉上看，还是从理论上讲，在市场中的竞争优势最终还是靠以同等成本提供更大客户价值，或者以较低成本提供同等客户价值来实现的。在经营单元层面，竞争优势不会作为一个整体进行有意义的审查。价值链将公司分解为不同的战略活动。价值链是涉及产品的一系列活动，从获取原材料开始，以向客户提供售后服务结束。图表2.9描绘一个典型的价值链。公司选择能利用自己的资源及能从外部获得资源的那些活动。

图表 2.9
典型的企业价值链

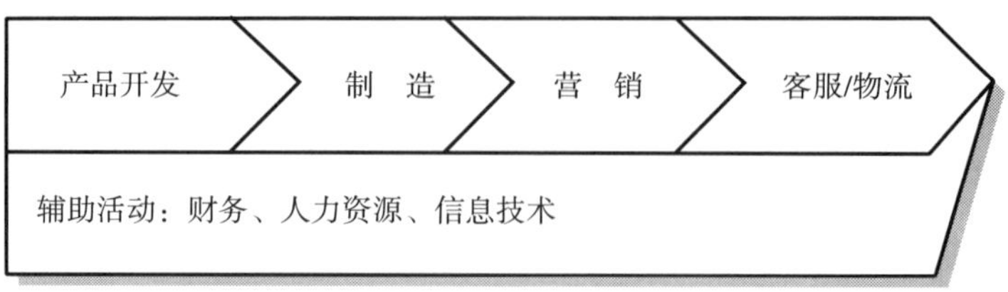

价值链分析力图确定在公司哪些经营活动中（从设计到配送）可以提高客户价值，降低成本。

对于每一项价值增值活动，关键问题是：

1. 我们能降低这项活动的成本，但能维持价值（收入）不变吗？
2. 我们能增加这项活动的价值（收入），但能维持成本不变吗？
3. 我们能降低这项活动的资产，但能维持成本和收入不变吗？
4. 最重要的是，我们能同时做到（1）、（2）和（3）吗？

通过系统分析每项活动的成本、收入和资产，经营单元可以获得含成本差异化优势。

价值链框架[22]是为了理解成本行为和差异化来源而把价值链——从基本原材料到终端消费者——分解为具体活动的方法。没有几个公司完全利用自有资源实现产品的整个价值链，即便有，也很少。事实上，在同一个行业内，公司利用自有资源实现活动所占的比例也各异。

实例 在石油行业，雪佛龙公司经营跨价值链的多个部分，从石油勘探到加油站，但是它并没有跨整个价值链。它提炼的原油中 50%来自其他生产商，它提炼的石油中三分之一以上通过其他零售网点销售。有些公司业务范围更窄，如莫克斯能源公司（Maxus Energy），仅从事石油勘探和生产活动。Limited Stores 拥有“下游”零售网点，但却未拥有炼油厂。锐步是著名的品牌鞋，它拥有自己的工厂，但公司却拥有很少的零售网点。还有耐克仅做研发、设计和营销，它的运动鞋生产 100%外包。

价值链可以帮助公司理解整个价值传递系统，而不仅仅是它所参与的价值链部分。供应商和客户、供应商的供应商以及客户的客户，都有利润边际，在理解公司的成本/差异化定位时，有必要予以明确，因为终端消费者最终要承担整个价值链上的所有利润边际。供应商不仅生产和传送公司价值链中所使用的各项投入，而且显著影响公司的成本/差异化地位。

实例 “微型钢厂”的发展降低了线材用户的经营成本，而线材用户是微型钢厂的客户再沿价值链向后推两个阶段的客户。

同样，客户的行为也会对公司的成本/差异化优势产生显著影响。

实例 如果印刷机制造商生产了一种新型“3 米”宽印刷机，那么造纸厂的盈利能力就会受到影响，因为造纸机的宽度必须与印刷机宽度的一定倍数相匹配。即使造纸厂处在印刷厂上游两个阶段之前(而印刷厂又是印刷机制造商的客户)，造纸厂的利润也会受客户行为的影响。

---

22. For a full discussion, see John K. Shank and Vijay Govindarajan, *Strategic Cost Management* (New York: The Free Press, 1993) , Chapters 1, 3, 4, 5; Michael E. Porter, *Competitive Advantage* (New York: The Free Press, 1985) .

小 结

每个组织都有一个或多个目标。盈利能力是一个重要目标，但是公司还应该兼顾员工、供应商、客户以及社区的目标。

多元化经营公司要制定两个层面的战略——公司层面战略和经营单元层面战略。在公司层面，主要的战略问题是：公司应从事哪些行业？为公司层面的战略问题所提供的“基本”选择是：（1）单一经营公司；（2）相关多元化公司；（3）非相关多元化公司。公司层面战略的一个关键概念是*核心竞争力*。核心竞争力是公司胜于他人的智力资产。

在经营单元层面，存在两个主要战略问题：（1）经营单元的经营宗旨是什么？（经营单元的“基本”经营宗旨是拓展、维持、收获）；（2）经营单元应怎样竞争以实现其经营宗旨？（“基本”竞争优势是低成本和差异化）。

在制定经营单元的战略时，可以借助三项工具：经营组合矩阵、产业结构分析以及价值链分析。经营组合矩阵一般把经营单元定位在一个坐标图中，其中一个轴表示“市场吸引力”，另一个轴表示“市场份额”。这个矩阵在确立经营单元的经营宗旨时十分有用。

产业结构分析是系统评估外部市场环境中的机会和威胁的工具。这是通过分析五种竞争作用力的合力来实现的，即：现存竞争者、客户、供应商、替代品和市场新进入者。

从中间供应商的基本原材料来源到最终送到消费者手中的终端产品，企业的价值链是生产产品的一系列相互联系的价值创造活动。我们必须将经营单元置于它所属的整个价值创造活动链的背景中来理解。价值链分析是发展基于低成本、差异化或者含成本差异化的竞争优势的一个有用工具。

管理控制系统设计者必须了解组织的战略，因为该系统必须要支持战略。第4~12章将介绍管理控制的不同构成要素。在第13章中，我们将讨论不同公司和经营单元战略的计划和控制要求。

推荐读物

Collins, James C., and Jerry I. Porras. “Building Your Company's Vision.” *Harvard Business Review*, September-October 1996, pp. 65-77.

Govindarajan, Vijay, and Christopher Trimble. “Building Breakthrough Business within Established Organizations.” *Harvard Business Review*, May 2005, pp. 3-12.

Grant, Robert M. *Contemporary Strategy Analysis: Concepts, Techniques, Applications*. 5th ed. Malden, MA: Basil Blackwell Publishers, 2005.

Gupta, Anil K., and Vijay Govindarajan. "Business Unit Strategy, Managerial Characteristics, and Business Unit Effectiveness at Strategy Implementation." *Academy of Management Journal* 27, no. 1 (1984), pp. 25–41.

Margretta, Joan. "Why Business Model Mates." *Harvard Business Review*, May 2002, pp. 86 – 93.

Porter, Michael E. *Competitive Strategy*. New York: The Free Press, 1980.

———. *Competitive Advantage*. New York: The Free Press, 1985.

———. "Strategy and the Internet." *Harvard Business Review*, June 2001.

Prahalad, C. K., and Gary Hamel. *Competing for the Future*. New York: The Free Press, 1995.

案例2-1

大英百科全书公司（A）

在18世纪中期到晚期，苏格兰就已步入了自己的“信息时代”——苏格兰启蒙运动。这是一个工业化的时代，也是一个孕育革命思想的年代（例如：经济学上亚当·斯密的“看不见的手”理论），它把爱丁堡改造成了世界闻名的文化中心。因而，在这样一个时代，两个雄心勃勃的人决定记录下这些知识并销售出去，一点儿也不会令人感到惊讶。

1768年，科林·迈克法奎尔和安德鲁·贝尔组建了一家合伙企业，出版他们所谓的“科学艺术词典”。当时，迈克法奎尔还是一名印刷工，贝尔是一名雕版工。威廉·斯迈利受雇编辑这部巨著，他在这套三卷的丛书的序中强调了实用性。“无论哪条内容，都清晰地反映了这项意图”，他写道，“本书及其作者都无愧于人类的嘉许”。[1]因此，满足社会的求知需求就成了大英百科全书公司的经营宗旨。

这部全新的参考文献指南历经3年才得以完成，每周出版一期推向消费者。出版时机选择得十分恰当，第一版瞬间一抢而空。继而迅速出版了第二版，然后是第三版、第四版，一版比一版丰富，一版比一版全面。到1815年，在出版第五版时，这套丛书已达到20卷。1790年，美国出版了一版盗版，从而敲开了一个蓬勃增长的新市场。甚至乔治·华盛顿都买了一套。

在整个19世纪，直至20世纪被美国人收购并迁移至美国，大英百科全书公司一直不断提高自己作为首要知识来源的声誉。公司认为，“我们的品牌代表着您所知的最权威、最值得信赖的资料。”[2]公司聘用了大量知名科学家和学者撰文，其中包括托马斯·马尔萨斯、西格蒙德·弗洛伊德以及玛丽·居里。它阐释了诸如宗教禁忌、无政府主义、太空、达尔文的进化论之类的尖锐话题。由于需求的迅速增长，公司便聘用了一个固定的编辑团队，开始每年出版新版。在1943年，本敦鲍尔广告代理公司的创始人威廉·本顿接管了公司，担任出版人和董事长。他拓展了公司的全球触角，扩建了生产线，并在此过程中收购了康普顿百科全书（Compton's Encyclopedia）和韦氏词典出版商（G.& C.Merriam）。

1981年，大英百科全书向Lexis-Nexis的商业用户提供了一种电子版，从而进入数字时代。Lexis-Nexis是迈德数据处理公司（Mead Data Central）提供的一种信息检索服务。但是，大英百科全书拒绝向任何非商业用户提供电子版，特别是“任何学校、图书馆，或订阅迈德数据处理公司的检索服务的个人”。[3]

1989年，公司又向电子时代迈出了一步，出版了《康普顿百科全书》的CD。目标读者是学校和图书馆，支付750美元，即可享有获得第一

---

1. Encyclopœdia Britannica.

2. *Advertising Age*（May 10，1999），24.

3. *Business Week*（August 31，1981）74E.

套多媒体百科全书 CD-ROM 的特权。

1989 年，公司号称拥有 2 300 名推销员。他们走街串户，向个人和家庭介绍，劝说他们投资于《大英百科全书》这样一个知识的宝藏。《大英百科全书》的主要卖点是产品享有高档图书的威望。许多父母都坚信，家中备有一套《大英百科全书》，就会使子女无论在学校，还是在生活中，都先人一步……

到 1990 年，消费者在以 1 500~2 000 美元的价格疯狂抢购《大英百科全书》。公司的销售收入创下新高——6.5 亿美元。不仅如此，这套 32 卷的丛书还一直是世界各地的百科全书所孜孜以求的标准。

在 20 世纪 90 年代初，软件业巨头微软公司决定打入百科全书市场。微软从芬克与瓦格纳百科全书（Funk & Wagnalls Encyclopedia）获得资料使用许可。该百科全书是通过超市销售的。微软在书中补充了一些公共域的内容，于 1993 年出版了 CD-ROM。这项产品称为“Encarta”，售价不到 100 美元。许多计算机制造商甚至随计算机免费赠送。

思考题

1. 请描述一下大英百科全书公司截至 1990 年的战略和战术。
2. 为什么大英百科全书公司的经营模式成功运营了 200 多年？
3. 这种经营模式在 20 世纪 90 年代初在多大程度上易于受到攻击？
4. 大英百科全书公司应该对微软的行动做出反应吗？ 如果应该，大英百科全书公司应做出什么样的反应？为什么？
5. 您希望为大英百科全书公司推荐什么样的管理控制系统，以便公司能够理解转变其商业模式的潜在可能呢？

案例2-2

大英百科全书公司（B）

1993年，大英百科全书对微软公司的进入做出了如下反应：

- 以5 700万美元出售了康普顿百科全书经营单元。
- 出版了《大英百科全书》光盘（一套两张CD），并向商业用户出售使用许可，为期三年、限两台工作站，许可费每年2 100美元（安装要求1GB的硬盘，当时价格为1 100美元[1]）。
- 消费者市场未实施任何变革。

尽管芬克与瓦格纳百科全书没有大英百科全书那样豪华时尚的声誉，微软的Encarta还是成为了最畅销的多媒体百科全书。大英百科全书的一位副出版人评论道："这是一个强大的、成人水平的研究和检索工具，适合于出版商、新闻机构以及商业和政府机构所要求的广泛研究用途。"[2]

由于大英百科全书的销量不断下降，Encarta似乎成了一个不容忽视的威胁。为了应对这种威胁，第二年，大英百科全书公司为消费者市场出版了《大英百科全书》CD-ROM。公司向购买印刷版（生产成本为200~300美元，而CD-ROM则只需1.50美元）的消费者免费赠送光盘。但是，如果消费者仅购买光盘，就需要支付995美元。[3]

大英百科全书公司的年销量和收入继续下滑，互联网的增长更是雪上加霜地加速了下滑。更糟糕的是，大英百科全书公司最优秀的推销员也开始纷纷离职。

在接下来的几年中，大英百科全书公司继续靠营销和产品组合奋力挣扎。1994年，大学教师和学生可以在线订阅[4]大英百科全书，价格为每年2 000美元。[5]资金充裕的图书馆支付得起这个价格，但是资金拮据的图书馆以及家庭和企业，则选择了不太贵的微软Encarta光盘。1995年，公司以200美元左右的价格供应大英百科全书CD-ROM。到1996年，大英百科全书的销售收入猛跌至3.25亿美元，约为1990年一半的水平（参见图表1）。1990年销售了117 000多套精装版，而1994年则仅销售了55 000套。到1996年，公司陷入了财务困境，一位名叫雅各布·萨弗拉的瑞士商人收购了公司，而价格仅是公司账面价值的一小部分。

---

1. James Coates, "The binary beat—Britannica on CD," *Chicago Tribune* (August 8, 1993), 7.

2. James Coates，同上。

3. Philip B. Evans and Thomas S. Wurster, *Harvard Business Review* (September-October 1997), 72.

4. "Encyclopæia Britannica," *Publishers Weekly* (February 14, 1994), 14.

5. Hal Varian and Robert Shapiro, "nformation Rules," *Harvard Business School Press*, 1999.

图表 1 大英百科全书的估计销售收入[6]

年 份	估计销售收入（百万美元）
1990	650
1991	627
1992	586
1993	540
1994	453
1995	405
1996	325

思考题

1. 大英百科全书对数字革命的威胁所做出的反应有多大效果？
2. 雅各布·萨弗拉应改采用什么战略才能使大英百科全书公司步入正轨？
3. 您建议大英百科全书公司实施什么样的管理控制系统？

6. 资料来源：(a) Tom Kelly, "The Britannica," *The San Francisco Examiner* (June 17, 1995), A15. (b) Mark Lander, "Britannica is for sale," *The New York Times* (May 16, 1995), 1. (c) Economist (February 26, 2000), 54. (d) Hal Varian and Robert Shapiro, "Information Rules," *Harvard Business School Press*,1999. (e) Hoover's Company Profile Database, 2000. Research assistance was provided by Jenny Neslin in compiling Exhibit 1.

案例2-3

大英百科全书公司（C）

在收购了大英百科全书公司之后，雅各布·萨弗拉立即解散了公司挨家挨户推销的销售团队[1]并废除了其室内展示方法，尝试利用直接邮购方式销售光盘，并大幅削减在线订阅费：先是降至每年 150 美元，后来又降至每年 85 美元。遗憾的是，仅有 11 000 名订阅用户签约。

1997 年 5 月，公司宣布将把大英百科全书 97 版光盘的建议零售价降至 150 美元，而且光盘购买者再支付 50 美元，就可以享受在线订阅。在公司的新闻发布会上，CEO 唐·雅尼阿斯说："算起来很简单。如果人们使用大英百科全书公司的产品，他们就会喜欢它，如果售价 150 美元，就会有更多的人购买。"[2]第二年，大英百科全书公司推出了大英百科全书 CD98 标准版。零售商店价格仅为 85 美元。

1999 年春天，大英百科全书公司向全世界宣布，公司将发起一项新的互联网服务，网址是 www.britannica.com。大英百科全书的管理者曾考虑过以下五种在互联网上的定价模型：

- 基于订阅定价法：收取年费，无限制使用。
- 计时收费定价法：基于使用大英百科全书的时间收取费用。
- 服务费定价法：基于任何研究或特殊报告要求收取费用。
- 产品线定价法：基本产品免费使用，但高端产品收取订阅费。
- 捆绑式定价法：若将多个产品捆绑在一起，就提供较低的价格。

在评估了各种选择之后，大英百科全书公司决定人们可以查阅其全部文字和图表，而且绝对免费。网站还提供一个选择性的搜索引擎，目标定位是高质量网站。

"我们正在重塑我们的商业模式。公司的未来全看我们如何在电子空间中经营。这将是我们的主导产品"，一位高级副总裁说道，"产品要将互联网管理与百科全书结合起来。我们已经不再是图书行业了，我们正处在信息行业。"[3]

公司计划从广告中盈利，其中包括称为"聚焦"的特别话题的赞助，还有通过电子商务销售一定比例的商品。新战略要求聘用广告销售队伍，这在公司历史上还是首创。1999 年，公司的全部员工，包括广告销售队伍在内，约有 350 人。[4]

1999 年 10 月底，网站大张旗鼓地启动了。但是，6 天后，网站就崩溃了。超过 1 000 万人试图登录网站。最后只有 10 万人成功登录。遭遇了这场在线失利后，大英百科全书公司便安装了高速网络服务器，致力于发展它的电子战略。新网站与大英百科全书的订阅服务不同：订阅服

---

1. Jerry Useem, *Fortune* (November 22, 1999), 344.

2. Encyclopædia Britannica。

3. Jeff Borden, *Advertising Age* (May 10, 1999), 24.

4. "Britannica drowns online," *American Libraries* (December 1999), 25.

务只是叩开了公司 231 年的老档案馆，主要向学校和图书馆销售，而新网站则把目标定位在更广泛的互联网用户上，包括 150 000 个以上许可网站的链接。此外，大英百科全书公司还开始与合作商协商，为网站提供信息和服务。潜在的合作商包括亚马逊网上书店和巴诺书店。

大英百科全书公司的发言人评论道："我们为网站选择的合作商必须拥有同样的品牌质量。我们尽力在互联网的喧嚣中披荆斩棘，为用户提供值得依赖的信息，而不是强迫用户成为网络搜索的专家。大英百科全书公司的网站不信奉精英主义，但也不是人人皆适合。我们所要寻求的是对智慧具备一定好奇心的人。"[5]

有些分析师曾质疑大英百科全书公司是否等得太久了，至今才加入互联网行动中。他们评论道："他们所复制的正是无数其他公司早已做的。如果他们是第一个行动者，他们就有可能创造一个市场。现在，他们才参加游戏，为时太晚了。"[6]

大英百科全书公司网站（Britannica.com）的广告费为公司创造了额外的收入，此外还有来自大英百科全书商店的销售收入。大英百科全书商店是大英百科全书公司产品和搭售品的在线销售渠道。商品包括 CD、DVD、参考书、服装以及"根据教育和娱乐价值选择"的各种科学和自然产品。

到 2000 年年中，公司已经转型成了一家电子商务公司，更名为 Britannica.com Inc.。公司网站继续发扬"提供关于所能想像的每个话题——从宇宙起源到时事新闻以及介于二者之间的任何话题的可靠知识"。但是，公司现在的愿景反映了它的新市场："成为数字媒体中最值得信赖的信息、知识和学习来源"。公司的数字媒体产品定位在满足广泛的信息需求，从学术和专业研究到日常生活中的问题解答。

公司的产品包括：（1）大英百科全书 CD 和 DVD——基于光盘的英文版全套百科全书；（2）印刷版大英百科全书（售价 1 250 美元）——免费赠送 CD 和年鉴；（3）大英百科全书网站——提供免费搜索和名录服务，包括完整的、最新的大英百科全书，还链接了选定网站、杂志和书籍引用；（4）大英百科全书在线（www.eb.com），提供在线订阅服务，年费为 85 美元——适于学生、教育工作者和家长的参考网站，编辑整合了大英百科全书和经审查的网站。

尽管大英百科全书的全部内容已经在互联网上免费提供，但是，公司声称在线订阅仍有许多优势，其中包括 15 个主题"频道"的专项深度阐释，从艺术、商业、教育到科学、体育、技术和旅游，跨数个领域（全部用大英百科全书式的生动、权威的表达予以展示）。

它还提供"一体化搜索"。每条搜索都列示所有来源的相关信息，包括大英百科全书。这样人们更容易找到所需要的内容。订阅者还享有其他好处，如：可以更快捷地打印信息；专门适用于中小学生的百科全书；个性化工作空间以及无广告干扰等。

大英百科全书公司计划开发另外两种收入流：通过电子商务销售一定比例的商品，如关于某个主题的图书；专项展示的赞助，如"向历史妇女人物致敬"等。

思考题

1. 请评价一下大英百科全书公司的互联网战略和战术。
2. 传统的"钢筋水泥式"公司可以从大英百科全书公司的传奇中吸取什么教训？

---

5. *Advertising Age*（May 10，1999），24.
6. *Advertising Age*（May 10，1999），24.

案例2-4

思科系统公司（A）

思科系统公司的总裁兼CEO约翰·钱伯斯说："思科是一家端到端网络公司。"它的产品和服务使公司信息高速公路的建设得以实现，而这正是当今所有希望成为本行业的电子商务领导者的CEO的不懈追求。

思科所提供的产品和服务可以使截然不同的网络之间实现信息分享（包括数据、文本、语音和视频）。它的目标是为客户提供一整套有助于企业建立满足自身需要的最佳网络的工具。

思科明确了四类主要的客户群：

企业是拥有500名或500名以上员工，且具有复杂网络需要的大型组织，通常跨多个地点和多种计算机系统。企业客户包括公司、政府机构、公用事业以及教育机构。

服务提供商是向企业和消费者提供数据、语音和视频通信服务的公司。他们包括区域性、全国性和国际性电信运营商，以及互联网、有线、无线服务提供商。

中小型企业被定义为员工少于500名的公司，他们需要自己的网络和互联网接入，但是在网络技术方面经验有限。

消费者是思科的一个新市场。公司最近推出了各种家庭网络产品，进入了消费者市场。

为了争取客户，思科通过几种渠道销售，包括IBSG、直接销售队伍、第三方分销、价值增值再销售、服务提供商以及系统集成商。

思科最初创立时只是一家路由器公司，但是，随着公司的发展，它的产品也丰富起来。从简单的网桥、路由器到网络交换机、软件，甚至网络服务。所有产品都是可以升级并且也易于升级的，从而使思科在设计网络时可以为客户提供最大限度的灵活性。

思科的产品供应可以划分为以下几类：[1]

路由器是计算机网络的基础技术。思科路由器把信息从一个网络传递到另一个网络，并在这个过程中应用智能，以确保信息安全、快捷地到达目的地。

局域网交换机（LAN-Switching）产品帮助用户从传统的共享局域网迁移到完全的交换网络，他们支持台式计算机、工作组和骨干网应用所要求的不同水平的灵活性和成本效益。思科解决方案支持大多数流行的网络技术，其中包括以太网（Ethernet）、千兆以太网（Gigabit Ethernet）、令牌环协议（Token Ring）、TCP/IP协议，以及异步传输模式（ATM）。

广域网交换机（WAN-Switching）产品把这种功能扩展到远距离。

本案例由达特茅斯学院塔克商学院菲尔·安德森教授、维杰伊·戈文达拉扬教授和克里斯·特林布尔教授编写，卡特里纳·维尔曼（2001级）研究助理撰写。

1. Cisco.com and most recent 10K, July 31, 1999.

接入解决方案为距离遥远的个人和团队提供如同在公司总部一样的连通性和信息接入。综合服务数字网（ISDN）远程接入路由器、拨号接入服务器、数字用户线路（DSL）技术，以及有线通用宽带路由器可以为远程办公者和移动办公者提供互联网接入和分支机构的连通。

系统网络体系结构（SNA）**局域网整合**产品可以使具有开放式网络体系结构的现代局域网与基于 SNA 标准的 IBM 传统系统整合起来（在 20 世纪 90 年代，大多数组织既有局域网，又有老式的 IBM 微型和主机计算机系统）。

网络工具（Internet appliances）可以提高网络管理者处理日益盛行的互联网所带来的各项挑战，如网络流量和网址短缺。这类产品包括防火墙，它可以阻止未经授权的网络接入；浏览、探测和监控网络，查找安全风险的产品；虚拟私人网络（VPN）；缓冲产品以及负载平衡产品。

思科IOS 软件是一款配置在思科各项产品中的网络软件产品，可以提供智能网络服务，如优质服务、负载平衡以及多播功能，使客户能够建设灵活的网络基础设施。这些智能网络服务还支持下一代互联网应用。

位居思科组织结构最高层的是总裁兼 CEO 约翰·钱伯斯。直接向他报告的包括首席战略官迈克·沃尔皮、首席财务官拉利·卡特、首席信息官彼得·索维科。而向这些首席官报告的则有 30 多位高级副总裁。思科还有一个引以为豪的、非常活跃的董事会，其中包括前任 CEO 约翰·莫格瑞治和风险投资家唐·瓦伦丁。

思科的发展

早期历史

思科的创始人是斯坦福大学计算机科学家桑德拉·勒纳和列昂纳德·波萨克，他们敏锐地意识到了对基于行业标准技术的大规模计算机网络的需求。[2] 勒纳在斯坦福商学院负责计算机设施，波萨克则是斯坦福计算机科学系的主任。在斯坦福时，两人都意识到现有计算机基础设施效率低下，在 1982 年，学校仅拥有 5 000 台计算机，20 个不兼容的电子邮件系统。[3] 由于存在太多彼此不匹配的技术，教职员工和学生都很难通过电子方式共享信息。

勒纳和波萨克招募了其他几名斯坦福员工，开始建立一个更好的系统：

> “……在没有获得许可或者官方预算的情况下，他们首先创建了能够把 DEC 微机连接到一个地下以太网上的界面。网络由几英里长的同轴电缆组成。这个游击队沿下水管道及其检修孔铺设电线——可谓无所不在。
>
> “项目获得了成功。路由器成功连接了在正常情况下彼此不兼容的单个网络。它使得网络中的任何一台计算机都能读取数据，甚至可以跨不同的操作系统。不久，这个地下系统就摇身一变，成了斯坦福大学官方网络。”[4]

在校园范围内获得成功后不久，勒纳和波萨克就从斯坦福辞职去创办自己的公司。最初，他们在自己家里定制路由器。他们把产品命名为 cisco，取自 San Francisco 的最后五个字母。一座艺术化的金门大桥成了公司的标志。到 1986 年，

---

2. 思科 1990 年年度报告。
3. David Bunell, *Making the Cisco Connection: The Story Behind the Internet Superpower*, pp. 4 and 5.
4. 同上，第 6 页。

公司不断壮大，家里已经容纳不下，所以被迫迁到加州门洛帕克市的一间办公室。

时至今日，公司的知名度仍然严重依赖于口头传播和介绍。大多数客户都是原来斯坦福的同事，他们通过早期版本的电子邮件建立联系。勒纳和波萨克开始利用电子邮件作为一种推销工具，辅助人与人之间的口口相传。这样，思科迅速在学术圈的“书呆子”中间建立了巩固的声誉。不久，他们又利用电子邮件作为技术支持和一般客户服务的工具。夫妇二人还创办了 *Packet* 杂志，聚焦于“在客户和思科之间建立联系，并全面报道最前沿的发展趋势和技术创新。”

勒纳和波萨克意识到他们需要扩张并进入新市场，而这又需要筹集资金。在访问了 75 家风险资本投资公司之后，思科结束了第一轮融资，于 1987 年从一个投资者 Sequoia Partner 公司的唐·瓦伦丁那里募集了 250 万美元。

瓦伦丁拥有支持成功公司的历史，包括苹果和 Crescendo。其他的风险投资家不相信勒纳和波萨克——两个没有创办公司经验的技术奇才，在没有高层集中指导的情况下，能够把思科孵化为一个成功企业。但是，瓦伦丁却坚信，并下了大笔赌注。他不仅提供了原始投资，而且为公司吸引了一流的管理者。其中最有影响的要算是约翰·莫格瑞治。

莫格瑞治时代

1988 年，瓦伦丁从 Grid Systems 公司挖来了莫格瑞治担任思科公司的总裁和 CEO。遗憾的是，在采取行动之前，他并未征询思科两位创始人的意见。勒纳立即被降级为客户服务副总裁，而波萨克也被降级为首席技术官，这就在他们和新任 CEO 之间制造了紧张气氛。不久，整个公司便感觉到了这种紧张气氛。针对这个问题，莫格瑞治特地聘用了心理学家，但是，即使这样，也未能消除四处弥漫的紧张气氛。

虽然四位领导人——勒纳、波萨克、莫格瑞治和瓦伦丁一致认为思科的目标应该是使客户满意，但是，对于如何实现这一目标，他们几乎在每一方面都各持己见。由于无法消除他们之间的分歧，1990 年 8 月，勒纳同意离开思科。不久后，波萨克也离开了。到 1993 年，两个创始人都把所持有的思科公司的全部股票回售给了公司。（勒纳最终完全离开了高科技领域，创办了一家化妆品公司，名为“Urban Decay”。）

在独自执掌思科期间，莫格瑞治实施了一些变革。例如：他根据客户的反馈，决定把公司名称从“cisco”更名为“Cisco”。他还紧缩开支，要求所有员工都乘坐旅游经济舱，并限制支出。他的节俭意识，以及对最大化客户满意度的承诺——公司创立所基于的价值观，最终赢得了回报。思科的年销售收入从 1987 年的 150 万美元跃升至 1990 财务年度年末的 7 000 万美元……

随着公司的不断壮大，莫格瑞治开始寻求支持其观念的管理团队成员。1991 年，他聘用了约翰·钱伯斯担任负责企业发展的高级副总裁。显然，钱伯斯最终会接替莫格瑞治担任 CEO。

约翰·钱伯斯

约翰·钱伯斯以第二名的成绩从高中毕业并升入杜克大学，从西弗吉尼亚大学获得法学学位，还获得印第安纳大学的 MBA——尽管一直都忍受着阅读障碍症。

毕业后，钱伯斯曾分别在 IBM 和王安[5]公司工作——他认为这段工作经历塑造了他的领导风格。例如：在 IBM，他曾因仅完成了十个自定目标中的九个而业绩被评价为差。因此，他开始将

5. 译者注：20 世纪 80 年代初期，王安实验室几乎控制着整个办公计算机市场，但 10 年后，曾因未能使专有的 Wang 文字处理系统适应联网的 PC 世界开放标准，而一度破产。后来，更名为 Wang Global，经过战略转型，一跃成为全球第四大台式和网络服务商。

注意力集中在几个可实现的目标上。在王安公司期间，他必须负责解雇 4 000 多名员工，而这样的经历，他发誓决不会再重复。

由于受到这些经历的影响，在到思科之时，钱伯斯早已形成了指导式、不干涉型的领导风格。他鼓励其他管理者主动担当起领导责任，制定合理决策、主动承担风险：

> “我告诉我的各级领导，你们必须在思科独树一帜——必须有人敢于挑战你。但是，虽然要独树一帜，但不能出格，必须遵循公司的路线和方向。所以，一旦我觉得我的团队有能力帮助丹尼斯·罗德曼玩转，我就把赌注压在他身上。”[6]

团队协作、风险、责任，尤其是客户满意是不断重复的主题。如今，大多数见过他的员工一致认为钱伯斯是他们在思科最崇敬的人。但是，人们也都认为，如果思科最初不采用互联网及其相关技术，就没有公司的今天。

在莫格瑞治和钱伯斯领导下率先发起早期电子商务

1991 年，思科启动了一个官方网站，主要致力于公司和产品信息。思科还努力提高对非互联网客户的支持。为了满足需求，它：

1. 尽可能快地招聘更多的工程师，工程师队伍以每年 160%的速度增长。
2. 延长电话技术支持时间，从 6:00AM 到 6:00PM。
3. 建立了一个内部系统，安排电话优先次序。
4. 把远程网络诊断整合进技术支持项目中。
5. 试验不同的客户支持项目，包括 SMARTnet，它是一组最流行的服务选择包，使客户更容易接近服务信息。
6. 培训客户，在 1991 年开办了 21 节网络课程，向近 400 人教授如何为自己的网络提供技术服务。

在 1991 年，思科拥有网络市场 50%的份额，[7] 尽管发起了新的行动，它仍在挣扎着应付每天接到的 300 个电话。

1991 年也是管理层动荡的一年。除了钱伯斯的到来之外，财务副总裁辞职了，并更换了新人。

在 1992 年，思科的市场份额增至 85%，因而管理客户服务要求的工作就更加复杂。公司除了提供客户培训计划外，还开始提供咨询服务。它还建立了电子公告板。这种向在线技术支持转向的开创性尝试最初并未获得认可，但是思科意识到以电子形式传播知识有助于减轻公司工程师和客服代表的负担。公司正经历着愈演愈烈的痛苦，希望利用信息技术找到其他方法来减轻这一痛苦。

在 1993 年，思科开始利用 Telnet 网站提供技术支持。客户，一般都是工程师，可以登录并下载软件升级、查询技术手册，甚至可以向思科员工发送电子邮件，提出问题。公司 1993 年的年度报告称：“通过大量采用思科技术的网络实现技术沟通。”[8] 每月有 5 000 多位访问者登录。但是，人们仍然预测不到：截至 1997 年，思科一半的产品是通过互联网销售的。

思科成熟起来

截至 1993 财务年度年末，思科的平均年增长率达到 270%，实现销售收入 6.49 亿美元，净

---

6. LAN Times，7/08/96。接受主编 Leonard Heymann、新闻执行编辑 Jeremiah Caron、高级撰稿人 Michelle Rae McLean 的采访。
7. *Boston Globe*，November 3, 1991.
8. 思科 1993 年年度报告。

利润增长为26%，拥有员工1 000名。它已不再只是一个创新技术公司。

莫格瑞治意识到思科必须重新审视公司目标。他让几位主要的高级管理层，包括约翰·钱伯斯以及当时的首席技术官爱德华·科泽尔，起草一份经营计划，这在思科9年的历史上还是第一次。这份经营计划列出了四项战略目标：[9]

1. 为企业提供整套解决方案。
2. 使收购成为一个结构化过程。
3. 定义整个行业的网络协议。
4. 建立正确的战略联盟。

为了实现这些目标，保持公司非凡的增长率，莫格瑞治明白思科必须汇聚更多的优秀人才——即使还要提高本已很高的员工增长率。遗憾的是，优秀人才越来越难以找到。当思科的客户服务评级降至历史最低点时，网罗人才的工作就变得日益紧迫。

莫格瑞治和钱伯斯决定征求客户的意见。根据波音公司的建议，思科收购了Crescendo公司。该公司位于加州桑尼维尔，拥有60名员工，为“工作组提供高速交换机解决方案”。[10]

收购Crescendo公司后，问题有所缓解，但是，从技术角度来看，这并非是一起轻而易举的收购。思科的Unix数据库是最尖端的，但是系统和信息彼此没有建立连接，也无法升级。直到1993年，所有IT的资金来源都来自公司整体的预算中，即销售收入的0.75%。虽然这足以满足IT部门眼下的需求，修补现有系统，但是对于一个要进行收购、预计年增长率超过50%的价值5亿美元的公司而言，是远远不够的。

首席信息官彼得·索尔科意识到了思科所面临的技术问题。1993年，在董事会会议期间，他和另外一位高级管理层多尔·奥莱德向董事会提出，他们是否认为IT的融资机制恰当。董事们声称他们不知道，并委托这两位高级管理层调研一下其他可能性。

他们俩所想出来的东西，称之为革命性的，也绝不为过。奥莱德和索尔科实施了一项制度，将IT支出授权给各个经营单元，而不是总部的行政管理者。他们称之为“客户集资模型”（client funded model，CFM）。它使得思科的经营单元可以制定技术支出决策，而这类投资一般都会支持客户，直接增加销售收入。

大多数公司都按销售收入的百分比为IT融资。一般而言，IT部门都作为成本中心直接向首席财务官报告。项目一般都是根据是否降低经营成本来进行评估，而不是根据是否提高销售收入、客户满意度或员工保持率。

按照“客户集资模型”，只有核心IT基础设施支出才集中决策，由总管理费账户开支。通过重新分配IT成本责任，思科将IT支出与公司目标协调一致——尽一切可能支持客户。索尔科和奥莱德提出的这项变革具体如下：

- IT将向新组建的由多尔·奥莱德领导的客户支持小组（customer advocacy）报告。
- 鼓励管理者从事任何可行性项目，只要它能提高客户满意度。
- 虽然管理者有权决策哪些项目能够获得资金支持，但是IT将决定如何实施。
- 思科的内部网络将为各经营单元更具创新性提供必要的便利，在此方面将发挥战略作用。

大跃进

上面所列的最后一项引发了一项重大决策。索尔科意识到，如果管理者要实现客户满意的目标，思科的网络基础设施就需要大幅升级。这项升级需要花费几百万美元，而思科一向以紧缩节俭而闻名。但是，彼得·索尔科还是向董事会提

9. Bunell，David，*Making the Cisco Connection: The Story Behind the Internet Superpower.*

10. 约翰·钱伯斯的新闻发布会，1993年9月21日。

交了网络升级建议。

在 1994 年初，思科的系统崩溃了，公司被迫停工两天。继这次崩溃和其他几次小崩溃之后，董事会史无前例地批准了索尔科的建议——1 500 万美元的 Oracle ERP 系统（仅这一项投资就占 1993 年销售收入的 2.5%，是前一年 IT 预算的 3 倍多。IT 升级的全部预算超过了 1 亿美元）。Oracle 系统将成为思科电子商务的中流砥柱。它不仅整合了所有 Unix 服务器，而且还为思科提供了集中化信息来源。

莫格瑞治向索尔科明确表示，他的职业前景有赖于他所发起的这项行动的成功实施。索尔科最终因他的出色工作，获得了可观的奖金。

随后的电子商务创举

一旦 ERP 系统到位后，思科便重新审视了每况愈下的客户服务问题。尽管思科吸引优秀工程师和呼叫中心代表的能力令人艳羡，但是公司却无法雇佣到足够的人才以支持其增长率。客户不断投诉他们得不到充分的技术帮助。

针对这种情况，思科升级了 Cisco.com 网站，启动了思科信息在线（后来命名为“思科在线联系”）。公司还在网站添加了一个技术帮助中心（TAC），并张贴公告板，供客户解决技术问题。此外，它还公布了一系列产品缺陷和补救办法。

网站获得了巨大成功。它不仅节约了思科的时间，而且节约了雇佣额外员工的成本。它还减少了客户打电话的时间和麻烦。人们不再拨打繁忙的技术支持热线，而是登录网站，浏览最新信息，大多数问题自己就解决了，无需等待咨询技术人员。思科的客户服务评级再次开始提高。

在 1995 年初，在钱伯斯这位新任 CEO 的领导下，思科从门洛帕克迁到了圣何塞的新址。钱伯斯选择了一个靠近公路的地区，而且有扩张的空间。新的思科大厦都是高科技建筑奇迹，钱伯斯投入了必要的资金，能确保他们升级改造。在四幢建筑中，每一幢都铺设了网络，建立了最尖端的连通，而且，每一幢都十分相似。

思科还开始寻找其他方式利用网站。销售队伍抱怨，客户经常要求他们做一些琐事，如重新打印客户发票。针对这个问题，1995 年，思科拓展了在线服务，允许客户重新打印发票，检查服务订单的状态，甚至配置产品和询价。这项创举写在思科 1995 年的年度报告中：

> 思科在线联系——1995 年末引入的基于在线和 CD-ROM 的服务系统，为我们世界各地的客户、合作者和员工提供了便捷、高效的接入方式，使其可以从思科获得最新信息。[11]

在网站整合进 ERP 系统之后，客户就能够接入更多的信息。对于许多思科员工来说，它意味着数据输入的结束——这是一项颇受欢迎的暂时解脱。

IT 部门开始试验其他方式来利用互联网的强大威力。IT 部门的努力致使发起了三项独立的互联网行动：思科在线联系（CCO 供客户使用）、思科员工联系（CEC），以及制造在线联系（MCO）。

思科在线联系

到 1996 年初，客户可以获得技术支持、重新打印发票，以及通过产品信息搜索产品功能，但是在想购买时，他们仍必须与销售代表谈。大多数情况下，这通常要先打电话下订单，再不断打电话确保订单准确地排上队。只有 75%的订单能正确地排上队，其余 25%则不得不重新排队。

因此，思科开始思考如何利用网站作为购买工具。1995 年，公司任命了一个网络商务小组（ICG），负责考察利用互联网的不同方式。项目被分为三个阶段：

11. 思科 1996 年年度报告。

在第一阶段，网络商务小组分析了现有网站，拓展了它所提供的产品服务，包含了订单状态能力、产品配置、定价以及安装指南和技术提示。网络商务小组还分析了呼叫中心的电话及其他客户要求。研究表明，大多数电话内容都集中在 Oracle ERP 系统中储备的信息。

在第二阶段，网络商务小组得出结论，它可以重新设计网站，从而允许客户配置和购买商品。电子商务网站于 1996 年 7 月建成并启动。到 1997 年，在全部订单中，27%是通过互联网完成的，远远高于网络商务小组的预期。此外，“思科在线联系”还被《互动杂志》评为十大技术和计算机网站之一。思科在 1996 年年度报告中对网站作了如下描述：

> “思科在线联系”为客户、合作者、供应商和员工提供了便捷的计算机接入，可以获得丰富的产品信息、软件文档资料、技术支持、客户服务应用以及互动培训。[12]

在实现在线功能的前 4 个月里，思科在互联网上销售了价值 7 500 万美元的产品。网站说起来很简单，但是也具有一定的复杂程度，足以确保产品准确地配置。因此，思科能够把客户订单失误率从 25%降至 1%。

到 1997 年，7 万名注册用户每月登录网站达 70 万次。尽管思科认为网站不像想像中那么完善，但是，现在思科为客户和再销售商提供的技术支持中，60%都通过网站自动传送，每年为思科节约近 1.5 亿美元。更令人称道的是，思科的客户满意度评级也得到了提高，思科认为内部生产率提高了60%，客户认为生产率提高了 20%。尽管如此，思科并不知足。

在第三阶段，思科开始解决其他问题，包括整合它的网站与客户的 ERP 网站。思科试图生产一款软件产品（in house），但是在最初投入一部分资金后，发现其他公司研发了更好的产品并率先进入了该市场。在经过仔细调研后，思科与 Ariba 和 Commerce One 建立合作关系。在编写本案例之时，思科正在与 Ariba 合作扩展它的基础服务，使产品与 RosettaNet 标准兼容。[13]

“思科在线联系”经历了重大修订和升级。每次思科重新设计网站，它都与互联网商务顾问委员会（ICAB）进行密切合作。委员会中包括思科员工和客户，它负责对全球客户进行市场调研。

截至 2000 年 8 月，网站共有 1 000 万页，世界各地均可登录。前几页被翻译成了多种语言，如日语。而且，所有价格均根据准确的汇率按适当货币报价。

思科员工联系

“思科员工联系”（CEC）是思科的内部网站。最初，它用来发布公司信息，充当内部通讯站。在 1995 年启动时，它仅由一个信息公告板、简单的搜索引擎和电子邮件构成。但是，随着“思科在线联系”的日益流行和功能的不断完善，思科的技术部门开始摆弄一个更高级的网站。

当时，人力资源部门忙得不可开交，需要用人工来处理各种不一致的人力资源表格。因此，建设“思科员工联系”的团队首先希望合并大量表格，并数字化，尽力简化和加速招聘过程。但是 Java 尚未登上高科技舞台，项目被证明应用起来太困难、太耗费时间，思科无法实施。辛苦了几个月之后，这个团队便放弃了。

不久之后，这个团队试图把费用报销程序网络化。这次，他们总结了第一次的经验教训，并结合新的创意和新的技术，如 Sun 公司的 Java 技术。

团队面临着几个似乎不可逾越的技术问题，如将费用审批与运通卡系统联系起来，还有内部

12. 思科 1996 年年度报告。

13. RosettaNet 是一个行业联盟，它建立了标准化协议和平台，协调 B2B 电子商务。

对变革的强大抵制。负责审批的高级管理层要求新的系统必须比旧的基于纸张的系统灵活易用。因此，许多审批都被取消了。思科的软件工程师被迫自己设计程序，因为没有现成的程序可以用来处理这项任务。最后他们终于成功了。思科的员工可以在线报销费用，几天内就能完成并直接进账（4 年后，思科准备丢弃自己开发的系统，而代之以外部设计的程序，因为他们相信软件公司更善于建立可升级的解决方案）。

继成功启动了新的费用报销系统之后，IT 部门重新审视了众多人力资源程序的数字化任务。这次，他们成功了。所有人力资源表格——新员工招聘、医疗保险、捐赠、退休金计划等使用的表格，不仅都囊括进了“思科员工联系”，而且直接整合进了 ERP 系统。

“思科员工联系”还使员工能够获取某些人事信息，如思科全体员工的名录、工作安排、在公司内的职位及其报告对象。如果愿意，员工还可以上传其他信息，包括个人照片。

尽管网站十分实用，但是大多数员工都很少使用“思科员工联系”。几乎没人选择它做主页，或者列入十大访问站点之列。为了看到员工的真实期望而进行的一项内部民意测验表明，最受欢迎的是 My Yahoo!，因为它允许人们定制自己的网页。

思科不但没有禁止 Yahoo 的使用、没有忽视问题，也没有强迫全体员工把“思科员工联系”作为主页，相反，却主动联系 Yahoo，商议为思科员工建立专门定制的 My Yahoo! 网站。网站允许思科员工浏览体育赛事得分、占星、天气及其他感兴趣的领域，而不仅仅是自动上传思科的公告。经过几次反复，Yahoo 创造了一种设计方案，思科几乎是毫不犹豫地接受了，这就使公司不仅能够向员工发布公司希望发布的内容，而且能够提供员工希望看到的内容。

制造在线联系

思科的“制造在线联系”（MCO）对于思科的升级至关重要。正如面临无法招聘到足够的工程师和客户服务代表的问题一样，思科还被无法升级制造业务以充分满足激增的产品需求所困扰。是有限制地增长，还是外包制造业务？面对这两种选择，思科选择了外包。

最初，思科利用合同制造商。思科转包订单、仓储零部件、执行最后组装，以及做产成品发送给客户前的测试。但是，仓储和维持大量存货成本太高。为了削减存货成本，缩短发货时间，思科开始与供应商之间建立更紧密的合作关系。

思科要求这些合作者和合同制造商把各自的供应链与思科的整合、联网。这项行动的结果就是实现自动化订单配货过程。于 1998 年 6 月启动的“制造在线联系”成了协调员，思科的合作商可以藉此直接获取客户信息、销售预测以及产品规格。合作商还可以提醒思科停工、部件短缺以及其他问题。

一旦客户在 Cisco.com 网站上下了订单，就立即通知制造合作商。每个订单都编制一个特定的订单编号和产品编号，所有订单都是个性化的。一旦制造合作商通过电子方式收到信息，订单就被送到组装线，排队等候——全部过程均没有人的干预。然后，制造商就生产订单产品。

最初，思科希望在网站上保留最终测试和认证过程。但是，由于竞争者的步步逼近，如 Nortel 公司[14]，上市时间和交货速度就成了关键的差异化因素。因此，思科又一次借助互联网来提高竞争优势。

这项新动力激励公司创建了“思科自动测试系统”。系统测试产品，确保他们达到思科的规格要求，以备发货。这通常需要不到 3 天的时间。一旦订单准备发货，就会自动提醒联邦快递

14. 译者注：北美地区第二大电信设备制造商。

公司——思科的送货合作商，订单被指定一个送货编号，在制造商那里提货，由联邦快递送达客户。如果组装线或自动测试出现问题，制造商就会立即通过“制造在线联系”提醒思科，然后思科再提醒客户。

若是多个产品，且需要不同制造商组装，或者要求不同时间完工，是一次备齐交货，还是分批交货，这要根据客户的意愿而定。无论地点在哪里，联邦快递公司的“途中合并”（merge-in-transit）服务管理所有送货，从而保证订单按客户要求送达。一旦联邦快递提了货，思科和合同制造商就都不再对订单负责。

因为“制造在线联系”和“思科在线联系”是一体化的，所以客户可以随时查看订单状态。若客户提出要求，“思科在线联系”还为客户提供安装支持。即使出现需要备用部件的问题，思科的服务站合作商几乎每次都能够妥善处理。

其他电子商务功能

除了“思科在线联系”、“思科员工联系”、“制造在线联系”以外，思科的会计和人力资源部门的自动化水平也给人留下了深刻印象。思科的管理者可以随时查看世界各地的实时销售数字。此外，思科还能够在一天之内结账。人力资源部门的自动化功能包括在线接收求职申请，根据关键变量审查求职者，并予以分类，如按技能水平或前雇主。

对于思科的电子商务系统而言，灵活性同功能一样关键。在公司把研发和营销部门从多个经营单元重组为只有3个时，要求电子商务应用所做的转变仅在不到60天的时间内就完成了，成本不到100万美元。[15]

小 结

思科在采用创新技术和客户服务技术方面是一个先行领导者。它利用信息技术完善自身经营的能力使其成为电子商务的先锋。

公司早在1984年就开始利用电子邮件与客户沟通。互联网于1993年一放松管制，思科就立即采用互联网处理和服务订单、解决技术问题、支持客户、整合制造和分销、简化员工服务。

自此之后，无论思科，还是思科团队的成员，就一直勇往直前。1995年，约翰·钱伯斯接任CEO，约翰·莫格瑞治升为董事长。在20世纪的最后5年中，思科继续以超过40%的年平均增长率增长。在2000年，甚至使市场霸主通用电气和微软黯然失色，它收购了70多个公司，进一步发展和扩大了市场地位、产品供应、技术专长以及员工总数……一路走来，思科把自己再造成一个电子商务企业，每年节约超过8亿美元(其中3.5亿美元要归功于“思科在线联系”[16])，占2000年26亿美元净收益的相当大部分。

思考题

1. 如果其他公司也投资于电子商务功能，也能在同等程度上受益吗？
2. 其他公司能从思科引导电子商务转型的方式中学到什么呢？

15. *Net Ready*, p.252.
16. *Net Ready*, p.258, 268.

案例2-5

思科系统公司（B）

到2001年3月，思科已经享有了世界上最精通电子商务的声誉。按他们的思路，在思科公司内，一切可以通过网络化执行的业务部都应该实施网络化。虽然公司至今已经做出了非同凡响的创新，但是思科远远不满足于维持其在电子商务实践中的领先地位。《网络就绪》（Net Ready）一书的合著者阿莫·哈特曼描述了这种忧虑："昨天还是创新的东西，在很多情况下，明天就会成为大家普遍使用的标准方式。市面上已经出现了软件包，他们拥有我们为自己公司专门定制的软件的90%以上的功能。所以……我们怎样保持，并且巩固我们在电子商务中的领导地位呢？"

对于哈特曼及思科其他高级管理层而言，在苦苦思索如何保持其领导地位这个问题的过程中，又引发了一系列难题：

1. 思科应该在创造和实施新的电子商务的实践中投入多少？应该采用什么样的融资机制？
2. 保证持续创新的最佳组织模式是什么？
3. 为了评判创新工作的成功与否，思科应该评价什么指标？这些指标能与员工激励制度挂钩吗？

鉴于思科发起的新的电子商务至今所取得的巨大成功，任何试图改变现状的变革都一定会受到许多思科员工的抵制。

思科的创新

参观一下思科，你就会听到许多员工都声称"思科是一个几十亿美元的初创公司。"拥有3万多名员工，新员工以每季度约3 000名的速度纷纷加入（截至2000年夏），思科或许太庞大了，怎么也不能称之为初创公司。尽管如此，它仍秉持着初创公司所共同信奉的许多价值，尤其是旗帜鲜明地对官僚政治嗤之以鼻，也就是说，没人会关注谁受到表扬谁受到批评，也没人会紧紧盯住组织机构图、津贴、头衔等。思科提倡变革，珍视具有创造性的分歧和对抗，同时努力营造一个能够自由发表观点的环境，弘扬建立在信任基础之上的团队精神。公司倡导勇于冒险、积极主动、尽职尽责的风气，认为速度胜于协调、效率或完美。

直到1993年，思科为新的电子商务企划融资的方式类似于今天许多公司所采用的方式。资金通过IT部门提供，它是一个累计管理费用的成本中心（G&A）。IT部门的融资标准是思科销售收入的0.75%。

1993年，思科采取措施协调IT部门的目标与公司的整体战略目标。现有的融资机制意味着电子商务都根据其是否降低成本进行评估，而忽视其对销售收入、客户满意度或者员工保持率的影响。

在一项非同寻常的行动中，思科创建了一种

本案例由达特茅斯学院塔克商学院菲尔·安德森教授、维杰伊·戈文达拉扬教授、克里斯·特林布尔教授和卡特里纳·维尔曼（2001级）研究助理撰写。

IT 投资分权化的制度。这个新的“客户集资模型(CFM)”授权各经营单元的管理者，由他们决定提高销售收入和客户满意度的必要费用。此外，公司还改革了组织结构，从而使 IT 部门向一个新组建的“客户支持小组”报告。

值得注意的是，思科之所以成为世界上最精通电子商务的企业，并不是因为制定了这样的目标和计划了实现步骤，而是因为公司制定的激励制度聚焦在客户满意度上，并且落实为管理者的责任。领导客户支持小组的高级副总裁，同时也是于 1993 年启动的分权化 IT 融资机制的设计师之一的多尔·奥莱德认为，保持在电子商务领域的领先地位的关键是始终如一地以客户为中心。“当我在思考采取下一步措施的时候，我总会意识到过去的每项有效措施，都源于密切的客户关系……源于真正与主要客户建立紧密联系，源于理解他们希望做什么，然后以我们现在所称的电子商务功能满足他们的需要。”

据奥莱德称，无论哪项新的企划失败了，究其原因，都在于太闭关自守，太过于关注速度和效率，而忽略了以客户为中心。这种分权化 IT 融资制度，再加上强调客户关系，一直维持到 2001 年。由于公司现在向世界各地形形色色的客户群提供一系列可定制的产品，思科内部的创新过程变得有些混乱了。

思科永远不缺乏创新举措，处处都可以迸发出新的创意。这主要是由于强大的企业家文化和向非管理职位员工派发 40%的股票期权的薪酬制度，或许仅仅是因为思科的员工都热衷于保持技术先锋的地位。人们纷纷觊觎在创新电子商务项目中的工作机会，这对于技术精英们而言，简直是一个假期，令人振奋，也备受欢迎。否则，他们可能会对日复一日地在陈旧的系统或技术上工作感到灰心丧气。

虽然有些创新举措来源于灵感、创造力以及对最新技术趋势的研究，但是思科强大的以客户为中心的企业文化却至关重要。经营单元的管理者都通过各种机制，孜孜不倦地寻求客户反馈，并利用这个反馈过程创造新的电子商务企划。

在经营单元内，没有明确的指南告诉人们应该投入多少人员从事创新项目。决策全凭直觉来制定，并受风险文化影响，但是也要受服务客户的直接需要限制，还受迅速吸引优秀人才的能力限制。哈特曼指出：“思科是一家非常注重执行、缩短配送周期、创造数字、消灭问题的公司。所以，管理者往往都关注短期问题。人们如何才能始终如一地做到这点，同时又播种、催化、助长并整合新的、突破性的、价值创造型的电子商务创意呢?”

事实上，一旦经营单元的领导决定了应分配多少精力去追求新的创新举措，他们就会授权高级技术专家，让他们决定应该选择众多可行性项目中的哪一个。项目一般都是一步步地实施的——委派几个人（5~10)，等等看它学到了什么，可能先让前沿客户试用一下，可能再投一点资，等等。在思科，很少有牵涉几百人的大型项目。即使有，通常也是为了解决特殊的、紧急的棘手问题。20 世纪 90 年代初期到中期就是这种情况，当时，思科建立了“思科在线联系”来解决应接不暇的客户服务问题。

对于没有获得明确回报的创新项目，何时“断电”，没有绝对的原则，但是，因为项目一般一次只能获得几个月的资金支持，所以决策要经常重新审视。关于决策的管理直觉不仅受文化的影响，而且受保持员工士气、与公司总体战略保持一致、探寻重大突破的影响。或许是基于三项标准：收入增长率、收益增长率和客户满意度的薪酬结构也影响关于创新性新电子商务功能投资的管理决策。

思科目前的创新

思科在标准化 B2B 商务平台领域所付出的努力就很好地说明了公司的创新过程。过去，思科通过编写客户软件，整合客户的采购系统和思科的订货管理系统，使大客户的采购过程实现自动化。为了把这项功能拓展到其他客户，思科联合一个被称为 RosettaNet 的行业联盟，建立协议和平台，简化这个过程，摈弃（耗时费力的）客户解决方案。

这个创新项目是由客户服务人员突发奇想出来的，它专门聚焦在大企业上。这个小组联合了客户支持小组和 IT 部门，以便引起足够的重视来推动这个项目。IT 小组结合思科员工的帮助把 RosettaNet 联盟的人员充实起来。自然，这个项目会影响组织的几个其他部门，特别是制造和财务系统。因此，客户服务人员就需要在内部推销这项企划。提高客户满意度的共同目标可能是他们推销的核心，因为组织上下管理层的薪酬激励都与客户满意度挂钩。如果这个创新项目按思科的一贯风格开展，那么在系统实施中，IT 部门就应该负责协调部门之间的任何冲突。

现行制度的简要分析

虽然分权化制度以及对保持密切客户关系的强调，至今已使思科获得了令人难以置信的成功，但是它并不完美。首先，随着公司的增长，它变得越来越复杂。在引入新项目时，组织许多部门都受到了影响。最大的挑战就是保持各部门之间的协调，即让组织上下的员工都认识目前的创新举措，并了解它的细枝末节。此外，不同经营单元采取基本相同的运行模式也是司空见惯的事。正如前面所提到的，冲突或重复通常由 IT 部门来解决，因为各种创新项目实际上都是在思科的网站上实施的。

在分权化制度下，关于创新项目的类型也存在问题。因为经常受客户反馈的影响，它们往往是渐进式的、短期型的。人们既不清楚应该花费多少精力去创造真正突破性的创新项目，也不清楚恰当的水平应该是什么。事实上，由于思科在确定、收购和整合拥有创新技术和优秀人才的小型公司方面的竞争力，人们甚至不清楚在公司内部追求突破性机会是否还有必要（竞争力的一部分还涉及倾听客户的呼声；收购 Crescendo 思科进入局域网交换机市场的创意都直接来自客户反馈）。

奥莱德似乎有些鄙视真正与客户保持密切联系（“我倒希望这方面出点问题”），似乎认为这个潜在的问题与其说是一个实践问题，不如说是一个理论问题：

> 我猜人们会认为，如果 IBM 只想向那几个对主机情有独钟的人销售主机，而对其他客户不管不顾，那么他们也许永远都不会理解客户—服务器或对等计算将来会很重要。我理解这一点，但是我认为，这不是一个真正的问题。

最后一个问题是，在经营单元内部提出的创新项目往往范围狭窄。人们不清楚在多大程度上忽视了“创新”机会。而跨经营单元开发项目又要求特别发起，还要求高级管理层参与以及建立最初的联系并指导合作。随着公司的成长，这就变得越来越不可能。而且，人们都清楚存在与外部组织合作开发、合作设计、合作制造新电子商务过程的机会，其中包括客户和合作商，但是，人们并不确切地了解如何实现这种可能，或者如何把他们变为惯例。

未来的可能选择

显然，替代现行分权化制度的一种方案就是注重创新的略微集权化的体制。但是，这种新体制的规章制度还可以按无数种方式成型。它应该负责哪些具体活动？ 人员如何配备？ 如何提供资金支持？如何评估它？ 能够按这样的方式配置吗？即：既提高了效率，抓住了难得的填补空白的机会，又不破坏思科的创新精神或分权式（互联网式的）企业文化。失去任何一个，都胜过集权化所带来的好处。

在概念层面上，思科的管理者至少在三种可

能性上举棋不定：

1. 技术研究和培训团队（集权式的“智囊团”，负责研究新兴技术，让企业管理者了解哪些很快就会成为可能）
2. 风险工程团队（集权式的技术研究和实施团队）
3. 内部风险投资集团（集权式的技术分析和融资团队）

   但是，具体细节尚未确定。

思考题

1. 您认为思科为新的电子商务创新项目提供资金支持的方式如何？
2. 您认为思科应该把创新过程的任何一个方面集权化吗？在上面列出的三种可能性中，哪种似乎最合适（或者您能建议一种别的吗）？为什么？ 您如何定义新体制的具体规章制度？
3. 思科能够评价它的创新工作吗？ 要与薪酬挂钩吗？如果能，怎样评价？

案例2-6

技术注释：网络产品

虽然利用数据网络已成为学生们日常生活的一部分，但是没有几个人了解这些构建大型计算机网络内部结构的公司（思科、Juniper、Nortel、Sycamore等）究竟生产的是什么。网络技术不仅纷繁复杂，而且在不断发展变化。在这个注释中，您可以获得基础水平的技术知识——足以供您参与关于网络行业公司的有意义的讨论。网络产品包括：路由器、交换机和网桥。

网络产品可以满足什么需要

尽管IBM和数字设备公司（Digital Equipment）很早就开始建立计算机网络，但是网络行业的成熟却发生在20世纪80年代初的PC革命时期。通过提供一组计算机和外围设备之间的电子连通，局域网可以实现PC用户发送电子邮件和共享资源的功能，如文件、打印机、调制解调器以及其他外围设备。

尽管发送邮件和共享文件在今天已司空见惯，但是并非一向如此。随着人们越来越依赖计算机和局域网，人们对网络与网络之间（无论制造商是谁）信息共享方式的需求也不断增长。网络产品的出现就是为了满足这种需求。

我需要对这些装置了解些什么

如果您想像只是在一些大金属或塑料盒子，穿进穿出许多电线，那么您就有了一个很好的开始。一般而言，网络产品的主要差异就在于速度和稳定性。此外，因为设计网络或定制和配置网络产品要求相当水平的专业技术，所以优质服务也是一项关键的差异化因素。

虽然网络产品接受和再传输数据的速度十分重要，但是整个网络的性能还取决于网络产品的"智能"。"智能型"网络产品所做的事情包括监控网络流量，在发送信息之前确定几条可行路径中哪条最快。智能水平较低的网络产品就仅仅是"传递信息"。

数据从点A到达点B，可以通过四种不同的介质，下面将详细介绍。速度或带宽是每种传输介质最关键的特性。带宽被定义为在一定时间内能够传输的数据数量，一般按每秒传输位数计。

1. 双绞线就是简单的铜制电话线，即千家万户的电话线所使用的介质。相对于其他介质而言，铜线的劣势包括干扰和衰减（信号在长距离传输中变弱）。当然，优势在于已经铺设到位。为住户安装新的线路是一项极其昂贵的建议。因为原始的电话网络基础设施仅设计用于处理模拟音频信号，所以利用双绞线进行数字数据传输就必须通过调制解调器来回转换模拟信号。由于这种信号转换过程，使带宽受到了限制，通常为56Kbit/s。一种更新的技术，数字用户线（DSL），通过消除数字—模拟之间的转换需要，能实现双绞线连接的更高带宽。对于电话公司而言，

本注释由达特茅斯学院塔克商学院菲尔·安德森教授、维杰伊·戈文达拉扬教授、克里斯·特林布尔教授和卡特里纳·维尔曼（2001级）研究助理撰写。

升级电话网络中的交换机以处理DSL，也是一项重大投资。

2. 同轴电缆，是用于有线电视入户的介质，也可以用于数据网络，带宽约为调制解调器速度的20倍。同双绞线一样，它也早已广泛铺设。较之光纤，它的安装成本不太高。
3. 光纤不仅是最贵的传输介质，而且是最快、最稳定的。有些公司，如Level 3、Qwest、Williams，已投入了几十亿美元铺设光纤。这些光纤是由Lucent、Corning、Pirelli等公司制造的。大多数光纤都铺设在人口密集的地区，以及处于主要网络核心的远程连接。而在乡村地区，仍然显得很昂贵。在目前使用光纤的大多数网络中，数据都要在每个交换机内进行电子信号与光脉冲转换。光电转换过程是发展瓶颈。人们正在开发新技术，以实现全部光交换，从而消除这个瓶颈。
4. 无线技术通过空气传送数据，而不是电线。

第 3 章

组织行为

管理控制系统影响人的行为。优秀的管理控制系统以目标一致的方式影响行为，即：他们确保为实现个人目标而采取的个人行为也有助于实现组织目标。

在这一章中，我们将首先解释“目标一致”这个概念，介绍它如何既受非正式行为的影响，又受正式系统的影响。正式系统可以划分为两类：从广义上定义的“规章制度”；计划和维持控制所用的系统方法。

在各种类型的组织中，人们采用不同的组织结构实施战略。有效的管理控制系统的设计应该适合特定的组织机构。

在本章的最后一部分，我们将介绍负责设计和运行管理控制系统的财务总监的职责。

目标一致

高级管理层希望组织实现组织目标。但是，组织的各个成员又都有自身的个人目标，而且这些目标未必与组织目标一致。因此，管理控制系统的中心目的就是尽可能保证高水平的所谓“目标一致”。目标一致（goal congruence）是指人们从个人利益出发所采取的行为也符合组织的最大利益。

显然，在我们这个并不完美的世界里，个人目标与组织目标的完全一致并不存在——假设没有别的原因，不外乎个人参与者通常希望获得的薪酬越多越好，而组织则认为工资只能上涨到不对利润产生负面影响的水平。

一个完善的控制系统至少不应该鼓励个人采取违背组织最大利益的行为。例如，如果系统强调降低成本，管理者就以牺牲质量来降低成本，或者通过不适当地增加其他单元成本的方式来降低本单元的成本，管理者虽然也受到了激励，但是方向却错了。

在评估任何管理控制实践时，应该问的两个最重要的问题是：

1. 它激励人们采取哪些符合自身利益的行为？
2. 这些行为符合组织的最大利益吗？

影响目标一致的非正式因素

在组织中，正式系统和非正式过程都影响人的行为。因此，他们会影响实现目标一致的程度。本书主要关注正式管理控制系统——战略计划、预算、报告。但是，正式系统的设计者应该考虑非正式过程，如职业道德、管理风格和企业文化，这一点很重要，因为为了有效实施组织战略，正式机制必须与非正式机制保持一致。因此，在讨论正式系统之前，我们将介绍一下在实现目标一致的过程中发挥作用的非正式力量，既包括内部的，又包括外部的。

外部因素

外部因素指组织所处的社会中存在的理想的行为规范。这些行为规范包括一整套态度，一般统称为职业道德，它体现在员工对组织的忠诚度、勤勉、精神，以及出色完成工作的自豪感上（而不仅仅是消磨时间）。有些态度是地方性的，即组织从事经营的城市或地区所特有的。为了鼓励公司建在本城市或本州，商会及其他贸易促进组织经常声称当地拥有忠诚、勤勉的劳动力；其他态度和行为规范都是行业特定的。例如，铁路行业的行为规范就不同于航空业的。还有一些是全国性的，有些国家，如印度和中国，就享有优秀职业道德的美誉。

实例 硅谷——加州北部一块约30英里长、10英里宽的地区，是美国经济中创业和财富的重要源泉之一。硅谷吸引了大批具备某些共同特点的人才：企业家精神、勤奋工作的热情、雄心勃勃以及偏好非正式工作环境。在过去50多年中，硅谷创造了诸如惠普、微软、苹果电脑、太阳微系统、甲骨文、思科系统、英特尔之类的公司。即使在经历了最近的产业周期之后，传统公司和网络幸存者仍然维持着硅谷作为技术创新中心的声誉。[1]

内部因素

企业文化

最重要的内部因素是组织自身的文化——共同的信仰、共同的价值观、行为规范，以及组织上下隐性接受的或明确宣扬的各种设想。文化规范极其重要，因为他们解释了为什

1. Steven Levy, Brad Stone, "Silicon Valley Reboots," *Newsweek*, March 25, 2002, p. 42.

专栏 3.1
我们的信条
强生公司

我们坚信我们的首要责任就是服务于医生、护士和患者，服务于母亲以及其他所有使用我们的产品和服务的人。

为了满足他们的需要，我们所做的每一件事都必须是高质量的。

为了维持合理的价格，我们必须不断努力降低成本。

我们必须及时、准确地处理客户订单。

我们必须为供应商和分销商提供获取合理利润的机会。

我们要对员工负责，对在世界各地与我们共同奋斗的每个人负责。

每个人都必须被视作一个个体。

我们必须维护他们的尊严，弘扬他们的美德。

我们必须让他们拥有工作安全感。

薪酬必须合理，工作环境必须整洁、安全。

员工必须能够自由表达意见和建议。

必须有平等的就业机会，已录用的人员必须有平等的发展和升迁机会。

我们必须配备称职的管理者，他们的行为必须公正且符合道德规范。

我们必须对我们工作和生活的社区负责，还要对世界负责。

我们必须做优秀公民——支持出色的工作，支持慈善事业，承担纳税义务。

我们必须鼓励改善民生，提高医疗和教育水平。

我们必须妥善保管有权使用的各项财产，保护环境和自然资源。

我们最后还要对股东负责。

企业必须创造合理利润。

我们必须积极试验各种创意。

我们必须从事科研，开发创新项目，包容失败。

我们必须不断购置新设备、提供新设施、投放新产品。

我们必须未雨绸缪，建立储备。

如果我们秉持这些原则，股东应该能够实现合理回报。

资料来源：强生2005年年报。

么两个组织，即使拥有相同的正式管理控制系统，也可能在实际控制中出现差异。

实例　强生拥有浓厚的企业文化，从公司的信条中，我们就可以略知一二（见专栏3.1）。如果不考虑公司信条对员工行为的影响，人们就无法充分理解强生的正式管理控制系统的作用。1982年的“泰诺危机”就是一个很好的例证。7人在服用了含有氰化物的泰诺胶囊后，中毒身亡。尽管有毒胶囊是在芝加哥出售的，而且是在强生公司外做的手脚，责任人也不是强生的员工，但是，强生还是召回了美国市场上的所有泰诺胶囊。公司还发起了大规模的宣传活动，让医务人员和公众了解公司为防止未来发生类似事件而采取的一系列措施。为了应对“泰诺危机”，强生总共耗费了1亿多美元。公司员工认为他们在危机期间所采取的行动源于他们对公司信条的强烈信仰，无论会对短期利润产生怎样的潜在负面影响，它都强调公司对公众的责任。[2]

一个公司的组织文化通常多年不变。有些实践变成了惯例并自动传承下去，仅仅因为“这里的做事方式就是这样。”有些是禁忌（“我们这里就是不那样做”），没人知道是为什么。组织文化还受CEO、低层管理者的个性和政策的强烈影响。低层管理者的个性和政策仅影响他们所控制的领域。如果组织建立了工会，那么工会所秉持的规则和规范也会对组织文化产生重大影响。任何试图改变组织文化的努力，几乎总会遭到抵制，组织规模越大，越成熟，抵制就越大。

管理风格

对管理控制影响最大的内部因素可能就是管理风格。通常，下属的态度反映了他们眼中的上级的态度，而他们的上级的态度最终要源于CEO的态度（换种方式说就是：“一个机构就是一个人的拉长的影子”）。[3]

管理者风格迥异。有些具有魅力、个性张扬；有些则沉稳；有些花大量时间视察并与人交谈（“巡视管理”）；有些则更多地倚重书面报告。

实例 在20世纪70年代初，当瑞金纳德·琼斯被任命为通用电气的CEO时，通用电气已是一个大型多元化经营的公司，在多个成熟市场都经营得很好。但是，公司也的确存在问题：限价丑闻使几位高层管理者锒铛入狱；在主机计算机市场遭遇惨败，随后退出。琼斯的管理风格非常适合整饬公司，严明纪律。琼斯中规中矩，威严，优雅，睿智，既愿意授权，也有能力授权。他制定了正式的战略计划，并率先在大公司中建立了战略计划单元。[4]

琼斯于1980年退休时，通用电气的董事会经过深思熟虑，选择了杰克·韦尔奇接任CEO。他是一个管理风格迥异的人。韦尔奇是一个个性张扬、性格急躁、处事随意的企业家。这些品质恰恰适合八九十年代那个增长的时代。韦尔奇在1981~1999年之间所采取的行动——巨额收购、从制造转型为服务、在欧洲和亚洲的全球化、实施测试和六西格玛等质量管理概念、将互联网整合进通用电气的各项业务——使通用电气步入了稳步增长的轨道。[5]在这一期间，通用电气的销售

---

2. “强生公司（A）”，是哈佛商学院弗朗西斯·阿圭勒教授编写的案例，案例384-053。

3. Ralph Waldo Emerson, *Self-Reliance* (1841).

4. Robert E. Lamb, “CEOs for This Season,” *Across the Board*, April 1987, pp. 34-41.

5. Thomas A. Stewart, “See Jack Run Europe,” *Fortune*, September 27, 1999, pp. 124-36.

收入翻了4倍，从1981年的270亿美元增至1998年的1 010亿美元，利润翻了6倍，从1981年的16亿美元增至1998年的92亿美元。通用电气的股价上涨了3 100%，从1981年3月的4.2美元升至了1999年11月的133.75美元——是同期标准普尔500指数增长的3倍。

2001年，杰克·韦尔奇在执掌通用电气20年之后，光荣退休了。杰夫·伊梅尔特当选新任董事长兼CEO。人们认为伊梅尔特是一位自信、友善、颇受欢迎的领导，曾从事过通用电气的多个业务。如果说韦尔奇在通用电气内令人敬畏，那么伊梅尔特则是受人尊崇的。伊梅尔特计划利用通用电气的技术、以客户为中心的经营思想、业务多元化，以及管理多样性来进一步提高这个世界上最有价值的公司。[6]

通用电气不负盛名，能不断造就光彩夺目的经营管理者，他们的管理风格迥异，但却都能成功地领导企业。

非正式组织

组织结构图的各条线所描绘的是每个管理者的正式组织关系，即正式的权力和职责，例如：组织结构图可能表明部门A的生产经理应该向部门A的总经理报告。但是在履行职责的过程中，部门A的生产经理实际上会与组织内的许多其他人交流，还会与其他经理、辅助经营单元、总部人员交流，甚至其中还有一些人仅仅是朋友或熟人。在极端的情况下，这个生产经理会与所有可能接触到的人沟通，却不会太在意总经理下达的指示。如果对该生产经理按生产效率而不是按总体业绩来评价，就尤其有可能发生这样的事情。如果认识不到构成非正式组织的各种关系的重要性，就无法了解管理控制过程的本质。

认识和沟通

在朝组织目标努力的过程中，经营管理者必须了解组织目标是什么，他们应该采取什么行动实现组织目标。经营管理者可以通过各种渠道获得这些信息，既有正式的（如预算及其他官方文件），又有非正式的（如闲聊）。尽管渠道广泛，但是人们并不总能清楚地了解高级管理层的意图。组织是一个复杂的实体，即使在最好的环境中，任何部门为了实现共同的目标所应该采取的行动都无法绝对清晰地表述出来。

而且，从各种来源获得的信息可能彼此冲突，也可能会得到不同的解释。例如，预算机制给人造成的印象是，管理者应该把目标定位在本年度的最高利润，但是高级管理层实际上并不希望他们紧缩维修或员工培训费用，因为这样做尽管能增加本期利润，但却可能降低未来的盈利能力。试回想一下我们在第1章所举的简单系统，您会发现，经营管理者获得的应采取什么行动的信息远不及暖气炉从恒温器中获得的信息那样清晰。

---

6. Diane Brady, "His Own Man," *BusinessWeek*, September 17, 2001, p. 78; Jerry Useem, "Meet 'Da Man'," *Fortune*, January 8, 2001, p. 102.

正式管理控制系统

我们在上面讨论的非正式因素对组织的管理控制的效果具有重大影响。另一个重大影响是正式系统。这些系统可以划分为两类：（1）管理控制系统本身，这是本书的中心主题；（2）规章制度，本节将对此详加讨论。

规章制度

我们用“规章制度”这个词代指所有类型的正式指令和控制，包括长期有效的规定、岗位职责、标准操作程序、工作手册、道德守则。规章制度既包括最琐碎的事情（如：只能根据签字后的领料单发放纸夹），又包括最重要的事情（如：超出500万美元的资本支出必须经董事会批准）。[7] 预算数字中所隐含的指令会逐月变化，与此不同，大多数规章制度会长期有效。也就是说，除非进行修订，否则将永远存在，但修订又很少发生。

有些规章制度是指南。即：允许并且也确实预期组织成员会有所偏离，有时是因为特定情况，有时则可能是他们自己的最佳判断表明偏离规章制度符合组织的最大利益。例如，尽管规章制度明确了为客户提供信用的标准，但是，对于那些目前不符合这些标准，但过去曾对公司有价值并且未来也可能如此的客户，授信人员也可能批准提供信用。但是，这种偏离要求更高层领导的批准。

有些规章制度正面要求应该采取什么行动（如：定期进行消防训练），有些规章制度则是禁止违背道德、非法或其他不希望发生的行为。最后，还有一些规章制度在任何情况下都不应该违反，例如，禁止行贿的规章制度；或者未经空中交通管制部门的许可，飞行员不能起飞。

下面就列示了几类规章制度。

物理控制

保安、商店上锁、金库、计算机密码、电视监控以及其他物理控制形式都属于控制体系。

工作手册

在决定应该将哪些规章制度写入工作手册，哪些应该作为指导方针而不是法令，应该赋予多大的自由裁量权以及其他需要考虑的因素时，涉及很多判断。在官僚制的组织中，

7. 关于这一话题的完整阐述，参见Kenneth A.Merchant，*Control in Business Organizations*（Marshfield，MA：Pitman，1985）。

工作手册要比其他组织详细得多；大型组织的工作手册比小型企业有更多的规章和细则；集权制组织比分权制组织有更多的规章和细则；在分散地域具有众多相同职能的经营单元的组织（如快餐连锁店）比在一地经营的组织工作手册更详细。

随着时间的流逝，有些规章制度会过时。因此，工作手册及其他规章制度应该定期审查，确保他们仍符合当前高级管理层的愿望。由于日常经营所带来的压力，这种需求经常被忽视。在这种情况下，工作手册所规范的情况可能已不复存在，实践中也早已废弃。如果仍保留此类规章制度，就会削弱工作手册的整体效力。

系统安全

在信息处理系统中，内置了各种安全措施，以确保在系统内流动的信息准确无误，同时也是为了防止（或者至少是最小化）各种类型的欺诈。安全措施包括：交叉稽核合计数；要求签字或其他证据表明交易获得了批准；划分职责；经常盘点现金及其他动产，以及审计类教科书中所介绍的许多其他程序。此外，还包括内部和外部审计人员对系统进行的检查。

任务控制系统

在第 1 章中，我们把任务控制定义为既保证效率又保证效益地完成一项任务的过程。其中许多任务都受规章制度的控制。如果任务是自动化的，自动化系统本身提供控制。任务控制系统超出了本书的范围。

正式管理控制过程

图 3.1 勾勒了正式管理控制过程（包括我们将在各章中讨论的要素）。战略计划实施组织的目标和战略。人们利用所有信息制定战略计划。战略计划又被转化为年度预算，年度预算关注的是各个责任中心的计划收入和费用。责任中心也受规章制度及其他正式信息的指导。他们执行指派给他们的经营活动，然后评价并报告其结果。在比较实际结果和预算结果之后，确定业绩是否令人满意。如果是，责任中心获得的反馈就是表扬或其他奖励。如果不是，反馈就会要求责任中心采取纠正行动，有时也可能修订计划。图表 3.1 所示的只是一般化的情况。正如我们将在后面几章中所讨论的，在实践中，正式管理控制过程远比这张图所示的复杂得多。

图表 3.1 正式管理控制过程

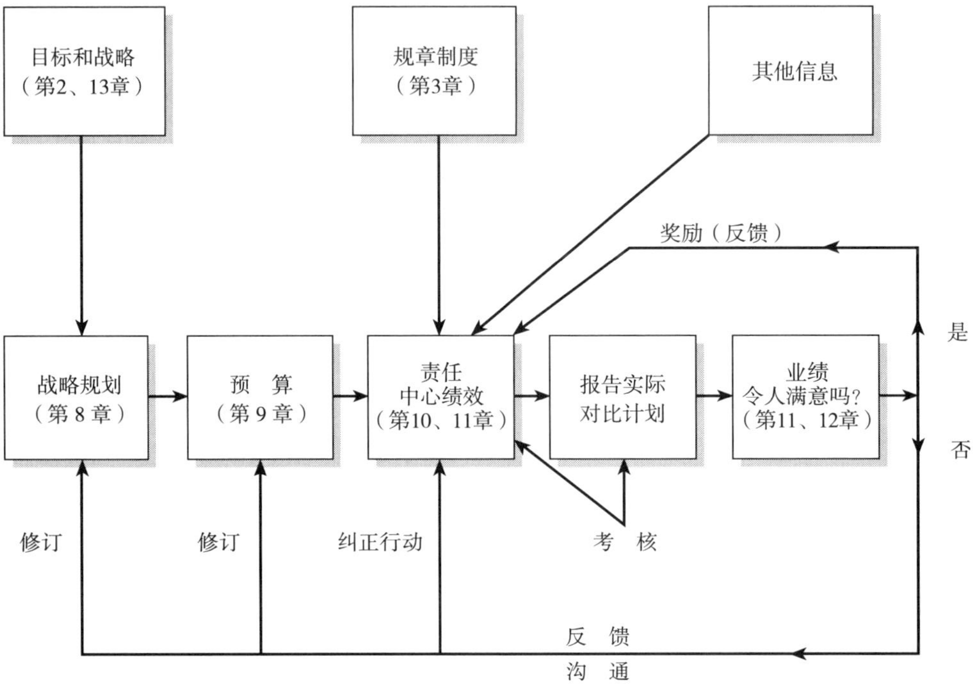

组织类型

公司战略对其组织结构具有重大影响。反过来，组织结构的类型也会影响组织管理控制系统的设计。尽管组织林林总总，但是组织结构可以划分为三大类：

1. 职能式结构：每个管理者分别负责一定的职能，如生产或营销。
2. 经营单元式结构：经营单元的管理者负责本单元的大多数经营活动，经营单元视同公司的半独立部分。
3. 矩阵式结构：职能单元具有双重职责。

各类简化的组织结构图如图表 3.2 所示。本章仅讨论职能式和经营单元式组织，矩阵式组织将在第 16 章讨论。

职能式组织结构

职能式组织结构基于这样一种观念，即：具备专项知识的管理者应该负责制定专项职

图表 3.2

组织类型

A. 职能式组织结构

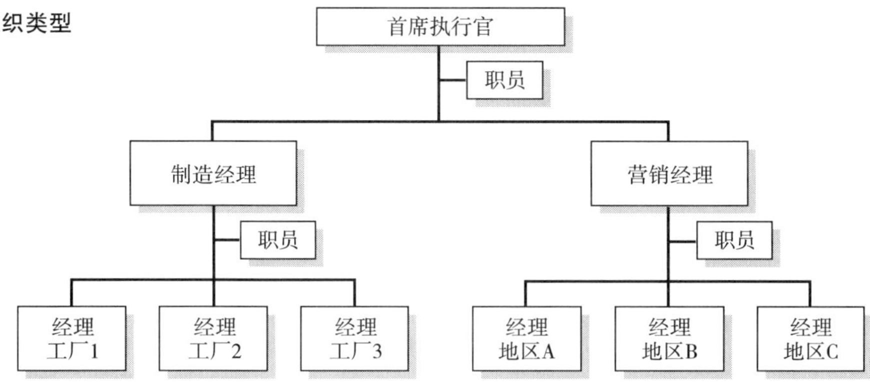

B. 经营单元式组织结构

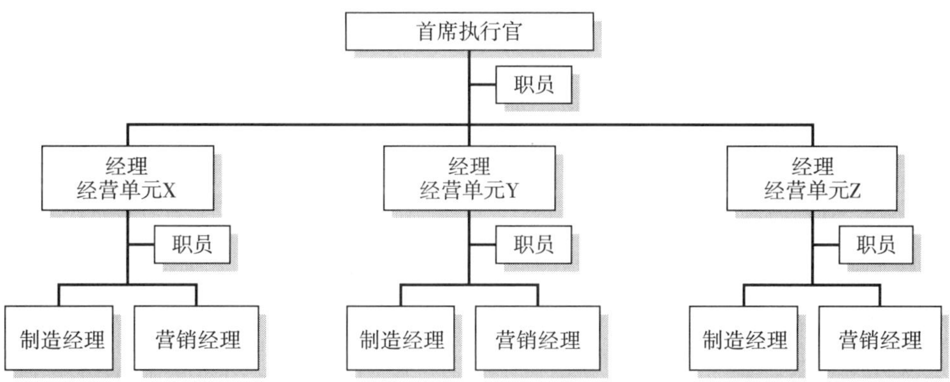

C. 矩阵式组织结构

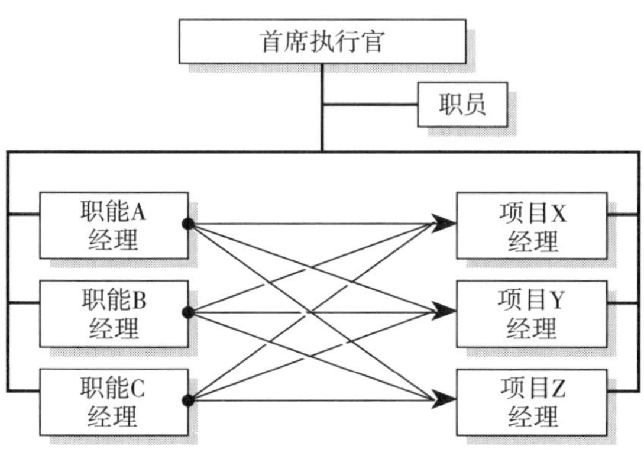

能的相关决策，而不是由缺乏专项知识的通用管理者制定。一个业务娴熟的营销经理和一个业务娴熟的生产经理在各自领域制定的决策，可能比同时负责两个职能的一个经理制定的决策更合理。而且，专才应该比通才能更好地管理在同一职能部门工作的人员，正如业务娴熟的高层管理者能更好地管理相同或类似职能的低层管理者一样。因此，职能式组织结构的一个重要优势就是效率。

职能式组织结构也存在几种劣势。首先，在职能式组织中，没有明确的方式确定各职能管理者（如：营销经理和生产经理）的管理效率，因为各项职能共同为组织的最后产出做出了贡献。因此，无法评价各项职能做出了多大贡献。同样，在组织的较低层面，也无法确定各个生产部门、生产设计部门和销售部门分别创造了多少利润。

其次，如果在一个组织中，一项职能的管理者要向同一职能的上级管理者报告，而上级管理者又要向同一职能的更高层的管理者报告，那么，即使争议起源于组织极低的层级，不同职能部门的管理者之间的争议也只有在最高层才能得到解决。例如，营销部门希望满足客户对一定数量的产品的需求，因此要求制造部门加班工作，而制造部门却不愿意加班。从理论上讲，这样的争议必须在最高层予以解决，即使它只牵涉一个销售分支机构和一个制造厂的一个小小的部门。把争议层层上报，然后再把决定层层下达，不仅费时，而且令人费解。

第三，对于拥有多元化产品和市场的公司来说，职能式组织结构不足以满足需要。

实例 2005年，迪尔公司[8]重组为四个经营单元：农用机械（拖拉机、联合收割机等，目标定位是农民）、建筑机械（推土机、锄耕机、挖土机等，目标定位是建筑承包商）、消费者机械（草坪养护设备、吹雪机等，目标定位是家庭）以及信用（为设备采购提供融资的单元）。由于公司所提供的产品和所服务的客户群的多样性，迪尔公司无法采用职能式组织结构。

最后，职能式组织往往会使各职能部门“画地为牢”，从而阻止了在某些领域的跨职能协作，如新产品开发。要缓解这个问题，可以建立纵向职能式结构，并辅之以横向跨职能控制过程，如跨职能岗位轮换、基于团队的奖励。

实例 在波音公司，设计工程师曾经一度独立于真正建造飞机的生产和操作人员工作。设计师会说：“给你设计图，现在，去造吧。”因此，波音的生产人员所接到的设计都造价过高，难以建造。波音打破了这种职能式组织结构，建立了“设计—建造团队”，成员由来自各不同职能的人构成（波音777项目就利用了专门的设计—建造团队）。依照这种“团队式”方法，生产人员可以直接与设计人员交流，从而设计出了技术创新、建造高效的产品，并迅速成为行业标准。[9]

---

8. 译者注：世界领先的农业设备制造商，也是全球柴油发动机及建筑工程机械大型生产商之一。迪尔公司为一家大型跨国公司，在全球拥有约47 000名雇员，在17个国家设有工厂，产品行销全球160多个国家和地区。

9. Seth Lubove, “Destroying the Old Hierarchies,” *Forbes*, June 3, 1996, pp. 62–71.

葛兰素威康公司是世界最大的药品经销商，它觉得公司的科学家缺乏商业意识。因此，公司就从职能式组织结构转型为“医疗战略团队”式的组织结构，“医疗战略团队”由科学家和经营管理者构成，旨在使公司经营的“两翼”更紧密地结合起来。[10]

经营单元式组织结构

经营单元式组织结构的设计宗旨是为了解决职能式组织结构的内在问题。**经营单元，又称事业部，负责一个产品线的生产和营销所涉及的全部职能。**经营单元的管理者把本单元视同为一个独立的公司。他们负责计划和协调不同职能之间的工作，例如，确保营销部门的计划符合生产能力，同时负责解决这些职能之间产生的争议。他们的业绩按经营单元的盈利能力来计量。这个标准是有效的，因为利润既反映了营销活动，又反映了生产活动。

实例 纳贝斯克公司的各经营单元利用不同的分销系统销售不同的产品。例如，它的饼干单元利用自己的车队和销售人员直接将产品送至零售商的货架——虽然这种方法成本高，但是管理者认为它是合理的，因为它改善了客户关系，加强了对商店存货和销售的控制。[11]

尽管经营单元的管理者可以对本单元行使广泛的职权，但是总部仍保留一些关键权力。至少，总部要负责为整个公司融资，负责向各经营单元分配资金，实现资金的最合理运用。总部还负责批准预算、评价经营单元管理者的业绩、制定薪酬，如有必要，也可以解聘他们。最后，总部还负责规定各经营单元的“授权”——允许生产的产品线和销售的经营地域，有时还规定客户群。

总部还制定整个公司的政策，或简或繁，或编纂成几卷厚厚的手册，这取决于CEO的愿望。总部可以协助经营单元从事生产和营销活动，还可以在一些专业领域提供帮助，如人力资源、法律事务、公共关系、管理控制和财务事宜。这些总部职能至关重要，若没有他们，经营单元不可能作为独立的公司正常运营。

经营单元式组织结构的优势在于它提供了一般管理培训基础。经营单元的管理者应该表现出独立公司的CEO所具备的同样的企业家精神。

这类组织结构的另一个优势在于经营单元的管理者能比总部制定更合理的生产和营销决策，经营单元作为一个整体可以更迅速地应对新的威胁和机会，因为经营单元比总部更接近产品市场。

与上述优势相抵的是明显的劣势，各经营单元的人员可能会重复职能式组织结构中应由总部做的一些工作。人们认为经营单元的管理者是通才，而他的下属则是职能性专才，他们所必须处理的许多问题，也恰恰是总部及其他经营单元的专才都要解决的相同的问题。

---

10. Richard Evans, “A Giant Battles Its Drug Dependency,” *Fortune*, August 5, 1996, pp. 88–92.

11. Lori Bongiorno, “It’s Put Up or Shut Up Time,” *BusinessWeek*, July 8, 1996, pp. 100–101.

在有些情况下，经营单元在员工层级设置方面耗费的成本，远远大于事业部化所创造的价值。而且，在某些职能领域技术娴熟的专才供不应求，各经营单元可能无法吸引优秀人才。因此，要缓解这个问题，可以在经营单元式组织机构的基础上，辅之以一定集权式的职能性技术。

实例 在波音的商用飞机集团，飞机的设计和建造按窄机身（波音737和757）和宽机身（波音747、767和777）划分为不同产品线。但是，制造主要构件需要计算机控制的大型机床，由于造价太高，各产品线无法重复购置。因此，公司组建了中央制造单元，所有要求一定规模和技术的制造活动都交给它，由各产品线共享。这样的结构就是生产和职能的一种混合。[12]

经营单元式组织结构的另一个劣势在于，经营单元式组织结构中各经营单元之间的争议替代了职能式组织结构中职能性专才之间的争议。争议可能是一个经营单元侵犯了另一个经营单元的“授权”。经营单元的人员与总部人员之间也可能发生争议。

系统设计的意义

如果协调管理控制是惟一的标准，那么只要可行，公司就会组织成不同的经营单元。因为在经营单元式组织结构中，每个经营单元的管理者都要负责本单元产品线的盈利能力，负责计划、协调、控制影响盈利能力的各项因素。但是，管理控制不是惟一的标准。职能式组织结构可能效率更高，因为大型的职能部门提供了规模经济所带来的好处。此外，经营单元式组织结构要求管理者具备比管理特定职能部门的专才更广的知识，而这种类型的优秀管理者不易找到。

由于在经营单元式组织结构中，利润责任清晰明确，管理控制系统的设计者有时建议采用这类结构，但却未对其他因素给予适当重视。这是一个错误。系统设计者必须坚持让系统适应组织结构，而不是反其道而行之。换句话说，尽管各种组织结构对管理控制的意义应由高级管理层来考察，但是，一旦管理者经过全面考虑后决定了哪种结构最好，系统设计者就必须把这种结构视作既定的。若热衷于一种或另一种管理控制技术，则会忽略这个关键点。

在其他背景下，这一点同样重要。例如，许多广告代理机构都遵循一项惯例，定期把客户经理从一个客户调换到另一个客户，以便对宣传客户的产品获得新的理解。这项惯例增加了计量客户经理业绩的难度，因为一项广告活动的成果可能需要很长时间才能收获。但是，系统设计者不应该坚持仅仅为了更便于业绩计量而废除岗位轮换政策。管理控制系统不是为了服务系统设计者而存在的，而是恰恰相反。

12. Jay Galbraith, *Designing Organizations* (San Francisco: Jossey-Bass, 1995) , p. 29.

财务总监的职能

我们把负责设计和运作管理控制系统的人称为财务总监。实际上，在许多组织中，这个职位的称谓是首席财务官（CFO）。[13]

财务总监通常履行下列职能：

- 设计和运作信息和管理控制系统。
- 为股东及其他外部第三方编制财务报表和财务报告（包括纳税申报）。
- 为管理者编制和分析业绩报告，并解释这些报告；分析公司各部门的项目和预算建议，并把他们合并为总体年度预算。
- 监管内部审计和会计控制程序，确保信息的真实性；制定充分的安全措施，防止盗窃、欺诈；执行经营审计。
- 培养财务总监机构的人员；参与管理层财务总监职能方面的培训。

在计算机发明之前，财务总监通常负责处理管理控制系统所要求的信息。而今，公司一般都设置首席信息官（CIO）履行这项职责。在有些公司，首席信息官要向首席财务官报告，而在其他公司中，首席信息官则直接向高级管理层报告。

与直线集权型组织的关系

财务总监职能是一个辅助职能。尽管财务总监通常负责设计和运作收集和报告信息的系统，而这类信息的使用则是直线管理层的职责。财务总监可以负责制定和分析管理控制评价，负责向管理层推荐行动。其他可能的职责还包括监督是否遵守首席执行官设定的支出限额，控制会计系统的完整性，保护公司资产，防止盗窃和欺诈。

然而，正如我们所说的，财务总监不制定或执行管理决策。实际执行控制的职责从 CEO 开始贯穿整个直线集权型组织。

但是，财务总监也制定决策——主要是那些由直线管理者执行的决策。例如：财务总监机构的成员经常决定旅行报销凭证上所列的费用是否适当，因为大多数直线经理不愿参与关于用餐费的讨论，也不愿参与讨论为什么出差的人觉得有必要乘坐头等舱而不是经济舱。

---

13. 首席财务官一般既负责财务总监职能（我们这里所介绍的），又负责财务职能。这个称谓是在 20 世纪 70 年代才开始普遍使用的。其行业协会——财务总监协会也在同一时期更名为财务经理人协会。财务总监和司库都向首席财务官报告。因为我们不讨论司库的职能，所以我们就使用了狭义的术语——财务总监（controller）。有时也拼写为“Comptroller”。这种拼写方法起源于 18 世纪从法语翻译成英语时所犯的一个错误，但是这种错误拼写出现在大量联邦和州法律以及许多公司的章程中，延续至今。“Comptroller”与“controller”的发音相同。

图表 3.3
两种财务总监关系

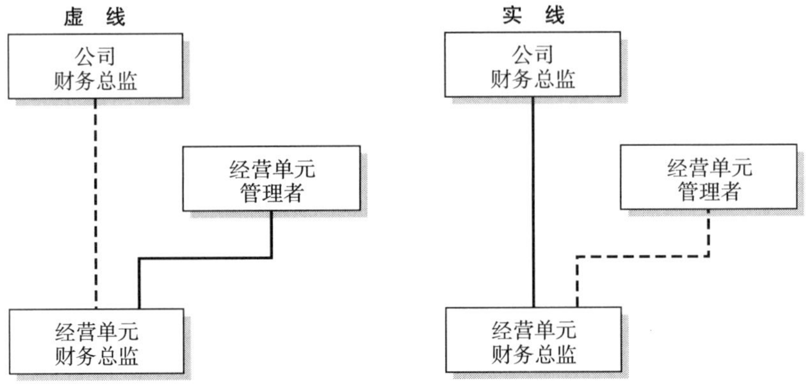

财务总监还在编制战略计划和预算中发挥着重要作用。人们经常要求他们审查业绩报告，以确保准确，也是为了引起直线经理的注意，注意那些值得进一步质询的事项。根据这种身份，财务总监所发挥的作用有点像直线经理本身。区别在于直线经理在其负责的范围内可以推翻他们的决策。

经营单元财务总监

经营单元的财务总监也不可避免地具有相互抵触的忠诚。一方面，他们要效忠公司的财务总监，因为他负责整个管理控制系统的运作。另一方面，他们还要效忠本单元的管理者，因为必须协助管理者。图表 3.3 显示了两类可能的关系。

在有些公司，经营单元的财务总监要向经营单元的管理者报告，与公司财务总监有所谓的虚线报告关系。这里，经营单元的总经理是财务总监的直接领导，拥有决定本经营单元的财务总监的聘用、培训、调动、薪酬、晋升及解雇的最终权力。但是，这种决策很少在不征询公司财务总监的意见的情况下制定。

实例 通用电气公司就采用这种方法。引用通用电气的伯纳德·多尔的话说："我们的财务总监体制基于一种很强的职能式报告线。经营单元的财务总监直接向本单元的总经理报告，但是他们又对公司的首席财务官负有职能性或'虚线'责任。把这连在一起的粘合剂是，处在各经营单元的职能性岗位上的人只能从公司首席财务官首肯的候选人名单中任命，他有绝对的权力撤换这些人。但是，同样重要的是，这些人又都是本经营单元的首席财务官，是团队成员。"[14]

这种方法或许就是为什么通用电气是财务总监体制和绩效最受尊崇的公司之一。[15]

14. Jonathan B. Schiff, "Interview with Bernard Doyle of General Electric," *Controllers Quarterly* 6, no. 3 (1990) , pp. 2–5.

15. KathyWilliams, "Are Controllers Really Becoming Business Partners," *Strategic Finance*, May 2000, p. 25.

在其他公司，经营单元的财务总监直接向公司财务总监报告，即公司财务总监是他们的老板，如组织结构图中的实线所示。ITT 就采用这种方法。

每种关系都存在问题。如果经营单元的财务总监主要为经营单元的管理者工作，他或她就有可能不会向高级管理层完全客观地报告经营单元的预算和业绩。另一方面，如果经营单元的财务总监主要为公司财务总监工作，经营单元的管理者就可能把他或她视作“总部来的间谍”，而不是当作可信赖的助手。

无论报告关系怎样，人们都不希望财务总监不忠，甚或参与传送令人误解的信息，或隐匿不利信息。财务总监职务的内在道德责任不容许这些行为。

实例　世界最大的食品公司雀巢的 CEO 赫尔慕特·毛赫在与各经营单元的新任财务总监谈话时说：“作为财务总监，你们要向经营单元的管理者报告。经营单元的管理者对本单元全权负责。但是，在极少的情况下，可能会发生一些事情，意味着你对经营单元的管理者的忠诚结束了，而你对公司的忠诚则应该占据首位。我希望权限分明，但是，任何事情都有局限，在这种情况下，你不能原谅自己。我希望一般而言你应该对经营单元的管理者忠诚，但是，如果他有 5 个女朋友并且酗酒，你就必须告诉总部。这是你要优先考虑的忠诚。

小 结

高级管理层显然希望组织实现目标，但是，组织的各个成员也都有个人目标，并且这些个人目标并非完全与组织目标一致。管理控制系统的中心目的就是确保目标一致。即：管理控制系统的设计应该保证它引导人们采取的符合个人利益的行为同时也符合组织的最大利益。

非正式因素对实现目标一致具有重大影响。其中最重要的因素是企业文化。每个管理控制系统都必须意识到非正式组织与正式组织并存，必须在系统设计中予以考虑。管理风格也对管理控制具有重大影响。但是，无论条件多么完备，沟通以及个人对信息的解释都注定是不完美的。

除了非正式因素外，管理控制过程还受构成正式控制系统的规章制度、工作方针、工作规程等因素的影响。

公司可以从三种基本组织结构中做出选择：职能式、经营单元式、矩阵式。组织结构的选择影响管理控制系统的设计。

财务总监负责设计和运作管理控制系统，但是，作为辅助人员，他或她并不制定管理决策。在按经营单元方式组织的公司里，经营单元的财务总监与公司财务总监之间的恰当关系始终是一个争议的主题。

推荐读物

Galbraith, Jay R. *Designing Organizations*. San Francisco: Jossey-Bass, 1995.

Kanter, Rosabeth Moss, Barry A. Stein, and Jack Todd. *The Challenge of Organizational Change*. New York: Free Press, 1992.

Maciariello, J. A. *Lasting Value*. New York: Wiley, 1999.

Mankins, Michael C., and Richard Steele. "Turning Great Strategy into Great Performance." *Harvard Business Review*, July-August 2005, pp. 64-73.

March, James G., and Herbert A. Simon. *Organizations*. New York: John Wiley & Sons, 1993.

案例3-1

西南航空公司

到2005年1月，西南航空公司已连续32年保持盈利，这是航空业中无与伦比的纪录。西南航空起家于德克萨斯州，于1971年6月18日开始营业，当时只拥有三架波音737，服务德克萨斯州的三座城市——达拉斯、休斯敦和圣安东尼奥。2004年，公司拥有417架波音737，服务遍及美国31个州60家机场。西南航空享有全国价位最低、乘客满意度最高的巩固地位。关于公司的5年财务业绩，参见图表1。

在国内航空行业中，西南航空拥有最低的经营成本结构，始终如一地提供最低廉的票价和最简单的饮食。2004年，西南航空拥有31 000名员工，共创造了65亿美元经营收入，客座率达69.5%。在股票交易所的公司代码为LUV，不仅代表西南航空的总部位于Dallas Love Field，而且也体现出公司员工与乘客关系的主旋律。

2005年，《财富》杂志连续9年把西南航空评为"世界最受尊敬的航空公司"，位列所有行

图表1　选定公司的比较财务数据

	5年平均：1999~2004				
	西南航空	联合航空	美洲航空	达美航空	泛蓝航空
股东权益收益率（百分比）	10.91	—	—	−85.33	—
销售收入增长率（百分比）	6.64	−1.88	−1.14	1.01	—
	2004年数据				
销售收入（十亿美元）	6.5	16.4	14.3	18.6	1.3
占销售收入百分比：					
销售成本	68.8	77.3	98.1	81.1	63.3
毛利润边际	29.2	22.7	1.9	18.9	33.5
经营收益	8.5	−5.2	−23.3	−0.8	9.0
净收益	4.8	−10.5	−36.4	−4.1	3.8
股东权益收益率（百分比）	6.6	—	—	—	5.3

本案例由达特茅斯塔克商学院维杰伊·戈文达拉扬教授、朱莉·兰（1993级）、萨拉·普拉胡（2006级）编写。

资料来源：www.southwest.com; "What Management Is: How It Works and Why It's Everyone's Business," by Joan Magretta, © 2002 The Free Press. *NUTS! Southwest Airlines' Crazy Recipe for Business and Personal Success*, by Kevin Freiberg and Jackie Freiberg, © 1996 Bard Press, Inc.; *Southwest Aims East* (Condensed), case study written by Steven Sullivan under the supervision of Paul W. Harris, University of Virginia Darden School, Case no. UVA-M-0464. "The Talent Myth," *The New Yorker*, July 22, 2002.

业中“美国十大最受尊敬的公司”第五。自2002年以来，《商业道德》杂志把西南航空列入“百佳公司公民”，这是基于对各类利益相关者提供服务的上市公司的排名。2005年，“美国客户满意度指数（ACSI）”将西南航空评为行业客户满意度之首。《飞行圈》杂志授予西南航空2004年“最佳客户服务”、“最佳奖金提升”、“最佳贡献”等称号。

西南航空的特色

西南航空并未采用其他大航空公司，如联合航空、美洲航空、达美航空均采用的“中心辐射”方式。相反，它所采用的方式则是短途、中途及点到点（如：达拉斯至休斯敦、洛杉矶至凤凰城）。因此，约80%的乘客都是直飞，总体飞行旅程平均为758英里，平均票价为91.15美元。西南航空并不指定座位，按飞行旅程向乘务人员支付工资，且很少使用拥挤的机场（如：选择巴尔的摩，而不是华盛顿的杜勒斯机场或里根机场；选择新罕布什尔州的曼彻斯特，而不是马萨诸塞州的波士顿机场）。西南航空约60%的客运收入都是通过西南航空网站（southwest.com）在线订票创造的。*PhoCusWright*[1]报告称按销售收入排名，西南航空网站位居航空网站之首。Nielsen网络评级机构（Nielsen/Net Rating）评定它为最大的航空网站（按单次访问者计）。2005年，西南航空继续拓展在线业务，发起了几项自动化服务，包括Ding!，它是可以提供专门交易的计算机应用系统。

西南航空不断探索提高效率及节约成本惠及乘客的方式。2004年，西南航空把每架飞机的乘务人员从2003年的85名降低至74名。它对85%的燃油需求进行了套期保值，从而节约了4.55亿美元。公司只有在审慎调研后，才停落新的机场，并对它所服务的乘客做出承诺（在公司整个发展史上，西南航空仅从五个机场退出过）。

西南航空的飞行员是美国大航空公司中惟一没有加入全国工会的。全国工会规定限制飞行员的飞行时间。但是，西南航空的飞行员自己组织了工会，因此他们的飞行时间远远超过了其他航空公司的飞行员。

西南航空的其他工作人员参加了全国工会（2005年参加全国工会的员工比率为81%），但是他们的合同形式灵活。无论他目前的工作是什么，都允许他们签约和解聘。在西南航空，从飞机落地到准备起飞，大约需要20~25分钟，需要4个地勤，外加2个舱口服务人员。相比之下，联合航空公司的周转时间则接近35分钟，要求12个地勤，3个舱口服务人员。

西南航空的创始人兼CEO赫伯·凯勒笃信员工至上的思想。“如果员工高兴、满意、乐于奉献、精力充沛，那么他们就会真正照顾好乘客。若乘客高兴，则会再来乘坐。这也会让股东高兴”。[2]西南航空的墙壁上挂满了员工的照片。1 000多对夫妇（2 000名员工）为西南航空工作。西南航空的员工是本行业中薪水最高的，公司的员工流动率在航空业中属于低的。

西南航空的企业文化是勤奋工作、精神饱满、寓工作于乐、地方自治以及创新，它通过在公司的“人民大学”中的培训，鼓励飞行竞赛，激发个人创意。

从事服务业意味着新员工招聘要倍加严格。2004年，西南航空审阅了225 895份简历，从中雇佣了1 706名新员工。公司的招聘过程有些独特：同岗位的员工筛选同岗位的人，并进行面试。飞行员招聘飞行员，舱口服务员招聘舱口服务员。为了更好地了解公司希望招聘什么样的人，西南航空要面试每个岗位最优秀的员工（如：飞行员、舱口服务员、行李分拣员、地

1. 译者注：美国旅游业权威研究机构。总部位于康涅狄格州。

2. Joan Magretta, *What Management Is: How It Works and Why Its Everyone's Business* (The Free Press,2002) , 199.

勤)，综合他们的共同优点，然后在面试过程中利用这个标准确定最佳候选人。西南航空既注重能力，又注重态度。CEO 凯勒指出：“我们需要的是那些能够面带微笑、举止优雅地做好每件事的人。”[3]

西南航空于 1974 年发起了美国航空业内的首个“利润分享计划”，此后，每年都向员工提供利润分享。通过这项计划，员工持有了约 10% 的公司股票。在 2003 财务年度，西南航空向员工提供了 1.26 亿美元的利润分享。

讨论题

1. 西南航空的战略是什么？西南航空的竞争优势建立的基础是什么？
2. 西南航空的管理控制系统怎样帮助公司执行战略？

3. Kevin Freiberg, Jackie Freiberg, *NUTS! Southwest Airlines' Crazy Recipe for Business and Personal Success* (Bard Press, Inc., 1996), 65.

案例3-2

钮科公司（B）

1999年1月，钮科的董事会发生“政变”，董事长肯尼斯·艾沃森被迫退休。1999年6月，经过投票，他的继任者约翰·科伦蒂被赶下了台。董事会任命68岁高龄的大卫·埃科克为钮科的董事长、首席执行官兼总裁。埃科克于1954年加入钮科公司，1971年成为董事，1984年升任总裁。他于1991年退休。1991年之后，他作为第二大个人股东继续留在董事会。

争论的焦点是公司的长期战略方向。董事会希望从根本上转变钮科的战略，但遭到了艾沃森和科伦蒂的抵制。促使董事会重新考虑公司战略的是行业及其他一些发展趋势。首先，美国的总体钢铁需求正在以不到1.5%的年增长率增长。其次，钮科能够从一体化钢铁公司及其他微型钢厂夺占的市场份额十分有限。第三，许多公司都在复制微型钢厂的创意。最后，到1999年，低成本钢材的进口对美国市场产生了巨大的冲击。在这种背景下，董事会不禁要问：钮科怎样才能维持历史上的高增长率？董事会考虑了几项战略转变和组织变革，但是在艾沃森和科伦蒂看来，简直是异端邪说：追求收购、拓展全球市场、建造鼓风炉、多元化进入非钢铁领域、增设新的组织层级以及改变董事会的构成。

埃科克坚信钮科只有摆脱过去，才能实现公司激进的增长目标。“我们怎样才能提升到更高的水平？”他问道，“国内外的竞争者在步步紧逼。我们已经摘完了低处成熟的葡萄。钮科需要采取新的行动。”[1]作为一种象征性的姿态，镶在镜框中登载荣获“年度钢铁制造商”称号的艾沃森和科伦蒂的《新钢铁》杂志封面从总部办公室撤掉了。

在艾沃森的领导下，公司不相信收购。他致力于从零开始，建造全新的工厂。但是，埃科克却鼓吹收购，他说：“每家公司都会进入稳定期，就是无法去建新厂，实现增长。”由于1999年钢材价格下跌，他坚信可以低价收购公司，并开始考虑几家公司，包括肯塔基州的加勒廷钢铁公司。

艾沃森一直让钮科在国内发展，部分是由于他担心会把公司的独特文化出口到外国。相比之下，埃科克则对全球扩张发表了如下观点：“钢铁已不再只是一个地方市场，我们的产品必须全球化。”依照埃科克的观点，钮科的未来增长有赖于它利用本地合作者进入南美和亚洲市场。

艾沃森首创了微型钢厂的概念。埃科克则希望建造鼓风炉，它是一体化钢铁制造商的标志，他认为：“鼓风炉可以解决随着公司增长而产生的致命的弱点。一体化钢铁制造商利用鼓风炉生产生铁，与之不同的是，微型钢厂利用废金属生产。鼓风炉能够缓解公司对变化莫测的非金属市

---

1. 本案例中所有引用都摘自：“Steel: Growing Pains,” *The Economist*, November 16, 1999, p. 68; “New Boss at Charlotte, N.C.-based Steelmaker Looks to Acquisitions,” The Charlotte Observer, June 11, 1999; “Nucor: Meltdown in the Corner Office,” *BusinessWeek*, June 21, 1999, p. 37; and “Basis for Executive Shakeup at Nucor Disputed,” *The Charlotte Observer*, June 27, 1999.

场的依赖。一体化钢铁制造商必须永远‘一体化’，微型钢厂必须永远‘微型’，这纯粹是一种误解。”

艾沃森的政策是只从事一个行业，专注于钢材及相关产品。埃科克则坚持，钮科应该考虑多元化，跨出钢铁业。“如果认为我们仅制造钢材及相关产品就能保持公司持续增长，那简直荒唐至极”，他说，“公司的基础可以拓展至钢材以外，拓展至钮科模式同样适用的其他制造领域。”圣博斯坦公司[2]的一位资深钢铁业分析师约翰·特曼佐评论道：“钮科可能会考虑建立一些类似于钮科钢梁业务的工厂——建立在团队生产概念基础之上的非工会式的工厂，或者制造适应钮科团队系统的产品。我希望它们仍制造在理念上类似于钢梁生产线的产品，根据团队的单位产量为一组人计酬，我希望他们就像螺丝一样啮合在一起。”

艾沃森自豪于仅用少数总部职员就可以监控25个工厂的运营。埃科克则强调必须增设更多的管理层级。正如他所解释的：“在钮科是一个前沿制造商的时候，艾沃森的直觉式的管理风格能发挥很好的作用。但是，当目前销售收入超过40亿美元的时候——公司正一步步发展成为最大的钢铁制造商（按产量计），就应该制定更多的长期计划了。我们的规模意味着老板不可能事无巨细，什么都了解。每位高级管理层直接领导的工厂经理应该不超过7个，这就意味着成本监督和控制的加强。它也可以提供更广泛的人才基础，有利于培养接班人。”1999年11月，公司在埃科克与工厂经理之间增设了两个执行副总裁。

董事会的构成也有所变动。艾沃森的董事会由钮科现职和以前的员工构成。而埃科克则从公司外部聘用了董事，截至1999年11月，外部董事已占钮科董事会的三分之二。

思考题

1. 您赞同钮科为了在21世纪生存和发展就必须进行深刻变革的观点吗？您如何评价战略的每项具体转变？
2. 依照新的战略方向，钮科能够保持其独特的企业文化和管理控制系统吗？
3. 若是在大卫·埃科克的领导下，您愿意为钮科工作吗？

2. 译者注：一家以投资研究为核心的资产管理公司。

案例3–3

瑞德公司

瑞德公司的财务总监弗雷德·贝文斯为各事业部财务总监在组织结构中的地位忧心忡忡。在1985年以及之前的数年中，事业部的财务总监一直向本事业部的总经理报告。尽管贝文斯先生知道这是其他许多按事业部组织的公司的通行做法，但他对这种惯例并非完全满意。马泰公司的财务总监给了他一份关于组织机构职责的介绍，这激发了他实行变革的兴趣。

瑞德公司设有7个经营事业部：最小的一个年销售收入为5 000万美元，最大的一个则在5亿美元以上。各经营事业部均负责不同产品线的生产和营销。有些零部件要在事业部之间转让，但是事业部间交易的数量并不大。

公司已经经营了50多年，并且一直都盈利。在20世纪70年代末，尽管它仍然盈利，但是增长率显著下降。董事会对这种形势十分担忧，因而于1980年聘用了詹姆斯·赫杰金，他后来升任总裁。赫杰金担任的第一个职务就是财务总监。他于1983年升任执行副总裁，于1984年升任总裁。贝文斯先生于1981年加入公司，担任助理财务总监，当时他年仅33岁。他于1983年升任财务总监。

在1980年，公司的管理控制机构主要负责：(1) 财务会计；(2) 内部审计；(3) 资本预算分析。公司设立预算控制制度，但是依照这项制度编制的报告要由各经营事业部直接提交最高级管理层，无需公司管理控制机构进行分析。

作为财务总监，赫杰金先生认为公司管理控制机构应在预算编制和业绩分析过程中发挥更积极的作用，这一点至关重要。他身体力行，在预算审查和事业部业绩报告的分析研究中发挥了积极作用，并聘请了几位年轻的分析师协助他。贝文斯先生在晋升财务总监之后，继续遵循这一发展方向。到1985年，公司管理控制机构开始配备了足够的人员，从而能够认真研究各经营事业部提交的信息，并且也的确做到了这一点。

各事业部的财务总监直接向事业部总经理报告，但是，在任命新的事业部财务总监之前，总会征求公司财务总监的意见。在涉及事业部财务总监的加薪问题时，也会征求他的意见。公司财务总监制定会计制度，各事业部必须严格遵守；公司财务总监还制定报告程序，事业部在预算编制和业绩报告时也必须严格遵循。但是，人们都十分清楚，各经营事业部提交的预算和业绩报告是事业部总经理的职责，事业部财务总监只是协助编制。例如：在预算批准之前，事业部总经理要亲自与高级管理层讨论预算，尽管事业部财务总监通常也与会，并提供技术方面的信息，但是他的职责严格局限在辅助人员的职责范围之内。

大多数事业部财务总监都已在瑞德公司工作了10年之久，他们通常都是从基层做起，经历了财务机构的各种职位，要么在总部，要么在经营事业部，要么兼而有之。但是，有两名事业部财务总监刚刚30出头，在被首先任命为事业部助理财务总监，继而又升任事业部财务总监之前，仅拥有在总部财务机构几年的工作经验。

贝文斯先生预见到，随着公司引进越来越多的管理控制技术，这种组织关系就会面临越来越

多的困难。原因之一是，他认为他与事业部财务总监之间的关系不太密切，他无法按他所希望的速度尽快发展和利用新技术。更重要的是，他认为他无法获得足够信息，了解事业部的实际情况。事业部财务总监首先必须要忠诚于本事业部的总经理。人们不可能期望他会向贝文斯先生提供坦诚的、毫无偏见的报告。例如：贝文斯先生十分确信，事业部费用预算中暗藏着一些水分，而事业部财务总监非常清楚藏在哪里。简而言之，他认为，如果财务总监为他工作，而不是为事业部总经理工作，直接向他报告事业部的活动，他就会更多地了解事业部的实际运营情况。

因此，贝文斯先生在参观了马泰公司，向马泰公司的财务总监英格莱姆了解了情况之后，就对马泰公司的财务总监机构特别感兴趣。

在参观马泰公司之前，贝文斯先生从未与其他人讨论过机构问题。此后不久，他交给了他的助理财务总监威廉·哈瑞根一份备忘录，介绍他的马泰公司之行（参见本案例附录），并征求哈瑞根先生的意见。哈瑞根已经在瑞德公司工作了25年，在1982年调任总部之前，曾任事业部的财务总监。贝文斯先生尊重他对公司的了解，以及他对财务总监机构问题的看法。哈瑞根先生习惯于坦诚布公地与贝文斯先生谈话。他的评论的大意如下：

> 我认为马泰公司的模式不适用于我们公司。事实上，根据岗位职责和组织结构图所标明的方式，我甚至不敢肯定它能在马泰公司成功。
>
> 在调任总部之前，我曾做过5年的事业部财务总监。在我接任那份工作时，公司财务总监以及部门总经理都告诉我，我的职能是尽一切可能协助总经理。我也的确这么做了。我们收集了大量有助于编制事业部预算的信息，但是最终的产物要反映我们总经理的意志，他才是向高级管理层兜售的人。我一直随同他参加预算会议，他也经常让我解释一些数字。在月度报告写完后，我通常会审查一遍，寻找危险信号，然后提醒总经理。他可能赞成我的意见，也可能会发现其他需要研究的事情。但无论是哪种情况，通常他才是对经营机构施加影响的人，而不是我。
>
> 我们的确有一些问题。最糟糕的是，每年都要发生几次，若公司财务总监办公室有人打来电话，问诸如“如果我们把广告预算削减X美元，你认为你们事业部还能正常运营吗?”，或者，“你真的认为这台设备的成本节约符合现实吗?”之类的问题，通常，我都是完全赞成他们认为有争议的数据，并尽全力为之辩护。但是，偶尔，我也可能私下里不赞成“官方”数字，但是我会尽量不说出来。
>
> 这类问题实际上应该问总经理，而不是我。我意识到，总部的人们可能认为问题没那么重要，不值得打扰总经理。在许多情况下，他们是正确的。这种组织结构没问题。
>
> 事业部财务总监应该是一个“毫无偏见的信息来源”，如果你这么措辞，听起来也没错，但是，如果换一种说法，他就是总部的间谍，这听起来就不那么舒服了。如果我们能指望事业部财务总监报告事业部运营的实情，确实我们的工作就会更好干。但是，如果这就是他们的职责所在，那么我们就不能期望事业部总经理继续把财务总监视作可信赖的助手了。要么总经理找其他人私下里接管这项工作，要么根本没人做。
>
> 我认为我们最好保持不变。当然，预算可能会含有一些水分，而且经营报告中并非总会突出所有恶劣情况，从而给我们的工作带来了更多的困难。但是，我宁可采用这项计划，而不是替代方案。如果我们采用马泰公司的模式（或者，马泰公司所声称的本公司的模式），我敢肯定事业部财务总监就不再是管理团队的成员。管理团队会尽可能地孤立他，事业部的管理控制职能就会遭殃。

思考题

1. 马泰公司在财务总监职能方面的组织思想是什么？您认为怎么样？瑞德公司应该采纳这种观点吗？
2. 在瑞德公司，事业部财务总监应该向谁报告？为什么？
3. 公司财务总监与事业部财务总监之间的关系应该是什么样的？要巩固这种关系，您认为应该采取哪些步骤？
4. 您会建议对公司财务总监或事业部财务总监的基本职责进行一些重大变革吗？

附　录

关于马泰公司财务总监机构的注释

公司财务总监英格莱姆先生直接向总裁报告，所有事业部财务总监以及其他会计、数据处理和分析人员都向英格莱姆报告。下面列示了马泰公司的岗位职责和组织结构图（图表1~图表4），反映了该组织的结构和职能。

财务总监机构负责制定公司的成本和利润标准，并采取适当措施保证达到这些标准。它审查所有研发项目，指定项目名称和编号，以便协调各事业部的研发活动及其核心研发活动。财务总监机构还处理涉及成本和利润估计的所有事宜。

事业部财务总监机构的成员规模是3~22人。事业部财务总监并不参与编制本事业部的损益表，而是由服务于公司及所有事业部的一个独立部门编制。

直线管理人员与辅助管理人员的关系

事业部总经理没有自己的辅助管理人员，甚

图表1　岗位职责（摘自马泰公司管理指南）

财务总监

现代经营管理的趋势就是把财务总监职位的基本概念从主要关注会计细节的行政管理职能转变为重要的管理职能，后者涉及成本控制和整个企业的运营。

企业更加多元化，经营网点遍布美国各地，就越需要一个管理者，总裁授权财务总监管理与成本、利润相关的问题，然后财务总监以同样的方式再授权给其他管理人员。

在我们的垂直型组织结构中，非常需要任命一名管理人员，负责为各经营事业部和国内子公司制定经营预算标准，以及客观的销售利润目标。他还负责为辅助职能部门制定符合事业部及公司总体利润目标的经营预算标准。若没有实现经营标准规定的利润目标，财务总监就有权质询未实现的原因，并推荐实现预期结果应采取的改变。

财务总监应该同各主要经营事业部的事业部财务总监和职能部门的员工密切配合。但并不意味着财务总监先于事业部总经理一步采取行动，因为有效经营和利润职责应由事业部总经理来承担。但是，财务总监及其下属应该有权期望事业部总经理报告某些经营结果，这是他们的职责；若对于要求报告经营结果的合理性持有不同意见，则应该由任何一方把问题提交总裁。

除了上述职责之外，下列职责也是财务总监职责中的基本组成部分，适用于公司及其子公司：

1. 建立并监督所有会计记录。
2. 编制、监督并解释各事业部和各产品的损益表、经营报告、成本报告，包括成本和生产、研发、分销以及行政管理报告。
3. 监督所有实物存货的采购及成本核算。
4. 编制并解释所有经营统计和报告，包括解释管理委员会和董事会需使用的图表。
5. 作为预算主管，与其他工作人员及事业部和子公司的领导一起，编制全部经营活动的年度预算，并在财务年度开始之前提交总裁。

6. 发起、制定并颁布标准规章制度，并协调各项制度，包括所有经营核算程序的相关方法。
7. 财务总监或其指定代表担任各事业部及子公司管理委员会的委员。

他应负责为本机构筛选、培训、发展及晋升合格人员，根据公司既定政策制定薪酬标准。他应向总裁提交实现预期目标的组织计划。

财务总监可以将部分职责委派给本机构的成员，但是，即便如此，他也不能摆脱对结果的总体责任。

财务主管和助理财务主管

根据财务委员会的规章制度，财务主管就是首席财务官，其一般职能包括控制公司资金，并负责公司及其境内外子公司的财务事宜。具体而言，其职责如下：

银行业务：他应保管并负责全部现金和有价证券，并以公司的名义将交其保管的公司账下的全部资金存储于总裁批准的银行。

信用及货款回收：他应监管所有出纳员、现金收入以及回款记录和应收账款明细。他应制定并审批所有信用政策和程序。

支出：他应审批各类支出，签发支票。其中包括对应付账款和工资部门的直接监管，对所有采购部门间接监管，以便审核支付款项的发票的准确性。他应完整记录经审批的各项拨款，还要正确执行并记录管理层、执行委员会和董事会批准的全部财务交易。

常规财务报告：他应编制并监管所有常规会计记录。他要编制并解释所有常规财务报表，包括向股东邮寄的季度和年度报告。其中也包括制定和审批为确保遵守法定政府机构和证券交易委员会颁布的法令或法规而要求遵守的标准实务及规章制度。

他应监管所有账户和记录的审计（包括内部控制）、注册会计师的审计和程序。

税金：他应监管所有纳税申报，应监管所有涉税事宜，若涉及税收法律法规解释之类的事宜，则应咨询总法律顾问。

保险财产记录：他应监管任何类型的保险的投保事宜，包括与员工福利相关的保险。他应负责推荐并充分涵盖所有风险，应保持记录，以避免各种危险未得到正确应对。他应保持完整的财产记录和价值评估，供保险及其他用途使用。如有必要，就聘请评估师协助评估价值和记录。

贷款：他应在执行委员会规定的权限内审批所有贷款及向员工提供的借款。

投资：如有冗余资金，他应向财务委员会建议合适的投资。他应保管因此获得的有价证券并利用银行的安全设施。在有价证券存入金库或其他安全设施或从中提取时，他应由经公司批准的人员陪同。

办公室管理：他应负责协调公司及其境内子公司的所有办公室管理职能。

财务计划：他应发起并编制当期和长期现金预测，特别是满足未来增长和扩张的现金要求和融资计划。他应安排所有未偿付债券及优先股的沉没资金，无论何时，只要有可能，就应预期到这种要求。

他应享有董事会和总裁授予的任何其他权力，履行董事会和总裁委派的任何其他职责。

财务主管应负责为本机构筛选、培训、发展及晋升合格人员，根据公司既定政策制定薪酬标准。因为他必须委派上述许多职责，所以他应与总裁协商，并向总裁提交组织计划和组织结构图。

财务主管可以把部分职责委派给本机构的成员，并适当授权，以保证职责的履行。但是，即便如此，他也不能摆脱对结果的总体责任。

财务总管是财务、退休及存货审查委员会的成员。

图表 2 马泰公司组织结构图：A 事业部（1985 年 1 月 1 日）

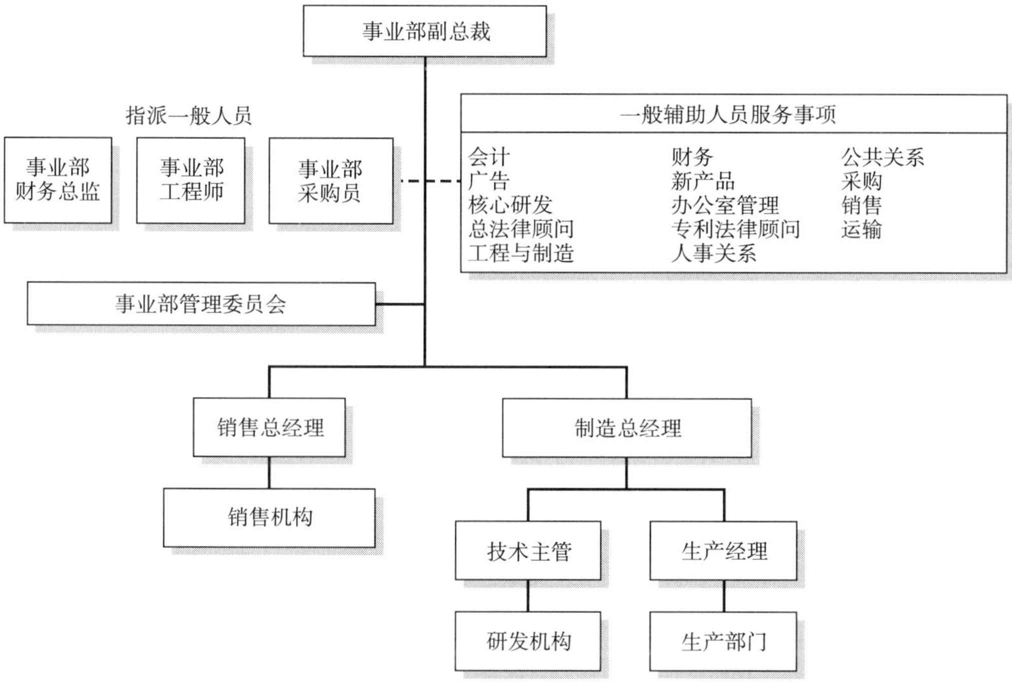

注：组织结构图中的各种层级未必表示职位的相对重要性。

至连个人助理都没有。他可以从两种渠道获得辅助人员的协助。

第一种，公司总部为其指派一些人员，一般包括财务总监、工程师和采购员。

事业部的所有管理者和公司指派的所有辅助人员都在公司总部大楼办公。但是，公司指派的辅助人员一般与本职能的同事一起办公。例如：事业部财务总监及其助理都在总部大楼的财务总监办公区办公，而不是邻近事业部总经理的办公室。

第二种，只要事业部总经理需要，就可以调遣中央辅助人员。但要根据服务事项收费。中央辅助人员列在图表 2 中的“一般辅助人员服务事项”项下。

事业部总经理与财务总监的关系

马泰公司财务总监机构及其与事业部总经理之间的关系的成功之处，在很大程度上在于总经理和财务总监与这种安排共同成长，并在到岗之前早已接受了这种安排。

还有几项因素似乎促进了这种成功关系，具体如下：

1. 集中统一的会计核算制度。
2. 每个事业部都有事先制定的财务目标。
   a.销售收入增长率。
   b.规定的销售利润率。
3. 总经理和财务总监实行利润分享。

会计核算制度

财务总监全权负责会计核算制度。它决定如何进行账务处理，决定设置什么账户。财务总监为所有事业部都制定了统一的会计核算制度。英

图表 3 马泰公司组织结构图：财务总监事业部机构设置（1985 年 1 月 1 日）

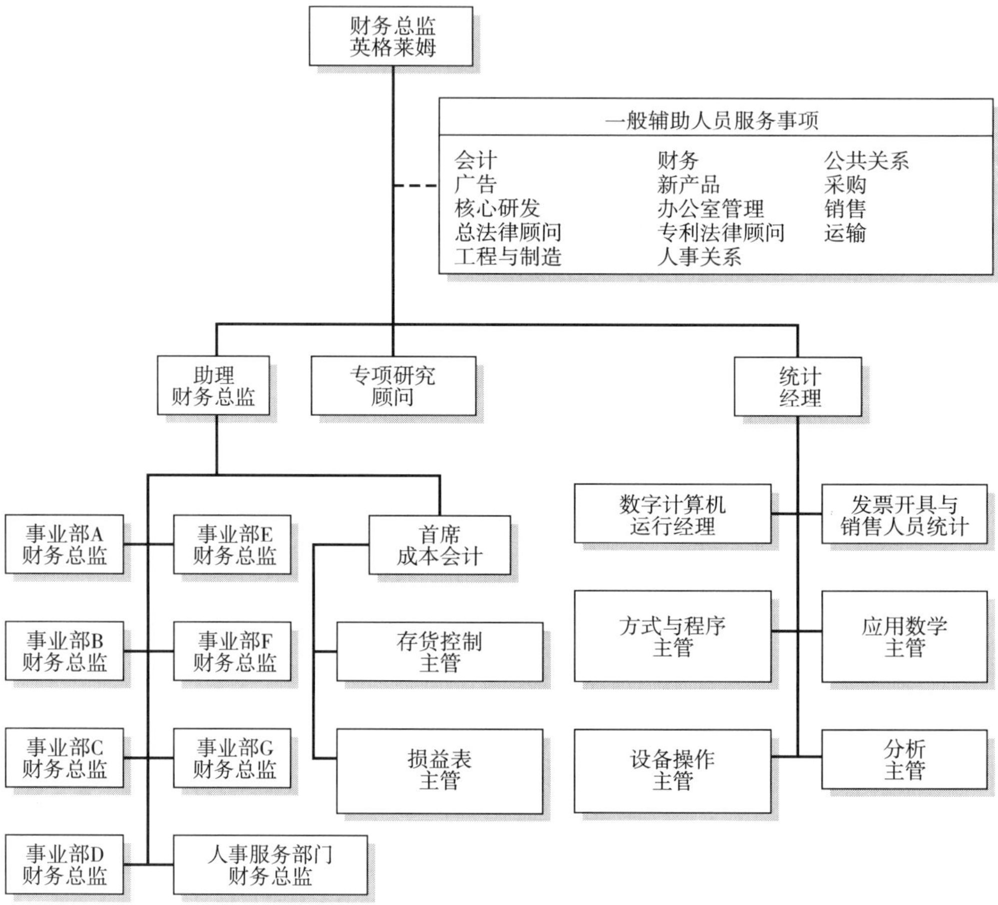

格莱姆先生指出，任何一个事业部的会计核算制度都不可能量身定制，完全满足本事业部的需要，但是，他坚信，所有事业部都实行统一的会计核算制度，并且得到相关人员的理解掌握，完全可以抵消它为各事业部带来的不利之处。英格莱姆先生表示，如果马泰公司的各事业部可以自由地制定自己的会计核算制度，很可能两年内每个事业部都会制定出不同的制度，那么即使能够解读的话，公司管理层也很难解读。

会计核算制度似乎为所有事业部财务报告和分析提供了一个共同的基础，它有助于维系事业部总经理与财务总监之间的信任关系。

事业部的经营目标

公司为各事业部确立了两个财务目标。分别是：（1）销售收入增长率；（2）规定的销售利润率。

这些目标都是经财务总监建议，并征求各事业部总经理的意见而事先制定的。财务目标本质上是长期的，自 1965 年以来，目标利润率仅变动过三次。

图表 4　马泰公司组织结构图：财务主管（1985 年 1 月 1 日）

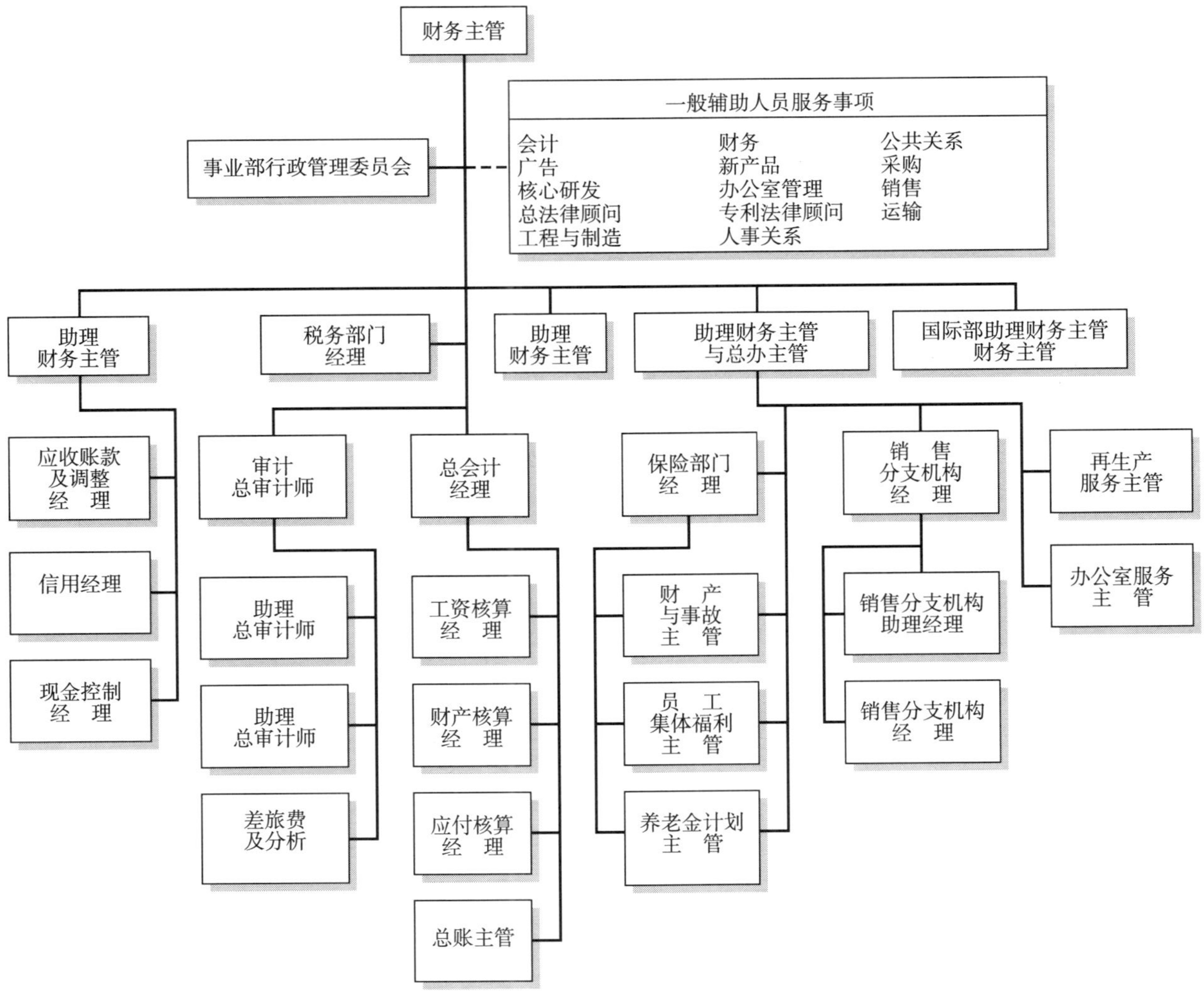

注：组织结构图中的各种层级未必表示职位的相对重要性。

作为目标利润率的销售利润率要根据几项因素来决定，其中包括：（1）产品是否可申请专利；（2）预期投资回报率；（3）行业利润边际；（4）行业投资回报率。这些因素，连同其他因素，决定了最后所决定的利润率。

在限定条件下，实现这些财务目标就是公司管理层要求事业部总经理完成的首要任务。

利润分享

事业部总经理75%的薪酬都来自利润分享和股票期权。事业部财务总监则只有25%的薪酬来自利润分享——一半来自事业部利润，另一半来自公司利润。

事业部总经理对公司体制的看法

英格莱姆先生表示，事业部总经理希望事业部财务总监向公司财务总监报告，因为：（1）它可以给事业部一个由相关信息武装起来的不偏不倚的合作伙伴；（2）财务总监处于一个更利于进行决策分析的位置；（3）在公布成本报告时，受影响各方之间不会产生多少争议，或者根本不会产生争议。

第 4 章

责任中心：收入和费用中心

在第 4~7 章，我们将讨论管理控制过程发生的背景。我们将介绍影响管理控制过程的一些组织特征，聚焦于各类责任中心和对于管理控制至关重要的技术，以及评估责任中心的管理者的业绩标准。责任中心构成了管理控制系统的结构，向组织的子单元分派责任必须反映组织的战略。在这几章中，我们将考察在向组织子单元分派财务责任（就成本、收入、利润和资产而言）时所应考虑的几项因素。

在第 4 章，我们将首先介绍一般意义上责任中心的性质，以及与评价责任中心管理者业绩相关的效率和效益标准。然后，我们将定义两类不同的责任中心：收入中心（简要介绍）和费用中心（详细介绍）。费用中心可以划分为两类：技术性费用中心和酌量性费用中心。我们将考虑三类最普遍的酌量性费用中心：行政管理和辅助中心、研发中心以及营销中心。

在本书的第二编，我们将讨论如何用非财务业绩指标来辅助财务控制。

责任中心

责任中心是指由一位管理者领导并负责各项活动的组织单元。在某种意义上而言，公司就是一个由责任中心组成的集合体，每个责任中心都用组织结构图中的一个方框来表示。这些责任中心构成了一个等级制度。位于最底层的是小组、班次以及其他较小组织单元的责任中心。由几个较小的单元组成的部门或经营单元，位于等级制度的较高层。从高级管理层和董事会的角度来看，整个公司就是一个责任中心，尽管这个词通常用来指公司内部的各个单元。

图表 4.1
责任中心

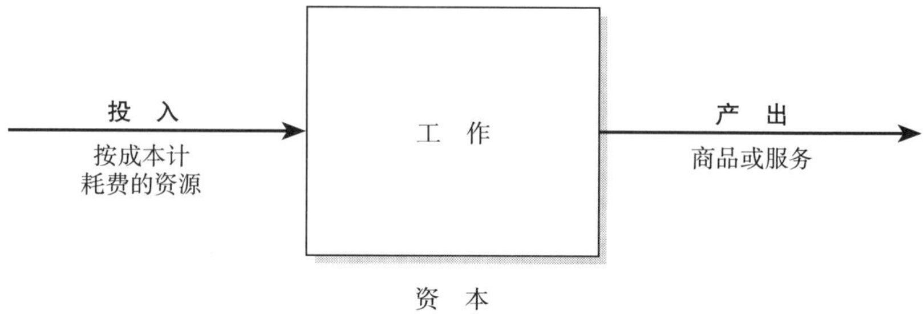

责任中心的性质

责任中心之所以存在，是为了实现一个或多个目的，我们称之为目标。公司作为一个整体具有目标，高级管理层制定一系列战略以实现这些目标。公司各种责任中心的目标都是为了帮助实施这些战略。因为每个公司都是责任中心的总和，如果每个责任中心都能实现自身的目标，那么组织的目标也就能够实现。

图表 4.1 说明了每个责任中心的核心运作。责任中心以材料、劳动力和服务的形式接收投入。然后，利用营运资本（如：存货、应收账款）、设备及其他资产，履行责任中心的特定职能，最终目标是将投入转化为产出，可以是有形的（即：产品），也可以是无形的（即：劳务）。在一个制造工厂中，产出就是产品。在辅助人员单元中，如人力资源、运输、工程设计、会计和行政管理等，产出就是劳务。

责任中心制造的产出（即：产品或劳务）可以向另一个责任中心提供，作为它的投入；也可以向外部市场提供，作为整个组织的产出。收入就是因提供产出而获得的金额。

投入和产出之间的关系

管理者的职责是确保投入和产出之间的最优关系。在有些责任中心，这种关系是临时的、直接的。例如，在生产部门，原材料的投入成为产成品的有机组成部分。这里，管理控制聚焦于利用最小的投入、按正确的规格和质量标准，在规定时间内生产出预期数量的产出。

但是，在许多情况下，投入与产出并非直接关联。广告费用是一项投入，旨在增加销售收入，但是，因为销售收入还受广告之外的许多其他因素影响，所以几乎不能证明广告投入增加与销售收入的相应提高之间存在必然关系。管理者增加广告支出的决策一般都基于判断，而不是数据。在研发中，投入与产出之间的关系甚至更模糊。今天的研发工作的价值可能几年后才见成效，一个公司应该投入的最优研发支出数量也是无法确定的。

投入和产出的计量

责任中心耗用的许多投入都可以按实物标准计量——几小时人工、几公升油、几令纸、几度电。在管理控制系统中，这些量化指标都要转换为货币标准。货币是综合或比较几类不同资源的价值的共同基础。一项投入的货币价值一般通过实物数量乘以单位价格计算(如：人工小时数乘以小时工资率)。计算出的货币总和就称为“成本”。这就是责任中心的投入通常的表述方式。成本是反映责任中心所耗用的资源的货币指标。

请注意，投入是指责任中心所耗用的资源。医院的患者，或者学校的学生不是投入；相反，投入是医院或学校为了实现医护患者或者教育学生而耗用的资源。

计量投入的成本要比计算产出的价值容易得多。例如，年销售收入可能是反映营利性组织的产出的一个重要指标，但是，这个数字并不能完全反映组织当年的活动。有些投入，如研发活动、人力资源培训以及广告促销，可能不会影响当年发生的产出。人们也不可能准确计量公共关系部门、质检部门或者法律顾问部门所做的工作的价值。在非营利性组织中，可能根本没有反映产出的量化指标。大学可以很容易地计量毕业学生的数量，但是，却无法计量他们获得了怎样的教育。许多组织甚至都不曾计量这类责任中心的产出。其他组织则利用估计或替代数字，并声明其局限性。

效率和效益

投入、产出和成本的概念可以用于解释效率和效益的含义，效率和效益是衡量责任中心的业绩的两个标准。这两个术语几乎总是按相对意义，而不是绝对意义来使用。我们一般不说责任中心 A 的效率是 80%；相反，我们通常会说它比竞争者效率更高（或更低），现在比过去效率更高（或更低），与预算相比效率更高（或更低），或者比责任中心 B 效率更高（或更低）。

效率是产出与投入的比率，或者单位投入的产出数量。责任中心 A 比责任中心 B 效率高：（1）如果它比责任中心 B 耗用了较少的资源，但产出相同；或者（2）如果它耗用了等量资源，但产出更高。

请注意，第一个标准并不要求把产出量化，只需衡量两个单元的产出是否大体相同。如果相同，假设两个责任中心的工作方式令人满意，工作也具有可比性，那么投入较低的单元（即：成本较低）效率就更高。但是，按第二个标准，投入相同，产出不同，就要求反映产出的量化标准，但计算更困难。

在许多责任中心，效率通常用比较实际成本与测量产出时形成的那些成本标准来衡量。尽管这种方法还有些用途，但是它有两个重大缺陷：（1）账面成本不是反映实际耗用的资源的精确指标，（2）成本标准仅仅是在通行条件下发生的理想估计。

效率由投入和产出关系决定，相比之下，效益则是由责任中心的产出与其目标之间的关系决定。产出对目标的贡献越大，经营单元效益就越高。由于目标和产出都难以量化，所以效益往往用主观的、非分析性的形式表述。例如："大学 A 的工作是一流的，但是大学 B 近年来却略有下滑。"

效率和效益并不是互斥的，每个责任中心都应该既追求效率，又追求效益——无论哪种情况，组织都应该以最优的方式实现目标。如果一个责任中心以最低的资源耗费履行了其职能，那么它就是有效率的，但是，如果它的产出无助于实现组织目标，它就是无效益的。如果信用部门处理拖欠账户的相关文件的单位成本低，它就是有效率的，但是，如果与此同时它未成功回收货款（或者在这个过程中不必要地冒犯了客户），它就是无效益的。

总而言之，如果方法合理，责任中心就是有效率的；如果事情正确，责任中心就是有效益的。

利润的作用

任何一个营利性组织的主要目标都是获得令人满意的利润。因此，利润就是一个反映效益的重要指标。而且，由于利润是收入（产出指标）和费用（投入指标）之间的差额，它也是一个反映效率的指标。因此，利润既反映效益，又反映效率。若存在一个综合指标，则没必要再确定效益和效率的相对重要性。但是，若不存在这样一个指标，将业绩指标划分为效益相关指标或效率相关指标，就是可行且十分有用的。但是，在这种情况下，存在平衡两类指标的问题。例如，怎样比较挥霍的完美主义者与节俭的管理者？完美主义者可能有效益，但无效率；而节俭的管理者虽耗用了较少的投入，但不是最优产出。

责任中心的类型

根据货币投入和/或为管理控制而评价的产出的性质，责任中心可以划分为四类：收入中心、费用中心、利润中心和投资中心。它们各自的特点如图表 4.2 所示。在收入中心，产出按货币标准评价；在费用中心，投入按货币标准评价；在利润中心，收入（产出）和费用（投入）都要评价；而在投资中心，要评价利润和投资之间的关系。

每类责任中心都要求不同的计划和控制系统。在本章的剩余部分，我们将简要回顾一下收入中心的计划和控制技术。然后详细讨论费用中心所利用的技术。利润中心将在第 5 章中讨论，投资中心将在第 7 章中讨论。

图表 4.2
责任中心的类型

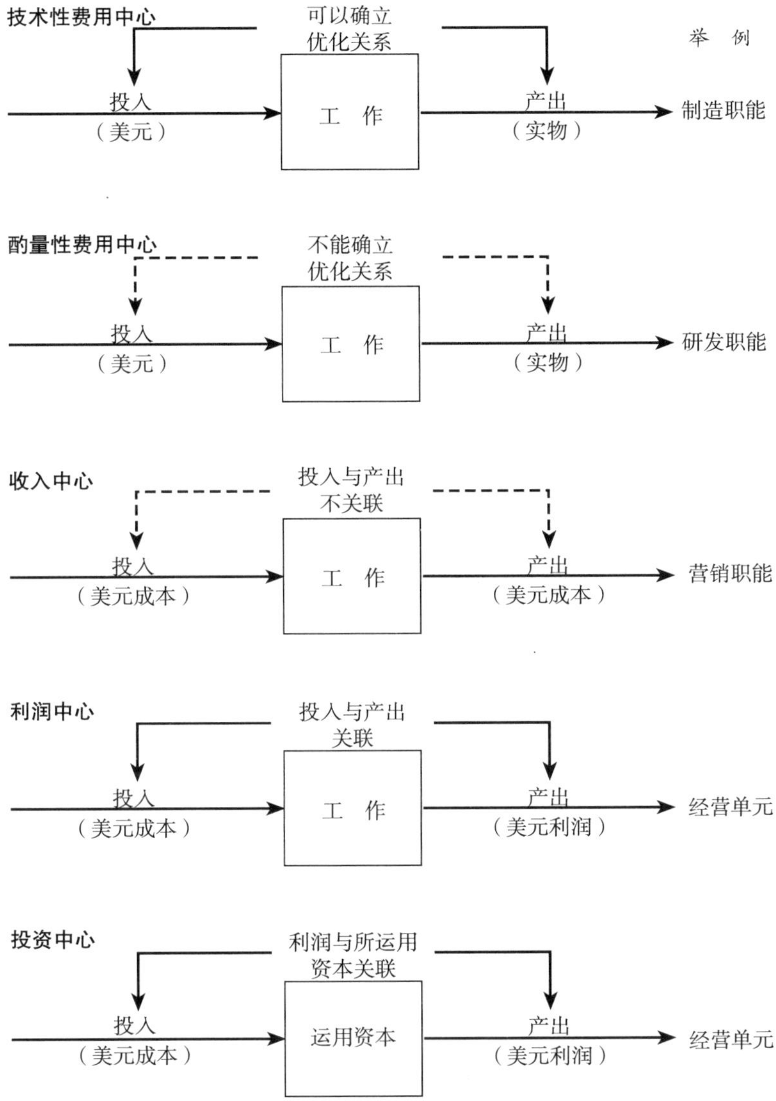

收入中心

在收入中心，产出（即：收入）按货币标准评价，但是投入（即：成本或费用）并不与产出配比。（如果费用与收入配比，则称之为利润中心）。收入中心一般都是营销单元，他们无权制定销售价格，也不计所售商品的成本。要按预算或定额评价实际销售收入或订单，管理者要对本单元直接发生的费用负责，但是基本评价指标是销售收入。

实例 1999年，Servico公司和Impac酒店集团合并，创建了Lodgian公司。它是美国最大的酒店所有者和经营者之一。Lodgian按6个地区重组，每个地区都有一个地区副总裁、一个地区运营经理、一个地区营销主管。营销职能被组建成一个收入中心，目标是显著提高市场份额。[1]

在2004年高度竞争的呼叫中心行业环境中，有些公司通过把呼叫中心（被视为成本中心）转型为收入中心，成功实现了差异化。收入流是通过"服务后销售"而创造的。呼叫中心的服务人员将针对呼叫客户的需要和要求，提供必要的服务，然后提供某种类型的新产品或新服务，以进一步满足客户的需求。为了实现这一点，公司重新制定了招聘程序，拓展了培训内容，把服务人员的激励制度从固定工资改为固定工资加销售佣金。[2]

我们不会单独讨论收入中心，但是我们将在利润中心一节（第5章）讨论收入的管理。

费用中心

费用中心是指仅按货币指标评价投入，但不评价产出的责任中心。费用中心一般可以分为两类：技术性费用中心和酌量性费用中心。这些标签涉及两类成本。技术性成本是指可以合理、可靠地估计"正确"或"适当"数额的成本——例如：工厂的直接人工、直接材料、零部件、低值易耗品、耗水耗电等成本。酌量性成本（也称"可控成本"）是指无法估计的成本。在酌量性费用中心，发生的成本取决于管理者对具体情况下的适当金额的判断。

技术性费用中心

技术性费用中心具有下列特点：

- 投入可以按货币标准评价。
- 产出可以按实物标准评价。
- 单位产出所需要的最优投入数额可以确定。

技术性费用中心通常可以在制造经营活动中找到。仓储、分销、运输以及营销机构内的类似单元也可能是技术性费用中心，如同行政和辅助部门内的某些责任中心一样——例如，财务总监部门的应收账款、应付账款和工资核算小组；人力资源部门的人事档案、自动餐厅；公司文秘部门的股东记录；以及公司的车辆调配场。对于这些单元所执行的重复性任务，都可以制定标准成本。这些技术性费用中心通常都处在酌量性费用中心部门内部。

---

1. "Lodgian Merger Integration Proceeding on Schedule," *PR Newswire*, January 25, 1999.
2. www.limra.com/Newsletters/Connections.

在技术性费用中心，用产出乘以标准单位成本就可以反映产成品的成本应该是多少。理论成本和实际成本之间的差异反映费用中心的效率。

我们强调技术性费用中心还承担其他无法用成本单独评价的重要任务。他们的主管不仅负责效率，而且负责产品质量和产品数量。因此，生产类型和生产水平都是规定的，质量标准也是规定的，以便不会为了最小化成本而牺牲质量。而且，技术性费用中心的管理者可能负责培训及员工发展之类的活动，但这些活动与目前生产无关。他们的业绩评价应该包括评估他们的职责完成的如何。

没有几个责任中心的成本项目都是规定的。即使在高度自动化的生产部门，间接人工和各种服务的使用会因管理者的自由裁量而变化。因此，技术性费用中心这个术语是指规定成本占主导地位的责任中心，但是，它并不意味着每个成本项目全都可以有效地估计。

酌量性费用中心

酌量性费用中心包括行政管理和辅助单元（如：会计、法律、行业关系、公共关系、人力资源）、研发活动以及大多数营销活动。酌量性费用中心的产出无法按货币标准评价。

酌量性这个词并不意味着管理者对最优成本的判断是突发奇想的，或者是任意的。相反，它反映了管理者关于某些政策的决策：是赶上还是超过竞争者的营销力度；公司应该为客户提供的服务水平；以及研发投入的适当数额，财务计划，公共关系，以及一大堆其他活动。

一个公司可能总部职员很少，而另一个同一行业、同等规模的公司的职员数量则可能是它的 10 倍。每个公司的高层管理者可能都自认为关于职员规模的决策是正确的，但是，没有一种客观的方法评判哪个（如果有一个）是正确的。在这种情况下，两种决策可能同样优秀，而规模的不同则反映了两个公司其他的基本差异。

而且，管理者对酌量性成本的适当水平的看法总在变化——尤其是在新任管理者接管时。

实例 ABB 公司[3]的前任 CEO 波希·巴尼韦克因在完成重大收购之后大幅裁减公司员工而闻名。例如，在美国子公司燃烧工程公司的员工在 2 年间从 600 人减为 100 人，德国子公司的员工在 3

3. 译者注：全球 500 强企业。集团总部位于瑞士苏黎世，并在苏黎世、斯德哥尔摩和纽约证券交易所上市。ABB 由两个具有 100 多年历史的国际性企业——瑞典的阿西亚公司（ASEA）和瑞士的布朗勃法瑞公司（BBC Brown Boveri）在 1988 年合并而来的。ABB 是电力和自动化技术领域的全球领先厂商。致力于为工业和电力行业客户提供解决方案，以帮助客户提高业绩，同时降低对环境的不良影响。ABB 集团的业务遍布全球 100 多个国家，拥有 111 000 名员工。

> 年间从1 600人减为100人。[4]
>
> 在1993年加入IBM担任首席执行官之后的前6个月，路易斯·詹斯特纳组建了12个工作小组，研究增长机会，建立了一个新的高级管理层委员会体制，它改革了新技术评估过程，建立了一个新的由11人组成的执行委员会和一个由34人组成的管理委员会，同时新聘了首席财务官和主管人力资源和行政的高级副总裁，下令裁员35 000人，削减管理费用17.5亿美元，并改革了管理层薪酬的基础。[5]

在酌量性费用中心，预算和实际费用之间的差异并不能反映效率。相反，它只是预算投入与实际投入之间的差异，并不包括产出的价值。如果实际费用未超出预算数额，那么我们就可以说管理者“在预算内经营”，但是，根据定义，预算并不旨在预测最优支出数额，所以在预算内经营未必表明经营效率高。

在下一节中，我们将讨论一般酌量性费用中心的管理控制系统。然后，我们将讨论三类最普遍的酌量性费用中心的管理控制系统设计中所需考虑的特殊因素：行政管理和辅助中心、研发中心和营销中心。

一般管理控制特征

预算编制

管理层为酌量性费用中心制定的预算决策不同于技术性费用中心。对于后者而言，它要决定所建议的经营预算是否反映有效执行任务的单位成本。它的数额并不是人们的主要关注。这在很大程度上由其他责任中心的行为决定，例如：营销部门创造销售收入的能力。相比之下，管理层一般通过确定所需完成的工作量来编制酌量性费用中心的预算。

酌量性费用中心的工作可以划分为两类：持续性工作的和专项工作。持续性工作要年复一年不断地做，如财务总监办公室编制财务报表。专项工作则是一次性项目，例如，在一个新收购的分部开发并建立利润预算编制制度。

酌量性费用中心的预算编制中经常使用的一项技术是**目标管理**，即预算编制人员规定要完成的具体工作，并建议业绩计量标准的一个正式过程。

酌量性费用中心的计划职能通常可以由两种方式实现：增量预算或零基预算。

增量预算 依照这种模式，酌量性费用中心的当期费用水平用作起点。在这个数额的基础上，调整通货膨胀、持续性工作的工作量的预期变动、专项工作，以及如果数据可以随时

4. William Taylor, “The Logic of Global Business: An Interview with ABB's Percy Barnevik,” *Harvard Business Review*, March–April 1991, p. 99.

5. *BusinessWeek*, October 4, 1993, p. 89.

获得，类似单元的可比工作的成本。

增量预算有两个缺点。首先，酌量性费用中心的当期支出水平被理所当然地接受，在预算编制过程中并不重新审查。其次，酌量性费用中心的管理者一般都希望提高服务水平，因此往往要求追加资源，如果理由充分，通常都会获得批准。这种倾向被表述为“帕金森第二法则”（Parkinson's second law）：管理费用总会增加。有足够的证据表明并非所有的缓慢攀升都是必要的；当公司面临危机或被新管理层接管时，管理费用有时会急剧下降，却不会带来任何负面结果。

尽管存在种种局限，但是酌量性费用中心的大多数预算都是增量预算。时间有限，对此不做过多分析。

零基预算 另一种预算编制方式是按滚动时间表对每个酌量性费用中心进行全面分析，从而至少每 5 年都对所有项目进行一次审查。这种分析经常被称为零基预算。

与增量预算相比，零基预算的详尽审查试图*重新*确定完成费用中心的各项活动的实际要求资源，即从零开始。这种分析确立了一个新的基数，在 5 年后进行下一次审查之前，年度预算审查都要把成本控制在这个基数的合理范围之内。在这一期间，预期费用还会逐渐攀升，但这是可以容忍的。

在分析过程中经常会提出一些基本问题：（1）应履行所审查的职能吗？从终端消费者的角度看，它增加价值了吗？（2）质量应保持在什么水平？我们做的太多了吗？（3）应该按这种方式履行职能吗？（4）它的成本是多少？

从其他渠道获得的信息，包括公司内的类似单元、行业协会和其他外部组织以及其他行业业绩优秀的公司（即：通过标杆），这些经常有助于比较分析。这类比较可能会提出一个有趣的问题：如果 X 公司可以用 Y 美元完成这项工作，为什么我们不能呢？

但是，值得注意的是，实现可比性很难。如同在酌量性成本中确定成本和产出的“正确”关系一样——更不用说采用外部平均值作为标准的内在问题了。

零基预算耗时费力，对于经营活动受审查的管理者而言可能是一种创伤（这就是为什么不经常安排零基预算审查的原因之一）。此外，管理者不仅尽最大努力证明目前的费用水平是合理的，而且也可能试图阻碍相关努力，把零基预算视作可以无限期地拖延的事情，而去优先考虑“更紧迫的事情”。如果所有其他努力都失败了，他们有时会怀疑调查的结果，认为他们不是最终决定性的，结果是现状占了上风。

在 20 世纪 80、90 年代，许多公司都编制零基预算，通常作为对盈利能力衰退的一种反应。人们通常称之为“缩小规模”（downsizing），委婉地说就是“重组”（rightsizing/restructuring）或“流程再造”（process reengineering）。

实例 美国一家大型保险公司安泰保险于 1990 年启动了一项重组计划。它把 3 个分部重组为 15

个利润中心，人员裁减了10%，从而节约了1.56亿美元。[6]

日产汽车公司，在卡洛斯·戈恩的领导下，于2002年完成了公司历史上的最大一次重组。重组包括处置非核心业务，改革供应商关系，削减在合作公司中的交叉持股，制定苛刻的业绩目标，取消终身制和基于资历晋升等传统制度。重组迅速扭转了日产的经营，其他日本公司也纷纷效仿。[7]

在20世纪90年代末爆发亚洲金融危机之后，泰国的农业产业巨头正大集团决定剥离其电气和汽车配件业务，而专注于核心农业产业。公司巩固了价值增值的农业产业，并沿价值链上移，创建了泰国快餐连锁店“Bua Baan”，专为正大集团提供加工食品。[8]

在决定聘用詹德先生担任CEO之前，摩托罗拉决定剥离芯片分部，该分部每年创造的销售收入约为50亿美元。决策基于这样一项事实：芯片分部易于受到产业周期的影响，与公司经营组合中的其他业务无法契合，因为其他主要经营组合主要包括手机、基础设施设备、成功运营的双向无线电系统、汽车电子设备和有线电视分部。[9]

2004年12月，IBM决定把个人电脑分部出售给中国和亚洲的领先PC品牌联想集团，这项行动创造了世界上第三大PC企业，并标志着IBM退出低利润业务。这项交易价值17.5亿美元，IBM同时获得了联想18%的股权。联想受益于IBM的品牌价值以及所获得的全球分销网络，从而提高了它在世界范围的知名度。联想还会成为IBM的个人电脑优先供应商，从而使IBM可以继续为它的企业客户提供全系列的信息解决方案。[10]

成本可变性

技术性费用中心的成本受短期数量变化的严重影响，但是，与此不同，酌量性费用中心的成本相对来说不受这类短期波动的影响。这种差异源于这样一项事实：在为酌量性费用中心编制预算时，管理者往往会批准与预期销量变化相符的变化——例如，预期销量增加时就允许增加人员，预期销量下降时就允许裁减人员。在大多数酌量性费用中心，人员及与人员相关的成本是相当大的费用项。因此，酌量性费用中心的年度预算往往是预算销量的固定比例。

而且，一旦酌量性费用中心的管理者依照批准的预算追加了人员，或计划裁减人员，因短期波动再进行调整就不太经济。为满足短期需求招聘和培训人员成本很高，而临时裁员也会影响士气。

---

6. *Financial World*, November 24, 1992, pp. 22–23.

7. Chester Dawson, “Ghosn’s Way: Why Japan Inc. Is Following a Gaijin,” *BusinessWeek*, May 20, 2002, p. 27.

8. www.cpthailand.com/webguest。

9. http：//www.fortune.com/fortune/subs/article/0，15114，1007063，00.html；www.IBM.com。

10. www.IBM.com；www.Fortune.com。

财务控制类型

酌量性费用中心的财务控制与技术性费用中心的截然不同。在技术性费用中心，目标是通过制定标准，并根据标准评价实际成本，实现有竞争力的成本。相比之下，酌量性费用预算的主要目的则是控制成本，其成本控制方式如下：允许管理者参与计划，共同讨论应该承担什么任务、每项任务应付出多少努力才是适当的。因此，在酌量性费用中心，财务控制主要是在成本发生之前的计划阶段实行。

业绩计量

酌量性费用中心的管理者的主要工作是获得预期的产出。按预算上的数额支出并完成工作就是令人满意的；支出超出了预算数额就会引发关注；支出没有达到预算可能说明计划工作未完成。较之技术性费用中心，在酌量性费用中心，财务业绩报告并不是评价管理者效率的手段。

如果这两类责任中心不严格区分，管理者就会错误地把酌量性费用中心的业绩报告当作经营单元的效率的反映，因此就激励那些制定支出决策的人不要超出预算，结果就会降低产出。出于这种原因，奖励支出未超出预算的管理者就是不明智的。

如果在预算超支之前要求主管审批，就可以控制支出。有时，一定比例的超支（比如5%）是允许的，无须另行批准。

值得注意的是，上一段仅与财务控制相关。酌量性费用中心的全面控制主要是通过非财务业绩指标实现的。例如，在有些酌量性费用中心，对服务质量的最好反映就是用户的意见。

行政管理和辅助中心

行政管理中心包括公司的高级管理层和经营单元的管理层，还有辅助单元的管理者。辅助中心是指为其他责任中心提供服务的单元。

管理控制问题

行政管理费用的控制尤其困难，因为：（1）评价产出所具有的内在问题；（2）部门人员的目标与整个公司的目标之间经常缺乏一致性。

评价产出的困难

有些辅助活动，如工资核算，都太程式化，因此他们所在的经营单元事实上是一个技术性费用中心。但是，还有一些活动，基本产出是意见和服务——这些职能实际上不可能量化，不太容易评估。因为产出无法评价，所以不可能制定成本标准，并用以评价财务业绩。因此，预算差异不能解释为反映了有效率或是无效率。如果允许财务人员建立"基于作业的管理系统"，例如，不管费用是多少，只比较实际成本与预算成本，则并不能表明任务是否完成了，或是否实现了效益。

缺乏目标一致

一般而言，行政管理办公室的管理者都努力在职能上追求卓越。从表面上看，他们的愿望似乎与公司目标一致。但是，事实上，在很大程度上取决于人们如何定义卓越。尽管一个辅助职能办公室可能希望建立"理想的"系统、计划或职能，但是，相对于"完美"可能创造的额外利润，"理想的"成本太高了。例如，"完美的"法律顾问不会批准任何甚至只包含微不足道的瑕疵的合同。但是为了保证这样的质量水平而付出的成本，可能远大于微小瑕疵所造成的潜在损失。最糟糕的是，追求"卓越"会导致为了"缔造帝国"或者"保住个人职位"而无视公司的利益。

这两个问题的严重性，即评价产出的难处和缺乏目标一致，与公司的规模和前景休戚相关。在中小型企业，高级管理层都与辅助单元保持着密切的个人联系，而且高级管理层可以通过个人观察确定他们在做什么，这个单元是否值得存在。在低收益企业中，无论规模大小，酌量性费用经常要受严格控制。但是，在大型企业中，高级管理层不可能完全了解所有辅助活动。如果公司盈利，就易于批准辅助人员不断增加预算的要求。

辅助中心经常为它所提供的服务向其他责任中心收费。例如，管理信息服务部门就会为计算机服务收费。那么，这些责任中心就是利润中心，我们将在第 5 章中对此进行讨论。

预算编制

为行政管理或辅助中心建议的预算通常由一系列的费用项目构成，并用预算与实际费用对比。有些公司要求更详细的预算，其中包括下列部分或全部要素：

- 反映中心的基本成本部分——包括"维持经营"的成本，再加上不是所有的管理决策都需要的本质上必要的活动成本。
- 反映中心的酌量性作业部分。包括每项作业的目标描述和成本估计。
- 全面解释所有建议的预算增加数额部分（与通货膨胀相关的部分除外）。

只有在预算很大，并且/或者管理者希望确定中心的作业的适当范围时，在预算中增加以上几部分才有价值。在其他情况下，预算的详略程度则取决于费用的重要性和管理者的意愿。

研发中心

控制问题

研发中心的管理控制也存在具有自身特点的难处，特别是，难于把结果与投入联系起来，缺乏目标一致性。

难于把结果与投入联系起来

研发活动的结果难于量化。较之行政管理活动，研发活动通常至少有一种半有形的产出，如专利、新产品或新工艺。但是，产出与投入的关系难以逐年评估，因为研发团队的最终“产品”可能需要付出几年的努力。因此，年度预算中反映的投入可能与产出无关。而且，即使可以确立这种关系，也不可能可靠地估计产出的价值。即使可以估计，研发职能的技术性质可能使管理者无法计量其业绩。辛苦努力可能会遭遇难以克服的障碍，而不怎么努力可能幸运地获得好的结果。

缺乏目标一致

研发中心的目标一致问题类似于行政管理中心。即使公司负担不起，研发主管一般也希望建立金钱可以买到的最好的研发机构。此外，还有一个问题，研发人员经常对企业没有充分的了解（或者没有足够的兴趣），无法确定研发活动的最优方向。

研发坐标轴

研发机构所从事的活动可以描绘在一个坐标轴上，基础研究位于一端，产品测试位于另一端。基础研究具有两个特征：（1）它是无计划的，管理者最多规定探索的一般领域；（2）从启动研发到成功推出新产品通常会有一个很长的时间间隔。

实例 在生物技术领域，从沃森和克里克于 1958 年定义了 DNA 的分子结构，到来源于这项研究工作的首个产品上市，经过了近 26 年的时间。而施乐公司从基础研究到成功研制出复印机也花费了近 24 年（从 1936~1960 年的时间）。

因为财务控制系统对于管理基础研究活动毫无价值，所以经常运用其他程序。在有些公司，基础研究作为一笔开支列入研发计划和预算。在其他公司，则没有为基础研究专门安排预算，但是人们都明白，只需征得主管的非正式许可，科学家和工程师都可以花费部分时间（大约 15%的时间，或者每周一天）探索任何最感兴趣的研究方向。

实例 1986年的“高温”超导电性的发现，是80年代最重要的突破之一。它是由IBM苏黎世研究实验室的两名科学家发现的，他们都是在“自己的时间”研究的。IBM在纽约阿尔蒙克总部的高级管理层甚至都不知道有这么一项研究在进行。

3M公司允许甚至期望科学家把15%的工作时间用于研究自己选择的项目，并不要求事先经主管批准。[11]

但是，若项目涉及产品测试，则有可能估计时间要求和财务要求——或许不像生产活动那么精确，但是足以合理、有效地比较实际与预算数额。

随着项目在坐标轴上的位置的移动——从基础研究，到应用研究，到开发，到生产设计，到测试，每年花费的数额往往都会显著增加。因此，如果项目似乎最终不会盈利（据估计，90%的项目都是如此），就应该尽快终止。但是，在初期很难制定此类决策，因为项目主持人通常都会最乐观地介绍在建项目。在有些情况下，直到产品上市后才能分辨出失败与否。

实例 在进行了10年的研发，投入了几千万美元之后，宝丽莱公司于1977年在股东大会上大张旗鼓地推出了即显彩色动画系统“Polavision”。“一项新的艺术诞生了”，宝丽莱当时的董事长埃德温·兰德博士说。但是家用摄像机迅速占领了市场，到1981年，Polavision已不复存在，甚至都没有创造任何利润。

研发计划

没有科学的方式可以确定研发预算的最优规模。许多公司仅使用平均销售收入的百分比作为基础（使用平均值而不是某个年份的具体销售收入，因为研发活动的规模不应该受短期销售收入波动影响）。所应用的具体比例在部分程度上由与竞争者的研发支出对比决定，在部分程度上由公司自身的支出历史决定。其他因素也可能发挥作用，但要取决于具体情况。例如：如果可能实现或者将要实现重大突破，那么高级管理层就可能迅速审批并大幅地增加预算。

研发计划由一系列的计划组成，此外，还包括非计划工作的一揽子支出（如前面所提到的）。研发计划通常每年由高级管理层审查一次。审查经常由研究委员会执行，委员会由CEO、研究主管、生产和营销主管（之所以包括营销主管，是因为他们要使用成功的研发项目的产出）组成。研究委员会制定关于从事哪些项目、扩展哪些项目、削减哪些项目，以及终止哪些项目的广泛决策。当然，这些决策都是较为主观的，但是他们必须在关于研发总支出的既定政策的限制范围之内。因此，研发计划并不是通过计算批准项目的总额来

11. Ronald A.Mitsch, “Three Roads to Innovation,” *Journal of Business Strategy*, September-October 1990, pp. 18-21.

决定的，而是通过把“研发蛋糕”切分为似乎最有价值的小块而决定的。

年度预算

如果公司决定了一个长期研发计划，并依照项目审批制度实施计划，那么编制年度研发预算就相当简单了，主要是预期费用在预算期间的分配。如果预算符合战略计划（本来就应该符合），审批就是一种程序——它主要是为了协助进行现金和人员计划。编制预算可以促使管理者带着这样一个问题再次审查一下研发计划：“根据我们现在所知道的，这是明年我们利用资源的最佳方式吗？”年度预算过程还可以确保实际成本不会在管理者不知情的情况下超出预算。偏离预算的重大差异应在发生之前经管理者审批。

业绩计量

大多数公司都会定期对比各责任中心和在建项目的实际费用与预算费用，通常是月度或季度。然后总结对比结果，逐级上报，以帮助责任中心的管理者计划费用，并使领导确信费用控制在允许范围内。

在许多公司，管理者会收到两类关于研发活动的财务报告。第一类比较每个正在开展的项目的总成本的最新预测与审批数额。它定期编制，并提交控制研发支出的经理，帮助他们决定已批准项目是否应该有所变动。第二类财务报告是比较每个责任中心的预算费用与实际费用。它的主要目的是帮助研发经理们预测费用，保证费用到位。任何一类财务报告都不会向管理者反映研究工作的效益。这类信息由进展报告正式提供，它构成了管理者评判既定项目的效益的部分基础。但是，值得注意的是，管理者评价效益的基本工具是面对面的讨论。

营销中心

在许多公司中，划归营销旗下的作业有两种截然不同的类型，分别适用不同的管理控制。一类作业是按订单发货，称之为物流作业。根据定义，他们发生在收到订单之后。另一类作业是指争取订单的工作，显然，这些作业发生在收到订单之前。它们是真正的营销作业，有时也称之为获取订单作业。

物流作业

物流作业是指把货物从公司发送给客户，然后向客户收取货款的活动。物流作业包括运送至分销中心、仓储、配送、出具发票及相关信用职能和应收账款的回收。履行这类职能的责任中心基本上类似于制造工厂的费用中心。许多都是技术性费用中心，可以通过制定标准成本、调整预算，以反映不同销量水平的成本来控制。

在大多数公司中，按订单发货以及回收应收账款所涉及的“书面工作”现在都可以通过互联网快捷、低成本地实现。

营销作业

营销作业是指为获取公司产品订单而从事的活动。营销作业包括测试营销，销售队伍的建立、培训和监管，广告，促销——他们所具有的特征都会产生管理控制问题。

虽然有可能评价营销组织的产出，但是评估营销工作的效果却困难得多。原因在于营销部门所不能控制的因素的变化（如：经济状况或竞争者的行动），可能会使销售预算的基础假设无效。

在任何情况下，满足预算要求的营销费用对于业绩评估而言都不是最主要的标准。因为销售量对利润的影响大于成本超过标准所带来的影响。如果营销机构的销售量是其销售定额的两倍，而成本已超出预算 10%，那么管理层对此并不会太介意。因为关键因素是销售目标，而不是费用目标。

适用于物流作业的管理控制技术一般都不适用于获取订单的活动。如果不理解这一点，就会导致错误的决策。例如：销量与促销和广告费水平之间经常存在一定的关联。这可以理解为销售费用会随销量的变化而变化，但是，这种结论是错误的。弹性预算根据销量变化而调整，它就无法用于控制在销售发生之前发生的销售费用。广告费或促销费预算也不能根据销量的短期波动而调整。正如前面所提到的，许多公司都按预算销售收入的一定百分比编制营销费用预算，但是之所以这样做，不是因为销量导致了营销费用，而是因为相信销量越高，公司能够负担的广告费用就越多。

总而言之，营销机构存在三种类型的活动，因而也就存在三种类型的评价方式。第一类，物流作业，许多成本都是技术性费用。第二类，创造收入的作业，通常藉分别比较实际收入和实际销量与预算收入和预算销量来评价。第三类，获取订单的成本，它们是酌量性费用，因为没有人知道最优数额应该是多少。因此，这类成本的效率和效益的考核较为主观。

小　结

责任中心是指由一位管理者领导并负责各项活动的组织单元。在本章中，我们介绍了两类责任中心：收入中心和费用中心。这些中心的业绩根据效率和效益标准评判。在收入中心，同费用分开，对收入进行单独评价和控制。

费用中心可以划分为两大类：技术性费用中心和酌量性费用中心。在技术性费用中心，有可能估计一定产出水平所应该发生的成本的"正确"数额。另一方面，在酌量性费用中心，预算反映了可以花费的数额，但是不可能精确地确定这些费用的最优水平。因此，财务控制并不旨在评价效率或效益。

酌量性费用中心的基本类型是行政管理和辅助中心、研发中心以及营销中心。在研发单元，管理控制极其困难；在真正的营销单元，也有些困难（较之物流单元）；在行政管理和辅助单元，则不太困难，但是仍然比制造单元更麻烦。

推荐读物

Hammer, Michael E., and Steven A. Stanton. "How Process Enterprises Really Work." *Harvard Business Review*, November–December 1999, pp. 99–107.

Institute of Management Accounting. *Statements on Management Accounting. Statement 4B*, "Cost Management for Logistics"; *Statement 4P*, "Effective Benchmarking"; *Statement 4V*, "Allocation of Service and Administrative Costs"; *Statement 4F*, "Allocation of Information Systems Costs"; *Statement 4I*, "Cost Management for Freight Transportation"; and *Statement 4K*, "Cost Management for Warehousing." 1995.

Kirby, Julia. "The Cost Center That Pays Its Way." *Harvard Business Review*, April 2002, pp. 31–41.

Kotler, Philip, and Kevin Kellar. *Marketing Management: Analysis, Planning, and Control*. Englewood Cliffs, NJ: Prentice Hall, 2005.

案例4－1

沃郡包装公司

在 1996 年，沃郡公司是一家多元化经营的包装公司，设有几个主要的事业部，其中包括铝罐事业部——美国铝制饮料罐的最大制造商之一。图表 1 展示了铝罐事业部的组织结构图。向事业部总经理报告的两个直线经理，分别负责制造和营销，这两位副总经理领导事业部的各自职能领域内的全部活动。

铝罐事业部的销售收入增长率略高于行业的平均水平。事业部的工厂散布于美国各地。每个工厂都服务于本地理区域内的客户，经常生产几种不同规格的铝罐，广泛的客户中既包括大型和小型酿酒商，又包括软饮料商。其中大多数客户都有 2~4 个供应商，在他们之间分散采购。如果铝罐事业部无法满足客户的成本和质量要求，或者无法达到配送和客户服务标准，客户就会转向另一个供应商。所有的铝罐制造商基本上都利用相同的技术，铝罐事业部的产品质量也与竞争者相差无几。

行业背景[1]

从传统上来讲，包装容器都是由下列几种材料之一制造的：铝、钢、玻璃、纤维箔（纸和金属的复合物）及塑料。金属容器行业包括 100 多家制造铝罐和镀锡钢罐的公司。铝罐可以用于包装饮料（啤酒和软饮料），而镀锡钢罐则主要用于食品包装、油漆及气溶胶。在 1970 年钢罐占金属罐产量的 88%，但是，到了 20 世纪 90 年代，铝罐在整个行业中占据了主导地位。在 1996 年，铝罐占金属罐产量的 75%以上。采购包装容器的软饮料商主要是可口可乐和百事可乐的小型独立连锁厂商，他们在与包装公司商议条件时代

图表 1
铝罐事业部

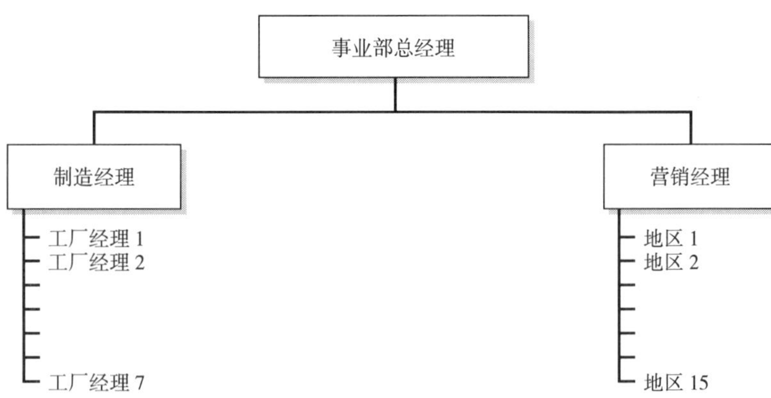

本案例（经许可）是以哈佛商学院大卫·霍金斯教授编写的一个早期案例为基础，在维杰伊·戈文达拉扬教授和罗伯特·安东尼教授的指导下由阿尼尔·奇特卡若改编的。

1. 行业背景基于 Crown Cork and Seal Company 案例中的类似描述，由哈佛商学院哈默迈什教授编写。

表独立的软饮料商。

有 5 家饮料包装制造商占据了 88%的市场份额。包装工厂最低的经济规模是 5 条生产线，每条生产线的设备成本是 2 000 万美元。原材料一般占生产成本的 64%。其他成本包括人工（15%）、营销和行政管理（9%）、运输（8%）、折旧（2%）以及研发（2%）。

对于饮料加工厂商而言，饮料罐的成本通常会超出所包装的饮料，包装约占制造总成本的 40%。大多数饮料加工厂商都有两个或更多供应商。有些加工厂商将生产后端一体化，自己制造包装罐。一个大型饮料公司自制所需包装罐的三分之一，于是成为行业内五大饮料包装制造商之一。

在 20 世纪 70 年代之前，包装罐的生产是把钢板卷起来，焊接上，裁成不同规格，再加上顶盖和底部。在 1972 年，包装行业发生了一场革命，铝罐制造商完善了两片制造工艺——把一块扁平的金属压制成一个深杯形，再加上顶盖。到 1996 年，制造工艺甚至更加高效，每分钟可以生产 2 000 多个罐。

除了生产效率外，铝与钢相比还有一些其他优势：它更容易塑形；它解决了气味问题；它可以制成更具吸引力的包装，因为它更易于印刷；它还可以降低运输成本，因为重量更轻。此外，铝还是更具吸引力的再生材料，一吨废旧铝材的价值几乎是一吨废旧钢材的 3 倍。向包装罐制造商供应铝材的有 4 家全球性公司：Alcoa、Alcan、Reynold、Kaiser。其中 3 家（Alcoa、Alcan、Reynold）也制造铝制包装物。

预算控制系统

沃郡公司的各个事业部的组织结构是为了涵盖广泛的产品类别而设计的。事业部的总经理全权管理本业务事业部，但有两项职能除外：募集资本和劳动关系。这两项职能都是由总部集中管理的。指导各事业部朝公司的共同目标努力的基本工具就是预算。

销售预算

在五月，各事业部总经理都要向公司管理层提交一份基本报告，总结下一个预算年度的销售、收益前景和资本需求，评估今后两年各产品类别的预测趋势。这些报告并不详细，通常相当容易拼凑起来，因为公司已经要求各事业部预测当年的市场条件，以及 5 年后的资本支出，作为战略计划过程的一部分。

一旦事业部总经理提交了这些基本报告，公司总部的市场研究人员就开始进行更正式的市场评估，详细审查下一个预算年度，并泛泛地审查随后两年的情况。然后为每个事业部编制销售预测，再综合这些预测，编制整个公司的预测。

在建立事业部预测中，市场研究人员要考虑几方面的问题，包括一般经济状况及其对客户的影响；按地域划分的不同产品的市场份额。要对价格、新产品、特定账户的变化、新工厂、存货转期、提前采购、包装趋势、行业增长趋势、天气条件以及替代包装等建立基本假设。每条生产线，无论规模大小，都按同样方式审查。

这些预测都由总部编制，目的是为了确保基本假设的统一，同时也是为了确保公司总体销售预测既合理又符合实际。然后再把完成的预测转给各事业部审查、评判、修订。

然后事业部总经理再自下而上地编制各自的销售预测，要求每个地区销售经理估计下一预算年度的销售。地区经理可以要求总部或事业部人员予以协助，但是最终要为所提交的预测承担全部责任。

所有地区销售预测都要在事业部一级汇总，供主管营销的副总裁审批，但是未经地区经理同意，不得对地区的预测做任何改动。同样，一旦批准了预算，若需更改，则必须经所有预算责任人的同意。

然后再在公司层面重复这一过程。只有所有责任人都对销售预算感到满意了，预算数字才会成为固定目标，每个地区都要为本地区的预算负责。整个审批过程具有四个目标：

1. 评估各事业部的竞争地位，制定提高竞争地位的方案。
2. 对扩大市场份额，或者应对竞争者的活动而采取的行动进行评估。
3. 考虑增加资本投入或进行工厂改建，以改进现有产品，或引进新产品。
4. 制定计划提高成本效率、产品质量、配送方式以及服务。

生产预算

在经事业部和公司两级最后审批后，总体销售预算就分解和转化为每个工厂的销售预算。然后，在工厂层面，销售预算再按照价格、销量和终端用户进行分类。

一旦销售数字做出预计之后，每个工厂就编制毛利润、固定费用和税前收益预算。利润通过销售预算减去预算变动成本（包括直接材料、直接人工和变动管理费用——均按标准成本计）和固定管理费用预算来确定。*工厂经理应对预算利润数字负责，即使实际销售跌至预测水平之下。*

成本标准和成本降低目标均由工厂的工程制造部门制定，它还决定工厂内各部门、车间和成本中心的预算业绩标准，包括诸如降低预算成本项、偏离标准的不利差异及其允许范围，以及维修费等固定成本之类的事项。

在提交工厂预算之前，总部的财务总监机构人员要视察每个工厂。这些视察极其重要，因为工厂经理可以借机解释他们的处境，让财务总监熟悉工厂经理所提供的数字背后的原因，以便他们提交公司管理层时能做出更好的解释。财务总监还借视察提供一些指导，保证预算利润符合公司目标，并强化一种观念，即：总部与工厂之间保持着密切联系。

每次视察通常持续半天。大多数时间都和工厂经理及有关主管一起审查预算。另外也腾出一些时间在工厂巡视，藉此财务总监可以亲自了解员工的工作情况。

在 9 月 1 日或之前，工厂预算要提交事业部领导办公室予以汇总，并提交事业部总经理审批。如果预算不太符合管理者的预期，就会要求工厂经理寻求其他节约方式。若事业部总经理对预算感到满意，则把预算提交首席执行官，他也许批准，也许要求适当修订。最终汇总的预算将于 12 月提交董事会审批。

一旦预算获得批准，就很难改变。任何一个工厂的销售与生产之间产生的任何问题都应自行解决。例如：如果客户要求一个紧急订单，从而扰乱了生产，生产部门就可以推荐各种行动方案，但是保证产品送交客户仍然是销售经理的职责。如果销售经理决定必须立即发货，就必须照此而办。客户永远是第一位的。

绩效评价

在各月结束之后的第二个工作日，每个工厂都要传真一份关键经营变动表，然后汇总为“变动分析”表。第二天清晨再把编纂的所有变动分析表发送给相关管理者。工厂经理不应该等到这些月度报告编制出来之后才发现不利的变动。相反，他们应该每天了解是否存在不利变动（并采取纠正行动）。

在各月结束 4 天之后，每个工厂都要提交一份反映预算和实际结果的报告。一旦收到这些报告后，公司管理层就要审查那些超出预算数额的项目变动，因此就要求工厂经理只解释没有达到预算目标的地方。关注的焦点是销售净收入，包括价格和销售组合变化、毛利润边际以及标准制造成本。

图表 2 总结了所提交的预算和实际信息。辅助文件提供了补充信息（参见图表 3）。两份报告都要对各事业部和整个公司进行汇总，并在第二天分发。

为了评价各工厂是否完成了各种计划，各项计划是否满足了预算成本，以及结果是否符合预期，固定成本要接受检查。

图表 2 一个工厂 11 月份的绩效评价报告*

项 目	月份：实际（$）	月份：变动（$）	截至今日的变动（$）
销售总收入			
变动原因			
销售价格			
销售组合			
销量			
销货总变动成本			
变动原因			
材料			
人工			
变动管理费用			
总固定制造成本			
固定成本变动			
净利润			
实用资本			
投资报酬率			

* 表中的数字省略了。

图表 3 补充报告

工厂一级的报告	
报 告	**内 容**
按客户群分析销售收入	按终端消费者（如：啤酒公司、气溶胶公司、软饮料公司）详细分析销量、销售收入、利润和利润边际。
分析销售收入	对图表 2 中因销售价格、销售组合和销量而产生的变动进行更详细的补充分析。
分析成本	对图表 2 中因变动制造成本和固定制造成本而产生的变动进行更详细的补充分析。
事业部一级的报告	
报 告	**内 容**
利润业绩比较分析	比较各工厂的销售收入和利润。
制造效率比较分析	比较各工厂的变动成本和固定成本效率。

管理层激励

只有销售部对价格、销售组合及配送安排进行负责。工厂经理负责工厂经营和工厂利润。

工厂经理会受到各种方式的激励，以实现利润目标。首先，能力出众的经理会得到晋升，而决定其能力的一个主要因素就是利润业绩。其次，工厂经理的薪酬组合与实现利润预算挂钩。第三，每月编制一个图表，按工厂和事业部反映制造效率。[2] 由于生产不同的产品需要不同的组织安排时间，因此对生产不同产品的工厂进行比较具有不公平性。尽管如此，这些比较效率图表仍会引起大多数工厂经理的高度注意。有些工厂在各条生产线和各部门之间引入了内部竞争，以降低某些成本项目，并根据各自的成绩奖励部门领导和工长。

思考题

1. 请列出沃郡包装公司的计划和控制系统的优缺点。
2. 从5月份开始到12月份的董事会结束，追踪沃郡公司的利润预算过程。试描述预算过程中的每一步所发生的活动，并解释每项活动发生的原因。
3. 工厂经理应该对利润负责吗？为什么？
4. 您如何评估图表2和图表3中所包含的绩效测评系统？
5. 总而言之，您会重新设计沃郡包装公司的管理控制系统吗？如果会，怎样设计？为什么？

2. 制造效率 = 实际总变动制造成本/标准总变动制造成本 × 100。

案例4-2

新泽西保险公司

1987 年 7 月 16 日，新泽西保险公司预算委员会的一位委员约翰·蒙哥马利，正在阅读法律顾问事业部的本期预算报告，为第二天安排的与该事业部领导的一次会议做准备。他每个季度都要与各事业部的领导召开一次这样的会议。蒙哥马利先生的一贯做法是，事先思考一下他想提的问题，以及他认为应该对各事业部业绩所做的几点评论。

新泽西保险公司的法律顾问事业部负责与公司经营相关的所有法律事宜，它向公司管理层提供关于税收及其他法律方面发展状况及未来前景的报告，以及影响公司的最新法院裁决及相关问题的咨询顾问服务。它在法律诉讼中代表公司，为各部门提供政策和法律咨询，比如：员工福利计划。它还负责审查公司签订的所有重大合同，为公司提供投资建议和现有投资的各种法律服务。

如图表 1 所示，法律顾问部门的领导威廉·萨默拜，直接向高级管理层报告。这种关系确保了萨默拜先生可以自由评论管理决策的法律意义，就如同外部法律顾问一样。法律顾问事业部分为五个部门。本案例仅关注其中两个部分，个人信贷部和公司信贷部。我们在这里并不想全面介绍这两个部门的工作，也不介绍律师们所提供的专业服务。

个人信贷部

个人信贷部完成向个人提供贷款的法律程序，个人贷款由不动产抵押担保。贷款工具由国内各地的独立公司提交。尽管公司也曾经在新泽西州地区提供过直接贷款，但它并不直接向个人提供贷款。在由独立公司提交的贷款工具中，最

图表 1

部分组织结构图

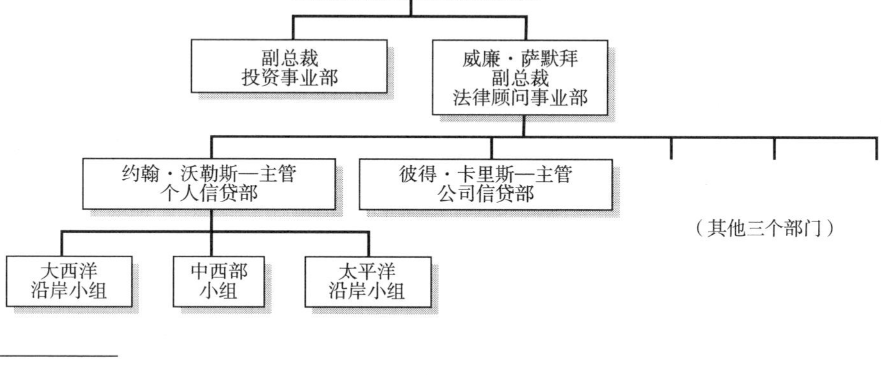

本案例是在哈佛商学院罗伯特·安东尼教授的指导下由詹姆斯·赫奇曼编写的。版权归哈佛大学所有。哈佛商学院案例 106-049。

普遍的是联邦住房管理局房贷（FHA）、退伍军人管理局房贷（VA）和传统的房贷。这些贷款通常都是由专门负责此类事务的银行或类似金融机构直接提供。他们将大量贷款成批打包出售给新泽西保险公司。保险公司每年都购买几千批此类贷款。

公司的投资事业部负责指定这些贷款的条件，包括贷款额度、利率和到期日。一个独立的公司将向投资事业部提供一个购买抵押贷款的报价。投资事业部决定要抵押的财产及抵押人是否可以申请新泽西保险公司的抵押贷款。在所建议的贷款获得批准并谈妥条件后，投资事业部就把它从出售方收到的票据、抵押及相关文件转交法律顾问事业部。

个人信贷部的主要职能就是执行所有购入的新贷款和所有现有贷款的必要法律事务。比如：它必须检查所有贷款工具，保证他们事实上符合法律和投资事业部的要求，能保护新泽西保险公司的利益。从组织结构上讲，个人信贷部划分为三个小组，每个小组都由一个律师领导，分别负责美国的三个地理区域——大西洋沿岸、中西部、太平洋沿岸。除了这三名律师外，还有一名律师应急或替代休假的律师，另外一名处于培训阶段。

除了这五名律师和一名文秘人员外，个人信贷部由26名所谓的抵押审核员组成。这些人并未接受过正规法律教育，但是却是精心挑选出来的，并经过公司培训后，来审核、批准本部的贷款交易。由于日常贷款交易的重复性，管理层认为精心挑选和培训出来的人，在律师的指导下能够执行这项任务，尽管它曾经只能由律师来执行。问题案例则由抵押审核员提交律师。个人信贷部的领导约翰·沃勒斯估计，起初培训一名抵押审核员需要三个月。然后再经过一年半的在岗培训和体验，才能实现令人满意的产出率，再过二三年，平均水平的审核员才能达到最优业绩。

因为抵押审核员所从事的工作是重复性的，所以管理层觉得可以对个人信贷部的绝大部分施行管理控制。基于一项定期研究，几年前就已经确立了每位审核员每天审核12项贷款交易的工作标准，后来这项标准提高到15项。个人信贷部要维持每天收到的贷款交易的数量、每位审核员处理的数量以及积压的数量。

在评价每个抵押审核员的工作时，必须在适用这项标准时运用一些判断。例如：在大西洋沿岸小组，审核员有时收到一批贷款交易，但抵押财产在一个大的住宅区。所以在这些交易中，法律问题往往都相同。但是，在国内的其他地区，贷款往往来自分散的地点，因而彼此会在许多方面截然不同。因此，在适用这项标准时，主管必须熟悉审核员的工作类型。

预算过程

尽管可以对抵押审核员施行相当程度的管理控制，但是对整个个人信贷部的管理控制却是一个难题。每年九月，公司的预算委员会都要向各事业部领导签发一份备忘录，要求他们为本事业部下一年的经营编制预算。

预算编制的基本目的是让各事业部领导事先计划并报告下一年的经营计划。通常，在编制预算时，首先要预测活动水平较本年的变化，然后预测这些变化将引起成本如何变动。管理层不仅要检查每个预算的合理性，而且要检查预期总成本和总收入，确保总体预期利润令人满意。预算被视作一种工具，它让管理层了解事业部领导对来年的计划，以便管理层可以根据其他事业部领导的计划以及公司政策，评估这些计划。预算还被视作反映事业部领导做计划及按计划经营的能力。

在九月份收到预算委员会的备忘录之后，事业部领导就开始预测本事业部下一年的经营。首先，每个信贷部的领导制定本部的计划。例如：个人信贷部要估计下一年投资事业部可以为个人信贷提供的贷款总额。个人信贷部根据这项估计和对其他活动的需求的估计，编制出预算。个人信贷部及法律顾问事业部的其他信贷部估计的预算都要经萨默拜先生审查。然后，法律顾问事业部把预算提交预算委员会审查。通常法律顾问事业部的数字都会获得批准。在一年的各个季度，都要用截至目前的实际业绩与预算业绩对比。若有任何偏差，则要求各事业部的领导予以解释。

尽管从理论上讲，法律顾问事业部的管理层可以改变个人信贷部的人员规模，但是，事实上，人们极不愿意扩充或裁减工作人员，除非工作量出现明确的变化趋势。原因之一是公司政策。公司觉得对员工负有很大的责任，作为一项政策，只有在出现严重违纪时，才解雇员工。同样是因为这项政策，除非确信工作需求是永久性的，否则管理层也不愿意雇佣新员工。因此，法律顾问事业部往往维持着足以处理最低工作量的人员规模，必要时用加班弥补。

保持抵押审核员工作队伍稳定的另一个原因是选择和培训审核员的成本。管理层要费很大劲才能选到适合这项工作的出色员工。然后还要全面学习，并进行在岗培训。由于如此大的投资，所以管理层希望确保任何接受培训的人都是本部永久性需要的。

个人信贷部的管理层为了尽力实现对整个部门的管理控制，但又不违背公司政策，就设计了几种管理控制。有时，若工作量减少了，主管就会询问投资事业部是否可以争取到一些工作，虽然不能凑够一整批，但却可以送来一部分先处理。此外，因为在贷款申请量低的时期，丧失抵押品赎回权的发生率往往会提高，所以还要培训抵押审核员处理丧失抵押品赎回权的有关事宜，这样就为工作流量提供了一定程度的契合。但是，除了这些措施之外，法律顾问事业部更希望依赖加班。对于这类工作，不可能利用外部律师事务所，因为即使与加班工资相比，成本也还是太高了。

公司信贷部

公司信贷部的运作则截然不同。公司贷款数额一般都远远大于个人贷款，它由新泽西保险公司直接向借款人提供，如，工商企业或者公用事业公司。贷款可以是有担保的，也可以是无担保的。较之通过向公众发行债券募集的贷款，这类贷款的借款人具有一项重要优势，即：借款人无需提供正式的债券发行说明书，也无需向证券交易委员会递交有价证券申请上市登记表。

在这种类型的贷款中，财务限定条件，如贷款额度、利率、偿债时间、限制性条款等，均由投资事业部制定，就如同个人贷款一样，只不过是由投资事业部下的不同部门制定。由于公司贷款的规模和复杂性，公司信贷部会与制定财务限定条件的投资事业部密切配合，包括参与贷款协议的磋商，并对所有交易条件提供意见。公司信贷部的职责就是确保最终的信贷工具能按财务人员所希望的方式保护新泽西保险公司的利益。

在这种类型的贷款中，出于种种原因，公司信贷部几乎毫无例外地聘用外部知名法律顾问。一个重要原因在于，在以后出售时，独立律师事务所提供的意见有助于推销投资。而且，在其中许多交易中，还会涉及大量其他投资者，新泽西保险公司的法律顾问事业部无法恰当地代表其他所有投资者。但是，如果新泽西保险公司是牵头投资者，它就会选择聘用外部法律顾问。此外，在没有大幅增加现有人员的情况下，公司内部律师不可能处理这类贷款所涉及的所有法律事务，尤其是在工作量的高峰期。依照这种制度，任何时候，任何律师都会有大量贷款协议与各种外部法律顾问磋商，由于它为律师提供了在各种条件下工作的广泛经验，所以这既有益于个人，又有益于公司。公司内部律师的背景和经验可以保证公司在直接贷款布局和规模上的一致性。

公司信贷的绝大部分工作都是起草法律文件。公司内部律师在完成这些工作时对外部法律顾问的依赖程度取决于交易的复杂性（公司内部律师往往在较复杂的交易中承担的工作更多些），以及公司内部律师的繁忙程度。一般而言，作为最低限度，公司内部律师所处理的工作要足以全面了解交易的各个方面。在许多情况下，他们要起草所有法律文件的初稿。但是，若初稿由外部法律顾问来起草，则公司内部律师会审查一下，如有必要，还会重新起草。

借款人必须支付聘用外部法律顾问所发生的一切费用。但是，新泽西保险公司必须向未来借款人和外部法律顾问澄清，外部法律顾问代表新泽西保险公司，并应忠于新泽西保险公司，就如同公司内部律师一样。尽管借款人要支付外部法律顾问费用，但是公司信贷部的领导彼得·卡里斯要严格检查外部法律顾问所收取的各项费用。多年来，公司已经详细调查了全国各地各类法律事务的收费标准，卡里斯先生仅根据一览表就能够随时确定一项费用是否超支。如果发生任何重大偏差，他就会仔细审查案例，以确定是否存在一些合理的解释。如果不存在偏差，他就会与外部法律顾问商讨，并调整费用。多年来，新泽西保险公司已经与全国各地的多家律师事务所建立了良好的合作关系。

公司信贷部的管理控制程序与个人信贷部截然不同。在启动每项交易时，负责的律师都会咨询卡里斯先生。必要时，可以重新分派任务，以平衡工作量。此外，还通过卡里斯先生与员工每周召开的例会，实现一定程度的管理控制。在例会上，律师会提出个人所遇到的问题。除了让卡里斯先生随时了解工作进展的详细情况，例会还为每位员工提供了交流经验的机会，还可以对各种问题制定统一政策。此外，在律师休病假的时候，例会上对目前工作进展的讨论，还有利于其他律师接管工作。

另外一项管理控制工具是目前工作任务报告，公司信贷部的每位律师都要向卡里斯先生提交。因为公司贷款交易需要不同的时间来完成，从几个星期到几个月不等，在有些情况下，人们发现日报、周报是不可行的。因此，只有工作状态表明可以接受新任务时，每位律师才提交报告。每份报告要涵盖自上一份报告以来的所有时间。

在这份报告的顶端，律师简要介绍目前的工作状态，如：“很忙”或者“空闲”。尽管没有规定具体形式，但是，一般而言，报告要简要介绍律师目前的工作进展如何，涉及哪类问题，自上份报告以来完成了哪些工作。除了让卡里斯先生更多地了解本部的工作外，这些报告还帮助确认哪位员工可以承担更多的工作。

一位律师在一项工作上花费多少时间是无法预测的。最大的变动因素是无担保票据的限制条款的数量和复杂性，以及担保交易中保证文书的条款。在这些保证文书中，各种条款的数量和复杂性未必会因贷款的规模而变化，但是却取决于公司借款人的性质、规模和信用状况。在许多情况下，一笔较小的贷款要比一笔较大规模的贷款更复杂。

此外，尽管最初贷款的各项细节都达到了借款人和新泽西保险公司的满意，并且尽管贷款已经生效了相当长时间，但是借款人还是经常会回来找新泽西保险公司要求豁免或修订。也就是说，他们要求变更限制条款或其他条件或协议。这类事件增加了律师事先计划和分配时间的难度。

通常，公司信贷部繁重的工作量不仅需要加班来满足，而且需要尽可能增加外部法律顾问的工作量来满足。在一定的权限范围内，负责一项工作的律师一般决定委托给外部法律顾问一定的工作量。

尽管公司信贷部所遵循的预算程序与个人信贷部相同，但是，有一个变量——即向外部法律顾问委托的工作，但这个变量不会影响预算，因为借款人承担这些服务费用。

预算报告

在开始审查法律顾问事业部1987年前6个月的预算业绩时，蒙哥马利先生完全了解上面所介绍的背景信息。摆在他面前的报告包含一页对法律顾问事业部的总结（图表2），此外，五个部门各占一页，其中两页如图表3和图表4所示。报告中的预算数字是年度预算的一半。

思考题

1. 萨默拜先生采用什么方式控制他所领导的事业部的各部门的运作？高级管理层采用什么方式控制法律顾问事业部的运作？
2. 如果有的话，您认为哪些方法可用来改进管理控制？
3. 作为蒙哥马利先生，您将对法律顾问事业部的两个部门 1987 年前 6 个月的业绩作何评论？您将向萨默拜先生提出什么问题？

图表 2 预算报告（法律顾问事业部）——1987 年前 6 个月

部 门	预 算	实 际	超出预算	低于预算
个人信贷	$1 330 893	$1 385 154	$54 261	
公司信贷	$1 176 302	$1 130 073		$46 229
(其他三个部门略)	—	—	—	—
总 计	$5 082 448	$5 107 822	$25 374	—
全职员工数量	166	160		6

图表 3 预算报告（个人信贷部）——1987 年前 6 个月

成 本	预 算	实 际	超出预算	低于预算
员工成本：				
工资，全职	$924 092	$932 201	$8 109	
工资，兼职	—	—	—	
工资，加班	4 500	33 610	29 110	
外借人工	—	5 905	5 905	
员工午餐	17 055	19 180	2 125	
保险、退休、养老等	206 024	208 051	2 027	
合 计	1 151 671	1 198 947	47 276	
直接服务成本（影印、翻印等）	10 219	12 459	2 240	
其他成本：				
租 金	100 230	100 230		
办公用品	2 267	3 067	800	
设备折旧及维修	11 940	11 940		
印刷表格	3 842	5 367	1 525	
差旅费	2 835	3 155	320	
电话费	7 577	8 690	1 113	
邮寄费	3 057	3 227	170	
公司服务摊派	36 810	37 405	595	
专业服务费	50	100	50	
杂 项	395	567	172	
合 计	169 003	173 748	4 745	
总 计	$1 330 893	$1 385 154	$54 261	
全职员工数量	46	46		

图表4 预算报告（公司信贷部）——1987年前6个月

成 本	预 算	实 际	超出预算	低于预算
员工成本：				
工资，全职	$838 720	$807 488		$31 232
工资，兼职	3 000	—		3 000
工资，加班	3 000	—		3 000
员工午餐	10 325	9 355		970
保险、退休、养老等	219 681	211 872	—	7 809
合 计	1 074 726	1 028 715	—	46 011
直接服务成本（影印、翻印等）	4 367	3 720	—	647
其他成本：				
租 金	61 953	61 953		
办公用品	1 850	2 955	1 105	
设备折旧及维修	7 740	7 740		
印刷表格	445	915	470	
差旅费	1 930	1 880		50
电话费	2 275	2 835	560	
邮寄费	420	390		30
公司服务摊派	20 213	18 357		1 856
专业服务费	200	200		
杂 项	183	413	230	—
合 计	$97 209	$97 638	$429	—
总 计	$1 176 302	$1 130 073	—	$46 229
全职员工数量	26	24		2

案例4-3

耐普罗注塑公司

耐普罗注塑公司的财务总监泰德·莱普瑞斯对本公司的内部报告制度忧心忡忡。虽然可以获得大量报告信息，但是泰德担心信息技术的飞速发展正在使耐普罗公司的内部报告制度过时。他怀疑他们甚至可能评价了错误的事情。耐普罗公司业绩报告制度的核心是损益日报。总裁戈登·兰克顿在30年前引入了损益日报。他每天仍然亲自与23家工厂总经理逐个审查数字。但是，泰德却从未对损益日报表现出极大的热情。“这是戈登的报告，所有总经理都知道。我偶尔也会审查这些数字，也知道分析和书面反馈也是戈登的日报惯例的一部分。我采用各种其他方式与散布各地的工厂保持联系。”

耐普罗公司是一家大型注塑公司，1995年销售收入超过2亿美元。在过去20年间，它从马萨诸塞州中部的一家工厂发展成了遍布世界各地的18家生产工厂。在过去5年间，公司销售收入翻了一番。公司是一家私营公司，拥有2 000多名员工。目前，它正在力争美国波里奇国家质量奖（Baldrige Quality Award），并在关爱员工方面享有声誉。

耐普罗公司的经营宗旨十分明确：“成为精密注塑业的世界一流企业……为客户、员工和社区创造价值。”公司战略是与医疗和计算机/通信行业的精密塑胶用户结成战略联盟。公司在全球范围供应最新技术的无尘、高质量注塑件。耐普罗公司的客户包括强生、威宝[1]、3M、H-P、Abbott Labs以及吉列。

公司发展的历史与战略

在20世纪70年代初，耐普罗公司是2 000多家注塑生产商之一，公司年销售收入约为400万美元。基于价格的竞争十分激烈。戈登不仅具有企业家精神，而且具有全球视野，他收购了耐普罗公司。很快他改革了许多经营程序，并制定了新的发展战略。他坚信耐普罗公司可以脱颖而出。公司战略的关键要素如下：

- 发展制造优质独特注塑件的能力。
- 发展大规模注塑工艺。
- 建立注塑产品的全球生产网络。
- 与员工及其他公司建立战略联盟或合资企业。
- 发展无尘室制造能力。

公司专注于向《财富》100强企业销售特种注塑件。这种经营方向使之与那些主要由本地小作坊组成的公司区别开来，后者尚认为注塑工艺是一种艺术。耐普罗公司一直维持着高质量标准和生产灵活性，以满足客户的特殊要求。一位老前辈喜欢反复讲述戈登如何仅仅因为它不是独具特色的，就放弃了一个商用产品的大订单。1975年，销售收入增至1 000万美元，1980年为4 500万美元，1985年为5 000万美元，1994年为2亿美元。销售收入每5年就翻一番。

耐普罗公司总部和几个加工厂坐落在马萨诸塞州克林敦，厂址先前是一家地毯厂，占地很

---

1. 国际知名存储媒体生产商，1969年成立于美国。

广。公司把建筑物修缮了一下，供制造、设计和行政管理等辅助设施使用。新的主要生产注塑件的工厂大约由20台机器构成，安置在一个两层的无尘室环境中。随着公司的不断扩大，克林敦工厂的这种经营方式被复制到美国和世界各地的18个工厂。为了成为一个良好的合作供应商，新的独立工厂一般都与主要客户毗邻而建。克林敦注塑工厂为遍布各地的独立注塑工厂提供了一种示范和标杆。

组织结构

公司设立了扁平分权制组织结构，总部人员十分精简。每个注塑工厂都是一个利润中心，由一名总经理和一名财务总监负责。财务和会计事务均由总部协调。公司销售团队由散布各地的销售人员组成，在全球范围内销售。主管销售的副总裁兰迪·巴克解释道：

> 由于我们专注于全球性大公司，所以要求一套复杂的、独特营销技巧。我们可以在总部控制和协调商业谈判和投标，地方的销售队伍在地方层面与我们协作，同时也在本地理区域内争取其他公司的业务。事实上，如果您绘制一下我们的布址图，您就会发现他们都靠近公司的一个主要客户。我们可以实现全球议价，本地供货。

耐普罗公司分为23个利润中心。每个利润中心和总经理都根据其独立业绩进行评价。各运营中心的财务总监直接向利润中心总经理报告，并且出于专业和协调目的，间接向公司财务总监泰德·莱普瑞斯报告。总经理被授权经营本企业，并采取必要行动实现目标。耐普罗公司提倡从内部晋升，注重前瞻性的企业家式管理。图表1绘制了公司的组织结构。中央营销团队创造了约80%的销售收入，其余20%则由地方销售团队创造。

公司组织结构的另一个有趣的特点是，每个利润中心都是一个独立的法人，拥有内部董事会。公司高级管理层、总经理及利润中心的其他高级管理层构成利润中心的董事会。泰德供职于5个董事会，这大概是公司高级管理层的平均数。但是，有些管理者所供职的董事会达7个之多。每个利润中心每季度都召开现场董事会，讨论财务、经营及其他事宜。泰德说：

> 为此支付的差旅费比我希望的要高得多，耗费的出差时间也多得多。但是，一旦我到了利润中心，我就会从直接交谈和信息的自由流动中受益匪浅。定期到亚洲和欧洲出差确实不易，但是通过视察和交流，我确实了解了利润中心的经营状况。如果我们有一个利润中心出了问题，而我不是董事会成员，我就会让公司董事会成员代表我检查具体问题。

按耐普罗公司现在的规模，这样的组织结构似乎运转得很好。虽然也存在压力，但是逐步地完善后就会很顺利地融入公司组织结构。

生产工艺

注塑工艺就是把塑料原材料装入注塑机的筒内，一进入机器内，一粒粒的塑料材料就会熔化，然后与各种塑性树脂混合，并注入模具。一旦经过正确固化（硬化并冷却），新的注塑件就会从模具中弹出，然后重复整个过程。这个程序就被称为一个生产周期。

注塑件的类型、注塑周期以及注塑件的允许误差都取决于客户规定的规格。每个汼塑件都要求一套特定的工具（模具）。每台注塑机都被设定完成一项工作或注塑件。耐普罗公司配备了自动塑料原材料进料系统，安装在注塑机下面一层。正常情况下，20台注塑机都安装在无尘室环境中进行生产。加工好的注塑件由机器人从模具中取出，放在传送系统上组装、包装和发货。生产工艺设计是每周运行7天、每天运行24小时。在理想状态下，只有在安装和定期检修时才中断运行。注塑机是持续生产的关键，也是保证满足

图表 1 耐普罗公司（马萨诸塞州克林敦），1994 年 5 月

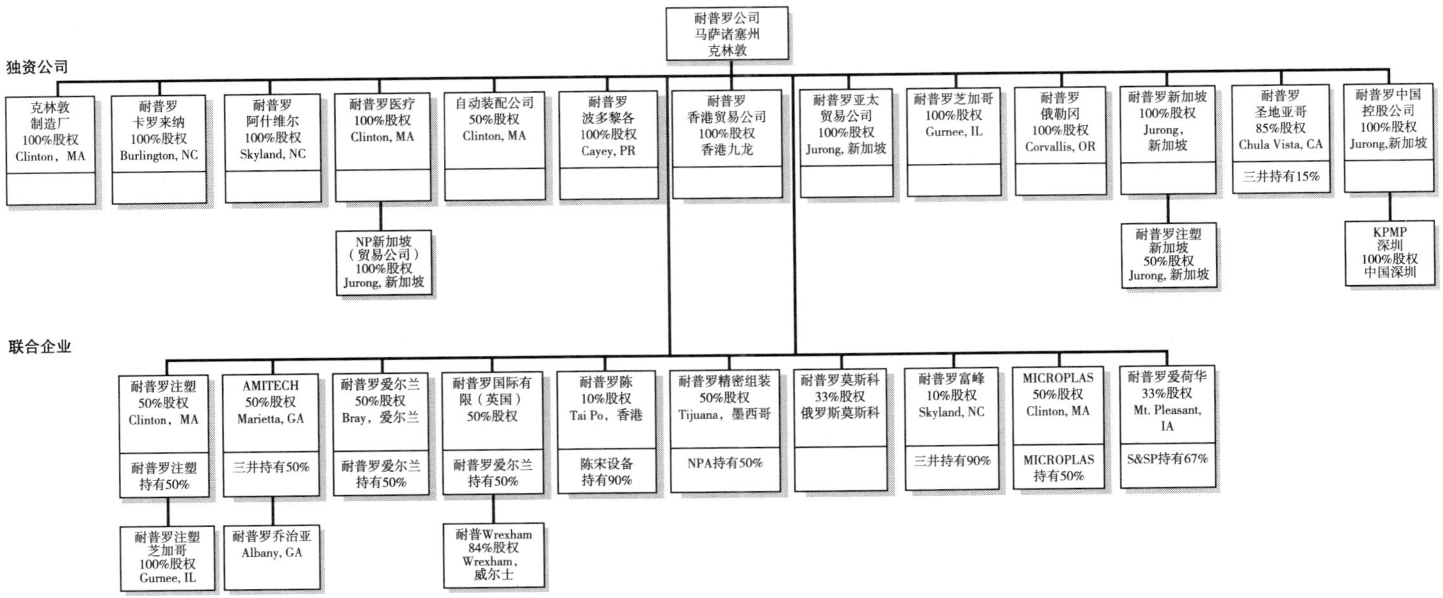

客户规定规格的关键。耐普罗公司与注塑机供应商建立了战略联盟，总是使用尖端设备。

耐普罗公司的任何一项加工任务的复杂性都取决于注塑件所要求的型腔的个数。一个复杂的注塑件允许的误差要求十分严格，而且要求一次注入一系列的型腔。要填满所有型腔需要更多的材料，在填满模具底端的型腔之前，靠近注塑机注口的型腔可能固化，需要注入更多材料。型腔的数量从1~400个变化不等。耐普罗公司的管理者十分清楚，如果一个注塑件要求大量型腔，产量就会大幅下降。

定 价

公司的营销团队负责所有客户定价。他们采用了一个基于成本的定价模型，用原材料成本加上设备损耗率（包括管理费用），再乘以生产周期数。然后再加上25%的边际（销售费用、管理费用和利润），就计算出报价。设备损耗率按预算生产能力计算，每年制定一次，用作报价的基础。然后，他们再根据加工数量和预测的闲置生产能力来调整公式。地方销售队伍与公司销售协作，共同为全国性大型客户服务，同时也发展地方客户。

公司采用基于成本的转移定价制度，把所有加工任务都“出售”给各生产厂（利润中心）。生产厂获得超出所计算成本的协议利润，任何剩余都归公司所有，用以弥补公司费用。加工任务一般优先分派给距客户最近的工厂。

损益日报

损益日报是耐普罗公司的一份主要控制数据报告。每天上午11：00之前，各工厂都要报告前三个班次的关键数据。图表2列示了这份一页长的综合报告的形式，图表3提供了一些补充说明。在20世纪70年代初，报告就已经计算机化了，15年后发展成了损益日报。它作为计分卡，不仅供公司管理层评价各生产厂的绩效用，而且供总经理评价本厂经营用。耐普罗公司的经营方针指出：

> 没有利润，任何一家公司都无法维持——公司需要用利润购置设备、为员工提供更多福利、扩大经营。利润是大多数企业的计分卡——他们无疑也是耐普罗公司的计分卡。
>
> 在耐普罗公司，注塑机就是利润中心。在酒店业，客房就是利润中心；在餐饮业，餐桌就是利润中心；在零售商店，货架空间就是利润中心；在航空业，座位就是利润中心……我们的注塑机就是我们的客房。我们必须让他们一刻不停地运转。我们必须提供最优服务，争取最优价格（按小时计的增加值）。我们必须不断改进标准，提高劳动生产率。

图表3解释了损益日报中的数据。报告的底部总结了各生产厂的所有设备的综合结果。这就是各生产厂的日报卡。戈登说：

> 如果你分派了50项新加工任务，且需要新的模具，你就会发现一个生产厂的业绩会迅速恶化。日报就会显示这项任务的增加值远远低于我们每天1 000美元的目标，而且这项任务的劳动生产率数据也应该相关。这就告诉我们工厂存在问题。正如我们在克林敦工厂时，我每天在工厂内巡视所看到的一样。希望日报规定能有助于地方总经理衡量各项任务的盈利能力。加工任务的复杂性和劳动生产率是我们这个行业盈利的关键。如果我们想盈利，我们就必须保证正确地报价。

其他报告

虽然损益日报被用作反映利润中心经营状况的基本报告，但是还有其他主要周报和月报。图表4所示为周报，它反映主要经营数据（安全、

图表 2　耐普罗公司综合损益日报

GM-PRD05 RUN 9/20/88 PYROTHERM　星期四　价值增值报告　1988/9/15~1988/9/15，第 1 页 11：34：47

增加值是销售价值减去原材料成本、直接人工成本、插入成本、组装成本和包装成本。

标准增加值基于 82%的可用小时数运行 100%产出率。

利润等于实际增加值收入减去标准增加值成本。

* = 在产品

1	2	3	4	5	6	7	8
MA	SM	客户名称	注塑件说明	运转小时数	UTIL %	标准周期	实际件数
01	CV	ABBOTT	STRAIGHT RIB DOUBLE	24.0	100	11.5	36 754
02	BC	DURACE	VENT INSULATOR	23.0	96	10.2	75 972
03	CV	BAXTER	Y-CONNECTOR	22.0	92	23.0	56 000
04	*RB	N.P. I	CHECK VALVE CAP CLEA	23.0	96	9.5	132 000
05	LS	KOEHLE	FILLER WINDOW	20.0	83	30.0	4 500
05	LS	KOEHLE	CELL COVER	20.0	83	30.0	2 250
05	WP	MILLIP	LIFEGARD TOP CAP BLU	4.0	100	24.3	864
06	DP	HEWLET	C-DOME #01295-40030	24.0	100	60.0	6 912
07	*RB	N.P. I	CHECK VALVE HSG-WHIT	24.0	100	8.5	156 000
08	KS	KORES	PAWL, PSA MULTISTRIK	20.0	83	14.0	5 134
09	KS	MINN	DOOR LOCK SLIDER	23.0	96	10.0	59 500
10	LS	OSLO C	11-4W9 N.O./N.O HOU	14.0	58	15.0	8 964
11	WP	ASTRA	NEEDLE SHEATH TOP	17.0	94	16.2	72 000
11	WP	ASTRA	NEEDLE CAP BTM	5.0	83	24.0	20 000
12	CV	BAXTER	PLASTIC PIVOT P-173	24.0	100	12.8	28 482
13	BC	PILOT	PEN TAIL PLUG BLACK	22.0	92	10.9	238 300
14	WP	BASSIC	BOTTON SEAL-REV B	16.0	94	9.2	28 500
14	WP	BASSIC	TOP SEAL RW14035-RE	6.0	86	24.5	3 747
19	RB	N.P. I	NP CHECK VALVE CAP 4	12.0	50	11.5	12 000

合　计

可用小时数	364.0	标准增加值	13 320	
运转小时数	323.0	实际增加值	14 076	68.4%
设备利用率	.89	人　工	1 877	9.1%
平均劳动生产率	100%	原材料成本	4 399	21.4%
计酬小时数	341.7	插入成本		%
实现%	94%	组装成本		%
		包装成本	227	1.1%
销售总值		PYROTHERM	20 580	100%

合　计

		销售总值	20 580	
		*在产品销售价值	2 475	
		组装成本		
可用小时数	364.0	生产销售价值	20 500	100.0%
运转小时数	323.0	估计废品率成本	617	3.0%
设备利用率	.89	原材料成本	4 399	21.4%
平均劳动生产率	100%	估计材料损失（26%）	264	1.3%
计酬小时数	341.7	插入成本		%
实现%	94%	包装成本	227	1.1%
		直接人工	1 877	9.1%
		其他制造成本	7 600	36.9%
		总制造成本	14 984	72.8%
		毛边际	5 596	27.2%
		估计销售和管理费用	3 500	17.0%
		今天的估计利润	2 096	10.2%

图表 2 续表

9	10	11	12	13	14	15	16
劳动生产率 %	操作工 7.00/小时	原材料成本	%	实际增加值	标准毛边际 %	美元/小时	
						标准	实际
122	.7	3	0	980	41	32	41
117	.7	149	19	534	7	19	23
101	.7	159	14	866	43	39	39
95	.7	233	21	599	22	28	26
94	.7	167	13	975	69	52	49
94	.7	274	27	648	52	35	32
73	1.3	242	50	198	44	72	50
120	1.2	435	20	1 574	40	53	66
96	.7	311	22	949	41	41	40
100	.7	74	12	443	17	22	22
90	.7	283	23	818	35	40	36
67	.7	146	13	865	62	95	62
119	.8	916	43	1 092	50	53	64
83	.7	197	44	226	51	55	45
106	1.2	414	29	814	20	32	34
68	.7	156	16	689	43	48	31
114	.7	149	9	1 513	65	82	95
106	.7	69	18	279	41	44	47
80	.7	23	23	15	115-	3	1

平均美元/小时

标准	实际
44.62	40.85

所要求的操作工总数（理论上） 33.5

+ − 平均美元/小时 − +

标准	实际	按 89%
44.62	40.85	34.29

所要求的操作工总人数（理论上）	33.5
操作工总人数（实际）	15
直接人工利用率	223%

图表 3
耐普罗损益日报详细说明

列 数	说 明
1	生产厂的注塑机数量
2	销售客户经理
3	客户名称
4	具体注塑件
5	生产注塑件设备运转小时数
6	设备利用率：生产注塑件的小时数，可 24 小时运转
7	实现了以秒计的最优生产周期吗？
8	实际生产注塑件的数量
9	实际件数（第 8 列），标准件数［设备运转时间（第 5 列）* 标准生产周期（第 7 列）］
10	每台设备配备的操作工人数
11	基于所生产的注塑件重量的新标准材料成本
12	原材料成本占注塑件总售价的百分比
13	销售价值——原材料成本、直接人工成本、利息支出、装配成本、包装成本
14	每项加工任务的毛利润边际（销售收入减去销货成本）
15	标准美元/小时：如果基于 82%的可用时间按 100%的劳动生产率，每台设备可以实现的增加值
16	实际美元/小时：设备实际小时损耗率；或者基于实际生产件数，每小时能弥补管理费用的实际数额。

质量、员工、劳动生产率、准时发货）及综合财务信息（销售收入和利润）。月报主要是财务方面的，包含对损益表的分析，其中包括详细评估成本、比较预算和预测。泰德喜欢用各工厂贡献的对比来作为业绩比较指标（图表 5）。

> 这就把各工厂置于了平等的地位，我可以了解总经理如何在既定销售水平下控制制造和管理费用。这种制度不仅可以让我了解各工厂，而且可以了解各项加工任务的边际贡献。贡献率就是一个很好的通用标准。

基本经营指标是月度“标杆报告”。这是一个新建立的报告，以图表形式编制，比较所有生产工厂。图表 6 说明了设备利用率标杆。其他标杆包括：事故发生率、劳动生产率、备用原材料、准时发货、毛不合格率、每台设备的操作工人数、客户退货率、单位员工每周增加值、原材料占销售收入百分比、税前资产收益率、工资总额占销售收入的百分比。各工厂的总经理都力争成为“耐普罗团队的最佳”。图表 4~图表 6 所示的报告每月都要在各利润中心传阅，作为月度绩效评价的基础。

激 励

耐普罗公司为所有员工制定了季度利润分享计划：它基于毛利润边际与标准成本的比较。激励基金按各工厂累积，根据工资水平发放。在正常情况下，季度奖金是 50 小时的工资（约为 7%）。公司员工奖金基于所有生产工厂的加权平均。销售人员按销售收入水平获得激励。公司管理层奖金按利润率和利润增长率发放。高级管理层及其他各种员工也分享股票奖励计划，股票奖励基于公司市值与账面价值的比较。

图表4 周报

耐普罗公司克林敦工厂 周# 39/95			
1. 安全			
本周事故数	0		
说明、日期、原因			
截至本周的事故数	2		
2. 质量	本 周	上 周	截至本周
客户退货率%SVP	0.00%	0.37%	0.27%
不合格率%SVP	0.57%	0.19%	0.39%
在产品不合格率%SVP	2.01%	2.21%	1.23%
总（毛）不合格率	2.58%	2.77%	1.89%
客户退货说明			
描述、价值、原因			
3. 税前利润	本 周	本月截至本周	本年截至本周
估 计	189	1 258	6 979
预 算	225	1 126	6 720
差 异	(36)	131	259
4. 销售收入			
实 际	1 290	7 548	55 340
预 算	1 477	7 387	53 824
差 异	(187)	161	1 517
5. 员 工			
人数（等量）	589	583	567
人均周销售收入	2.190	2.590	2.504
流动率（人数）	2	10	63
6. 劳动生产率			
设备利用率 (设备编号：91)	78%	79%	71%
收益率	84%	84%	87%
效 益	65%	67%	62%
7. 准时发货	94%	90%	83%

重大事件/备注：

财务总监： 日期：

总 裁： 日期：

图表 5 1995 财务年度各工厂贡献比较（11 个月）

	工厂 1	工厂 2	工厂 3	工厂 4	工厂 5	工厂 6	工厂 7	工厂 8
销售收入（SVP）	54 892	28 140	13 584	11 447	7 618	7 268	9 177	5 568
原材料	11 932	11 245	6 529	4 815	3 755	2 500	3 494	586
直接人工	7 265	1 229	1 182	1 100	800	802	854	500
间接人工	7 014	3 415	1 498	1 379	710	915	1 118	242
工资福利	7 211	2 208	1 010	836	491	417	477	255
合 计	21 490	6 852	3 690	3 315	2 001	2 134	2 449	997
低值易耗品及服务	5 058	3 132	914	998	625	1 048	1 333	368
折 旧	2 647	1 787	584	447	563	556	533	215
销货成本	41 127	23 016	11 717	9 575	6 944	6 238	7 809	2 166
毛利润边际	13 765	5 124	1 867	1 872	674	1 030	1 368	3 402
%	25.08%	18.21%	13.74%	16.35%	8.85%	14.17%	14.91%	61.10%
销售费用	322	336	67					
管理费用	891	1 259	613	722	313	406	569	449
利息支出	2 445	(115)	277	54	321	306	224	138
其 他	2 884	1 141	(64)	(17)	—	(32)	4	481
税 前	7 223	2 503	974	1 113	40	350	571	2 334
税前%	13.16%	8.89%	7.17%	9.72%	0.53%	4.82%	6.22%	41.92%
加上：								
边际收入			1 592	492	1 349	599	1 286	
利息收入	2 445		201	18	71	206	144	137
管理费								
公司支出	2 992	1 364						672
其 他						185		
调整后的贡献	12 660	3 867	2 767	1 623	1 460	1 340	2 001	3 143
%	23.06%	13.74%	20.37%	14.18%	19.17%	18.44%	21.80%	56.45%
调整后的%	23.06%	13.74%	18.23%	13.59%	16.28%	17.03%	19.13%	56.46%

困 境

泰德知道，如果没有合理的协调和控制，耐普罗公司的成功很快就会土崩瓦解。但是，同时，公司文化不允许官僚体制的滋长。戈登所信仰的独立性、企业家精神、质量和价值已经慢慢灌输进了这个分权式组织的上上下下。要做到每 5 年使销售收入翻一番，就需要巨额资本支出。寻求个别大客户的战略为定价带来了压力，同时增加了对个别客户过于依赖的风险。泰德说：

> 我们很快就会达到 5 亿美元的经营规模。我们还能只是对我们的报告和管理控制系统一点点地修修补补吗？我被报告中的细节所困扰。或许，我们应该只关注管理企业的最终结果。人们能消化多少细节呢？我们应该在区域性组织中再增加一级管理层吗？现在，我所关注的是我们是否准确地抓住了

图表 6

设备利用率

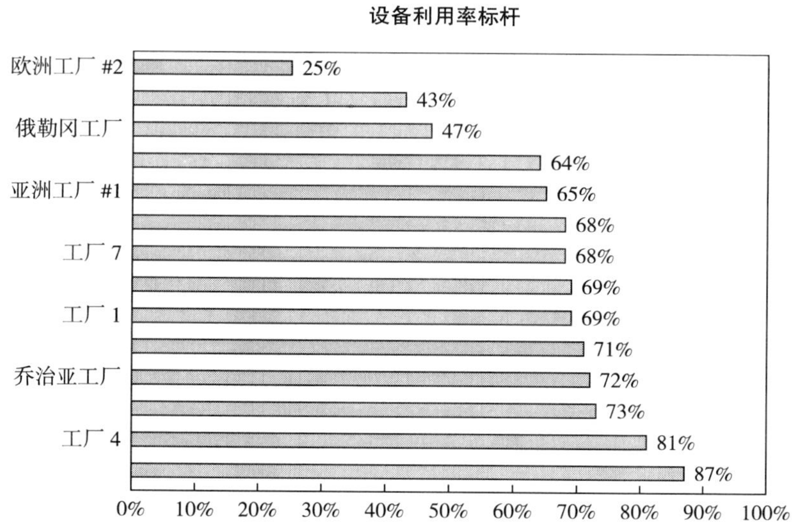

各项加工任务的盈利能力。我们真的知道我们的成本吗？我们把钱放在桌面上了吗？我们采用成本加成来决定客户价格。在有些复杂的加工任务中，我们低估了复杂性和产出率。我们的目标是成为全球化大公司。定价错误可能是灾难性的。

财务总监机构对确保耐普罗公司的稳定和可持续增长尽了最大努力吗？

思考题

1. 您认为应该维持损益日报吗？它是基于合理的成本核算数据和成本核算原则吗？
2. 您会推荐什么其他措施？他们应该替代损益日报，还是应该作为补充报告？
3. 您认为有可能采用 ABC 成本核算制度吗？
4. 假定存在日报和月报，这些管理控制措施足够管理这家增长型公司吗？他们的报告制度需要更多的平衡吗？

案例4-4

慧智计算器公司

在八月份，伯纳德·里斯曼当选慧智计算器公司的总裁。里斯曼已经在公司工作了5年，在最近两年曾任主管制造的副总裁。在他上任后不久，里斯曼就与财务总监召开了一系列会议，讨论预算控制。新总裁认为现有的销售成本的计划和控制方法不太令人满意，他要求财务总监设计一个能更好地控制这些成本的系统。

慧智计算器公司制造一系列电子计算器，通过分支机构销售给批发商和零售商，也直接销售给政府和工业用户。大多数产品都标慧智品牌名称，在全国范围内打广告。公司是计算器行业中最大的公司之一。

依照当时采用的程序，销售费用根据“固定”或“变动”基础预算。每年10月份，会计部门都向分支机构经理及其他负责销售部门的经理发送一份关于各部门上年及本年至今的实际费用的详细记录。这些部门根据这些记录、对来年销售收入的估计，以及各自的判断，编制并提交本部门来年的费用估计数。然后把分支机构经理估计的数字发送给负责所有分支机构的销售经理。他决定这些数字是否合理，并通过信函解除项目的可疑之处。经销售经理批准后，分支机构的费用估计数就提交营销经理保拉·麦尔梅德，她负责所有销售、促销和仓储活动。

麦尔梅德会与相关经理讨论这些数字以及其他部门领导提供的费用估计数，在调整了差异之后，她就把所有销售部门的估计数字综合为销售费用预算。然后销售费用预算提交预算委员会最后审批。出于管理控制的目的，年度预算被划分为12等份，每月用实际费用与预算数字进行比较。图表1显示了这些月度比较。

里斯曼认为这种制定销售费用预算的方法有两个重要缺陷。首先，任何人都不可能有把握地确定各部门领导估计的数字是合理的。显然，上年的费用不足以构成判断标准，因为销售条件从未在两个不同年度相同过。销售费用产生差异的一个明显原因在于销售预算中所定义的“要做的工作”的差异。

其次，在预算被采纳后，销售条件也经常发生实质性变化，但是在销售费用预算中却没有留下做相应调整的余地，也没有把销售费用与实际销量或任何衡量销售工作的指标联系起来。里斯曼认为，如果实际销量大于预测销量，人们就有理由预期销售费用会增加，尽管未必成比例地增加。但是，依照现行管理控制方法，根本不可能决定销售费用应该以多大幅度增长。

作为克服这些缺陷的一种方式，总裁建议是否可能根据固定和变动基础制定销售成本预算标准，这种方法类似于制造费用控制中采用的技术。财务总监也赞同，认为这种方法似乎提供了最可行的解决方案，因此，他开始研究销售费用，设计一种制定合理标准的方法。几年间，会计部门对销售成本进行了多种分析，分析结果不仅被用于向产品、客户和地区分配成本，而且用于协助解决某些特殊问题，比如为了保证盈利，单笔订单必须多大。为此目的而积累的许多数据都有助于财务总监目前的研究。

财务总监坚信销售费用的固定部分——不随

本案例由罗伯特·安东尼和詹姆斯·里斯教授编写。哈佛商学院案例174-051。

图表 1　目前使用的预算报告

分支机构销售收入和费用情况

月份：10 月　　分支机构 A　　经理：达登

	本月				
	预　算♀	实　际	超支 */节余	占销售收入百分比	超支/节余本年累计
销售净收入	310 000	261 000	49 000	—	70 040*
经理薪酬	2 500	2 500	—	0.96	—
管理人员薪酬	1 450	1 432	18	0.55	1 517
销售人员薪酬	15 500	13 050	2 450	5.00	3 502*
差旅费	3 420	3 127	293	1.20	1 012*
文具、办公用品	1 042	890	152	0.34	360
邮寄费	230	262	32*	0.10	21
电、热费	134	87	47	0.03	128
订阅费及其他应付款项	150	112	38	0.04	26
捐　赠	125	—	125	0.00	130
广告费（地方）	2 900	2 700	200	1.03	1 800*
社会保障税	1 303	1 138	165	0.44	133*
租　金	975	975	—	0.37	—
折　旧	762	762	—	0.29	—
其他分支机构费用	2 551	2 426	125	0.93	247*
合　计	33 042	29 461	3 581	11.29	4 512*

♀ 年度预算的十二分之一。

* 不利结果。

销量波动而变化的部分——可以通过确定维持公司运营的最低销量所必须发生的费用数额来确立。因此，他请保拉·麦尔梅德建议一个最低销量数字，以及在这个销量水平下必须发生的费用数额。一位助理研究了公司几个经营周期的销售记录、长期销售前景以及本行业内其他公司的销售趋势。根据这位助理编写的报告，麦尔梅德得出结论，销量不会降至目前生产能力的 65%以下。

然后，麦尔梅德试图确定在最低销量水平下所必须发生的销售费用。在助理的协助下，她虚构了一个销售机构，并且在她看来，应该销售等同于生产能力的 65%的商品，每个分支机构及其他销售部门，包括广告、营销和销售管理部门，所需的人员均齐备。助理利用目前的工资和佣金数字计算应向这样一个销售机构支付的薪酬数额。麦尔梅德还估计了在最低销量水平下，各分支机构和部门应发生的其他费用，如广告、分支机构维持经费、办公用品及差旅费。

财务总监认为销售费用标准的变动部分应该按单位销售收入数额表示。他意识到，利用销售收入作为衡量标准有一些劣势，因为它不能反映订单规模、某些地域的销售难度、购买心理的变化等对成本产生的重要影响。但是，销售收入不仅是最便于使用的一个衡量标准，最易于从当时的记录中获得的数字，而且也是每个相关人员都完全理解的一个数字。财务总监认为，随销售收入变化的预算当然会优于根本不会变化的预算。在有机会研究了这些因素在较长时期内的性质之后，他计划设计一个能够反映销售费用差异原因的更准确的指标。

作为制定可变费用标准的基础，财务总监利用线性回归确定了一系列等式，把以前几年中几类主要费用项目的实际年度支出与销量关联起来。这些等式表明了过去这些费用项目随销售量波动的幅度，财务总监根据自己对未来条件的判断对其予以修订，然后确定了销售费用每个项目变动部分的变化率（即斜率）。财务总监认为，新制度经实践检验后，就有可能进一步修订这些变化率，所利用的技术或许类似于确定工厂某些费用标准时所运用的时间序列研究技术。

现在，财务总监在每个费用项目的销售费用图中都有了一个变化率和一个点（即：65%的生产能力）。因此，他能够为每个费用项目确定一个最终的等式。从图形上看，这等同于通过已知点，按变化率所表示的斜率画一条直线。这条直线在销量为零时的高度表示销售费用公式中的固定部分。图表 2 说明了这个过程，尽管实际计算是数学上的，而不是图形上的。

在确定下一年的销售费用预算时，要把各种固定部分的新标准与当年估计销量的弹性部分加在一起。这份预算将提交预算委员会，由后者分析最终数字所基于的固定数额和变化率，一般稍做修改后，就会最终批准。

财务总监计划每月发布一份报告，反映各部门实际费用与预算费用的比较。预算中的变动部分将予以调整，以符合当月的实际销量。图表 3 显示了他计划发送分支机构经理的预算报告。

一位销售经理私下里很是鄙夷财务总监的建议："任何一个做销售的人都知道，有时候客户一个连一个，接踵而至，争相采购。而有时候，无论你施展何等招数，他们甚至看都不看一眼。在这种条件下，为销售成本预算制定眼花缭乱的公式，简直是浪费时间。"

思考题

1. 根据图表 1 和图表 3 所列信息，尽可能判定各项费用是否 (a) 随销量变动，(b) 随销量部分变动，(c) 随其他因素变动，还是 (d) 与产量根本无关。
2. 第 1 题的结论对最适合的预算编制体系有什么意义？
3. 应该采用所建议的销售费用预算编制体系吗？为什么采用？为什么不采用？
4. 对于慧智计算器公司的销售费用报告制度，您还有什么其他建议吗？

图表 2

"其他分支机构费用"

预算：分支机构 A

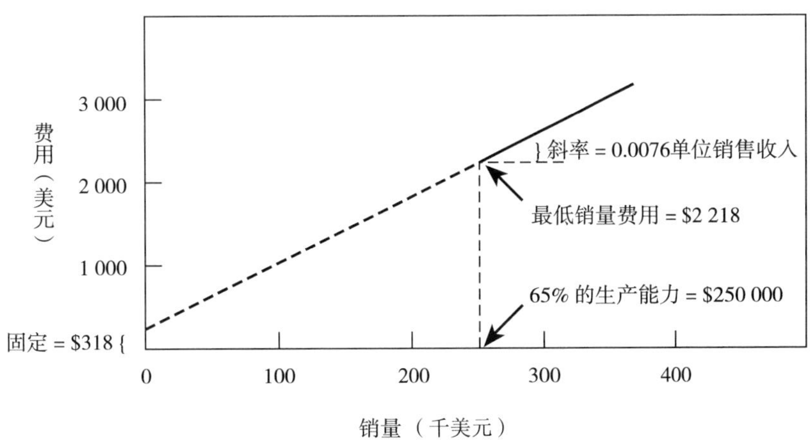

图表3 财务总监建议的预算报告

费用预算报告					分支机构：A 经　理：达登 月　份：10月	
	预算因素		本　月			本年累计
	固　定	变　动	弹性预算	实　际	超支*/节余	超支*/节余
销售净收入			261 000	261 000		
经理薪酬	2 500	—	2 500	2 500	—	♀
管理人员薪酬	139	0.0041	1 209	1 432	223*	
销售人员薪酬	—	0.0500	13 050	13 050	—	
差旅费	568	0.0087	2 839	3 127	288*	
文具、办公用品	282	0.0026	961	890	71	
邮寄费	47	0.0006	204	262	58*	
电、热费	134	—	134	87	47	
订阅费及其他应付款项	10	0.0005	141	112	29	
捐　赠	20	0.0003	98	—	98	
广告费（地方）	35	0.0100	2 645	2 700	55*	
社会保障税	177	0.0036	1 117	1 138	21*	
租　金	975	—	975	975	—	
折　旧	762	—	762	762	—	
其他分支机构费用	318	0.0076	2 302	2 426	124*	
合　计	5 967	0.0880	28 937	29 461	524*	

♀ 财务总监未重新计算前一个月的预算，因此本栏数据无法获得。

* 不利结果。

案例4–5

西港电气公司

1987 年深秋的一天，西港电气公司的财务总监彼得·恩塞因、预算部门的经理迈克·凯利（向恩塞因报告）、预算小组的行政主管詹姆斯·金（向凯利报告）正在讨论金提出的一个问题。在审查各行政管理办公室建议的 1988 年预算时，金为支出增加而感到惴惴不安。特别是，他认为有两个办公室的支出增加是不合理的。但是，金主要关注的是行政管理人员预算审批的整个过程。会议的目的是讨论应该对有争议的两项预算采取什么措施，此外，还要考虑应该对行政管理人员预算的审批程序进行哪些修订。

西港电气公司的组织结构

西港电气公司是一家制造和销售电气和电子产品的美国巨头公司。1983 年，销售收入超过 90 亿美元，税后利润超过 7.5 亿美元。公司的经营活动被分为四个集团，每个集团都由一个集团副总裁领导。这些集团是：发电和输变电集团、家用电气集团、军用和航天集团、电子集团。每个集团都由大量相对独立的事业部构成，分别由一位事业部经理领导。事业部是公司的基本经营单位，每个事业部都是一个利润中心。事业部经理负责为投资赚取足够的利润。公司共有 25 个事业部。

在公司层面，设有研发人员，以及 6 个行政管理办公室，分别由一位副总裁领导，这 6 个行政管理办公室涉及财务、工业关系、法律、营销、制造和公共关系。尽管行政管理办公室的职责因各自的性质不同而各异，但大体可以分为以下几类：

1. *高级管理层顾问*。每个行政管理办公室均负责为公司高级管理层提供本专业领域的顾问服务。而且，所有行政管理副总裁都是公司最高决策机构——政策委员会的成员。
2. *为运营事业部和其他管理部门提供顾问服务*。每个行政管理部门都要向运营事业部提供顾问服务，必要时，还应向其他管理部门提供服务（后者例如：法律部门向财务人员提供合同方面的建议）。至少在理论上，只要他们认为合适，运营事业部可以接受顾问意见，也可以拒绝接受顾问意见。在大多数情况下，公司甚至并未正式要求运营事业部去征求中央管理人员的意见。但是，事实上，行政管理办公室的意见通常会很有分量，事业部经理很少忽视。
3. *协调各事业部的活动*。行政管理办公室负责协调各事业部内部的活动。协调的范围变化很大，它取决于活动的性质。例如：财务人员需要协调的工作量最大，因为有必要建立和维持统一的会计和预算控制系统。另一方面，法律和公共关系人员在事业部活动中则没有直接体现。

图表 1 是西港电气公司的组织结构图。

预算编制体系

图表 2 提供了财务人员的部分组织结构图。如图所示，财务总监恩塞因向财务副总裁报告。

图表1
组织结构图——1988年1月1日

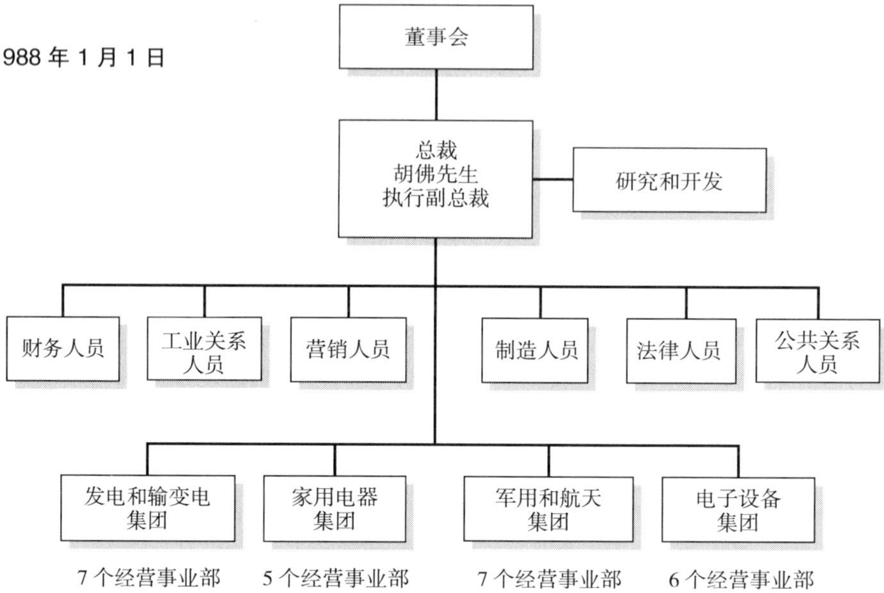

图表2
财务人员——1988年1月

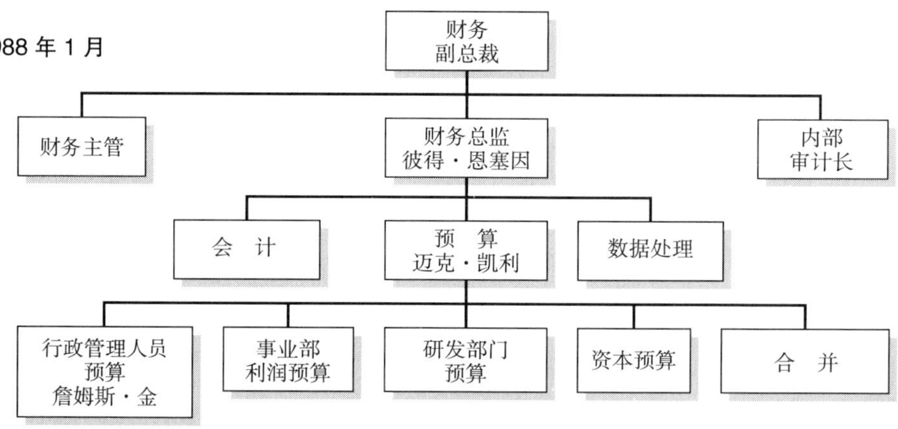

向他报告的是凯利，凯利负责预算部门。向凯利报告的是金，金负责行政管理人员预算小组。

审批程序

提交的信息

在每年的初秋，预算部门都要发布来年预算的编制说明、提交和审批时间表。因为在本案例中，我们所关注的是行政管理人员预算，所以我们仅介绍各行政管理办公室提交的信息的性质。

每个行政管理办公室都要编制下列各项报表。

按费用类别编制预算

这份表按费用类别（专业人员工资、办事员工资、办公用品、咨询服务、水电费等）反映了预算计划、去年的预算，以及本年预期的实际成本。编制本表的目的在于按照费用类别比较新预算与本年预算和本年预期的实际成本。

按活动编制预算

这份报表反映了与前一份表相同的信息，只不过信息是按组织各构成部门划分的。编制本表的目的在于反映哪些活动增加了，哪些减少了，建议了哪些新活动。

解释变化

这份报表实际上是附在预算建议中的一封信，解释所建议的预算的原因。解释分为以下几类：经济变化（即：一般工资水平和材料价格的变化）；现有活动的增减；新增加的活动和砍掉的旧活动。

这些报告均由各行政管理办公室在提交建议预算两周前向预算部门提交。

提交预算建议

各行政管理办公室的预算均由总裁和执行副总裁在预算审查会议上审批。财务副总裁会出席所有预算讨论，但是无权批准或否决。

在预算讨论的那一天，接受预算审批的行政管理办公室的副总裁就向总裁和执行副总裁报告预算。预算报告根据事先提交的预算表，但是对预算建议的解释说明可以更详细一些。例如：去年，营销副总裁利用三维彩色幻灯片介绍他建议组织的一项新活动。

出席会议的有总裁、执行副总裁、行政管理办公室副总裁及其助理、财务副总裁、财务总监、预算经理及相关预算主管。

一般而言，预算会议的议程如下：行政管理副总裁进行预算报告。在报告期间，总裁和执行副总裁会提出问题。行政副总裁或其助理将回答问题。在报告结束后，总裁和执行副总裁将决定是批准预算，还是削减部分建议的活动。在最终决策之前，将征求财务副总裁的意见。几乎在任何一种情况下，他都会赞成总裁和执行副总裁的决定。

一旦获得批准，预算就成为来年开展各项活动的授权。

预算部门的职能

预算部门在行政管理人员预算中的职能就是编制要提交的各种报表，并制定提交时间表，“保证预算报告诚信可靠”。在履行最后一项职能时，预算部门要分析所建议的预算，以确保各项事实表述正确。例如：他们将进行检查，确保因经济条件变化而产生的预算增加是准确的；或者，如果要砍掉目前的某些活动，他们就必须确保这项活动的成本列示为减项，以便成本节约不会被用来掩藏另一项活动的费用增加。预算报告的细节是事先由詹姆斯·金和相关行政副总裁的行政助理设计出来的。在进行预算报告时，所报告的财务信息必须经预算部门同意。但是，预算部门对所建议的预算，或者各项活动的效率，不持任何立场。恰恰是这种情况让詹姆斯·金感到困扰。

预算评估

这是詹姆斯·金担任行政管理人员预算小组主管的第二年。在此之前，他是电磁炉事业部的预算经理。在事业部层面，预算分析师可以对经营预算的效率施加相当大的影响。例如：在电磁炉事业部，事业部财务总监会出席每次事业部预算会议，如果他认为一项预算不够“紧缩”，就会毫不客气地否决，并竭力维护自己的决定。因为他对该事业部的经营拥有相当丰富的经验，所以他的决定通常是对的。金发现很难使财务副总裁（似乎从未反对过任何建议的预算）和他的前任老板（电磁炉事业部的财务总监）的态度统一。因此，他要求与恩塞因和凯利召开一次会议，看是否可以采取一些措施改进行政管理人员预算的评估技术。恩塞因、凯利和金关于这一问题的会议讨论内容，我们编辑如下：

金：我们对这些预算所做的就是确保会计数字正确。我们对这些数字所反映的效率却置之不理，我知道至少在两种情况下是无价值的，而且我怀疑还有其他一些情况。

凯利：跟彼得讲讲法律部门。

金：您还记得吗，今年年初，我们聘请了一位顾问与我们的数据处理组一起工作。我们把聘用合同交给了法律部门审查，竟然耗了3个月的时间才批准。他们有各种各样吹毛求疵的修改，虽然这些修改不是微不足道的，但是这会耗费每个人的时间。

在聘用合同批准后不久，我有一个大学同学来访，他是一位律师，在纽约最大的律师事务所工作。我们讨论这件事，他看了一下原始合同和修订后的合同，他为所耗费的时间感到震惊。他说，同样简单的一份合同，外部律师只需要一两天就能处理完。自此之后，我发现组织内的每个人似乎对法律部门都有同感。一件只需5分钟完成的工作，他们也会没完没了地拖延下去，他们总是缩手缩脚的。

更加火上浇油的是，今年法律部门竟然要求增加预算30%，以弥补工作量增加而造成的额外成本。问题是，除非我们做点什么，否则就必须增加他们的预算。

恩赛因：如果每个人都觉得法律部门效率低下，为什么胡佛先生（总裁）批准了预算呢？

金：我认为胡佛先生既没有时间评估法律部门，也不了解如何评估他们。每次胡佛先生要求他们做任何事，他们都会受到超级待遇。因为我们都不是律师，所以我们很难证明他们效率低下，但是我们知道的确是这样。

恩赛因：你认为还有哪项预算有些出格？

金：工业关系部门——尤其是管理培训：我们正在把大笔钱浪费在毫无意义的培训上。它不仅耗费了我们的金钱，而且浪费了管理者的时间。例如：上个月，我们都必须学习一门质量控制课程。这是我所见过的最愚蠢的一门课程。课程结束后，他们对我们进行测试，看取得了多大进步。我给了我的秘书一份试题，她竟得了100分，尽管她没有上课，甚至都不知道什么是质量控制。而在事业部内，培训甚至更糟糕。有一次，他们竟然放一个幻灯片，希望用三节课的时间教会我们经济学！幻灯片的内容是“美元教授”向“吉姆工长”解释货币市场、资本主义等。我们都觉得这简直是对我们的智力的一种侮辱。在他们的新预算中，工业关系部门建议增加近50%的培训，因为公司总的利润前景很好，这项增加可能会获得批准。

恩赛因：如果培训计划糟糕至极，为什么我们没有听到更多的抱怨呢？

金：我必须承认，我比其他任何人感受都更强烈。许多经理和主管对这些培训计划都听之任之，因为反抗管理培训，就好比反抗母亲。此外，工业关系部门制定的人事评价表中有一栏是关于个人在培训课程中的表现。我猜想人们都害怕反抗他们，因为这可能会影响自己的升迁机会。我想说的是，他们远不值所花费的钱。就我所了解的，没有人从中有所收获，所以我们当然不希望增加培训预算。

对话持续了一段时间。尽管他并不是一字不差地按此表述的，但是金所关注的还有行政管理办公室的活动与公司收益之间缺少一致性。似乎对于他而言，往好处讲，各行政管理人员是希望建立国内“最优秀”的企业，而往坏处讲，他们感兴趣的只不过是打造一个帝国。但是，就增加利润而言，即使最优秀的企业也可能会付出过高的代价。他还关注总裁和执行副总裁评价管理人员绩效的能力，甚至对是否增加一项活动的决定能力表示怀疑。因此，金认为有必要让专人对预算做严格的评估，就如同在事业部层面所做的那样。

会议结束了，恩赛因让凯利和金准备一份提案，以解决会上所提出的问题。

思考题

西港电气公司应该对本案例中提出的绩效评价问题采取什么措施？

案例4-6

格兰德牛仔装公司

格兰德牛仔装公司创建于19世纪中期。公司之所以在惨淡岁月和1929年的大萧条时期奇迹般地生存下来，主要应归功于其主打产品蓝色粗布牛仔在市场上的长盛不衰。格兰德牛仔装公司是生产“水洗”裤、喇叭裤和现代休闲裤的领先厂商。截至1989年，公司已成为世界最大的制衣公司之一。它为男士和男童提供各式服装及时尚牛仔，还为女士提供全系列裤装。公司享有“价格合理的优质裤装”的美誉。公司去年销售了4 000万条裤子。

生　产

在过去30年中，格兰德牛仔装公司实际上每年都能售完全部产品，经常在一个生产年度结束前4个月就不得不开始向买家配额供应。公司拥有25家制衣厂。工厂的生产能力各不相同，但是每周的平均产量约为2万条裤子。除了两三家工厂通常只生产蓝色粗布牛仔之外，各工厂都生产各种款式的裤子。公司与独立的制衣厂签订了承包合同，藉此扩大自己的生产能力。目前，共有20个承包商，生产各个系列的格兰德牛仔裤（包括蓝色粗布牛仔）。去年，承包商生产的裤子占格兰德公司总销量的三分之一。

主管生产的副总裁（参见图表1的组织结构图）汤姆·维克斯对公司利用外部承包商曾评论道：“其中大多数承包商都已经与我们合作了5年，甚至5年以上。有几个已为格兰德公司提供了30多年高效、稳定的服务。为了快速生产，所以有时也难免会与一些不懂经营、一年后因成本太高而被迫退出的独立承包商打交道。通常我们能从独立承包商的经历和单位合同价格中判断它是否能生存下来。

“合同协议由我和我的下属签订。时至今日，我们愿意为每个款式的裤子支付的最高价格已基本确立。如果承包商留给我们的印象是既可靠又有能力生产高质量的裤子，我们就支付最高价。如果我们无法确信，我们就可能在第一年，或前两年支付稍低于最高价的价格，直到承包商证明了自身的能力。”

由于激烈的国内外竞争，制衣行业的淘汰率非常高。因此，新的企业家经常杀进来，掌控现有工厂。

管理控制系统

维克斯先生继续说道：“我们把25家工厂视作费用中心。各工厂的经营均由工业和成本工程师进行了全面彻底的考察。你知道，就是时间—行动研究等。我为我们制定的标准时间和成本深感自豪。我们甚至还确立了学习曲线，它能够告诉我们，在新出产一种产品或产品转型之后，生产一种款式的裤子需要多长时间才能达到单位产品所允许的标准时间。我们知道单件产品的总生产时间达到我们生产每种基本款式裤子标准的速度。我们利用这项信息编制工厂的成本预

本案例（经许可）由约瑟夫·桑·米格尔教授改写自查理斯·霍恩格伦教授在《成本会计》（第五版，Prentice-Hall, Inc.）中编写的一个案例。

图表 1

格兰德牛仔服装公司组织结构图

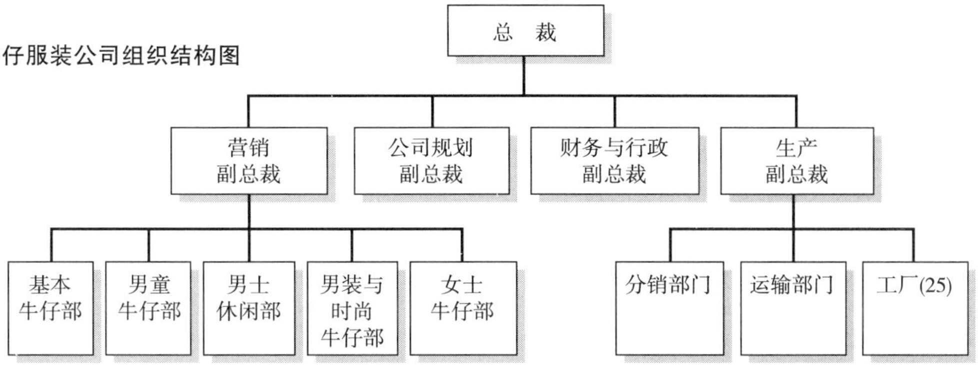

算。营销人员估计每年希望生产的各种款式裤子的数量。这项信息用于向各工厂分配生产任务。如果可能，我们希望让一家工厂在一年内生产一种款式的裤子。这样就能节约初始成本和转型成本。因为我们能够销售全部产品，所以我们尽力维持工厂的最高效率。遗憾的是，营销人员总是把生产计划搞得复杂化，在年度中间频繁改变裤子的需求，所以这项目标很难实现。

"工厂的预算编制从我和我的下属开始，由我们提前一年决定各工厂每月的配额（裤子的条数）。我们要考虑工厂过去的业绩，然后再加上一点，因为我们希望人们有所提高。这些年度预算要在每月结束时根据上月的产量进行更新。如果一个工厂的经理超额完成了预算数字，我们就觉得他干得不错。如果他无法完成配额，那么我们就认为他的员工未按工程师觉得合理的速度和效率工作。或者认为缺勤或工人流动率太高，这是我们各工厂的一个严重的通病。若未完成配额，则我们不仅希望知道为什么，而且希望尽快纠正问题。

"知道了工厂的实际月产量数字后，我们就能确定当月所允许的标准人工小时数。我们比较标准人工和实际人工，从而确定一个工厂作为费用中心其经理运营得如何。我每月都会给各工厂经理打电话，对他们的工作表现（无论满意或不满意）及时予以反馈。

"我们也寻求其他方式评估工厂经理。社区关系良好吗？员工愉快吗？ 公司的所有者都非常关注这些因素。"

年终奖金构成了格兰德公司的核心奖酬制度。维克斯先生及其两个首席助理按 1 ~5 个等级对工厂经理评级，其中 5 个经理荣获最高的评级。在年末，格兰德公司的高级管理层通过评估公司当年的总业绩和利润确定奖金基数。奖金基数高达 1 万美元。格兰德公司管理层的各成员的业绩评级乘以奖金基数，就可以确定经理的奖金。例如：若经理的评级为 3 分，则奖金就是 3 万美元。

格兰德公司的管理团队包括许多财务和营销专家。案例编写者注意到，这些在公司总部办公的人员获得的主管评级一般都高于工厂经理。差异经常可以达整整一分。

图表 1 中所列的营销副总裁所管辖的五个营销部门被视作收入中心。营销预测被用来制定销量和销售收入目标。营销部门经理的绩效根据是否实现这些目标来评价。为了满足变化莫测的消费者需求，经常变化产品组合是必要的。销售队伍在指定地域内销售各种款式的牛仔服。销售人员的薪酬由工资加 8%的销售佣金构成。佣金约占销售人员平均薪酬的一半。客户都是零售店和服装批发商。为了营销部门的业绩评价，每个系列的裤子都指定给各营销部门销售（即：基本牛

仔等)。营销部门经理参与公司的奖金制度。

系统评估

一个商学院刚刚毕业的学生米娅·帕卡德，向案例编写者发表了自己对格兰德公司的生产及其管理控制程序的看法："维克斯先生是我所遇到的最和蔼的总裁之一，他是一个十分精明的商人。但是，我真的不赞成他所采用的评估工厂经理的系统。作为公司培训计划的一部分，我最近参观了一次工厂，我偶然发现工厂经理把生产的超出配额的裤子'储备'起来。他在运转良好的月份这么做，以防未来生产不足。当我闯进裤子仓库时，那个工厂经理真的很不安。他坚持说其他工厂经理也都这么做，还请求我不要告诉维克斯先生。对于一个经常要在年底的时候推掉订单的公司而言，这简直是一件古怪的行为！我怀疑大多数工厂经理并没有真正争取最大产量。如果他们确实增加了产量，他们的配额就会增加，但是他们却无法立即获得货币奖酬，来补偿增加的职责或生产要求。如果我是工厂经理，在年底之前，我不会希望产量超出配额的。

"此外，维克斯先生也是从公司基层一路提拔上去的。他本人也是一个优秀的工厂经理，我觉得每个人都应该像他那样管理工厂。例如：在维克斯先生的工厂里，每个主管或行政管理人员都负责 11 个工人。自那以后，维克斯先生把监管比例从 11:1 提高到了有些惊人的领导效率水平。所有工厂经理都以此为目标，因此，办公室的人员配备严重不足。正因为如此，我们无法从工厂获得及时、准确的报告。在我们需要时，办公室里根本没有充足的人手来编制我们急需的信息！

"还有一件事！有些工厂是在过去 5 年内建造的，拥有许多新型设备。但是新旧工厂之间确定的标准人工小时数却毫无差别。旧的缝纫机更频繁地出毛病，需要更多的维修，而且可能也不太容易操作。"

思考题

1. 您如何描述整个公司的目标？这个（这些）目标同样是公司的营销机构和 25 个生产工厂的经理的目标吗？试解释。
2. 请评价一下各生产工厂和营销部门目前的管理规划和控制系统。优势和劣势各是什么？
3. 一个工厂经理建议工厂按利润中心经营，因为这样就可以克服米娅·帕卡德和案例编写者所发现的一些问题。这位工厂经理评论道："我的竞争者是邻近的独立承包商，他们为格兰德加工同样的裤子。这些外部承包商也可能为格兰德公司的竞争者加工裤子。由于市场竞争激烈，只有拥有最好管理的工厂才能在这个行业中生存。因此，与外部公司的经理一样，我应该对利润负责，也据此奖罚。"对于把格兰德公司的 25 个生产工厂视作利润中心的概念，您是赞成，还是反对？这种方式会怎样影响工厂经理的决策、业绩等？
4. 如果格兰德公司的生产工厂被视作利润中心，我们建议三种方法计量各工厂的收入：
   a. 采用格兰德公司销售人员向零售商和分销商销售裤子的销售价格。
   b. 采用全面单位标准成本，加一个"合理的"固定百分比加价，作为毛利润。
   c. 采用格兰德公司为同样款式的裤子向外部公司支付的平均合同价格。

   请评估这三种方法。您会推荐哪一种？为什么您所选的方法是最佳方法？

第5章

利润中心

若一个责任中心的财务业绩按照利润来评价（即：按收入与费用之间的差额），则这个责任中心就称为*利润中心*。利润是一个特别有用的业绩指标，因为它可以让高级管理层采用一个综合指标，而不是几个指标（其中有些可能指向不同的方向）。在本章的第一部分，我们将首先讨论在决定是否建立利润中心时所需要考虑的因素。然后，我们将集中讨论如何把经营单元组织为利润中心，并提醒大家，*经营单元和利润中心不是同义词*。接下来，我们将介绍生产和营销职能如何能构成一个利润中心。在本章的最后部分，我们将讨论评价利润中心的*盈利能力*的其他方法。

一般考虑因素

*职能型组织*是指各主要制造和营销职能均由一个单独的组织单元履行的组织。若把这种类型的组织改组为各主要单元均既负责制造，又负责营销的组织，则把这一过程称为*分权化*。作为一项规则，公司之所以建立经营单元，是因为他们决定向各经营管理者更多授权。尽管各公司授权的程度各不相同，但是创造利润的完全权力从未授予企业的单个部门。

利润责任的授权条件

许多管理决策都涉及增加支出并预期销售收入更大幅度增加的建议。我们称这类决策是费用/收入权衡。追加广告费就是一个例子。在把这类权衡决策授权给较低层的管理者之前，为了保证其万无一失，应该具备两项条件：

1. 管理者应该能够获得制定此类决策所需要的*相关信息*。
2. 应该有某种方式可以评价管理者所做的权衡的效益。

建立利润中心的一个重要步骤是决定组织中满足这两项条件的最低点。

所有责任中心都落在一个坐标轴上，其一端显然应该是利润中心，另一端显然不应该是利润中心。管理者必须决定赋予利润责任的优势是否能够抵销其劣势，这一点我们将在下面讨论。如同所有管理控制系统设计选择一样，不存在明显的分界线。

利润中心的盛行

尽管杜邦公司和通用汽车公司在20世纪20年代初就已经实现了分权，但是美国大多数公司一直到第二次世界大战结束时都依然是按职能组织的。自那之后，许多美国大公司都分权化了，在经营单元层面建立了分权式的利润责任。通用汽车的阿尔弗莱德·斯隆和通用电气的拉尔夫·科第纳都曾记录下利润分权化思想。[1]

对美国《财富》1 000强公司进行调查的结果显示，在638份有效答卷中，93%都来自设立了两个或两个以上利润中心的公司（图表5.1）。[2]来自其他国家的调查结果也同样表明对利润中心概念的严重依赖。

实例 汉华银行采用了利润中心概念，在管理控制系统中建立了盈利能力评价指标，促使银行放弃一些不盈利的项目，如“学生优惠”账户（一项通过对学生使用的特定产品和服务提供低息来吸引学生账户的计划，这是个很好的主意，但是所有账户都赔钱）。

利润中心方法还有助于汉华银行更准确地评价分行的盈利能力。从历史上看，如果一个客户在一个分支机构开立了账户，那么这个客户的所有业务就都算在这个分支机构的业绩内，即使客户使用的是自动提款机或其他分支机构的服务。新的管理控制系统能够让银行了解哪些客户在使用哪些分支机构或自动提款机。它有助于各分支机构确定小目标市场，从而促使汉华银行在系统中增设了一个“少数民族市场分部”，以便更好地服务纽约的亚裔、非裔和拉美裔社区。[3]

Novell公司的董事长兼总裁罗伯特·弗兰肯伯格采用利润中心方法明确并剔除了几项不盈利的业务，如Appleware和Processor Independent Netware。[4]

世界头号手机制造商诺基亚公司，在2001年销售收入严重下滑。作为扭转经营战略的一部分，2002年5月1日，诺基亚公司把市值210亿美元的手机经营单元拆分为9个利润中心，分别负责一个专门的市场领域（如：移动接入产品分部专注于发展中国家的经济型手机）。建立新的利润中心，可以让诺基亚有效地专注于全球各个特殊市场，从而实现销售收入的更快增长。诺基

1. Alfred P. Sloan Jr., *My Years with General Motors* (Garden City, NY: Doubleday, 1964) ; Ralph J.Cordiner, *New Frontiers for Professional Managers* (New York: McGraw-Hill, 1956) .
2. Vijay Govindarajan, “Profit Center Measurement: An Empirical Survey,” The Amos Tuck School of Business Administration, Dartmouth College, 1994.
3. Robert A. Bennett, “Taking the Measure of Bank Profits,” *US Banker* 104, no. 4 (April 1996) , pp. 36–42.
4. T. C. Doyle, “Novell to Focus on Profit Centers,” *Computer Reseller News*, September 5, 1994, p. 202.

图表 5.1
利润中心的采用

	美 国[a]	荷 兰[b]	印 度[c]
发放的调查问卷数量	1 000	N/A	N/A
收回的答卷数量	666	N/A	N/A
答卷率	67%	N/A	N/A
可用答卷数量	638	72	105
设有两个或两个以上利润中心的公司	**93%**	**89%**	**68%**

[a] Vijay Govindarajan, "Profit Center Measurement: An Empirical Survey," The Amos Tuck School of Business Administration, Dartmouth College, 1994.

[b] Elbert De With, "Performance Measurement and Evaluation in Dutch Companies," paper presented at the 19th Annual Congress of the European Accounting Association, Bergen, 1966.

[c] V. Govindarajan and B. Ramamurthy, "Transfer Pricing Policies in Indian Companies: A Survey," *The Chartered Accountant* XXXII, no. 5 (November 1983), pp. 296–301.

亚的 CEO 乔玛·欧里拉评论道："我们预见企业做的太大才是真正的危险。我们必须按一种有意义的方式把公司拆分，以保持我们在 20 世纪 90 年代所特有的创业精神。"[5]

在过去 20 年间，财务控制系统遭到了众多批评。但是，公司并没有摒弃这些系统，而是继续用作实施战略的工具。同时，他们也知道财务控制系统的缺点，许多公司已经开始综合运用计分卡和一系列财务和非财务业绩指标组合。关于财务控制系统的缺点，我们将在第 11 章和第 12 章讨论。

在本章及随后两章中，我们将考察向组织的子单元正确分派财务责任所需要考虑的因素。

利润中心的优势

把组织单元确立为利润中心具有下列优势：

- 决策质量会有所提高，因为他们是由最接近决策点的管理者制定的。
- 经营决策的速度会有所加快，因为他们不必提交公司总部。
- 总部管理层可以从日常决策中解脱出来，从而关注更广泛的问题。
- 由于公司约束减少，管理者可以更自由地发挥想像力和主动性。
- 因为利润中心类似于独立的公司，所以他们为一般管理者提供了一个优秀的培训基地。利润中心的经理在管理各职能领域中积累了经验，高级管理层获得了评估他们胜任较高层职务的能力的机会。
- 利润意识有所增强，因为负责利润的管理者会不断寻求增加利润的方式。（例如：负

5. Andy Reinhardt, "Nokia's Next Act," *BusinessWeek*, July 1, 2002, p. 24.

责营销活动的经理往往会批准能增加销售收入的宣传费用支出，而负责利润的经理则受到激励，仅支出能增加利润的宣传费用。)

- 利润中心可以为最高管理层提供关于公司各组织单元的盈利能力的即时信息。
- 因为产出可以随时评价，所以利润中心对提高竞争力的压力特别敏感。

实例 ABB公司，一家从事发电、输变电行业的欧洲跨国公司，组织成了4 500个小型利润中心——每个利润中心均承担盈利和损失责任，并拥有实质性的自治权。ABB公司的CEO帕西·巴纳维克解释了其中的原因："我们是分权化经营的狂热信奉者。在我们架构地方经营时，我们总是尽力创建独立的法人实体。独立的公司可以让你编制真正的资产负债表，真正承担现金流和股利责任。若有了真正的资产负债表，则管理者可以通过所有者权益的变化逐年继承经营结果。独立的公司还可以创造更有效的管理者招聘和激励机制。若公司足够小，则人们就可以充分了解公司经营，并致力于公司发展，从而可以追求更有意义的个人职业发展生涯。"[6]

许多日本公司都采用利润中心。京瓷公司是一家技术公司，它把公司分立为800个小公司(昵称"*amoebas*")，希望他们既从事内部交易，又从事外部交易。东丸公司，一家酱油生产商，把生产工艺中的每一个阶段都转化为一个独立的利润中心，指示这些独立的经营单元彼此买卖。[7]松下电气公司，一家家用电气生产巨头，不仅按利润中心经营各分部，而且把管理者的注意力集中于两个数字上——利润边际和"净收益"。家用电气行业的特征有两项：产品生命周期短、产品生命周期最初阶段的利润边际高于最后阶段。对"利润边际"的关注激励管理者不断引进新产品，而对"净收益"的关注又激励管理者从现有产品中榨取最大利润。[8]

利润中心的劣势

但是，创建利润中心也会导致一些困难：

- 分权化的决策会迫使最高管理层更多地依赖于管理控制报告，而不是个人对经营的亲身体验，从而导致了一定程度的失控。
- 如果总部管理层比一般的利润中心经理更有能力，或者了解更多信息，那么在经营单元层面制定的决策的质量就会降低。
- 由于在适当转让价格、公共成本的分摊、两个或更多经营单元合作共同创造的销售收入的分配等方面的争执，摩擦会有所增加。
- 曾经按职能单元合作的各组织单元，现在可能要彼此竞争。一个经理利润提高意味着

---

6. William Taylor, "The Logic of Global Business: An Interview with ABB's Percy Barnevik," *Harvard Business Review*, March–April 1991, p. 99.
7. "In Faint Praise of the Blue Suit," *The Economist*, January 13, 1996, pp. 59–60.
8. James Brian Quinn, "Matsushita," Tuck School, Dartmouth College, 1994.

另一个经理利润的下降。在这种情况下，一个经理可能就不会把另一个经营单元更适宜从事的销售业务介绍过去；也可能把人员或设备储备起来，尽管从公司整体来看，另一个经营单元运用更有利；还可能制定对其他经营单元的成本造成不利结果的生产决策。

- 分权化可能会额外增加成本，因为需要追加管理人员、其他工作人员以及档案管理，从而导致各利润中心任务冗余。
- 在一个职能型组织内，可能不存在胜任的总经理，因为他们可能没有充分的机会发展综合管理能力。
- 可能过于强调短期盈利能力，而牺牲了长期盈利能力。为了报告高额当期利润，利润中心的经理可能会紧缩研发支出、培训计划或维修费。若利润中心管理者的流动率相对高，则这种趋势尤其显著。在这种情况下，管理者可能会自以为只有在他们调离后，其恶果才会显现。
- 没有完全令人满意的管理控制系统，能确保各利润中心的利润最大化，也使整个公司利润最大化。

经营单元作为利润中心

大多数经营单元都建立为利润中心，因为负责这类经营单元的管理者一般都控制产品的开发、制造和营销资源。这些管理者可以影响收入和成本，因此要为“净收益”负责。但是，正如我们将在下一小节指出的，一个经营单元的管理者的权力可以通过各种方式予以约束，它应该反映在利润中心的设计和经营中。

经营单元权力的约束

为了完全实现利润中心概念所带来的益处，经营单元管理者必须拥有自治权，就像一个独立公司的总裁那样。但是，从实践上看，这种自治是不可行的。如果公司被分为完全独立的经营单元，组织就会丧失规模优势和协同效应。而且，在将董事会赋予 CEO 的所有权力下放给经营单元的管理者时，高级管理层就等于放弃了自己的职责。因此，经营单元式组织结构反映了经营单元自治与公司约束之间的一种权衡。经营单元组织结构的有效性在很大程度上取决于这种权衡做的如何。

来自其他经营单元的约束

在各经营单元必须彼此交易的过程中，会产生一个主要问题。我们可以把管理一个利润中心理解为控制三种类型的决策：（1）产品决策（生产和销售什么商品或服务）；（2）

营销决策（这些商品或服务如何销售、在哪儿销售、销售多少）；（3）采购决策（怎样获得或制造商品或服务）。如果一个经营单元的管理者控制所有这三类活动，那么通常就不难分派利润责任，也不难计量业绩。一般而言，一个公司内部一体化程度越高，越难把一个既定产品线的所有三类活动向单个利润中心委派责任。也就是说，如果一个产品线的生产、采购和营销决策要在两个或更多经营单元之间分割，那么就难以区分各经营单元对产品线的总体成功所做的贡献。

来自公司管理层的约束

公司管理层施加的约束可以划分为三种类型：（1）因战略考虑因素而造成的；（2）因要求统一而造成的；（3）因集权的经济效应而造成的。

大多数公司都把一定的决策，尤其是财务决策，保留在公司层面，至少对于国内活动而言是这样。因此，经营单元的主要约束之一就是因公司对新投资的控制而造成的。经营单元必须为了从有限的投资中分一杯羹而不得不彼此竞争。因此，一个经营单元可能会发现自己的扩建计划被搁浅了，因为另一个经营单元说服高级管理层他们的计划更具有吸引力。公司管理层会施加其他约束。各经营单元都有一个“章程”，规定它所允许从事的营销和/或生产活动必须在章程的规定范围内，即使另有赚取利润的机会。此外，为了维护良好的公司形象，会要求对产品质量或公共关系活动施加约束。

实例 在20世纪90年代中期，金考快印公司——美国最大的24小时影印连锁店，把许多经营都集权化了。公司最初是以加盟形式创办的，各加盟店在不同地域拥有并经营金考快印店，公司内的各经营单元都负责自己的采购及大部分融资。1996年，当金考快印集中融资后，公司利息支出从5 000万美元降至3 000万美元。通过实施更高效的采购系统，预期也会带来同等数量的节约。[9]

到1999年，Oracle大胆地决定合并公司的信息技术系统。首要原因在于Oracle现在只能赚取20%的利润边际，远不如当时成功的软件公司60%的水平。产生这种差异的首要原因之一在于公司60个利润中心所拥有和经营的各种管理控制系统的高昂的冗余、维修费用和生产低效。由于这项合并，Oracle能够把全球IT预算从6亿美元降至约4亿美元。[10]

公司由于经营统一的必要性，也会对经营单元施加一定的约束。一种约束是经营单元必须遵守公司会计和管理控制系统。对于从其他公司收购的经营单元，以及已经习惯于使用不同系统的经营单元而言，这项约束尤其麻烦。

---

9. Nanette Byrnes, “Kinko’s Goes Corporate,” *BusinessWeek*, August 19, 1996, pp. 58–59.
10. h71028.www7.hp.com/enterprise/downloads/Oracle.

实例　在1989年，先灵葆雅公司经过7年的努力，终于在公司范围内建立了会计和管理控制系统。这个过程之所以如此漫长的一个主要原因在于劝说公司各经营单元采用公司专用系统的难度。相比之下，通用电气公司则只要求按照规定格式向总部提交少量数字信息，雀巢公司允许经营单元以英文、法文、德文或西班牙文的形式向总部报告，因为大多数高层管理者都通晓多种语言。

公司总部还可以施加统一的薪酬和人事政策，以及统一的职业道德、供应商选择、计算机和通信设备，甚至统一要求经营单元的信笺。

一般而言，只要明确地处置，公司约束就不会在分权制组织结构中造成严重问题。经营单元管理层应该理解大多数约束的必要性，并且应该欣然地接受他们。主要问题似乎是围绕公司服务活动的。经营单元经常认为（有时正确）他们能够以较低的费用从外部获得这样的服务。

其他利润中心

除了经营单元之外的利润中心介绍如下：

职能单元

多元化经营的公司一般都划分为经营单元，他们都被视作独立的创收中心。但是，这些经营单元内的子单元可以按职能组织。有时把一个或多个职能单元建成利润中心也是可行的，如：营销、制造和服务职能。没有什么指导原则可以宣布哪类经营单元本质上是利润中心，而其他的不是。管理层对于一个经营单元是否应该是利润中心的决策，是基于经营单元的管理者可以在多大程度上影响净收益的活动。

营　销

通过按所售产品成本收费，营销部门就可以转化为利润中心。这个转让价格为营销经理提供了做出最优收入/成本权衡的相关信息，按利润中心的盈利能力评价利润中心的管理者的标准实践可以检查这些权衡做得如何。向利润中心收取的转让价格应该基于所售产品的标准成本，而不是实际成本。利用标准成本基数可以把营销费用与制造成本区分开来，而它受营销经理所无法控制的效率水平的变化影响。

什么时候才赋予营销活动利润责任呢？什么时候营销经理最有利于做基本成本/收入权衡呢？在不同地域存在的不同条件下，这类问题经常发生。例如：境外营销部门。在这类部门中，可能难以集中控制诸如如何营销一个产品，如何制定价格，在销售宣传中花费多少，何时花费、花在哪个媒体上，如何培训销售员或经销商，什么时候、在哪里建立新经销商之类的决策。[11]

制 造

制造部门通常是一个费用中心，根据业绩与标准成本和管理费用预算对比评价管理者。但是，这项指标会导致问题，因为它未必反映管理者各方面工作做得如何。例如：

- 管理者可能为了获得标准成本上的业绩，缩减质量控制，发送质量差的产品。
- 管理者可能不愿为了满足客户需求处理紧急订单而打乱生产计划。
- 按标准评价的管理者可能缺乏激励，不愿生产难以生产的产品，也不愿提高自身标准。

因此，只要根据标准成本评价制造过程的业绩，明智的做法就是单独计量诸如质量控制、生产进度以及自制还是外购之类的决策。

评价整个制造部门的工作的方式之一是把它变为利润中心，让它为产品售价减去估计营销费用后的差额负责。这样一种安排远不完美，部分原因在于影响销量和销售组合的许多因素都超出了制造经理的控制。但是，在有些情况下，似乎比仅让制造部门负责成本更能发挥作用。

有些作者认为制造单元不应该成为利润中心，除非他们将大部分产出都对外销售。他们把主要向其他经营单元销售的经营单元视作虚假利润中心，其根据是因向公司内部其他单元销售而分派给他们的收入是人为的。但是，有些公司的确为这类经营单元建立利润中心。他们认为，如果设计正确，管理控制系统就能创造与对外销售同样的激励。

服务和支持部门

负责维修、信息技术、运输、设计、顾问、客服以及其他辅助活动的经营单元都可以建成利润中心。这些利润中心可以在总部和服务公司分部之外运营，也可以在经营单元内部实现类似职能。他们为所提供的服务向客户收费，其财务目标是创造足够的业务以便收入能与费用持平。这项实践如图表 5.2 所示。（“根据用量”计费的公司可能将这些经营单元视作利润中心。）通常，如果外部供应商能够以较低的价格提供同等质量的服务，那么接受这类服务的经营单元也可以选择从外部供应商采购。

实例 为了降低成本，新加坡航空公司建立了利润中心，如新加坡航空工程公司和新加坡航空终端服务中心［它本身也设有三个利润中心（机场服务、餐饮和安全）］。设计这些经营单元的目

---

11. 在 1989 年对管理会计协会财务总监委员会委员的一次调查中，70%的答卷人都把营销活动视作收入中心，而不是利润中心（*Controllers Update*, February 1990, p. 1.）。

图表 5.2 对行政管理服务计费的盛行

行政管理服务类别	计费公司百分比*	确定费用的方法（百分比） 用量（实际或估计）	分配比例	其 他
1. 财务与会计	73%	35%	54%	11%
2. 法律	70	35	55	10
3. 电子数据处理	87	63	29	8
4. 一般营销服务	73	35	56	9
5. 广告	72	50	41	9
6. 市场研究服务	70	36	54	10
7. 公共关系	63	24	62	14
8. 工业关系	70	32	56	12
9. 人事	70	35	53	12
10. 不动产	62	37	53	10
11. 运营研究部门	60	47	42	11
12. 采购部门	51	40	51	9
13. 公司高层管理费用	63	13	72	15
14. 公司计划部门	61	20	66	14

* 分母中的合计数只包含回答“是”或“否”的答卷者，不包含未填及回答“不知道”的。

资料来源：Richard F. Vancil, *Decentralization: Management Ambiguity by Design* (Homewood, IL: Dow Jones-Irwin, 1979), p. 251.

的在于，新加坡航空公司希望在获得服务时，也能从外部供应商获得同样的服务。[12]

在2001~2002年，当航空业面临严重问题的时候（部分由于对美国所遭受的恐怖袭击的连锁反应），新加坡航空公司公布的利润高于预测。这主要是因为新加坡航空工程公司和新加坡航空终端服务中心的出色业绩。[13]新加坡航空工程公司竭力以竞争性的价格提供最优的航空工程服务，藉此为公司盈利。在截至2005年3月的财务年度，公司公布了1.055亿美元的经营利润，较上年增长33.7%，并拥有来自美国、欧洲、中东和亚太地区80多家航空公司的客户群。

瑞士航空公司把它的工程和维修分部（EMD）从成本中心转化成了利润中心，从而赢得了对工程和维修分部的成本结构的更大控制权，同时使工程和维修分部既能对内部客户需求做出更快反应，又对外部客户具有竞争力。简而言之，瑞士航空希望工程和维修分部成为一个具有独立性和创业精神并为公司创造利润的部门。[14]

---

12. Joan Feldman, “Divide and Prosper,” *Air Transport World*, May 1995, pp. 35–45.
13. William Dennis, “Profits Plunge But SIA Still Makes Money in 2001,” *Aviation Week & Space Technology*, May 27, 2002, p. 46.
14. Perry Flint, “Cost Center to Profit Center,” *Air Transport World 32*, no. 3 (March 1995), p. 20.

若将服务单元确定为利润中心，则管理者就会受到激励，为防止客户流失而控制成本，而接受服务的经营单元的管理者也会受到激励，制定决策，权衡利用这项服务是否物有所值。

实例 在2001年，两家最大的石油服务公司——斯伦贝谢公司[15]和哈利伯顿公司，建立了信息技术利润中心，既提供内部服务，又向客户提供外包服务。在2001年第二季度，斯伦贝谢公司的IT分部的收入达5.6亿美元，约占公司季度收入的15%。[16]

其他机构

公司建立负责在一个地域内营销公司产品的分支结构，对于利润中心而言也是自然而然的。尽管分支机构的经理不承担任何制造或采购职责，但盈利能力经常是评价其业绩的最佳指标。而且，利润评价还是一项优秀的激励工具。因此，大多数零售连锁店、快餐连锁店和连锁酒店中的每一个店都是一个利润中心。

评价盈利能力

在评价利润中心时，可以运用两种类型的盈利能力指标，就如同评估整个组织一样。

图表 5.3

利润中心损益表举例

		盈利能力指标
销货收入	$1 000	
销货成本	600	
变动费用	180	
边际贡献	**220**	**(1)**
利润中心发生的固定费用	90	
直接利润	**130**	**(2)**
可控公司费用	10	
可控利润	**120**	**(3)**
其他公司分配	20	
税前收益	**100**	**(4)**
税　金	40	
净收益	**$60**	**(5)**

15. 译者注：全球最大的油田技术服务公司，公司总部位于纽约、巴黎和海牙，在全球140多个国家设有分支机构。公司成立于1927年，现有员工70 000多名，是世界500强企业。

16. David Lewis, "Oil Services Giant Builds IT Arm," *Internetweek*, October 29, 2001, p. 10.

图表 5.4　采用不同利润评价方法的公司比例

利润中心的费用类型	美　国[a]	荷　兰[b]	印　度[c]
折旧费	98%	96%	98%
利润中心发生的固定费用	99	N/A	N/A
分配给利润中心的公司管理费用	64	44	N/A
所得税支出	40	22	10

[a] Percentage based on the 593 companies (93%) who reported two or more profit centers in the survey. Govindarajan, "Profit Center Measurement," p. 1.

[b] Elbert De With, "Performance Measurement and Evaluation in Dutch Companies," paper presented at the 19th Annual Congress of the European Accounting Association, Bergen, 1996.

[c] V. Govindarajan and B. Ramamurthy, "Transfer Pricing Policies in Indian Companies: A Survey," *Chartered Accountant*, January 1980, pp. 296–301.

(N/A：无法获得——译者注)。

首先，是评价管理层业绩的指标，它主要反映管理者做得如何。这个指标用来计划、协调和控制利润中心的日常活动，同时也作为正确激励管理者的一种工具。其次，是评价经济业绩的指标，它主要反映利润中心作为一个经济实体做得如何。这两项指标所传达的信息彼此迥异。例如：一个分店的管理者业绩报告可能表明商店的管理者在既定条件下做得很出色，而经济业绩报告却可能表明，由于该地区的经济和竞争条件，这家商店是一个失败的企业，应该关闭。

满足这两种目的的必要信息通常无法从一组数据中获得。因为管理层报告经常被使用，而经济报告只在制定经济决策时编制，所以管理业绩评价需考虑的各项因素应在管理控制系统设计中居于首要地位——也就是说，管理控制系统应该设计用于管理业绩的日常评价，并从这些业绩报告及其他来源获得经济信息。

盈利能力指标的类型

利润中心的经济业绩总是用净收益来评价（即：向利润中心分配全部成本后的剩余收益，包括适当比例的公司管理费用）。但是，利润中心管理者的业绩也可以通过五种不同的盈利能力指标评价：（1）边际贡献；（2）直接利润；（3）可控利润；（4）税前收益；（5）净收益。这些指标的性质如图表 5.3 列举的损益表所示。图表5.4 总结了他们的相对的受欢迎程度。下面就分别讨论。

（1）边际贡献

边际贡献反映收入和变动费用之间的差额。支持采用这个指标评价利润中心管理者业绩的主要观点是，因为固定费用超出了其控制范围，所以管理者应该把注意力集中在最大化贡献上。这种观点的问题在于它的前提是不准确的。事实上，几乎所有固定费用都至少部分是管理者可控的，而有些则是完全可控的。正如我们在第4章中所讨论的，许多费用项目是自由裁量的，也就是说，它们可以由利润中心的管理者自由裁量变动。假设，高级管理层希望利润中心把自由裁量费用控制在预算制定过程中所同意的数额内，则聚焦于边际贡献往往会把注意力从这项职责上转移开。而且，即使某项费用（比如行政管理人员工资）无法在短期内变动，利润中心管理者仍然应该负责控制员工效率和劳动生产率。

(2) 直接利润

这个指标反映利润中心对公司一般管理费用和利润的贡献。它综合了利润中心发生的，或者可直接追溯给利润中心的所有费用，而无论这些费用项目是否在利润中心管理者的控制范围之内。但是，总部发生的费用不包含在计算内。

直接利润指标的一个缺点是，它没有认识到分摊总部费用的激励效益。

实例 美国的第二大报纸发行商——耐特瑞德公司，就是基于直接利润评价每份报纸。发行商为每份报纸制定了具体的直接利润目标。在1996年，《迈阿密先驱报》的目标为18%，《费城问讯报》和《费城日报》（作为一个单元经营）的目标是12%。[17]

(3) 可控利润

总部费用可以划分为两类：可控费用和不可控费用。前一类包括经营单元管理者至少在一定程度上可以控制的费用，例如：信息技术服务。如果把这些成本涵盖在评价系统内，利润就是扣除利润中心管理者可以影响的所有费用后的剩余。这项指标的一个主要劣势在于，因为它不包含不可控的总部费用，所以它无法与报告本行业中其他公司利润的公开数据或行业协会数据直接比较。

(4) 税前收益

在这项指标中，所有公司管理费用均基于各利润中心发生的相对数额来分配给利润中心。反对这种分配的观点有两类。首先，公司管理部门发生的费用是利润中心管理者所无法控制的，如财务、会计、人力资源管理，不应该让这些利润中心的管理者为其负责。其次，公司管理人员的服务难以按正确反映各利润中心所发生的费用数额分配。

但是，还有三种观点支持把一部分公司管理费用纳入利润中心的业绩报告。首先，公司服务单元总希望扩大自己的权力基础，追求自己的卓越，而无视其对公司整体产生的影

17. Kambiz Foroohar， "Chip Off the Old Block," *Forbes*, June 17, 1996, pp. 48–49.

响。把公司管理费用分配给利润中心会增加利润中心管理者质疑这些费用的可能性，从而起到限制总部支出的作用。（据称，有些公司实际上因利润中心管理者对费用项目的抱怨而把公司的直升飞机卖掉了。）其次，各利润中心的业绩会变得更现实，与购买类似服务的竞争者的业绩更直接可比。最后，若管理者知道，除非能弥补包括所分配的公司管理费用份额在内的所有费用，否则各利润中心就不会产生利润，那么他们就会受到激励，在定价、产品组合等方面制定最优长期营销决策，最终使整个公司都受益（甚至确保整个公司的生存）。

如果利润中心应该分摊一部分公司管理费用，那么这个费用项目就应该基于预算费用而不是实际费用计算，在这种情况下，利润中心业绩报告中的“预算”栏和“实际”栏就会显示同等数额。这就确保了利润中心的管理者不会抱怨费用的任意分配，也不会抱怨自己对这些费用缺乏控制，因为他们的业绩报告在管理费用分配上没有任何差异。相反，这类差异会出现在实际发生费用的责任中心的报告中。

（5）净收益

这里，公司按照损益表的底线，即税后净收益，评价国内利润中心的业绩。有两种观点反对采用这项指标：（1）税后收益经常是税前收益的固定比例，在这种情况下，涵盖所得税没有什么优势；（2）因为许多影响所得税的决策都是总部制定的，所以根据这些决策的后果评判利润中心的管理者是不恰当的。

但是，在有些情况下，各利润中心的实际所得税税率会有所不同。例如：境外子公司或者拥有境外业务的经营单元，就可能适用不同的实际税率。在其他情况下，利润中心可能会通过如下方式影响所得税：分期付款信用政策，购置或处置设备的决策，以及采用其他公认会计准则区分毛收益和应税收益。在这些情况下，把所得税支出分配给利润中心是可行的，不仅可以评价各利润中心的经济盈利能力，而且可以激励管理者筹划税负。

收　入

选择恰当的收入确认方法至关重要。应该在什么时候确认收入呢？是在接到订单时、发货后，还是收到现金之际呢？

除了这项决策之外，还需要考虑其他一些与共同收入相关的问题。在有些情况下，两个或更多利润中心会参与一项成功的销售。从理论上讲，各利润中心均应该为自己在交易中发挥的作用分享一份功劳。例如：经营单元A的销售员可能是客户的主要联络者，但是客户向这个销售员下的订单却是经营单元B生产的产品。如果所有销售收入均归功于经营单元B，那么经营单元A的销售员就不可能去争取这类订单。同样，在分行C开户的银行客户，可能更喜欢在分行D办理业务，或许是因为地理位置更方便。如果由此创造的全部收入均归功于分行C，那么分行D就会丧失热情，不愿为这个客户提供服务。

许多公司并不太关注解决这类共同收入问题。他们认为精确明辨创造收入的责任太复杂了，不太务实，因此，销售人员必须认识到自己不仅是为本利润中心工作，而且是在为整个公司服务。其他公司则试图理清共同销售的责任，若一个经营单元接受另一个单元负责的产品的订单，则计收相当于中介费或介绍费的数额（或者，在银行中，尽管所服务的客户的账户由另一个分行维护，但也把功劳明确地记在提供服务的分行身上）。

管理因素

图表5.3所示的各类盈利能力指标均由一些公司采用。美国的大多数公司都把我们在前面讨论的评价经营管理者的一些费用（即使不是全部）包含进去，无论这些费用是否是他/她所能控制的。例如：许多美国跨国公司按美元评价境外子公司的管理者的业绩。因此，业绩会受美元币值相对于东道国货币的波动的影响——它完全超出了管理者的控制。

在评价利润中心管理者的业绩时，大多数困惑都起因于未把管理者的评价与利润中心的经济评价分开。如果人们单独考虑管理者的评价，那么答案就会很显然：应该根据管理者所能影响的项目评价他们，即使他们不能完全控制这些项目。在一般公司中，这些项目可能包括利润中心直接发生的所有费用。只有管理者能够影响本经营单元缴纳的税金数额时，才能根据税后收益评价他们。至于他们显然无法影响的项目，如汇率波动，则应该被剔除。

但是，遵照这些指标，并不能解决所有问题。尽管影响的程度不同，但总是有一些项目，管理者虽能对其施加一定影响，却无法真正控制。因此，在评价管理层业绩时，差异分析总是至关重要的。但是，即使最优秀的差异分析系统，也仍然需要运用判断，使这种判断更可靠的方式之一就是剔除管理者所无法影响的所有项目（或者在报告中不反映这部分差异）。

小　结

利润中心是指收入和费用均按货币形式评价的组织单元。在建立利润中心时，公司把决策权力下放给较低层级，因为他们拥有进行费用/收入权衡的相关信息。这项行动的优势包括，能够加快决策速度，提高决策质量，更多地关注盈利能力，提供更广泛的管理层业绩评价指标等。

对利润中心自治权的约束可以通过其他经营单元及公司管理层施加。这些约束必须在利润中心的经营中予以明确。

在适当情况下，即使生产和营销职能也可以组建为利润中心，尽管要成功地实现这种转化需要大量判断。

评价利润中心的利润也涉及大量关于收入和费用应该如何评价的判断。就收入而言，收入确认方法的选择至关重要。就费用而言，评价范围包括利润中心发生的可变成本，以及完全分摊的公司管理费用，包括所得税。关于收入和成本评价的判断不仅应该由技术性核算因素指导，而且，更重要的是由行为因素指导。关键是涵盖利润中心管理者报告中管理者能够影响的收入和费用项目，即使他们无法完全控制。

推荐读物

Alter, Allan E. "The Profit Center Paradox." *Computerworld 29*, no. 17 (April 1995), pp. 101-5.

Dearden, John. "Measuring Profit Center Managers." *Harvard Business Review*, September-October 1987, pp. 84-88.

Vancil, Richard F. *Decentralization: Management Ambiguity by Design*. Homewood, IL: Dow Jones-Irwin, 1979.

Walsh, Francis J. *Measuring Business-Unit Performance*. Research Bulletin no. 206. New York: The Conference Board, 1987.

案例5-1
利润中心问题

1. AMAX 汽车公司

AMAX 汽车公司是一个拥有三条生产线的汽车公司。A 生产线定位于豪华车；B 生产线定位于高档车；C 生产线定位于大众市场。三条生产线均按各自不同的品牌销售，利用不同的分销系统。A、B、C 生产线目前分别由 A、B、C 事业部生产和营销。

对三个事业部而言有些组成部件是共用的，这些部件中部分外购，部分则由公司内部制造。此外，各事业部存在相当大的技术和工艺决窍的转移。具体而言，产品创新似乎起源于事业部 A，然后转移到事业部 B 和 C。但是，工艺创新似乎起源于事业部 C，然后转移到事业部 A 和 B。

思考题

AMAX 汽车公司应该如何组织、如何控制呢？

2. Indus 公司

Indus 是一家多元化经营的公司，涵盖很大程度上彼此独立的多个专门市场。也就是说，在各市场中，客户的购买决策是彼此独立的。公司在各市场中的竞争优势主要是产品创新和领先。公司在客户/产品方面面临着下列形势：

案例 A：客户主要对产品的性能敏感，对价格不敏感。此外，各产品线之间没有产品协同效应。

案例B：客户主要对产品的性能敏感，对价格不敏感。但是，各产品线之间存在很大的产品协同效应。

案例 C：客户对产品性能和价格同等敏感。但是，各生产线之间没有产品协同效应。

案例 D：客户对产品性能和价格同等敏感。但是，各生产线之间存在很大的协同效应。

思考题

在每个案例中，Indus 应该怎样组织和控制呢？

本案例由马里兰大学阿尼尔·格普塔编写，并拥有版权。

案例5-2
北国汽车公司

北国汽车公司的部分所有者——乔治·利迪，对 5 个部门经理（新车和二手车销售、服务、汽车美容和零部件部门等）刚刚建立的新的控制系统非常满意。图表 1 介绍了各个部门。利迪笃信按利润中心评价各部门的概念。但是，他也意识到让各位经理买这个系统的账，为了经销商的利益而共同合作，的确是一种挑战。

背　景

北国汽车公司是福特、Saab、大众的特许经销商和服务中心。多元化特许经营在 20 世纪 80 年代变得越来越普遍。但是，多元化特许经营的价值并不是没有成本的。三个制造商均采用不同的计算机系统追踪存货和下订单。他们还要求经销商配备一组经过培训的技师，维持足够的服务设施，因而也必须保持一定的维修用零部件存货。图表 2 列示了资产负债表数据，并把投资分解到各产品线。北国汽车公司还经营一家汽车美容店，并在 1989 年年中，开办了适于各类车型的“立等”换油服务。

公司位于纽约一个拥有 2 万人口的偏僻小镇。它为附近两个小镇的约 4 000 人服务，并辐射方圆 20 英里的郊区。北国汽车公司于 1968 年开始营业，1983 年沿路搬迁到 1 英里外一块 6 英亩的地区，厂房占地 25 000 英尺，这就是目前的经营场所。公司由乔治·利迪和安德鲁·琼斯所有，他们俩都同样积极地参与日常经营。利迪先生于 1988 年从前一个合伙人手中购买了这个经销商的股权。琼斯先生从公司创立起就是公司的部分所有者。利迪先生把精力倾注于新车和二手车销售上，而琼斯先生则致力于管理零部件、服务和汽车美容部门——一般称之为经销商的“后端”。

所有者们决定用高回报的“后端”作为解决汽车销售低迷和销售边际低的一种方法。在这个行业中，最明显的特征就是高额折扣，它是由高存货、大量高端消费者及新企业激增综合推动的，因此，如果有其他现金流来源就至关重要。行业分析师估计，1990 年美国只有不到 50%的经销商能在新车销售中盈利。预期总体净利润边际会降至销售收入的 1%以下（《华尔街日报》，1989 年 12 月 11 日）。

乔治·利迪面临的挑战

在乔治·利迪入股经销商之前，所有部门都作为企业的一个组成部分来运营。部门经理领取工资和奖金，奖金由公司所有者根据当年的总体业绩以及对各经理的主观评估而定。

乔治·利迪认为这种制度没有对部门经理提供正确的激励。他信奉分权制的利润中心，把基于业绩的薪酬制度视作高级控制模式。他指示各部门经理（新车、二手车、服务、汽车美容和零部件）把本部门视同独立的企业来管理。他知道利润中心控制系统的成功取决于各部门经理的支持。他/她们必须理解向各部门分配费用的基本原理，并相信自己能合理控制盈利能力。1989 年，

本案例由马克·鲁尼（90 级）在约瑟夫·费舍教授的指导下编写。

图表1 北国汽车公司——部门组织结构

新车销售与二手车销售

新车和二手车部门各设一位销售经理。他们共同管理六名销售员。此外，这两个部门还共用一位办公室管理人员和办事员。销售经理领取底薪外加新车或二手车销售提成，以及本部门毛利润（销售收入减去所售车辆成本）的一定百分比。公司所有者和销售经理就年度销量和边际目标达成一致后，就确定一个权数，以便使各部分都约占销售经理总薪酬的三分之一。公司所有者声称，这种双重激励奖金机制为销售经理制定边际和销量目标提供了一定的灵活性。乔治·利迪主张："如果边际低，销售经理可以尽量用销量弥补"。销售员则严格按毛利润一定比例的佣金计酬。这个地区的许多经销商都把销售佣金改为底薪，外加按所创造的毛利润计提的部分佣金。

新车销售经理负责向利迪先生推荐新车型订单，以及三种产品线的存货组合。他还有权审批各项客户交易的销售价格和销售折扣。一般而言，新车销售经理可以把折价销售转到蓝账上。但是，如果汽车价格明显低于平均水平，就会要求二手车部门评估其价值。二手车销售经理负责控制二手车存货组合，他们会在汽车批发拍卖市场中购置或销售二手车。

服务部门

服务部门占用了公司整个建筑的一多半可用空间，是劳动密集型的业务部门。服务部门包括11个配有液压升降装置的工作间，其中1个用于换油操作。服务部门雇佣了1名经理、10名技师、3名准熟练机械师、2名柜台服务员以及3名办公室人员。经理的薪酬由底薪外加基于计时账单所创造的部门毛利润（按计时收入减去计时技师和机械师的工资总额计算）的奖金构成。服务收入只包括人工费。服务部门的零部件没有加价。奖金计划约占工资的50%。给技师、机械师和办事员一律支付固定工资，无论实际计费小时数是多少。技师必须接受专业培训后，才能从事各产品线的授权服务工作。送一名技师去学校培训的费用约为4 000美元，为期两年。公司所有者估计一名新手可能要花费价值1万美元的非计费性保修工作，但薪金补偿仅限于标准许可人工小时数。在10名技师中，4名拥有福特的证书、3名拥有Saab的证书、3名拥有大众的证书。乔治·利迪和安德鲁·琼斯考虑通过交叉培训降低闲置时间所造成的成本，但是又不愿冒险让技术娴熟的工人流动。若一个人辞职，则重新培训成本可能是3倍。

服务部门的主要收入来源是保修工作、保修之外的维修工作、二手车翻新、换油业务。保修工作由制造商根据其事先制定的人工费率补偿，一般比保修之外的维修工作的费用低20%。如果经销商要求服务部门经理为最近的客户及时提供保修服务，那么保修工作收入较低就是一个潜在的问题。在接近运营能力的时期，服务部门经理就会受到激励，安排具有较高收入的非保修工作来替代保修工作。

零部件部门

零部件部门包括1名经理、3名仓库保管员及2名办事员。零部件部门经理领取底薪，外加基于部门毛利润（按所售零部件总收入减去零部件成本计算）的奖金。零部件部门经理负责追踪三种产品线的零部件存货，使储存成本和"报废"最小化。公司所有者把报废件定义为一年内未售出的零部件。利迪先生估计手头25%的零部件都属于这一类。零部件的供应天数（存货周转率）在行业中平均为100天。部门经理必须精通三种截然不同的、彼此不相关的产品线的保险、存货要求以及次级市场政策。零部件部门经理的工作就是最有效地利用制造商的退货信用，发现外部批发机会，以便使报废成本最小化。地方批发商会支付经销商旧零部件成本的80%。

零部件需求几乎全部来自其他部门。零部件销售收入分解如下：50%通过服务部门、30%通过汽车美容部门、10%通过批发，还有10%通过直接零售。与服务部门的工作类似，保修工作所需要的零部件会得到补偿，但费率比非保修工作收取的价格低20%。

图表 1（续）

汽车美容部门

汽车美容部门包括 1 名经理、3 名技师和 1 名办事员。经理同其他经理一样，领取底薪外加基于部门盈利能力的奖金。为了维持长期经营，北国汽车公司需要追加投资 5 万美元，用于购置喷漆设备。事实上，汽车美容部门在分配固定管理费用后，显示的是亏损。美容部门的毛利润可以高达 60%，但是，返工和预料之外的隐性损坏往往会把毛利润压低至 40%。

换油业务部门

经销商的换油业务使用的是全国连锁特许“迅换”标志，占用服务部门的一个工作间，还有一名准熟练机械师。换油业务量平均每周为 68 个。该部门不按独立的利润中心评价，而是作为填补服务部门闲置经营能力的一种手段。换油特许机构提供全部设备，从而使经销商的现金投资降至 500 美元。在扣除直接人工、直接零部件、特许费之后，经销商在每次换油服务中可净赚 10.00 美元，服务价格为 21.95 美元。如果业务量有保证，公司所有者也愿意再为这项业务专门提供一个工作间。

图表 2　资产负债表

北国汽车公司

资 产 负 债 表

1989 年 10 月 31 日（千美元）

资　产		负债及所有者权益	
现　金	$32	应付账款	$73
应收账款	228	应付票据—汽车	1 294
Saab 存货	253	长期负债	344
大众存货	243		
福特存货	773	负债合计	1 711
二手车	231		
Saab 零部件	75		
大众零部件	75		
福特零部件	226		
汽车美容材料	6	股东权益	
其他流动资产	89	普通股	$400
		留存收益	205
不动产及设备—净值 * (总值$3.77 亿)	85		
总　计	$2 316	总　计	$2 316

* 北国汽车公司租赁土地和建筑物。

部门经理的奖金根据部门毛利润计算。费用低于毛利润线以下不在奖金计算范围内。在一份说明职责的报告中，告知他们“明智审慎地控制费用”。要实施一种与部门实际净利润挂钩的更综合的管理控制系统，利迪先生就要求把传统上视作一般管理费用的成本分解为各部门的相关独立费用。他对部门经理的战略是在未来几年内逐步引入一种“几乎”完全的成本分配制度。根据这种制度，各部门经理将最终负责本部门发生的全部可控成本。固定费用，如利息支出，将由利迪先生根据自己的决定来分配，但是不会用于计算部门经理的奖金。

由于利迪先生是新加入经销商的人，这种渐进式变革可以让他有时间更多地了解北国汽车公司账簿记录的错综复杂。他不希望因任意武断的成本分配而失去人们的信任。图表 3 根据“几乎”完全成本制度分解了部门盈利能力。

除了找到有效追踪部门业绩的方式之外，乔治·利迪还必须设计一种合理的转移定价系统。尽管利迪先生认为，从理论上讲，北国公司的各部门可以按独立企业经营，但是，他承认在正常的交易中，各利润中心之间存在复杂的相互联系。最近一次新车采购说明了可能产生的问题。

新车销售部门的经理亚历克斯·沃克以 14 150 美元的价格出售了一部新车。购买时现付 2 000 美元，销售折让 4 800 美元，银行贷款 7 350 美元。销售商的成本是 11 420 美元，其中包括出厂价格外加销售佣金。

二手车销售部门的经理艾米·罗宾斯检查了折价车辆。折价车辆在批发指导手册上的价值是 3 500 美元。指导手册每月出版，充其量是清算价值的一种近似估计。实际价值每日都随汽车拍卖市场供求平衡的变化而变化。这些差异可达指导手册价值的 25%。

罗宾斯女士认为，她能以 5 000 美元的价格迅速卖掉折价车辆，并赚取不错的边际，所以她就选择把它留作存货，而不是按 3 500 美元的估计价值批发掉。于是，沃克先生就用 3 500 美元的价值计算新车销售的实际利润。

在对折价车辆进行例行检修时，服务部门报告前轮需要新的刹车垫和转子，后门锁组件卡住了。估计维修价格为：刹车 300 美元（零部件 125 美元，人工 175 美元）；修理门锁 75 美元（零部件 30 美元，人工 45 美元）。清洁和改装（服务部门作为门锁和刹车修理的一部分提供服务）花费 75 美元。服务部门还建议全面调整 255 美元的零售价格（零部件 80 美元，人工 175 美元）。

维修和调整工作完成了，以 705 美元的零售价格列入二手车存货。如果汽车随后拍卖，这些机械修理未必会增加批发价值。内部工作的转让价格最近从成本变成了零售价格中的一部分。零售加价中人工费用按直接小时收费标准的 3.5 倍，零部件费用按 1.4 倍计算。

乔治·利迪所关注的是，他最终向各部门分配完全成本的计划所涉及的维修的零售转让价格（如图表 3 所示），可能会鼓励二手车销售经理规避因批发折价车辆而造成的本部门的损失，尽管对于经销商来说，可能在再销售中获利。这也可能因交易对新车客户丧失吸引而对经销商造成损失。

利迪明白维持各部门对他的信任是何等重要，所以他召集三个部门经理来开一次会。他决定借刚刚完成的新车销售来说明这项交易可能对部门利润产生的影响。在阐述中，利迪先生列明了这项交易所带来的利润、成本分配的改变。在阐述完后，利迪先生征求部门经理的意见。

亚历克斯·沃克首先发了言：“我理解折价车辆超过账面价值的折让不能算作利润。但是，真正的问题是如何制定我和艾米之间转让折价车辆的价格。如果折价车辆在拍卖中以低于批发指导手册价值的数额清算，我就拒绝对任何可能发生的损失负责。她的部门应该对错误估价负责。”

艾米·罗宾斯强烈反对：“我们部门不应该补贴新车销售事业部的利润。”

利迪急切地插进这剑拔弩张的争论：“显

图表 3 财务报表

北国汽车公司
1989年10月31日（10个月）
（千美元）

	新 车	二手车	服 务	汽车美容	零部件
销售收入	$6 558	$1 557	$672	$231	$1 417
毛利润	502	389	421	145	361
业务量（车辆、维修或零部件）	474	390	9 795	406	40 139
直接销售（佣金及配送）	$96	$25	n/a	n/a	n/a
间接人工	162	74	$237	$ 64	$156
部门广告	91	30	19	2	3
保险维修—零部件及服务（赠送及翻工）.	29	12	14	12	1
日常用品及水电费	22	18	19	28	12
折 旧	3	1	15	5	2
租 金	89	22	67	13	9
分配共同费用前利润	$10	$7	$50	$21	$178
其他费用					
利息（新存货）	$110				
其他利息	21				
所有者工资	65				
保 险	35				
经营净利润	$35				

财务报表附注

1. 新车销售及毛利润边际（千美元）分解如下：

	销售收入	毛利润	# 业务量
福特	$3 114	$193	243
Saab	1 502	90	73
大众	1 794	117	158
融资费用*	148	102	n/a
	$6 558	$502	474

2. 二手车销售及边际分解如下：

	销售收入	毛利润	# 业务量
零售	$1 045	$212	177
批发	423	(59)	213
融资费用*	89	36	n/a
	$1 557	$189	390

3. 汽车的应付账款是由新车存货担保的循环信用额度。应付银行的账款在所融资的存货车辆出售时到期。这项负债在过去 10 个月间大约降低了 150 万美元。

图表 3 （续）

4. 间接人工包括部门经理、办事员、会计以及涉及与具体部门的活动直接相关的工作。它不包括销售佣金或者后端计时员工。
5. 部门广告根据实际投放的广告分派给各部门。
6. 保险维修包括因客户对经销商的新车、保修范围或者维修成本选择发生争议，而提供的经销商折让。这些成本应分配给发生的部门。
7. 折旧根据各部门租赁改建或设备的历史成本分配。
8. 租金根据各部门占用场地的平方英尺数分配，然后根据空间价值调整。
9. 为了把投资和融资成本分开，利息支出被视作共同费用。
10. 保险包括经销商作为一个整体的全部责任和财产损害。由于投保多种类型的保险以及捆绑定价，所以不可能把保费支出分解到各部门。
11. 二手车部门约75%的固定费用与汽车零售密切相关，约25%与批发销售相关。
12. 本年所售零部件总量 = 40 139 件；本年承接的服务业务总量 = 9 795 件。
13. 利用图表 3，北国汽车公司决定管理费用的分配如下：

    新　车：$835/辆 = $396 000/474 辆

    二手车：$665/辆 = $157 000 × 0.75/177 辆

    零部件：$32 = $183 000/40 139 件部件 = 4.55/件 × 7 件
    （2 套刹车、1 个门锁、4 个检修部件）

    服　务：$114 = $371 000/9 795 份订单 × 3 份订单
    （门锁、刹车、检修）

* 融资费用包括经销商提供的汽车贷款收入。它还包括经销商就服务合同和延期保修计提的佣金。

然，我们必须认真考虑如何制定新车和二手车部门之间的转让价格，以及谁应该负责意外损失。”

“我所关心的另一件事”，罗宾斯继续说：“是在折价车辆的维修中把零部件和人工完全折合进零售价格。由于服务部门未充分提供服务，我不理解为什么要向我收取完全价格。服务部门要为本公司内部新车和二手车部门接手的项目收取加价，这是毫无道理的。我看不出若公司的一个部门向另一个部门销售，我们将如何盈利。”

罗宾斯补充道：“如果我不敢肯定实际零售价值，我往往会批发，而不是零售，以避免出现边际风险。但是，如果我这样做，我们组织作为一个整体就可能蒙受损失。”

“在这一点上，我赞成艾米”，沃克说，“对于经销商提供的选择，我也有同样的问题。如果要为这些选项向我全价收费，我就不会有动力去尽力销售这些选项。”

“等等”，服务部门经理说道，“我是靠销售服务赚取利润的，这些也是我对外收取的费用标准。若在内部按较低的价格销售，则会破坏建立这个利润中心的目的。但是，为零部件支付全价，我也的确有问题。零部件需求几乎完全来自服务部门，我们要靠零部件提供迅捷的维修服务。”

利迪先生又匆忙插话说：“显然，要提供优质、迅捷的服务，我们就必须精诚合作。我们必须确保在各部门最大化本部门利润的同时，不会对其他部门造成负面影响。”

利迪继续说：“我也关心把折价车辆维修资本化而不是立即计入费用所产生的影响。我们都知道，每出版一期新的指导手册，批发价值就会下跌一些。我担心，若汽车销售缓慢，我们可能就不愿意赔本销售汽车，即使我们应该这么做。汽车存货会占用现金，衡量部门成功与否的一个关键指标就是存货周转率（行业平均存货周转率是：新车 75 天，二手车 45 天）。总而言之，虽然我认为利润中心概念适合我们企业，但是我还是关心各部门之间发生的摩擦。”

思考题

1. 利用这项交易中的数据，计算新车、二手车、零部件和服务部门在这项交易中的盈利能力。假设销售价格为 5 000 美元的折价车辆的销售佣金为 250 美元。［请注意：在计算这项交易的盈利能力的管理费用中采用下列分配方式（新车：835 美元；二手车：665 美元；零部件：32 美元；服务：114 美元)]。这些管理费用分配还请参见图表 3 附注 13 所示。
2. 转移定价系统应该怎样在各部门运作（市场价格、完全零售、完全成本、变动成本)?
3. 如果一星期后发现折价车辆批发价格仅为 3 000 美元，那么哪位经理应该为损失负责?
4. 北国汽车公司在向二手车批发业务分配固定成本之前发生的本年累计损失约为 59 000 美元(参见图表 3 附注 2)。从理论上讲，二手车批发应该是盈亏平衡的业务。您认为问题出现在哪?
5. 利润中心应该按毛利润或“完全成本”利润评价吗?
6. 您对公司所有者有什么建议吗?

案例5-3

模拟设备公司：微型机电系统

从半导体制造商的四层厂房顶层的一间会议室内，雷·斯塔塔就可以一览麻省理工学院的校园。特别是，他能注意到一幢很快就会以他的名字命名的建筑。当问起对这项殊荣有何感受时，斯塔塔先生谦逊地耸了耸肩。但是，当问起微型机电系统（MEMS）业务时，斯塔塔先生一点也不掩饰他的无比骄傲。

斯塔塔先生是模拟设备公司（ADI）的董事长，这是1965年与他人共同创建的公司。微型机电系统是其中一个事业部。他为微型机电系统的成功倾注了大量的心血，并且用他的声誉做担保。事实上，若没有他的远见卓识和献身精神，这项雄心勃勃的创业计划可能早在几年前就被不断攀升的损失压垮了。在为期3年的延长期内，即1997~2000年，为了维持企业生存，斯塔塔先生决定同时兼任模拟设备公司董事长和微型机电系统总经理。

在2002年，斯塔塔先生把微型机电系统视如珍宝。由于拥有历经15年打造的全球技术霸主地位，企业一直盈利，长期增长前景似乎光明无限……图表1显示了微型机电系统事业部的财务数据。

微型机电系统事业部

马萨诸塞州的工业重镇剑桥的重心地位正在转型。在麻省理工学院周围，不断发展壮大的生物技术工业日益控制了邻近地区。生物技术企业现代、清洁、宁静的实验室和办公楼，与两家历史悠久的企业——Tootsie Roll和Necco糖果厂，形成了鲜明的对比。座落在新、旧建筑之间，曾由宝丽莱公司拥有的那幢建筑物，是模拟设备公司微型机电系统事业部经营的仅有5年历史的半导体生产厂。

熟悉半导体制造的参观者会立即辨认出这个工厂内部的环境。在一个力求保持清洁的环境中，工人们拎着饭盒大小的盒子在机器间穿梭往来，盒里面装满了硅片，大约为餐碟大小，要完

图表1 微型机电系统事业部的销售收入和经营利润（单位：千万美元）

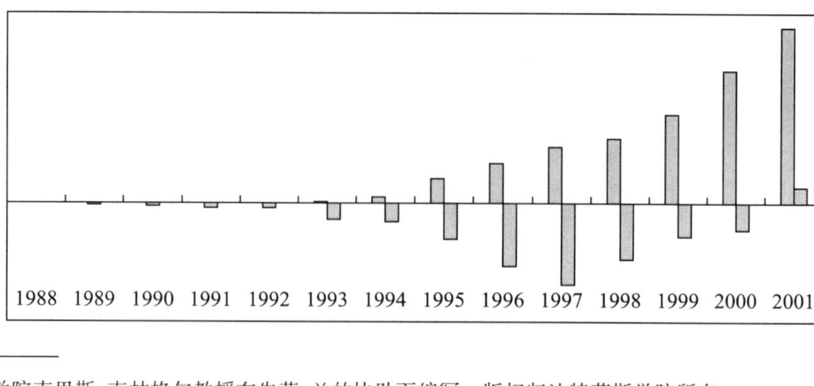

本案例由达特茅斯塔克商学院克里斯·克林格尔教授在朱莉·兰的协助下编写。版权归达特茅斯学院所有。

成 400 道批量生产工序。在程控计算机的帮助下，工人们认真监控和调整着设备，他们把微型电路蚀刻在每个硅片上。设备与整个半导体行业所使用的设备一样。最终，每个硅片都被切割，包装成成千上万个微型电子元器件。

对于不熟悉半导体行业的参观者而言，工作流程的奇特景象、环境以及员工的专业化水平都会给他们留下挥之不去的印象。此外，有些人会为如此小的物体竟有如此高的成本而感到震惊。在大约四分之一个足球场大小的全部生产空间内所容纳的设备价值近 1 亿美元。每个饭盒大小的盒子所容纳的是成千上万美元的在产品存货。

但是，无论人们是否熟悉半导体行业，这个特别的半导体工厂没有任何不寻常的事情。微型机电系统的奇迹在于，他们拥有*微型移动元器件*。这就使半导体设备的各种新应用成为了可能。一个 400 人的员工队伍每周可以生产近百万的微型机电系统设备。它是世界上惟一一家完全致力于微型机电系统生产的工厂。

微型机电系统的最初应用是*加速计*，一种感应运动的装置。模拟设备公司的第一个微型机电系统产品 ADXL–50，至少能够感应 50Gs[1] 的突然加速，用于启动汽车中配置的安全气囊。气囊安全系统的改进在很大程度上取决于微型机电系统技术的持续发展。例如：新型传感器可以计量多个方向的加速，这就使配置侧面气囊成为了可能，此外还可以计量成角度的加速，这就使翻滚情况下配置气囊系统成为了可能。

在 2002 年，气囊制造商的销售收入仍然占微型机电系统事业部总销售收入的 85%。模拟设备公司生产的气囊系统用传感器占世界总产量的 35%。公司的主要竞争者是摩托罗拉。公司客户是气囊及其他汽车行业零部件的一级供应商，如北美的 Delphi（以前称为 Delco），欧洲的西门子和 Autoliv。有些气囊制造商，包括欧洲的 Bosch 和日本的 Denso，也自己制造传感器。还有一些低层次的竞争者，主要以价格竞争。

非汽车应用也不胜枚举，种类繁多，其中包括电子游戏、家用电气、导航设备、安防设备、基于移动装置的个人数字助理（PDA）和手机新交互机制。其他具有前景的市场才刚刚开始发展。例如：微型机电系统设备被设计为下一代电信网络的交换机。这种网络的一个重要瓶颈是在光缆中传送的光脉冲转化为电子信号的过程，反之亦如此。这项功能必须建在电信交换机内，是通过电子进行控制的。下一代交换机全部是光学的。微型机电系统设备的作用是控制成千上万个微镜的运动，启动交换过程。微型机电系统还可以应用于医药，如释放药物的微型可移植装置。

模拟设备公司与半导体行业的模拟领域

半导体行业生产的大多数设备都是全数字化的，也就是说，他们只是操控无数个 1 和 0。最大一类半导体产品是计算机的微处理器，这类产品以英特尔公司为主导。模拟设备公司致力于模拟信号的应用，而模拟信号则在不断变化。电子设备与现实世界之间的大多数界面都需要这类信号。人们听到和看到的只是模拟信号。大多数指标如温度和压力，也都是模拟的。模拟设备公司的核心产品是模拟信号放大器，以及将模拟信号和数字信号相互转换的转换设备。

自成立起至 20 世纪 80 年代，模拟设备公司的元器件主要用于军工产品。模拟设备公司的大多数元器件都是低产量或为特殊应用专门设计的。每件产品都要求大量的设计知识，利润边际也很高。模拟设备公司认为公司的品牌信誉反映了他们的设计才能，从而使价格得以维持在较高水平。模拟半导体领域的定价也颇具吸引力，因为模拟元器件一般只代表全部系统成本的一小部分。

1. 一个 Gs 相当于重力导致的加速度——约为每秒 32 英尺。

模拟设备公司的CEO费什曼先生认为，从定价和盈利能力的角度看，模拟领域是半导体行业中最好的领域……

2001年，模拟设备公司销售收入为26亿美元，较之行业巨头如英特尔公司的260亿美元，还只不过是个小型企业。没有明确的方式可以使公司的销售收入从26亿美元跃升至260亿美元。一项内部分析曾表明，即使模拟设备公司能够使他们的核心业务，即基于低产量、设计密集型的产品，壮大为目前规模的10倍，但是，从理论上讲，他们就必须聘用美国毕业的所有电子工程师，才能满足产品需求。

尽管这些分析会产生某种吸引力，但是费什曼先生对于多元化经营还是慎而又慎。根据他的经验，要使一家新企业盈利，总是需要更多的时间和更多的资本，这远远超乎人们的想像。

同时，公司的创始人斯塔塔先生则更多地担心不实行多元化经营所导致的后果。依照他的观点，CEO的首要职责就是"管理S曲线"。S曲线描绘了新企业开始缓慢增长，然后加速，转而停止，走向成熟，缓慢增长的趋势。多元化经营的诀窍是在S曲线的早期打入新市场——恰恰在旧产品趋于成熟的时候。斯塔塔先生介绍了他的经营理念：

> "所有的问题无外乎是探测并管理转型之点。当然，人们总是能够做个事后诸葛亮。但是，我们必须对这样一项事实保持敏感性，即：任何事物都有生命周期，人们必须总是把眼光放到生命周期之外。模拟设备公司经历了几次重大转型。CEO的主要工作就是了解组织各项投入的效益，并对此做出反应……至少也应该鼓励那些能预见未来的人，做他们的支持者。"

依照斯塔塔先生的观点，不可能同时对几个新企业都投资——如果这样，就会使现有盈利产品线短缺资金。他认为，从长期来看，把研发预算的10%~15%投资于那些处于核心业务边缘的新机会（与那些与核心业务密切关联或完全非关联的机会相对）是合理的。

尽管他们最初对新企业的期望总是很高，但是模拟设备公司事实上曾在历史上多次再造产品线。它已经从其根基，即作为放大器的制造商，转移到了具有更多功能的电路上，如转换设备，继而又转移到数字信号处理器（DSPs）上，再到微型机电系统。从多元化到生产微型机电系统早在数字信号处理器成熟之前就开始了。事实上，数字信号处理器直到1999年才盈利，仅比微型机电系统早两年。

数字信号处理器的投资机会部分起源于计算机和网络日益增长的多媒体功能方面的需求。由于计算机厂商不断增加高质量的音频和视频功能，藉此实现终端产品的差异化，公司的信号处理需求也相应增加了。他们的系统设计师还需要节省空间。一般而言，一个系统包含两个芯片，一个用于放大模拟信号，并转换为数字信号；另一个用于处理数字信号，分别由两个不同的制造商供应。模拟设备公司发明了数字信号处理器，把放大、转换和数字处理功能都集于一个芯片。

数字信号处理器引发了半导体行业的一次变革。曾经严格区分的数字和模拟元器件市场开始重叠了。先前的完全数字元器件制造商开始销售具有模拟功能的产品。

在90年代末，在互联网投资激增的驱动下，模拟设备公司的业务经历了大幅增长，一直持续到2000年。他们的产品处于许多互联网设备的核心，如PC调制解调器和ADSL交换机。模拟设备公司还制造手机和无线基础设施设备的元器件，以及PC配件用的元器件，如平板显示器、CD和DVD播放器、数码相机。这些应用为模拟设备公司的数字信号处理器销售收入创造了惊人的增长。截至2001年，数字信号处理器已经可以与微型机电系统并驾齐驱了。他们都盈利，但是仍未收回全部投资。

互联网投资的激增也加速了模拟设备公司的模拟产品的增长。事实上，在2001年，模拟产品仍占模拟设备公司销售收入的 80%（较 1990 年的 97%略有下降）。同样是在 2001 年，许多互联网驱动的增长都消失殆尽了。其中包括最有前景的微型机电系统应用之一——光通信交换机的元器件。

三名产品线总经理向模拟设备公司的 CEO 费什曼先生报告：模拟、数字信号处理器和微型机电系统。其他直接向费什曼先生报告的包括全球销售和制造机构的领导，还有首席财务官、人力资源副总裁，以及研究部门的领导。营销、产品开发、业务拓展和物流部门的领导分别向各产品线总经理报告。

模拟设备公司的内部创业精神

模拟设备公司的业务都是高度技术性的。或许公司最宝贵的财产就是拥有在电子工程、材料科学、固态物理及其他相关领域受过高等教育的员工队伍。为了确保技术人员的创意有机会表达出来，斯塔塔先生建立了模拟设备公司研究员计划。

> “我认为，许多公司之所以陷入困境，是因为管理层权力过重。他们没有明确管理层拥有职责，但是他们不是世界的主宰……他们仅是整个经营的一部分。还有其他人同样重要，甚至更重要。”

模拟设备公司不到 1%的技术人员是研究员。它是众人渴望的一种荣誉，它代表着一流的技术能力，以及在模拟设备公司多年的技术经验和领导能力。研究员的评选由自己提名，并经高级管理层审批。

研究员知道自己拥有真正的改变公司方向的机会。他们拥有与 CEO 和董事会直接沟通的渠道。依照斯塔塔先生的观点，没有研究员的直接协助，CEO 不可能了解市场中的所有机会，尤其是因为市场是如此高度技术性的。斯塔塔先生介绍了允许研究员绕过所在部门经理向上报告的基本原则：

> “如果您做得很出色，客户就希望您继续您所做的事情，当然，公司内成功的经理希望获得越来越多的资源来服务客户。把资源从成功业务中抽走，却投入高风险的实验中去，是各部门经理绝对憎恶的事……它只能在公司高层才能实现。”

而且，技术创新者经常是富有个性、不同寻常的人，管理者很难应付。若赋予中层管理者过大的权力，则会冒太大的风险，致使高级管理层团队无法获知优秀的新创意。

虽然研究员计划具有激励性，但是有些高级管理层团队的成员，特别是财务导向型的，表示了自己的怀疑。如果毫无限制，“只要您有好的创意，我们就提供融资”这种态度会使公司破产的。在他们看来，关注核心业务的需求更重要。

公司 CEO 杰拉尔德·费什曼从来都不随随便便地相信一个有创意的雄心勃勃的研究员：“人们会夸大其词。我是纽约人，我是一个怀疑论者。”费什曼先生越来越认为，企业家总是低估实现盈利所需要的资金和时间——因为只有那样，他们才能获得融资。

在深入研究了风险投资行业之后，费什曼先生对风险投资的基本现实树立了一个独特的观点——它是经过深思熟虑后对个人的信任，而不是对技术、市场或创意的赌注。研究员计划有助于确认哪些人是最佳技术专家，费什曼先生认为他们往往也是最优秀的经营者……

微型机电系统业务的发展

模拟设备公司的微型机电系统的历史大致可以分为四个不同的阶段，分别以领导人的更替为标志。

- 里奇·佩恩和古德洛·萨特尔时代（至 1992 年）
- 里奇·佩恩和格兰克林·韦格德时代（1992~

1997）

- 雷·斯塔塔时代（1997~2000）
- 格兰克林·韦格德时代（2000~2002）

微型机电系统：里奇·佩恩和古德洛·萨特尔时代（至1992年）

在20世纪80年代中期，模拟设备公司的一名芯片设计师史蒂夫·舍曼，从一位来访的大学教授那里获知了在半导体元器件中设计移动部件的可能性。模拟设备公司还有一位暑期实习生，他的父亲拥有为导弹制导系统设计加速传感器的经验。舍曼被此所深深吸引，便开始利用业务时间开发这项技术，并瞄准了加速传感应用。后来，舍曼先生找到了里奇·佩恩，他知道佩恩不仅具有制造技术，而且拥有发展企业的才能。就这样，佩恩和舍曼先生开始一起实现一些商业化可能。[2]

当时，佩恩先生向汤姆·埃尔文报告，他是模拟设备公司在欧洲的副总裁，领导一个研究小组，为模拟设备公司寻找有增长前景的新的行业。研究表明，虽然汽车行业总体增长缓慢，但是，车载电子设备却正在以每年约10%的速度增长，汽车传感器在以20%的速度增长。于是，佩恩先生把精力集中在气囊系统的传感器上。

佩恩先生实际上曾一度拒绝成为模拟设备公司研究员（但是后来接受了）。他向往成为一名总经理，不想成为一个职业技术专家。事实上，他曾设法让模拟设备公司送他到哈佛大学参加一个为期4个月的经埋人MBA培训。费什曼最终认为，无论是从金钱上讲，还是从佩恩先生需要花费的时间上讲，这项培训费用都太高。佩恩先生从他们的交流中了解到，他不会有机会管理模拟设备公司的任何一个现有业务，但是如果他能自己建立一项新业务，他就能管理它。

直到1989年佩恩先生和舍曼先生都是靠借来的时间和借来的资源白手起家。尽管他们没有官方预算，但是他们却能吸引设计和营销部门的帮助。很可能任何一位高级管理层都未必知晓他们在做什么。

一切就绪后，佩恩先生就能向副总裁费什曼先生直接提交这个概念……

费什曼先生对佩恩先生的天才领导力和技术专长印象更加深刻——他拥有固态物理学的博士学位。即使商业化可能要等到10年之后，佩恩先生还是能把人们召集在自己周围，为了一个共同的愿景不懈努力。同佩恩先生一同开发微型机电系统初始设计的，还有两名模拟设备公司的研究员。

1989年，费什曼先生同当时的CEO斯塔塔先生决定为这个项目制订官方预算。当时，尽管气囊已经被认定为有市场前景，但是尚未明确微型机电系统的应用。[3]

官方预算被分派到模拟设备公司的一个产品事业部，由古德洛·萨特尔领导。这个产品事业部拥有一个设在马萨诸塞州威尔明顿的制造厂。微型机电系统设计师非常熟悉这家工厂，佩恩先生预计它会在未来几年拥有闲置生产能力。佩恩先生现在获得了行政管理支持，比如财务和会计服务。他也拥有了按职能组织的全职人员，包括营销专家及销售和制造领导。

佩恩先生和萨特尔先生因项目投资数额而发生了摩擦。萨特尔先生只关心本事业部的盈利能力目标。佩恩先生让费什曼参与进来，以加速项目进展。

佩恩先生预测模拟设备公司能以5美元的价格销售加速计，从而吸引了汽车制造商的极大关

2. Leifer, Richard, Chris McDermott, Gina Colarelli O'Connor, Lois Peters, Mark Rice, and Robert Veryzer, Radical Innovation, *Harvard Business School Press, © 2000, p. 28.*

3. Leifer，p.29.

注。对于汽车制造商而言，这是一个大幅节约成本的机会。现行系统要求多个机电传感器和很长的电缆敷设路径，总成本约为 100 美元。

模拟设备公司开始直接与西门子公司合作，开发安全气囊制动器。1991 年，模拟设备公司与西门子公司成功签订了首份微型机电系统合同，用于 Saab 设计。西门子公司在商业谈判中据理力争。佩恩先生所做的承诺成为目标，即以 5 美元的价格供应传感器。还有几家潜在的竞争者(质量和生产能力不明确）开出了 3~20 美元之间的价格。模拟设备公司并没有花费太大精力设置专利壁垒。因为存在许多可能的设计，所以一个泛泛的技术专利是不可能的。在最初的合同中，模拟设备公司同意在 6 年间把价格从 11 美元降至 5 美元。

佩恩先生坚信，微型机电系统加速计之所以能按低于 5 美元的价格制造，是基于“产出率”会提高的预期。半导体的制造过程中，特别是新产品的制造过程，会出现许多差错。通过测量和改进，随着时间的推移，工程师会提高工艺的稳定性。最初，微型机电系统制造工艺仅有 10%的产出率——十分之九的加速计都有缺陷。在半导体行业中，这对于新产品而言并不意外（75%左右的产出率一般是成熟产品）。未来的微型机电系统的制造主管艾拉·莫斯科维茨回忆起初期的制造试验：

> “一体化微型机电系统是由工程师手持硅片经过许多工序生产的。确切地说，他们走进一间密室，而后再拿着加工过的硅片走出来。”

产出率是最重要的成本动因。根据与西门子签订的合约，若是 10%的产出率，则模拟设备公司决不会赚取利润。但是，模拟设备公司过去曾攀登过新产品的学习曲线，模拟设备公司的经理们觉得他们能够可靠地预测提高产出率需要多长时间。佩恩先生在这方面非常有经验——他曾经为其他产品线的产出率最大化设计过工艺。

微型机电系统：里奇·佩恩和格兰克林·韦格德时代（1992~1997）

在业务转到新成立的运输和工业产品事业部之时，佩恩先生一直是业务的推动力量。作为微型机电系统产品线的主管，佩恩要向格兰克林·韦格德报告，他是事业部的领导……

韦格德先生最初很不适应微型机电系统业务，因为他无法看到一个明确的盈利模式。最初，令佩恩先生失望的是，他想要终止这项业务。费什曼先生再次出面，使业务得以维继。但是，他认为模拟设备公司有机会创造一个真正非凡的产品——一项绝对成不了商品的产品。

韦格德先生成功赢得了西门子公司在短期价格上的让步。他还要求严格的内部计划和责任，于是为微型机电系统制订了第一份全面详细的商业计划。

美国国会一直在讨论是否在立法上强制要求安装安全气囊，这一点使微型机电系统看到了其应用前景。遗憾的是，美国汽车制造商对模拟设备公司一无所知，因为它从来都不是该行业的供应商。汽车制造商竭尽全力使供应商的数量合理化，以降低采购成本。在 Delphi 公司具有创业精神的一些领导的帮助下，模拟设备公司借助其独特技术以及在欧洲的成功经验，最终敲开了大门。

同样，商业谈判极其艰难。尽管大部分基础工作已在韦格德先生就任前完成了，但是他却要求停止交易。盈利模式仍然不明确。

汽车制造商知道任何一家供应商都可能关停生产线，但是代价高昂。韦格德先生回忆起通用汽车公司的一位代表曾说道：“第一次您可以关停生产线，不再生产，但是第二次，就会威胁到您的职业生涯。”最终，模拟设备公司同意了一笔为期多年的交易。

模拟设备公司针对各汽车厂商的销售员都有很大的热情去赢得更多的订单，因为模拟设备公司的薪酬制度基于销量或销售收入，公司上下没有一项潜在的销售能赶上对汽车制造商的销售规模。

模拟设备公司还寻求非汽车制造销售来源，在最初的商业计划中，他们占销售总收入的70%。但是，非汽车应用，如游戏和家用电气，从未像预期的那样开发出来。模拟设备公司不断高估了他们预期获得的销售收入。经证明，潜在的客户都对价格高度敏感，公司认为自己的客户不太看重微型机电系统设备所能实现的功能。在这样的市场中，模拟设备公司无法因产品的高质量和高性能而获得回报。对于是否应该发展非汽车应用，公司内部存在很大争议。每发展一项应用，都会从模拟设备公司的核心业务中挖走一块资源。开拓新市场则要求精干的销售团队，要求他们具备工程和产品开发技能，但费用也不菲。

随着汽车业务的增长，人们把注意力转到了制造上。在商业计划中，产出率是最关键的因素，最初预测将于1995年盈利。提高产出率要求实践、时间和精力。人们决不会为了加快学习而把钱扔在这个问题上。

为了尽快实现盈利，制造团队制定了激进的经营目标。但是，实践证明，微型机电系统是模拟设备公司所掌握的制造工艺中最复杂的一个。

压力很大。除了内部压力之外，客户还要求模拟设备公司达到不可思议的质量保证标准，因为安全气囊是一种安全设施。初期的加速计的次品率是大多数模拟设备公司应用中都能接受的，但是客户坚持要求次品率再低些。莫斯科维茨先生回忆起这些要求：

> "有一段时间，我们几乎每星期都要走访印第安纳州的科科莫，面对位于那里的Delphi工厂的全体高级管理层。我们被召去表示道歉，并解释我们对问题将如何处理。"

使事情更复杂的是，微型机电系统设备在马萨诸塞州的威尔明顿的一家工厂制造，这家工厂还制造模拟设备公司的9 000多项其他产品，约占模拟设备公司全球盈利的半导体业务的三分之二。由于太多其他干扰，公司很难集中精力提高微型机电系统的产出率。有些制造人员对不能稳定地生产加速计略有抵触。

到90年代中期，由于威尔明顿工厂产能受限，矛盾激化了。佩恩先生和他的团队极力为微型机电系统争取一些生产能力，而其他产品经理则因此感到愤怒，他们不希望为了支持一项赔钱的业务而使本产品线的增长受到限制。生产能力之战每周都会在生产计划会议上爆发。微型机电系统的财务经理杰克·韦布回忆起这场争斗：

> "各产品线的人员都来参加会议。我代表运输和工业产品事业部。会议由工厂总经理主持。讨论集中在利润边际上——因为微型机电系统的边际是负数。争论非常激烈。"

最终，汽车制造商作为客户的力量使其维持下来。因为即使只有一份加速计订单没有完成，也会完全终止微型机电系统业务。

模拟设备公司那时的首席运营官费什曼先生回忆起那段时期，总是有些不快。他回忆道，实际上，在他向威尔明顿工厂的几百名工程师解释决定继续支持微型机电系统的理由时，甚至有人嘘他。费什曼先生依然记得他们的评论：

> "杰瑞，得了吧。我们都知道雷·斯塔塔生活在新技术的边缘。但是你一直是一个理性的人！别再向那些从未创造利润的事业部投钱了！"

在90年代早期半导体行业的低迷时期，模拟设备公司的核心产品都挺了过来。因此，人们坚信核心业务的优势。竟有几个人威胁说，如果继续支持微型机电系统就辞职。后来，在形势有所缓和之际，同样是这些工程师，大多数都承认斯塔塔先生对于行业变化的趋势预测几乎总是正确的，尽管变化的时间不可能预测。

1996年，费什曼先生升任CEO，而斯塔塔先生继续担任董事长。在超过最初预测的盈利日期后一年的1992年，微型机电系统业务仍亏损上千万美元，占模拟设备公司经营利润总额的一大部分。微型机电系统每年都未实现产出率和盈利目标。

斯塔塔先生和费什曼先生之间开始出现了纷争。微型机电系统的支持者转为斯塔塔先生，他深受产品的潜力所鼓舞。但是，费什曼先生越来越关注业务是否能最终盈利。费什曼先生不停地追问斯塔塔先生似乎不可能回答的问题——还需要多少时间？还需要多少钱？

同时，两个人也都开始对佩恩先生生气。他的领导魅力在业务初期是那么引人注目，但在紧张的环境中似乎暗淡了下来，不再那么有效。在来自多方的批评中，佩恩越来越含糊其辞，在费什曼先生看来，佩恩先生提出的数字并不可信。

在经过多次漫长的一对一辩论后，最终费什曼先生直接向斯塔塔先生发起了挑战："如果您认为微型机电系统是如此重大的业务，为什么您不亲自管理它呢？"斯塔塔先生回忆起费什曼先生的坦率：

> "没有人曾想像到我们会投入如此巨大的资金。但是现在我们陷在了水中，要么被淹死，要么学会游泳。我们能够看到岸！但是杰瑞·费什曼愿意出售或终止这项业务。自从我卸任 CEO 以来，我一直在寻找新的挑战，所以我决定担任这个事业部的执行总经理。"

此后不久，佩恩先生辞职了，到模拟设备公司之外去寻求创业机会，尽管他仍然认为他才是管理微型机电系统业务的正确人选。他曾要求费什曼先生兑现他的承诺，即如果佩恩先生建立了自己的业务，他就可以管理它。但是费什曼先生回答说他觉得还不到兑现的时候。几年后，佩恩先生回忆起微型机电系统的创业经历：

> "我曾经发明了一种集成电路技术，绝对会比微型机电系统产生更大的影响。但是这不是闹着玩的。微型机电系统经历了巨大成功、惨痛失败以及奇迹般的复兴。只有你立即行动，解决问题才会有回报，否则就死定了。"

微型机电系统：斯塔塔时代（1997～2000）

斯塔塔先生的第一项决策就是投资近 1 亿美元修缮剑桥的建筑，并更新设备。该建筑过去曾是宝丽莱生产集成电路的工厂。他的理由是，达到所要求的产出率的惟一途径就是专用的、集中的环境。要在威尔明顿工厂复杂的、多产品线的环境中进行必要的提高工艺的受控试验，简直是太困难了。

在斯塔塔的领导下，新工厂大约一年就竣工了，超出了人们的预期。微型机电系统事业部几乎完全隔离了起来，并专注于手头的任务。较之威尔明顿工厂稳定的等级结构，制造部门被组织成几个自我管理的团队，从而加速了学习和成长。

微型机电系统第一次分立出来，成为一个独立的经营单元。这样就可以使最高层直接控制融资，意味着损失不会影响其他经营单元。由费什曼先生主持的员工会议，成了讨论微型机电系统业绩的基本场所。费什曼先生回忆起讨论时的气氛：

> "模拟设备公司具有严格的经营审查制度。他们怀有强烈的对抗性，尤其是对苦苦挣扎中的业务。人们不喜欢太接近审查者，因为后者要为结果负责，他们用极其刁钻的问题轰击雷·斯塔塔。"

其他业务领导也都渴望更多的资本。微型机电系统连续几年都未实现目标，甚至在 1997 年造成了创纪录的损失。

费什曼先生和斯塔塔先生熬过了艰难的一年。在他们办公室之间的一个会议室内，他们经常私下会面，持久、激烈地争论。费什曼先生回忆起双方交流时的气氛：

“雷会说：‘杰瑞，你没有一点勇气实行多元化。你对未来考虑的不全面。’我会反驳说：‘雷，你不明白经营一个企业需要什么。你的英雄是一个具有传奇色彩的工程师。’雷总是对管理层感到气愤。他偶尔会叫我们‘肥猫’”。

但是，这两个人已经在多年的交往中建立了深厚的友谊，能够容忍彼此大发雷霆，也能度过这场分歧危机。他们对谈话内容绝对保密。斯塔塔先生不再出席员工会议，“因为杰瑞现在在主持节目。”

在斯塔塔先生的领导下，微型机电系统的员工工作极其勤奋，产出率正在逐步提高，甚至可以达到目标要求。每当出现问题，业务部门都能立即组织一个团队去解决它。重大问题接二连三地出现，但是能保证准时解决。莫斯科维茨先生曾这样描述这项挑战的诱惑力：

“人们愿意承受压力，因为这是一项非同寻常的工作，也是一项非同寻常的技术。这样的人生体验，你不是每天都能遇到的。我过去常在事情极其艰难的时候告诫人们，‘听着，我知道你们现在生活极其艰难。你们每天都要应对更多的危机。但是……10年后，当你回首往事时，你会理解我们正在努力实现的目标的独特性，并会为之兴奋。”

因为整个模拟设备公司在1998年都经历了轻微的衰退，董事会上下都在削减成本，斯塔塔先生也在微型机电系统内部削减了成本，以表明他的部门与整个团队风雨同舟。微型机电系统无法按计划聘用员工，但是却通过提高劳动生产率坚决克服人员短缺困难。另一方面，斯塔塔先生也固守自己的计划。他甚至有足够的信心继续增加新产品开发投资。

在1998年以及之后各年，盈利能力随着销售收入的增长而日益提高。到2000年，损失仅为1997年的三分之一。当时，产出率超过了50%，并且还在继续提高。由于业务奠定了更坚实的基础，斯塔塔先生准备放弃控制。费什曼先生让格兰克林·韦格德接管业务，并争取实现盈利。在斯塔塔先生于1997年接管之前，里奇·佩恩一直向韦格德报告。（到2002年，斯塔塔先生仍然是模拟设备公司的董事长，但是减少了对他37年前创建的这家公司的日常管理。）

微型机电系统：韦格德时代（1999~2002）

事业部的领导转型过程艰难，因为韦格德先生纪律严明、有板有眼的管理风格，与斯塔塔先生以愿景为中心的团队合作方式形成了鲜明的对比。但与此同时，事业部之外的一些管理者却欣然接受这种转型。斯塔塔先生有感而发：“最后，我们把一个对赚钱忧心忡忡的人放在了那个位置上。”他这样比较自己与韦格德：

“格兰克林和我截然不同。他是一个井井有条的人。这是他的一个荣誉徽章。如若他未完成计划，那简直糟糕透了。有时，或许出于偶然，这正是你所希望的。而在其他情况下，你就必须吞下苦果，再容忍一两个季度。……”

韦格德先生成功地引导业务，日益提高劳动生产率和效率。产出率达到了模拟设备公司其他产品线的同等水平。汽车产品线是业务的基础，创造事业部90%的销售收入，到2002年接近1亿美元。大多数销售收入都仅来自几项产品。

韦格德先生继续对未来市场和产品投资，但是投资力度有所减缓。保留了一个三人团队，支持在消费工业品市场的市场研发，继续监控几十个潜在市场机会。一般而言，这些机会似乎对模拟设备公司来说都没有吸引力，因为他们需要模拟设备公司与那些宁愿以最低价格销售次等产品的公司竞争。

微型机电系统内部的研发支出维持在销售收入的12%水平，对于其他经营事业部而言，这被视作正常分配。大部分预算都用于支持下一代汽车行业用传感器的开发。模拟设备公司经常接到关于微型机电系统设备的新应用的创意，但是大部分都被拒绝采纳，除非有能够证实此创意的产品原型。

评判微型机电系统的业绩

到 2002 年，微型机电系统的销售收入达到了 1 亿美元，经营边际近 12%（模拟设备公司的整体经营边际为 18%，微型机电系统的研发支出占销售收入的比例与模拟设备公司其他业务相同）。关于微型机电系统是否是一项明智的投资的内部争论仍不绝于耳。事实上，关于微型机电系统业务业绩的不同观点之争贯穿了它的整个历史。

在一般的讨论中都会突出各种业绩指标，而这些指标又在不断发展。在初期，从 1992 年至 1994 年，对客户的"吸引力"（潜在客户的兴趣的定性判断）是最受关注的指标。模拟设备公司瞄准了所有安全气囊制造商，不久后便向所有制造商供应产品，只有日本的 Denso 除外。尽管产出率太低，但是预期会迅速提高，而且，随着业务的增长学习也会加速。

根据预测评价业绩也很重要。在模拟设备公司其他事业部，它至关重要。每名销售员和产品经理都明白个人绩效评价都取决于它。在微型机电系统内部，实际上存在更大的空间。尽管微型机电系统能够根据汽车市场预测销售收入，但是非汽车市场预测往往太高。此外，产出率预测一直到从威尔明顿迁往剑桥后才实现。

还有一些讨论和关注是关于这项业务所实现的毛利润边际的。模拟设备公司产品目录上的大多数产品的损益表看起来都惊人地相似。毛利润边际在 60%左右，产品开发在 12%~15%，经营利润约为 15%~20%。但是，汽车制造商的供应商所公认的事实是，高于 35%的毛利润边际是难以企及的。模拟设备公司的许多经理都引用这项事实，证明汽车供应本质上是一个糟糕的行业。韦格德先生回忆起实现更高毛利润边际的压力时说：

> "我们预计汽车市场可以创造 35~40 出头的毛利润边际。较之模拟设备公司的财务模型，这是不可行的。我们希望，并且坚信，通过开拓非汽车市场，它可能创造 60%~70%的毛利润边际，最终我们一定能实现 50%左右的毛利润边际。遗憾的是，这么美好的愿景从未实现过。"

当然，投资回报率是最终的决定因素，但是在业务初期，投资回报率多基于前瞻性的估计。毛利润边际则简单、易用。它经常是关于微型机电系统业绩讨论的焦点。事实上，微型机电系统的毛利润边际从未超过 42%，这只是业务接近满负荷运转的很短的一段时间。

自然，经营损失的规模也是业绩观念的一个重要动因。但是，在初期，这些损失并不明显。损失数额小，而且"隐藏"在运输和工业产品事业部。损失不断增长，一直持续到 90 年代中期，因而损失规模就成了人们经常讨论的话题。

人们越来越失望，争论的焦点集中在短期损失与长期营利潜力上。费什曼先生和许多其他人都希望今年增加利润。但事实上，微型机电系统一直都未实现财务目标，从而使那些为这项业务的长期潜力辩护的人丧失了信誉。人们都承认新业务变化莫测，但是业务可以在多长时间内被称为新业务呢？在什么时间点才可以把业绩预期制定得更严格些呢？模拟设备公司已经形成了一个严格计划的环境。投资都基于预测进行的，而这些预测远没有实现。

要不是斯塔塔先生答应亲自管理这项业务，它可能早被终止了。斯塔塔先生不太受未实现目标的影响——模拟设备公司从前开创的每一项新业务所要求的时间和资本都超出了最初预期。此外，很显然，汽车市场奠定了一个稳定的、可预测的、不断增长的销售收入基础。至于成本，斯塔塔先生坚信，如果在一个独立的环境中，他就能提高产出率。简而言之，他清晰地看到了一条盈利和持续增长之路。

斯塔塔先生接管微型机电系统后不久，费什曼先生就必须制定一些艰难的决策，考虑如何向华尔街传递，或者如何不传递微型机电系统不断攀升的亏损。有些分析师已经得出了大致的估计，并且发表明确意见，疾呼应该退出这项业务。费什曼先生面临着进退维谷的困境——如果他在年度报告中完全披露这项业务，亏损的规模就会公之于众。反之，如果不这样做，他就会冒另一种风险，分析师会得出结论，认为核心业务的盈利能力正逐渐被侵蚀。费什曼先生回忆道：

> "分析师认为我们在核心业务上一定是个傻瓜。如果他们一直这么认为，我们的股票就会相对于竞争者不断下滑，突然间你就会被收购。所以，你可以走阳关大道，聚焦在长期业绩上，并且说'管它股票价格呢'，但是，你不得不管，哪怕是一点儿，否则你可能无法生存。"

最终，模拟设备公司还是披露了一些，足以引起华尔街一阵反对的叫嚣。这使得费什曼先生做出一些承诺，承诺微型机电系统业务将提高发展速度。后来，费什曼先生对这些承诺有些后悔。这个事件强化了一种内部观念，认为这项业务可能存在问题。

自然，在如何看待这项业务的业绩时，情感也发挥着一定的作用。对于那些在这项业务中倾注了情感的人而言，不用说彻底放弃，甚至连想一想都令人心痛。对于他们来说，过去的努力是沉没成本，更多的投入只能基于未来的前景来考虑。

根据与其他几家公司的交流，斯塔塔先生还认为，"创始人有能力承担第二代、第三代管理者一般不愿承担的风险。"这使得他们能更多地以长期潜力为导向来评估业绩。斯塔塔先生解释道：

> "就我个人而言，我从未担心过会被解雇。并不是因为我不可能被解雇。但是我觉得我愿意弄清楚我认为正确的事，在评估长期和短期权衡之时，不会在意谁喜欢，谁不喜欢。"

依照斯塔塔先生的观点，对于那些创始人的继承者而言，失误将会如何影响自己的职业生涯，或者会如何影响内部和外部投资者对自己的看法，这些才是比较重要的关注点。

在模拟设备公司内组建微型机电系统

在为重新塑造了公司业务的新企业配备人员时，模拟设备公司一直都遵循着同样的方法。一般而言，他们会尽可能从内部为新企业配备人员。依照费什曼先生的观点，这样能建立必要的连续性，而外部聘用则会引发猜疑，甚至负面的、带有偏见的业绩观念。一项例外规则是如果新企业要求特殊的专业技术（有时是技术性的，有时是营销方面的），而模拟设备公司无法满足，为了"培植"新的专业技术，模拟设备公司一般通过收购小公司来"聘用"人才，就如同他们必须加速光学交换机元器件的发展那样。

这种方式在模拟设备公司上下创造了一种统一的文化，其中包括下列价值观和信仰：

- 模拟设备公司创造前沿高科技产品。
- 模拟设备公司实现高价策略，以反映公司质量、稳定性和服务支持方面的行业领先水平。
- 模拟设备公司的业务经理都制定有严格的、宏伟的目标，但是也享有按自认为适当的方式实现目标的自由。

总之，在模拟设备公司内部，员工从一个事业部调任另一个事业部后，都能很快适应。

尽管微型机电系统业务外聘了一些人员来支持自身的增长，但是它的文化依然与模拟设备公司保持一致。在领导更替过程中，不同的管理风格也产生了一些差异。

在模拟设备公司内找一位愿意调任微型机电系统事业部的经理有时的确是一种挑战。有些潜在的候选人把微型机电系统视作一种职业风险。为什么要牵涉进一项赔钱的业务中去呢？在有些情况下，费什曼先生不得不说服未来的候选人，让他们相信，他对他们成功的履历了如指掌，也清楚管理微型机电系统所面临的挑战，他会亲自过问他们职业生涯的下一步。遗憾的是，这样的谈论只有对费什曼先生已经建立了密切信任关系的人才起作用。

就组织结构而言，微型机电系统事业部与其他事业部相似，都按职能组织向总经理报告。惟一例外的是制造。模拟设备公司的制造职能是集中制的。但是，在迁往剑桥之后，微型机电系统的制造职能就更独立了。微型机电系统的制造部门拥有双重报告关系——总经理和负责全球制造职能的领导。

微型机电系统内部的薪酬政策遵循着模拟设备公司的常规。模拟设备公司上上下下，每个人的奖金都基于公司业绩。在年景好的时候，中层管理者的奖金可以高达基本工资的 30%，高级管理层的奖金甚至更高。模拟设备公司还向高级管理层发放股票期权。这种方式使内部企业家很难发大财。但是，费什曼先生觉得参与微型机电系统的人们获得的交易太划算了：

> “他们好事占尽了。他们拥有模拟设备公司价格在飞升的股票期权。他们还有奖金。他们享受模拟设备公司的稳定性。当然他们赔钱。但失败也不会承担任何后果。在风险投资界，如果你没有实现目标，你就会被解雇，或者在下一轮融资中严重忽略。那些可是实实在在的后果。”

微型机电系统与模拟设备公司历史上所有其他业务一样，都按年度计划周期运作。各事业部的预算都来自总的资金，它不仅取决于模拟设备公司的整体业绩，而且取决于各事业部之间对资源的竞争。若事业部在上一年未实现目标，则它讨价还价的能力就会丧失。在运营刚开始的两三年，即使未实现目标，微型机电系统事业部也不会受太大影响，因为当时人们都理解它处于“投资模式”，也能简单地估计它的总支出需求。

模拟设备公司与微型机电系统之间的协同作用

微型机电系统事业部因作为模拟设备公司的一部分而受益匪浅，反过来也为公司做出了贡献。除了在财务资源和威尔明顿生产能力上的冲突外，微型机电系统与模拟设备公司之间一直维持着健康的关系。

特别是，微型机电系统从模拟设备公司借入了大多数制造经验和技术，包括他们整个的质量系统，以及系统化提高产出率的方式。当新工厂在剑桥开业时，几名有经验的制造人员接受了调任。微型机电系统事业部通过打开汽车市场的大门为模拟设备公司做出了贡献——模拟设备公司对这个行业的大部分销售收入现在都是模拟设备公司的传统产品。此外，汽车安全应用所要求的极高的质量标准从微型机电系统蔓延到了其他产品线。

最终评估

依照斯塔塔先生的观点，不久模拟设备公司就会面临一个时机，甚至有必要去冒险发展一个具有高度不确定性的新企业，以确保模拟设备公司的长期活力。由于斯塔塔已逐渐淡出日常管理，所以他自然对费什曼先生及其他人员从微型机电系统的经验中得出的结论颇感兴趣。斯塔塔先生谈了他自己的观点：

> “我认为微型机电系统将证明是维持公司长期增长的重要技术之一。我们必须坚持不向短期压力低头，不轻易放弃我们的投资。如果说我从技术行业学到了什么，那就

是持之以恒，终有回报。"

按照2002年的销售收入和盈利水平，仅回收微型机电系统的投资就还需要10年的时间。为了提供一个健康的回报，就必须找到实现盈利性增长的新资源。

在汽车市场，安全系统在不断地增添新功能，每辆车都要求安装更多、更复杂的传感器。除了汽车之外，最有前景的新市场就是光学交换元器件，预期开发这个潜在市场至少需要两年时间。更长期的市场，如医药市场，错综复杂，或许要等到10年以后。因此，微型机电系统事业部只安排了一个人专门负责调查其市场可能性。

同时，模拟设备公司的科学家和工程师对微型机电系统技术的兴趣在迅速增强。模拟设备公司在科学会议上关于微型机电系统的小组讨论却只有站席。

思考题

1. 如果在80年代末，佩恩先生与模拟设备公司达成了协议，允许他创办一家独立的、由风险投资支持的公司，实现微型机电系统设备的商业化，那么您认为会对微型机电系统业务，乃至佩恩先生发生什么事情？
2. 模拟设备公司是企业家茁壮成长的环境吗？
3. 如果您是佩恩先生，您会采取什么不同的方式吗？如果是费什曼先生呢？如果是韦格德先生呢？如果是斯塔塔先生呢？
4. 微型机电系统成功了吗？

案例5-4

亚伯拉姆公司

亚伯拉姆公司制造各种汽车、卡车、公交车和农用设备零部件。共有三大类零部件：点火零部件、传动系统零部件以及发动机零部件。亚伯拉姆公司的零部件既向代工生产商（OEM）销售，又向批发商销售。然后，批发商再销售给零售商，零售商再作为替换零件销售给客户。后面一种方式被称为“后端市场（AM）”。

产品和营销事业分部

如图表1的部分组织结构图所示，亚伯拉姆公司的三类零部件分别设立了一个“产品事业部”。各产品事业部均由一名副总裁和总经理管理，期望实现一定的投资回报率。各产品事业部都在几个工厂制造零部件，并将大部分产品销售给代工生产商。各产品事业部都有自己独立的代工生产商销售部门（参见图表1），他们与代工生产商密切合作，共同开发新产品或改进现有产品。其余产品则通过各产品事业部销售给亚伯拉姆的第四个事业部，经理们称为“后端市场营销事业部”（参见图表1）”。这个事业部也是由一名副总裁和总经理管理，仅负责向后端市场批发

图表1

部分组织结构图

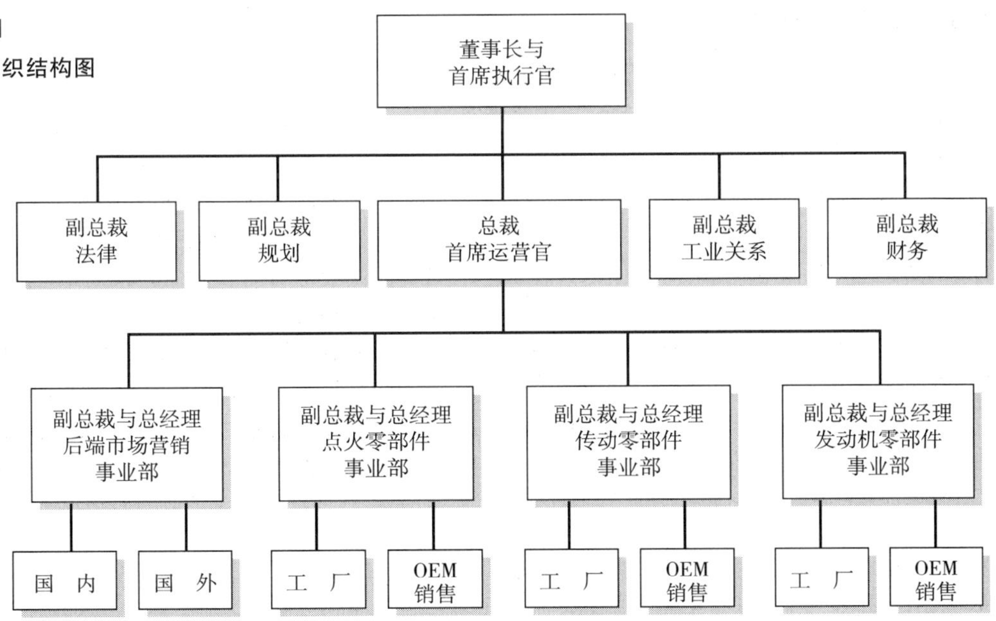

本案例由桑·米格尔教授经许可根据密歇根大学的詹姆斯·里斯教授编写的案例改编。版权归桑·米格尔和詹姆斯·里斯所有。

商营销亚伯拉姆各个系列的零部件。后端市场部在美国和境外市场经营着由公司所有的几个零部件分销仓库。后端市场部也要实现年投资回报率目标。

对内与对外销售

在1992年，四个事业部的销售收入总计达5亿美元，其中包括三个产品事业部向后端市场部的对内销售1亿美元。在5亿美元的销售收入中，点火零部件事业部约占1.3亿美元，传动系统事业部约占1亿美元，发动机零部件事业部约占9 000万美元，后端市场部约占1.8亿美元。剔除对内销售之后，亚伯拉姆公司的对外销售总计约为4亿美元。由于汽车数量及车龄的增长，零部件的后端市场不断增长，因此，后端市场高级管理层的目标之一就是销售收入达到亚伯拉姆公司对外销售收入总和的50%。

制造工厂的投资回报率

遵循公司投资回报率战略，三个产品事业部内的各制造工厂都有一个年投资报酬率目标要实现。各产品事业部的代工生产商销售都要追踪到生产零部件的工厂。工厂储存产成品存货，并直接向代工生产商客户发货。一个工厂的投资回报率目标是基于预算利润（包括事业部和公司管理费用及推算所得税费用的分配）除以年初实际净资产（定义为资产总额减去流动负债）。图表2举例说明了坐落在罗切斯特的一家工厂1992年的实际投资回报率的计算。实际投资回报率是指实际利润除以年初实际净资产。

高级管理层之所以在确定利润时纳入分配的管理费用和税金，原因在于使工厂利润近似于向股东提供的对外财务报告中的利润。CEO觉得这样可以让工厂经理更清晰地了解经营成本，以及工厂对公司净收益的贡献，从而使工厂的经营结果更现实一些。

年初净资产数额被用于计算投资回报率指标是因为，依照管理层的观点，在某个年度追加的投资不会增加当年的利润，即使增加，也极其微小。投资可能增加未来利润。高级管理层觉得，如果经理在新投资第一年遭到惩罚（以较高的净资产和较低的投资报酬率的形式），人们就不会建议这样的投资。因为当年的投资基数“冻结”在年初的水平，所以最大化当年的利润就等于最大化投资报酬率。对于年初净资产而言，现金和应收账款都根据销售收入分配给各工厂，而存货、不动产、厂房及设备，还有流动负债都逐项追溯到各工厂。人们用历史成本减去累计折旧（账面价值）评估不动产、厂房及设备的价值。后端市场部的投资回报率与各工厂的计算方式一样。

营销战略

三个产品事业部的代工生产商销售部门都与代工生产商的工程师合作开发具有成本效益的创新型零部件，以满足客户需求，并为已经向代工生产商供应的零部件提供良好服务。各代工生产商销售部门都必须实现年度销售收入目标。因为各产品事业部的客户（OEMS）与后端市场部的客户有所不同，所以高级管理层觉得不应该把代工生产商和后端市场销售机构合并起来。甚至三个产品事业部的代工生产商营销工作也没有合并在一个销售机构内，因为各事业部的代工生产商销售员往往与某个代工生产商的机构（即点火、传动系统和发动机）中的不同人员合作。而且，在三个产品事业部中，有两个在被亚伯拉姆公司收购前都是独立的公司。因此，自己做自己的代工生产商营销工作，已成了一项由来已久的传统。

据亚伯拉姆公司的经理们称，在代工生产商市场取得成功的关键因素是：有能力设计满足客户要求的质量、性能和重量规格稳定的创新性零部件；满足配送时间要求，以便代工生产商能最

图表 2　1992 年实际投资回报率计算——罗切斯特工厂

亚伯拉姆公司——传动系统零部件事业部 罗切斯特工厂 利润和投资回报率报表，1992年12月31日	
销售收入	$124 866
销货成本	73 230
毛利润边际	51 636
经营费用	20 792
事业部费用分配	11 340
公司费用分配	3 420
税前利润	16 084
推算税金	4 825
利　润	$ 11 259
分配的净资产（1992 年 1 月 1 日）	
总资产：现金和应收账款	$ 25 000
存　货	12 875
不动产、厂房及设备（账面价值）	86 560
资产总额	124 435
减去流动资产	26 135
净资产	98 300
投资报酬率	11.5%

小化自己的零部件存货；以及控制成本。成本控制至关重要，因为市场在价格上竞争激烈。在后端市场业务中，对于批发商而言，是否能够获得零部件是迄今为止最重要的因素，其次是质量和价格。

激励薪酬计划

亚伯拉姆公司约有 50 名直线经理和辅助部门经理参与了激励薪酬计划。公司范围的奖金池数额根据固定公式确定，它与公司每股收益挂钩。参与奖金计划的每个人都获得一定的标准奖金分值。参与者在组织等级结构中的位置越高，他或她获得的标准分值越多。用奖金池总额除以所有参与者的分值总和，就得出每个分值应发放的奖金标准。然后，用奖金标准乘以参与者的标准分值，就得出参与者的标准奖金。但是，实际奖金会上下浮动 25%，由参与者的领导决定。

若是一名工厂经理，标准奖金也根据公式调整，公式把标准奖金百分比与工厂利润差异（预算与实际利润对比）联系起来。例如：如果工厂当年的实际利润超出预算利润 4%，那么工厂经理的奖金就从标准的 100%提高到标准的 110%。在进行奖金调整时，对于因销量而对后端市场部造成的高于或低于预算的有利或不利的毛利润边际差异，工厂的实际利润都会予以调整。例如：如果工厂有利的利润差异归因于向后端市场部销售所产生的有利的毛利润边际数量差异，那么工厂经理的奖金就不会超过标准的 100%。同样，如果后端市场部从工厂采购的实际数量低于高级管理层批准年度预算时他们所承诺购买的数量，那么工厂经理也不会受到惩罚。

管理评论

一般而言，高级管理层对于现有管理系统和业绩评价都较满意。但是，在与案例编写者讨论的过程中，他们指出了三个值得关注的问题。

首先，各产品事业部向后端市场部销售零部件的转让价格似乎总是存在争议。按照公司政策，只要有可能，零部件的内部销售都依据外部代工生产商市场的价格。如果一个零部件几年前作为代工生产商零部件销售，那么就会在最初的代工生产商市场价格的基础上，根据通货膨胀再向上调整，以计算出对后端市场部的销售价格。这种计算程序实际上并未产生任何争议。但是，若转让的零部件严格意义上讲是后端市场部的零部件，则问题就会发生。也就是说，亚伯拉姆公司从未在代工生产商市场销售过这种零部件，在这种情况下，既没有现行的代工生产商外部市场价格，也没有先前的代工生产商市场价格可用以根据通胀因素进行调整。通常，这种转让价格问题都由所涉及的两个事业部自行解决，但是，偶尔也要求财务副总裁出面仲裁争议。

其次，高级管理层觉得各产品事业部往往把后端市场部视作一个目标客户。例如：若后端市场部与一个外部代工生产商客户竞争某个制造工厂的产品，似乎工厂经常倾向于代工生产商客户，因为代工生产商客户可以把业务转移到其他地方，而后端市场部则不能对外采购零部件。高管不愿让后端市场部销售竞争者的产品，觉得这会对公司的整体形象产生负面影响。在这种情况下，后端市场部必须说服工厂经理，制造它所需要的零部件。

第三，高管觉得，在一年当中的大多数时间，后端市场部和三个产品事业部维持的存货水平都过高。负责计划的副总裁说：“谢天谢地，我们有一个慷慨的圣诞节休假政策。至少在年末存货可以降至一个合理的水平，因为那时大批员工都休假了，产量很低。”

思考题

1. 请评估一下高管所表达的每项问题，如果有必要，请推荐一些适于本案例中所介绍情况的措施。
2. 您对亚伯拉姆公司的管理控制系统整体评价如何？除了回答上述问题时已涵盖的内容，您认为还有哪些优点或缺点？如有必要，您会向高管建议进行哪些变革？

第 6 章

转移定价

当前的组织思想是以分权制为导向的。运作分权制管理系统所面临的一个主要挑战是设计一种令人满意的方法，在有大量交易发生的公司内部，核算从一个利润中心到另一个利润中心的商品及劳务转让。在本章中，我们将讨论确定利润中心之间的交易的转让价格的各种方法，以及转让价格管理中的基本议价和仲裁制度。我们还将讨论公司管理部门向利润中心提供的各项劳务的定价问题。我们将在第 15 章讨论国际转移定价问题。

转让价格的目标

如果两个或多个利润中心共同负责产品开发、制造和营销，那么在产品最终销售后，每个利润中心都应该分享所创造的收入。转移定价就是分配这项销售收入的机制。在设计转让价格时，应力求实现下列目标：

- 它应该为各经营单元提供相关信息，满足制定公司成本与收入最优权衡的需要。
- 它应该鼓励促进目标一致的决策，即：在设计系统时，应该确保决策既能提高经营单元利润，也能提高公司利润。
- 它应该有助于评价各经营单元的经济业绩。
- 系统应该简单明了，易于管理。

设计转移定价系统是大多数公司的主要管理控制话题。如图表 6.1 所示，《财富》1 000 强公司中，79%的公司都在利润中心之间转让产品。

图表 6.1 利润中心之间的产品转让

	戈文达拉扬调查
有效答卷数量	638
建立了两个或更多利润中心的公司	593 (93%)
在建立了两个或更多利润中心的公司中，利润中心之间转让产品的公司	470 (79%)

转移定价方法

有些作者把转让价格定义为核算责任中心之间任何商品及劳务转让的金额。但是，我们采用了较狭义的定义，把转让价格限定为在交易双方至少一方是利润中心的商品或劳务的转让交易中确定的价值。这种价格一般包括一项利润要素，因为一个独立的公司通常不会按成本或低于成本的价格向另一个独立的公司转让商品或劳务。因此，我们排除了成本核算制度中的成本分配机制。这种成本不包括利润要素。我们这里所说的价格，与独立公司之间的交易中所使用的价格含义相同。

基本原则

转移定价问题实际上就是，在适当考虑内部交易特有的因素后，对一般的定价问题略作调整。基本原则是：转让价格应该视同向外部客户销售或从外部供应商采购所收取的价格。由于在文献中，关于如何确定外部销售价格存在很大分歧，因此这项原则的应用也被复杂化了。经典经济学文献认为，销售价格应该等于边际成本，有些作者支持基于边际成本的转让价格。[1] 这是不现实的。因为没有几个公司在确定销售价格或转让价格时遵循这种政策。[2]

若公司的利润中心彼此之间购销产品，则必须定期为各产品制定两项决策：

1. 公司应该在公司内部生产产品，还是应该向外部供应商采购呢？这就是采购决策。
2. 如果内部生产，产品应该按什么价格在利润中心之间转让呢？这就是转让价格决策。

实例 CSX 公司是最大的铁路控股公司，拥有铁路和航运线路。CSX 公司三分之二以上的收入来自铁路。CSX 把铁路运营分为三个利润中心——设备（货运车厢）、铁路运输（火车运营、货

1. Jack Hirschleifer, "On the Economics of Transfer Pricing," *Journal of Business*, July 1956, pp. 172–84.
2. 作者对确定市场价格的方法的一项研究表明，在来自《财富》1 000 强公司的 501 份调查问卷中，仅有 17%遵循这种政策（Vijay Govindarajan and Robert N. Anthony, "How Firms Use Cost Data in Pricing Decisions," *Management Accounting*, July 1983, pp.30–34.）

场、路轨及机车维修）、配送服务（营销）。利润中心之间的转让价格均采用公允市场价格。重组背后的逻辑在于把权力中心从运营部门转换到营销部门。运营部门按惯例一直管理铁路。如果从点X到点Y最有效的运输方式是卡车或驳船，那么就用卡车或驳船运输，即使以前一直由铁路运输。事实上，因为建立了利润中心和转移定价系统，新的物流都跑到CSX所拥有的航线以外去了。[3]

转让价格系统可以很简单，也可以极其复杂，它取决于企业的性质。我们首先讨论理想状况，然后再逐渐介绍复杂状况。

理想状况

如果下列条件全部存在，那么基于市场价格的转让价格就能实现目标一致。但是，在实践中，所有这些条件很少会全部存在。因此，这一系列条件并不是为确定转让价格必须满足的标准。它只是建议了一种观察情况的方式，以便决定应实施哪些变革才能改进转移定价机制的运作。

称职的人员

在理想状况下，管理者应该既关注本责任中心的长期业绩，又关注短期业绩。参与转让价格议定和仲裁的人员也必须称职。

良好的氛围

管理者必须把损益表中所反映的盈利能力视作业绩评价的一个重要目标和重大因素。他们应该认为转让价格是公正的。

市场价格

理想的转让价格应该基于已经形成的转让产品的同等产品的正常市场价格，即：反映要确定转让价格的产品同等条件的市场价格。市场价格可以下调，以反映因内部销售而产生的节约。例如：若产品从公司内的一个经营单元转让给另一个，则没有坏账损失，广告和销售费用也会低些。即使不是相同产品那么理想，但类似产品的市场价格，也比根本没有市场价格要好得多。

自由采购

应该存在替代采购方式，管理者应该有权选择最有利于自己的替代方式。采购经理应

3. "If It Isn't Profitable, Don't Do It," *Forbes*, November 30, 1987.

该有外购的自由，销售经理也应该有外销的自由。在这些情况下，转让价格政策只是给了各利润中心经理与内部交易还是与外部交易的自由裁量权。因此，市场就确定了转让价格。关于是内部交易还是外部交易的决策也是由市场决定的。如果购买方无法从内部渠道获得令人满意的价格，那么他们就有外购的自由。

如果销售利润中心可以对内或对外销售全部产品，而且采购利润中心也可以从外部或内部满足全部需求，那么这种方法就是最优的。市场价格反映销售方对内销售产品的机会成本。这是因为产品不是在内部销售就是在外部销售。因此，从公司角度来看，产品的相关成本就是市场价格，因为那是因对内销售而放弃的现金数额。转让价格反映公司的机会成本。

完全信息

管理者必须了解可以获得的替代方式，以及每种方式的相关成本和收入。

议 价

各经营单元之间必须存在一个议定“合同”的协调的工作机制。

如果所有这些条件都存在，那么基于市场价格的转移定价系统就能够实现目标一致的决策，而无需中心管理。在下一节中，我们将考虑这些条件并非全部存在的状况。

对采购的约束

在理想状况下，采购经理应该能自由制定采购决策。同样，销售经理也应该能在最有利的市场中自由销售产品。但是，在现实生活中，采购的自由可能不可行，即使可行，也可能受公司政策的约束。现在，我们就考虑利润中心经理无法自由制定采购决策的情况，以及施加采购约束对转移定价政策的意义。

有限市场

在许多公司中，采购或销售利润中心的市场是有限制的。原因有以下几个。

首先，内部生产能力的存在可能限制对外销售的拓展。如果一个行业内的大多数大型公司都是高度一体化的，如纸浆和造纸行业，那么中间产品往往没有独立生产能力。因此，这些厂商只能满足来自其他厂商的一定数量的需求。若内部生产能力太紧张，则市场很快就会充斥对中间产品的需求。即使存在外部生产能力，一体化公司也可能无法获得，除非定期利用这种生产能力。如果一体化公司不定期采购产品，在生产能力有限时，它就可能在争取外部生产能力时遇到麻烦。

其次，如果公司是一项差异化产品的惟一生产厂商，那么就不存在外部渠道。

第三，如果公司在厂房设备上投入了大量资金，那么除非外部销售价格接近公司的变动成本（这并不常见），否则它不可能从外部采购。为了现实的目的，所生产的产品要受公司控制。一体化石油公司就是一个很好的例子。公司要求生产单元必须把原油送到炼油单元，即使生产单元能够在公开市场销售原油。

即使在有限市场中，最能满足利润中心系统要求的转让价格也是竞争价格。竞争价格反映各利润中心对公司利润总额的贡献。譬如一体化石油公司，把炼油单元视同独立的企业，采用原油市场价格就是评价炼油单元的最有效方式，如果内部生产能力不能满足，公司就会按竞争价格外购。竞争价格与内部成本之间的差异就是自制而不是外购所节约的成本。而且，竞争价格还反映利润中心较之竞争者经营得如何。

如果公司未在外部市场采购或销售产品，那么它将如何确定竞争价格呢？下面就介绍几种方法。

1. 如果可以获得公开市场价格，就可以用来确定转让价格。但是，应该存在市场上实际支付的价格，而且外部市场存在的条件也应该与公司内部条件一致。例如：适用于较小规模采购（如："现货"市场）的市场价格就不适于衡量实质上的长期采购需求。
2. 市场价格可以根据招标获得。如果低价竞标人有适当的机会可以获得业务，一般就可以采用这种方法。如果公司半数产品外购，半数内购，就可以采用招标方式。公司可以对全部产品招标，但选择半数留作对内采购。它之所以能够获得有效的报价，是因为低价投标人希望获得部分业务。相比之下，如果公司只是为了获得竞争价格而进行招标，并不准备与低价投标人签订采购合同，那么它很快就会发现，要么根本没人投标，要么报价也令人质疑。
3. 如果生产利润中心向外部市场销售同样产品，就经常可以根据外部价格复制竞争价格。例如：如果制造利润中心向外部市场销售的产品的标准成本利润率在正常情况下是10%，那么它就可以通过在自制产品的标准成本基础上加价10%确定竞争价格。
4. 如果采购利润中心从外部市场采购同样产品，那么它就可以对自制产品复制竞争价格。具体方法是，计算竞争产品和自制产品之间涉及设计差异和其他销售条件差异产生的成本。

工业生产能力的过剩或短缺

假设销售利润中心无法向外部市场销售全部产品，也就是说，它有过剩生产能力。在内部生产能力充裕的时候，如果采购利润中心再从外部供应商采购，公司就不可能实现利润最优化。

反之，假设采购利润中心无法从外部市场获得所需产品，而销售利润中心却对外销售。如果行业生产能力短缺，就会发生此种情况。在这种情况下，采购利润中心的产出就会受到约束，同样，公司利润也无法实现最优化。

如果公司内部转让交易数量小，或者，这种情况只是暂时的，许多公司就会让卖方和买方自行解决彼此的关系，中心管理部门不会干预。即使公司内部转让的数量巨大，有些高级管理层仍然不会干预，其理论依据是，保持利润中心独立性所带来的利益可以抵消公司利润局部最优化所造成的损失。

有些公司允许采购利润中心或销售利润中心对采购决策上诉至中心管理人员或管理委员会。例如：若内部生产能力充裕，而采购利润中心决策从外部采购产品，则销售利润中心可以上诉。同样，采购利润中心也可以对销售利润中心外销的决策提起上诉。然后，一个负责人或小组（称为“仲裁委员会”）就会从公司最大利益出发制定采购决策。在每种情况下，转让价格都是竞争价格。换句话说，利润中心只是上诉采购决策。它必须按竞争价格接受产品。

讲到这里，我必须提醒一句：如果可以选择，有些公司的采购利润中心更喜欢与外部渠道交易。原因之一是外部渠道能提供更优良的服务的理念。还有一个原因是分权制公司中有时存在内部竞争。无论出于什么原因，管理层都应该了解转让价格议定中有时会产生的强烈的政治色彩。人们无法保证在生产能力过剩的情况下利润中心会自愿从内部渠道采购。

总而言之，即使采购受到约束，市场价格也是最优的转让价格。如果市场价格存在，或者可以估计，就采用它。但是，如果无法估计有效的竞争价格，就可以选择制定基于成本的转让价格。我们将在下一节中讨论。

为了确定转让价格，公司一般会剔除广告费用和财务费用等在内部交易中不会发生的费用。这类似于两个外部公司确定价格的实际处理。买方一般不会支付与合同无关的成本要素。

基于成本的转让价格

如果竞争价格无法获得，那么转让价格就可以根据成本加利润来确定，尽管这种转让价格计算复杂，结果也不如基于市场的价格那么令人满意。在基于成本的转让价格系统中，必须制定两项决策：（1）如何定义成本；（2）如何计算利润加价。

成本基础

一般的成本基础是标准成本。不应该使用实际成本，因为生产的低效率会转嫁给采购利润中心。如果使用标准成本，就需要激励人们制定严格的标准，并不断提高标准。

利润加价

在计算利润加价时，也需要制定两项决策：（1）利润加价应建立在什么基础上；（2）允许的利润水平。

最简单、最广泛采用的基础是*成本百分比*。但是，如果采用这个基础，就不必考虑所需资本。从概念上讲，一个更好的基础是*投资百分比*。但是，计算适于一项产品的投资会产生重大操作问题。如果采用固定资产的历史成本，那么即使新设备设计用来降低价格，但实际上会增加成本，因为旧资产价值被低估了。

利润加成的第二个问题是利润数量。高级管理层对利润中心的财务业绩的看法会受它所创造的利润影响。因此，利润加成应该尽可能接近经营单元被视同独立公司向外部客户销售时所实现的投资报酬率。从概念上讲，解决方案就是把利润加成建立在满足采购利润中心所需数量要求的投资上。投资将按“标准”水平计算，固定资产和存货按现行重置成本计算。

上游固定成本和利润

在一体化公司中，转移定价会产生重大问题。最终向外部客户销售产品的利润中心，甚至可能不知道包含在内部采购价格中的上游固定成本和利润。即使终端利润中心知道这些成本和利润，它也可能不愿降低自身利润而谋求公司利润最大化。下面就介绍公司为缓和这个问题而采用的方法。

经营单元之间的协议

有些公司建立了一种正式机制，藉此，来自采购和销售单元的代表可以定期召开会议，决定对外销售价格，并决定具有大量上游固定成本和利润的产品的利润分享问题。只有审查过程仅限于大量业务至少涉及一个利润中心时，这种机制才发挥作用。否则，这些议价的价值就抵不上所付出的辛劳。

两步定价法

处理这个问题的另一种方法是确定一个包含两种费用的转让价格。首先，对于所售的每件产品，收取等于产品*标准变动成本*的费用。其次，收取与采购单元预留设备相关的固定成本相等的期间费用（通常是按月）。这两项要素中的一个或者两个应该包含利润边际。例如：假设图表 6.2 所示的条件。

依照这种方法，就经营单元 Y 而言每单位 11 美元的转让价格是变动成本。但是，对于产品 A 公司的变动成本是每单位 5 美元。因此，经营单元 Y 没有制定合理的短期营销决策的正确信息。例如：如果经营单元 Y 知道公司的变动成本，在一定条件下，它就会接受低

图表 6.2

两步定价法：假设条件

经营单元 X（制造商）	产品 A
预期对经营单元 Y 的月度销售	5 000 单位
单位变动成本	\$5
向产品分配的月度固定成本	20 000
营运资本和设备投资	1 200 000
竞争性年投资报酬率	10%
把产品 A 转让给经营单元 Y 的一种方式是按单价，计算如下：	
	产品 A 转让价格
单位变动成本	\$5
加：单位固定成本	4
加：单位利润 *	2
单位转让价格	\$ 11

* 单位月度投资的 10% = $\frac{(\$1\ 200\ 000/12) \times 0.10}{5\ 000}$

于正常价格的业务。

两步定价法纠正了这个问题，它基于每单位转让变动成本，而固定成本和利润则是一次全部转让。依照这种方法，经营单元 Y 采购产品 A 的转让价格就是每单位 5 美元，外加月度固定成本 2 万美元，再加上月度利润 1 万美元：

$$\frac{\$1\ 200\ 000}{12} \times 0.10$$

如果在一个月内，产品 A 的转让达到了预期的 5 000 单位，那么依照两步定价法，经营单元 Y 就要支付变动成本 25 000 美元（5 000 单位×5 美元/单位），再加上固定成本和利润 3 万美元——总计 5.5 万美元。如果转让价格是每单位 11 美元，它也会向经营单元X 支付同等的金额（5 000 × 11 美元 = 5.5 万美元）。如果下一个月转让数量少了——假设为 4 000 单位，那么依照两步定价法，经营单元 Y 就要支付 5 万美元［(4 000 × 5 美元) + 3 万美元］，而若转让价格为每件 11 美元，则它会支付 4.4 万美元（4 000×11 美元)。差异所反映的就是未使用经营单元 X 预留的生产能力而受到的惩罚。相反，如果一个月的转让数量多于 5 000 单位，那么，依照两步定价法，经营单元 Y 支付的就少。它反映了经营单元 X 的节约，因为它可以在不发生额外固定成本的情况下提高产量。

请注意，依照两步定价法，产品 A 的公司变动成本与经营单元 Y 的变动成本相同，经营单元 Y 会制定正确的短期营销决策。经营单元 Y 也拥有关于产品 A 的上游固定成本和利润的信息，它可以把这些数据用于长期决策。

在两步定价法中，固定成本计算基于为生产向经营单元 Y 销售的产品 A 而预留的生产能力。这项生产能力所反映的投资应分配给产品A。应计算经营单元X在竞争产品（如果可能，可比的竞争产品）中获得的投资报酬率，并乘以分配给产品A的投资。

在本例中，我们把利润加成计算为固定的月度数额。在有些情况下，更适于把投资划分为变动部分（如：应收账款和存货）和固定部分（如：厂房）。然后，根据变动资产投资报酬率计算出成本加成，并加到每件产品的标准变动成本上。

以下是采用两步定价法时所需要考虑的几点：

- 按月计收的固定成本和利润应该定期商议，并取决于采购单元的预留生产能力。
- 人们会质疑成本和投资分配的准确性。在有些情况下，向单个产品分配成本和资产并不难。无论在什么情况下，近似准确就足够了。主要问题通常不是分配技巧，而是决定为各项产品预留多少生产能力。而且，如果生产能力预留给向同一经营单元销售的一组产品，就无需向该组内的各项产品分配固定成本和投资。
- 依照这种定价制度，制造单元的利润业绩不受终端经营单元的销量的影响。这样就解决了其他经营单元的营销工作影响了纯粹制造单元的利润业绩时所产生的问题。
- 制造单元和公司之间存在利益冲突。如果生产能力有限，并且对外销售有利，制造单元就可能利用生产能力生产对外销售的零部件，并以此来增加利润。（如果规定营销部门拥有决定与谁签订生产合同的首要权力，就可以缓和这项缺点。）
- 这种方法类似于公用事业、管道和煤矿开采公司所经常采用的“白拿还是付费”的定价方法，有时也用于其他长期合同中。

利润分享

如果我们刚刚介绍的两步定价制度不可行，还可以采用利润分享制度，以确保经营单元和公司之间的利益一致。这种制度的具体运作如下：

1. 产品按标准变动成本转让给营销单元。
2. 在产品销售后，各经营单元分享所获得的贡献，即售价减去变动制造成本和营销成本。

如果对所制造的产品的需求不够稳定，如两步定价法那样，无法保证永久性划拨设备，那么就适用这种定价方法。一般而言，这种方法确实可以保证营销单元与公司之间利益一致。

实施这样一种利润分享制度会产生许多实践问题。首先，人们会对在两个利润中心之间分配贡献的方式争论不一，高级管理层可能不得不介入以解决这些争议。这种方法成本高，耗时长，并违背分权制的基本原理，即经营单元管理者自制。其次，人为地在各经营单元之间分配利润无法提供关于各单元的盈利能力的有效信息。第三，因为直到销售完成之后才分配贡献，所以制造单元的贡献取决于营销单元销售能力，以及实际销售价格。制造单元或许认为这种形势有些不公平。

两组价格

依照这种方法，制造单元的收入以对外销售价格计，而采购单元则以标准成本总额计。差额计入总部账户，在经营单元报表合并后，再销账。若采购单元和销售单元之间经常存在无法由任何其他方法解决的冲突，则有时会采用这种转移定价方法。依照这种方法，采购和销售单元均会受益。

但是，采用两组转让价格方法的制度存在几个不利之处。首先，经营单元的利润总额高于公司总体利润。在审批经营单元预算，以及随后根据预算评价业绩时，高级管理层都必须明白这种情况。其次，这种制度产生了一种虚幻的感觉，即认为经营单元在赚钱，但是，事实上，公司总体上可能在赔钱，因为有借记公司总部的费用。第三，这种制度可能会激励经营单元更多地关注内部转让，因为虽然牺牲了对外销售，但可以确保丰厚的加价。第四，若每次发生转让交易，就首先借记总部账户，然后在经营单元的报表合并后再销账，则会增加记账负担。最后，依照这种制度，经营单元之间的冲突会缓和，这一事实可能会被视作一项缺点。有时，转让价格上的冲突要么反映了组织结构上的问题，要么反映了其他管理系统上的问题。依照两组价格方法，这些冲突会被化解，因此，不会向高级管理层警示这些问题。

企业实践

图表 6.3 总结了美国公司在转移定价方面的实践，以及美国之外的几个国家在实践中所采用的方法。

为公司服务定价

在本节，我们将介绍如何就公司管理部门所提供的服务向经营单元计费。我们排除了经营单元无法控制的中心服务部门的成本（如：中心会计核算、公共关系、行政管理）。正如在第 5 章中所介绍的，如果这些成本完全计费，就要进行分配，而且分配不包含利润要素。分配不是转让价格。

有两种转让类型：

1. 接受服务的单元必须接受，但至少可以部分控制使用中心服务的数量。
2. 经营单元可以决定是否使用中心服务。

控制服务数量

公司可能要求经营单元使用公司辅助人员的服务，如：信息技术和研发。在这些情况

图表 6.3 产品的转移定价方法

	采用转移定价方法的调查者所占百分比					
	美 国[a]	澳大利亚[b]	加拿大[c]	日 本[d]	印 度[e]	英 国[f]
调查者数量	470	N/A	N/A	N/A	N/A	N/A
基于成本的方法						
变动成本	11%	N/A	6%	2%	6%	10%
完全成本	25	N/A	37	44	47	38
成本+加价	17	N/A	N/A	N/A	N/A	N/A
其 他	N/A	N/A	3	0	0	1
合 计	53%	65%	46%	46%	53%	49%
市场价格	31	13	34	34	47	26
议定价格	16	11	18	19	0	24
其 他	N/A	11	2	1	0	1
	100%	100%	100%	100%	100%	100%

[a] Vijay Govindarajan, "Profit Center Measurement: An Empirical Study," The Amos Tuck School of Business Administration, Dartmouth College, 1994, p. 2.

[b] M. Joye and P. Blayney, "Cost and Management Accounting Practices in Australian Manufacturing Companies," Accounting Research Centre, The University of Sydney, 1991.

[c] R. Tang, "Canadian Transfer Pricing in the 1990s," *Management Accounting*, February 1992.

[d] R. Tang, C. Walter, and R. Raymond, "Transfer Pricing—Japanese vs. American Style," *Management Accounting*, January 1979.

[e] V. Govindarajan and B. Ramamurthy, "Transfer Pricing Policies in Indian Companies: A Survey," *The Chartered Accountant*, November 1983.

[f] C. Drury, S. Braund, P. Osborne, and M. Tayles, *A Survey of Management Accounting Practices in U.K. Manufacturing Companies*, London, UK: Chartered Association of Certified Accountants, 1993.

下，经营单元经理无法控制完成这些活动的效率，但是可以控制接受服务的数量。关于这些服务有三种流派的思想。

一种流派的思想认为，经营单元应该为可以自由裁量使用的服务支付标准变动成本。如果它所支付的低于标准变动成本，就会激励它使用比经济上的合理范围更多的服务。

另一方面，如果要求经营单元经理支付高于变动成本的价格，他们可能就不会选择使用某些服务，即使高级管理层从公司的角度出发认为值得使用。若高级管理层引进了一项新的服务，比如一种新的项目分析程序，则最有可能出现上述情况。低价格类似于公司在新产品上采用的新产品引入价格。

实例 许多年来，博伊西凯斯凯德公司数据处理服务（CDPS）部门的经理都未向个人电脑使用者分配任何辅助个人电脑的成本，如：采购、安装、应用支持等。因为他们希望刺激个人电脑

的使用。这些成本向所有其他 CDPS 服务的使用者计费，主要指主机计算机资源的使用者。即使在个人电脑辅助成本变得如此巨大，就其计费被认定为可行时，CDPS 部门的经理都没有选择按完全成本计费。他们把费用标准设定为每台电脑每月约 100 美元，而不是当年的最佳估计值——每月 121 美元。[4]

第二种思想流派支持等于标准变动成本加标准固定成本的适当份额的价格，即完全成本。支持者认为，如果经营单元认为服务不值这么多钱，那么一定是存在问题，要么是服务单元的质量问题，要么是效率问题。完全成本反映了公司的长期成本，这是应该支付的金额。

第三种思想流派支持相当于市场价格，或者相当于标准完全成本加利润边际的价格。如果能够找到市场价格，就采用市场价格（如：计算机服务部计收的成本）；如果找不到，价格就采用完全成本加上投资报酬。这种立场背后的原理是，服务单元运用的资本应该获得一定的回报，正如制造单元运用的资本一样。此外，如果经营单元为自身服务，那么他们就是投资者。

选择性使用服务

在有些情况下，管理层可以允许经营单元选择是否使用中心服务单元。经营单元可以从外部采购服务，自行开发服务潜力，或者选择根本不使用服务。这种类型的安排最适于诸如信息技术、内部咨询顾问及维修工作之类的活动。这些服务中心都是独立的，他们必须自食其力。如果内部服务竞争不过外部供应商，那么他们的活动范围就会被缩小，也可能完全外包他们所能提供的服务。

实例 Commodore 商用机器公司把一项中心服务活动——客户服务——外包给了联邦快递。Commodore 公司负责客户满意度的副总裁詹姆斯·瑞德说：“当时，我们的客户服务和客户满意度并不是最好的。”但是，这是联邦快递的专长，它能每天处理 300 000 多个服务电话。Commodore 公司安排联邦快递公司处理来自孟菲斯市联邦快递中心的全部电话客服业务。[5]

在前一年在线业务损失了 2 900 万美元之后，Borders 集团求助于竞争者亚马逊网站来管理其在线销售。Borders 得以维持了互联网销售渠道，并获得了由亚马逊所提供的经营效率，同时又能够专注于传统业务的增长。[6]

在这种情况下，经营单元经理既控制中心服务的数量，又控制其效率。在这种条件下，

---

4. Kenneth A. Merchant, “Boise Cascade Corporation,” University of Southern California case A911-04.

5. James Brian Quinn, *Intelligent Enterprise* (New York: Free Press, 1992) , p. 91.

6. Arlene Weintraub, “The Year of the E-Piggyback,” *BusinessWeek*, December 3, 2001, p. 24.

这些中心单元就是利润中心。他们的转让价格应该基于在控制其他转让价格中所需考虑的同样的因素。

价格机制的简化

除非计算方法足够简单，让经营单元的管理者易于理解，否则就公司服务计收的价格不会实现预期的结果。计算机专家习惯于处理复杂的方程，而计算机本身在应用中所提供的信息则是以秒计算的，且成本低廉。因此，有时会存在一种倾向，根据过于复杂的规则向计算机用户计费，以至于用户都无法理解：如果他或她决定在某项应用中使用计算机，或者终止一项现行的应用，会对成本产生怎样的影响。这样的规则是违背效率原则的。

转让价格的管理

至此，我们已经讨论了如何制定一项合理的转移定价政策。在这一节中，我们将讨论应该如何实施所选定的政策——具体而言，就是在设定转让价格时所允许的议价程度，解决转移定价冲突的方法，以及按照适当方法进行的产品分类。

议　价

在大多数公司中，各经营单元都彼此议定转让价格。也就是说，转让价格不是由中心管理部门制定的。对此，或许最重要的原因就是，人们认为制定销售价格以及商定令人满意的采购价格是直线管理人员的基本职能之一。如果总部控制定价，就会降低直线管理人员影响盈利能力的能力。此外，许多转让价格都要求一定程度的主观判断。因此，议定的转让价格经常是买方和卖方之间达成的一种妥协。如果总部制定转让价格，经营单元管理者会认为利润低是由于转让价格的主观臆断。让经营单元议定价格的另一个原因是，他们通常拥有关于市场和成本的最优信息，因此，最有可能达到合理的价格。

实例　经营单元A有机会以每单位100美元的价格向外部公司大批供应一项产品。本产品的原材料由经营单元B供应。经营单元B对这种原材料的正常转让价格是每单位35美元，其中10美元为变动成本。经营单元A的加工成本（除原材料外）加正常利润是85美元，其中50美元是变动成本。因此，经营单元A的总成本加正常利润是120美元。按照这个数额，100美元的销售价格不具有吸引力。对于整个公司而言，拒绝合同就会造成功能紊乱，因为经营单元都有闲置生产能力。因此，两个经营单元应该对原材料议定较低的价格，以便两个经营单元都能为利润做贡献。

如果不是一个公司内的两个经营单元，而是一个公司向拥有同样销售前景的另一个公司销售原材料，那么这两个公司就应该以同样的方式议价。尽管在第一个例子中涉及转让价格，但是这项事实并不影响管理者行为的合理性。[7]

经营单元必须了解转让价格议价的基本规则。在个别公司中，总部告知经营单元，他们可以自由选择彼此交易，或与他们认为合适的外部企业交易，但是惟一的条件是，如果条件相当，业务就必须保留在内部。如果这样做，而且也有外部渠道和外部市场，就不再进一步要求行政管理程序。如果经营单元无法就价格达成一致，很简单，价格就由外部市场制定，他们就可以从外部采购，或向外部销售。但是，在许多公司中，都要求经营单元彼此交易。如果在议定过程中，他们不以与竞争者做生意来要挟，那么总部管理人员就必须制定一套规则，指导公司内部产品的定价和采购。

直线管理者不应该花费大量不必要的时间议定转让价格，所以这些规则应该具体，以防止议价技巧成为决定转让价格的重要因素。若没有这样的规则，则最顽固的经理会赢得最有利的价格。

仲裁与冲突解决

无论定价规则多么具体，总会有经营单元无法就价格达成一致的情况存在。出于这个原因，应该建立一种转让价格争议仲裁程序。转让价格仲裁的正式程度存在显著不同。在一个极端，仲裁争议的职责指派给一位执行官（例如，财务副总裁或执行副总裁），他们与所涉及的经营单元经理交涉，然后口头宣布价格。另一个极端是建立一个委员会。通常委员会具有三项职责：（1）解决转让价格争议；（2）审查采购变动；（3）必要时更改转让价格规则。所采取的程序的正式程度取决于潜在转让价格争议的范围和类型。在任何一种情况下，转让价格仲裁都应该是总部高层管理者或高层管理者团队的职责，因为仲裁决策会对经营单元利润产生重要影响。

仲裁可以采取多种方式。在正式系统中，双方均应向仲裁员提交一份书面陈述。仲裁员审查各自的立场，然后决定价格，有时还依赖其他管理人员的协助。例如：采购部门可能会审查所建议的竞争报价的有效性，或者工业工程部门可能审查一项标准人工成本是否恰当的争议。正如上面所指出的，在不太正式的系统中，案情陈述大多为口头的。

提交仲裁的争议不宜太多，这一点很重要。如果大量争议都提交仲裁，就表明转让价格规则不够具体，或者难以应用，也可能表明经营单元组织不符合逻辑。简而言之，这是存在问题的征兆。不仅仲裁要耗费直线管理者和总部管理层大量时间，而且仲裁价格也经

---

7. David Solomons, *in Divisional Performance: Measurement and Control* (Homewood, IL: Richard D.Irwin, 1968, chapter Ⅵ)，该书中讨论了一个类似的例子。他得出结论，转移定价系统会产生功能紊乱，因为分部A会拒绝符合公司最大利益的合同。他没有提及议价的可能性，因此，他的结论是不正确的。

常令买方和卖方都不满意。在有些公司，将价格争议提交仲裁效率极低，因而很少有争议提请仲裁。因此，如果未浮现合法的投诉，结果就不可行。防止争议提交仲裁往往会掩盖一项事实，即转移定价系统存在问题。

除了仲裁的正式程度之外，采用的冲突解决过程的类型也会影响转移定价系统的效果。解决冲突的方式有四种：强制型、协调型、议价型以及解决问题型。[8] 冲突解决机制包括从避免冲突，到强制和协调，再到通过议价和问题解决来解决冲突。

产品分类

采购和转移定价规则的范围和正式性在很大程度上取决于公司内部转让交易的数量，以及外部市场和市场价格的可获得性。公司内部转让交易数量越大，获得市场价格的可能性越大，转让价格规则就一定越正式、越具体。如果市场价格随时可以获得，就可以通过总部审查超过一定数额的"自制还是外购"决策来控制采购。

有些公司把产品分为两大类：

> **第一类**包括高级管理层希望控制采购的所有产品。这些一般都是大批量产品，不存在外部采购渠道的产品，并且是出于质量或者保密原因，高级管理层希望保留对产品制造控制权的产品。
>
> **第二类**是所有其他产品。一般而言，这些都是可以在公司外部生产，且不会对目前经营产生重大干扰的产品，以及规模相对较小，利用一般用途设备生产的产品。第二类产品按市场价格转让。

第一类产品的采购，只有经中心管理层许可后才能变动。第二类产品的采购则由所涉及的各经营单元决定。采购单元和销售单元均可以自由选择对内交易，还是对公司外部交易。

按照这种安排，管理层就可以将精力集中在个别大批量产品的采购和定价问题上。转移定价规则可以采用上一节中所介绍的各种方法确定。

8. Paul R.Lawrence，Jay W.Lorsch，*Organization and Environment* (Homewood, IL.: Richard D.Irwin, 1967)，pp. 73–78.

小 结

权力的分配取决于分配利润责任的能力。除非存在下面两项条件，否则利润责任就无法安全分配：

1. 接受分配的单元拥有制定最优利润决策所必需的相关信息。
2. 接受分配的单元的业绩根据他或她所做的成本/收入权衡的质量评价。

公司各部门分担产品开发、制造和营销职责，如果要向这些部门分配利润责任，就必须建立转让价格系统。这个转让价格系统必须能产生上述两项条件。在复杂的组织中，设计出对于制定最优决策、具备必要的知识和激励的转让价格系统是很难的。

在设计转让价格系统时涉及两项决策。第一项是采购决策：公司应该在内部自制产品，还是从外部供应商采购？第二项是转让价格决策：产品应该按什么价格在利润中心之间转让？

从理论上讲，转让价格应该近似于正常外部市场价格，并调整公司内部转让中不发生的成本。即使采购决策受到约束，市场价格也是最好的转让价格。

如果无法获得竞争价格，那么可以根据成本加利润制定转让价格，即使这种转让价格比基于市场的价格计算起来复杂，而且结果不太令人满意。基于成本的转让价格可以按标准成本加利润边际来制定，或通过两步定价系统制定。

议定转让价格的方法应该到位，并且还应该有解决转让价格争议的仲裁机制，但是这些安排不应该太复杂，管理者不应该在转让价格上耗费不必要的时间。

在复杂组织中，完全令人满意的转让价格系统可能没有几例。正如许多管理控制设计选择一样，在几个不太完美的行动方式中选择一个最佳的是必要的。重要的是要明白哪些地方不完美，并确保运用行政管理程序避免局部最优决策。

附　录

一些理论因素

关于理论上的转移定价方法的文献有很多。但是，没有几个模型能适用于实际经营环境，而且，出于下面要解释的原因，他们也不可能得到广泛应用。因此，在本章中，我们没有提及这些模型。尽管他们不能直接适用于实际经营环境，但是，他们还是有助于转让价格系统概念化的。这些模型可以分为三类：（1）基于古典经济学理论的模型；（2）基于现行计划的模型；（3）基于夏普利值(Shapley value）的模型。

经济模型

古典经济学模型首先由杰克·赫舒勒福于 1956 年提出，文章见本章脚注 1。赫舒勒福教授为中间产品从一个经营单元向另一个经营单元转让建立了一系列的边际收入、边际成本和需求曲线。他根据各种不同的经济学假设，利用这些曲线确定转让价格，使两个经营单元的总利润实现最优。采用这样确定的转让价格，两个经营单元可以通过本单元利润的最优化实现总利润的最大化。

赫舒勒福模型的难点在于，只有在一系列条件存在时，它才能应用。这一系列条件包括：必须有可能估计中间产品的需求曲线；假设条件必须保持稳定；用作生产中间产品的设备没有其他用途。最后，模型只适用于销售单元只销售一种中间产品，只销售给一个采购单元，采购单元只把中间产品用于一个终端产品的情况。但是，在现实世界中，这些条件即使不能说根本不存在，也很少存在。

这个模型（以及其他模型）假设转让价格是由中心管理人员强加的，它否定经营单元之间议价的重要性。经营单元管理者通常比中心管理人员拥有更多的信息。实际上，如果中心管理人员能够决定最优生产模式，就会产生下列问题：为什么不直接强加这种模式，而不是试图通过转让价格机制间接地实现呢？

线性计划模型

线性计划模型是基于机会成本方法。这个模型也涵盖生产能力约束。模型计算整个公司的最优生产模式，采用这种模式，它要计算一系列值来推算各种稀缺资源的利润贡献。这些值被称为影子价格，计算影子价格的过程被称为对线性计划“解双解”。如果中间产品的变动成本加在影子价格上，就会得到一系列转让价格，他们应该激励经营单元根据整个公司的最优生产模式生产。之所以如此，是因为如果采用这些转让价格，只有根据通过线性计划确定的模式生产，各经营单元才能使利润最优化。

如果能够计算出可靠的影子价格，就可以采用这个模型计算转让价格。但是，为了使这个模型可控，即使在计算机上，也必须纳入许多简化的假设。假设需求曲线已知，并且是静态的，那么成本函数就是线性的，而且可以事先估计生产设施的替代用途和盈利能力。正如经济学模型一样，在现实世界中，这些条件很少存在。

夏普利值

理论文献中有几篇文章支持采用夏普利值作为转让价格。夏普利值是由夏普利于1953年开发的，它是一种根据各自的贡献切分公司联盟或个体联盟利润的方法。这个问题来源于博弈论，夏普利值一般被认为提供了问题的公正答案。

同样的技术是否适用于转让价格问题仍存在很大的争议。尽管这种方法多年来一直在文献中不断介绍，但是却从未涉及过实践中的任何应用。除非转让交易涉及几种产品，否则它很难被接受，部分原因在于其计算冗长。另一个原因是许多研究了夏普利值的人都认为它的基本假设对于转移定价问题无效。

推荐读物

Adler, Ralph W. "Transfer Pricing for World-Class Manufacturing." *Long Range Planning 29*, no. 1 (February 1996), pp. 69–75.

Anctil, R. M., and Sunil Dutta. "Negotiated Transfer Pricing and Divisional vs. Firmwide Performance Evaluation." *The Accounting Review 74*, no. 1 (January 1999), pp. 87–104.

Cole, Robert T. *Practical Guide to U.S. Transfer Pricing.* New York: Aspen Publishers, 1999.

Crow, Stephen, and Eugene Sauls. "Setting the Right Transfer Price." *Management Accounting 76*, no. 6 (December 1994), pp. 41–47.

Emmanuel, Clive. Transfer Pricing. New York: Academic Press, 1994.

Feinschreiber, Robert. *Transfer Pricing Handbook.* New York: John Wiley & Sons, 1998.

Solomons, David. *Divisional Performance: Measurement and Control.* Homewood, IL: Richard D. Irwin, 1968, chapter VI.

案例6-1

转移定价问题

1. 拉姆达公司的 A 事业部制造产品 X，销售给 B 事业部作为产品 Y 的零部件。产品 Y 销售给 C 事业部，用作产品 Z 的零部件。产品 Z 销售给公司外部客户。公司内部定价规则是，产品按标准成本外加 10%的基于存货和固定资产的回报率在各事业部之间转让。请根据以下信息，计算产品 X 和产品 Y 的转让价格，以及产品 Z 的标准成本。

单位标准成本	产品 X	产品 Y	产品 Z
外购材料	$ 2.00	$ 3.00	$ 1.00
直接人工	1.00	1.00	2.00
变动管理费用	1.00	1.00	2.00
单位固定管理费用	3.00	4.00	1.00
标准产量	10 000	10 000	10 000
存货（平均水平）	$70 000	$15 000	$30 000
固定资产（净值）	30 000	45 000	16 000

2. 假设情况与问题 1 相同，但是转让价格规则如下：产品按单位标准变动成本加月度固定费用在各事业部之间转让。月度固定费用等于分配给产品的固定成本加上基于可分配给产品的存货和固定资产的平均余额的 10%的报酬率。请计算产品 X 和产品 Y 的转让价格，以及产品 Y 和产品 Z 的单位标准成本。
3. 产品 Z 的现行售价为 28.00 美元。下列是竞争者可能采用的一系列降价，以及如果 C 事业部不降价，竞争者采用的这些降价将对销量产生的影响。
   - 可能的竞争价格：27.00 美元；26.00 美元；25.00 美元；23.00 美元；22.00 美元。
   - 如果产品 Z 维持 28.00 美元的价格，销量就分别是：9 000；7 000；5 000；2 000；0。
   - 如果产品 Z 的价格降至竞争者的水平，销量就分别是：10 000；10 000；10 000；10 000；10 000。

思考题

a. 根据问题 1 中计算出的转让价格，在上述各种情况下，C 事业部维持 28.00 美元的价格，还是跟随竞争者降价？

b. 根据问题 2 中计算出的转让价格，在上述各种情况下，C 事业部维持 28.00 美元的现行价格，还是跟随竞争者降价？

c. 在其他条件相同的情况下，哪项决策符合公司的最大利益？

d. 根据问题 1 中计算出的转让价格，C 事业部的经理会制定出违背公司总体利益的决策吗？如果会，在上述各种竞争定价行动中，公司的机会损失分别是什么？

4. C 事业部对增加产品 Z 的销量很感兴趣。产品 Z 目前的售价是 28.00 美元。通过一项调查，他们估计增加电视广告会造成销量的提高。这项调查的结果如下所示（请注意，这类广告只能以 10 万美元为单位进行购买。）

（单位：千美元）					
广告费用	$100	$200	$300	$400	$500
因增加广告费用而提高的销量	10	19	27	34	40

本案例由约翰·迪尔登和罗伯特·安东尼编写。

思考题

a. 作为C事业部的经理，如果您按问题1中计算出的转让价格采购产品Y，您会在电视广告中投入多少呢?

b. 如果您按问题2中计算出的转让价格采购产品Y，您会在电视广告中投入多少呢?

c. 从公司总体角度看，哪种是正确的?

d. 如果采用第一种转让价格，公司在局部最优利润上会损失多少?

5. 凯姆博公司的两个事业部分别是“中间事业部”和“终端事业部”。中间事业部生产三种产品：A、B、C。通常这些产品既对外销售，又向终端事业部销售。终端事业部用产品A、B、C分别制造产品X、Y、Z。最近几周，产品A、B、C的供应十分紧张，以至于终端事业部由于这些产品短缺而达不到生产能力。因此，要求中间事业部把全部产品都销售给终端事业部。关于这些产品的财务资料如下所示：

中间事业部			
	产品 A	产品 B	产品 C
转让价格	\$ 10.00	\$ 10.00	\$ 15.00
变动制造费用	3.00	6.00	5.00
单位贡献	\$ 7.00	\$ 4.00	\$ 10.00
固定成本（总计）	\$50 000	\$100 000	\$75 000

中间事业部月生产能力为5万单位。加工工艺具有约束性，所以每项产品只能按最低的1万单位批量生产。剩余生产能力可用于生产2万单位三种产品的任意组合。中间事业部无法超过5万单位的生产能力。

因为产品A、B、C的供应量限制了生产，所以终端事业部还有足够的生产能力，可以比现在多生产40%左右。此外，终端事业部可以按上述价格销售所生产的全部产品。

终端事业部			
	产品 X	产品 Y	产品 Z
销售价格	\$ 28.00	\$ 30.00	\$ 30.00
变动成本			
内部采购	10.00	10.00	15.00
其他变动成本	5.00	5.00	8.00
总变动成本	\$ 15.00	\$ 15.00	\$ 23.00
单位贡献	\$ 13.00	\$ 15.00	\$ 7.00
固定成本（总计）	\$100 000	\$100 000	\$200 000

思考题

a. 如果您是中间事业部的经理，您将向终端事业部销售哪些产品?您在这些销售中赚取的利润是多少?

b. 如果您是终端事业部的经理，假设中间事业部必须向您销售全部产品，您会从中间事业部订购哪些产品?您赚取的利润是多少?

c. 哪种生产模式能实现公司总利润最优化?这将如何影响中间事业部?如果您是凯姆博公司的执行副总裁，负责制定最优模式，如有必要，您将对两个事业部之间的利润分配做些什么?

6. 如果产品A、B、C没有外部市场，那么您将如何解答问题5?

7. 凯姆博公司决定生产能力可以提高至5万单位以上，但是，这些增产要求实际支付的成本也相应增加。成本增加数额具体如下：

超出现有生产能力的产量（单位）	成本增加数额		
	产品 A	产品 B	产品 C
1 000	\$10 000	\$12 000	\$10 000
2 000	25 000	24 000	20 000
3 000	50 000	50 000	35 000
4 000	80 000	80 000	50 000

这几项增产都是彼此独立的，也就是说，产品A的增产不会影响产品B的增产成本。

计量标准为 100 单位，每种产品的最高增产幅度为 4 000。所有其他条件同问题 5。

思考题

a. 假设中间事业部可以向终端事业部收取所增加的全部成本，中间事业部的生产模式是什么？

b. 假设终端事业部必须承担所增成本，终端事业部的最优生产模式是什么？

c. 公司最优生产模式是什么？

8. 如果中间事业部的产品 A、B、C 没有外部市场，那么您对问题 7 的解答会有什么不同吗？

9. [1]Kappa 公司的 A 事业部是供应中间产品的惟一来源，然后中间产品由 B 事业部转化为可供销售的最终产品。A 事业部的大部分成本都是固定成本。对于任何达 1 000 单位的日产量，日总成本为 500 美元。然后每增加 1 000 单位，日总成本就增加 100 美元。A 事业部认为，如果单价定在 0.40 美元，那么本事业部的经营结果就会实现最优化，因而就照此做了。

B 事业部在把 A 事业部供应的中间产品转化为最终产品时，会发生额外成本。每生产 1 000 单位，成本是 1 250 美元，超过 1 000 单位以上，每增加 1 000 单位成本为 250 美元。就收入而言，B 事业部只有增加销售宣传支出，降低销售价格，才能增加销售收入。B 事业部的销售预测如下表所示：

销售预测	
销量 （单位）	扣除销售成本后的销售净额 （每千单位）
1 000	$1 750
2 000	1 325
3 000	1 100
4 000	925
5 000	800
6 000	666

从 B 事业部的观点来看，我们可以在各种产量水平比较成本和收入，并同时考虑本部门的加工成本，以及 A 事业部对其所提供的中间产品计收的费用。相关信息如图表 1 所示。

图表 1 表明，B 事业部利润最大化的政策应该是把日产量定在 2 000 或 3 000 单位，接受每日 350 美元的利润。如果产量超过了 3 000，或低于 2 000，它的利润甚至会更低。

若 B 事业部每天需求 3 000 单位，那么按照 0.40 美元的价格，事业部 A 的销售收入就是 1 200 美元，总成本为 700 美元。因此，A 事业部单独的利润为每天 500 美元。把它加在 B 事业部的利润上，即每天 350 美元，我们就可以得到公司的利润，总计为每天 850 美元。

现在，假设公司摈弃了分权制组织结构，不再设置两个利润中心，而是把他们合并为一个利润中心，既负责中间产品生产，又负责把它加工成产成品。让我们进一步假设，除了组织结构改变之外，先前的其他所有条件都继续适用。那么，B 事业部先前面临的市场条件现在就是这个利润中心所要面对的。它的成本等于 A 和 B 的合并成本，当然，要冲销 A 和 B 为供应中间产品先前计收的费用。这个利润中心的成本和收入安排如图表 2 所示。

图表 2 表明，这个利润中心比以前两个利润中心加起来更盈利。通过每天制造和销售 4 000 单位产品，它就能赚取 900 美元的利润，或者说比 A 事业部和 B 事业部的联合活动所获得的最佳结果每天都高出 50 美元。

人们认为公司一直在为奢侈的分权制买单。通过局部最优化（即通过作为一个独立的实体为自身谋求最大利润），各事业部导致公司作为一个整体没有实现利润最优化。当然，原因在于，B 事业部对每件 0.40 美元的转让价格做出的反应是，限制对中间产品的需求以及自身产成品的产量。为了最大限度地利用恶劣

1. Reproduced with permission from David Solomons，*Divisional Performance: Measurement and Control*（Homewood，IL: Richard D.Irwin，1968）。

图表1

B事业部产量(单位)	B事业部自身加工成本	A事业部向B事业部计收的费用每单位 @$0.40	B事业部的总成本	B事业部的收入(扣除生产准备成本后净额)每千单位	B事业部的总收入	B事业部的利润(损失)
(1)	(2)	(3)	(4) = (2) + (3)	(5)	(6) = (1) × (5)	(7) = (6) − (4)
1 000	$1 250	$400	$1 650	$1 750	$1 750	$100
2 000	1 500	800	2 300	1 325	2 650	350
3 000	1 750	1 200	2 950	1 100	3 300	350
4 000	2 000	1 600	3 600	925	3 700	100
5 000	2 250	2 000	4 250	800	4 000	(250)
6 000	2 500	2 400	4 900	666	4 000	(900)

图表2

产量(单位)	生产中间产品成本	加工成产成品成本	总成本	总收入*	利 润
(1)	(2)	(3)	(4) = (2) + (3)	(5)	(6) = (5) − (4)
1 000	500	$1 250	$1 750	$1 750	—
2 000	600	1 500	2 100	2 650	$550
3 000	700	1 750	2 450	3 330	850
4 000	800	2 000	2 800	3 700	900
5 000	900	2 250	3 150	4 000	850
6 000	1 000	2 500	3 500	4 000	500

* 摘自图表1第(6)列。

的条件，它却为公司造成了令人尴尬的境况。但是，谁会指责它呢？假设它的总经理接到的指示是使本事业部的利润最大化，那么经理恰恰在他或她所面临的既定条件下做到了这一点。真正为最终结果负责的应该是A事业部。但是，指责这个事业部也是不公平的，因为它也只不过是在执行上级指示，力求使本事业竞技利润最大化。如果转让价格是0.40美元，虽然为公司带来的不是最优结果，但是的确使本事业部的利润最大化。

关于这项说明，还有一个特点值得注意。就自身利润而言，销售2 000单位还是3 000单位，对于B事业部来说并无差别。我们假设它决定销售3 000单位。如果它选择了只销售2 000单位，它自身的利润也不会受到影响，而A事业部的利润就会削减300美元。在这样一种情况下，两个事业部之间转让价格的议定就可能防止因局部最优化而对公司造成的损害。但是，如果让他们自行解决，两个事业部不可能从公司角度达成最优解决方案。

思考题

a. 如果A 事业部向 B 事业部销售 4 000 单位产品，那么 A 事业部愿意接受的最低价格是多少？

b. 如果 B 事业部从 A 事业部采购 4 000 单位产品，那么 B 事业部愿意接受的最高价格是多少？

c. 如果 A 事业部确实向 B 事业部销售 4 000 单位产品，那么转让价格应该是多少？

d. 如果可能，在什么情况下，转让价格不会发挥作用？

案例6-2
桦纸公司

"如果我把这些纸箱的价位定得低于每千个480美元"，桦纸公司的汤姆森事业部的经理詹姆斯·布伦纳说，"我就会撤回上个月对销售人员下发的停止削价、按完全成本报价的命令。几个星期以来，我一直努力提高业务质量，如果我现在反过来接受430美元或450美元，或任何低于480美元的价格，我就是在摧毁我一直努力打造的计划。如果接受的报价甚至无法弥补一定份额的管理成本，那么这个事业部就无法创造价值，更不用说盈利了。"

桦纸公司是一家中型、半一体化的纸业公司，生产白纸、牛皮纸和纸板。生产的部分纸板由汤姆森事业部转化成瓦楞纸箱，并在纸箱的外表面印刷和涂色。包括汤姆森在内，公司拥有四个生产事业部和一个林地事业部，供应公司的部分纸浆需求。

几年来，各事业部都根据利润和投资回报率单独核算。高级管理层一直努力想通过下放决策权（那些与总体公司政策相关的决策除外）以实现更加有效的结果。公司的高级管理层认为，在过去几年间，分权制概念应用得很成功，公司的利润和竞争地位绝对有所提高。

北方事业部和汤姆森事业部用一种纸设计了一款特殊的展示纸箱，汤姆森事业部拥有生产该纸箱的设备。汤姆森事业部负责包装设计和开发的员工花费了几个月的时间完善设计、生产方法和材料。由于颜色和形状比较特殊，这些都远远超出了标准。依照两个事业部之间的协议，北方事业部将补偿汤姆森事业部的设计和开发工作的成本。

在制定了所有产品规格之后，北方事业部让汤姆森事业部和两个外部公司为纸箱报价。各事业部经理通常都可以自由选择向所希望的任何供应商采购，即使是公司内部销售，如果他们希望获得业务，各事业部也期望达到市场价格。

在这一期间，像汤姆森事业部这样的产品转化者的利润边际遭到了挤压。如同许多其他类似的产品转化者一样，汤姆森事业部也采购纸板，它的职能就是印刷、切割，然后做成盒子。尽管它从桦纸公司其他事业部采购大部分材料，但是汤姆森事业部的大部分销售都是对外部客户。如果汤姆森事业部从北方事业部获得了订单，它可能会从桦纸公司的南方事业部采购瓦楞纸外层的挂面纸板和瓦楞夹心原纸。瓦楞纸箱的箱壁均由内外两层挂面纸板、中间夹有凹槽的瓦楞夹心构成。在这笔价值400美元的订单中，汤姆森事业部大约70%的直接成本都是挂面纸板和瓦楞夹心的成本。尽管南方事业部一直未达到生产能力，并且有超量存货，但是它还是按市场价格报价。虽然供过于求，但市场价格并没有显著下跌。挂面纸板和瓦楞夹心的直接成本大约是销售价格的60%。

北方事业部从汤姆森事业部接到的箱盒报价是每千个480美元，从西方纸业公司接到的报价是每千个430美元，从艾瑞纸业公司接到的报价是每千人432美元。艾瑞纸业公司提出从桦纸公司采购已经印刷了特殊图案的外层挂面纸板，但是将自制内层挂面纸板和瓦楞夹心。外层挂面纸

本案例由威廉·罗奇在哈佛商学院尼尔·哈伦的指导下编写。版权归哈佛大学所有。哈佛商学院案例158-001。

板将由南方事业部供应，价格为每千个纸箱 90 美元，由汤姆森事业部负责印刷，价格为每千个纸箱 30 美元。在这 30 美元中，约 25 美元是直接成本。

因为这种情况似乎有些不寻常，所以北方事业部的经理威廉·肯顿，与桦纸公司的商务副总裁讨论了报价的显著差异。他告诉副总裁："我们要在一个竞争非常激烈的市场销售，无法转嫁高额成本。如果我们必须按高于市场价格 10%的价格采购供应品，那么怎么能期望我们获得丰厚的利润呢？"

由于知道布伦纳先生在过去几个月间有时无法满负荷运转汤姆森事业部，所以副总裁认为布伦纳先生在直接成本上加 20%的管理费用和利润似乎有些奇怪。在被问及这件事时，布伦纳先生的回答就是本案例开篇的那段话。他接着说，因为做了纸盒的开发工作，但并未实现任何利润，他觉得有权从纸箱的生产中获取丰厚的加价。

副总裁进一步调研了各事业部的成本结构。他记得财务总监在一星期前的一次会议上所做的评论，对于一个事业部而言，成本是变动的，对于整个公司而言大多是固定的。他知道，若没有高级管理层的具体命令，肯顿先生就会接受最低的报价，即西方纸业公司 430 美元的报价。但是，如有必要，高级管理层也可能命令接受另一个报价。尽管我们所谈的这项交易所反映的数量不到任何事业部产销量的 5%，但是推而广之，其他交易也会产生类似问题。

思考题

1. 北方事业部应该接受哪个报价，才符合桦纸公司的最大利益？
2. 肯顿先生应该接受这个报价吗？为什么应该？为什么不应该？
3. 桦纸公司的副总裁应该采取什么行动吗？
4. 在上述矛盾中，转让价格系统如何失去了作用？这个问题需要变革吗？或对整个公司的订价政策进行变革吗？如果需要，您建议进行哪些具体变革？

案例6-3

通用电气公司

组织结构

通用电气公司是各类家用电气的一体化制造商。如图表1所示，公司实行一种分权制的组织结构，由4个产品事业部、4个制造事业部和6个行政办公室组成。各事业部和行政办公室均由一名副总裁领导。行政办公室在职能上对各事业部的对应部门行使管理权，但是他们对事业部总经理没有直线管理权力。公司的组织手册上说："事业部的全体员工都对事业部经理负责。除了特别授权的职能领域外，行政管理人员在事业部没有直线管理权力。"

产品事业部设计、制造、组装并销售各种家用电气。他们很少制造零部件，而是从制造事业部或外部供应商采购零部件，然后组装电气。制造事业部约75%的销售都是给产品事业部。制造事业部生产的零部件一般都由产品事业部设计。制造事业部只是按规定规格生产零部件。尽管所有制造事业部都有工程设计部门，但是这些部门只负责公司全部工程设计的20%左右。

转让价格

各事业部在彼此交易时应视同独立的公司。

图表1
组织结构图

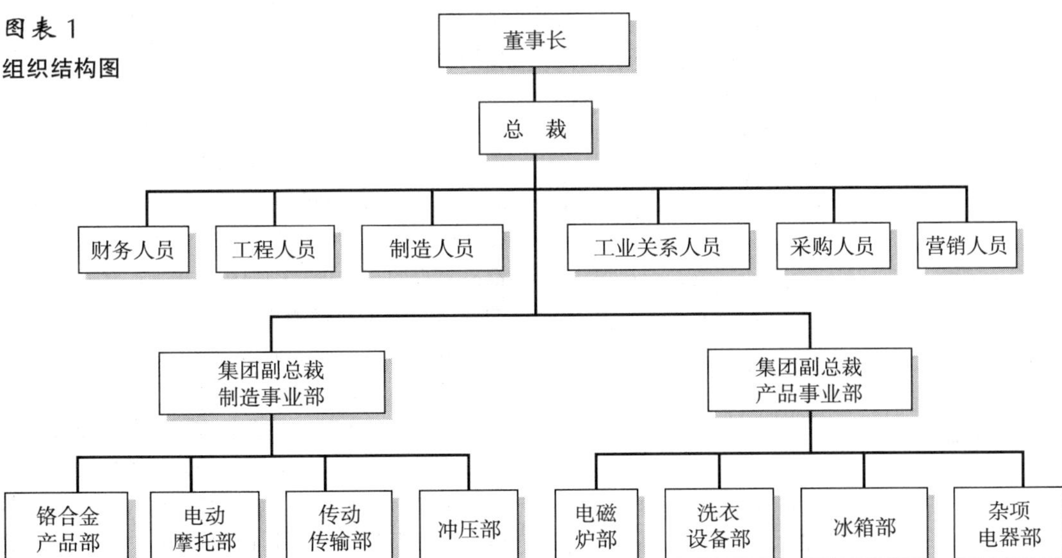

零部件将按各事业部之间议定的价格转让。这些价格一般都基于向外部供应商支付同类或可比零部件的实际价格。这些外部价格还要略作调整，以反映外部和内部零部件在设计上的差异。此外，如果外部价格基于较早时日的采购，还要调整自那个时日之后的一般价格水平的变化。一般而言，各事业部通过彼此议价确定转让价格，但是，如果各事业部无法就价格达成一致，他们就可以把争议提交财务人员仲裁。

渠道决定

尽管公司指示各事业部在彼此交易过程中视同独立的公司，但是，在实践中，这并不总是可行，因为一个产品事业部无权决定从公司内部采购，还是从公司外部采购。一旦制造事业部开始生产零部件，产品事业部可能转向外部供应商采购零部件的惟一方式就是获得制造事业部的许可，或者，如果存在分歧，就向采购人员上诉。采购人员有权解决产品事业部和制造事业部之间关于制造事业部是应该停止生产零部件，还是产品事业部可以向外部采购的争议。几乎在每起争议案例中，采购人员都决定零部件继续在公司内部制造。如若制造事业部接到指示继续生产零部件，则他们必须把零部件的价格维持在产品事业部能够从外部供应商采购的价格。

若是新的零部件，则产品事业部有权决定供应渠道。

但是，即使是新的零部件，如果产品事业部计划从外部供应商采购零部件，制造事业部也可以向采购人员上诉，要求推翻决策。

炉盖问题

铬合金产品部向电磁炉部销售一种镀铬的炉盖，安装在电磁炉的顶部。炉盖必须防腐蚀，防食品污渍。此外，要保持炉盖的光泽以及光鲜的外表是必要的。铬产品部自 1986 年 1 月 1 日起就开始生产这种炉盖。在此之前，它一直由外部供应商生产。

我们所说的炉盖是由钢冲压而成的。直到 1987 年 6 月，冲压一直按下列工艺进行：

操　作	工　艺
1	机械磨面
2	镀　镍
3	机械磨面
4	镀　铬
5	机械磨面

大约在 1986 年年中，通用电气公司的总裁开始关注客户和经销商对公司产品质量的投诉。一项客户调查似乎明确表明，在前一年，公司作为优质产品生产商的声誉受到了破坏。尽管人们认为这种破坏主要是因一种新电动摩托的性能较差所导致的，而且也很快得到了纠正，但是，总裁得出的结论是，公司产品的总体质量在过去几年中一直在下降。而且，他认为，公司重要的是重新确立自己在产品质量方面的领导地位。因此，在 1987 年初，他叫来制造副总裁（即负责制造的主管），告诉他，在接下来的 6 个月间，他最重要的工作就是把所有产品的质量都提高到令人满意的水平。

在完成这项任务的过程中，制造副总裁认为镀铬炉盖的外观不太令人满意。在那之前，铬产品部的质检部门判断炉盖是否符合标准均会采用腐蚀性测试和外观检测。外观检测在很大程度上都是主观的，在最后的分析中，取决于质检人员的判断。为了使检测更客观，选出了三个炉盖，作为可接受的最低质量标准。因为选择了高于平均水平的标准，所以废品率猛增至 80%以上。来自铬产品部的人员和制造管理人员共同研究了制造工艺，寻找使炉盖符合新质量标准的方法。他们在工艺开始时添加镀铜和机械磨面操作，在制造周期结束时添加了手工磨面操作。这些添加的操作工艺的总成本是每件 80 美分。新的操作工艺从 1987 年 6 月开始付诸实施，废品率就陡降至不到 1%。

在 1987 年 7 月，铬产品部建议将炉盖的价格提高 90 美分。其中 80 美分反映增加的操作工艺的成本，10 美分是新增成本的利润。在建议提高价格之前，现行的价格是每件 10 美元。这个价格是依照下列方式制定的：

价格的制定方式	
外部生产商收取的价格（1985/12/31）	$ 9.00
设计上的变化（自 1985/12/31 以来）	0.50
原材料和人工上的变化（自 1985/12/31 以来）	0.50
价格（1987/6/30）	$10.00

电磁炉部反对提高价格，在经过 3 个星期无果而终的谈判后，他们决定应该把争议提交财务人员仲裁。双方对争议的立场总结如下：

铬产品部

在给财务副总裁的一封信中，铬产品部的总经理陈述道，他认为他有权增加价格，因为：

1. 制造人员要求他增加操作工艺，成本是每件 80 美分。
2. 这些操作工艺所造成的质量提高只有电磁炉部受益。
3. 现行 10.00 美元的价格基于旧的质量标准。如果要求外部供应商满足这些新标准，价格就会高出 90 美分。

电磁炉部

电磁炉部的总经理在就提高价格提出反驳时，他的立场基于以下观点：

1. 工程设计规格没有变化。所发生的惟一变化是所谓的“可接受外观”。这是一件主观事情，无法以任何精确程度计量。而且，无论是就个案来看，还是提高价值的做法对未来可能造成的影响，都是值得反对的。“在工程设计规格未发生变化，但质量标准发生了变化的情况下，如果我们应该为任何变化买单，我们就会打开‘潘多拉盒子’。每个事业部都将会基于某些主观标准提高质量，并据此要求提高价格。每个事业部向制造事业部提出的提高质量的每项要求都会伴随着价格增长，尽管我们只要求质量提高到竞争水平。”
2. 电磁炉部并没有要求提高质量。事实上，也没有就这项变化征求我部的意见。因此，我部不应该负责为它既没有要求，也从未批准过的所谓的质量改进买单。
3. 从客户的角度看，质量是否有所提高，仍值得怀疑，尽管对于经过严格训练的质检人员的眼睛来说，可能有所提高。客户不会注意到以前的零部件和质量标准变化后的零部件在外观上的显著差异。
4. 即使客户可察觉到质量提高，它也不值 90 美分。若在电磁炉的成本上增加 90 美分，则可以增加更有助于销售的性能，远非质量提高所及。
5. 质量上的任何提高，只不过是使零部件提高到了先前外部生产商的质量水平。因此，质量提高所产生的成本已经包含在 10.00 美元的价格内了。

财务人员的审查

财务人员审查了这项争议。在审查过程中，它要求制造工程部门的人员审查新增的操作工艺，并对是否能接受成本增加发表评论。此外，还向制造管理机构下属的质检部门求证是否由于新增了操作工艺而使质量确实提高了，新炉盖是否比 18 个月前从外部供应商采购的炉盖质量要好。工程设计部门表示，成本建议是合理的，反映了加工工艺和效率的提高。质检部门表示，质量的确提高了，新炉盖质量优于先前从外部渠道采购的炉盖。

温控问题

电动摩托部的一个工厂生产温控装置。洗衣

设备部从电动摩托部采购温控装置，以满足全部需求。冰箱部也用类似装置，但是，在1985年之前，它一直从外部供应商曼讯控制公司采购全部需求（每年2万件）。在1985年，根据电动摩托部的要求，冰箱部从电动摩托部采购了其需求量的25%。在1986年，比例增至50%，在1987年，进一步增至75%。在1987年7月，冰箱部通知曼讯控制公司，从1988年1月1日起，它将从电动摩托部采购全部温控装置。冰箱部是根据电动摩托部的要求改变采购渠道的，对方认为这样做“符合公司的最大利益”。外部和内部生产的温控装置质量相当，向电动摩托部支付的价格也与向曼讯控制公司支付的价格相同。洗衣设备部也向电动摩托部支付同样的价格。

在1984年，较之行业生产能力而言，这种温控装置的需求有些高。在1985~1987年间，包括通用电气公司在内的几家电气公司，都扩建厂房更新设备来生产这种温控装置，以至于到1987年年中，独立公司的生产能力大大超过了需求。这种形势的结果之一是价格水平的下降。曼讯控制公司的价格如下：

1984	$3.00
1985	2.70
1986	2.50
1987（1月~6月）	2.40

由于价格的不断下降也影响了电动摩托部，电动摩托部从这项产品中获取的利润便从1984年15%的税前投资回报率，降到1987年的几乎为0。

1987年8月，在被告知不能再向冰箱部供应产品之后，曼讯控制公司把对冰箱部的价格降低了25美分，并且追溯到7月1日。价格的下降并未立即反映在公司内部交易价格上，因为所涉及的三个部已经达成协议，维持2.40美元的价格一年。

1987年10月，电动摩托部和冰箱部正在议定1988年的价格。冰箱部建议价格定为2.15美元，即向曼讯控制公司支付的价格。但是，电动摩托部拒绝低于2.40美元的价格，无论是对冰箱部，还是对洗衣设备部。经过几个星期的议定后，价格分歧被提交财务人员解决。

电动摩托部

电动摩托部之所以拒绝接受曼讯控制公司的最后一次降价，它所依据的前提是，这个价格是曼讯公司为了继续向通用电气公司供应产品而做的最后一搏（尽管这个温控装置是主要供应项目，但是曼讯控制公司还继续向通用电气供应其他产品）。为了支持这项假设，电动摩托部表示，如果价格再降低，它就会赔钱。因为它的经营效率与曼讯控制公司相当，所以它得出的结论是，曼讯控制公司一定也在赔钱。因此，这种价格令人尴尬，不是确定内部价格的有效基础。为了进一步支持自己的观点，电动摩托部还指出了这项零部件价格的下降趋势，以证明由于行业生产能力过剩而对定价产生的压力。

电动摩托部的总经理表示，即使按照2.40美元的价格，也需要付出他全部的才能和创造力。若是2.15美元，则他永远都不会盈利。如果被迫接受2.15美元的价格，他就会立即筹划关闭工厂，让外部供应商提供全部温控装置。

洗衣设备部

洗衣设备部提出2.15美元的价格的依据是公司内部定价规则，即要求产品按竞争价格在各部之间转让。总经理指出，他的年需求量是10万单位，相比之下，冰箱部的需求总量仅为2万单位。他认为，由于需求量较高，如果他从公司外部采购，很可能获得更有利的价格。

冰箱部

冰箱部所基于的事实是，冰箱部不仅能够，而且也的确能以2.15美元的价格从外部供应商采购温控装置。冰箱部确信，曼讯控制公司有足够的生产能力满足其全部需求，而且愿意以2.15美元的价格供应。因为只是看在公司的面子上，并为了公司整体利益，才转而向电动摩托部采购，所以冰箱部认为，如果让它支付高于公司内部之间业务转向的价格，就不公平。

为了进一步支持自身观点，冰箱部指出，在同意从电动摩托部采购全部温控装置需求之时，双方曾达成了一项协议。协议规定："若发生重大定价分歧，双方同意进一步的需求将在竞争基础上采购（即：按最低报价采购）。"

冰箱部表示，鉴于重大定价差异，如果外部供应商的报价低于电动摩托部，就应该允许它从外部供应商寻求报价，并与外部达成交易。

财务人员审查

在仲裁这项转让价格争议的过程中，财务人员让采购人员审查温控装置的外部市场形势。采购人员答复道，存在过剩生产能力，因此，价格非常疲软。但最终价格会上升——要么在可比产品的需求增加时，要么在一些供应商退出市场时。采购人员毫不怀疑冰箱部能够在今后一两年内按 2.15 美元，甚至更低的价格采购全部需求。但是，采购人员认为，如果公司对此项产品的全部需求都由外部供应商满足，价格至少会升至 2.40 美元，因为这项行动会耗尽过剩的生产能力。

传动问题

洗衣设备部生产自动洗衣机。最初，它从两种渠道采购传动装置——传动和传输部、桑代克机械制造公司。传动装置是由桑代克机械制造公司开发设计的。根据从桑代克机械制造公司购买半数传动装置的采购协议，通用电气获得许可生产传动装置。目前的协议是从 1977 年到 1987 年。在 10 年期满后，通用电气公司将有权使用产品设计，不受任何限制。

在 1985 年初，大约在协议到期两年之前，通用电气公司的管理层决定在到期后不再续签协议，而是要扩大传动和传输部的生产规模，以满足整个公司的全部需求。因此，在 1985 年 3 月，桑代克机械制造公司接到通知，自 1987 年 1 月 1 日起，通用电气公司将制造自己所需的全部传动装置，故不再续签现行的协议。

这份通知让桑代克机械制造公司大吃一惊。而且，它所隐含的意义也令人十分不悦，因为通用电气公司的采购占整个工厂产出的大部分，完全不可能找到替代业务来弥补损失。因此，桑代克机械制造公司面临着闲置厂房和设备、永久性降低利润水平的黯淡前景。

在 1985 年 4 月，桑代克机械制造公司的总裁给通用电气公司的总裁写了一封信函，请他再斟酌一下不续签协议的决策。他提交了一份建议，列出了如果续签现行协议就会实行降价供货。他表示，这些降价是可能的，因为 (a) 与其丢弃生产传动装置的专用设备，还不如降低价格，这样对桑代克机械制造公司更有利；(b) 桑代克机械制造公司预期劳动生产率会提高。降价建议如下所示：

现行价格	$14.00
1985/7/1 生效价格	13.50
1986/7/1 生效价格	13.00
1987/7/1 生效价格	12.50
1988/7/1 生效价格	12.00

信函进一步表示，公司开发了一种低成本传动装置，适于经济型洗衣机。这种传动装置设计成本比现有型号低 2 美元，1988 年 1 月 1 日便可投入生产。

在接到信函后，洗衣设备部的总经理重新提起了继续从桑代克机械制造公司采购的问题。他一直都对增添一种低成本的自动洗衣机感兴趣，10 美元的传动装置对他颇具吸引力。但是，传动和传输部的总经理却对扩建本部的生产津津乐道。为了满足洗衣设备部，他提出开发一种在价格和性能上都与桑代克机械制造公司所建议的经济型传动装置可比的产品。这项提议是在由传动和传输部的总经理签发的一封信函中提出的，标明日期为 1985 年 4 月 22 日。洗衣设备部的总经理接受了这项提议，因此，关于继续从桑代克机械制造公司采购之事宜，就没有引发进一步的争议。

在接下来的两个月内，传动和传输部与洗衣设备部的工程设计部门共同确定了经济型传动装置的精确性能特征。其中有些特征不同于桑代克机械制造公司所建议的产品。1985 年 6 月，传动和传输部总经理发给洗衣设备部总经理一封信函，罗列了商定的工程设计特性，并附上了价格建议，具体如下：

桑代克机械制造公司产品的建议销售价格		$10.00
可能发生的成本（假设 11%的利润）		9.00
加上：		
新增设计性能的成本	$0.85	
原材料及人工的新增成本（自报价之日起）	0.75	1.60
总成本		10.60
利　润		1.06
传动和传输事业部调整后的价格		$11.66

信函中继续写道："因为 11.66 美元的价格不会为我们提供客观的利润，所以我们建议按 12 美元的价格销售给你们。我们认为，这个价格既公允又公正，也绝对符合你们的利益。"

洗衣设备部对此未做回应。

在 1985 年 10 月，传动和传输部向公司高级管理层提交了项目建议，要求拨付资金建设生产新的经济型传动装置的厂房设施。项目建议包含了基于 12 美元价格的利润预测。项目建议中声明洗衣设备部同意这个价格。在征求对项目建议的意见时，洗衣设备部的人员也没有对这项声明提出异议。项目获得了批准，传动和传输部开始采购和安装设备，生产新型传动装置。

在 1985 年下半年，传动和传输部开始与洗衣设备部议定新型传动装置的价格，建议为 12 美元加上一些小的调整，调整自上一年度以来成本水平的变化。洗衣设备部拒绝接受所建议的价格，相反却提出了 11.21 美元的报价，制定这个价格方式如下：

制定 11.21 美元价格的方式		
桑代克机械制造公司产品的建议销售价格		$10.00
调整：		
新增设计性能的成本	$0.85	
去除的设计性能的成本	(0.50)	
原材料及人工的新增成本（自报价之日起）	0.75	
成本变化净额	1.10	
新增成本的利润	0.11	
价格增加总额		1.21
建议价格		$11.21

传动和传输部甚至拒绝考虑这项建议，经过几天的激烈争论后，两个部都决定把争议提交财务人员仲裁。

洗衣设备事业部

洗衣设备部的争论基于下列观点：

1. 本部本可以按 11.21 美元的价格从桑代克机械制造公司采购在性能上与传动和传输部的产品可比的传动装置。
2. 考虑到可以获准生产全部传动装置，传动和传输部同意了这个价格。
3. 公司内部定价政策是：供应部应该按竞争价格销售。

洗衣设备部的总经理表示，为了把传动装置业务留在公司内部而让自己买单，却让传动和传输部受益，是不公平的，特别是鉴于传动和传输部的总经理所做出的承诺。

总经理还表示，他并不反对 1985 年 6 月的信函中所提出的价格提议，因为，他认为，那时开始议价还为时太早。他的成本分析师并没有评估这项建议，但是，他假设传动和传输部对于桑代克机械制造公司的成本差异的评估几乎是正确的。他的立场是，调整后的桑代克机械制造公司的价格与传动和传输部的报价之间 34 美分的差异直到接近生产日期时才值得议定。洗衣设备事业部自然假设传动和传输部将会信守协议，因此认为它要求 12 美元，只不过是在议价上要花招。

传动和传输部

传动和传输部的争议基于下列观点：

1. 桑代克机械制造公司 10 美元的报价无效，因为它反映的只是为了维持传动装置业务而做出的最后一搏。这种性质的价格不应该构成公司内部长期定价的基础。如果桑代克机械制造公司获得了这项业务，最终它还是会提高价格的。
2. 洗衣设备部是在生产传动装置的设施已经到位之后，才对传动和传输部的价格建议提出异议。在反映项目盈利能力的计算中采用了 12 美元的价格，它也是项目获得批准的基础。如果洗衣设备部希望提出异议，它应该在项目提交高级管理层时就提出了。因为购置生产设备时，是根据 12 美元的价格假设，所以在钱已经花出去之后，不应该允许洗衣设备部再提出异议。

财务人员审查

财务人员的审查披露如下：

1. 如果桑代克机械制造公司 10 美元的报价调整了性能差异对成本造成的影响，以及自最初报价之日起成本的普遍增长，那么价格就应该是 11.25 美元，或者近似于洗衣设备部建议的价格。传动和传输部测定的 11.66 美元的价格是错误的，因为它没有考虑因设计优化而造成的成本下降，它会使桑代克机械制造公司的产品成本降低 50 美分。
2. 按照 12 美元的价格，传动和传输部可以预期获得 15%的税后投资回报率。这与它的利润目标相当。按照 11.25 美元的价格，该部就会获得约 6%的税后投资回报率。
3. 采购人员表示，依照他们的意见，在可预见的未来，按报价水平可以从桑代克机械设备公司获得所需的传动装置。

思考题

1. 做好准备，在每项争议中扮演三种不同的角色：供应部的总经理、采购部的总经理、负责争议仲裁的财务人员。若是总经理，您不应该只重复案例中表述的观点，您还应该准备在立场站不住脚时做出让步，引入新的（但是现实的）观点支持您的立场，理性地应对您对手所提的观点。
2. 如有必要，您建议公司的转让价格政策和程序应该进行哪些变革？

案例6-4

美多克公司

美多克公司的磨粉事业部磨制面粉，并将其制造成各种消费产品。其产量分配如下：

1. 约70%（按重量）转让给消费产品事业部，由该事业部通过零售店销售。消费产品事业部自包装后就负责这些产品。也就是说，它负责仓储、运输、出具账单、回收货款，以及广告和其他销售宣传活动。
2. 约20%作为面粉由磨粉事业部销售给大型工业用户。
3. 约10%作为面粉，转让给消费产品事业部，再由该事业部销售给工业用户，但是与磨粉事业部直接服务的用户所处的行业不同。

若按每种重量和包装作为一种产品，则可以说消费产品事业部营销几百种产品。这些产品的毛利润边际率远远高于向工业用户出售的面粉。

小麦由谷物部门采购，独立于磨粉事业部。小麦的价格经常大幅波动。其他成分和用品均由磨粉事业部采购。

磨粉事业部和消费产品事业部是美多克公司15个投资中心中的两个。

产品按相当于实际成本的单位价格从磨粉事业部转让给消费产品事业部。各种产品有所不同，但是，平均而言，实际成本包括几项要素，大致比例如下：

面　粉	30%
其他成分和包装材料	25%
人工与变动管理费用	20%
非变动管理费用	25%
总　计	100%

此外，在计算消费产品事业部的投资回报率时，磨粉事业部75%的投资都计入消费产品事业部。这项投资包括不动产、厂房、设备和存货，全部为磨粉事业部“所有并经营”。

这项转让价格造成了磨粉事业部与消费产品事业部之间的摩擦，主要原因有三个：

1. 如同许多加工工业一样，若工厂满负荷运转，则单位成本显著降低。实际上，接受低边际贡献的工业用户业务的主要原因在于实现满负荷运营。人们一致认为，按低边际甚至低于完全成本的价格接受此类业务，都比闲置生产能力有利。近几年来，磨粉事业部一直以不低于98%的生产能力运营。

   磨粉事业部声称，消费产品事业部在力争满负荷运转方面不够积极。磨粉事业部认为，消费产品事业部可以通过增加营销，提供更具吸引力的特殊交易，提高消费产品的销量，它还认为，消费产品事业部还有能力获得更多的工业用户，尽管由于价格的原因无法盈利，但较之磨粉事业部向它所服务的行业的销售，损失要小得多。尽管降低了消费产品事业部的平均利润边际，但是销量增加还是会使公司受益。消费产品事业部承认，这种观点具有一定的真实性，但是也指出，若对销售的每件产品都收取完全成本，它就没有动力去争取这项业务。
2. 消费产品事业部抱怨道，尽管磨粉事业部75%的投资都计入了该事业部，但是它并没有参与任何关于新设备购置、存货水平等的决策。但是，它也承认，从技术上讲，磨粉

本案例由哈佛商学院和罗伯特·安东尼编写。哈佛商学院案例171-284。

分部的人更胜任制定这些决策。

3. 消费产品事业部抱怨道，既然产品要按实际成本向它收费，它必定会为生产效率低下自动买单，而这本应由磨粉事业部负责。

公司进行了慎重研究，考虑有没有可能把转让价格与市场价格或磨粉事业部向工业用户销售的价格联系起来。但是，由于产品构成上的差异，这种可能性被绝对地排除了。

消费产品事业部目前的税前投资回报率约为20%，磨粉事业部约为6%。

美多克公司的高级管理者坚信，无论是以什么方式，磨粉事业部和消费产品事业部的利润业绩都应该单独评价。也就是说，它排除了在报告利润时合并两个事业部的解决方案。

解决这个问题的一项建议是，转让价格应该包含两项要素：(a) 标准月度固定费用，反映消费产品事业部在非变动管理费用中的适当份额；加上 (b) 单位费用，即每件产品的实际材料、人工和变动管理费用。投资不再分配给消费产品事业部。但是，在计算月度固定费用时，包含标准利润。

月度非变动管理费用的收费标准每年制定一次。它包含两部分：

1. 磨粉事业部的预算非变动管理费用的一部分，对应于被估计的向消费产品事业部转让的产品部分（约 80%）。只有在年度内工资水平或其他重大不可控事项发生了变化，这个数额才予以变动。
2. 磨粉事业部也需要做到 10%的投资报酬率。这高于磨粉事业部向工业用户销售所获得的投资回报率。选择 10%是主观臆断的，因为无法确定消费产品事业部所售产品的“真正”投资回报率。

思考题

1. 在本案例中给定的组织结构条件下，您会提出什么建议？
2. 如果没有组织结构约束条件，您会提出什么建议？

第 7 章

评价与控制所运用的资产

在有些经营单元，人们所关注的是利润，即收入和费用之间的差额。这在第 5 章中已有所介绍。在其他一些经营单元中，则用利润与为获得利润所运用的资产对比。我们把后一类责任中心称为*投资中心*，在本章中，我们将讨论这类责任中心所涉及的评价问题。在现实世界中，公司一般把我们在第 5 章和本章中所讨论的责任中心称为*利润中心*，而不是投资中心。我们也认为投资中心是一种特殊的利润中心，而不是单独的、与之并行的一类。但是，在评价利润中心所运用的资产时涉及许多问题，这个话题绝对可以单列一章。

在本章中，我们将首先讨论投资中心可能运用的各类主要资产。这些资产的总和称为投资基数。然后，我们将讨论把利润和投资基数联系起来的两种方法：（1）*投资报酬率*，即 ROI；（2）*经济增加值*，即 EVA。我们将分别介绍利用两种方法评价业绩的优势和条件。最后，我们将讨论一个略有不同的问题，即评价投资中心的经济价值，并对比负责投资中心的管理者的评价与评估。

直到最近，作者们才开始使用*剩余收益*（residual income）这个词，而不是经济增加值。这两个概念实际上是相同的。经济增加值是 Stern Stewart & Co.的注册术语。

分析架构

评价所运用资产的目的类似于我们在第 5 章所讨论的利润中心的目的，即：

- 提供有助于制定关于所运用资产的合理决策的有用信息，激励管理者制定符合公司最大利益的合理决策。
- 按经济实体评价经营单元的业绩。

在我们考察资产的替代处置方法，以及比较投资报酬率和经济增加值（把利润和所运用资产联系起来的两种方法）时，我们的兴趣主要在于，替代方法在多大程度上服务于为合理决策提供信息和评价经营单元的经济业绩这两个目的。

关注利润却不考虑创造利润所运用的资产，不是管理控制的充分基础。在几类服务组织中，资本数额不重要，除此之外，营利性公司的重要目标就是获得令人满意的投资报酬率。假设两个公司的风险模型相同，对于一个拥有 1 000 万美元资本的公司而言，创造 100 万美元的利润，未必比得上一个仅拥有 500 万美元资本，但同样创造 100 万美元利润的公司的业绩。

除非考虑了所运用的资产，否则高级管理层就难以比较一个经营单元与另一个经营单元，或者外部类似公司的利润业绩。如果各经营单元运用的资源数量不等，那么比较利润的绝对差异就没有意义。显然，运用的资源越多，利润就应该越大。这类比较用于判断经营单元管理者的经营效益，以及决定如何分配资源。

实例 桂格公司的一个经营单元“金谷”的盈利能力很高，似乎是桂格公司最好的分部之一。但是，它是由桂格公司以高于账面价值的价格溢价收购的。根据其所运用的资产，若按溢价计算，金谷分部实际上业绩欠佳。[1]

一般而言，经营单元管理者都具有两个业绩目标。第一个，他们应该利用由其支配的资源创造足够的利润。第二个，只有在投资能创造足够回报时，他们才应该投资于其他资源。（相反，如果任何资源的预期年利润按公司所要求的收益率贴现后，低于其出售所能实现的现金，那么这项资产就应该剥离。）用利润与投资对比的目的在于激励经营单元的管理者实现这些目标。正如我们将要看到的，建立一个不仅聚焦在利润上而且聚焦在所运用的资产上的系统，在实践中存在重大困难。

图表 7.1 是一套虚构的、简化的经营单元财务报表，它将用于整个分析。（为了简化起见，表中省略了所得税，在本章的讨论中一般也不予以考虑。涵盖所得税会改变计算的数额大小，但是不会改变结论。）图表中表明了利润与所运用的资产对比的两种方式，即投资报酬率和经济增加值。

投资报酬率（ROI）是一个比率。分子是损益表中所报告的收益，分母是所运用的资产。在图表 7.1 中，分母反映公司在经营单元中的权益。这个数额相当于独立公司资产负债表中非流动负债与股东权益的总和。从数学角度计算，等于资产总额减去流动负债，也等于非流动资产加营运资本（您可以利用图表 7.1 中的数字检验这项表述）。

经济增加值（EVA）是一个货币数额，而不是一种比率。它是用经营净利润减去资本成本计算得出。资本成本是用所运用的资产数额乘以一个比率，如图表 7.1 中所示为 10%。

1. Brain McWilliams, "Creating Value," an interview with William Smithburg, chairman, Quaker Oats,in *Enterprise*, April 1993.

图表 7.1
经营单元财务报表

资产负债表（千美元）				
流动资产：			**流动负债：**	
现　金		$50	应付账款	$ 90
应收账款		150	其他流动负债	110
存　货		200		
流动资产合计		400	流动负债合计	200
固定资产：				
成　本	$600		**所有者权益**	**500**
折　旧	−300			
账面价值		300		
资产总计		**$700**	**权益总计**	**$700**

损　益　表		
收　入		$1 000
费用（折旧除外）	$850	
折　旧	50	900
税前收益		100
资本成本（$500×10%）		50
经济增加值（EVA）		50

投资报酬率 = $\frac{\$100}{\$500}$ = 20%

我们将在下一节中讨论如何计算这个比率。

实例 AT&T公司采用经济增加值指标评价经营单元管理者。例如：长途业务集团由40个经营单元组成，分别销售诸如800号码、电话和公用电话之类的服务。从电话交换机设备到新产品开发，所有资本成本都分配给这40个经营单元。各经营单元的管理者都必须创造远远高于资本成本的经营收益。

拥有汉堡王（Burger King）、基尼斯和哈根达斯等众多知名品牌组合的帝亚吉欧公司，采用经济增加值帮助制定经营决策以及评价管理者行动的效果。对帝亚吉欧公司酒类品牌回报进行经济增加值分析之后，公司开始注重伏特加酒的生产和销售，因为它不同于苏格兰酒，不发生过期和储藏成本。[2]

基于经济增加值的财务学曾拯救过许多公司，如Boise Cascade、Briggs & Stration,、Baxte以及Times Mirror。[3]

2. Dawne Shand, "Economic Value Added," *Computerworld*, October 30, 2000, p. 65; Gregory Millman, "CFOs in Tune with the Times," *Financial Executive*, July–August 2000, p. 26.

3. Raj Aggarwal, "Using Economic Profit to Assess Performance: A Metric for Modern Firms," *Business Horizons*, January–February 2001, pp. 55–60.

图表 7.2　评价投资中心的方法

	美　国*	荷　兰※	印　度☆
可用调查问卷数量	638	72	39
设立了 2 个或多个投资中心的公司	500（78%）	59（82%）	27（70%）
采用剩余收益或 EVA 的公司百分比（设立了 2 个或多个投资中心）	36%	19%	8%

* Vijay Govindarajan, "Profit Center Measurement: An Empirical Survey," The Amos Tuck School of Business Administration, Dartmouth College, 1994, p. 2.

※ Elbert De With, "Performance Measurement and Evaluation in Dutch Companies," paper presented at the 19th Annual Congress of the European Accounting Association, Bergen, 1996.

☆ V. Govindarajan and B. Ramamurthy, "Financial Measurement of Investment Centers: A Descriptive Study," working paper, Indian Institute of Management, Ahbedabad, India, August 1980.

在对《财富》1 000 强公司进行的一次调查中，78%的被调查者采用了投资利润中心(图表 7.2)。[4] 在采用投资中心的美国公司中，36%根据经济增加值进行评价。其他国家的实践似乎也类似于美国(参见图表 7.2)。

由于后面将要阐释经济增加值从概念上优于投资报酬率，因此，我们在举例中一般采用经济增加值。但是，各种调查表明投资报酬率比经济增加值在商业领域应用更广泛。

评价所运用的资产

在决定采用哪个投资基数评估投资中心管理者时，总部会问两个问题：首先，哪些实践将促使经营单元的管理者更有效地利用资产，以及购置合理数量和种类的新资产？假设，用利润与所运用的资产对比，经营单元管理者就会尽力按这种评价方式提高业绩。高级管理层希望他们为达到这个目标而采取的措施符合整个公司的最大利益。其次，哪些实践能最好地评价经营单元作为一个经济实体的业绩？

现　金

大多数公司都集中控制现金，因为较之经营单元各自维持一定的现金余额，以备现金流入和流出的不稳定性之需，集中控制允许维持较低的现金余额。经营单元的现金余额也可以在日收入和日支出之间“浮动”。所以，经营单元层面的实际现金余额往往远低于经营

4. Vijay Govindarajan, "Profit Center Measurement: An Empirical Survey," The Amos Tuck School of Business Administration, Dartmouth College, 1994, p. 2.

单元作为独立公司所要求的实际现金余额。因此，许多公司都利用一个公式计算包含在投资基数内的现金。例如：据报告，通用汽车现金余额是年度销售收入的 4.5%；杜邦公司的现金余额是两个月的销货成本减去折旧。

所计入的现金之所以高于一个经营单元正常维持的余额，原因在于，它是与外部公司进行对比所必要的。如果只反映实际现金，那么内部经营单元的投资报酬率看起来就会异常的高，可能误导高级管理层。

有些公司在投资基数中不包含现金。这些公司的理由是，现金数额近似于流动负债。如果的确如此，那么应收账款和存货的总和就近似于营运资本。

应收账款

经营单元管理者不仅能通过创造销售收入的能力间接影响应收账款的水平，而且能通过制定信用条件和审批个人信用账户和信用额度，以及回收逾期账款的能力，直接影响应收账款水平。为了简化起见，应收账款经常按期末实际余额计入投资基数，尽管从概念上讲，期间平均余额是反映应该与利润对比的数额的更好指标。

对于应收账款，是按销售价格计还是按销货成本计，一直争论不休。一方面，人们可能认为经营单元在应收账款上的实际投资只是销货成本，对这项投资获得一个令人满意的回报就可以了。另一方面，人们也可能认为经营单元可以把回收的应收账款再投资，因此，应收账款应该按销售价格计。通常的惯例是采取一种更简单的方法，也就是说，应收账款按账面价值计，即：销售价格减去坏账准备。

如果经营单元不控制信用和货款回收，就可以根据公式计算应收账款。这个公式应该与正常的付款期保持一致，例如：若是 30 天的销售收入，则通常在发货后 30 天付款。

存　货

存货一般与应收账款的处理方式相似——也就是说，他们经常按期末余额计，尽管从概念上讲，期间平均余额更适宜。如果公司在财务会计中采用后进先出法，那么在报告经营单元的利润时，通常就采用不同的计价方法，因为后进先出法的存货余额在通货膨胀期间往往会超乎现实的低。在这类情况下，存货应该按标准成本或平均成本计价，并且应采用同样的成本计量损益表中经营单元的销货成本。

如果在产品存货由客户的预付款或分期付款融资，譬如制造周期长的商品一般都是这样，那么要么从存货总值中减去这些款项，要么记为负债。

实例 由于制造周期为一年或一年以上，所以波音允许分期付款销售飞机，并记为负债。[5]

5. 波音公司 2002 年年度报告。

有些公司从存货中减除了应付账款，其根据是，应付账款反映供应商为部分存货提供的融资，经营单元不承担任何成本。存货所要求的公司资本只是存货总额与应付账款之间的差额。如果经营单元能够影响供应商所允许的付款期，那么在计算中包含应付账款就会鼓励管理者争取最有利的条件。在利率高或信用紧缩时期，可能会鼓励管理者放弃现金折扣，从而实际上利用供应商所提供的额外融资。另一方面，为了降低流动资产净额而不当地拖延付款可能并不符合公司的最大利益，因为这会损害公司的信用评级。

一般意义上的营运资本

正如我们所看到的，营运资本项目的处置方式截然不同。在一个极端，公司把全部流动资产都纳入了投资基数，未抵销任何流动负债。如果经营单元无法影响应付账款或其他流动负债，那么从激励的角度来看，这种方法是合理的。但是，它也的确高估了为经营单元融资所需要的公司资本数额，因为流动负债是一种资本来源，而且经常是零利息成本。在另一个极端，如同图表 7.1 中计算投资基数时所做的那样，全部流动负债都从流动资产中扣除。这种方法很好地反映了公司提供的资本，并且期望经营单元获得回报。但是，它可能表示经营单元管理者要对某些他们无法控制的流动负债负责。

不动产、厂房及设备

在财务会计中，固定资产最初按购置成本记账，然后通过折旧在资产使用寿命期限内冲销购置成本。大多数公司在评价经营单元的资产基数的盈利能力时都采用类似的方法。在采用这种控制系统实现其原本目的时，这却造成了一些严重问题。我们将在下一节中考察这些问题。

新设备购置

假设一个经营单元能以 10 万美元购置一台新设备。估计设备能在 5 年内每年节约现金 2.7 万美元。如果公司要求投资报酬率为10%，那么投资就具有吸引力，计算如图表 7.3 所示。这项投资的净现值是 2 400 美元，因此，应该执行投资。但是，如果设备购置了，经营单元如图表 7.1 所示的那样计量资产基数，那么在第一年，经营单元报告的经济增加值就会减少，而不是增加。图表 7.3 的 B 部分列示了不含这项设备的损益表（如图表 7.1），以及如果购置设备的损益表（在使用第一年）。请注意，购置设备会增加税前收益，但是税前收益的增加远远被资本成本的增加所抵销了。因此，经济增加值的计算表明盈利能力下降了，而经济事实则是利润增加了。这种情况下，经营单元管理者就可能不愿购置这台设备。(在图表 7.3 中，折旧是根据直线法计算的。如果根据加速折旧法计算也很常见——经济事实和报告结果之间的差异甚至会更大。)

图表 7.3
资产购置产生的不当激励（千美元）

A. 经济计算				
设备投资	$100			
使用寿命，5 年				
现金流入，每年$27 000				
现金流入的现值				
($27 000×3.791) *	102.4			
净现值	2.4			
决策：购置设备				
B. 经营单元损益表上所反映的				
		如图表 7.1		购置设备第一年
收　入		$1 000		$1 000
费用（除折旧外）	$850		$823	
折　旧	50	900	70	893
税前收益		100		107
减去资本成本 10%※		50		60
经济增加值		50		47

注：为了简化起见，未单独列示所得税。假设他们已涵盖在现金流量的计算中。

* 3.791 是每年 1 美元，5 年期，10%贴现率的年金现值。

※ 新设备的资本成本按最初的账面价值计算，第一年为 100 美元×10% = 10。为了简化起见，我们采用了期初账面价值。许多公司都采用平均账面价值——(100 + 80) ÷2 = 90。结果相近。

图表 7.4 表明了在接下来的几年经济增加值如何随设备账面价值的下降而增加，即从第一年的–3 000 美元增加至第 5 年的+5 000 美元。每年经济增加值的增加并不反映实际经济变化。尽管盈利能力看上去在不断地提高，但事实上，在设备购置后，盈利能力并没有真正变化。把这个例子推而广之，很显然，如果经营单元拥有的旧资产几乎计提完了折旧，那么它报告的经济增加值往往会大于拥有较新资产的经营单元。

如果用投资报酬率评价盈利能力，那么就会存在同样的不一致，如图表 7.4 的最后一列所示。尽管我们从现值计算中知道真正的投资报酬率约为 11%，但是经营单元的财务报表报告第一年的投资报酬率不到 10%，之后有所增加。而且，5 年平均投资报酬率为 16%，远远超过了我们所知道的真正的年投资报酬率。

显然，如果可折旧资产按账面净值计入投资基数，那么经营单元的盈利能力就虚报了，也不会激励经营单元的管理者制定正确的收购决策。

实例 桂格公司发现，由于百年之久的厂房账面价值低，造成投资不足。正如一名经理所观察到的："我们已经在这个行业经营了 100 多年，因此，我们所拥有的许多厂房和设备，较之我们的新品牌，账面价值都低。虽然我们有幸继承了一个百年企业，但并不意味着我们不应该从实质上逐年提高企业的可控收益。”[6]

账面价值总值

如图表 7.4 所示，通过把折旧资产按账面价值总值而不是净值计入投资基数，就可以避免经济增加值和投资报酬率的逐年波动。有些公司就采取这种方法。如果在本案例中也这么做，那么每年的投资就会是 10 万美元（原始成本），增加的收益就是 7 000 美元（现金流入 27 000 美元 – 折旧 20 000 美元）。但是，经济增加值会减少 3 000 美元（7 000 美元 – 10 000 美元利息），投资报酬率就是 7%（7 000 美元 ÷ 100 000 美元）。这两个数字均表明经营单元的盈利能力下降了，但事实上并不是这样。根据账面价值总值计算的投资报酬率总是会低估真正的回报。

资产处置

如果正在考虑以新设备更新现有设备，而且现有设备尚有折余价值，我们知道这项折余价值与设备购置建议的经济分析无关（但它会间接地影响所得税）。但是，去除旧设备的账面价值会对经营单元盈利能力的计算产生实质影响。账面价值总值只增加新设备第一年后的净值与旧设备的账面净值之间的差额。在任何一种情况下，新增投资的相关数量都会被低估，而经济增加值也会相应地被高估。这样就会鼓励管理者用新设备更新旧设备，即使设备更新在经济上不合理。而且，设备更新最多的经营单元，所反映的盈利能力的提高也最大。

图表 7.4
新设备购置对所报告的年度利润的影响（千美元）

年　份	期初账面价值 (a)	增量收益* (b)	资本成本※ (c)	经济增加值 (EVA) (b−c)	投资报酬率 (ROI) (b÷a)
1	100	7	10	−3	7%
2	80	7	8	−1	9
3	60	7	6	1	12
4	40	7	4	3	18
5	20	7	2	5	35

注：真正的投资报酬率 ≈ 11%。

* 27 000 美元现金流入 – 20 000 美元折旧 = 7 000 美元。

※ 期初账面价值的 10%。

6. McWilliams, “Creating Value.”

总而言之，如果资产按原始成本计入投资基数，那么就会激励经营单元管理者报废资产——即使资产尚有一些使用价值，因为会按资产总成本减少经营单元的投资基数。

年金折旧

如果折旧采用年金方法，而不是直线法，那么经营单元盈利能力的计算就会反映正确的经济增加值和投资报酬率，如图表7.5和图表7.6所示。这是因为年金折旧方法实际上与隐含于现值计算中的投资回收相吻合。年金折旧与加速折旧相对，因为在最初几年投资额高时年折旧额低，随着投资额的减少，年折旧额逐年增加。投资报酬率保持不变。

图表7.5和图表7.6显示了各年现金流入稳定在同一水平时，如何计算。此外，还有计算其他现金流模式的折旧的等式，如现金流量随着维修成本的增加递减的模式，或者随着新产品赢得市场认可现金流量递增的模式。

但是，没有几个管理者接受折旧额随资产老化而增加的观念。他们把会计折旧想像为反映物理损耗或经济价值损失。因此，他们认为加速折旧或直线折旧有效地反映了所发生的一切。所以，很难让他们接受用年金折旧法评价经营单元的利润。

年金折旧法还反映出一些实践问题。例如：图表7.5和图表7.6中的折旧表都基于估计的现金流模式。如果实际现金流模式不同于假设，即使总现金流量可能产生相同的投资报酬率，预期利润也会在某些年份高，而在其他年份低。折旧表应该每年都变动，以符合实

图表7.5 采用年金折旧法计算盈利能力——平抑经济增加值（千美元）

年 份	期初账面价值	现金流入量	经济增加值*（EVA）	资本成本※	折 旧☆
1	$100.0	$27.0	$0.6	$10.0	$16.4
2	83.6	27.0	0.6	8.4	18.0
3	65.6	27.0	0.6	6.6	19.8
4	45.8	27.0	0.6	4.6	21.8
5	24.0	27.0	0.6	2.4	24.0
合 计		$135.0	$3.0	$32.0	$100.0

* 年金折旧通过改变折旧额使每年的经济增加值相同，我们必须估计5年内获得经济增加值总额。10万美元按10%的投资报酬率，则5年期、年现金流入量必须为26 378美元。实际现金流入量为27 000美元。因此，经济增加值（超过26 378美元的部分）就是每年622美元。

※ 为期初余额的10%。

☆ 折旧额就是使每年的经济增加值（扣除资本成本和折旧后的利润）等于622美元（此处四舍五入为600美元）所要求的数额。其计算如下：

$$27.0\text{ 美元} - \text{资本成本} - \text{折旧} = 0.6$$

因此，

$$\text{折旧} = 26.4\text{ 美元} - \text{资本成本}$$

际现金流模式吗？这可能不太实际。当然，在计算所得税时，年金折旧法是不可行的，尽管作为一种“系统和理性”的方法，它在财务会计中显然是可以接受的，但公司也不采用它编制财务报告。实际上，关于公司如何评价经营单元的盈利能力的一项调查表明，在实践中没人采用年金折旧法（参见图表 7.7）。

其他价值评估方法

有些公司采用账面净值，但是设定了一个较低的限额，通常为50%，以此作为可以摊销的原始成本。这样就减轻了拥有相对旧的资产的经营单元所发生的扭曲。这种方法的一个难点在于，若经营单元的固定资产的账面净值低于账面价值总值的 50%，那么它就可以通过报废掉完好无损的资产来减少投资基数。其他公司完全偏离了会计记录，并采用资产的近似现值。为了获得这个数额，他们会定期评估资产（如：每 5 年或经营单元新管理者上任时），或者利用设备价格变化指数调整原始成本，或者运用保险价值。

图表 7.6 采用年金折旧法计算盈利能力——平抑投资报酬率（千美元）

年 份	期初账面价值	现金流入量	净利润 *	折 旧※	期初投资报酬率
1	$100.0	$27.0	$11.0	$16.0	11%
2	84.0	27.0	9.2	17.8	11
3	66.2	27.0	7.3	19.7	11
4	46.5	27.0	5.1	21.9	11
5	24.6	27.0	2.4	24.6	10☆
合 计		$135.0	$35.0	$100.0	10%

* 投资额 10 万美元，5 年期，年收益 27 000 美元，所提供的回报近似于期初投资额的 11%。因此，为了保持每年 11%的投资报酬率，净利润必须等于期初投资的 11%。

※ 折旧是现金流量与净利润之间的差额。

☆ 之所以产生差异，是因为投资报酬率并非恰恰等于 11%。

图表 7.7

厂房及设备的估值

	采用这种方法的调查者百分比		
	美 国*	荷 兰※	印 度☆
账面价值总值	6%	9%	17%
账面价值净值	93	73	79
更新成本	1	18	4
	100%	100%	100%

* Govindarajan, “Profit Center Measurement,” 1994, p. 2.

※ De With, “Performance Measurement and Evaluation in Dutch Companies.”

☆ Govindarajan and Ramamurthy, “Financial Measurement of Investment Centers.”

采用非会计价值的一个主要问题在于，他们往往是主观的，相比之下，会计价值则似乎是客观的，一般不会引发争议。因此，会计数据对经营管理者而言萦绕着现实的光环。尽管这种情绪在不同的管理者中程度不同，但是，在评价财务业绩时，人们对会计数字偏离的越远，经营单元的管理者和公司高层管理者就越有可能认为管理控制系统是在玩数字游戏。

在内部系统中采用非会计数据的一个相关问题是经营单元的盈利能力与向股东报告的公司盈利能力不一致。尽管管理控制系统不一定与外部财务报告保持一致，但是，实事求是地讲，有些管理者把财务报表中报告的净收益视作“游戏名称”的构成。因此，不管在理论上多么可行，他们不支持采用不同记分方法的内部系统。采用现行市场价值的另一个问题是决定如何确定经济价值。从概念上讲，一类资产的经济价值等于这些资产在未来所能创造的现金流的现值。实事求是地讲，这个数额无法确定。尽管可以采用公开的厂房及设备重置成本指数，但是大多数价格指数并非完全相关，因为他们未考虑技术变革的影响。

在任何情况下，包括按从会计记录以外的来源获得的数字，将固定资产计入投资基数都极少发生，它只不过是学术兴趣而已（图表 7.1）。

租赁资产

假设经营单元的财务报表如图表 7.1 所示，经营单元按账面价值30 万美元出售了固定资产，把收入上缴给公司总部，然后以每年 6 万美元的租金把资产租赁回来。如图表7.8 所示，经营单元的税前收益就会减少，因为新的租赁费用高于冲销的折旧费。但是，经济增加值会增加，因为资本成本的减少远不止抵消成本的增加。正因为如此，只要租赁成本所隐含的利息费用低于适用于经营单元投资基数的资本成本，就会诱使经营单元管理者租赁，而不是拥有资产。（在这里，如同其他地方一样，这种一般化过于简化了，因为在现实世界中，所得税的影响也必须予以考虑了。）

图表 7.8

租赁资产的影响

损益表（千美元）				
	如图表 7.1 所示		如果租赁资产	
收 入		$1 000		$1 000
除下列费用之外的费用	$850		$850	
折 旧	50	900		
租赁费用			60	910
税前收入		100		90
资本成本 $500 × 10%		50		
$200 × 10%				20
经济增加值		50		70

许多租赁都是融资安排，也就是说，他们为获得资产的使用权提供了另外一种方式，否则就必须用债务性融资或权益性融资获得的资金收购。融资租赁（等于租赁费流的现值的长期租赁）类似于借债，在资产负债表上也记为负债。融资决策通常由公司总部制定。由于以上原因，通常会对经营单元管理者租赁资产的自由施加约束。

闲置资产

如果经营单元拥有闲置资产，可供其他经营单元使用，那么在将其划归可用资产之后，它就可以不把他们计入投资基数。之所以允许这样处理，目的是为了鼓励经营单元管理者释放未充分利用的资产，供其他可以充分利用他们的经营单元使用。但是，如果固定资产无法供其他经营单元使用，允许经营单元管理者从投资基数中去除他们，就会造成功能紊乱。例如：它可能会鼓励经营单元管理者闲置那些收益未达到经营单元利润目标的部分利用的资产。如果设备不能挪作他用，那么这台设备所做的任何贡献都会提高公司利润。

无形资产

有些公司是研发密集型的（如：像 Novartis[7] 之类的医药公司花费巨额资金开发新产品）；另外一些公司则是营销密集型的（如：像联合利华之类的消费品公司花费巨额资金做广告）。把诸如研发和营销之类的无形资产资本化，然后在选定的寿命期限内摊销，这样对公司很有利。[8] 这种方法应该转变经营单元管理者对这些支出的观念。[9] 通过把这些资产核算为长期投资，经营单元管理者的短期获利就会减少，因为降低了这些项目的支出。例如：如果研发支出立即计入费用，那么研发支出每削减一美元，税前利润就增加一美元。另一方面，如果研发费用资本化，那么每削减一美元，所运用的资产就会下降一美元。因此，资本支出只降低了一美元乘以资本成本，它对经济增加值的影响小得多。

非流动负债

一般而言，经营单元是从公司的资金储备中获得永久性资本的。公司则是从债务提供者、股权投资者和留存收益中获得这些资金的。对于经营单元而言，相关的是这些资金的总额，而不是获取资金的来源。但是，在特殊情况下，经营单元的融资可能是特有的。例如：如果经营单元建造或管理民用住房或办公建筑，那么它所运用的债务资本就会远远超

---

7. 译者注：诺华公司是一家总部位于瑞士巴塞尔的制药及生物技术跨国公司。它的核心业务为各种专利药、消费者保健、非专利药、眼睛护理和动物保健等领域。

8. Joel M. Stern, "The Mathematics of Corporate Finance—or EVA = $NA［RONA-C］," pp. 26-33.

9. Shawn Tully, "The Real Key to Creating Wealth," *Fortune*, September 20, 1993, pp. 38-50.

过一般的制造或营销单元。因为这种资本是通过以经营单元资产为抵押的抵押贷款获得的，所以正确的方法应该是单独核算借入资金，根据从一般公司来源获得的资产计算经济增加值，而不是根据总资产。

资本成本

公司总部制定计算资本成本的投资报酬率。它应该高于公司债务融资的利率，因为所募集的资金是负债和较高成本的权益的组合。通常投资报酬率应制定得略低于公司估计的资本成本，从而可以使一般经营单元的经济增加值都大于零。

有些公司对营运资本适用的投资报酬率低于固定资产。它所反映的判断是，营运资本的风险低于固定资产，因为资金只是在较短期间内占用。在其他情况下，较低的投资报酬率也是一种补偿方式，因为事实上，公司把存货和应收账款按总额计入了投资基数(即：未扣除应付账款)。这表明它认可从应付账款中获得的资金利息成本为零。

实践调查

关于投资中心的管理实践总结在图表 7.7、图表 7.9 和图表 7.10 中。大多数公司都把固

图表 7.9

计入投资基数的资产

	把资产计入投资基数的调查者百分比	
	美 国*	荷 兰※
流动资产		
现 金	47%	59%
应收账款	90	94
存 货	95	93
其他流动资产	83	79
固定资产		
本利润中心专用的土地和建筑物	97	82
两个或多个利润中心共用土地和建筑物的分配	49	47
本利润中心专用的设备	96	88
两个或多个利润中心共用设备的分配	48	46
总部集中研发的资产分配	19	16
其 他		
投 资	53	N/A
商 誉	55	N/A

* Govindarajan, "Profit Center Measurement," p. 2.

※ De With, "Performance Measurement and Evaluation in Dutch Companies."

图表 7.10
在计算投资基数时扣除负债

	从投资基数中扣除负债的调查者百分比	
	美 国*	荷 兰※
应付账款	73%	91%
公司内部应付账款	46	57
其他流动负债	68	69
递延所得税	28	N/A
其他非流动负债	47	48

* Govindarajan, "Profit Center Measurement," p. 2.

※ De With, "Performance Measurement and Evaluation in Dutch Companies."

定资产按账面净值计入投资基数。他们之所以这样做，是因为这也是财务报表中所反映的数额，因此，根据这些报表，也反映了公司投入经营单元的资本数额。高层管理者承认这种方法会提供误导信号，但是他们认为个人在解读经营单元利润报告时应该考虑这些误差，而且认为计算投资基数的替代方法不可靠，因为他们过于主观。他们拒绝采用年金折旧法，其根据是，它与财务报表中折旧的计算方法不一致。

经济增加值与投资报酬率

如图表 7.2 所示，大多数采用投资中心的公司都根据投资报酬率评估经营单元，而不是根据经济增加值。采用投资报酬率指标有三个明显的好处。首先，它是一个综合指标，因为任何影响财务报表的事项都反映在这个比率中。其次，从绝对意义上讲，投资报酬率计算简便，易于理解，更有意义。例如：按绝对数来讲，若投资报酬率低于 5%，则被认为低；若投资报酬率高于 25%，则被认为高。最后，它是一个普遍的标准，适用于任何对盈利能力负责的组织单元，而无论企业的规模和类型是什么。不同经营单元的业绩可以与另一个单元直接比较。此外，竞争者的投资报酬率数据也可以获得，可用作比较的基础。

经济增加值的绝对数额并不能提供这种比较的基础。但是，经济增加值方法具有一些内在优势。有四个明显理由迫使我们采用经济增加值，而不是投资报酬率。

首先，采用经济增加值，所有经营单元的可比投资就都具有相同的利润目标。另一方面，投资报酬率方法则为各经营单元提供了不同的激励。例如：若经营单元目前的投资报酬率达到了 30%，则它就不愿意再扩建，除非新增资产能获得 30%或者更高的投资报酬率。如果回报较低，就会使总体投资报酬率降至低于 30%的水平。因此，这个经营单元可能会放弃那些投资报酬率高于资本成本，但低于 30%的投资机会。

实例 根据投资报酬率，自20世纪80年代末以来，沃尔玛本来会选择停止扩建，因为新商店的投资报酬率从25%下滑到了20%——尽管这两个比率实质上都超过了资本成本。[10]

同样，若经营单元目前实现的投资报酬率较低，比如5%，那么任何投资报酬率高于5%的新增资产都会使其受益。因此，投资报酬率会对高利润经营单元的少扩建或不扩建产生偏见，但同时低利润经营单元却在进行那些投资报酬率低的投资，而这些投资回报远低于高利润单元所否决的投资。

其次，即使一项决策能增加投资中心投资报酬率，也可能会降低它的总体利润。例如：一个投资中心目前的投资报酬率是30%，管理者就可以通过处置那些投资报酬率为25%的资产来提高总体投资报酬率。但是，如果投资中心的资本成本低于25%，那么投资中心扣除资本成本后的利润绝对数额就会减少。

若采用经济增加值指标，则可以同时解决这两个问题。他们关系到投资报酬率介于资本成本和投资中心目前的投资报酬率之间的资产投资。如果一个投资中心的业绩按经济增加值评价，那么能创造超过资本成本的利润的投资就会增加经济增加值，因此，从经济上讲，就对管理者具有吸引力。

经济增加值的第三个优势在于，不同类型的资产可以采用不同的利率。例如：存货可以采用低利率，而固定资产投资则可以采用相对较高的利率。而且，还可以考虑不同的风险程度，对不同类型的固定资产适用不同利率。简而言之，管理控制系统可以符合资本投资和资源分配的决策框架。由此可以推出，公司内部同一类型的资产必须获得相同的回报，而无论经营单元的盈利能力如何。因此，各经营单元的管理者应该在新资产投资决策中行动一致。

较之投资报酬率，经济增加值的第四个优势在于，经济增加值与公司市值的变化具有更显著的正相关性。[11]股东是公司重要的利益相关者。对于公司而言，创造股东价值之所以至关重要，原因有以下几种：（a）它降低了收购风险；（b）它为并购中的主动性创造了资本；（c）它降低了资本成本，促使更快的投资，实现未来增长。因此，股东价值最大化是企业的一个重要目标。但是，因为股东价值衡量合并后的企业作为一个整体的价值，所以几乎不可能用它作为一个组织的单个责任中心的业绩标准。在经营单元层面，股东价值的最佳替代就是让经营单元管理者创造经济增加值，并实现经济增加值的不断增长。实际上，《财富》杂志根据公司创造股东财富的能力所进行的1 000强年度排名表明，经济增加值高的公司，往往市值增加值就高，或者股东回报就高（参见图表7.11）。若用作业绩标准，则经济增加值就会激励管理者通过采取与提高股东价值一致的行动来增加经济增加

10. G. Bennett Stewart III, "Reform Your Governance from Within," *Directors and Boards*, Spring 1993, pp.48-54.

11. Joel M. Stern, *EVA and Strategic Performance Measurement* (New York: The Conference Board,1996) .

图表 7.11
《财富》杂志年度财富创造者名单（百万美元）

2001年排名	公司名称	市值增加值 *	经济增加值※
排名前五位			
1	通用电气	$312 092	$5 943
2	微软	296 810	5 919
3	沃尔玛	198 482	1 596
4	IBM	142 625	1 236
5	花旗银行	140 426	4 646
排名最后五位			
996	Qwest 通信	($24 919)	($1 800)
997	世通公司	(33 578)	(5 387)
998	通用汽车	(34 456)	(1 065)
999	朗讯	(41 987)	(6 469)
1000	AT&T	(94 270)	(9 972)

资料来源："America's Greatest Wealth Creators," *Fortune*, December 10, 2001.

* "市值增加值"表示资本投资者投入公司的资金与从公司获取的回报之间的差额。

※ 经济增加值是税后经营利润减去资本成本。

值。让我们来看一看经济增加值是如何计算的，就很容易理解这一点。经济增加值的计算方法如下：

经济增加值 = 净利润 − 资本使用费

其中：

资本使用费 = 资本成本 × 所使用的资本　　(1)

等式（1）的另一种表述方法是：

经济增加值 = 所使用的资本 ×（投资报酬率 − 资本成本）　　(2)

下列行动会增加经济增加值，如等式（2）所示：（1）通过企业工艺再造以及提高劳动生产率，但不增加资产基数，来提高投资报酬率；（2）剥离那些投资报酬率低于资本成本的资产、产品和/或业务；（3）对投资报酬率超过资本成本的资产、产品和/或业务，积极增加新投资；（4）增加销售收入、利润边际、资本使用效率（销售收入与所运用的资本之比）或降低资本成本，但不影响等式（2）的其他变量。这些行动显然符合股东的最大利益。

实例　1996 年 1 月，通用电气的一位前任经理约翰·贝斯通接任 SPX 公司的首席执行官，SPX

是一家价值 11 亿美元汽车零部件制造商，生产的产品包括各种型号的发动机用的滤清器。到 1995 年，SPX 公司的销售收入正在下滑，公司的股价也处于下降螺旋。作为扭转经营形势的措施之一，约翰·贝斯通采用了经济增加值，作为评价和奖励经营单元的基础，这就发出一个强烈的信号，如果回报超出了资本成本，管理者就应该扩建、维持、受益于或剥离各自的业务。在他任期的头两年，SPX 公司的销售收入有所增长，经济增加值也随之提高。在 1996 年 1 月至 1997 年 12 月期间，公司的股票从15.62 美元涨到了 66 美元。[12]

投资报酬率与经济增加值之间的差额如图表 7.12 所示。假设公司要求固定资产投资报酬率为税后 10%，整个公司的存货和应收账款的资本成本都是税后 4%。图表 7.12 的上半部分表明了投资报酬率的计算；第（1）~（5）栏表示各经营单元来年预算中在资产上的投资额；第（6）栏是预算利润；第（7）栏是预算利润除以预算投资；因此，这一栏表示各

图表 7.12 投资报酬率与经济增加值之间的差异（千美元）

投资报酬率方法

经营单元	(1) 现金	(2) 应收账款	(3) 存货	(4) 固定资产	(5) 投资总额	(6) 预算利润	(7) ROI 目标 (6) ÷ (5)
A	$10	$20	$30	$60	$120	$24.0	20%
B	20	20	30	50	120	14.4	12
C	15	40	40	10	105	10.5	10
D	5	10	20	40	75	3.8	5
E	10	5	10	10	35	(1.8)	(5)

经济增加值方法

经营单元		流动资产			固定资产			
	(1) 利润潜力	(2) 数额	(3) 报酬率	(4) 所要求收益	(5) 数额	(6) 报酬率	(7) 所要求收益	预算 EVA (1) − [(4) + (7)]
A	24.0	$60	4%	$2.4	$60	10%	$6.0	$15.6
B	14.4	70	4	2.8	50	10	5.0	6.6
C	10.5	95	4	3.8	10	10	1.0	5.7
D	3.8	35	4	1.4	40	10	4.0	(1.6)
E	(1.8)	25	4	1.0	10	10	1.0	(3.8)

12. "Another GE Veteran Rides to the Rescue," *Fortune*, December 29, 1997.

经营单元来年的投资报酬率目标。

只有在经营单元 C，投资报酬率目标才符合整个公司所要求的临界投资报酬率。在任何一个经营单元，投资报酬率目标都不符合整个公司维持流动资产的 4%的成本。如果流动资产或固定资产的新增投资无法获得至少 20%的投资报酬率，那么经营单元 A 实现利润目标的机会就会下降，而经营单元 D 和 E 则会从回报低得多的投资中受益。

经济增加值纠正了这些不一致。用投资乘以适用报酬率（反映整个公司的投资报酬率），然后再从预算利润中减去这个数字。计算出的数额就是预算经济增加值。用实际利润减去实际投资乘以适当报酬率，来定期计算实际经济增加值。图表 7.12 的下半部分表明了如何计算预算经济增加值。例如：如果经营单元 A 赚了 28 000 美元，运用的流动资产平均余额为 65 000 美元，固定资产平均余额为 65 000 美元，那么它的实际经济增加值就计算如下：

$$
\begin{aligned}
\text{经济增加值} &= 28\,000 - 0.04 \times (65\,000) - 0.10 \times (65\,000) \\
&= 28\,000 - 2\,600 - 6\,500 \\
&= 18\,900
\end{aligned}
$$

这就比它的目标高出 3 300 美元 (18 900 美元 – 15 600 美元)。

请注意，如果任何经营单元新增资产获得高于 10%的投资报酬率，那么它就会增加经济增加值（如果是经营单元 C 和 D，新增利润就会减少负经济增加值的数额，但性质相同）。流动资产也会发生类似结果。存货决策原则将基于 4%的财务成本（当然，实物储存存货也会增加成本）。如果按照这种方式，各经营单元的财务决策原则就会与公司的原则保持一致。

经济增加值解决了不同经营单元同一资产的不同利润目标，以及同一经营单元不同资产的相同利润目标问题。经济增加值方法可以把计划过程中使用的相同的决策规则纳入评价系统中：计划过程越复杂，经济增加值的计算就越复杂。例如：假设资本投资决策规则要求一般用途资产的投资报酬率为 10%，专用资产为 15%。经营单元的固定资产就可以相应地分类，在评价业绩时，就适用不同的投资报酬率。如果管理者认为不盈利，就可能不愿意投资来改善工作条件，不愿投资于污染控制措施，或者其他社会目标。如果管理者预期回报会有所降低，这类投资就可能更容易被接受。

实例 1996 年，日本的跨国公司——三菱公司，销售收入为 1 760 亿美元，并运用投资中心作为管理控制工具。它把公司分为 7 个集团公司，各集团公司分别制定不同的目标。例如：信息技术集团的目标低，因为它在快速增长的多媒体领域运营。而食品集团的目标则非常高。[13]

---

13. Joel Kurtzman, "An Interview with Minoru Makihara," *Strategy & Business*, Issue 2, Winter 1996, pp. 86–93.

图表 7.13 经济增加值在计划和控制中的运用

战略方向：IBM应用经济增加值评估主要的拉美市场的战略计划，如墨西哥、巴西和阿根廷。

收购：在一个最大的收购交易中，AT&T在对McCaw Cellur价值126亿美元的收购决策中就利用了经济增加值。

改善经营：Briggs & Stratton公司发现它的资本回报很差，而且有走低的趋势。于是进行了重组，采用经济增加值作为引导管理者关注如何运用资本的一种方式。经济增加值成为公司各项活动的标杆，如产品引入、设备购置、供应商安排、质量倡导，以及工艺改进。

终止产品线：经济增加值帮助可口可乐公司明确并出售了未弥补资本成本的业务。

聚焦营运资本：桂格公司采用经济增加值核算产成品和包装材料存货所占用的大量资金。

聚焦资本成本：Dow Chemical 公司采用经济增加值说明经营企业的成本和盈利。

激励薪酬：在Transamerica公司，CEO和CFO的年度奖金全部基于经济增加值。

资料来源：Excerpted from I. Shaked, A. Michel, and Pierre Leroy, "Creating Value through EVA—Myth or Reality," *Strategy & Business*, Fourth Quarter, 1997, p. 44.

图表7.13举例说明了不同公司在计划和控制中如何运用经济增加值。

评价管理者需考虑的其他因素

鉴于投资报酬率的劣势，它还被如此广泛地应用，似乎令人惊讶。从个人的经验表明，计量业绩的投资报酬率在概念上的瑕疵是真实存在的，它促成了经营单元管理者的无效行为。但是，我们无法确定这些无效行为的程度和范围，因为管理者都不可能承认它的存在，即使的确存在，许多管理者也不知道。

我们大力提倡采用经济增加值作为一项业绩计量工具。但是，经济增加值并不能解决投资中心盈利能力评价中的所有问题。特别是如上所述，它不会解决固定资产的核算问题，除非也采用了年金折旧法，而这在实践中很少发生。如果采用账面价值总值，那么一个经营单元就会通过采取与公司利益相悖的行动来增加经济增加值。如果采用账面净值，经济增加值就只会由于时间的流逝而增加了。而且，经济增加值还会受到新投资的暂时压制，因为早期账面净值较高。经济增加值确实解决了因不同利润潜力而造成的问题。如果一项潜在投资的报酬率超过了评价系统规定的标准，那么无论盈利能力如何，都会激励所有经营单元去增加投资

而且，有些资产的价值可能会在资本化时被低估，而其他资产则可能在费用发生时被低估。尽管固定资产的购置成本一般会被资本化，但是，相当大一部分投资，如创办费、新产品开发支出、交易商组织费用等，都可以作为费用冲销，因此不会出现在投资基数中。这种情况尤其适用于营销经营单元。在这类经营单元中，投资额仅限于存货、应收账款、

办公家具和设备。若对一组营销责任范围不同的单元排序，则营销规模较大的单元，往往经济增加值最高。

考虑到这些问题，有些公司决定不把固定资产纳入投资基数。这些公司只对可控资产计收利息，他们通过不同的机制控制固定资产。可控资产实质上就是营运资本项目。经营单元管理者可以制定影响这些资产水平的日常决策。如果这些决策错了，就会很快产生严重后果。例如：如果存货太高，就会占用不必要的资本，报废的风险就会增加。如果存货太低，就会因脱销造成生产中断或损失客户。

固定资产投资由资本预算过程和事后审计控制，以决定预期的现金流是否真正实现了。这远远不能令人完全满意，因为固定资产购置所造成的实际节约或收入可能无法明确。例如：如果一台新设备生产各种产品，那么成本核算制度通常无法确定应归属给各项产品的节约。

评估实体的经济业绩

至此，我们的讨论一直集中在经营单元的业绩评价上。正如第 5 章中所指出的，经营单元经济业绩的报告是截然不同的。管理报告按月或按季编制，而经济业绩报告则不定期编制，通常几年编制一次。由于我们前面提到的种种原因，管理报告往往利用关于实际成本的历史信息，而经济报告则利用迥然不同的信息。在这一节中，我们将讨论经济信息的目的和性质。

经济报告是一种诊断工具。他们表明经营单元目前的战略是否令人满意，如果不满意，是否应该制定决策对经营单元采取一些措施——扩建、缩小规模、改变经营方向，或是出售。对单个经营单元进行经济分析，可以揭示出对目前的新产品、新厂房及设备或者新战略的计划，尽管单独看，每项决策似乎都很合理，但若作为一个整体考虑，则不会创造令人满意的未来利润。

经济报告也可以作为计算公司整体价值的基础。这种价值称为拆分价值（breakup value），即：如果单个经营单元单独出售，估计股东可获得的数额。对于一个正在考虑收购公司的外部组织而言，拆分价值用处很大，当然，对于公司管理层评估收购交易的吸引力也同样有用。经济报告表明经营单元的相对吸引力，也可能表明高级管理层在错误的分配稀缺时间，即：在不可能为公司总体盈利能力做出重大贡献的经营单元上花费过多的时间。目前盈利能力与拆分价值之间的差额表示需要采取一些变革（或者，目前的盈利能力可能会受到提高未来盈利能力的成本的压制，比如前面所提到的新产品开发和广告）。

这两类报告之间最重要的差别在于，经济报告聚焦在未来盈利能力，而不是目前或过去的盈利能力上。尽管知道具有局限性，在管理者的业绩报告中还是使用资产的账面价值，以及基于资产的历史成本的折旧。这项信息在估计未来的报告中是无关的，在这些报告中重点是重置成本。

从概念上讲，经营单元的价值是未来收益流的现值。这是通过估计未来各年的现金流，然后按规定收益率贴现而计算出来的。分析一般跨未来 5 年或 10 年。假设在分析期末持有的资产具有一定的价值——终值，它也被贴现，并加在年现金流量之上。尽管这些估计有些粗略，但是他们能提供一种不同于业绩报告的方法，从另外一个角度审视经营单元。

小 结

投资中心具有我们在第 4~6 章中所讨论的定义费用和收入所涉及的所有评价问题。投资中心还会产生其他问题，如何评价所运用的资产，具体而言，就是应该包括哪些资产，如何评估固定资产和流动资产的价值，固定资产应该采用哪种折旧方法，应该分配哪项公司资产，以及应该剔除哪项负债。

企业组织的一个重要目标是股东价值最大化（即未来现金流的现值）。用这样一个指标按月或按季评价经营单元管理者的业绩，不太实际。会计投资报酬率是评价经营单元管理者业绩的最佳替代指标。从概念上讲，在评价经营单元管理者方面，经济增加值优于投资报酬率。

在制定年度利润目标时，除了通常的损益表项目外，还应该对可控营运资本项目的预测余额明确计收利息，主要是应收账款和存货。关于固定资产的正确管理控制方法，存在很大争议。报告一个投资中心的经济业绩与报告负责投资中心的管理者的业绩截然不同。

推荐读物

Aggarwal, Raj. "Using Economic Profit to Assess Performance: A Metric for Modern Firms." *Business Horizons*, January–February 2001, pp. 55–60.

Len, Kenneth, and Anil K. Makhija. "EVA & MVA: As Performance Measures and Signals for Strategic Change." *Strategy & Business 24*, no. 3 (May–June 1996) , pp. 34–38.

Shaked, I., A. Michel, and Pierre Leroy. "Creating Value through EVA—Myth or Reality." *Strategy & Business 9*, Fourth Quarter, 1997, pp. 41–52.

Stern, Joel M. *EVA and Strategic Performance Measurement.* New York: The Conference Board, 1996.

Stewart, G. Bennett, III. "EVA: Fact and Fantasy." *Journal of Applied Corporate Finance*, Summer 1994.

案例7-1

投资中心问题 (A)

1. ABC 公司有三个事业部——A、B、C。A 事业部是一个专门的营销事业部，B 事业部是一个专门的制造事业部，C 事业部既是一个制造事业部，又是一个营销事业部。以下是关于三个事业部的财务数据：

	A 事业部	B 事业部	C 事业部
流动资产	$100 000	$ 100 000	$100 000
固定资产	—	1 000 000	500 000
资产总额	$100 000	$1 100 000	$600 000
折旧与市场开发费用前利润	$200 000	$200 000	$200 000

思考题

假设 ABC 公司按直线法在 10 年内折旧固定资产。为了保持市场份额以及生产设施，它必须每年投资 10 万美元于 A 事业部的市场开发，还要每年投资 5 万美元于 C 事业部。这些都作为费用项目冲销。它还必须每年更新 10%的生产设施。根据这些平衡条件，各事业部的年度投资回报率是多少？

2. DEF 公司的 D 事业部 1987 年预算税后利润为 100 万美元。截至 1987 年 1 月 1 日，它的预算资产为 1 000 万美元，包括流动资产 400 万美元，固定资产 600 万美元。固定资产按账面价值总值计入资产基数。这些固定资产的账面净值为 300 万美元。全部固定资产均按直线法在 10 年内折旧。

D 事业部的经理提交了一个资本投资项目，准备更新一类主要设备。这个项目的财务细节如下：

新设备	
估计成本	$2 000 000
估计税后年度节约*	300 000
估计使用寿命	10 年
要更新的旧设备	
原始成本	$1 500 000
原始估计使用寿命	10 年
目前的使用寿命	7 年
目前的账面价值 ($1 500 000 – $1 050 000)	$450 000
残　值	0

* 这些是现金流入，不包括折旧和资本利得或损失（税金影响除外）。

思考题

资本投资项目获得了批准，新设备于 1987 年 1 月 1 日安装。请采用事业部会计核算规则，计算新投资的投资报酬率。然后计算 1987 年和 1988 年修订后的预算投资回报率：

(a) 假设投资和节约恰如项目建议所述。

(b) 假设投资超出了 50 万美元，年度节余只有 20 万美元。

本案例由约翰·迪尔登教授编写，并吸纳了吉姆·里斯的建议。

注：在解答这些问题时，请忽略税金。大多数问题都注明节余或收益都是“税后”的。假设所得税的数额不会受到各种会计处理方法的影响。

对问题2的注释：

A. 在回答问题2时，计算中可以忽视货币的时间价值。采用复合直线折旧法，折旧期为10年。“复合”折旧法与“单位”折旧法的本质区别在于：（1）按照“单位”折旧法，各项资产均作为单个实体核算。其中的一个结果就是，如果资产处置价值高于（低于）账面净值，就会产生会计利得（或损失），它要纳入利润计算中。（2）按照“集团”或“复合”折旧法，在核算一组资产时，一般对整组资产的账面价值总值（即：原始成本）适用一个年折旧率。一项资产报废后，就从这组资产的账面价值总值中减少资产的原始成本，这组资产的累积折旧也相应减少，数额相当于资产原始成本与残值（如果有的话）之间的差额（即：假设报废资产已计提完折旧）。因此，因资产处置而产生的任何利得或损失都“掩盖”在累计折旧账户，不会反映在损益表中。

B. 假设一切条件都如问题2所述，但是公司采用单位折旧法。请回答问题2，计算1987年和1988年修订后的预算投资回报率。

3. 假设一切条件如问题2所述，但是固定资产按年末账面净值计入事业部资产基数。请回答问题2，计算1987年和1988年修订后的预算投资回报率。

思考题

(a) 采用单位折旧法做问题3。

(b) 采用复合折旧法做问题3。

(c) 假设DEF公司根据年限数字总和法，并采用复合折旧法对一组资产计提折旧，请做问题3。根据下列假设，采用事业部会计核算规则，计算1987年和1988年新投资的投资回报率：

（1）投资和节约恰如项目建议所述。

（2）投资超出了50万美元，年度节约只有20万美元。

在计算时，请采用下列数字：

1~10的数字总和 = 55
$2 000 × 10/55 = $364
$2 000 × 9/55 = $327
$2 500 × 10/55 = $455
$2 500 × 9/55 = $409
$1 500 × 3/55 = $ 82
$1 500 × 2/55 = $ 55

4. GHI公司的事业部G建议下列新产品线投资：

固定资产投资	$100 000
折旧前税后年利润（即：年现金流量）	25 000
使用寿命	5年

GHI公司采用调整时间价值后的投资回报率，在评估资本投资建议时，临界投资回报率为8%。若投资10万美元，年现金流入25 000美元，5年期，则调整时间价值后的投资回报率为8%。因此，按照公司的标准，所建议的投资是可以接受的。假设项目获得了批准，而且投资与利润也与估计数字相符。资产按年初和年末平均账面净值计入事业部投资基数。

思考题

(a) 假设采用直线折旧法，请计算G事业部每年新投资的投资回报率，以及5年的平均投资回报率。

(b) 假设采用年限数字总和法，请计算G事业部每年新投资的投资回报率，以及5年的平均投资回报率。

5. 一项10万美元的固定资产投资建议，预期税后现金流收益每年为16 275美元，为期10年。请根据年金折旧法计算各年的折旧额，它可以保证就每年年初投资额计算的投资回报率相等。假设投资和收益与估计数字相同。

6. JKL公司采用经济增加值方法评价事业部利润

业绩。公司对各事业部资产计收投资回报率：流动资产按平均余额计收 5%的投资回报率，固定资产按平均余额计收 10%的投资回报率。下面所列的是 JKL 公司三个事业部的一些财务统计数据：

	事业部		
	J	K	L
预算数据（千美元）：			
1987 年预算利润	$90	$55	$50
1987 年预算流动资产	100	200	300
1987 年预算固定资产	400	400	500
	事业部		
	J	K	L
实际数据（千美元）：			
1987 年利润	$80	$60	$50
1987 年流动资产	90	190	350
1987 年固定资产	400	450	550

思考题

(a) 请计算 1987 年各事业部的投资回报率目标和实际投资回报率。

(b) 请计算 1987 年各事业部的经济增加值目标。

(c) 请计算 1987 年各事业部的实际经济增加值，并计算它超过或低于目标水平的幅度。

7. 运用第 6 题 JKL 公司三个事业部的预算利润和资产数据。下面列出了四项管理活动，以及这些活动的财务影响。请计算在每种情况下，对各事业部的预算投资回报率和经济增加值的影响（审视这个问题的另一种方法是计算这些活动在多大程度上有助于或有损于事业部经理实现利润目标）。

第一种情况：投资于固定资产。这项活动使固定资产平均余额增加了 10 万美元，利润增加了 1 万美元。

第二种情况：投资于固定资产。这项活动使资产平均余额增加了 10 万美元，利润增加了 7 000 美元。

第三种情况：制定一项降低存货的计划。因此，存货水平降低了 5 万美元。由于存货水平降低，成本增加，销售收入减少，所以利润降低了 5 000 美元。

第四种情况：关闭并出售了一家工厂。固定资产降低了 7.5 万美元，利润（销售减少后）减少了7 500 美元。

案例7-2

投资中心问题（B）

1. 康普利特办公用品公司设有三个事业部：企划和营销、办公家具、办公用品。企划和营销事业部主要从事咨询和销售，没有固定资产和最低流动资产。办公家具事业部是一个制造事业部，拥有办公桌、椅及组合屏风的生产和组装设备。办公用品事业部拥有包装和分销纸张及其他办公用品的轻型设备。流动资产多以存货和应收账款的形式存在，还有一些以设备形式存在的固定资产。

   康普利特公司一律采用直线法在10年内折旧全部固定资产，资产收益率的计算是根据资产的年初账面价值总值。各事业部的经营费用（除固定资产折旧外）分别为：企划和营销事业部为20万美元；办公家具事业部为10万美元；办公用品事业部为15万美元。公司1997年的资产和利润如下所示：

	企划和营销	办公家具	办公用品
流动资产	$200 000	$ 200 000	$200 000
固定资产	—	1 000 000	500 000
资产总额	200 000	1 200 000	700 000
销售利润总额	400 000	400 000	400 000

思考题

请计算1997年各事业部的资产收益率。

2. 成长工业公司的“烧钱”事业部的经理收到了为本事业部购置一台新设备的正式批复。根据从他的资本支出申请报告中摘选的下列假设数据，他的事业部在1996年和1997年获得的资产收益率（基于账面价值总值）各是多少？

从资本支出申请报告中摘选的数据：

(1) 预算税后利润为每年300万美元。

(2) 1996年1月1日，预算资产为3 000万美元，包括流动资产1 200万美元，固定资产1 800万美元，均为账面价值总值。

(3) 现有固定资产的账面净值为900万美元。

(4) 全部固定资产均按直线折旧法在10年内折旧。除了折旧以外，没有其他任何非现金费用或收入，在税收和会计核算中，均采用同一种折旧方法。

(5) 与新设备相关的数据：

预算成本	$6 000 000
估计税后年节约*	900 000
估计折旧年限/10年	900 000
预期购置日期	1/1/96

* 这些都是扣除税收影响后的净现金流入量。也就是说，计算时除税收影响外，未考虑折旧和账面利得或损失。

(6) 与将要被替代的旧设备相关的数据：

账面价值总值	$4 500 000
可折旧年限	10年
已使用年限	7年
累计折旧	3 150 000
残　值	—

3. “烧钱”事业部的经理的确安装了他的新设备。如果设备安装成本超出了150万美元，每年生

产成本节约只有 60 万美元，那么 1996 年和 1997 年的资产收益率分别是多少？（其他完全与第 2 题相同）。

4. 假设不按账面价值总值计算资产收益率，成长工业公司各事业部均采用年终账面价值计算资产收益率。这将如何改变“烧钱”事业部的预测结果？（利用与第 2 题相同的预测）

5. 同样，假设成长工业公司按年末账面净值计算资产收益率。“烧钱”事业部的经理发现，他的安装成本超出了 150 万美元，而每年节约只有 60 万美元。那么他 1996 年和 1997 年的实际资产收益率看起来会怎样？

6. 艾瑟公司给了各事业部经理充分的自由，可以选择计算资产收益率的方法，只要各年所选择的方法保持一致，那么各年的业绩就可比较。

   艾瑟公司方块事业部的新任经理希望账簿上反映他管理的资产规模相对大，并且要反映业绩逐年提高，所以，在计算资产收益率时，他采用了年初账面价值和直线折旧法，以便使资产反映最高的账面净值。方块事业部刚刚组建，运转一台设备，设备成本为 1 000 万美元，预期使用寿命为 5 年，希望每年创造 250 万美元的税后现金流入。

思考题

(a) 在设备的 5 年预期使用寿命期内，新经理在这台设备上的资产收益率将是多少？

(b) 平均资产收益率是多少？

(c) 如果新经理的奖金根据资产收益率计算，每个百分点 100 美元，那么他每年的奖金将是多少？

(d) 这个项目的内部收益率是多少？

7. 艾瑟工业公司黑桃事业部的经理很有经验，也希望给人一个好的印象。但是，他也乐于证明奖金计划设计得不合理。在计算资产收益率时，他选择使用年末账面净值。

思考题

如果黑桃事业部将购置同种设备，使用寿命也相同，折旧和预期税后现金流入如第 6 题所示：

(a) 计算在设备 5 年的预期使用寿命期限内，经理的资产收益率。

(b) 平均资产收益率将是多少？

(c) 如果奖金根据资产收益率计算，每年每个百分点 100 美元，那么他的奖金将是多少？

(d) 这个项目的内部收益率是多少？

8. 艾瑟工业公司红心事业部的经理富有远见卓识，决定采用年限数字总和法在五年内折旧本事业部 1 000 万美元的新资产。他还决定使用年初账面净值。预期他的设备每年也能创造 250 万美元的税后现金流入。

思考题

(a) 经理每年的资产收益率是多少？

(b) 平均资产收益率是多少？

(c) 在 5 年期内，他的奖金将是多少？

(d) 内部收益率是多少？

9. 艾瑟工业公司的公司管理层决定尝试一项不同类型的设备投资。这项决策所涉及的设备可以使用 10 年，尽管它每年只有 1 627 500 万美元的税后现金流入量。设备的购置成本为 1 000 万美元。财务人员选择采用年金折旧法。（按照这种方法，折旧额会随着设备的老化逐年递增。从概念上讲，扣除折旧之后，设备的账面净值和回报也会相应下降，从而在设备的使用寿命期限内创造前后一致的资产收益率。）

思考题

(a) 请编制一份按年金折旧法计提折旧的时间表，使项目预期的 10 年使用寿命期内每年的资产收益率都相等（使用资产的年初账面净值）。

(b) 您认为这种方法有什么优势和劣势？

10. 阿尔蒂摩公司运用投资报酬率方法评价事业部业绩。在他们的计算中，“投资”包括反映流动资产年平均余额的数字，加上固定资产年平均余额。下面列示了阿尔蒂摩公司五个事业部 1997 年的预算和实际数据（单位：千美元）。

事业部	预算利润	流动资产平均余额（预 算）	固定资产平均余额（预 算）
A	90	100	400
B	55	200	400
C	50	300	500
D	100	200	800
E	150	400	800

事业部	实际利润	流动资产平均余额（实 际）	固定资产平均余额（实 际）
A	80	90	400
B	60	190	450
C	50	350	550
D	105	200	800
E	155	200	800

思考题

(a) 请计算各事业部的预算投资回报率。
(b) 请计算各事业部的实际投资回报率。
(c) 请比较这两组结果，并予以评论。

11. 阿尔蒂摩公司的一些新经理觉得应该有一种方法来评价事业部业绩，同时应该考虑基本的资本成本。他们建议根据经济增加值概念，运行第 10 题中阿尔蒂摩公司的同一组数据，各项资产的资本成本分别为：流动资产为 5%；固定资产为 10%。

思考题

利用第10 题中阿尔蒂摩公司的预算与实际数字，以及上述资本成本：

(a) 请计算各事业部的预算经济增加值。
(b) 请计算各事业部的实际经济增加值。
(c) 请比较这两组结果，再与第 10 题的结果比较，并予以评论。

12. 阿尔蒂摩公司决定进行一项固定资产投资，购置成本为 10 万美元。预期这项投资每年创造 1 万美元的利润。如果这个项目添加在各事业部，这项投资将如何帮助各事业部经理实现他们的预算投资报酬率和经济增加值目标呢？

思考题

请运用第 10 题中阿尔蒂摩公司的预算数字，找到这个项目对下列因素的影响：

(a) 各事业部的预算投资回报率目标。
(b) 各事业部的预算经济增加值目标。
(c) 请分析一下计算出的结果。

13. 如果阿尔蒂摩公司不是对固定资产投资，而是决定投资 10 万美元于流动资产，预期每年利润为 7 000 美元，这将如何影响它的预算？

思考题

请利用第 10 题中的数据，计算：

(a) 1997 年的预算投资回报率。
(b) 1997 年的预算经济增加值。
(c) 请分析一下计算出的结果。

14. 如果阿尔蒂摩公司不是扩建经营，而是决定缩小一个正在下滑的市场的经营规模，那么存货降低 5 万美元将对预算投资回报率和经济增加值产生怎样的影响？预期配送成本将略有提高，销售收入将绝对下降，因而每年的利润将降低 5 000 美元。

思考题

请从第 10 题中给出的关于阿尔蒂摩公司的数据入手，计算这些变化对下列因素的影响：

(a) 1997 年的预算投资回报率。

(b) 1997 年的预算经济增加值。

(c) 请分析一下您计算出的结果。

15. 如果阿尔蒂摩公司不是降低存货，而是希望通过出售工厂来解决紧缩生产规模问题，那么它将降低固定资产 7.5 万美元。预期这项活动还会使销售收入每年减少 5 000 美元。

思考题

这项活动会对第 10 题中给出的关于阿尔蒂摩公司的数据产生什么影响？

(a) 请计算这项资产出售对 1997 年投资回报率的影响。

(b) 请计算这项资产出售对 1997 年经济增加值的影响。

(c) 请分析一下计算出的结果，并予以评论。

案例7-3

优质金属服务中心

在1992年3月初，优质金属服务中心的总裁兼首席执行官爱德华·布朗，发表了如下谈话：

> 尽管我对过去的业绩很满意，但是，我相信我们有能力实现更高水平的销售和利润。考虑到市场扩张和竞争状况，我觉得我们可能错失了一些增长机会。我不知道我们的管理控制是否妨碍了经理们追求比同行业更激进的增长目标和高于平均水平的资产收益率，但是，你在评估我们的系统时应该牢记这一点。

金属分销行业

服务中心从许多制造工厂购进金属，其中包括USX[1]、Bethlehem[2]、Alcoa[3]、Reynolds[4]，还有一些较小的公司，如Crucible、Northwestern和Youngstown。这些供应商都是大批量地销售产品，藉此优化与大批量生产息息相关的效率。服务中心以小批量、短线交割的方式向金属用户出售产品。

金属分销行业一般被视作一个成熟的、竞争激烈的条块分割的市场。但是，在金属行业存在一个趋势，那就是提高服务中心增长潜力。

钢铁制造商压缩规模

为了提高劳动生产率，在市场中更具竞争力，国内金属制造商中的大多数都砍掉了产量低的专用产品，压缩产品线。而且，他们还缩小了销售队伍规模，减少了技术支持，从而削减了对客户的服务。全线服务中心意识到许多客户喜欢只与几个主要的供应商打交道，于是通过维持广泛的产品线，增加客户服务，从这种趋势中获利。

JIT存货管理系统

由于持有存货的成本高，大多数金属用户都力求降低原材料存货水平，从而降低成本（JIT存货管理，或者称“准时制存货管理”）。这就造成了小批量订货和较频繁的配送。这样，金属服务中心就比制造商具有自然优势，因为存货就是服务中心的商品存货。

虽然服务中心的价格总是高于从制造商直接采购，但是客户越来越愿意支付额外的费用。他们认识到，在低存货、低管理费用方面产生的节约，再加上废品率降低，报废风险降低，将会降低金属进入生产系统的总成本。

---

1. 译者注：USX公司是世界最主要的石油与天然气厂商，以及美国国内最大的钢铁产品生产厂商。总部设在匹兹堡。公司从事两项独立的业务，分别由两家公司经营——美国钢铁公司和马拉松公司。
2. 译者注：伯利恒钢铁公司（1857-2003），位于美国宾夕法尼亚州的伯利恒，曾为美国第二大钢铁制造商。
3. 译者注：美铝公司（Alcoa）是世界领先的原铝、铝加工和氧化铝制造商。
4. 译者注：雷诺公司（Reynolds）是美铝公司旗下的食品包装材料公司。

生产率提高和质量改进

质量和劳动生产率对于金属用户而言是高于一切的问题。他们实施了重大质量和生产率提高计划，旨在增加产品声誉以及经营的整体盈利能力。由于他们关注质量，终端用户都在减少供应商的数量，把采购集中于那些最能满足自身特殊质量、供货和服务需求的供应商。终端用户发现，与几个供应商建立密切关系就能提高质量，强化供应商与客户之间的关系，因为双方都在追求从这种关系中实现长期利益的最大化。

优质金属服务中心的战略

优质金属服务中心是一个世纪之前建立的，当时是一家地方性的金属分销商。此后，它成长为一个全国性的分销公司，1991 年，销售收入超过了 7.5 亿美元。优质金属服务中心的经营战略为制定具体目标提供了框架。据布朗先生称，有三个基本目标指导优质金属服务公司。

目标 1：把销售工作集中在专用金属用户的目标市场上

优质金属服务中心意识到公司在广阔的碳钢市场竞争，不如在自己选择的专用产品线竞争更高效，因为在碳钢市场，价格是基本的决定因素。因此，优质金属服务中心决定减少对通用性产品线的投入，把资源重新配置在高科技金属上，如碳合金棒、不锈钢、铝、镍合金、钛、铜、黄铜等，因为后者能提供更高的回报，但竞争并不激烈。1992 年，公司 60%以上的销售收入都来自高科技金属，相比之下，1982 年仅为 29%。

优质金属服务中心长期致力于为高科技金属用户服务。公司引入了现有产品线的一种天然附属品——钛金属，这表明了公司把新产品引进市场，以满足现有客户需求的战略。以前，在分销商市场，无法随时获得钛金属。优质金属服务中心计划继续实施多元化，进入互补性高科技产品市场，以满足客户的新需求。

目标 2：明确金属的消费行业和地理市场

为了更精确地确定这些产品的消费行业和消费地区，优质金属服务中心建立了本行业第一个关于金属使用情况的数据库。布朗先生认为这个数据库是国内最精确的数据库，因为它不断修订和更新。利用数据库，优质金属服务中心得以按行业和地域总结产品消费概况。公司还可以藉此分析全国的市场总需求，预测各个市场的潜在销售。因此，优质金属服务中心在客户定位和产品需求方面赢得了竞争优势。它利用这些信息为新服务中心的开办选址。

目标 3：开发增加市场份额的技术、制定营销计划

为了增加市场份额，优质金属服务中心制定了一些计划，协助客户建立 JIT 存货管理系统，并与客户的材料需求计划保持协调。公司在采购、制造和质检方面与客户代表通力合作，以了解客户对产品规格、数量和配送时间上的精确要求。

同样，优质金属服务中心也强调价值增值业务，它为客户提供广泛的加工服务，比如：锯割成特殊尺寸、火焰切割成图案形和非图案形、压平、表面打磨、剪切、弯曲、修整、抛光和热处理。由于优质金属服务中心的产量，这些工序所要求的设备的单位运营成本较低，低于大多数客户所拥有的设备。

组织结构

自经济大萧条以来，优质金属服务中心经历了销售的快速增长，以及地理市场的不断扩张。1992 年，优质金属服务中心的经营场所有 20 多

个，所涉及的市场反映了美国 75%的金属消费。符合这种增长的组织结构必须是分权式的直线职能结构。公司目前拥有 4 个销售区域，每个销售区域大约包含 6 个地区，总共 23 个地区。公司的辅助部门包括财务、营销、运营和人力资源部。公司的部分组织结构如图表 1 所示。

一般而言，地区经理下属包括一个仓库主管、一个销售经理、一个信用经理、一个采购经理以及一个行政经理（图表 1）。这些经理的决策权如下所述：

> 仓库主管监督运输、装卸、储存和生产前处理。
>
> 销售经理协调的人员包括“内部”销售人员和“外部”销售团队。“内部”销售人员通过电话建立联系并签订订单；“外部”销售团队直接与客户联系，签订大笔交易。销售价格和折扣条件一般由地区经理制定。货物调整也在地区层面进行。
>
> 信用经理评估新客户账户的风险，在公司总部确立的范围内审批客户信用期，并且回收款项。
>
> 采购经理从销售区域仓库、其他地区或外部公司采购存货。地区享有从外部供应商采购的自由。但是，高级管理层为存货采购制定了经济订货批量指南，只有本地需求足以证明其合理性时，地区仓库才储存金属。在这项总体约束下，采购经理有权选择供应商，商定信用条件，但向供应商付款则有总部办公室集中处理。
>
> 超过 1 万美元以上的资本支出，以及所有资本租赁决策都要求公司审批。

责任分配与绩效评价

地区经理负责实现预先设定的资产收益率，

图表 1
部分组织结构图

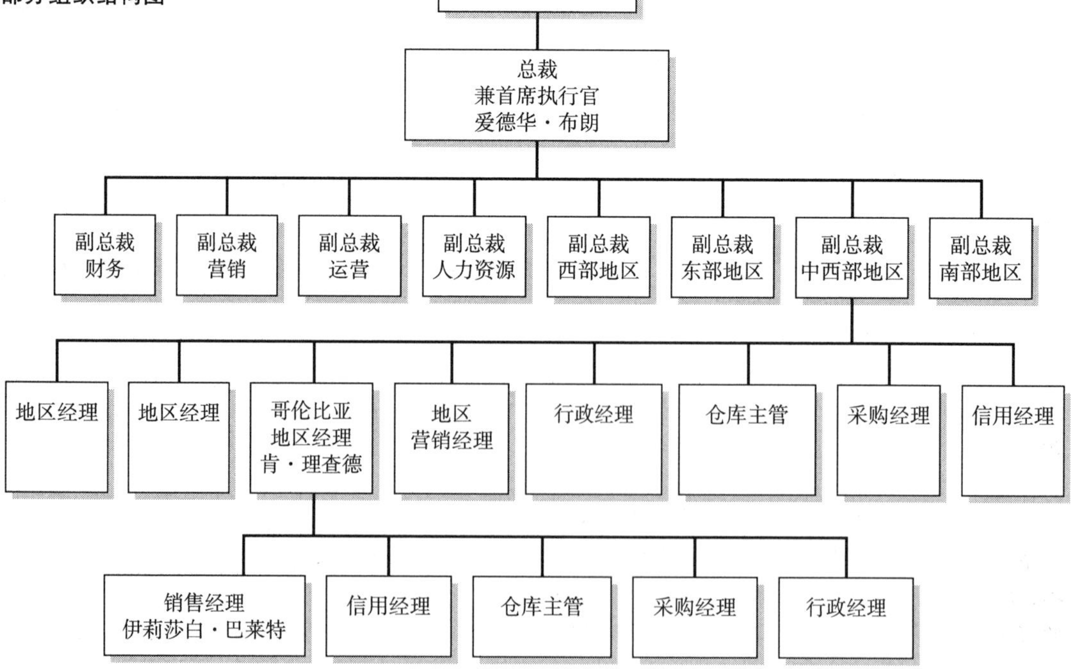

他们是在年初达成一致的。在计算资产收益率时，要把下列项目计入资产基数：

1. 土地、仓库、设备按账面价值总值计入资产基数。
2. 租赁仓库和设备（租赁卡车除外）按资本化的租赁价值计入资产基数。（租赁卡车不能资本化，卡车的租赁费用报告为经营费用。）
3. 计算存货平均余额。根据现行出厂价格确定其重置成本，并计入资产基数。
4. 本期应收账款平均余额计入资产基数。（现金不计入地区资产；数额微小。）
5. 作为一项一般规则，应收账款不从资产基数中扣除。但是，如果议定的信用期比公司 30 天的标准长，则应予以调整。如果确实发生了这种情况，就从本期存货价值中超出 30 天标准的数额中扣除"递延存货"，它是一个资产抵减账户。这相当于减去了相应于超出标准的信用期的存货资产。例如：如果一个地区议定的信用期是 50 天，那么就从资产基数中剔除 20 天的存货支出。但是，如果议定的信用期不到 30 天的公司标准，也不会给予任何惩罚。

各地区的税前所得都按照公认会计准则计算，但销货成本除外，它根据现有存货的重置价值计算。费用被划分为可控类与不可控类。可控费用包括的项目有仓储人工和销售佣金等；不可控费用包括租金、水电费和财产税等。

公司管理费用不向各地区分配。几年前，公司曾考虑过一项建议，要求向各地区分配公司管理费用。但是，这项建议被否决了，理由是"分配基数"是随意武断的，而且这类费用也无法在地区层面控制。

绩效评价与激励

地区经理的激励奖金基于一个公式，它把奖金与达到或超过资产收益率目标的 90%挂起钩来。图表 2 包含了计算激励奖金的详细步骤。通过计算确定一个适用的奖金支付比率，然后乘以地区经理的基础工资，得出奖金总额。因此，奖金多少就取决于：（1）经理的基础工资；（2）超过了 90%的资产收益率目标多少。公司设定了最高奖金额度。

地区经理的奖金还受本销售区域的业绩的影响。1992 年，75%地区经理的奖金都基于地区业绩，25%基于本销售区域的业绩。地区经理的下属人员的奖金仅基于地区的业绩。

走访哥伦比亚地区经理

在与布朗先生交谈后不久，案例编写者走访

图表 2　激励计算程序

第一步：	计算实际资产基数，并与目标资产基数对比。
	如果实际资产超过了目标资产，就用超出数额乘以本地区的目标资产收益率，并把所得数额计入利润。
	所运用的资产×地区资产收益率目标 = 计入利润的费用数额
	如果实际资产低于目标资产，就用差额乘以本地区的目标资产收益率，然后贷记利润。
	配置不足的资产 × 地区资产收益率目标 = 贷记利润数额
第二步：	用调整后的利润与原始利润目标的 90%对比。
	调整后的利润 –（目标的 90%）= 激励利润
第三步：	激励利润 ÷ 目标的 90% = 奖金支付比率
第四步：	奖金支付比率×经理的基础工资 = 应付奖金
第五步：	奖金根据激励利润发放。如果激励利润低于零，就不发放奖金。奖金随激励利润的增长而成比例增长，最高奖金限额是经理基础工资的 75%。

了肯·理查德——哥伦比亚服务中心的地区经理。布朗先生推荐他为公司最睿智、最成功的地区经理之一。近几年来，这个地区极其成功，资产收益率一直都在30%以上（税前）。

1992年，肯·理查德的经营利润目标是380万美元；目标资产设定为1 000万美元。考虑到历史业绩和市场机会，他觉得38%的资产收益率是可以实现的。

1992年3月，肯审查了一项资本投资建议（购置新的加工设备），该建议是从销售经理那里收到的（图表3和图表4）。在把建议提交公司总部审批之前，肯希望确保新设备能对他1992年的激励奖金产生有利影响。他用1992年的利润和资产目标作为标杆，比较进行新投资和不进行新投资的情况下1992年的激励奖金。这些计算如图表5所示。

思考题

1. 对于优质金属服务中心而言，图表3中所介绍的资本投资建议具有吸引力吗？
2. 肯·理查德应该把投资建议提交总部审批吗？
3. 请评论一下资产收益率作为评价地区经理业绩的一般效用。能使这项业绩指标更有效吗？
4. 在评价投资中心经理决定投资基数时，经常会思考的问题是：哪些做法会激励地区经理最有效地利用资产并购置正确数额和正确类型的新资产？假设，若评价他的资产收益率，则地区经理就会提高他的资产收益率，我们希望他为了达到这个目的而采取的行动符合整个公司的最大利益。给定这种一般的推理过程，请评估优质金属服务中心计算各地区的“投资基数”的方法。对于每类资产，请讨论一下公司采用

图表3 备忘录

收信人：肯尼斯·理查德，地区经理
发信人：伊丽莎白·巴莱特，销售经理
主 题：购置加工设备

本地区目前销售的产品在生产前处理中都未做任何改变。这些改变可以由拥有加工能力的其他地区做。但是，本地区的客户抱怨道，由于运输时间问题，订货到交货的时间太长，难以满足采购这类存货的需求。

市场调研证明，本地区内存在对经加工存货的合理需求。因此，我们地区应该考虑购置必要的加工设备，以满足这项需求。

这个项目的经济评估总结在所附的表中（图表4）。现就这些计算的背景提供一些信息。

我们能以60万美元购置这台设备。因为预期使用寿命为10年（忽略残值），所以优质金属服务中心可以享受10%的投资税收抵免，因而净投资就相当于54万美元。

销售预测由本地区销售部门制定，成本基于拥有加工能力的地区的经验。销售和成本增长率包含7%的通货膨胀因素，以及预测的生产增长。

考虑了折旧因素和营运资本投资的增长，年现金流量通过调整税后收益计算。折旧按年限数字总和法计提。在计算营运资本投资增长时，采用我们的标准，即销售收入以20%的速度递增。计算出的年末现金流量按15%的资本成本贴现后（这是总部对具有相同风险的项目所要求的资本成本），就得出正的净现值28.6万美元。这个项目的回收期是4.5年，符合公司10年的标准。

肯，这项投资值得您认真考虑。本地区有扩张新市场的机会，也有机会获得有利的收益和正的销售增长。

希望您把这项建议提交总部考虑。如有任何问题，请随时与我联系。

保密文件
伊丽莎白·巴莱特

图表 4 哥伦比亚地区购置加工设备建议

	1992	1993	1994	1995	1996	1997	1998	1999	2000	2001
Ⅰ. 现金流量（千美元）										
销售收入（1）	$ 600	1 375	1 510	1 665	1 830	2 010	2 215	2 435	2 680	2 945
销货成本	$ (560)	(1 145)	(1 236)	(1 335)	(1 490)	(1 660)	(1 845)	(2 051)	(2 290)	(2 545)
税前收益	40	230	274	310	340	350	370	384	390	400
50%的税金	$ (20)	(115)	(137)	(155)	(170)	(175)	(185)	(192)	(195)	(200)
税后收益	20	115	137	155	170	175	185	192	195	200
折 旧	110	100	85	75	65	55	45	35	20	10
营运资本投资（2）	$ (120)	(155)	(25)	(35)	(30)	(35)	(45)	(40)	(50)	535
现金流量	$ 10	60	197	195	205	195	185	187	165	745
(1) 1992 年销售收入仅反映 3 个月的开办期										
(2) 营运资本投资										
销售收入的 20%	$ 120	275	300	335	365	400	445	485	535	590
原有水平	0	120	275	300	335	365	400	445	485	535
营运资本增加	$ (120)	(155)	(25)	(35)	(30)	(35)	(45)	(40)	(50)	(55)
营运资本回收										
营运资本投资净增加	$ (120)	(155)	(25)	(35)	(30)	(35)	(45)	(40)	(50)	535
Ⅱ. 项目评估										
A. 回收期：4.5 年										
B. 内部收益率：21.8%										
C. 净现值（按 15%资本成本贴现）：$286 000										

的考核基础是否最符合评价地区资产收益率的目的。在这样一种系统内，在激励上可能会产生哪些问题？您建议采取什么措施克服这类失效影响？

5. 为了绩效评价，在计算地区利润时，应该列支所得税吗？应该向各地区分配公司管理费用吗？应该根据历史成本，还是应该根据重置成本计算利润呢？请从其对地区经理产生的激励影响的角度评估这些问题。
6. 请评估优质金属服务中心的激励薪酬系统。目前的系统能激励地区经理制定符合公司战略的决策吗？如果不能，请提出改进这个系统的具体建议。

图表5　哥伦比亚地区经理1992年激励奖金

A. 若没有新项目，1992年的激励奖金

	1992年 目　标	预测1992年 实　际*
利　润	\$ 3 800 000	\$ 3 800 000
资　产	\$10 000 000	\$10 000 000

激励利润 = 实际利润 − （90%目标利润）

= \$3 800 000 − \$3 420 000 = \$380 000

$$奖金支付比率 = \frac{激励利润}{90\%目标利润}$$

= \$380 000/\$3 420 000 =11.1%

因此，若没有新项目，则激励奖金 = 基础工资的11.1%

* 假设1992年实际结果恰恰达到了目标。

B.若有新项目，1992年的激励奖金

	1992年 目　标	预测1992年 实　际※
利　润	\$ 3 800 000	\$ 3 840 000
资　产	\$10 000 000	\$10 720 000

第一步：　实际资产 − 目标资产 = 资产配置过剩

\$10 720 000 − \$10 000 000 = \$720 000

第二步：资产配置过剩 × 地区资产收益率目标 = 利润调整

\$720 000×0.38 = \$273 600

实际利润 − 利润调整 = 调整后的利润

\$3 840 000 − \$273 600 = \$3 566 400

第三步：　调整后的利润 − 90%目标利润 = 激励利润

\$3 566 400 − \$3 420 000 = \$146 400

第四步：

$$\frac{激励利润}{90\%目标利润} = 奖金支付比率$$

$$\frac{\$146\ 400}{\$3\ 420\ 000} = 4.28\%$$

因此，若有新项目，则激励奖金 = 基础工资的4.28%

※ 只反映项目实施的边际影响，即税前收益增加4万美元，资产增加72万美元（设备60万美元加营运资本12万美元）。另外，假设1992年其他地区运营恰恰达到了目标。

案例7-4

Aloha 公司

我受够了。如果我完全无法控制投入的价格，也无法控制产出的数量、价格或产品组合，那么我怎么能让一个工厂盈利呢？我被采购和营销部门的奇思怪想完全制约。我没有读过商学院，所以可以根据别人的业绩评价我。

——丽萨·安德森

Aloha 产品公司工厂经理

俄亥俄州代顿市

1994 年 10 月

Aloha 公司始创于 1910 年，总部设在俄亥俄州哥伦比亚。公司经营自有品牌咖啡，行销美国中西部和中部的亚特兰大州。1994 年，公司的销售收入为 1.5 亿美元。公司由创始者家族成员控股。总裁和财务主管都是家族成员，并且是管理团队中仅有的持股成员。

咖啡行业

买家和卖家都把未经加工的咖啡称为“绿咖啡”。借指从咖啡树上摘下的绿色咖啡豆。咖啡豆分两类：小粒种和中粒种。小粒种咖啡豆是美洲消费者的最爱，主要生长在南美洲。中粒种咖啡豆的种植者则集中在象牙海岸。它比小粒种咖啡豆味道浓郁，深受生产速溶咖啡的加工者喜爱。

供应商

咖啡一般生长于热带地区。巴西是最大的生产国，产量占世界绿咖啡的 20%~30%。其他出口大国包括哥伦比亚、印度尼西亚、象牙海岸和墨西哥。一年当中，几乎每个月，世界上总有一个地方的咖啡在收获。例如：巴西咖啡的收获季节是四月至九月；哥伦比亚是十月至来年三月；而象牙海岸则是十一月至来年四月。

采购商

美国是世界最大的咖啡进口国。大多数咖啡都从巴西和哥伦比亚进口。欧洲紧随其次，采购量仅略低于咖啡出口量的一半。

采购商分两类：烘焙商和经纪商。烘焙商包括大型食品加工企业，比如菲利普—莫里斯公司[1]（它收购了通用食品公司，包括麦斯威尔品牌）、宝洁、雀巢，还有一些区域性或地方性的咖啡公司。大型公司都直接从种植者手中采购咖啡。他们的财务实力一般允许他们与种植者议定有利的条件，可以囤积咖啡存货，以防未来的价格上

本案例由鲁萨德·默菲（1993 级）和安尼尔·奇卡拉（1994 级）在维杰伊·戈文达拉扬教授和罗伯特·安东尼教授的指导下编写。本案例是基于哈佛商学院斯科特·巴雷特（1989 级）编写的关于咖啡的一份早期笔记，以及拉塞尔·哈斯勒教授的早期案例。

1. 译者注：菲利普–莫里斯公司是当今世界上第一大烟草公司，总部设在美国纽约。

涨。

规模较小的加工商通常从经纪商那里采购咖啡——有时是“纯粹的”经纪商，有时是贸易公司。纯粹的经纪商实际上并不采购咖啡，他们只是在市场中为买家和卖家牵线搭桥。贸易公司的确从原产地采购咖啡，然后再销售给食品加工商。他们一般通过从商业银行获得担保贷款为交易融资。这些银行通常核准有信誉的公司贷款，数额可达所采购的咖啡市值（基于现货价格）的80%~90%。银行拥有咖啡的所有权，直到贸易公司把产品销售给终端用户。一旦偿还了贷款，贸易公司就把剩余销售收入作为利润。

无论买家是大还是小，咖啡行业都是一个依靠关系的行业。与种植者建立紧密的关系对于维持稳定的咖啡供应始终是至关重要的。尽管咖啡是一种商品，供应和需求都取决于价格，但是，你也不可能飞到哥伦比亚，轻而易举地采购100万袋咖啡。种植者希望与值得信赖的买家打交道，反之亦然。

紧密的关系能提供两样东西：关于咖啡市场的信息和对种植者收成的内部追踪。如果烘焙商需要某种类型的咖啡（如：哥伦比亚淡味咖啡）来维持研磨咖啡的标准口味，以保证消费者喝完“最后一滴”，那么这一点就尤其重要。

影响价格的因素

天气，特别是霜和旱，是影响咖啡生产的最重要因素，因为也成为影响西半球咖啡价格的最重要因素。在大多数报纸的商品版面，经常报道一些天气对收成产生影响的故事。东半球国家的咖啡经常受害虫的破坏。咖啡主产国和消费国的咖啡存货水平是另一个重要的市场因素。码头罢工或者威胁进行的罢工，可能会导致出口港的咖啡存货增加。各出口国的营销政策也会影响价格。在消费者方面，零售价格高或者对健康的关注，都会降低消费数量，从而会打压咖啡价格。

期货市场

咖啡的期货市场设在纽约、伦敦和巴黎。在纽约，咖啡期货在咖啡、糖及可可交易所交易。绿咖啡豆的价格和供应具有很大的不确定性。因此，咖啡期货市场的正常用途是建立套期保值，以防价格波动影响存货头寸。套期保值一般定义为，在期货市场建立一个与现货市场（也被称为实物商品市场或实际商品市场）交易金额相同，但方向相反的头寸。全部期货合约中，只有2%实际交割了咖啡豆。大多数合约或者通过购买反向合约，或者卖出自己的合约，进行平仓。

例如：如果一个公司拥有咖啡存货，它就在期货市场建立了空头。若咖啡价格下跌，则这个头寸可以抵消公司存货价值的下降。空头要求持有人在未来某个时日按预定价格卖出咖啡。如果将来咖啡价格下跌，空头头寸就会上涨，因为持有人锁定在较高的卖出价格。这就抵消了实际咖啡存货价值的下降。实际上，建立一个完美的套期保值头寸是不可能的，因为实物市场和期货市场之间具有不完美性。但是，期货市场的确保护了公司存货的价值。

套期保值还能使咖啡商家获得银行信用。若商品持有人不对头寸进行适当的套期保值，则银行就很少给其贷款。

咖啡消费趋势

自1965年以来，人均咖啡消费数量有所下降。图表1表明了美国几类饮料的消费数量。虽然咖啡的消费总量在下降，但是特种优质咖啡和极品咖啡却异军突起，畅销不衰。仅极品咖啡的销售收入就从1987年的约5亿美元，攀升至1992年的7.8亿美元。在这一期间，咖啡总销售收入从630亿美元增长至680亿美元。特种品牌吸引了大量新的咖啡消费者，他们比30年前的咖啡饮用者更年轻、更富有。1992年，极品咖啡和优质咖啡占总消费量的19%，这一数字预期未来还会增长。

许多小公司也纷沓而至，推动并引领消费者的偏好。其中一个就是总部设在西雅图的星巴克咖啡公司。星巴克不仅采购高质量的咖啡豆，烘焙后出售，而且通过公司经营的各零售店销售新鲜调制的咖啡、各种甜点和糖果，还有与咖啡相关的配套器具。为了确保遵守公司严格的咖啡标准，星巴克从世界各地采购绿咖啡豆，进行多种调配，定制烘焙。它还控制零售店的咖啡包装和分销。在截至 1994 年 10 月的会计年度，星巴克的 400 家零售窗口创造了 2.84 亿美元的销售收入。

绿山咖啡烘焙公司的总部设在佛蒙特州谢尔本市，1991 年销售收入为 1 100 万美元。该公司拥有 7 家零售店，1 000 多个饭店和多家美食店。绿山公司采取高价策略，坚决采用高科技，利用计算机控制的烘焙设备和数据库帮助客户管理咖啡存货。

虽然在 90 年代，特种咖啡行业对客户需求充满了希望，但是有些消费品趋势也指明了非特种咖啡领域存在的机会。由于经济萧条，消费者的成本意识增强。因此，对低价位店（私营品牌）的需求增加。然而，人们尚不清楚这种趋势将如何体现在未来咖啡零售市场上。

竞争者

雀巢是世界上最大的咖啡公司。在美国，最大的咖啡生产商是菲利普—莫里斯公司（麦斯威尔咖啡）和宝洁公司（福洁仕）。这些公司都拥有大量资源：基础设施、分销网络、品牌价值、生产资源和营销专长。他们基本上是通过铺天盖地的广告[2]和激进的定价策略来竞争。由于敏锐地察觉到咖啡消费的转变，这三家公司都引进了许多新的咖啡产品（关于主要竞争者的部分财务

图表 1 口味变化的一代——美国饮料消费趋势（单位：人均加仑）

	1965	1975	1985	1990
软饮料	17.8	26.3	40.8	47.5
咖　啡[*]	**37.8**	**33.0**	**25.8**	**25.2**
啤　酒	15.9	21.6	23.8	23.4
牛　奶	24.0	21.8	19.8	19.0
茶[*]	3.8	7.3	7.3	7.2
瓶装水	–	1.2	5.2	8.8
果　汁	6.3	6.8	7.4	6.9
固体饮料	—	4.8	6.2	5.3
葡萄酒[※]	1.0	1.7	2.4	2.0
蒸馏酒	1.5	2.0	1.8	1.4
小　计	108.1	126.5	140.5	146.7
推算出的水消费	74.4	56.0	42.0	35.8
总　计	182.5	182.5	182.5	182.5

[*] 数据基于 3 年移动平均值，以抵消存货的波动，从而更现实地反映消费。

[※] 1985 年和 1990 年的数字包含冷酒器。

资料来源：Beverage Industry—Annual Manual 1992.

2. 1990 年，菲利普-莫里斯公司和宝洁公司的咖啡广告支出大体都在 1 亿美元左右。

图表 2 从咖啡行业摘选的 1992 年销售收入和费用数据 *（单位：百万美元）

资料来源：1992 Annual Reports.

	雀 巢☆	宝 洁	菲利普—莫里斯
销售收入	$9 658	$3 709	$29 048
销货成本	4 369	2 373	19 685
营销和管理费用※	3 564	1 157	6 594

* 因为这些公司参与多个行业，所以仅提供食品和饮料领域（其中包含咖啡业务）的数据。

※ 营销和管理费用包含研发支出。

☆ 雀巢的财务信息是利用 1992 年的平均汇率——SF1.40/$，从瑞士法郎折算成美元的。

数据如图表 2 所示）。除了这几家咖啡巨头之外，还有一些抢占先机的竞争者，比如星巴克。

Aloha 公司

Aloha 公司的销售副总裁及其两名助手集中管理销售策略。公司总裁和销售副总裁共同负责广告和宣传。制造副总裁监管 Aloha 咖啡的烘焙、研磨和包装。

公司在中西部经营着三个烘焙工厂，各工厂都自行负责利润或损失。工厂经理的奖金是工厂毛利润边际的一定百分比。总部为各工厂编制月度毛利润边际报表，如图表 3 所示。

在每月月初，总部都向工厂经理下达本月生产计划和下月预测生产计划。

各工厂都设有一个小的会计部门，记录所有制造成本，编制工资单。总部管理出具账单、信用和货款回收，并编制公司所有的财务报表。

工厂经理不控制绿咖啡豆（未经加工的）的采购。公司内部设有一个专门的采购部门。采购部门位于纽约市——绿咖啡行业的中心，因为这样可以与咖啡经纪商保持经常联系。采购部门在很大程度上是自治的。它自行记录所有交易，处理与对外采购和销售有关的所有财务事宜，然后转交给三个由公司经营的烘焙工厂。采购部门的经理直接向公司财务主管报告。

采购部门的基本职能是按量采购不同种类的绿咖啡，供烘焙工厂调配、烘焙、包装，以及向客户配送。采购部门要接触世界各地热带国家种植的 50 多个种类和级别的咖啡豆。

采购部门利用预测的销售预算，与出口商达成绿咖啡远期合约。远期合约要求按规定价格在 3~12 个月内交割。采购部门还可以选择在现货市场采购，即采购后立即交割。现货采购数量控制在最低水平。一个采购员对市场的了解至关重要。采购员必须判断市场趋势，然后签订相应的合约。

这种采购过程的结果就是，绿咖啡采购部门预先采购在不同时日交割的各种咖啡。在实际交割日，公司的销售并不总是维持在绿咖啡原始合约签订时预期的水平。实际交割数量和当前需求之间的差额通过在现货市场卖出或买入来解决。公司会向咖啡经纪商买卖，有时也从其他烘焙商买入。

举例来说，Kona 咖啡 2 号（夏威夷咖啡的一种级别）合约可能规定 5 月交割 22 000 袋（每袋装 132 磅绿咖啡）。这些货将分成 50 个合约，在交割月之前 3~12 个月按不同价格执行。如果由于某种原因，产品的需求在 5 月份下降了，那么工厂原材料需求也会相应地下降至17 000 袋。在这种情况下，采购部门就必须决定，是租用外部设施储存多出的 5 000 袋的成本，还是在公开市场出售咖啡。这就是公司日常经营中的一个典型例子。

一般而言，公司的大批量采购都可以使其争取到有利的条件，在销售给小型烘焙公司后，实

图表 3
一号工厂损益表

销售净收入（按发票价格发货）			100%
减去：销货成本*			
绿咖啡合约成本		50%	
烘焙和研磨			
人　工	5%		
燃　料	3		
制造费用	5	13%	
包　装			
包装容器	11%		
包装纸箱	1		
人　工	2		
制造费用	4	18%	
制造费用合计			81%
毛利润边际			19%

* 销货成本按销售净收入的百分比表示。省略了金额。

现正常的经纪和贸易利润。因此，通行的政策是根据工厂最大可能需求签订采购合约，然后在现货市场出售多余部分。

公司为每个合约都建立单独的成本记录，藉此核算咖啡采购交易。除了运输费用、进口税等类似项目外，这项费用也要计入咖啡采购成本。对于每份合约，采购部门都要计算每袋的净成本。因此，在上面例子中所说的 Kona 2 号咖啡的 50 批交割，就会按 50 种不同成本计入存货。一项由来已久的政策是单独处理每份合约。若绿咖啡发送至工厂，则按这批咖啡的合约（包括运费）所反映的成本计费。在咖啡转让过程中，不考虑利润或损失因素。若公司在公开市场销售绿咖啡，则同样根据特定合约核算成本，只不过要计算出交易的利润或损失。

采购部门的运营成本直接计入总部。成本作为公司管理费用的一个费用项目入账。

在过去几年间，工厂经理对计算毛利润边际的方法一直不满意（本案例开篇引用的话就可以证明）。他们的抱怨最终促使总裁聘请了一家擅长战略执行的咨询公司来研究工厂运营、营销和采购部门的整个绩效报告方法。

思考题

1. 请评估一下 Aloha 公司制造、营销和采购部门现行的管理控制系统。
2. 请思考一下公司竞争战略，您认为这三个部门的管理控制系统应该进行什么变革？

案例7-5

戴尔计算机公司

2005年1月，戴尔计算机公司已成为世界最大的计算机直销公司，在80多个国家拥有57 000名员工，客户遍及170多个国家。虽然总部设在得克萨斯州的奥斯汀，但戴尔公司是拥有世界上最受欢迎的计算机系统的公司之一，它是一个优质供应商，为世界各地的客户提供信息技术和互联网基础设施所需产品和服务。戴尔公司之所以能攀升至市场领导地位，是因为坚持不懈地致力于提供最佳客户体验。从制造商到消费者的直销是公司战略的关键组成部分。

戴尔创建于1984年，创始人是迈克·戴尔，当时年仅20岁，只投入了大约1 000美元。1991年，戴尔成为《财富》500强公司中最年轻的CEO。在担任了计算机行业任期最长的CEO之后，2004年，戴尔成为了董事长。公司建立在一个简单的概念基础之上：通过直接向消费者销售计算机系统，戴尔能够最好地了解消费者需求，迅捷提供最有效的计算机解决方案来满足这些需求。这种直销模式跳过了零售商，因为他们增添了不必要的时间和成本，而且可以使公司根据订单制造每台机器，以极具竞争力的价格向消费者提供功能强大、配置完备的系统。到2005年，公司市值超过了1 000亿美元。戴尔公司推出最新相关技术的速度远远快于那些拥有行动迟缓的间接分销渠道的公司。它的存货平均每4天周转一次。在不到20年的时间里，戴尔公司跃居个人电脑的最大零售商，超过了IBM和惠普[1]（财务数据比较参见图表1）。

个人电脑行业的传统价值链是以“生产—存货”为特征的。个人电脑制造商，如IBM和惠普，都是根据市场预测，设计并生产预先配置的产品。产品先储存在公司仓库，然后再发送给经销商、零售商及其他中介，他们一般在销售给消费者之前都要加价20%~30%。个人电脑制造商控制着价值链的上游，把下游让给了中介。零售商也会为消费者提供几项好处，如坐落的位置便捷、提供多个品牌的选择、在购买前可以测试产品、精通业务的销售人员可以为消费者的购买选择提供建议等，因而有理由要求获得一定的加价和利润。

本案例由达特茅斯塔克商学院的维杰伊·戈文达拉扬教授、朱莉·兰（93级）和苏拉·普拉胡（2006级）编写。

资料来源：*The Quest for Global Dominance: Transforming Global Presence into Global Competitive Advantage* by Vijay Govindarajan and Anil K. Gupta, Chapter 8 (New York: Wiley, 2001). © 2001 by John Wiley & Sons, Inc. “The Power of Virtual Integration: An Interview with Dell Computer's Michael Dell,” by Joan Magretta, HBR OnPoint, *Harvard Business Review*, March-April 1998. *What Management Is: How It Works and Why It's Everyone's Business* by Joan Magretta (New York: The Free Press, 2002). © 2002 The Free Press. *Direct from Dell: Strategies That Revolutionized an Industry* by Michael Dell with Catherine Fredman (New York: HarperCollins, 1999). © 1999 by HarperCollins Publishers Inc. http://www.dell.com.

1. “Dell Tops Compaq in U.S. Sales,” *The Wall Street*,Journal, 28 October 1999, E6.

图表 1 部分公司财务数据比较

	戴 尔	IBM	惠 普	Gateway
	5 年平均 1999~2004 年			
股东权益收益率（百分比）	40.91	31.65	7.86	(42.80)
销售增长率（百分比）	14.26	1.92	13.53	(16.45)
经营收益增长率（百分比）	13.50	0.40	2.80	—
	2004 年数据			
销售收入（十亿美元）	49.205	96.293	79.905	3.649
占销售收入百分比：				
销货成本	81.68	62.58	75.51	91.59
毛利润边际	18.32	37.42	24.49	8.41
销售及管理费用	8.73	20.13	13.80	24.91
研发支出	0.94	5.89	4.39	—
经营收益	8.65	11.40	5.20	(16.50)
净收益	6.18	8.75	4.38	(15.54)
存货周转率	94.59	18.62	9.46	16.67
股东权益收益率（百分比）	53.58	27.82	9.39	(77.99)

20 世纪 80 年代初，有两种趋势使迈克·戴尔得以从根本上再造个人电脑行业的价值链。首先，公司客户变得日益复杂，因此不再需要销售人员的轰炸式的个人销售。到 80 年代末，个人——尤其是购买第二台或第三台个人电脑的人，已经发展成聪明的、有经验的技术用户。其次，个人电脑的不同零部件——显示器、键盘、存储器、磁盘驱动器、软件等，都发展成了标准模块，可以实现个人电脑系统配置的大规模定制。

戴尔计算机公司的直销模式在几个方面都有别于该行业的历史规则：公司外包了全部零部件，而只是进行组装。它跳过了零售商，直接从工厂向终端客户发货。它通过电话或互联网接收硬件和软件的定制订单。而且，它还设计了一个一体化供应链，把戴尔公司的供应商与组装工厂和订单接收系统紧密地联系起来。

戴尔公司通过直销计算机所获得的效率和经验被拓展到价值 1 000 亿美元的消费电子市场。个人电脑业务增长的放缓，以及数字设备的趋同，成了许多计算机制造商进入这个市场的催化剂。到 2004 年 10 月，戴尔公司广告并销售了一系列消费电子产品，从数字音乐播放器、平板电视，到照相机和打印机。在进入某类产品市场之前，戴尔公司都会认真评估市场、价格和供应合作，然后确定产品的优先顺序。根据这项分析，它决定是自行推出产品，还是与人合作推出。尽管戴尔公司的研发支出不到销售收入的 2%，但是这种方法使戴尔公司推出了处于增长领域的新产品，如存储设备和打印机。

尽管竞争者怀疑直销模式不适于消费电子行业，但是戴尔坚信消费电子行业也会步个人电脑的后尘。为了扩大直销模式，戴尔公司在购物中心建立了展台，还策划了一系列营销活动。到 2004 年 11 月，戴尔公司 15%的销售收入都来自消费电子业务。

2005 年，戴尔公司被《财富》杂志评为“美国最受尊敬的公司”。世界上每销售 6 台计算机，就有1台是戴尔的。戴尔公司的销售收入以19%的速度增长，比行业平均水平高出7%，它的经营效率使它的净边际高达6%，而行业的其他公司仅为1%，远远落在后面。戴尔公司不再是个人电脑行业的无名小卒。但是，戴尔公司并没有枕着自己的荣誉，悠然自得，它意识到个人电脑行业发展正在放缓，于是选择建立一个多元化的IT组合。戴尔公司挺进了服务器和存储设备、移动产品、服务、软件外围设备等领域，并且还向打印机行业的领导者惠普发起了挑战。戴尔公司的CEO凯文·罗林斯认为，除了个人电脑之外，戴尔公司既不是领导者，也没有做到最大，这将使公司始终保持着无名小卒的观念，也正是这种观念，在21年前激励着戴尔公司挑战个人电脑的正统思想，并取得了辉煌业绩。[2]

管理系统

把迈克·戴尔的概念转化为现实，意味着围绕一个共同的目标组建一个大型动态组织，并根据具体的相关指标（或标准）评价其业绩。1993年8月，戴尔公司聘请了一家全球性的商业顾问公司（Bain & Company，Inc.）帮助其建立一套评价经营单元业绩的标准。在回想起当时的经历时，迈克·戴尔说："它无外乎是向经理们分配责任……实际上，在戴尔公司内部，有些经理抵制在日常决策中依靠事实和数据，以致他们最终选择了离开，尽管这对我们所有人来说都感到痛苦。但是就大部分而言，这些变革还是使人们备受鼓舞的。我们认真地向员工、客户和股东讲解这对公司未来意味着什么。由于它提供了清晰的愿景，所以获得了空前的积极响应。'事实就是您的挚友'迅速成为戴尔公司的流行语。我们仍然是原来那个公司，秉持着原来公司的精神，但是我们的管理更加完善了，更有能力制定重要决策。"[3]

戴尔公司很早就意识到速度的重要性，即加快经营中每个环节的步伐。公司了解到，工人在组装过程中触碰的产品越多，组装过程就越长，引发质量问题的可能性就越大。于是，戴尔公司开始追踪组装过程，系统降低组装线上"触碰"次数，并压缩至零。公司接到客户的订单，采购所需零部件，组装后发货。客户丝毫不差地获得了他们想要的配置，而戴尔公司则降低了对厂房、设备和研发等的需求。因此，戴尔公司把一个生产性的行业转变成了服务型的行业。

在戴尔公司，指导管理评价的基本财务目标是资本收益率（ROIC）。戴尔公司的前首席财务官托马斯·麦利迪斯，甚至把投入资本收益率放在了牌照上。

戴尔公司的计分卡既包含财务指标（投入资本收益率、平均销售价格、零部件采购成本、销售及管理费用、边际），也包含非财务指标（零部件存货、产成品存货、应收账款回收天数、应付账款偿付天数、现金周转周期、库存缺货、预测需求的精确度）。计分卡是实时建立的，然后按客户群、产品类别和国家细分相关绩效指标。

戴尔的董事长迈克·戴尔和CEO凯文·罗林斯曾做过下述评论，它突出了在执行"戴尔直销模式"时信息和控制系统的重要性。

> "我们的业绩标准是全球统一的，这样我们就可以明确任何一个方面的最佳实践：创造领先地位、增加边际、争取新客户。如果一个委员会发现日本找到了服务器的促销战略，那么它的任务就是弄清楚日本是如何做的，然后把经验传授给其他国家。"……信息是我们最重要的管理工具。我们的销售

2. "The Education of Michael Dell," *Fortune*, March 7, 2005.

3. Michael Dell with Catherine Fredman, *Direct from Dell: Strategies that Revolutionized an Industry* (HarperCollins Publishers Inc., 1999), 61.

> 人员在与客户通电话时就清楚销售边际。财务数据是实时的，所以我们都知道是否存在问题。如果我们消费产品业务人员注意到已经上午 10 点了，却没接到几个电话，他们就知道必须做点儿什么了：从 10：15 开始在网上促销，或者改变定价策略，或者发更多广告。他们不能等到季末 30 天后才想办法。[4]

2005年，即使在经营了 21 年之后，戴尔公司或许依然能在宽松的环境、执行速度和活力方面与初创公司相媲美。作为扁平式组织的一个标杆，戴尔公司把它的组织结构转化为竞争优势和地区化的决策。如果问题不需要引起上级的注意，那么决策时就不要牵涉他。高效的沟通渠道以及易接近的管理层，确保即使最底层员工的想法都能付诸实施，使公司受益，一扫官僚制度的影响。同样，高级管理层也从扁平式组织结构中有所收获，他们可以迅速部署战略，对竞争激烈的市场及时做出反应。例如，在 2001 年 4 月，当一个竞争者宣布未实现季度业绩目标时，迈克·戴尔和凯文·罗林斯看到了一个巨大的商业机会，立即着手削减价格。到第二天下午两点，公司就正式宣布降价，并做好了执行的充分准备。如果在层层叠叠的官僚体制下，这是绝对不可能的。[5]

思考题

1. 戴尔公司的战略是什么？戴尔公司建立竞争优势的基础是什么？
2. 戴尔公司的管理控制系统如何帮助公司执行战略？

---

4. "Execution Without Excuses: An Interview with Michael Dell and Kevin Rollins," *Harvard Business Review*, March 2005, pp. 102–111.
5. "The Education of Michael Dell," *Fortune*, March 7, 2005.

案例7－6

工业产品公司

1996年，工业产品公司（IPC）下设10多个事业部，制造各种工业产品。工厂遍及全国各地，一个事业部都有一两个工厂。公司总部位于东部一个大城市。各事业部均由事业部经理管理，并自行编制资产负债表和损益表。公司广泛运用长期和短期计划，其中包括销售、成本、费用和投资回报率。各事业部都要报送经营结果月报，由总部审查。多年来，各事业部的主要业绩指标就是投资回报率。

工业产品公司的贝克事业部制造和组装大型工业泵，大部分产品售价都在5 000美元以上。客户可根据事业部采购或自制的标准零部件存货订购各种型号的产品。此外，若是专用泵，则个别设计和制造零部件。事业部要利用各种金属加工设备，有些是大型、重型设备，有些设备是专为事业部业务而设计的。

贝克事业部经营着三家工厂，其中两家比第三家要小得多，都坐落在美国的偏远地区。总部办公室设置在拥有1 000多名员工的主工厂。他们履行设计和制造职能，还有一些文书等辅助工作。营销活动由现场的销售工程师执行，销售工程师在设计和安装上与客户密切合作。向事业部经理布兰特先生报告的是负责设计、销售、制造、采购和预算的经理。

事业部的产品线被分解为五类产品，因此各类产品的盈利能力可以单独核算。评价标准是基于超过工厂成本的边际占销售收入的百分比。事业部一般不向产品线分配投资。预算主任说，考虑到共有设施，这不仅难以做到，而且这种数学计算也不会提供任何新的信息，因为各类产品的资产周转率几乎相同。他还说，在各类产品之间分配共有工厂成本太难了，甚至销售边际也是一个值得争议的数字。“如果我们的规模再大些”，他说，“并且每个生产线都有独立的生产设施，我们或许能做到。但是现在对于我们事业部而言毫无意义。”

监控事业部投资回报率的只有6个人。事业部的内部控制系统还采用了其他指标。事业部经理监测每周的销量和送货的及时性，以及评价如质量、加班工资等成本指标。

事业部经理控制的资产

1996年，贝克事业部的总资产周转率大约为1.7次，年末资产构成如下：

现　金	8%
应收账款	21
存　货	
原材料	7
约3%金融存货	
约4%购进零部件	
在产品	9
约6%自制零部件	
约3%基本储备	
产成品	2
设备（原始成本）	29
土地及建筑物（原始成本）	24
	100%

本案例由弗吉尼亚大学威廉·罗奇教授编写。索稿请发送电子邮件联系：Dardencases@virginia.edu。

现金（总资产的 8%）

与工业产品公司其他所有事业部一样，贝克事业部也在本地银行建立了现金账户，在需要时，公司总部会向该账户划拨资金。这个本地账户主要用于工厂工资发放，以及支付其他本地账单。向供应商支付的货款，以及应收账款的回收，均由总部为贝克事业部及大多数其他事业部处理。

贝克的现金账户在事业部的资产负债表中列示为现金和可转让证券。现金的列示金额由高级管理层和事业部经理协商确定，双方均把它视作事业部经营所必需的最低数额。超出这个数额的部分在事业部的资产负债表中列示为可转让证券，它可以从总部获得年利率为 5%的利息。这个账户会随着收入和支出而变动，因而，只要证券账户有余额，现金账户就保持固定不变。证券账户也可能会划空，从而使现金账户降至所商定的最低数额以下，但是，如果这种情况持续了一个或两个月，就必须采取纠正措施。贝克事业部的最低现金水平等于两个星期的销售收入，近些年来，现金很少低于这个水平。

公司作为一个整体所拥有的现金和可转让证券是否等于各事业部现金和证券账户的总和，一直是总部管理层所关注的问题。或许没必要保留这个数额的现金和证券，因为事业部账户都必须能满足事业部高峰期需求，而高峰期需求又不是同时发生的。

事业部现金和可转让证券账户的总规模直接受事业部经营各阶段的影响，因为经营中会耗用或创造现金。它还受其他三种方式的影响。一种是自动从收益中扣除 40%的税金。另一种是事业部向总部支付“股利”。事业部经理不希望留作未来之用的所有收益都通过支付股利划转到公司的现金账户。由于总部期望事业部留存足够的现金余额，供资本支出之用，所以一般只有业务不迅速扩张的营利事业部才支付股利。

如果现金降至最低数额以下，或者，如果大规模资本支出获得批准，那么影响现金账户的第三种行为就会发生。事业部可能会从总部“借钱”，并像独立公司那样支付利息。1996 年末，贝克事业部没有贷款，大约自 1990 年以来，一直未从总部借款就能够运转。事实上，贝克事业部目前也从未考虑过借款。

除了在确定最低现金水平中所起的作用之外，高级管理层并不插手事业部的现金和可转让证券的投资决策。布兰特先生可以决定支付多少股利，并以此来控制投资水平。由于可转让证券只能获得 5%的投资回报率，还由于事业部总投资的回报率远不止这些，所以事业部经理有条件尽可能多的支付股利。在被问及如何确定股利的多少时，布兰特先生说，他只是保留他认为足以满足高峰期需求、资本支出和或有支出所需要的资金。提高事业部的投资回报率也可能是决策的一部分，但是，他并没有提。

应收账款（总资产的 21%）

贝克事业部的所有应收账款都由公司总部回收。在每个月的 20 号左右，要编制一份关于余额的报告，并转交事业部。

尽管从理论上讲，布兰特先生有权自行制定事业部的销售条件，但是在实践中却很难改变公司的通行条件。由于贝克事业部也向其他事业部的重要客户销售，所以对 30 天的信用条件所做的任何改动都会扰乱公司的大部分业务。而且，行业惯例也是由来已久的，事业部几乎不可能改变它。

在信用条件差的情况下，实际上不存在现金销售的可能性。公司总部要调查所有客户的信用，未经信用核查，不得进行任何销售。对于贝克事业部而言，这项政策不会带来什么问题，因为它主要是向长期客户销售。

1996 年末，应收账款占总资产的 21%。它所对应的是 45 天的销售，而不是 30 天的销售，之所以如此，是因为上一个月发货量高于平均水平，再加上由于出具账单和货款回收过程中的正常延滞。

布兰特先生对直接控制应收账款的水平几乎无能为力。这个资产账户随销售变化，滞后于发货一个月多一点儿，只有在客户恰巧早付或晚付货款时，才会偏离这种关系。

存货：原材料金属存货（约占总投资的3%）

1996年末，整体存货占贝克事业部总资产的18%。各种存货细分后表明，原材料占7%，在产产品占9%，产成品和低值易耗品占2%。由于贝克事业部按订单生产，所以产成品存货一般很少，因而原材料和在产产品就是仅有的两大类存货。

原材料存货还可以进一步细分，分成各种零部件。因而，原材料存货就主要由金属和金属材料构成，如钢板或铜管。大多数钢材都是按照时间表采购的，一般在配送前几个月就与钢铁公司安排好。在钢铁公司按订单发货之前一个月，贝克事业部将按钢材和重量发送轧制说明。如果某类钢材的重量低于钢铁公司制定的最低标准，贝克事业部就必须支付额外加工费用。尽管这种采购方法在钢材的采购中占大部分，但还是有一小部分在需要时从仓库存货或专门制造商处采购。

铜由总部采购，由公司自己的工厂加工。事业部可以购买所需的数量，但是价格取决于公司的采购惯例和加工成本。贝克事业部支付的价格一般都与外部来源不相上下，不管是涨价还是降价，它都经常滞后于市场。

铜和钢材的采购数量一般由采购员确定，并不经过任何正规的经济性批量定货计算。原因在于，由于要不断估计大量不确定因素，所以正规计算不会改进采购数量的决策。采购取决于现有数量、预期消费量，以及现行的配送时间和价格预期。如果配送速度快，通常就少采购些。如果预期价格会增长，那么就按现行价格多订购些。例如：在预期铁路劳工运动威胁要中断配送时，几年前早就采购了大量钢材。

在原材料存货上的投资水平随采购和耗用的速度变化。在没有高级管理层直接控制原材料存货规模的情况下，布兰特先生可以在相当大的范围内控制这类资产。

存货：购进零部件和自制零部件（总资产的10%——原材料4%、在产品6%）

贝克事业部采购和制造零部件存货供组装泵备用。确定采购数量的方法与确定制造在产产品存货用的零部件的生产运行时间长度的方法相同。

除了在两处进行特别调整之外，采购或自制零部件的数量是基于经济订货批量（EOQ）的一系列计算。由于要采购和制造几千种不同的零部件，所以这些计算就成为一项日常工作。事业部开发了一套计算机程序，需要输入现有文件中的一些数据，如过去6个月零部件的用量和价格，还包含一些常量，可以人工改变。这套程序定期执行下列步骤：

1. 利用过去耗用量的数据和预先设定的运算法则，计算预测的未来耗用量。
2. 然后，输入一个系数调整预测，这个系数反映一个零件或所有零部件的变化趋势。目前，布兰特先生输入了系数0.9用于所有零部件，以便尽力压低存货。
3. 然后，程序利用下列信息，计算经济订货批量的金额和数量：
   a. 将第二步计算出的调整后的预测用货折合成金额。
   b. 购进零部件的订单处理成本，其中包括文书和接收工作成本，它是埃博事业部的财务总监根据各活动的成本确定的。目前，每笔订单的成本是28.50美元，每年审查一次。

   对于贝克事业部的自制零部件，采用批次准备成本计算。同样，在计算批次成本时根据各活动的成本来核算，其中包括设备安装、材料处理、第一批次检验以及数据报告成本。在计算经济订货批量时采用的实际数量取决于准备过程的复杂性，目前实际数量的变化范围为 15~75 美元。

c. 存货维持成本，包括两项要素：一项是资本成本（目前计算为年回报率为 12%），另一项是仓储费、保险费、税金和报废费用。例如：如果需要特殊的存储条件，那目前每年 8%的比率就可以略作调整。

计算经济订货批量的公式如下：

$$EOQ = \sqrt{\frac{2AS}{I}}$$

其中

A = 年耗用量（按金额表示）

S = 购进零部件的订单处理成本或自制零部件的生产准备成本

I = 存货维持成本，按适用于平均存货的百分比或小数表示

对于购进零部件而言，还有一种方法可以检验对超过经济订货批量的供应数量进行折扣是否值得。这项调整计算如下：

1. 经济订货批量乘以单价再乘以预期年订货批次 = 材料成本（A）
2. 折扣所要求的订货量乘以价格再乘以每年的订货批次 = 折扣材料成本（B）
3. 材料成本的年节约（A – B）或者（S）。
4. 由于订货减少，每年减少的订货成本（C）。
5. 不含资本成本时存货维持成本的增加：折扣数量乘以折扣价格减去经济订货批量的数量乘以经济订货批量的价格，然后再除以 2（D）。这就是平均存货的增加。然后用 D 乘以不含资本成本的存货维持成本，就得到由于平均存货水平提高而增加的年成本（E）。
6. 计算投资回报率：

$$\frac{S + C - E}{D} = \text{投资回报率}$$

尽管工业产品公司的资本成本计算为 12%，但是贝克事业部通常要求在数量折扣前有更高的回报率。判断完全取决于贝克事业部。负责决策的存货控制主管要考虑一般经营条件、用量较大订货所需要的时间、零部件的规格以及事业部经理对存货水平下达的任何指令。低于 15%的投资回报率可能永远都不能接受——大多数情况下都要求20%以上——任何数量折扣都会产生 25%~30%、甚至更高的回报率，但是每种情况都要单独判断。

计算机程序的最后一步是确定一个订货审查点。根据估计的预期配送时间，程序会在需要订货时发出信号。

贝克事业部采购和自制零部件的存货水平随消耗和采购速度的变化而变化。如果遵循计算经济订货批量的规则，在达到一定水平之前（根据订货或生产准备成本，以及存货维持成本确定），存货水平的增加速度会快于耗用量的增加速度，因此，增加的耗用量造成了存货增长速度低于耗用量增长速度。贝克事业部采购和自制的大多数零部件都高于临界点，即意味着销售的增长一般都造成投资回报率的增长。当然，由于贝克事业部的管理者也有一些机会干预采购数量的计算，所以在实践中这种关系未必正确。例如，通过制定预测调整，布兰特先生就使计算过程向存货降低的方向倾斜。而且，由于在降低生产准备成本和订货处理成本方面的不断努力，也促使存货不断降低。

存货：基本储备（约占总投资的 3%）

基本储备存货包括正在加工和组装的零部件。零部件从仓储区域领取后，或直接送到生产车间后，就成为基本储备存货。

泵是一个一个加工的，因此批量规模不是一个考虑因素。除了监督在生产区域之外不要有过多的零部件堆积，布兰特先生无法控制基本储备的水平。

存货：产成品存货（总投资的2%）

作为一项规则，泵一般都是根据订单制造，然后立即发货。产成品存货包括个别发货延迟的泵。控制这项投资就是通过尽快发货使产成品存货保持在低水平。

土地、建筑物和设备（总投资的53%）

由于1996年末贝克事业部的固定资产按总额计算占总资产的53%，所以控制这类资产至关重要。这类投资在投资水平上的变化取决于报废和新增，而后者又完全由资本预算程序所涵盖。

工业产品公司的资本预算程序在计划手册中做了详细介绍。计划顺序如下：

1. 总部预测经济条件。（三月）
2. 事业部计划长期目标。（六月）
3. 提交辅助计划。（九月）辅助计划是指特定行动的计划，如销售计划、广告计划、成本降低计划，它包括生产设施计划，这是资本支出要求。计划手册还在“协调辅助计划的一般编制方法”标题下列出了这样的建议：

> 如果项目根据目的分类，那么一般就可以改进各产品线的辅助计划的编制和评估。所有计划的关键目标就是资产收益率，它是边际和资产周转率的函数。这些比率反过来又由经营等式中的三项因素决定——销量、成本和资产。因此，所有项目都应该基本根据下列目标之一进行管理：
>
> - 增加销量；
> - 降低成本和费用；
> - 最小化资产

4. 提交年度目标（11月11日上午8：00之前）。

年度目标表明预测销售收入、成本、费用、利润、现金支出和收入，并反映预测资产负债表和损益表。

布兰特先生“负责事业部的资产，为事业部增长和扩张服务”。增长是指产品设计和生产方法的内部改进，以及成本降低计划。扩张是指5~10年计划，包括两年建设期。

在实际的资本支出需求中，有四类生产设施建议：

1. 成本降低项目，它是自我清算的投资。人工成本的降低一般是节约的最大来源，通常按回收期和投资回报率表述。
2. 必要项目。它包括重置报废设备、为满足竞争需求而进行的质量改进和技术变革、环保项目，以及保障工人安全和舒适方面的设备。
3. 产品再设计项目。
4. 扩建项目。

提出这些成本降低建议的理由是基于估计投资回报率（估计税前收益除以总投资）与总部规定的20%的标准之对比。如果认为项目可行，但是投资回报率低于20%，就必须根据其他因素证明其合理性，并使其包含在必要项目类中。1997年资本支出预算中，关于降低成本的建议约占60%，在最初几年，这些建议至少占50%。贝克事业部1997年的资本预算专门分配给产品再设计的不多，而且根本没有分配给扩建，所以剩下的40%大多数都被用于必要项目。因此，在贝克事业部的资本支出中，一半以上是根据估计投资回报率提出的。其余的是根据其他因素，因为他们的优势无法用投资回报来说明。

布兰特先生可以自由选择他想纳入资本预算的项目，在他担任事业部经理的3年时间里，他的资本预算要求都获得了批准。但是，在过去3年间，没有大型扩建项目纳入资本预算。在1997年的预算中，大多数资本支出都是用于成本降低，其余是用于必要项目。年新增设备成本接近年报废设备成本。

由于董事会批准，布兰特先生有权批准25

万美元以内的项目，所以，事实上，在高层批准了预算之后，他还是有一些选择项目的灵活性的。他不仅可以安排支出的时间顺序，而且，在有些情况下，他还可以替换具有同样性质的无法预料的项目。如果高级管理层批准了 10 万美元用于成本降低的零星项目，那么布兰特先生就可以把钱花在他认为最重要的项目上，无论项目是否在最初的预算中做了专门的介绍。

对于整个公司而言，大约四分之一的资本支出被用于 25 万美元以下的项目，他们可以由事业部经理批准支出。高级管理层认为这个比例恰到好处。但是，如果它升至四分之一以上，25 万美元的分界线就可能要降低。

思考题

1. 布兰特先生可以在多大程度上影响各类资产的投资水平。
2. 请评论一下投资回报率作为评价事业部业绩的指标的一般作用。能把它变成更有效的工具吗?

案例7-7

摩盾公司

摩盾公司的一个事业部的典型财务报表如图表 1 所示。应收账款由事业部出具账单，但是客户向以摩盾公司为名的遍布全国各地的银行账户（即：保险箱）付款。资产负债表上的负债项目是公司发行的利率 9%的债券中的相应部分。这项负债的利息不计入事业部。

思考题

请推荐一下评价事业部经理业绩的最佳方法。如果您需要其他信息，请做出您认为最合理的假设。

图表 1　一个事业部的典型财务报表

资产负债表 年末（简化，单位：千美元）			
资　产		权　益	
现　金	$100	应付账款	$ 400
应收账款	800	流动负债合计	400
存　货	900		
流动资产合计	1 800	负　债	700
厂房及设备，成本	1 000	股东权益	1 300
折旧（直线法）	400		2 000
厂房及设备，净值	600		
资产总计	$2 400	权益总计	$2 400

事业部损益表	
销售收入	$4 000
成本，除下列之外	3 200
折　旧	100
公司费用分配份额	100
税前收益	600

第 2 编

管理控制过程

在实践中，管理控制过程是行为活动，体现在管理者之间，以及管理者与其下属之间的相互作用中。因为管理者在技术能力、领导风格、人际交流技巧、经验、决策方法、对数字的喜好程度等许多方面都彼此不同，所以公司与公司之间，以及公司的各责任中心之间的管理控制过程的细节也各异。差别主要在于控制系统的使用方法。但是，为了有效地发挥作用，整个组织的正式管理控制系统必须基本相同。

在第 2 编，我们将讨论在实践中管理控制过程依次发生的步骤：战略计划（第 8 章）、预算编制（第 9 章）、分析财务业绩（第 10 章），以及建立平衡计分卡（第 11 章），它既包含财务指标，又包含非财务指标。在第 12 章，我们将触及与管理控制过程相关的管理层薪酬。

第 8 章

战略计划

这是介绍管理控制过程的 5 章中的第 1 章。第 8 章介绍战略计划，它是管理控制过程中依次进行的第一项活动。第 8 章的第一部分介绍战略计划的性质。第二部分讨论适用于新计划项目分析和决策的技术。第三部分介绍有助于持续计划项目分析的技术。最后一部分介绍战略计划过程的几个步骤。

我们假设所讨论的是一个中型组织，一般由一个总部和几个分权制的经营单元构成。在这样一个组织中，战略计划既发生在总部，也发生在经营单元。如果组织小，尤其是如果没有经营单元，那么战略计划就只涉及高层管理者和计划人员。如果组织非常小，战略计划就可能只涉及首席执行官。

战略计划的性质

大多数精明能干的管理者都花费大量时间思考公司未来。结果可能是对企业未来发展方向的非正式理解，或者是对发展的具体计划的正式表述。我们把对计划的正式表述称为*战略计划方案，制定和修订这项正式表述的过程称为战略计划（有些地方称为长期计划）。战略计划就是指决定组织在未来几年要从事的计划项目，以及大致分配给每个计划项目的资源数量的过程*。

与战略制定的关系

我们严格区分两种管理程序——战略制定和战略计划。因为这两个术语中均使用了“战略”一词，所以可能会产生混淆。二者的区别在于，*战略制定是决定新战略的过程，而战略计划则是决定如何实施战略的过程*。在战略制定的过程中，管理层确定组织的目标，并制定实现这些目标的主要战略。然后，战略计划在既定目标和战略下制定有效实施战略和实现目标的计划。一个工业品制造商决定多元化经营消费品就是战略制定，即战略决策，之后必须解决一系列实施问题：是通过收购多元化，还是通过组织增长实现多元化；应该注重哪个产品线；是自制还是外购；适用哪种营销渠道。描述如何实施战略决策的文件就称为战略计划（书）。

在实践中，战略制定和战略计划之间存在大量重叠。在战略计划过程中进行的研究能表明改变目标和战略的可行性。相反，战略制定通常也要把实现目标所采纳的计划纳入基本考虑范围之内。但是，从概念上区分战略制定和战略计划至关重要，原因之一在于计划过程趋向于制度化，从而抑制了纯粹创造性的活动。把战略制定单独列为一项独立的活动，至少在最高管理层看来，可以抵消这种趋势。战略制定应该是积极鼓励创造性、创新性思想的一种活动。

战略计划是系统性的，年度战略计划过程按规定程序和时间表进行。战略制定是非系统性的。战略要根据所预见的机会或威胁重新审查。因此，从理论上讲，战略建议可能由组织的任何人在任何时间提出。如果认为战略建议值得深究，就应该立即分析，而不必按部就班地遵循规定的时间表。一旦接受了一项战略，就要按系统方法计划战略。

遗憾的是，在许多公司，目标和战略表述得不明确，或者未向需要利用他们作为自身计划项目决策框架的管理者清晰地传达。因此，在正式的战略计划过程中，重要的第一步经常是必须说明组织的目标和战略。这项任务可能令人生畏，因为，尽管最高管理层从直觉上大概能感到目标和战略是什么，但是他们未必能按制定合理计划项目决策所必要的方式将他们具体描述出来。计划者第一步可能必须先阐释管理思想。

战略计划的演变

50 年前，在大多数组织中，战略计划过程都是非系统性的。即使管理层思考了长期计划，也不是按协调一致的方式。在 20 世纪 50 年代末，个别公司启动了正式的战略计划系统，但是大部分早期努力都无果而终。他们只不过是对现行预算编制系统略作调整。所要求的数据与其说恰当，不如说详细。不是直线管理人员，而是辅助管理人员做了大部分工作。参与者花在填表上的时间，远远多于深入思考替代方案和选择最佳方案的时间。随着时间的流逝，管理层逐渐吸取了教训——目标应该是在替代方案之间进行艰难抉择，而不是像预算那样详细地推断数字；时间和精力应该用在分析和非正式讨论上，用在文书工作上的应该相对少些。关注点应该放在计划项目本身，而不是实施计划项目的责任中心上。

目前，许多组织都理解了制定未来 3~5 年的计划的好处。以正式文件的形式表述这项计划的做法已获得了广泛接受，但决没有被普遍接受。较之 20 世纪 50 年代末的战略计划，不再那么详细了。

实例 在1956~2005年期间，艾默生电气这个价值270亿美元的电气和电子产品公司，遵循了一项成本领先战略，在整整50年的时间里保持了利润的持续增长。公司把它非凡的成功归因于计划过程。公司的CEO把60%的时间都花在了计划会议上。65个分部的领导都把各自的计划提交CEO。计划会议围绕着关于假设和降低成本的备选方案的各种问题，可谓明察秋毫，一针见血。计划文件集中在四个关键指标上：自由现金流量、资本收益率、新产品销售收入百分比，以及利润边际。[1]

战略计划的优势和局限

正式的战略计划过程可以为组织提供：（1）编制年度预算的框架；（2）管理者发展工具；（3）强迫管理者长远考虑的机制；（4）协调管理者与公司长期战略的手段。

编制预算的框架

经营预算要求在下一年占用资源。管理者在保证这类资源占用时要明白组织在未来几年的发展方向，这一点至关重要。战略计划就提供了这样一个广泛的框架。因此，制定战略计划的一个重要优势就在于它为编制有效的经营预算提供了便利。

如图表8.1所示，如果公司没有战略计划过程，就要在预算编制阶段考虑太多的战略问题，这可能会导致信息过载，未充分考虑一些战略选择，甚至完全忽略了一些选择——这种功能紊乱的环境会严重影响资源分配决策的质量。战略计划的一个重要优势就是促使制定支持主要战略选择的最优资源分配决策。图表8.2说明了战略计划过程如何缩小选择范围，从而使计划者可以在预算过程中制定明智的资源分配决策。因此，战略计划有助于组织理解战略决策对短期行动计划的意义。

图表8.1

公司没有战略计划过程

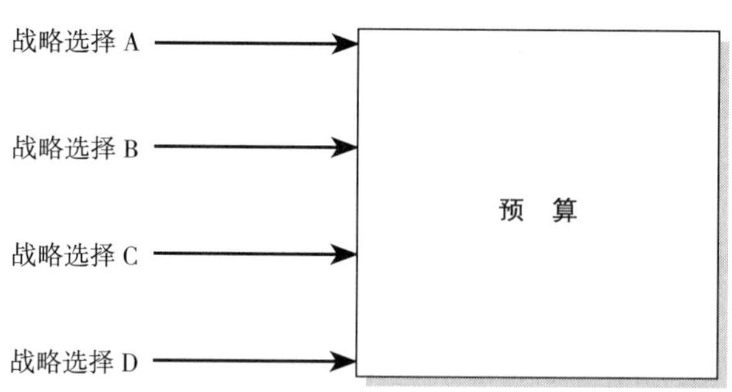

1. www.gotoemerson.com/investor-relations; "The Spirit of St. Louis," *The Economist*, March 9, 2002, p. 17.

图表 8.2
公司有战略计划过程

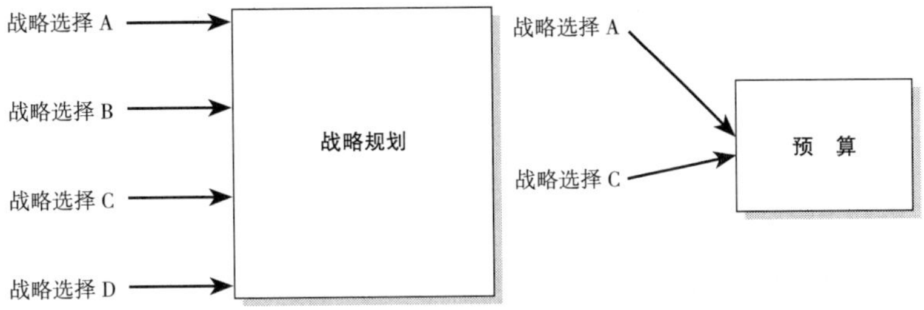

管理发展工具

正式战略计划是一项优秀的管理教育和培训工具，能为管理者提供一个思考战略及其实施的过程。可以毫不夸张地说，在正式战略计划中，过程本身远远比过程的结果，即计划文件更重要。

强迫管理者做长远考虑的机制

管理者往往更关心企业的战术问题，关心管理目前的日常事务，而不是创造未来。正式的战略计划迫使管理者花时间思考重要的长期问题。

协调管理者与公司战略的手段

在战略计划过程中发生的争议、讨论和协商可以使公司战略更清晰，使管理者与这些战略协调一致，同时可以揭示公司战略对管理者个人的意义。

正如我们将要说明的，计划项目决策是一个一个制定的，而战略计划则把他们综合起来。制定战略计划可能揭示出单个决策综合起来并不是一个令人满意的整体。计划的新投资可能在某些年度要求的资金超出了公司在那些年度所能获得的。直接计划项目的变化可能要求辅助计划项目的规模也做相应变化（如：研发、管理等），但是在单独考虑这些变化时，可能并未予以考虑。单个计划项目的预期利润综合起来未必就能使整个组织获得令人满意的利润。

实例 1996 年，大型复杂的石油、天然气生产商——Texaco，制定了 36 亿美元的资本支出和勘探预算。公司 1996 年的部分项目包括“北海、尼日利亚、安哥拉、澳大利亚和东南亚近海开发项目。继续增加沙特阿拉伯和科威特中立地区的产量。”鉴于不同项目的风险水平和可获得的资源数量，战略计划是 Texaco 选择项目时所必要的。[2]

---

2. “More U.S. Companies Map 1996 Spending Plans,” *Oil & Gas Journal*, January 29, 1996, p. 39.

在2001年9月11日恐怖分子袭击美国之后，美国公司的战略计划又补充了一项灾难计划因素。受灾难计划影响的战略决策包括：人员和资源的地域分布、完全丧失企业职能后的或有计划、公司灾难恢复资金的融资水平。[3]

局限性

正式战略计划也存在几项潜在的缺陷或局限。首先，总是存在计划最终变成“填写表格”、官僚过场、缺乏战略思考的危险。为了使官僚化的风险最小化，组织应该定期问一问：“我们从战略计划过程中获得新鲜创意了吗?”

第二种危险是组织可能会建立一个大型的战略计划部门，授权它编制战略计划，从而丧失了直线管理人员的意见，也丧失了计划过程的教育意义。战略计划是一项直线管理人员职能。战略计划部门的人员应该维持在最低水平，他们应该发挥催化剂、教育者、计划过程协调员的作用。

最后，战略计划耗时、耗资金。最大的费用是高级管理层和组织其他层级的管理者倾注的时间。

如果组织具有下列特征，那么制定正式战略计划就是可行的：

1. 最高管理层坚信战略计划至关重要。否则，战略计划就可能只是一项人员锻炼，对实际决策不会产生任何影响。
2. 组织相对较大，较复杂。在小型、简单的组织中，对组织未来发展方向的非正式理解对于制定资源分配决策就足够了，这也是制定战略计划的主要目的。
3. 虽然对于未来存在极大的不确定性，但是组织具有灵活性，能针对变化的环境进行调整。在一个相对稳定的组织中，战略计划是不必要的。因为未来酷似过去，所以战略计划就只不过是一项推断练习（如果一个稳定的组织预见方向需要改变，如市场下滑，或者材料成本猛增，它就可以制定或有计划，说明在这些新条件下应采取的行动）。另一方面，如果未来太不确定，无法做出可靠的估计，那么制定正式战略计划简直就是浪费时间。

总而言之，在小型、相对稳定的组织中，不需要正式战略计划过程，在无法对未来做出可靠估计的组织，或者高级管理层不喜欢按这种方式管理的组织，也不值得制定正式战略计划。

3. Richard Oliver, “Cold Strategy, Hot Strategy,” *The Journal of Business Strategy*, January–February 2002, p. 6.

计划项目体系和内容

在大多数工业组织中，计划项目就是产品或产品系列，还有研发、一般管理活动、计划的收购或者不属于现有产品线的任何其他重要活动。例如：在宝洁公司，每个产品都是一个计划项目。相比之下，通用电气公司则按利润中心，即经营单元，建立计划项目体系，每个经营单元都负责一定数量的产品线。

在服务性组织中，计划项目体系往往依企业提供的服务类型而定。联邦政府把活动分为 10 个主要计划项目。在多单元的服务性组织中，如连锁酒店，每个单元或者每个地区就构成一个计划项目。

一般的战略计划都跨未来 5 年。5 年是一个足够长的期间，足以估计目前制定的计划项目决策的后果。一项开发和营销新产品决策的后果，或者一项收购重大新资本性资产的决策的后果可能不会在短期内完全感受到。如果所跨期间超过 5 年，可能就太模糊了，所以不值得制定更长期间的计划。许多组织也编制 5 年以上的非常粗略的计划。在有些组织中，战略计划仅跨期 3 年。

每个计划项目的金额都大致反映了收入、费用和资本支出规模。由于所跨期间相对较长，所以只有粗略地估计才是可行的。用这种估计作为反映组织总体发展方向的基础是令人满意的。如果战略计划按经营单元制定，那么也会制定“章程”，规定经营单元的经营范围。

组织关系

战略计划过程涉及高级管理层和经营单元或其他主要责任中心的经理，并由辅助管理人员协助。基本目的是通过安排活动的先后顺序，改善公司高级管理层和经营单元经理之间的沟通，藉以实现共同商定的一系列目标和计划。单个部门的管理者通常不参与战略计划过程。

在有些组织中，财务总监机构制定战略计划。还有一些组织，安排了专门的计划人员。战略计划要求分析技术，还要求视野广阔，而财务总监机构可能不具备。财务总监机构可能主要擅长细节性的分析技术，它只适用于年度预算的调整，以及分析实际和预算金额之间的差异。

正如我们将在后面一小节中介绍的，即使配备了专门的计划人员，财务总监机构通常也肩负着下达指南、组织所建议的数字的任务。战略计划中的数字，在年度预算及会计系统中必须彼此保持一致。确保一致性的最好方法就是把三项职责全部分派给同样的人。而且，有些公司把三个系统的数字全部纳入一个计算机模型中。

总部人员协调战略计划过程，但是他们不应该过于干涉。总部人员的最佳角色是充当催化剂。他们确保计划过程的正确开展，但是不制定计划决策。特别是，如果经营单元经理认为总部人员在决策过程中过于有影响力，这些经理就不愿意与总部人员坦诚地交流，而这恰恰是制定合理战略计划的关键（当然，经营单元经理也有自己的下属，大概会对他们很忠诚）。

最高管理层的管理风格

战略计划是一个管理过程，一个公司制定战略计划的方式严重依赖于首席执行官的管理风格。有些首席执行官喜欢不借助于正式计划机制制定决策。如果这种公司的财务总监试图引入一个正式系统，他或她可能不会成功。除非首席执行官实际使用它，否则任何一个系统都不会有效发挥作用。如果其他管理者认为系统不是管理过程至关重要的部分，他们就只会给出口头承诺。

在有些公司中，由于上述理由，首席执行官想要某种形式的总体计划，但是从性格上讲又讨厌文书工作。在这种公司中，系统可以获得我们后面将要讲到的所有要素，但是可以把书面文件的详细程度压至最低水平，更多地强调非正式讨论。在其他公司中，高级管理层则喜欢详尽地分析和编纂计划，所以，在这些公司中，就可以更详细地阐述系统的正式部分。

系统的设计者必须正确诊断高级管理层的管理风格，确保系统适宜这种风格。这项任务很难，因为正式战略计划已经成了一种时尚，有些管理者认为，如果不信奉它的所有虚饰，就可能被认为落伍了。因此，他们可能指示员工或者允许员工建立一个详尽的系统，但后来又觉得用起来蹩脚。

分析新计划项目建议

关于新计划项目的创意可以从组织中任何一个地方产生：由首席执行官提出，由总部计划人员提出，或者在经营机构的任何一个部门产生。例如：在3M公司，“报事贴”的创意就是从组织的基层产生的，而不是CEO提出的。由于某些显而易见的原因，有些经营单元可能比其他单元更易产生新创意。研发机构就负责创造新颖产品或工艺的创意，营销机构就负责营销创新，生产设计机构就负责设计更好的设备和制造方法。

从本质上讲，计划项目建议要么是主动的，要么是被动的——他们要么是对所预见的威胁的被动反应，如关于竞争者推出新产品的谣言；要么是主动把握机会。因为公司的成功在部分程度上取决于发现和实施新计划项目的能力。而且，因为这些计划项目创意可以产生于各种各样的来源，所以需要营造一种能产生创意并赢得管理层注意的氛围。一个严密架构的正式系统可能会产生出错误的氛围，不符合这种目的。系统应该灵活，并且具有包容性，只有这样，好的新创意才不会在引起决策者注意之前就被枪毙了。

计划者不应该把采纳新计划项目视作一个全盘接受或全盘否定的决策，而应该视作一系列决策，每一个决策都是测试和发展计划的一小步。只有测试表明建议有很大的成功机会，计划者才应该决定全面实施，并承担随之而来的巨额投资。大多数新计划项目都不像“埃德塞尔”车[4]那样，在一项决策上投入了几亿美元。相反，他们都包括许多相继的决策：认可最初的产品创意值得追随；在实验室考查它的技术可行性；考查试生产工厂的生产问题和成本特性；在测试市场检验消费者的接受程度；只有在这之后才做出全面投产和营销的重大承诺。系统必须提供这些连续的步骤，提供对每个步骤的结果的评估，以作为制定下一步决策的基础。

资本投资分析

大多数建议都要求巨额新资本。分析资本投资建议的技术所要做的是得出：（1）项目的净现值，即估计现金流入量的现值超过投资额的部分；或者（2）在现金流入和流出之间的关系中所隐含的内部收益率。重要的一点是，这些技术只用于从概念上讲适用的约半数的情况。[5]至少有四种理由，让我们不要采用现值技术分析所有投资建议。

1. 建议显而易见地具有吸引力，没必要计算净现值。例如，一种能大幅降低成本的新型设备本身就能弥补支出。
2. 建议中的估计具有很大的不确定性，不值得耗费精力计算净现值——人们无法从不可靠的数据中得出可靠的结论。若结果十分依赖于新产品销量的估计，但却不存在合理的市场数据，则这种情况就司空见惯。在这种情况下，常常使用“回收期”标准。
3. 建议所根据的基本原理不是提高盈利能力。净现值方法假设“客观的作用”是增加利润，但是许多投资建议之所以获得批准，是根据他们能提高员工士气、公司形象或安全保障。
4. 没有可行的替代方案可供采纳。例如，环境法可能要求投资一个新项目。

管理控制系统应该提供一种决定无法利用量化技术来分析建议的有序方法。试图按盈利能力对无法量化的项目排序的管理控制系统行不通。许多项目都不适宜机械的排序。

我们将简要介绍一下有助于实施资本支出评估系统的一些因素。

规　则

公司通常会颁布各种规模的资本支出建议的审批规则和程序。小规模资本支出建议可

---

4. 译者注：福特公司的一款豪华车。是世界营销史上最大的单项产品失败案。

5. 关于实践中盛行的各种技术的信息，请参见 Thomas Klammer, Bruce Koch, and Neil Wilmer, *Capital Budgeting Practice: A Survey of Corporate Use* (Denton, TX: University of North Texas Press, 1990).

以由工厂经理审批，但会对一年内的支出总额做出限制；较大规模的资本支出建议依次由经营单元经理、首席执行官审批，若是非常重要的资本支出建议，则由董事会审批。

规则中还包含编制建议的指南，以及审批建议的一般标准。例如，小规模成本节约建议可能要求最长回收期为 2 年（有时是 3 年）。对于较大的建议，通常要求最低的收益率，用于净现值分析，或者内部收益率分析。可能所有建议所要求的收益率都是统一的，也可能具有不同风险特征的项目，所要求的收益率不同。此外，要求追加营运资本的建议采用的收益率可能低于固定资产建议。

避免操纵

虽然知道具有负的净现值的项目不可能获得批准，但是项目发起人可能还是从内心里觉得应该上这个项目。在有些情况下，他们可能会调整原始估计，或许通过销量的乐观估计，或者通过降低一些成本要素的或有准备，使项目满足数字标准，从而使建议具有吸引力。项目分析师最艰巨的任务之一就是探查这类操纵。项目发起人的声誉可以提供一种担保，分析师可以更多地依赖拥有良好记录的发起人提供的数字。由于这个原因，在许多情况下，尽管提请审批的所有建议都可能满足正式标准，但是并非所有建议都真正具有吸引力。

模　型

除了基本资本预算模型外，还有专门技术，如风险分析、敏感性分析、模拟、情景规划、概率论、选择定价模型、或有要求权分析以及决策树等。其中有些有点儿言过其实，但是有些还是具有实践价值的。计划人员熟悉这些技术，并在获得了必要数据的情况下加以运用。

分析组织

一个团队可能评估规模极大、极其重要的建议，评估过程可能需要一年或更长时间。即使规模小的建议，建议发起人和总部人员之间通常也会发生大量讨论。在一项重要建议提交首席执行官之前，可能需经十几个职能经理和直线经理签字同意。CEO 在制定最终决策，批准或者否决项目之前，会把建议退回来几次，要求进一步分析。正如前面所指出的，正在进行的决策可能要求跨越全面实施前的一系列开发和测试障碍。

近来，在飞速发展的专家系统领域的工作采用计算机软件分析项目建议。新的软件允许建议审查团队的每位参与者投票选择评估项目所使用的每项标准，并明确排序。计算机对结果制表，揭示任何不一致或误解，并就其提出质疑。对标准的连续投票所得出的结论能反映团队的共识。

分析投资建议没有规定的时间表。只要人员齐备，就开始分析。计划者收集本年度批准的项目，纳入资本预算。从下一年度的资本预算有期限这个意义上讲，计划也有期限(通常在预算年度开始之前)。如果一项建议错过了这个期限，就可能要等到下一年再正式审批，除非有特殊情况。资本预算包含本预算年度经批准的资本支出，如果批准追加预算，就必须修订现金计划。但为追加的预算融资可能存在问题。

分析持续计划项目

除了发展新计划项目之外，许多公司还采用系统方法分析持续计划项目。几种分析技术有助于这个过程。本小节将介绍价值链分析和作业成本核算制度。

价值链分析

正如第 2 章所介绍的，任何一个公司的价值链都是一系列联系在一起的价值创造活动的一部分，从向供应商采购基本原材料，一直到制造终端产品，交付给终端消费者。我们必须根据公司在价值链上的位置去理解每个公司。

从战略计划的角度来看，价值链概念突出了三个可能有用的领域：

1. 与供应商的联系。
2. 与客户的联系。
3. 公司价值链内各流程之间的联系。

与供应商的联系

如图表 8.3 所示，与供应商的联系应该妥善管理，以便使公司和供应商均受益。利用这种机会可以显著降低成本，增加价值，或二者兼而有之。

实例 在大宗巧克力开始以液态形式用油罐车配送，而不是以浇铸的 10 磅装的巧克力棒的形式

图表 8.3
利用与供应商的联系提高利润的机会

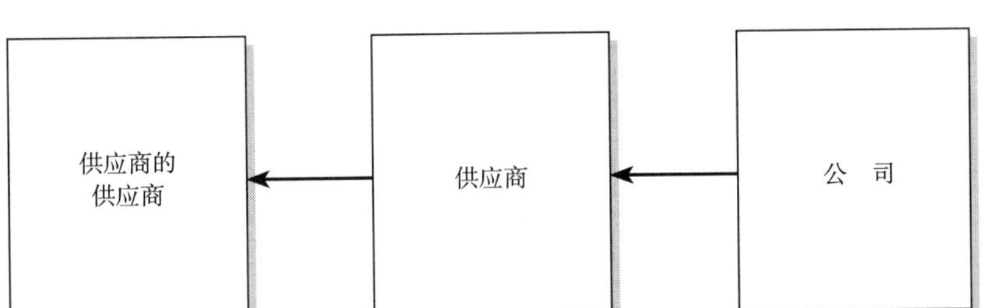

图表 8.4
利用与客户的联系提高利润的机会

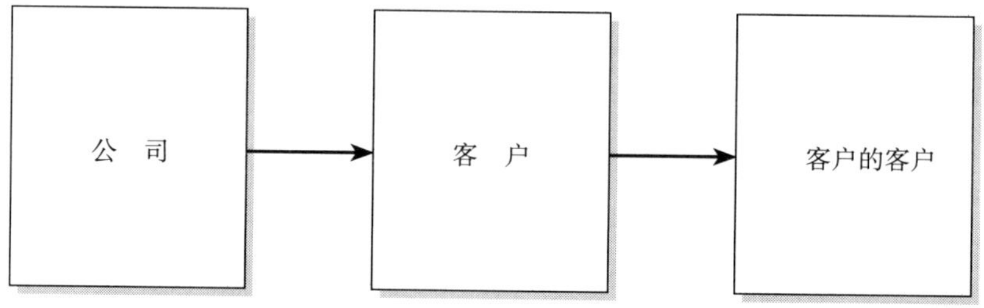

配送时，工业巧克力公司（即供应商）就可以消除浇铸和包装巧克力棒的成本，糖果制造商（即公司）就可以节约拆包装及溶化巧克力的成本。[6]

与客户的联系

如图表 8.4 所示，客户联系与供应商联系同样重要。有许多例子都可以说明公司与客户之间的互惠联系。

实例 有些包装容器生产商（即公司）紧挨着啤酒制造商（即客户）建设了制造厂，通过传送带把包装容器直接送到客户的装配线。这样，通过加速既大又笨重的空包装容器的运输，包装容器生产商及其客户的成本都显著下降。[7]

公司价值链内各流程之间的联系

价值链分析明确承认一项事实，即：公司内部各个价值创造活动并不是独立的，而是相互依赖的。

实例 在麦当劳，促销活动（一项价值创造活动）的时间就会显著影响生产（另一项价值创造活动）能力的利用率。如果要充分发挥促销活动的作用，就必须协调这些相互联系的活动。

公司可能希望分析价值链内各流程之间的联系，力求提高效率。这项分析的总体目标是使材料以最低的成本、最短的时间和可接受的质量从供应商转到生产，再转到客户。

价值链的设计部分的效率，可以通过减少独立零部件的数量、增加制造的灵活性来提高。

实例 日本的录像机生产商通过大幅减少录像机的零部件数量，强调价值链前面的步骤（生产

6. M. Hergert and D. Morris, "Accounting Data for Value Analysis," *Strategic Management Journal 10* (1989) , pp. 175–88.
7. 同上。

设计）对后面步骤（生产）的影响，把价格从 1977 年的 1 300 美元降至了 1984 年的 295 美元。[8]

公司还应该更好地理解控制每项活动的成本和价值的动因，努力提高价值链内每项活动的效率。

价值链的采购部分的效率（即生产之前的部分）可以通过减少供应商的数量来提高，也可以通过建立计算机系统自动处理订单，或者通过把配送数量限定为"准时制"配送的数量（从而降低存货），或者通过让供应商负责质量，以降低或消除检验成本。

价值链的生产部分的效率可以通过提高自动化程度，或许通过利用机器人来提高，也可以通过把设备重新编组，每个设备单元执行一系列相关的生产步骤，或者通过改进生产控制系统来提高。

价值链的销售部分的效率（即从厂门到客户）可以通过让客户下电子订单（现在在医院供应公司和某类零售业中很普遍）来提高，也可以通过变迁仓库的地址，或者改变分销渠道，更多或更少地强调分销商和批发商，或者通过提高仓库运转的效率，或者通过改变公司自营的运输车辆和外部机构提供的运输之间的组合。

实例　宝洁公司在沃尔玛商店配置了订单输入计算机终端，从而消除了过去沃尔玛的消费者向宝洁公司的订单输入员传递订单时经常发生的错误，降低了两家公司的运营成本，缩短了从下订单到发货之间的时间。Levi Strauss 公司[9]在自己的零售店也安装了类似的系统。

这些以效率为导向的倡议通常也需要权衡。例如，客户直接下订单可以加速配送、减少文书工作，但是也会由于订单数量小而增加配货成本。因此，重要的是综合分析价值链的所有相关部分。否则，一个环节的改进可能会因另一个环节成本增加而被抵消。

作业成本核算制度

工厂计算机化和自动化水平的提高引发了成本信息采集和利用系统的重要变革。60 年前，大多数公司利用基于直接人工小时或工资的工厂统一标准分配管理费用。而今，越来越多的公司把与材料相关的成本（如运输、仓储）同其他制造成本区分开来，单独采集。他们按单个部门、单台设备或者设备单元（由执行一项产品的一系列相关操作的一组设备构成）采集制造成本。在这些成本中心中，直接人工成本可以与其他成本综合起来，得出转换成本，即把原材料和零部件转换为产成品的人工和车间管理费用。除了转换成本之外，较新的系统还把研发、一般管理费用及销售费用分配到产品上。较新的系统还采用多重分配基础。在这些较新的系统中，经常使用活动一词，而不是成本中心；使用成本动因，而

8. 同上，第 320 页。

9. 译者注：Levi Strauss 是美国著名的牛仔裤生产商，它也是世界上第一条牛仔裤的发明人的名字。

不是分配基础。这种成本制度称为作业成本核算制度（activity based cost system，缩写为ABC）。[10]

每个成本中心的分配基础，或者称成本动因，都反映成本发生的原因，即说明成本中心或活动为什么发生这么多成本的要素。例如，在采购中，成本动因可能是订单数量；对于内部运输而言，可能是运输的零部件的数量；对于生产设计而言，可能是产品各种零部件的个数；对于生产控制而言，可能是生产准备的次数。请注意，这里的“原因”是指各成本中心成本形成的因素。

> **实例** 通用汽车公司采用ABC分析，制定一个零部件的自制还是外购战略。在一个工厂中，它的ABC系统有5 000多项作业成本集，100多个不同的成本动因（把作业成本集追溯到产品的动因）。[11]
>
> Scovill公司的一个分部Schrader Bellows采用ABC分析重新评估营销和产品线战略。它的ABC分析拥有28个作业成本集和16个成本动因。在它以前的系统中，5个生产部门各有一个成本集，并且使用同一个成本动因（直接人工）把成本集分配到产品上。[12]
>
> 由于捐赠者和投资者不断叫嚣小额贷款机构（MFI）在发展中国家的可持续发展，所以，对于小额贷款机构而言，审查产品组合的成本就变得日益紧迫。总部位于孟加拉的一个小额贷款机构SafeSave，采用ABC分析，为三项储蓄产品分别建立了真正的成本。一项定期储蓄产品扩张得比高收益的投资机会所能提供的还快。因而，SafeSave决定缩减向富裕客户推销这项产品的规模。[13]

ABC概念并不难以理解，也没有违背直觉。事实上，它非常符合常识。但是，在初期，工厂往往生产的产品种类较少，成本是以人工为主导的（人工成本相对于管理费用高），产品往往在辅助服务数量消耗方面也无太大的差异。因此，基于活动作业分配管理费用，不可能使产品成本显著区别于基于与人工成本挂钩的单一数量动因的分配。

当今，许多公司的人工成本不仅重要性显著下降，而且越来越不被视作随产量变化而变化的成本。现在在许多公司中间接成本成了主导部分。在一个典型的“弹性工厂”中，原材料是惟一依产量变化的成本，也是惟一与产品直接相关的成本。ABC制度的倡导者坚

---

10. 我们使用传统一词指许多公司采用的系统，但决不是所有公司。正如Shank所指出的，作业成本核算制度的许多基本要素都可以追溯到J.M. Clark 1923年的一本书*Studies in the Economics of Overhead Costs*；John K. Shank, “Strategic Cost Management: New Wine or Just New Bottles,” *Journal of Management Accounting Research*, Fall 1989, p. 48.

11. George Beaujon and Vinod Singhal, “Understanding the Activity Costs in an Activity-Based Cost System,” *Journal of Cost Management for the Manufacturing Industry*, Spring 1990, pp. 51-72.

12. Robin Cooper, “Schrader Bellows,” Harvard Business School case 186-272.

13. www.cgap.org/product costing.

持认为，现在要对完全成本进行有意义的评估，就必须把管理费用按比例分配给长期产生成本的活动作业。

利用 ABC 信息

若用作战略计划过程的一部分，则 ABC 制度可以提供有用的洞见。例如，它可能表明拥有许多不同零部件的复杂产品设计和生产成本高于较简单的产品，也可能表明产量低的产品单位成本高于产量高的产品，或者需要许多生产准备或许多工程变化指令的产品单位成本高于其他产品，还可能表明生命周期短的产品单位成本高于其他产品。关于这些差异大小的信息可能会导致政策的变动，涉及利用全系列产品线还是单一产品线；产品定价；自制还是外购决策；产品组合决策；增添产品还是削减产品；去除不增加价值的活动作业；强调改进工厂设计和简化产品设计。

实例 1992 年，克莱斯勒因在试验项目上采用 ABC 分析而受益匪浅，它考查了公司畅销的小型货车的线束设计。电汽配线把一束束的线连接在一起。9 个部门，从设计到装配到融资，都开始估算最优线束数量。装配人员希望只用 1 种线束，而设计团队则想用 9 种，等等。采用 ABC 分析汽车整个生产流程的作业成本之后，每个人都认为最优数量是 2 种。

惠普的成功产品，新款 HP3000 和 HP9000 中等计算机，就是得益于高质量的成本信息。当 ABC 分析表明测试新设计和零部件的成本极其高昂时，工程师们便改变了计划，转而采用需要较少测试的零部件，从而降低了成本。[14]

在 ABC 实施项目上投入了 10 万美元，耗时 6 个月之后，位于佛罗里达州杰克逊维尔市的 Naval Air Depot 公司每年节约了约 2 亿美元。通过运用 ABC 分析，飞机零部件的移动距离缩短了 80%，操作步骤的总量减少了 91%，任务调度总变动降低了 92%。[15]

其他公司也由于降低复杂性实现了显著的成本节约。

实例 宝洁公司标准化了产品配方和包装。宝洁公司洗发水在美国只使用两种基本包装，每年节约 2 500 万美元。[16]

通用汽车公司为了简化营销，把美国的车型数量从 53 种减到了44 种，并且合并了 Pontiac 和 GMC 分部。[17]

---

14. Cooper, “Shrader Bellows”.
15. www.dekkerltd.com。
16. Zachary Schiller, “Making It Simple,” *BusinessWeek*, September 9, 1996, pp. 96–104.
17. 同上。

战略计划过程

若公司按日历年度运营，则战略计划过程就从春季开始，到秋季结束，恰好在编制年度预算之前。战略计划过程包括下列步骤：

1. 审查并更新上一年度的战略计划。
2. 决定假设和指南。
3. 新战略的第一轮迭代。
4. 分析。
5. 新战略的第二轮迭代。
6. 最终审批。

审查和更新战略计划

在一年当中，总会制定改变战略计划的决策。只要需要，管理层就可以制定决策，而不是按部就班地遵循设定的时间表。从概念上讲，一制定决策，就应该把决策对未来 5 年的影响纳入战略计划。否则，正式计划就不再反映公司计划遵循的发展道路。特别是，计划就可能不再反映检验战略和计划项目建议的有效基础，而这恰恰是计划的基本价值之一。但是，从实践上讲，很少有组织不断更新战略计划。更新战略计划需要大量文书工作和计算机时间，这远远超出了管理层认为值得的限度。

因此，年度战略计划过程的第一步就是审查和更新上一年度批准的战略计划。本年度头几个月的实际经验已经反映在会计报告中，根据这些数据推断全年的最佳估计。如果计算机程序足够灵活，它就可以把当前各种力量的影响拓展到本年度以外。如果不够灵活，就可以人工粗略地估计一下。新计划项目决策对收入、费用、资本支出和现金流的影响也应纳入分析。计划人员通常执行更新。如果计划项目决策中存在必须解决的不确定性或者模糊性，管理层就可能介入。

决定假设和指南

更新后的战略计划纳入了广泛的假设，如 GDP 的增长、周期性波动、工资标准、重要原材料价格、利率、销售价格、竞争者行动之类的市场条件以及公司运营的所在国政府法令的影响等。这些假设经重新审查，如有必要，就应该予以变更，以涵盖最新信息。

更新后的战略计划涵盖了现有经营设施的收入、费用和现金流的影响，以及因新工厂开业、扩建现有工厂、关闭工厂、工厂搬迁等而产生的变化。它表明了可能通过留存收益和新融资获得的新资本数量。这些条件要予以考查，以确保他们在目前仍有效，确保资本数额可以再维持一年。

更新不必太详细。粗略的估计就足以作为高级管理层制定决策的基础，高级管理层据此制定关于计划年度要实现的目标，以及计划如何实现这些目标时要遵循的指南。目标通常按产品线分别表述，以销售收入、利润率或者资本收益率的形式表述。主要指南是关于工资增长（包括影响薪酬的新福利计划）、新增或停产的产品线、销售价格的假设。对于管理费用，可以规定人员限额。在这个阶段，他们只反映高级管理层的临时观点。在下一阶段，经营单元经理才有机会发表自己的观点。

管理会议

许多公司都召开公司和经营单元管理者年度会议（经常称为"峰会"），讨论所建议的目标和指南。这种会议一般持续几天，会议地点选在公司以外，以使干扰控制在最低限度。除了正式议程之外，会议还为公司上下的管理者提供了相互认识了解的机会。

战略计划的第一轮迭代

利用假设、目标和指南，经营单元就可以制定"粗略的"战略计划，可以包括与现行计划不同的经营计划，如改变营销战术，但要有理有据。经营单元的职员从事大部分分析工作，但是经营单元经理做最终判断。在制订计划时，经营单元的人员也可以征求总部人员的意见，不过这要取决于人际关系。在计划制订过程中，为了明确各项指南、假设和指令，总之为了协助计划制订，总部人员也经常走访经营单元。

完整的战略计划包含损益表；存货、应收账款以及其他主要资产负债表项目；员工数量；关于销售和生产的数量信息；工厂及其他资本收购支出；任何其他非正常现金流；以及解释和说明。明后两年的数字相当详细（但不如年度预算详细），之后诸年就只是总结性信息。

分　析

总部收到经营单元的计划后，便汇总成公司总体战略计划。计划人员和总部的营销、生产及其他职能经理一起深入分析计划。经营单元 X 计划了一项新的营销策略，销售收入会像计划所表明的那样吗？经营单元 Y 计划增加一般管理人员，真的需要增加的人员吗？经营单元 Z 假设劳动生产率大幅提高，它列举的理由现实吗？研发部门承诺研制出一项重要的新产品，经营单元能随时制造和销售这些产品吗？有些经营单元经理往往在估计时留有余地，以便更轻松地实现目标，能查出并消除它们吗？

总部人员还检查经营单元计划的一致性。如果一个经营单元为另一经营单元制造产品，那么制造单元计划发货量等于销售单元规划销售量吗？特别是，对海外子公司的计划发货量与这些子公司的计划销售量一致吗？

总部人员及其经营单元的同事通过讨论解决其中一些问题，然后把其他问题提交公司管理层，这样，他们就成了公司管理层和经营单元经理之间讨论的基础。这些讨论是正式计划过程的核心，每个经营单元一般需要几个小时，也经常持续一天，甚至更长时间。

在许多情况下，各经营单元计划的汇总会揭示出*计划差距*，即单个计划汇总起来不能实现公司目标。弥补计划差距的方法只有三种：（1）寻找改进经营单元计划的机会；（2）收购；（3）审查公司目标。高级管理层通常聚焦在第一种方法上。

根据计划数字，总部人员就可以编制整个组织的现金计划需求。这可能表明需要新增融资，也可能表明有望增加股利。[18]

战略计划的第二轮迭代

分析第一次提交的计划后，可能个别经营单元的计划需要修订，但这可能导致假设和指南的改变，从而影响所有经营单元。例如，所有计划的汇总可能表明因存货增加而导致现金流失，资本支出超过了公司可以安全承受的限制。如果是这样的话，就可能要求延迟整个组织的支出。这些决策就导致计划的修订。从技术上讲，修订计划比提交最初计划要简单得多，因为它只要求改动几个数字。但是，从组织上讲，它是计划制定过程中最痛苦的部分，因为它要求做出艰难的决策。

有些公司不要求经营单元正式修订计划。他们只是通过非正式的方式协商各项改动，然后在总部把结果填在计划中。

最终审批

公司高层管理者通常要召集会议，详细讨论修订后的计划。计划也可以提交董事会会议。首席执行官做最后审批。计划应在预算编制过程开始前批准，因为战略计划是编制预算的重要依据。

18. 关于这一点的讨论，请参见 V. Govindarajan and John K. Shank, "Cash Sufficiency: The Missing Link in Strategy Planning," *Journal of Business Strategy*, Summer 1986, pp. 88–95.

小　结

战略计划反映实施公司战略在未来几年的意义。

从战略计划制定之日起，组织就要制定资本投资决策。审批资本投资决策建议的过程并非遵照固定的时间表。一有需要，高层管理者就制定决策。计划者在战略计划中涵盖了这些决策的影响，以及关于外部力量的假设和指南，如通货膨胀、内部政策和产品定价。

经营单元和辅助单元利用这项信息提出新的战略计划建议，并与高级管理层详细讨论。如果公司计划表明盈利能力不够，就说明存在计划差距，需要通过战略计划的第二轮迭代来解决，有时还会忍痛割爱，缩减经营单元的计划。

几项分析技术有助于战略计划过程，如价值链分析和作业成本核算制度。

推荐读物

Brethauer, Dale. *The Power of Strategic Costing: Uncover Your Competitors' and Suppliers' Costs*. AMACOM, 1999.

Cooper, R., and R. Slagmulder. *Supply Chain Development for the Lean Enterprise: Interorganizational Cost Management*. Productivity Press, September 1999.

Eisenhardt, Kathleen M., and Donald M. Sull. "Strategy as Simple Rules." *Harvard Business Review*, January 2001, pp. 106－19.

MacMillan, Ian, and Rita McGrath. "Discovery Driven Planning." *Harvard Business Review*, January 2000.

Porter, Michael E. *Competitive Advantage*. New York: Free Press, 1985.

Shank, John K., and Vijay Govindarajan. *Strategic Cost Management*. New York: Free Press, 1993.

Tucker, K. *Scenario Planning*. Association Management, April 1999.

Ulwick, A. W. *Business Strategy Formulation: Theory, Process, and the Intellectual Revolution*. Westport, CT: Quorum Books, 1999.

案例8-1

联合办公用品公司

“全面表格控制”业务

1992年，联合办公用品公司是一家年销售收入9亿美元的商用表格和专用纸产品公司，如信笺、信封、柬贴、贺卡等。早在1988年，公司就拓展了业务，进入商用表格存货管理服务领域。联合办公用品公司认为它可以在这个领域提供价值增值服务，从而实现与其他商用表格制造商的差异化。表格制造行业在1988年已经成熟，所有竞争者都在寻求实现销售增长的途径。联合办公用品公司发起了一项活动，把公司客户纳入一项它称之为“全面表格控制”的计划。

1992年，“全面表格控制”计划创造的销售收入约为6 000万美元，联合办公用品公司在商用表格事业部下创建了一个独立的公司，处理这些账户。“全面表格控制”计划所提供的服务包括：表格仓储和分销（包括存货融资），以及存货控制和表格用量报告。联合办公用品公司采用复杂的计算机系统网络监控客户的表格存货、表格用量以及订货活动。他们通过虽复杂但却易读的管理报告向客户提供这项信息。

作为分销服务的一部分，联合办公用品公司还提供“分拣”服务，即：训练有素的工人打开整箱产品，准确地挑出客户所要求的表格数量。联合办公用品公司的经营理念是：仓储和分销网络的有效管理对任何表格管理计划都至关重要——“我们了解您的需求……在正确的时间、正确的地点提供正确的产品。”

联合办公用品公司还向少数客户提供“桌面配送”，即：联合办公用品公司的人员把表格分送至各个办公室（表格通常只配送至码头）。作为一个综合表格管理提供商，联合办公用品公司的产品线也必须全面。他们的产品线种类齐全，包括从标准计算机打印纸，到传真纸，到满足客户特殊商业需求的定制表格的所有产品。

现行的成本核算制度

联合办公用品公司把表格制造活动和“全面表格控制”活动作为独立的利润中心。产品按公允价格转让给“全面表格控制”系统，转让价格按公允市值制定。

联合办公用品公司在13个地点制造商用表格。尽管公司鼓励利用内部渠道满足客户订单，但是，必要时，“全面表格控制”系统的销售人员也可以选择外包产品。“全面表格控制”系统的产业价值链如图表1所示。

参与表格管理计划的客户都在联合办公用品公司的10个分销中心保留着表格存货。表格根据需要分销给客户。公司向客户收取服务费，以弥补仓储和分销费用，收费标准根据当月产品销货成本的一定百分比，不考虑公司向客户所提供的具体服务。

如果“全面表格控制”客户利用任何分销服务，表格就要收取较高的价格，即额外收取产品成本的32.2%，以弥补仓储和分销费用，以及存

本案例经许可由塔克商学院的约翰·尚克教授，根据维杰伊·戈文达拉扬教授和杰伊·韦斯（93级）编写的一个早期版本的案例改编。

图表 1 价值链概念——TFC

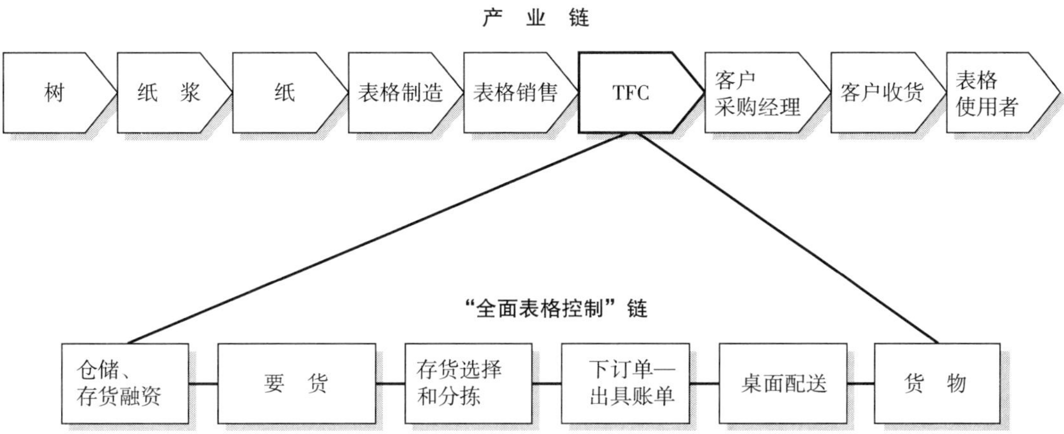

货和运费所涉及的资本成本。这个比率是根据 1990 年的实际财务数据确定的，所以在加总合计后涵盖了所有费用（参见图表 2）。然后，销售人员在产品和服务成本的基础上平均加成 20%。如图表 3 和图表 4 所示，单个账户的价格可能会与标准公式有所不同。

理解客户盈利能力

1992 年 10 月，由于“全面表格控制”系统的盈利能力受损，总经理约翰·马隆开始质疑分销收费是否恰当。

“1988 年，商用表格事业部的投资回报率（ROI）是 20%。但是，几年来，投资回报率一直在下降。“全面表格控制”系统预测 1992 年的投资回报率只有 6%。有迹象表明我们管理的并不好！我觉得似乎需要认真地调研一下服务费。我认为我们应该就客户使用的服务收费。如果两个客户采购同样的产品，但是一个在我们的分销中心保留了大量存货，并不断地要求小批量发货，而另一个则根本不烦劳我们，两个客户都支付相同的服务费，这样似乎不公平。

约翰翻阅了一下他的记录，发现有两个账户，账户 A 和账户 B，规模相同，但分别由不同的销售人员处理。账户 A 和账户 B 的年销售收入均为 79 320 美元，产品成本均为 5 万美元。依照现行制度，这些账户发生的服务费相同。但是，约翰注意到，这些账户只是所售产品的价值相同，他们要求联合办公用品公司提供的服务水平却相差甚远。

去年，客户 A 提交了 364 项发货申请，共计 910 条线[1]（全部都是“分拣线”），而客户 B 则提交了 790 项发货申请，共计 2 500 条线（全部都是“分拣线”）。客户 A 在分销中心平均存放 350 箱存货，而客户 B 则平均存放 700 箱。客户 B 的月平均存货余额是 5 万美元（其中 7 000 美元已经保留了一整年），而客户 A 的月平均余额则只有 15 000 美元。由于客户 B 的账户流动性较大，每周发三次货，年运费为 7 500 美元，而客户 A 则每周只要求发一次货，年运费为 2 250 美元。此外，客户 B 去年要求了 26 次“桌面配送”，而客户 A 则根本没要求过。约翰·马隆求助

1. 每当客户需要表格时，他们就提交一份所需产品的申请。每份不同的产品需求都称为一条“线”。如果需要的是一整箱，就视作一条“整箱线”。如果数量不足一整箱，就视作一条“分拣线”。

图表 2
服务费的计算
(单位：千美元)

1990年产品销货成本	$24 059
1990 年仓储/分销费用	$ 4 932
占产品成本百分比	20.5%
1990 年平均存货余额	$10 873
1990 年平均资本成本	10.4%
存货融资总成本	$ 1 131
占产品成本百分比	4.7%
1990 年运费总额	$ 1 684
占产品成本百分比	7.0%
服务费总额	32.2%
标准价格 5（产品成本 × 1.32）× 1.2	

图表 3
1992 年 8 月“全面表格控制”账户前 20 名（按贡献排名）
(单位：美元)

账 户	实际销售净收入	产品成本	基于作业成本核算的服务费	修订后的贡献
1	$76 904	$49 620	$2 862	$24 422
2	130 582	74 396	34 578	21 608
3	72 956	48 216	3 456	21 284
4	64 903	37 981	6 574	20 348
5	45 088	26 098	1 309	17 681
6	104 689	62 340	25 356	16 993
⋮	⋮	⋮	⋮	⋮
18	45 893	29 570	6 904	9 419
19	62 954	41 034	13 746	8 174
20	26 699	16 830	2 236	7 633
合 计	$1 279 133	$779 003	$209 852	$290 278

于“全面表格控制”系统的财务总监梅丽萨·邓希尔和运营主管蒂姆·卡宁厄姆。

约翰说：“我怎样才能更好地理解客户盈利能力呢？”“嗯，”蒂姆说，“如果我们能弄清楚分销中心究竟在干些什么，当然不是要走极端，或许我们就能更好地理解为各种客户服务的成本是多少。”蒂姆知道分销中心主要发生两种基本活动——表格的仓储以及应客户要求分销表格。他和约翰决定与这个领域的人员谈一谈，以便掌握更具体的信息。

分销中心：活动作业分析

约翰和蒂姆走访了联合办公用品公司在密苏里州堪萨斯市的分销中心。分销中心的经理威尔伯·艾密斯证实：“我们所做的一切就是储存这些箱货，处理发货申请。我们所需要的仓储空间仅取决于箱子的数量。似乎许多箱子都是永久性地放在这里了。如果我们建立一些弹性租赁计划并改变通道布局，或许就能在储存的货箱数量变化时调整仓储空间需求。还有一件困扰我的事是，我们有些存货永久性地呆在这里。客户怎么

图表 4
1992 年 8 月“全面表格控制”账户后 20名（按贡献排名）（单位：美元）

账 户	实际销售净收入	产品成本	基于作业成本核算的服务费	修订后的贡献
1081	$3 657	$2 356	$2 325	$21 024
1082	38 467	26 301	13 740	21 574
1083	5 926	3 840	4 214	22 128
1084	163	89	2 390	22 316
1085	3 256	2 006	3 590	22 340
1086	82 086	61 224	23 756	22 894
⋮	⋮	⋮	⋮	⋮
1098	74 569	50 745	45 698	221 874
1099	88 345	64 930	53 867	230 452
1100	113 976	82 987	72 589	241 600
合 计	$717 142	$486 035	$417 472	$2 186 365

样呢？他们只有要货时，才付费。有什么办法能把这堆货清理出去吗？

“只要维持现有的运营管理，所有的事就都取决于发货申请的数量。对于一项发货申请，客户却可以要求发送任意种类的产品。”

于是，他们两人又会见了仓储主管里克·福斯迈尔，“无论我收到 100 份发货申请，要求 1 条线，还是收到 1 份发货申请，要求 100 条线，我都无所谓，我的人员都必须从货架上取下 100 件产品。这些该死的‘分拣线’发货申请。现在几乎所有的发货申请都是‘分拣线’。似乎人们都不再订购一整箱 500 件产品了。你知道从这些货箱中分拣出客户所需的产品需要耗费多少人工吗？更严重的是，这种‘桌面配送’的确令我的员工苦不堪言。不错，我们提供这项服务，但是享受这项服务的客户应该支付额外的费用，并不是我的员工活不够干。”

约翰和蒂姆开始对分销中心的状况有所了解，但是还要找一个人谈谈。他们知道在数据处理上花费了大量的钱，大多数花在人工上。他们需要了解这些人是怎样安排时间的。

海泽尔·纳特利在联合办公用品公司做数据录入员，干了 17 年了。“我所做的是这些发货申请的关键，要一条线一条线地录入。我已经非常了解客户了，所有订货信息对我而言都易如反掌。惟一真正重要的一件事是我必须录入多少条线。”

利用从走访和视察中了解的信息，蒂姆和约翰把分销分解为六项基本价值增值活动作业——仓储、处理发货申请、基本仓库存货挑选、“分拣”作业、数据录入、“桌面配送”。在梅丽萨的帮助下，他们把成本分配到这些活动作业，以下举了其中五个分销中心的例子（计算参见图表 5）：

仓 储	$1 550
处理发货申请	1 801
基本仓库存货挑选	761
“分拣”作业	734
数据录入	612
“桌面配送”	250
合 计	$5 708

然后，蒂姆根据历史信息和选出的五个仓库样本目前的趋势对 1992 年做出了下列估计：

- 平均而言，散布在全国各地的这五个分销中心存货总量约为 35 万箱（大多数货箱都是

图表 5
按活动作业分解费用
(单位：千美元)

	费用总额	作业成本 *
租 金	$1 424@85%	$1 211
折 旧	$ 208@85%	177
水电费	$ 187@85%	159
安 保	$ 3	3
仓储费用合计		$1 550
租 金	$1 424@15%	$ 214
折 旧	$ 208@15%	31
水电费	$ 187@15%	28
工资和福利	$ 909	909
电话费	$ 96	96
税金/保险费	$ 104	104
差旅费/招待费	$ 40@75%	30
邮寄费	$ 56	56
小时工资和福利	$ 316	316
临时工	$ 17	17
发货申请处理费用合计		$1 801
变动仓库工资和福利	$1 735	$1 735
差旅和招待费（25%）	$ 40@25%	10
仓库活动作业合计		$1 745
基本仓库存货挑选（44%）		$ 761
“分拣”作业（42%）		734
“桌面配送” （14%）		250
数据处理费用	$ 612	612
总 计	$5 708	$5 708

* 有些费用项目在各项活动作业之间分配。

相当标准的体积)。

- 1992 年，他们将处理约 31 万份发货申请。
- 每份发货申请平均包含 2.5 条线。
- 大约 90%的线都要求“分拣”作业（相对于运送整箱而言）。
- 1992 年的资本成本可能约为 13%。

“我们的新计算机系统很快就会启用，它将追踪每笔运费，”蒂姆说，“因此，我们将能确切地计费，向客户收取实际发生的成本。”约翰和梅丽萨一致认为这听起来很公平。

在分销中心听说的一些事情仍萦绕在蒂姆的脑海中。“你难道不认为我们应该采取些措施盘活那些旧存货吗？再加收额外的费用怎么样，比如说，对超过 9 个月的存货，每月多收 1.5%。”

“这主意太棒了”，梅丽萨说，“这也有助于我们防范损失，因为有些旧存货经常会被客户废弃不用，改用新的表格。要知道，我们以前只能自我消化，从未收过费。”

他们差不多快结束了。“‘桌面配送’怎么办？”蒂姆说。“我认为我们应该收取额外的费用，但是，我不想事情变得太复杂。”

约翰说，“你的人员到客户公司跑一趟平均多花费多少时间?”

“我想大约是一个半小时到两个小时，每小时工资为 15 美元，算下来每次大约 30 美元。听起来合理吗?”

“我觉得还行。此外，这还涉及 25 万美元的总体分配，因为我们今年将处理大约 8 500 份‘桌面配送’发货申请。”

基于服务的定价（SBP）

整个管理团队，包括商用表格事业部的首席财务官道格·金斯利在内，都觉得必须找到一个更好的方法为分销服务计费，以帮助“全面表格控制”系统实现更大的盈利。现在，他们更好地了解了分销服务的成本。

“让销售人员接受基于活动作业的定价计划，并不容易，”约翰说。“有些销售人员固守自己的方法，不想做任何改变。有些账户会增加，因为依照基于服务的定价计划，多收取了额外的分销费用。这些销售人员不会很高兴的。另一方面，有些销售人员则会发现自己边际增加了。”克服这些组织问题还只是冰山的一角。

会计部门维持着一个数据库，反映每个账户所有活动作业，并根据活动作业计算贡献。但是，他们尚没有有效地利用这项信息。“全面表格控制”系统的管理层拿到这些数据，开始分析。

尽管“全面表格控制”系统维持着 1 100 个不同账户，但是大部分业务都来自为数不多的个别账户。最大的 40 个账户占公司销售净收入的 48%（参见图表 6)。

作为了解客户盈利能力的一种方法，“全面表格控制”系统的管理层重新处理了数据库中的信息，视同账户是根据实际用量计收服务费的，销售净收入和产品成本保持不变。他们根据这些数字，重新计算贡献。他们按照利润贡献对账户排序。图表 3 列示了八月份位于前 20 位的账户，图表 4 列示了位于后 20 位的账户。

由于利润中的大部分都有赖于个别账户，所以管理层觉得集中在单个账户管理上或许能显著提高盈利能力。管理团队觉得他们步入了提高账户盈利能力的正确轨道，但不知道下一步该采取什么措施。他们也不知道还有什么因素是提高“全面表格控制”系统总体盈利能力的关键。

思考题

1. 利用案例以及图表 5 中的信息，计算“全面表格控制”业务基于作业成本核算的服务费用。
2. 利用您的新成本核算制度，计算“客户 A”和“客户 B”的分销服务成本。
3. 您从中可以对这两个客户的盈利能力做出什么推断呢?

图表 6
“全面表格控制”系统销售净收入（1991 年）

年销售收入/账户	账户数量	占“全面表格控制”系统销售净收入%
>$300 000	40	48%
>$150 000	53	19
>$ 75 000	86	15
>$ 30 000	143	11
>$ 0	778	7
合　计	1 100	100%

4. “全面表格控制”业务应该采用基于服务的定价系统吗？
5. 您能就“全面表格控制”业务对联合办公用品公司提出什么管理建议吗？如何把图表1与本问题联系起来呢？

案例8-2

孩之宝互动

1995年，在东京玩具博览会上，生产玩具和游戏的孩之宝公司的首席执行官阿兰·哈森菲尔德认为，让公司冒险进入互动游戏领域的时机到了。在公司将赌注押在消费者将摈弃传统棋盘游戏而转向电子游戏时，公司就曾经受过刺痛。但是，个人电脑看上去将成为游戏行业的未来，尤其是它不断改进的多媒体功能。

哈森菲尔德先生同汤姆·杜森伯里谈了谈。杜森伯里是孩之宝公司1991年收购的一家游戏公司（帕克兄弟公司）的一颗新星，他雄心勃勃。哈森菲尔德先生熟悉杜森伯里先生的工作，也十分敬仰他的创造力和才能。

杜森伯里先生认为互动游戏拥有灿烂的未来。他也是一位才华横溢、富有远见卓识的人，善于激发他人对未来的热情。他的热情更加增进了哈森菲尔德先生的兴趣，很快，哈森菲尔德先生就让杜森伯里先生负责创建一个新的部门，命名为"孩之宝互动"。他将撰写商业计划，组建团队，打入市场，所有这一切都从仅有的CD-ROM产品开始，这是孩之宝公司历史悠久的玩具和游戏事业部在采取分权制组织结构时开发的。

在帕克兄弟公司工作期间，杜森伯里先生在大部分游戏行业领域获得了直接经验。他从装卸码头开始干起，几次晋升，分别从事过制造和营销。他在孩之宝公司收购帕克兄弟公司后的合并中幸存了下来，并再次获得晋升，这次进入了产品开发领域。在他的职业生涯中，他一直关注互动游戏的发展。管理"孩之宝互动"是他有生以来作为总经理的第一次经历，也是他期盼已久的突破。他回忆道：

> "我的职业目标是做到阿兰·哈森菲尔德的位置。我认为'孩之宝互动'是实现这一目标的最佳途径，因为它可以使我接触到董事会（最终选择哈森菲尔德先生的继任者的机构）。我的强项就是领导能力。'孩之宝互动'能让我充分展示我的领导才能。"

孩之宝游戏事业部的领导戴夫·威尔森支持哈森菲尔德先生的行动，他认为孩之宝公司各部门中时断时续的互动产品开发方式太缩手缩脚。他还支持提名汤姆·杜森伯里担任"孩之宝互动"的领导：

> "我认为汤姆是这项业务的最佳经理人选。他既有才智，又有产品创造力，还有成功的巨大动力——所有这些都是有利因素。他雄心勃勃、活力四射、咄咄逼人，他非常了解互动业务。"

孩之宝公司历史概况

阿兰的祖父亨利·哈森菲尔德是波兰移民，他于1923年创办了孩之宝，当时称为哈森菲尔德兄弟公司，位于罗德岛州的波塔基特市。公司制造各种廉价产品，最终于20世纪40年代转产玩具。但是直到玩具发明人乔治·勒纳以500美元和5%的特许权使用费向孩之宝公司总裁——亨利的儿子梅里尔·哈森菲尔德出售了一个奇妙

的点子之后，公司才发现了一座金矿。土豆先生是一套拥有塑料鼻子、耳朵、眼睛、胡子、眼镜、帽子等的玩具，孩子可以用他们装扮土豆或其他食品（后来套装中也加上了一个塑料土豆）。人们也不十分清楚究竟是什么原因，土豆先生一炮走红。孩之宝的未来也就落在了玩具上。

10多年后，孩之宝公司再次成功推出了特种部队（G.I. Joe）。公司不断增长，于1968年上市。1979年梅里尔去世，董事会任命他的长子为新的CEO，他年纪轻轻时就早已参与公司事务。在斯蒂芬·哈森菲尔德的领导下，孩之宝成为美国增长最快的公司之一。1984年，收购了游戏公司——妙极百利公司，又进一步加速了公司增长。

1989年，斯蒂芬突然去世，领导权移交给弟弟阿兰。随后收购了Tonka公司，包括帕克兄弟事业部。于是，孩之宝的产权中就囊括了许多知名产品，包括地产大亨、蝙蝠侠、Nerf、培乐多、Raggedy Ann、糖果乐园、Scrabble、Barney等等。玩具行业就步入了两强竞争的时代：孩之宝对美泰，即特种部队对芭比娃娃。1996年成功阻止了美泰的收购之后，孩之宝当年的销售收入首次突破30亿美元，仅次于美泰的38亿美元。[1]

"孩之宝互动"之前的互动游戏投资

孩之宝互动不是孩之宝公司或者它所收购的公司首次投资的电子游戏，电子游戏在20世纪70年代末就已成为一种时尚。由于深受消费者欢迎的低于40美元的价格，电子游戏一直萦绕在传统游戏行业经理的脑海里，他们不知道，如果不开发自己的电子游戏，公司是否能生存下去。

到20世纪80年代早期，美国几乎每个孩子都熟悉Atari的电视游戏系统（用户把游戏卡插入一个用标准电视做显示器的主控制器）。妙极百利当时仍是一家独立的公司，进行了一次收购，从而启动了自己的电视游戏系统，称为"VecTrex"。许多观察家都认为VecTrex在技术上领先于Atari，但是Atari已拥有广泛的安装基础，一时难以战胜。第三方软件开发商都致力于为Atari开发游戏，因为那是一座最大的金矿。

VecTrex苦苦地挣扎着，为妙极百利造成了严重的财务损失，公司不得不寻求收购者。他们成功地吸引孩之宝。尽管VecTrex的失败使妙极百利丧失了独立性，但是，在这个过程中，它的经理们赢得了许多管理外部软件开发商的宝贵经验。很快，他们就开始与外部软件开发商合作，进行风险较低的投资，为现有硬件平台开发计算机游戏，如Nintendo。开发团队把知名游戏转化成电子形式，再做一些高水平的设计和视觉效果工作，然后就把软件开发交给外部承包商。公司一些精通技术的员工监管承包商的工作。

这种方式作为孩之宝公司互动游戏的商业模式，在妙极百利和孩之宝的其他事业部持续了一段时间。公司用一款传统的棋盘游戏或玩具建立一个品牌，然后就把这个概念转化为计算机游戏。他们从未在游戏或玩具开发项目一开始就考虑到计算机游戏——他们首先要等等看传统项目是否能获得成功。

但是有一个重大例外。20世纪90年代初，孩之宝公司启动了一个开发虚拟现实系统的宏伟项目——一件能在三维世界产生移动感的电子头饰。孩之宝的经理们认为虚拟现实有令人着迷的潜力，孩之宝将颠覆市场领袖任天堂（Nintendo）和世嘉（Sega）。这在很大程度上取决于领先的微处理器的开发。但是到1995年，尽管孩之宝已投资了几年，投入了几千万美元，似乎这种微处理器根本无法以消费者可承受的价格生产出来，所以公司撤销了投资。公司认为CD-ROM游戏适用于个人电脑，也会很快适用于互联网，所以就组建了"孩之宝互动"。

1. Hasbro history abridged from G. Wayne Miller, *Toy Wars* (Times Books, 1998).

打造“孩之宝互动”

“孩之宝互动”是作为一个独立的事业部建立的。从法律上讲，它是孩之宝公司的一个全资子公司。杜森伯里先生从孩之宝公司在麻萨诸塞州斯普林菲尔德市（妙极百利的总部所在地）的游戏事业部聘用了 5 个人，在帕克兄弟的总部麻萨诸塞州的贝弗利市建立了工作室。在意识到孩之宝公司的员工不具备推动业务成功所必需的技能之后，杜森伯里先生聘用了大量外部人员，包括托尼·帕克斯——计算机游戏业内知名的软件开发商，还有几个经验丰富的互动游戏销售人员。

杜森伯里先生制定所有经营决策，包括涉及组织结构、产品选择、合作协议的决策。他向位于波塔基特市的孩之宝公司总部报告，具体而言，就是副总裁桑尼·戈登，他具备并购方面的法律背景和专家经验。哈森菲尔德先生和首席财务官约翰·奥尼尔也富有监管责任。这种报告制度使“孩之宝互动”实质上与孩之宝其他事业部严格区分开来。“孩之宝互动”虽然遵循孩之宝的年度计划和审查周期，但与其他事业部没有什么重大往来。

“孩之宝互动”用孩之宝现有的五款 CD-ROM 产品立即创造了收入（“孩之宝互动”向孩之宝公司支付内部特许权使用费）。“孩之宝互动”最重要的客户是大型零售连锁店雇佣的买手，他们只从成千上万个品种中挑选 5%~8%。“孩之宝互动”的早期产品并没有一鸣惊人，但是它的知名品牌却在年复一年地不断创造销售收入。相比之下，任何一年的最畅销产品往往很短命。

在孩之宝游戏事业部的领导威尔森先生的支持下，杜森伯里先生与孩之宝的相关部门开展了合作。例如：孩之宝的制造团队基于成本加成方法处理产品包装。在关系没有正式化的情况下，孩之宝的营销团队也与“孩之宝互动”合作，以确保“孩之宝互动”把传统产品转化为互动形式之后，品牌保持一致。

因为几个熟悉现有品牌的内部人调到了“孩之宝互动”，所以杜森伯里先生觉得不需要协作。尽管孩之宝的品牌经理抵制了“孩之宝互动”的一些先锋设计，但是也没有任何重大分歧。“孩之宝互动”为使用现有品牌支付内部许可费。早期的产权包括 Tonka 卡车、糖果乐园、培乐多、土豆先生、战舰、Yahtzee 等。地产大亨和 Scrabble 游戏的 CD-ROM 版本荣获了行业大奖。因为软件游戏并不和传统游戏竞争同一个零售货架空间，所以孩之宝玩具和游戏的经理们并不担心自相残杀。

遗憾的是，在销售上的合作机会极其有限。即使同一家零售连锁店既采购传统游戏，又采购电子游戏，不同的买者也是基于不同的标准采购。另外，行业标准商业条件有所不同，尤其是未售出产品的退回，即从零售商向孩之宝退货。

加速“孩之宝互动”的增长

“孩之宝互动”在早期就实现了盈亏平衡，或接近盈亏平衡。事业部的计划要求利润不断增长。杜森伯里先生发现自己要不断地面对华尔街的分析师，吹嘘“孩之宝互动”的发展潜力。1997 年收入翻了一番，从 3 500 美元万增长至 8 600 美元万。当年，“孩之宝互动”有两款游戏打入了行业前十名排行榜（“Frogger”和“Tonka 搜索和救援”）。由于这样出色的业绩，孩之宝向“孩之宝互动”的员工发放了丰厚的奖金。1998 年初，“孩之宝互动”的停车场上出现了许多新车。

“孩之宝互动”希望当年收入至少翻番。为了实现这个目标，杜森伯里先生拓展了“孩之宝互动”的活动，不再只局限于把现有孩之宝产品转化为互动形式。例如：根据一款成功的电视游戏竞赛节目“风险”和“幸运之轮”，他购买了一项生产许可。他还购买了所有 Atari 游戏的产权，希望重新激发人们对经典游戏的兴趣，如

“小行星”（Asteroids）和“爱国者飞弹”（Missile Command）。此外，事业部宣布它首次从零开始开发自己的游戏。最后，在八月，“孩之宝互动”宣布分别以7 000万美元和2 000万美元收购两家公司——Microprose和Avalon Hill，以进一步拓展产品线。Microprose公司每年在雇用的产品开发人员身上的支出约为2 000万美元，从而使“孩之宝互动”产品开发支出约增长50%。在收购时，杜森伯里先生曾评论说，这项收购只是“孩之宝互动”的计划的一个“开始”。[2]

1998年，企业赢得了更大的动力。Frogger一举打入索尼游戏站的前5名。随着圣诞节的到来，杜森伯里先生在公司总部的压力下，把1998年的收入目标提高到2亿美元，并激励他的团队努力实现这个里程碑。团队最终离目标只差一点儿，创造了1.96亿美元的收入。但是，孩之宝的高级管理层们还是认为这一年获得了成功。“孩之宝互动”创造了2 300万美元的利润。

孩之宝的增长挑战

在“孩之宝互动”早期，孩之宝公司进行了几起收购。向公司总部管理层报告的有近10个独立的经营单元。孩之宝的高级管理层认为，这种组织结构能激发更大的创造性、创新、企业家精神。但是，多经营单元制的组织结构也对高层领导提出了新的、陌生的要求，他们都统一认为战略计划、预算编制、经营业绩评价不是孩之宝公司的强项。有人把计划过程形象地描述为“敷衍了事”。

但是，孩之宝公司的基本管理理念类似于其他多单元经营公司。计划和实际结果之间的差异对经营单元领导的业绩观念的影响胜过其他任何因素，鉴于孩之宝的业务在某些方面具有内在的不可预测性，这种影响才有所缓和。例如：虽然地产大亨游戏的销售收入可以根据历史信息随时预测，但玩具的寿命周期则短得多，预测任何新玩具的结果几乎是不可能的。与电影相关的玩具甚至更难预测，因为他们有赖于电影的成功。大卫·哈格里夫斯——一位财务经理，后来升任孩之宝的首席财务官，曾解释道：

> “我们知道这些都是什么样的产品。虽然年末未实现计划，但并不意味着你会被解雇——只要你回来，解释说，‘我的业务不怎么样，理由是这样的，这是我努力采取的措施。’”

在1998年，为了刺激根本的增长，公司为各事业部制定了更大胆的收入目标。为了实现这些目标，公司大多数，或者说所有新产品倡议都必须获得成功。事实上并没有，异常多的事业部没有实现预算。

在董事会的鼓励下，哈森菲尔德先生开始从外部招募新总裁和首席运营官，来帮助孩之宝更专业化地经营，并且在必要时能担任首席执行官。1999年1月，哈森菲尔德先生聘请了赫布·鲍姆，这是当年高级管理层团队经历的几项变革中的第一项。鲍姆先生……先前曾担任Quaker State石油公司的首席执行官……

为了增强对计划的问责水平，鲍姆先生修订了计划制度。例如：他每月召开一次会议，每个经营单元的领导都要出席。公司有史以来第一次，各经营单元的领导都能参与其他单元的审查。所有经营单元都按所谓的“价值动因”标准报告。这就自然而然地增加了竞争意识，尽管当时竞争十分有限，因为没有一个事业部觉得自己得不到执行增长计划所需的资源。鲍姆先生也要求“孩之宝互动”出席会议，任命杜森伯里先生为“部门领导”，明确了他与其他经营单元经理的同等地位。

2. “Hasbro Interactive to Stabilize into Christmas, Reload Acquisition Guns in 99,” *Multimedia World*, September 17, 1998.

“孩之宝互动”树立宏伟目标

鲍姆先生被“孩之宝互动”的潜力激起了很大的兴趣。他认为，与之相比，传统玩具和游戏具有十分有限的增长潜力。他也十分敬仰汤姆·杜森伯里：

> “汤姆有很强的能力，能把下属团结起来。他是一个优秀的团队领导。他对业务具有远见。”

很快，在 1999 年初，人们开始谈论“孩之宝互动”将在三年内实现销售收入 10 亿美元。这就要求收入每年翻番。尽管人们的目标只是口头上的，但也具有一定的感情色彩。它激发了人们的雄心。如果“孩之宝互动”实现了这个目标，它将一跃成为孩之宝公司最大和最重要的事业部。这个宏伟的目标改变了人们的行为，影响了决策。有些高级管理层对追求如此迅速增长的内在风险表示关注。但是，没有人出来阻止这个 10 亿美元的宏伟目标。杜森伯里先生对他的事业部实现 10 亿美元的潜力所表现出来的激动是显而易见的。

当时，科技股正在飙升，华尔街鼓励孩之宝公司增加对“孩之宝互动”的投资。此外，孩之宝公司的主要竞争对手——美泰，刚刚宣布即将以 35 亿美元的价格收购教育软件开发商——学习公司，从而使美泰公司的互动游戏收入增至近 10 亿美元。

杜森伯里先生及几名员工开始“在地球上搜集”新创意。为了追求优秀的创意，他们聘请了十几个产品开发人员，与外部开发商签署了几份协议，扩展了他们打算用于开发游戏的平台的数量——包括被称为 Dreamcast 的“世嘉”游戏新平台。

他们还进行了几项收购和许可交易。四月，他们获得了 11 款知名计算机游戏的许可，其中包括 Namco 公司的 Pac Man 和 Dig Dug。六月，他们建立了一个运动事业部，与一级方程式签订了为期 5 年的许可协议，以拓展他们的汽车运动类游戏。八月，他们收购了 Europress，进军教育游戏。杜森伯里甚至渴望收购电子艺术公司——一个计算机游戏巨头，其销售收入近 10 亿美元。

这一连串交易不仅符合竞争者的发展趋势，而且大大超出了 1998 年秋季商定的 1999 年预算中制定的计划。“孩之宝互动”正在大刀阔斧地运营，但是却没有一项跨年度的计划，来估计实现 10 亿美元销售收入所需要的总投资。

在 1999 年，孩之宝公司的几名高级管理层开始对“孩之宝互动”丧失信心，尽管哈森菲尔德先生和鲍姆先生一如既往地支持它。形势第一次急转直下是在年初，这时杜森伯里先生报告了 1998 年节日期间的产品回报规模。回报足以使“孩之宝互动”1998 年的经营结果从正转为平。这个问题让孩之宝的经营单元经理们都大为震惊，因为他们已经习惯了玩具和游戏零售业的标准协议，其中包含未售出产品退回的严格条件。相比之下，软件的行业标准则效仿出版业非常自由的标准。到了 1998 年年末，激进的销售策略却反过来困扰着“孩之宝互动”。

“孩之宝互动”在汉堡王快餐店（Burger King）发起了地产大亨的促销活动之后，人们更加丧失了信心，因为孩之宝已经在麦当劳开展了地产大亨的促销活动。因此，有人觉得让历史悠久的经营单元进行更严格的监管势在必行……

导致人们对“孩之宝互动”丧失信心的第三项因素是财务预测的修订。除了高于预期的产品回报之外，随着竞争激烈程度加强，行业的价格也在下滑。而且，“孩之宝互动”的开发团队在几项产品上都错过了最后期限，超出了最初的成本预测。有些新产品甚至错过了重要的节假日。开发商指出，游戏系统正在变得越来越复杂，因此开发时间必须延长，甚至达两年之久。

对“孩之宝互动”加强控制

已经晋升为孩之宝首席财务官的维瑞奇亚先生表达了对同事们的最大关注。根据维瑞奇亚先生的要求，财务经理哈格里夫斯先生研究了“孩之宝互动”的运营，他指出，杜森伯里先生的首席执行官忙于评估收购目标的价值，因而根本没时间有效管理“孩之宝互动”的财务监控系统。事实上，孩之宝内部视作标准的经营信息却无法从“孩之宝互动”获得。这种批评让杜森伯里先生很恼火，他希望把关注点放在将来。有些高级管理层认为杜森伯里先生不关心财务细节。

为了回应对“孩之宝互动”加强监管的压力，鲍姆先生开始在那儿花费更多的时间。他还聘请了查理·麦卡锡——过去的一位同事，担任杜森伯里的首席运营官，聘请杰姬·达亚替代了首席财务官，她是出版业的一位财务经理，曾管理过几家被收购公司的整合。鲍姆先生要求两人关注成本。

1999年秋，在“孩之宝互动”开始工作几天后，达亚女士就警告说，事业部将远远达不到本年的预期。她开始实施更苛刻的财务制度。当时，“孩之宝互动”的经理们都很难收集关于目前在零售业中的存货数量的信息，或者向外部产品开发商承诺的总数量的信息。问题部分在于，把合同信息从文件中录入财务系统时存在迟滞。另一个问题是孩之宝最近刚安装了一套新的财务报告软件包。这套系统对于玩具和游戏业务是最优的，但不适于“孩之宝互动”的业务。杜森伯里先生把新系统对本经营单元的影响描述为“一场灾难”。

达亚女士的变革并不受“孩之宝互动”的欢迎，“孩之宝互动”的员工对任何削弱创新和创造力的措施都感到愤怒。杜森伯里先生觉得达亚女士造成了分裂性的影响，他的团队开始对公司领导力丧失信心。达亚女士这方面并没有把这种敌意个人化。她认为这只是“孩之宝互动”的人员对一项事实做出的基本反应，即：她的行动全面揭示了负面信息。几个月后，达亚女士觉得“孩之宝互动”已经接纳了她建立的更严格的程序。这些程序导致了最低限度的干扰，并使经营状况明确。

达亚女士的下一个挑战是帮助“孩之宝互动”制定2000年计划周期的计划。在这个过程中，她发现前瞻性的销售计划和产品开发计划经常不啮合。例如：销售计划会在规定上市日期之前反映一项产品的销售收入。一旦这种问题得以纠正，并根据历史经验修订估计（以便更现实），销售收入预测就会下降，但是仍然在4亿美元以上。

几个月后，公司对1999年结账。“孩之宝互动”的销售收入为2.37亿美元，损失7 400万美元。杜森伯里认为会计意义上的损失是对事业部未来的合理投资。他回忆起他的同事们的反应：

> “我知道投资和损失之间有一个微妙的界限。赫布·鲍姆会谈论投资，而埃尔·维瑞奇亚则会谈论损失，其实他们两人谈论的都是同一项支出。”

几个事业部领导发现很难支持“孩之宝互动”的产品开发支出，因为他们觉得没有明确的路线图。让一些人更紧张的是，杜森伯里先生希望把产品开发支出资本化。如果产品是根据可靠技术开发的，公认的会计准则就允许软件开发支出资本化，但是这项实务在孩之宝内部尚不熟悉，公司更希望所有领域都编制标准管理报告。

在损失了如此巨额的投资之后，杜森伯里开始关注自己的命运，并开始悄悄地寻求孩之宝公司之外的职业选择。

启动游戏网站

早在1999年，孩之宝公司就创立了在互联网上提供游戏的业务。当时，许多历史悠久的公司也纷纷创办高规格的在线企业，希望从极高的互联网股票估值中渔利。

哈森菲尔德先生认为杜森伯里先生无暇顾及这项新业务，于是便让维瑞奇亚先生——当时任制造和运营的执行副总裁开发在线业务机会。哈森菲尔德先生觉得公司起步很早——孩之宝公司早在 1995 年就有先见之明，注册了域名“games.com”。

外部市场研究机构估计互联网游戏产业的潜力在 10 亿美元以上。孩之宝认为它的传统游戏产权独一无二地适宜于互联网，因为他们都不是图形密集型的，而当时的互联网只能支持有限的图形。公司讨论了几个如何从在线游戏中创造销售收入的创意，包括按次收费、广告、比赛赞助等。

维瑞奇亚先生着手建立启动游戏网站的必要协议。首先，他需要找一个合作伙伴运营并支持网站，这样孩之宝就只需提供内容。在同美国在线进行了“令人恐怖的”讨论之后，维瑞奇亚先生最终于 1999 年 12 月选择了“Go To Network”。尽管这家公司的名字不像美国在线那样闻名遐迩，但是它也拥有宏伟的目标，并赢得了许多高标准投资者的支持，其中包括微软的保罗·艾伦。

维瑞奇亚先生还必须解决一些复杂的法律问题。例如：孩之宝的一些受欢迎的产权都与原始发明人的许可协议联系在一起。当时建立了这些法律协议，没有人想到互联网。互联网游戏在法律上等同于消费电子产品吗？即协议中许可在北美分销，它包含在互联网上分销吗？

在解决了这些问题之后，孩之宝在硅谷建立了一个价值 1 亿美元的游戏工作室。但是，之后，公司立即遇到了困难，无法招募到足够数量的产品开发人员。优秀产品开发人员的市场竞争非常激烈，如果没有优厚的待遇，孩之宝就很难竞争。像当时许多其他公司一样，孩之宝也有许多经理流失到网络公司，最有名的一个就是梅格·怀特曼，他是一名玩具经理，后来成了易趣网的 CEO。

孩之宝开始调查让游戏网站上市需要什么。由于热切地渴望个人财富，孩之宝的员工都对调到游戏网站十分感兴趣，因为他们都关心所提供的期权（虽然尚不存在）。为了收到游戏网站的期权，他们甚至同意放弃追加的孩之宝股票的期权……

由于招募员工的困难，孩之宝宣布他们将推迟启动游戏网站，一直要到 2001 年。

“孩之宝互动”遇到进一步困难

2000 年，“孩之宝互动”更加小心谨慎地发展着，这一年预示着许多陷在网络狂热中的软件公司即将终结。公司继续开发新产品，但只是经过深思熟虑之后下了个别赌注。尽管一款产品“过山车大亨”成为行业最畅销的产品，但是“孩之宝互动”在 2000 年初也承受着巨大压力，回报再次令人失望。更糟糕的是，事业部不断地错过产品开发期限。而且，有些产权，特别是一款飞行模拟游戏，要维持下去显然其花费会远远超出预期。“孩之宝互动”的许多员工曾受到事业部承诺的鼓舞，如今也不知道自己的工作是否有保障。

对于整个孩之宝公司而言，这也是艰难的一年。几个重要的产品线都没有达到预期，包括星球大战、菲比和 Pokemon。由于可获得的资源较少，经营单元领导之间关于如何合理利用资本的争议日益激烈。孩之宝的股价从 1999 年春季的 37 美元，下降到了 2000 年年中的 11 美元。在 20 多年来，孩之宝在 2000 年首次发生了亏损。

三月，维瑞奇亚，这位一直对“孩之宝互动”持保守观点，并时刻关注“孩之宝互动”的人，说服了高级管理层团队，认为“孩之宝互动”应该制定一项商业计划，长期销售收入目标应该定在 3 亿美元，而不是 10 亿美元。杜森伯里先生很失望，认为如果有投资承诺，增长远不止这个水平。

几个月后，感到困惑的杜森伯里宣布了自己离开孩子宝的意图，但是，让他惊讶的是，哈森菲尔德先生和鲍姆先生都努力挽留他。他们甚至同意让他管理游戏网站。但没过多久，在八月，鲍姆先生接到了一份他无法拒绝的任职推荐——担任 Dial 公司的首席执行官。尽管哈森菲尔德先生为他担任总裁和首席运营官提供了很大的自由，但是鲍姆先生已经担任过CEO，所以希望回到一个全权控制的职位上。

维瑞奇亚先生被晋升到鲍姆先生的职位。在哈森菲尔德先生的支持下，他再次采取行动，削减“孩之宝互动”的损失。之后不久，他让杜森伯里知道他在为“孩之宝互动”寻找“战略选择”。他希望出售这个事业部。杜森伯里先生同意支持这项工作。年末，孩之宝以1亿美元的价格把“孩之宝互动”（包括游戏网站）出售给了一家法国公司——Infogrames。交易允许Infogrames使用孩之宝的产权许可，为孩之宝创造了持续的收入流。大约与此同时，也结束了另一个众所周知的灾难性故事，美泰公司出售了“学习公司”，除了公司未来收入份额之外，一无所获。

两个月后，也就是2001年2月，Infogrames解雇了以前在“孩之宝互动”总部工作的150名员工中的40名。

从“孩之宝互动”吸取教训，重新定位孩之宝

2001~2003年，哈森菲尔德先生和维瑞奇亚先生执行了一项战略，把孩之宝重新定位于核心竞争力上，成功恢复了公司的盈利能力。2003年5月，维瑞奇亚先生晋升为CEO，这是他在孩之宝工作的第38个年头。哈森菲尔德仍然担任董事长。

在孩之宝的产品组合中，还有一项具有互动要素的产权——Wizards of the Coast，它是孩之宝于1999年收购的。孩之宝与“孩之宝互动”分开管理这项产权，它目前仍运营良好。它的领先产品——魔法风云会（Magic：The Gathering）是一款要建立具有各种特性的人物，并互相打斗的、迷人的魔幻和角色扮演游戏。这个概念激发了游戏卡的热销，再加上游戏的玩家渴望大量在线互动。在这种意义上来讲，它不同于“孩之宝互动”的任何其他产权，所以人们不清楚如何把魔法风云会的成功转化为孩之宝更多互动游戏的成功。

互联网的狂热日渐消退。这个时代的一个标志就是“电子艺术”公司，它曾向美国在线支付了几百万美金，让它的游戏上线。现在却开始向美国在线收费，之后美国在线才能使用它的产品。似乎家家户户都开始放弃电脑，重新回到客厅玩传统的棋盘游戏了。维瑞奇亚先生评论道：

> “我想，如果在一个星期五的晚上，大家围坐在一起，和家人和邻居玩Scrabble或者地产大亨，再吃块比萨饼，喝杯啤酒，你就会经历一种完全不同的体验，完全不同于坐在电脑前独自玩游戏——即使在互联网上与一位匿名伙伴玩，也决不一样。”

尽管如此，互动产品仍然是孩之宝公司战略的一个重要组成部分。但是孩之宝公司将依赖于向外部开发商许可自己的品牌。追溯起来，有些高级管理层觉得产品许可本应该一直是公司的经营方略。公司也开始分析互动产品对传统游戏销售的影响程度。

孩之宝的高级管理层从“孩之宝互动”的经验中得出了很多结论。一个共同的结论是，无论多么宏伟的增长计划，事先都应该确定一个早期可承受的损失预期，这一点至关重要。维瑞奇亚先生评论道：

> “我认为我们所采取的方式是情绪化的，而不是战略性的。我认为我们没有真正坐下来制定一项计划。汤姆·杜森伯里不断推动它，他获得了他所需要的支持。”

杜森伯里先生2003年已经担任了Marblehead娱乐公司的首席执行官，该公司致力于无线设备的游戏，他总结了他的结论：

> “‘孩之宝互动’的确是两个故事。它是一个独立公司、截至1999年一直在孩之宝外部有效管理的故事；它也是1999年孩之宝如何决定救助我们的故事。我们从完全独立，变为完全由公司控制。它是一个在4年

内从零发展为 2 亿美元的巨大成功故事，但是，在 1999 年，公司管理层希望实现 10 亿美元，他们必须为成功做出一份贡献。”

杜森伯里先生继续说：

“我真的很敬佩埃尔·维瑞奇亚。他是一个奇才，他在扭转孩之宝的局面上干得很出色。或许，意识到孩之宝超越传统玩具和游戏，拓展到现有核心竞争力之外风险巨大，也应归功于他。”

几位高级管理层对杜森伯里先生在“孩之宝互动”的发展故事中的作用，以及他的优缺点几乎持有相同的观点。他们都认为杜森伯里先生富有远见卓识、善于激励员工。但是，他在财务和运营方面的缺陷似乎是导致“孩之宝互动”崩溃的关键因素，甚至在“孩之宝互动”启动之前，这一点就被一些人所关注。即便面对坏消息，他持续的乐观预测，最终使他丧失了信誉。对于有些人来说，有时似乎就是不信他。一位高级管理层把杜森伯里先生描述为一个出色的“良种动物”，不过需要“驾驭”，需要一名“优秀的骑师”。他需要与正确的人搭档，才能完善他的才能。

杜森伯里先生对未来过于乐观的信念几乎是无限的。哈森菲尔德先生评论道：

“人们会变得言过其实。太多的人、太多的管理费用、太多的自我为中心。遗憾的是，一切都过于膨胀了。最终都是我的错，因为我在监督整个过程。人们开始批准一两年前根本不会批准的事情。”

虽然承认需要从外部聘用一位首席运营官，但是哈森菲尔德先生还是遗憾地把过多的权力过快地转交给了鲍姆先生。在哈森菲尔德先生看来，鲍姆先生的心从来不像跟随了孩之宝几十年的员工那样投入企业。

维瑞奇亚先生也从这个经验中吸取了教训，他认为在向核心业务之外多元化时要慎之又慎，他还认为在多元化过程中与核心竞争力保持密切联系至关重要。他还得出结论，如此快地加速支出是一个错误，甚至渴望如此快地增长都是一个错误。此外，他认为重要的是，任何新业务都应该向成立已久的业务的总经理报告……

思考题

1. 请描述一下“孩之宝互动”的发展。“孩之宝互动”的战略是什么？它与孩之宝传统玩具或游戏业务的战略有何不同？
2. “孩之宝互动”的组织和控制符合公司战略吗？计划和预算系统如何支持或者阻碍了“孩之宝互动”的增长？

案例8-3

艾默生电气公司

艾默生电气公司创立于1890年，当时只是一家电动机和电扇制造商。到1993年，艾默生电气连续36年提高每股收益。这家总部设在圣路易斯的多元化经营公司1993年销售收入为82亿美元，利润为7.08亿美元。此外，公司非合并报表的国际合资企业的销售收入为20亿美元。自1956年以来，艾默生电气给股东的年回报平均为18%。在1983~1993期间，销售收入、每股收益、每股股利分别以9%、8%和7%的复利增长。国际销售收入已增长为销售总收入的40%，为公司提供了一个增长领域。

艾默生电气是美国一家主要的电气制造商。它制造一系列工业用和消费用电气、机电和电子产品。品牌名称包括在输变电市场中的Fisher控制阀；Skil、Dremel和Craftsman电动工具；In-Sink-Erator垃圾处理器；Copeland压缩机；Rosemount仪器；自动转换阀；美国电动机。它的美国竞争者包括通用电气、西屋和霍尼韦尔之类的公司。它的海外竞争者包括西门子和日立之类的公司。作为一个多元化的制造公司，与其主要竞争对手相比，艾默生电气的定位是最狭窄的。其他制造商，如通用电气和西屋，都多元化进入了金融服务、广播、飞机引擎、塑料、家具等领域。艾默生电气遵循了一个通过收购实现增长的战略，但是每项收购规模都不太大。在管理层寻求恰当或互补性的产品组合时，经常会发生资产剥离。

1973年，查尔斯·奈特在加入公司一年之后当选首席执行官。在奈特的领导下，艾默生电气分析了历史记录，以及投资界一直推崇的一系列“同类公司”的资料。根据这项分析，高级管理层得出结论，艾默生电气需要实现增长，获得强劲的财务结果，并持续不断地稳步提高。公司根据投资增长预期设定了高于其目标的增长率。

在20世纪80年代，公司一直维持着保守的资产负债表，而不是充分利用财务杠杆。高级管理层觉得这是一件竞争武器，因为出现具有吸引力的企业投资时，也能随时借款。与大量公司不同的是，在90年代的经济低迷时期，艾默生电气并没有债台高筑。

组织结构

在历史上，艾默生电气曾分为40个分权制的事业部，分别由不同产品线构成。各事业部均由一位总裁管理，目标是成为各产品线的市场第一或第二。公司一直没有像其他大公司那样组建集团、事业群或其他形式的组合，但是，在1990年，艾默生电气把事业部重新组建成了8个事业部：分马力电动机、工业电动机、工具、工业机械和配件、散热器和空调元件、生产控制设备、电气元件；以及电子和计算机辅助产品和系统。这种新的组织结构充分利用共同的分销渠道、组织能力和技术。

公司的管理层受首席执行官办公室（OCE）领导，首席执行官办公室由首席执行官、总裁、2名副董事长、7名业务领导和3名其他管理人员组成。首席执行官办公室每年召开10~12次会议，评价各事业部业绩，讨论各事业部或整个公司面临的问题。

各事业部也都设有董事会，由首席执行官办公室的一名成员担任董事长，此外还包括事业部总裁，以及事业部的主要管理者。事业部的董事会每月召开一次会议，评价并监控业绩。

1993 年，公司管理人员共有 311 名，与 1975 年相同，但当时公司的销售规模只有现在的六分之一。之所以把人员控制在最低水平，是因为高级管理层认为人员规模大就会为事业部带来更多的麻烦。为了鼓励各级员工之间进行开放式的沟通和交流，艾默生电气并没有公布组织机构图。

最佳成本生产商战略

在 20 世纪 80 年代初，公司在所有主要产品线上都不具有全球竞争力，公司还意识到有些产品领域的质量水平不及有些非美国竞争者，特别是日本竞争者。因此，高级管理层把坚持了 20 年的“低成本生产商”的战略改为“最佳成本生产商”战略。这项战略包含六项要素：

1. 致力于全面质量管理和客户满意。
2. 了解竞争，以及竞争的基础。
3. 集中化制造战略，在工艺和产品设计上竞争。
4. 有效员工沟通和参与。
5. 成本节约制度化，无论是繁荣时，还是萧条时。
6. 保证资本支出，支持战略。

自 20 世纪 50 年代以来，低成本生产商战略一直要求各事业部为每个层级制定成本节约目标，并要求工厂明确实现这些目标的具体行动。目标设定为每年提高 6%~7%（以销货成本计）。依照最佳成本生产商战略，现在艾默生电气旨在通过计划更大幅度地削减成本。例如：利用机床简化工艺，从而节约人工成本；改变设计使单位产品节约了 5 盎司铝。有时还拆卸竞争者的产品，研究成本改进的方式。艾默生电气用竞争者的产品和成本体系评估本公司的业绩，诸如地方工资水平和运费之类的因素也纳入分析中。例如：在向一家新工厂投资几百万制造圆锯之前，高级管理层希望了解国内外的竞争者的计划。

在 1983~1993 年期间，艾默生电气投入了 18 亿美元资本，用于改进工艺技术、提高劳动生产率、争取产品领导地位、实现大规模生产，从而支持最佳成本生产商战略。事业部和工厂管理层每季度都要报告详细的成本节约进度。

质量是艾默生电气最佳成本生产商战略的重要因素。质量取得了显著提高，目前艾默生电气以百万分之几计算零部件废品率。例如：在一个电动机产品线中，员工一直保持着百万台电动机中不到 100 台的废品率。

规划过程

首席执行官奈特对艾默生电气的规划过程做了如下评论：

> 一旦我们制定了目标，我们就不容许不实现目标。这些目标推动着我们的战略，并且决定我们必须做的事情：我们所从事的行业；我们如何组织和管理企业；如何确定管理层薪酬。在艾默生电气，这就意味着计划。在计划过程中，我们的重点是实现我们的增长和回报标准，并且有机会为股东创造价值。换句话说，我们要“发现投资机会。”[1]

艾默生电气的财务年度始于 10 月 1 日。为了启动计划过程，高级管理层为各事业部制定了

---

1. C. F. Knight, “Emerson Electric: Consistent Profits, Consistently,” *Harvard Business Review*, January–February 1992, p. 59.
2. 同上，第 63 页。

销售增长和总资本收益率目标。从11月到7月的每个财务年度，首席执行官和几名公司高级管理层都要和各事业部的管理层召开一次事业部计划会议，为期一天或两天。奈特先生把60%的时间都花费在了事业部计划会议上。为了挑战假设和传统思想，计划会议设计为对抗性的。高级管理层希望事业部竭尽全力实现目标。它还希望审查事业部管理层认为能提高业绩的具体行动。

在事业部计划会议之前，事业部总裁都要向高级管理层提交四张标准表格。编制这四张表需要各事业部运营经理几个月的通力协作。

"价值评价表"比较事业部5年前的实际业绩（1989）、本年的预期经营结果（1994），以及5年后的长期预测（1999），参见图表1（注：所有图表中的数字都是虚构的）。价值评价表包含资本投资的类型、数额以及增长率；税后经营净利润（NOPAT）；平均营运资本收益率；以及"经济利润"（税后经营净利润减去基于资本成本的资本占用费）。为了创造股东价值，目标是确定事业部的总资本收益率（ROTC）超出艾默生资本成本的幅度。所有事业部计划都要求使用资本成本（图表1中的"第3 000行"）。

接下来的两张表包含销售收入数据。"销售收入差距表"和"销售收入差距折线图"反映本年的预期销售收入（1994）和5年的销售收入预测（1995~1999），参见图表2和图表3。这些都基于对增长来源、市场自然增长率、市场畅销度、价格变化、新产品、产品线延伸以及国际增长等的分析。"差距"反映事业部的长期销售预测与高级管理层的销售目标增长率（图表2中的第19行）之间的差异。图表2的第H列反映五年期销售增长来源。图表3显示了一个事业部在1995~1999年期间的"销售收入差距折线图"。事业部总裁必须说明为了消除这些差距正在采取什么具体措施。

图表4显示的"5年前—5年后损益表"对比了事业部本年（1994年）的详细数据与5年前的历史数据和5年后的预测数据（1995~1999）。这包含11年的利润报表，其中包括销售收入、销货成本、销售和管理费用、利息、税金和总资本收益率。这张报表用于发现未来发展趋势。事业部管理层必须准备好措施，随时扭转任何不利走势或趋势。

除了审查和讨论所要求的四张表之外，事业部计划会议完全由事业部总裁驾驭。高级管理层倾听事业部管理层对客户、市场、新产品计划、竞争分析的看法，以及对成本节约、质量、生产能力、劳动生产率、存货水平和薪酬等的总结汇报。事业部计划的任何变化都必须提交高级管理层审批。可以质疑计划的逻辑和基本假设，所以那些坚信自己战略的经理们能为自己的建议辩护。CEO奈特先生认为检验计划会议是否成功的标准就是看，它是否能使管理者采取行动以显著影响企业。据奈特先生说：

> 既然经营经理要执行计划，所以我们有效地确立了所有权，消除了战略决策和经营决策之间的人为区别。直线经理不会，也决不能下放了解企业的权力。为了制定计划，经营经理们要一起工作几个月。他们常对我说，计划周期的最大价值就在于计划阶段所要求的团队协作及守纪。[2]

在财务年度末，事业部总裁及事业部相关人员会与高级管理层召开会议，说明来年的详细预测，并对本年的实际业绩与预测进行财务总结。预测要与事业部计划会议制定的计划数据相吻合，但是，高级管理层还要求制定关于较低经营水平的备择计划。要提交一整套在较低销售水平下保护盈利能力的措施。这些被称为"备择计划"。事业部的预测一般不可能改变，除非环境或基本假设发生了重大变化。改变预测须经高级管理层批准。汇总财务报告，然后用于计划和控

2. 同上，第63页。

图表 1 价值评价表直观地评估价值创造 *

		5 年前		本 年		第 5 年		5 年期增量				10 年期增量	
		实 际 1989 财务年度		预 期 1994 财务年度		预 测 1999 财务年度		历 史 CY 对 5th PY		预 测 5th Yr. 对 CY		5th Yr. 对 5th PY	
		数 量	销售%	数 量	销售%	数 量	销售%	数 量	销售%	数 量	销售%	数 量	销售%
增长率和资本需求	行 号	A	B	C	D	E	F	G	H	I	J	K	L
营运资本—年末	1127	117.1	29.8%	120.2	21.8%	153.3	18.5%	3.1	1.9%	33.1	12.0%	36.2	8.3%
非流动资产净值—年末	1128	92.9	23.6%	150.0	27.2%	221.6	26.8%	57.1	35.9%	71.6	26.0%	128.7	29.6%
经营资本合计—年末	1129	210.0	53.4%	270.2	48.9%	374.9	45.3%	60.2	37.9%	104.7	38.0%	164.9	37.9%
平均经营资本	1130	201.1	51.1%	267.1	48.4%	370.4	44.7%						
增量投资	1584							66.0		103.3		169.3	
税后经营净利润(NOPAT)	1119	33.4		49.5		79.0		16.1		29.5		45.6	
增量投资回报率								24.4%		28.6%		26.9%	
税后经营净利润增长率								8.2%		9.8%		9.0%	
资本增长率								5.8%		6.8%		6.3%	
投资回报率													
总资本收益率=NOPAT/平均经营资本		16.6%		18.5%		21.3%							
销售净收入	0001	393.2		552.2		827.9		159.0		275.7		434.7	
销售增长率								7.0%		8.4%		7.7%	
税后经营净利润边际		8.5%		9.0%		9.5%		10.1%		10.7%		10.5%	
经营资本周转率(T/O)		1.96		2.07		2.24		2.41		2.67		2.57	
资本成本	3000	12.0%		12.0		12.0%							
资本占用费（L1130 × L3000）	3001	24.1		32.1		44.4		8.0		12.3		20.3	
经济利润（L1119–L3001）		9.3		17.4		34.6		8.1		17.2		25.3	

* 单位：百万美元（图表中所有数字均为虚构）。

资料来源：Charles F. Knight, “Emerson Electric: Consistent Profits, Consistently,” *Harvard Business Review*, January–February 1992, p. 63。经艾默生电气许可后使用，所有数字均为虚构。

（译者注：CY：本年； 5th PY：5 年前；5th Yr.：第 5 年）

图表 2 销售收入差距表预测五年计划 *

				预测						
		上年实际 FY1993	本年预期 FY1994	FY1995	FY1996	FY1997	FY1998	FY1999	五年增长来源 (%)	五年公司年增长率 (%)
	行号	A	B	C	D	E	F	G	H	I
国内（不包含出口）										
本年国内销售收入基数 @10/1 价格	1		305.7	305.7	305.7	305.7	305.7	305.7		
所服务行业—增长/(下降)	2			3.0	24.6	39.0	49.6	58.3	21.1%	3.6%
畅销度—增加（减少）（包括新产品线拓展/收购）	3			6.3	14.1	21.0	29.8	37.6	13.6	2.0
价格上涨—本年至第五年	4		3.3	7.6	14.7	21.6	29.5	38.0	12.6	1.7
增量新产品：前五年推出	5		16.1	16.4	17.7	17.4	17.5	19.0	1.1	
本年至第五年推出	6		1.4	5.6	11.6	18.5	25.9	34.2	11.9	
其　他	7		3.1	1.4	1.6	2.3	2.5	2.8	−0.1	
国内合计	8	363.7	329.6	346.0	390.0	425.5	460.5	495.6		8.5
国际（不包含对美国的销售）										
本年国际销售收入基数 @10/1 价格	9		202.9	202.9	202.9	202.9	202.9	202.9		
所服务行业—增长/(下降)	10			(0.1)	8.8	17.0	24.8	35.4	12.9	3.3
畅销度—增加（减少）（包括新产品线拓展/收购）	11			(0.5)	18.8	27.2	36.2	45.1	16.4	3.6
价格上涨—本年至第五年	12		2.0	4.9	8.5	12.5	16.9	21.7	7.1	1.4
增量新产品：前五年推出	13		6.9	7.1	6.7	7.1	8.0	9.2	0.8	
本年至第五年推出	14		1.1	4.5	6.3	10.1	14.3	16.9	5.7	
货　币	15		9.3						−3.4	
其　他	16		0.4	0.8	0.7	0.9	1.0	1.1	0.3	
国际合计	17	204.3	222.6	219.6	252.7	277.7	304.1	332.3		8.3
总　计	18	568.0	552.2	565.6	642.7	703.2	764.6	827.9	100.0	8.4

图表 2 （续表）

				预 测						
		上年实际 FY1993	本年预期 FY1994	FY1995	FY1996	FY1997	FY1998	FY1999	五年增长来源 (%)	五年公司年增长率 (%)
	行 号	A	B	C	D	E	F	G	H	I
年增长率%—名义			−2.8%	2.4%	13.6%	9.4%	8.7%	8.3%		
差 距：										
15%目标—名义	19			635.0	730.2	839.8	965.7	1 110.6		15.0
销售差距—高于（低于）	20			(69.4)	(87.5)	(136.6)	(201.1)	(282.7)		
美国出口（不包含对境外子公司出口）	21	35.3	31.3	33.7	35.9	39.9	43.9	47.6		8.7
境外子公司（不包括对美国销售）	22	169.1	191.4	185.8	216.8	237.8	260.3	284.7		8.3

* 单位：百万美元（图表中所有数字均为虚构）。

资料来源：Charles F. Knight, “Emerson Electric: Consistent Profits, Consistently,” *Harvard Business Review*, January–February 1992, p. 64。经艾默生电气许可后使用，所有数字均为虚构。

（译者注：FY：财务年度）

图表 3 销售收入差距折线图根据其他目标预测销售收入增长

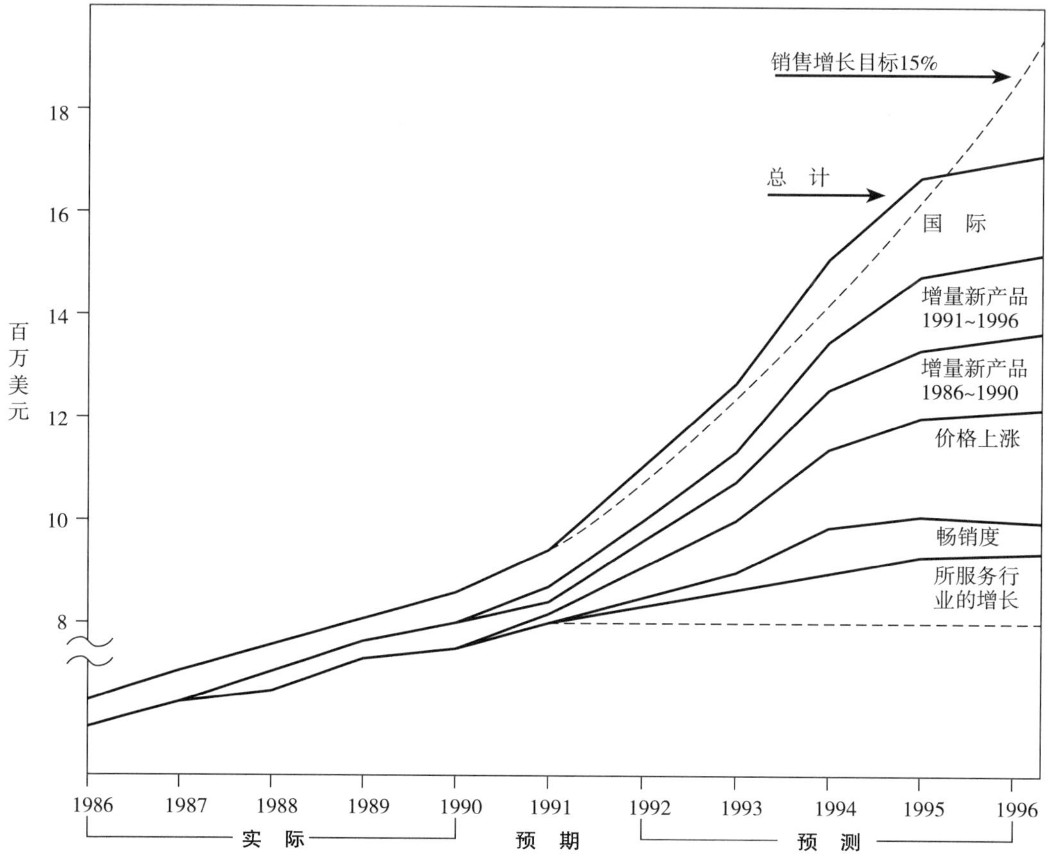

注：图表中所有数字均为虚构。

资料来源：Charles F. Knight, "Emerson Electric: Consistent Profits, Consistently," *Harvard Business Review*, January–February 1992, p. 65。经艾默生电气许可后使用。

制事业部和整个公司的利润，这不是艾默生电气的一贯做法。

八月，高级管理层要在公司总部将各事业部计划会议上提供的信息和财务数据总结合并，并予以审查。目的是为了检查全部数据，为公司范围的计划会议做准备。

九月，在下一个财务年度开始之前，要召开公司年度计划会议，由高级管理层和各事业部的高层领导出席。在会上，高级管理层将提交公司和事业部下一年的预测，以及未来五年的战略计划。会议被视作一种交流工具。人们会公开、坦诚地讨论各种成功故事、错失的良机，以及未来面临的挑战。

报告制度

在会上，首席执行官办公室将根据总裁经营报告（POR）评价事业部业绩。各事业部总裁都要按月提交总裁经营报告（参见图表 5）。这种报告制度不同于其他公司建立的预算报告。

图表 4 “5年前~5年后表”提供了11年的损益指标

		实际					本年	预测				
		5年前 FY 89	4年前 FY 90	3年前 FY 91	2年前 FY 92	1年前 FY 93	预期 FY 94	第1年 FY 95	第2年 FY 96	第3年 FY 97	第4年 FY 98	第5年 FY 99
	行号	A	B	C	D	E	F	G	H	I	J	K
订单数额	1143	71 363	77 057	92 716	100 164	126 591	128 247	142 612	157 972	173 743	189 856	207 133
销售积压的订单（年末）	1144	13 310	14 051	17 098	16 534	29 334	29 842	31 509	33 082	34 805	36 591	38 363
销售净收入	0001	71 163	76 316	89 669	100 728	113 791	127 739	140 945	156 399	172 020	188 070	205 361
年增长率												
%—名义			7.2%	17.5%	12.3%	13.0%	12.3%	10.3%	11.0%	10.0%	9.3%	9.2%
%—实际							11.3%	7.8%	8.4%	6.7%	6.8%	6.1%
销货成本	0009	36 802	39 382	46 487	51 593	60 003	67 651	74 432	82 109	89 966	98 173	106 997
占销售收入%		51.7%	51.6%	51.8%	51.2%	52.7%	53.0%	52.8%	52.5%	52.3%	52.2%	52.1%
毛利润	0010	34 361	36 934	43 182	49 135	53 788	60 088	66 513	74 290	82 054	89 897	98 364
占销售收入%		48.3%	48.4%	48.2%	48.8%	47.3%	47.0%	47.2%	47.5%	47.7%	47.8%	47.9%
销售和管理费用	0011	21 773	22 558	26 246	29 941	32 163	36 150	40 169	44 887	49 714	54 366	59 555
占销售收入%		30.6%	29.6%	29.3%	29.7%	28.3%	28.3%	28.5%	28.7%	28.9%	28.9%	29.0%
经营利润	0012	12 588	14 376	16 936	19 194	21 625	23 938	26 344	29 403	32 340	35 531	38 809
占销售收入%		17.7%	18.8%	18.9%	19.1%	19.0%	18.7%	18.7%	18.8%	18.8%	18.9%	18.9%
其他费用（不包括利息）	0235	423	1 090	1 395	1 232	1 488	1 766	1 766	1 794	1 530	1 438	1 423
息税前收益	0240	12 165	13 286	15 541	17 962	20 137	22 174	24 578	27 609	30 810	34 093	37 386
占销售收入%		17.1%	17.4%	17.3%	17.8%	17.7%	17.4%	17.4%	17.7%	17.9%	18.1%	18.2%
利息支出（净额）	0230	(771)	(1 041)	(1 127)	(1 326)	(1 781)	(2 224)	(2 330)	(2 576)	(2 734)	(2 903)	(3 070)
税前收益	0015	12 936	14 327	16 668	19 288	21 918	24 398	26 908	30 185	33 544	36 996	40 456
占销售收入%		18.2%	18.8%	18.6%	19.1%	19.3%	19.1%	19.1%	19.3%	19.5%	19.7%	19.7%
所得税	0016	5 445	6 785	7 788	8 447	9 668	10 551	11 753	13 101	14 497	15 948	17 387
实际税率		42.1%	47.4%	46.7%	43.8%	44.1%	43.2%	43.7%	43.4%	43.2%	43.1%	43.0%
净收益	0017	7 491	7 542	8 880	10 841	12 250	13 847	15 155	17 084	19 047	21 048	23 069
占销售收入%		10.5%	9.9%	9.9%	10.8%	10.8%	10.8%	10.8%	10.9%	11.1%	11.2%	11.2%
总资本收益率	1324	20.4%	19.7%	20.3%	23.6%	23.8%	25.1%	26.1%	28.0%	30.1%	32.0%	33.9%
总资本收益率（不包括商誉）	1323	27.3%	28.0%	27.2%	30.6%	31.5%	32.5%	32.9%	34.7%	36.6%	38.3%	40.2%

* 单位：千美元（图表中所有数字均为虚构）。

资料来源：Charles F. Knight, “Emerson Electric: Consistent Profits, Consistently,” *Harvard Business Review*, January–February 1992, p. 66。经艾默生电气许可后使用，所有数字均为虚构。

图表5 事业部总裁经营报告——财务年度按季度编制/实际与预期（单位：千美元）

行 号	本 年								上 年
	实际/预期	占销售收入%	上月预期	占销售收入%	预 测	占销售收入%	实 际	占销售收入%	实际超出/低于预期%（上年）
第1季度（截至12月31日）									
1. 公司间销售收入	36		36		34		37		−2.7%
2. 销售净收入	29 613		29 613		29 463		25 932		14.2
3. 毛利润	14 065	47.5%	14 065	47.5%	13 790	46.8%	12 384	47.8%	13.6
4. 销售及管理费用	8 312	28.1	8 312	28.1	8 281	28.1	7 650	29.5	8.7
5. 经营利润	5 753	19.4	5 753	19.4	5 509	18.7	4 734	18.3	21.5
6. 息税前收益	5 280	17.8	5 280	17.8	5 048	17.1	4 343	16.7	21.6
第2季度（截至3月31日）									
7. 公司间销售收入	5		5		9		56		−91.1%
8. 销售净收入	33 324		33 324		31 765		22 661		25.0
9. 毛利润	15 283	45.9%	15 283	45.9%	14 812	46.6%	12 518	47.0%	22.1
10. 销售及管理费用	9 301	27.9	9 301	27.9	8 937	28.1	7 395	27.8	25.8
11. 经营利润	5 982	18.0	5 982	18.0	5 875	18.5	5 123	19.2	16.8
12. 息税前收益	5 785	17.4	5 785	17.4	5 612	17.7	4 918	18.4	17.6
第3季度（截至6月30日）									
13. 公司间销售收入	25		25		39		146		−82.9%
14. 销售净收入	32 845		32 845		33 424		30 678		7.1
15. 毛利润	15 353	46.7%	15 353	46.7%	15 664	46.9%	14 310	46.6%	7.3
16. 销售及管理费用	8 916	27.1	8 916	27.1	9 399	28.2	8 424	27.4	5.8
17. 经营利润	6 437	19.6	6 437	19.6	6 265	18.7	5 886	19.2	9.4
18. 息税前收益	6 126	18.7	6 126	18.7	5 645	16.9	5 378	17.5	13.9
第4季度（截至9月30日）									
19. 公司间销售收入	94		94		94		25		−76.0%
20. 销售净收入	36 611	46.7%	36 611	46.7%	35 722	47.1%	30 521	47.8%	20.0
21. 毛利润	17 109	28.7	17 109	28.7	16 832	28.1	14 576	28.5	17.4
22. 销售及管理费用	10 537	18.0	10 537	18.0	10 029	19.0	8 695	19.3	21.2
23. 经营利润	6 572	16.7	6 572	16.7	6 803	22.8	5 881	18.0	11.7
24. 息税前收益	6 122		6 122		8 146		5 498		11.3

图表 5 （续表）

行 号	本 年								上 年	
	实际/预期	占销售收入%	上月预期	占销售收入%	预 测	占销售收入%	实 际	占销售收入%	实际超出/低于预期%（上年）
财务年度（截至 9 月 30 日）									
25. 公司间销售收入	160		160		176		264		–39.4%
26. 销售净收入	132 393		132 393		130 374		113 792		16.3
27. 毛利润	61 810	46.7%	61 810	46.7%	61 098	46.9%	53 788	47.3%	14.9
28. 销售及管理费用	37 066	28.0	37 066	28.0	36 646	28.1	32 164	28.3	15.2
29. 经营利润	24 744	18.7	24 744	18.7	24 452	18.8	21 624	19.0	14.4
30. 息税前收益	23 313	17.6	23 313	17.6	24 451	18.8	20 137	17.7	15.8
31. 税前收益	25 154	19.0	25 154	19.0	24 771	19.0	21 918	19.3	14.8
32. 净收益	14 361	10.8	14 361	10.8	14 024	10.8	12 250	10.8	17.2
下一财务年度第一季度预期									
33. 公司间销售收入	67		65				36		86.1%
34. 销售净收入	32 830		32 311				29 613		10.9
35. 毛利润	15 142	46.1%	15 143	46.1%			14 065	47.5%	7.7
36. 销售及管理费用	9 179	27.9	9 217	27.9			8 312	28.1	10.4
37. 经营利润	5 963	18.2	5 925	18.2			5 753	19.4	3.7
38. 息税前收益	5 628	17.1	5 619	17.1			5 280	17.8	6.6

注：经艾默生电气公司许可使用。所有数字均为虚构。

首先，总裁经营报告包含三列“本年”数据。第三列数据（预测）反映事业部总裁与公司高级管理层在财务年度之初商定的计划。在整个财务年度期间，预测数据不会改动，并根据财务年度的预测数据评价总裁业绩。第一列报告整个季度的实际经营结果，或者本季度和未来季度的预期数额。事业部总裁可以每月更新预期季度经营结果。第二列报告“上月预期”，以便比较每月更新的预期结果与提交的上月总裁经营报告中的数据。更新的预期也要与预测数据进行比较。

其次，除了本年数据之外，总裁经营报告还列示上年实际经营结果。这样就可以比较本年截至本季度实际结果（或者未来季度的预期结果），然后报告超出或低于预期的百分比。在财务年度中期，下一个财务年度第一季度的预期数据也要列在总裁经营报告中。

公司高级管理层每季度与各事业部总裁及其首席财务官召开一次会议，审查最近一份总裁经营报告，监控事业部总体业绩。相关人员都非常重视这次会议，对预测数字的任何偏离都会引起密切注意。若一个事业部报告的经营结果和预期很差，那么有时高级管理层会下令实施备择计划。艾默生电气不向事业部分配公司管理费用，但是在财务年度末向事业部分配利息和税金。

薪酬制度

在一年之中，各事业部都要根据具体的业绩标准评估所有部门领导和高级管理层。具有很大潜力的人员会被分派一系列任务，发展自己的能力。人力资源被视作战略实施的一部分。此外，每个管理团队的人事档案都存放在公司总部。人事档案包括每位管理者的照片、职能、经验和职业计划。大约85%的升迁机会都涉及内部管理人员。

事业部的每位经理都发放基础工资和“额外工资”。“额外工资”基于依照事业部在某些可评价目标(基本销售收入、利润、资本收益率)上的业绩。额外工资数额在年初确定，如果事业部实现了目标业绩，就乘以1。乘数在0.35~2.0之间变化。如果业绩好于目标，就增加乘数。如总裁经营报告预测一栏所列示的，近几年来，销售收入和利润边际在计算薪酬目标时占50%的比重。其他因素包括存货周转率、国际销售收入、新产品推出，以及应收账款因素等。此外，公司高管还可以获得股票期权和五年业绩分享计划。

交流沟通

公司高管积极鼓励公开交流沟通。分部总裁和工厂经理定期召开员工会议，讨论企业和竞争的具体情况。作为一项衡量沟通的指标，高管觉得每位员工都应该能够回答关于本职工作的四个基本问题：

1. 您目前争取的成本节约目标是什么？
2. 竞争对象是谁？
3. 在过去6个月中，您见过管理层吗？
4. 您理解本职岗位的经济意义吗？

公司还对每位员工开展意见调查。分析后总结出趋势。有些工厂保留着过去20年间的调查数据。CEO要求每个工厂提交一份关于意见调查的总结。

近期事件

由于过去10年间在技术上投入了20亿美元，所以新产品占销售收入的比重从1983年的13%上升为1993年的24%。新产品被定义为在过去5年间推出的产品。在美国销售总收入中，约87%都是由国内市场上数一、数二的产品创造的。但是，投资界仍有些人不把艾默生电气视作技术先锋，而是视作一个高效的世界级制造商。尽管内部开发的新产品也在规划之列，但是，艾默生电气有时还是市场的后来者。例如：1989年，一个竞争者推出了一种低成本、手持超声波测量仪器。在72天内，艾默生电气就推出了自己的版本，成本比竞争者还低20%。艾默生电气的测量仪器还更便于使用，更可靠。在一年内，就成为最畅销的产品。

对于华尔街的一些观察家而言，似乎艾默生在降低其向美国家用电器及其他耐用消费品制造商供应产品的重要性，如电动机和阀门，而力求打入增长更快的全球市场。随着经济的复苏，艾默生电气可能会继续公司的收购战略，但把重点放在境外收购和跨国合资企业上。

最近的分层次组织结构会对规划和控制过程产生什么影响尚不清楚。事业部经理和高管之间再增设一级管理层可能会改变他们之间原来的关系。

思考题

1. 请评估首席执行官奈特先生为艾默生电气制定的战略。根据这项战略，评估本案例中所介绍的规划和控制系统。它的优点和缺点分别是什么？
2. 如果需要的话，您建议首席执行官采取哪些变革？
3. 八个事业部的经理应该在艾默生电气的规划和控制系统中发挥什么样的作用？

第 9 章

预算编制

本章和随后两章围绕本年经营的管理控制展开讨论。第 9 章介绍在一年开始之前发生的预算编制过程。第 10 章介绍在业绩产生之后如何评价财务业绩。第 11 章集中讨论如何利用财务和非财务信息进行业绩评价。

第 9 章首先介绍预算的目的，并区分预算与战略计划、预算与预测。然后讨论几种类型的预算，以及一般经营预算的一些细节。接下来的一节介绍编制经营预算的步骤。最后讨论预算编制过程的行为意义。

预算的性质

预算是组织实现有效的短期计划和控制的重要工具。经营预算通常跨度为一年，反映当年计划的收入和费用。它具有以下特点：

- 预算估计经营单元的利润潜力。
- 它以货币形式表示，但货币金额也可能由非货币数量支持（如：销量或产量）。
- 它通常跨期一年。若本行业受季节因素的严重影响，则每年可以编制两份预算。例如：服装公司一般都编制秋季预算和春季预算。
- 它是一种管理承诺。管理者同意为实现预算目标承担责任。
- 预算建议要经预算编制单位的上级审批。
- 一旦批准后，只有在规定条件下，才能修订预算。
- 实际财务业绩要定期与预算对比，并分析和解释差异。

编制预算的过程应该区别于：（1）战略计划；（2）预测。

与战略计划的关系

正如我们在第 8 章中所讨论的，战略计划是为实施组织战略而从事的计划项目的性质和规模的决定过程。战略计划和预算编制都涉及计划，但是这两种过程所涉及的计划活动的类型有所不同。预算过程跨期一年，而战略计划则跨期几年。战略计划先于预算编制，为编制年度预算提供了框架。从某种意义上讲，预算是组织战略计划的一角，是其中的一年，但是，出于本章后面将要讨论的种种原因，预算编制过程还不仅仅是从中切下的一角。

战略计划和预算的另一个区别在于，前者实质上是按产品线或其他计划项目构建的，而后者则是按责任中心构建的。由于计划项目的这种重新安排，所以与负责执行预算的责任中心相对应，同时，这也是必要的，因为人们将利用预算，在事前影响管理者的业绩，在事后评价管理者的业绩。

与预测对比

预算在几个方面都不同于预测。预算是管理计划，隐性的假设是预算编制单位——编制预算的管理者——将采取积极的措施使实际情况符合计划；预测仅仅是对未来最有可能发生什么的一种预言，并不表示预测者努力影响各项行为，以实现预测。较之预算，预测具有以下特点：

- 预测可以以货币形式表示，也可以不以货币形式表示。
- 它可以跨任何期间。
- 预测者不承担实现预测结果的责任。
- 预测一般不须经上级审批。
- 一有新信息表明条件发生了变化，就要更新预测。
- 一般定期正式分析偏离预测的差异。

例如：司库办公室帮助现金计划制定的预测。这种预测包括估计销售收入、费用，以及其他任何影响现金流的项目。但是，司库不承担使实际销售收入、费用及其他项目符合预测的责任。现金预测无须最高管理层明确。它可以每周，甚至每天都变化，无须经上级审批。通常实际和预测之间的差异也不进行系统分析。

从管理的角度来看，财务预测仅是一项计划工具，而预算则既是一项计划工具，又是一项控制工具。所有预算都包含预测因素，因为预算单位不能为影响其实现预算目标的能力的某些事件承担责任。但是，如果预算单位每个季度都可以不经正式审批就能够改变所谓的预算，那么这样一份文件实质上就是预测，而不是真正的预算。它不能用于评价和控制，因为，在年末，实际结果总会等于修订后的预算。

预算的用途

编制经营预算具有四个主要目的：（1）修订战略计划；（2）帮助协调组织各部门之间的活动；（3）向管理者分派责任，授权管理者支出限额，告知管理者希望其实现的业绩；（4）获得一个作为评价管理者实际业绩的基础的承诺。

修订战略计划

正如我们在第 8 章中所讨论的，战略计划具有下列特点：它是在年初制定；它是根据当时可获得的最佳信息制定的；它的制定只涉及个别管理者；它是以相当广义的形式表述的。预算则是在预算年度开始之前编制完成的，它有机会利用最新的信息，并且是基于组织上下各个级别的管理者的判断。“粗略”预算可能揭示，组织或组织的一个经营单元的总体业绩不太令人满意。如果是这样，预算编制就提供了一个在承诺预算年度采取某种经营方式之前提高业绩的决策机会。

协　调

组织中每个责任中心的经理都参与预算编制。因此，当管理人员把各个预算组合成一个总体计划时，就会出现不一致。最常见的是生产部门的计划可能与计划的销售数量不一致，无论是总体销量，还是某个产品线的销量。在生产部门内部，产成品发货计划可能与工厂或工厂的一个部门为这些产品提供零部件的计划不一致。还有一个例子，就是直线部门可能预期辅助部门提供更高水平的服务，但却超出了辅助部门的计划。在预算编制过程中，要明确这些不一致，并予以解决。

分派责任

经批准的预算应该明确每个经理的责任。预算还授权责任中心经理按规定用途花费规定限额的资金，无须经上级审批。

业绩评价的基础

预算反映预算编制单位对其上级的承诺。因此，它是评价实际业绩的标杆。如果它所基于的假设发生变化，那么承诺也要相应改变，但是预算仍不失为评价业绩的最佳起点。预算为组织的每个责任中心分派责任。在最高层，预算总结把责任分派到各个利润中心。在利润中心内，预算把责任分派到各职能领域(如营销)。在职能领域内，预算又把责任分派到各个责任中心(如：营销部门的地区销售办事处)。

实例　SMH 公司（Swatch 和 Omega 手表的制造商）的首席执行官尼古拉斯·哈耶克就以奇迹般地

扭转 SMH 公司，以及复兴瑞士钟表行业而闻名遐迩。在这个复兴过程中，尼古拉斯·哈耶克把预算作为一整套管理工具中的一部分。哈耶克说："我们坚决信奉分权制。这个公司有 211 个利润中心。我们为各利润中心都制定了严格的、近乎苛刻的预算。我本人也参与主要利润中心的详细预算审查。然后我们就密切追踪业绩。我们在下月 6 号就能获得所有利润中心的月度销售数字。我们在 10~15 天后就能编制出损益表。如果发现任何异常现象，我们就迅速、果断、直接地做出反应。"[1]

经营预算内容

图表 9.1 列示了一般经营预算所包含的内容，并把经营预算与其他类型的计划文件进

图表 9.1 计划类型及其内容

战略规划	经营预算	资本预算
各主要规划项目的收入和费用	适用于整个组织或各经营单元	各主要资本项目均单独列示
不必按责任中心划分	按责任中心划分	
不像经营预算那样详细	一般包括： 收 入 生产成本和销货成本 营销费用 物流费用（有时） 管理费用 研发费用 所得税（有时） 净收益	
更多的费用是变动费用	费用可以是： 弹性的 自主性的 规定的	
跨期几年	跨期一年，按月或季度编制	
与经营预算完全保持一致	与战略规划完全保持一致（除非修订）	按季度汇总的项目支出

经营预算、资本预算 → 现金预测
预算资产负债表

1. William Taylor, "Message and Muscle: An Interview with Swatch Titan Nicolas Hayek," *Harvard Business Review*, March-April 1993, p. 110.

行对比，即战略计划和资本预算、现金预算，以及预算资产负债表（将在后面一小节中介绍）。数额就是当年的计划金额，还有数量（如员工数量）和销量。

经营预算类别

在较小的组织里，尤其是没有经营单元的组织里，整个预算可以囊括在一页纸上。但在较大的组织里，一般包括一页总结，几页各经营单元的详细预算，研发、管理费用预算。首先要列示收入项目，不仅因为它是损益表的第一项，而且因为预算收入金额影响许多其他项目的金额。

收入预算

收入预算包括销量预测乘以预期销售价格。在利润预算的所有要素中，收入预算是最关键的，但也是最具不确定性的要素。公司不同，不确定性的程度也各异；即使同一个公司，不同的时间，不确定性的程度也各异。积压了大量订单的公司，或者销量受生产能力约束的公司，较之销量随市场的不确定性影响的公司，销售预测就具有更多的确定性。收入预算通常基于对销售经理无法负责的一些条件的预测。例如：在编制收入预算时，必须预测经济状况，但是营销经理显然无法控制经济状况。但是，有效的广告、优质的服务、最佳的质量、训练有素的销售人员也会影响销量，而营销经理是完全可以控制这些因素的。

预算生产成本和销货成本

尽管教科书一般都解释说，直接材料成本和直接人工成本都是根据销售预算中包含的产量编制的，但是，在实践中，这往往不可行，因为这些细节都取决于所要制造的产品的实际组合。相反，标准产品组合在计划生产水平下的标准材料和人工成本则常常反映在预算中。生产经理要计划材料和人工的数量，他们可以为交货时间长的项目编制采购预算。他们还制定生产计划，以确保能够获得生产预算产量所需的资源。

生产经理制定的预算成本可能在产品数量上与销售预算所反映的不同。二者之间的差异反映产成品存货的增减。但是，在汇总预算中报告的销货成本是预算销售的产品的标准成本。同样，批发和零售业中的预算销货成本未必是预算年度要采购的产品的成本。对采购数量的控制是通过预算年度“准许采购”的具体授权实现的，而不是通过预算中所反映的数量控制的。正如制造业公司那样，采购和销售之间的差异反映存货的增减。

营销费用

营销费用是为了销售产品而发生的费用。预算中的大部分营销费用可能都是在预算年度开始之前发生的。如果预算计划销售机构设置一定数量的销售办事处，并配备规定数量的人员，那么就必须在预算年度开始之前做好对开办或关闭办公室，以及招募和培训新员工（或者解聘员工）的计划。广告必须在发布前几个月就事先准备好，并提前几个月与媒体签订好合同。

物流费用通常与为争取订单而发生的费用分开报告。物流费用包括订单录入、仓储和提货、向客户运货，以及回收应收账款等。从概念上讲，这些费用的性质更像生产成本，而不是营销费用，也就是说，其中许多费用都是技术性成本。但是，许多公司都把他们涵盖在营销预算中，因为他们往往是营销机构的职责。

管理费用

这些是行政管理部门的管理费用，既包括总部，也包括经营单元。从总体上讲，他们是酌量性成本，但也有一些费用是技术性成本，如会计部门的记账费用。在编制预算时，人们对这类费用给予了很高的关注，因为他们是酌量性成本，批准多少预算才恰当，总会引发很大争议。

研发费用

研发费用预算一般采用两种方法中的一种，或二者兼而有之。一种方法是聚焦在总量上。这可能是现有的支出水平，根据通货膨胀进行调整；也可能数额更大，因为人们认为，如果公司期望销售收入增长，或者如果有一个开发新产品或新工艺的良机，那么就可以在繁荣时期投入更多的研发费用。另一种方法是汇总经批准的各个项目的计划研发费用，此外还要考虑一些可能从事的工作，即使目前尚未明确。

许多公司都决定按销售收入的一定百分比投入在研发上，但是这个比例是基于长期平均值，即研发支出不会受销量短期波动的影响。让研发支出反映短期波动可能会给研发机构造成不利影响。招募和组织研发人员是一项艰难的任务，如果研发支出在短期波动，就可能造成效率低下。

所得税

尽管报表的底线是税后收益，但是有些公司在编制经营单元的预算时并不考虑所得税。原因在于所得税政策是由公司总部制定的。

其他预算

尽管我们主要讨论经营预算的编制，但是完整的预算还包括资本预算、预算资产负债表和预算现金流量表。有些公司还编制关于非财务目标的报表。

资本预算

资本预算反映经批准的资本项目，以及无须高层批准的众多小项目的一揽子支出。它通常由不同人员与经营预算分开编制。在预算年度，组织各个层级都要考虑并提出资本支出建议，有些最终会获得批准。这是战略计划过程的一个组成部分。

在预算期间，经批准的项目被汇总为一个整体，综合起来考察。结果可能表明总额超出了公司打算投入资本项目的数额。如果是这样，有些项目就要砍掉，有些项目规模就要缩减，有些项目就要被延期。对于保留的项目，要估计每个季度需要花费的现金。这是编制现金流量表所必要的。

预算资产负债表

预算资产负债表反映涵盖在经营预算和资本预算中的决策对资产负债表的影响。从总体上讲，它不是管理控制工具，但是其中有些部分有助于控制。若经营经理能影响存货、应收账款、应付账款的水平，则通常要对这些项目的水平负责。

预算现金流量表

预算现金流量表反映预算年度的现金需求有多少由留存收益提供，有多少必须通过借款或其他外部来源获得。当然，这对财务计划至关重要。正如它的名称所表明的，现金流量表反映预算年度现金的流入和流出，通常按季度编制。此外，司库还必须估计月度（甚至更短的期间）现金需求，作为计划信用额度和短期借款的基础。

目标管理

管理者应该负责在预算年度实现的财务目标是由上述预算制定的。预算中还隐含着一些具体目标：设置新的销售办公室、引入新产品线、员工再培训、安装新的计算机系统等。有些公司明确了这些目标。在文献中，明确这些目标的过程称为目标管理。如同预算一样，只要有可能，就要以数量形式制定各责任中心的目标，并由负责的管理者做出承诺。如果可以以数字表述非财务目标，那么他们就能在激励管理者、评价管理者业绩方面发挥有益的作用。

遗憾的是，有些目标管理（MBO）系统与预算编制过程割裂开来。部分原因在于目标管理最初是人事管理教材和文章的作者所倡导的，而财务预算则是管理会计教材所研究的领域。目标管理和预算编制应该是同一个计划过程的两个部分。

实例 李·亚柯卡曾在福特汽车公司应用目标管理，后来又在克莱斯勒公司采用。引用亚柯卡的话说："多年来，我经常问我的核心员工——我也要求他们问他们的核心员工几个基本问题：'你在未来90天的目标是什么？你的计划是什么？你的优先安排是什么？你的希望是什么？你如何实现他们？'这种季度审查制度能够使员工对自己负责。它不仅强迫每个管理者思考自己的目标，而且也是提醒人们不要丢失梦想的有效方式。[2]

预算编制过程

组　织

预算部门

管理预算控制系统信息流的预算部门，通常（但并非总是）向公司财务总监报告。预算部门履行下列职能：

- 颁布编制预算的程序和表格。
- 协调并逐年颁布公司范围的基本假设，作为预算的基础（如：关于经济前景的假设）。
- 确保信息在相关组织单元之间恰当地交流（如：销售单元和生产单元）。
- 协助预算编制单位编制预算。
- 分析提交的预算，并提出建议，首先向预算编制单位提出，然后向高级管理层提出。
- 管理预算年度的预算修订过程。
- 协调基层预算部门的工作（如：经营单元预算部门）。
- 对比预算，分析报告的业绩，解释经营结果，并为高级管理层编制总结报告。

在计算机的帮助下，尤其是在互联网的帮助下，这些职能都可以更精确地履行，很少出现誊写和计算错误，而且更快捷。但是，仍需要制定决策，需要个人之间的互相协作，这一点始终未变。

预算委员会

预算委员会由高级管理层组成，如首席执行官、首席运营官、首席财务官等。在有些公司，首席执行官自行决定，不设委员会。预算委员会发挥着至关重要的作用。它审查每项预算，然后批准，或予以调整。在大型多元化经营的公司中，预算委员会可能只与负责

2. Lee Iacocca, Iaccoca, *An Autobiography* (New York: Bantam Books, 1984), p. 47.

运营的高层管理者接触，共同审查一个经营单元或一组经营单元的预算。但是，在有些公司，每个经营单元的经理都要与预算委员会接触，提交他或她的预算建议。通常，预算委员会必须审批在预算年度中对预算做出的重大修订。

发布指南

如果公司建立了战略计划过程，那么战略计划的第一年（通常在夏季批准）就是预算编制过程的开始。如果公司没有战略计划，那么管理层就必须按第 8 章所介绍的方式思考未来，作为编制预算的基础。

与预算编制不同，战略计划的制定通常不涉及基层责任中心的管理者。因此，无论是否有战略计划，预算编制过程的第一步都是制定管理预算编制的指南，并下发给所有管理者。这些指南是战略计划中所隐含的，并对战略计划制定以来发生的任何变化进行指导修订，尤其是对公司截止本年的业绩，以及公司目前的前景。所有责任中心都必须遵循指南中的一部分，如总体通货膨胀假设，以及对工资等具体项目的通货膨胀假设；关于可以晋升多少人的公司政策；每个工资级别的薪酬，包括员工福利；可能停止招募新员工。其他指南则是针对某些责任中心的。

预算人员制定指南，然后提请高级管理层审批。在有些情况下，在指南审批之前，基层管理者可以进行讨论。预算人员还为预算编制过程的每个步骤制定时间表。然后预算部门把这份材料下发组织的各个部门。

最初的预算建议

责任中心的管理者根据指南在预算人员的帮助下编制预算。因为大多数责任中心都是以目前拥有的同样的生产设备、人员及其他资源开始一个预算年度的，所以预算都基于现有水平，然后根据指南予以修订。现有经营水平的变化可以划分为：（1）外部力量的变化；（2）内部政策和实务的变化。他们包括，但不局限于下列因素。

外部力量的变化

- 总体经济活动水平的变化会影响销量（如：预期对产品线的需求的增长）。
- 预期购进材料和服务的价格变化。
- 预期工资水平的变化。
- 预期酌量性成本的变化（如：营销、研发以及管理费用）。
- 销售价格的变化。这些经常相当于相关成本变化的总和，它假设成本的变化能够由销售价格来弥补，因为竞争者也会经历同样的变化。

内部政策和实务的变化

- 生产成本的变化，反映新设备和新方法。
- 酌量性成本的变化，基于工作量的预期变化。
- 市场份额和产品组合的变化。

有些公司要求按照上述原因对现有支出水平的具体变化分类。尽管这需要额外的工作，但是它却是分析变化有效性的一种有用工具。

协 商

预算编制单位要与上级讨论所建议的预算。这是预算编制过程的核心。上级力图判断每项调整的有效性。一般而言，首要的考虑是预算年度的业绩应该较本年度的业绩有所提高。上级知道自己在更高层级的预算过程中也是预算单位，因此必须准备维护最终商定的预算。

预算松弛

许多预算编制单位往往把收入预算编制得比最佳估计低些，把费用预算编制得比最佳估计高些。因此，这样编制出的预算对于他们而言就是一个较容易实现的目标。*预算数额与最佳估计之间的差额称为预算松弛*（*slack*）。在审查预算时，上级力求发现并消除预算松弛，但是这项工作很难。

审 批

提交的预算建议要在组织中逐级上报。在提交到经营单元的最高层时，分析师会把各项预算综合起来，审查总数。在部分程度上，分析师要研究预算是否一致，例如：生产预算与计划销量一致吗？服务和辅助中心计划提供的服务是所需要的吗？审查还要问一问预算是否能创造令人满意的利润。如果不能，就经常被退回重新编制。公司总部也会进行同类分析。

最终的审批由预算委员会向首席执行官提出建议。首席执行官还会把审批后的预算提交董事会批准。这一般发生在12月，恰恰在预算年度开始之前。

预算修订

预算管理中需要考虑的主要因素之一是预算批准后的修订程序。显然，如果预算单位可以随意修订预算，起初就没必要审批预算了。另一方面，如果预算假设证明是非常不现实的，以致比较实际数字与预算不再有意义，那么预算修订就是可行的。

预算修订一般分两大类：

1. 供系统性更新预算（比如说：按季度）的程序。
2. 供特殊情况下修订预算的程序。

如果预算修订仅限于异常情况，那么这种修订就应该予以充分审查。一般而言，不应轻而易举地获得修订预算的许可。预算修订应该仅限于已批准的预算太不现实，不再是一个有效的控制工具的情况下。也就是说，只有在情况较最初预算批准时存在的情况发生显著变化时，预算修订才是合理的。

实例　在 1995 年，邮资上涨了，服装需求下降了，纸的价格翻了一倍。一家价值 10 亿美元的目录销售公司——地之极公司选择削减邮购数量，以降低成本，而不是继续维持预算邮购数量。行业条件的显著变化要求地之极公司不得不改变计划。[3]

一项重要的考虑因素是不应该要求管理者遵循日后事件证明是局部最优的计划。这可能成为预算编制中最严重的问题。由于预算编制和审批的时间要求，预算必须在行为实际发生前几个月就对其计划。因此，管理层的行为必须基于最新信息，这一点至关重要。故而，管理者也应该依照最新的信息采取行动。业绩仍然按最初预算评价，但是允许对合理的差异做出解释。

或有预算

有些公司日常也编制或有预算，明确在销量较预算编制时的预期显著下降的情况下应采取的管理行动（如：销量较最佳估计下降20%时应采取的行动）。或有预算提供了一种情况发生变化时，迅速调整适应变化后的情况的方式。如果销量下降了 20%，经营单元的经理就能依照预先确立的或有预算，自行决定应采取的行动。

实例　一个大型多元化经营的公司要求各经营单元都编制或有预算。经营单元的预算都是以一系列的比较财务报表结束的，他们描述了如果销量降至预测的 60%或 80%，或者增至预测的 120%，估计产生的逐项影响。对于每个可能的销售水平，成本都划分为三大类：固定成本、不可避免的变动成本、自主管理费用。经营单元经理要说明在销量下降的情况下，他们为了控制就业、总资产以及资本支出而采取的具体行动，以及何时采取这些行动。

3. Susan Chandler, "Lands' End Looks for Terra Firma," *BusinessWeek*, July 8, 1996, pp. 130–31.

行为意义

管理控制系统的目的之一就是鼓励管理者既有效率又有效益地实现组织目标。下面就介绍编制经营预算时所需要考虑的一些激励因素。

参与预算过程

预算过程要么是“自上而下”的，要么是“自下而上”的。若是自上而下地编制预算，则高级管理层就为基层制定预算。若是自下而上地编制预算，则基层管理者就要参与制定预算。但是，自上而下的方法很少起作用。它会导致预算编制单位不负责任。这就会威胁计划的成功实施。自下而上的预算编制最有可能激发管理者实现预算目标。但是，除非认真控制，否则就会造成目标太易于实现，或者可能不符合公司的总体目标。

实际上，有效的预算编制过程通常综合两种方法。预算编制单位准备所负责领域的预算初稿，这就是“自下而上”的方法；但是，他们是根据高层制定的指南编制的，这又是“自上而下”的方法。高层管理者审查这些预算建议，并提出批评。务实的审批程序有助于确保预算编制单位不会在预算编制系统中敷衍塞责。但是，审查过程应该公正。如果上级变动了预算，那么他或她就应该尽力让预算单位信服这种变动是合理的。

研究表明，预算参与（即：预算编制单位既参与制定预算，又能影响预算的过程）对管理激励具有积极影响，原因有二：

1. 如果管理者个人能控制预算目标，而不是由外部强加的，那么人们就可能更愿意接受预算目标。这样个人就会为实现目标做出更大的承诺。
2. 参与式的预算编制可以产生有效的信息交流。经批准的预算得益于预算编制单位的专家经验和个人知识，因为他们最接近生产/市场环境。而且，通过在审批阶段与上级的交流，预算编制单位可以更清楚地了解自己的工作。

参与式的预算编制尤其有益于在动态、不确定环境中运营的责任中心，因为负责这种责任中心的管理者可能最了解影响自身收入和费用的变量。

预算目标的难度

理想的预算应该是既富有挑战性，又能实现。从统计上讲，这可以解释为经营良好的管理者至少有 50%的机会实现预算。Merchant 和 Manzoni 在对经营单元经理的一项实地研究表明，在实践中，经营单元预算的可实现程度通常远远高于 50%。[4] 高级管理层之所以为经营单元批准可实现的预算，原因有几个：

- 如果预算目标太难，就会激励管理者采取短期行为，可能不符合公司的长期利益。可实现的利润目标是把这种失效行为控制在最低限度的一种方法。
- 可实现的预算目标不会激励管理者为实现预算而操纵数据（如：保修、坏账、存货报废等或有负债计提的准备不足）。
- 如果经营单元利润预算反映可实现的目标，反过来，高级管理层就可以把利润目标透露给证券分析师、股东以及其他外部支持者，并对行为的正确性做出合理的预期。
- 难以实现的利润预算通常意味着过于乐观的销售目标。这可能导致为实现更高水平的销售而过多地投入资源。如果实际销售水平达不到乐观的目标，再缩减经营规模，无论从管理上讲，还是从政策上讲，都是令人尴尬的。
- 若经营单元经理能够实现，甚至超过预算目标，则会在公司内营造一种"胜利"的气氛，树立积极的态度。

可实现目标的局限之一在于，一旦实现了预算，经营单元的经理可能就不会再付出令人满意的努力。但是，可以通过奖励实际业绩超出预算的部分，克服这种局限。

如果经营单元经理实现的业绩超出了预算利润，高级管理层不应该自动地增加下一年的利润预算。如果这样做了，经营单元经理为了避免过大的有利差异，可能就不会尽最大努力。

高管参与

高级管理层参与是任何预算系统有效激励预算编制单位所必要的。管理层必须参与审批预算，审批不应仅停留在盖个章上。如果管理层不积极参与审批过程，就会诱使预算编制单位对预算系统"敷衍塞责"，也就是说，有些经理就会提交容易实现的预算，或者提交为或有事件留有过多余地的预算。

实例 把激励与公司预算联系起来就会导致不利结果。一个领先工业设备公司的管理者决心不遗余力地实现季度目标。他们把未完工的零部件运送至邻近客户的仓库，藉此实现销售。但是，由于在远距离的地点组装零部件增加了成本（仓库租金和人工成本），所以总体盈利能力下降了。

管理者可能通过制定较低的目标操纵预算。一个领先的饮料公司负责销售的副总裁低估节假日期间的饮料需求，藉此确保他能够超过设定的目标，实现自己的奖金。但是，他的决策造成计

---

4. K. A. Merchant and J. Manzoni, "The Achievability of Budget Targets in Profit Centers: A Field Study," *The Accounting Review* LXIV, no. 3 (July 1989), pp. 539–58

划不足，饮料公司无法满足需求，从而把收入拱手让给了竞争者。[5]

管理层还必须跟踪预算结果。如果最高管理层不对预算结果给予任何反馈，那么预算系统就不会有效地激励预算编制单位。

预算部门

预算部门具有特别棘手的行为问题。它必须详细分析预算，必须确保预算编制正确，信息准确。为了完成这些任务，预算部门有时必须以直线经理认为具有威胁性或敌意的方式行动。例如：预算部门会尽力确保预算不留有过多的余地（“含有水分”）。在其他情况下，预算单位对预算差异的解释可能隐匿了潜在的严重形势，或者大事化小、小事化了，当预算部门揭示了事实后，直线经理就会陷入尴尬的地位。预算部门必须微妙地处理帮助直线经理与确保预算系统的完整性之间的关系。

为了有效地履行自己的职能，预算部门的成员必须树立公正和公平的形象。如果没有这样的形象，即使不是不可能，他们也很难履行维持有效的预算控制系统的必要职责。当然，预算部门的成员应该具备有效处理人际关系所要求的个人技能。

量化技术

尽管数学技术和计算机技术改进了预算过程，但是他们仍不能解决预算控制的关键问题。预算编制中的关键问题往往是行为科学领域的。

模 拟

模拟技术可以构建一个真实情况下的模型，然后操纵模型，得出关于真实情况的结论。预算的编制和审批就是一个模拟过程。借助计算机模拟，高级管理层可以询问不同类型的变化会产生怎样的影响，并且几乎立即就能得到答案。这就为高级管理层提供了一个全面参与预算过程的机会。

市面上有几种计算机软件包。有些是针对工业的，其他则是一般用途的。大多数都要求适应公司本身的管理方式，而这个过程可能需要公司员工或管理顾问付出一年，甚至几年的不懈努力。在有些情况下，所得到的程序经证明太复杂，远远超出了管理者可承受的限度。但是，如果恰当考虑了管理者的需求，无论是预算单位的，还是高级管理层的，就会从所得到的程序中受益匪浅。

---

5. Michael Jensen, “Corporate Budgeting Is Broken—Let’s Fix It,” *Harvard Business Review*, November, 2001.

盈利能力估计

预算中的每个数字都是一个点估计，即是一个“最有可能的”数字。例如：销售估计是按所销售的每种类型的产品的具体件数表述的。点估计是实现控制目的所必要的。但是，为了实现计划目的，区间估计可能更有用。在预算暂时批准后，或许可以利用计算机模型替代每个主要的点估计的概率分布。然后，运行模型数次，就可以计算出预期利润的概率分布，用于计划目的。这种过程称为蒙特卡罗模拟法。

有些作者曾建议开始就利用概率分布编制预算，而不是利用点估计。也就是说，预算委员会将审批大量概率分布，而不是具体的数字。随后的差异分析将基于这些概率分布。但是，进行这些估计需要大量工作。而且，如果程序要求三个数字——悲观的、最可能的、乐观的，那么结果就可能是一个标准分布曲线，期望值等于最可能的数字。这还不如起初就估计最可能的数字，此外，从理论上讲，还要报告离散度。在任何情况下，概率预算都很少在实践中运用。

小 结

从某种意义上讲，预算就是战略计划中的一年。但是，它比战略计划编制得更详细，而且它的编制涉及组织的各个层级的管理者。经营预算反映各责任中心以及整个组织，在预算年度的收入和费用的详细情况。它是按责任中心编制的。预算编制过程始于颁布高管批准的指南。各责任中心的经理利用这些指南编制预算建议，然后提请上级审查，通过协商确定预算数字。在一项预算提交给经营单元或整个组织的最高层之后，分析师就会审查其是否一致，是否符合公司的整体目标。整个过程基本上都是行为性的。责任中心的经理必须参与预算编制过程，但是要受高管规定的条件的约束。参与式预算编制一般会使组织受益，因为管理者觉得自己可以影响预算编制过程。

推荐读物

Fisher, Joseph G., James R. Frederickson, and Sean A. Peffer. "Budgeting: An Experimental Investigation of the Effects of Negotiation." *The Accounting Review*, January 2000, pp. 93–114.

Frucot, Veronique, and Winston T. Shearon. "Budgetary Participation, Locus of Control, and Mexican Managerial Performance and Job Satisfaction." *The Accounting Review* LXVI (January 1991), pp. 80–99.

Govindarajan, Vijay. "Impact of Participation in the Budgetary Process on Managerial Attitudes and Performance: Universalistic and Contingency Perspectives." *Decision Sciences* 17, no. 4 (Fall 1986), pp. 496–516.

Hope, Jeremy, and Robin Fraser. "Who Needs Budgets." *Harvard Business Review*, February 2003, pp. 108–127.

Jensen, Michael C. "Corporate Budgeting Is Broken—Let's Fix It." *Harvard Business Review*, November 2001, pp. 94–103.

Moose, C. J. *Budgeting*. Vero Beach, FL: Rourke, 1997.

Penne, Mark. "Accounting Systems, Participation in Budgeting, and Performance Evaluation." *The Accounting Review* LXV, no. 2 (April 1990), pp. 303–14.

Rachlin, R. (ed). *Handbook of Budgeting*. 4th ed. New York: John Wiley & Sons, 1998.

———. *Total Business Budgeting*. New York: John Wiley & Sons, 1997.

Schick, A. *Modern Budgeting*. 1998.

Seitz, N. E. *Capital Budget and Long Term Finances*. New York: Harcourt, 1997.

案例9-1
纽约时报

《纽约时报》网站（NYTimes.com）的总经理斯科特·迈耶挂断了电话。他刚刚和丽萨·德塞斯托通过电话，丽萨是他在Boston.com的同事，也是总经理。Boston.com是新英格兰地区最大的门户网站，是《波士顿环球报》的网上家园。两个网站均由“纽约时报数字”（NYTD）经营，而NYTD是纽约时报公司的一个事业部。

时间是2001年9月27日。迈耶先生和德塞斯托女士都被两个半星期前恐怖分子袭击世贸中心和五角大楼以来的疯狂行动耗得精疲力竭。但是这个电话的主题完全是另外一个话题。公司安排明天在总部开一个会，议题将聚焦在纽约时报数字的组织结构可能进行的变革。

自然，这两位总经理很紧张。纽约时报数字已经在年初经历了两轮痛苦的裁员，因而正迅速地实现盈利。事实上，人们普遍预期本季度将是其首个盈利季度。经营正在有序进行。

迈耶先生和德塞斯托女士对各自职业的目前状态都十分满意。他们的许多同时代人在20世纪90年代中期获得MBA后纷纷跳进了互联网的狂热漩涡，而今却在严峻的人才市场寻找新的职位。相比之下，迈耶先生和德塞斯托女士不仅在互联网的幸存者中拥有一个富有挑战、回报丰厚的职位，而且他们也是一个声名显赫、万众敬仰的组织的一部分。他们认为现在不是进行重大变革的良好时机。

迈耶先生知道纽约时报数字事业部的CEO马丁·尼森霍兹将是第二天会议上纽约时报数字事业部的最有影响力的支持者。这两个人当然在会前有很多机会交谈，因为尼森霍兹先生的办公室就在距迈耶先生办公室最近的拐角处。由于希望在第二天的会议上提供一些意见，所以迈耶先生在思考，能为保留现有组织结构提出的最有说服力的观点是什么？

纽约时报公司

在2001年，纽约时报公司拥有多个媒体的产权，包括《纽约时报》、《波士顿环球报》、《伍斯特电讯报》，以及14份其他地方性报纸，主要是在美国南部地区。纽约时报公司还拥有几项广播媒体产权，占收入的5%，此外还有纽约时报数字事业部，占总收入的2%。

《纽约时报》力求为富有的、有思想的读者提供高附加值的内容。《纽约时报》品牌被认为是纽约时报公司最有价值的资产，它是通过多年一流的报道和分析，再加上营销和宣传，打造出来的。《纽约时报》曾荣获79次普利策奖，超过了其他任何报纸。

但是，这一年对于纽约时报公司，以及整个经济而言似乎都非常艰难，第二季度的年增长率仅为0.3%，显得疲弱无力。此外，9·11恐怖袭击又急剧地增加了人们的不确定感。

报纸的盈利能力对经济条件特别敏感。公司的广告商，也是公司最重要的客户，往往在经济低迷时期大幅削减广告支出。广告收入占到纽约

本案例由达特茅斯学院塔克商学院克里斯·特林布尔教授和维杰伊·戈文达拉扬教授编写。

时报公司总收入的65%。

上一年，在网络繁荣时期，纽约时报公司大幅增加了对纽约时报数字事业部的投入。但是，到2001年初，公司利润开始下滑，纳斯达克指数也跌至2000年3月时最高点的一半，因此，人们对纽约时报数字事业部累积的损失越来越不能忍受。

尽管纽约时报数字事业部在第二季度首次报告了正现金流，但是人们仍然认为，如果把纽约时报数字事业部与公司其他事业部更全面地整合，成本还可以进一步降低。9月28日的会议上将讨论重组纽约时报数字事业部的几项方案。

纽约时报数字事业部

截至2001年9月，纽约时报数字事业部已经建立并经营着两个网站：纽约时报网站（NYTimes.com）和波士顿环球报网站（Boston.com）。网站可以让读者通过互联网阅读《纽约时报》和《波士顿环球报》的全部内容（尤其是经常更新的爆炸性新闻）同时可以让读者使用一些新增加的互动性能。纽约时报数字事业部还负责管理公司的数字档案分销业务，它为研究和检索服务机构提供内容，如道·琼斯和Lexis Nexis。

纽约时报网站的新闻团队总共有几十个人(相比之下，《纽约时报》则拥有1 200名报纸记者)。这个团队负责为网站提供全部内容。

新闻团队的一部分要与一个专门的“不间断新闻台”协调，它安置在《纽约时报》的新闻编辑室，向《纽约时报》的编辑报告，但是由纽约时报数字事业部提供资金支持。这个新闻组负责在来自世界各地的新闻报导中融入《纽约时报》的风格和观点，在新闻发生当天以最快的速度发布在网站上。偶尔，纽约时报公司也会选择首先在网站上发布独家报道，因为害怕被广播媒体“挖走”，而网站则不受出版时间的限制，可以随时发布。

除了与“不间断新闻台”协调之外，新闻编辑室还把为《纽约时报》采写的全部内容重新编辑，使之适宜于互联网。在实践中，这就意味着更换标题，添加超链接，缩放图片，改变文字说明等。来自各合作伙伴的内容，如美联社和哥伦比亚广播公司的市场观察，也整合进网站。复杂的信息技术系统使报纸内容转化为网站内容的大部分过程都自动化了。

新闻团队不仅仅是重新编排文章的格式，发布在互联网上。他们还努力寻找新颖的方式充分利用互联网媒介，包括幻灯片、音频和视频内容，以及互动专栏，如2002年盐湖城冬奥会专栏。

人们可以免费登录纽约时报网站。但是，要求用户注册，注册可以为纽约时报数字事业部提供网民统计信息。（由于互联网上有众多的新闻来源，人们可能认为强迫用户注册会冒很大的风险。事实上，另一个在线媒体网站就决定取消注册限制。）注册信息能够使纽约时报网站向目标受众发布广告。数字广告商非常注重这项能力。

尽管纽约时报网站正在尝试对特别内容收取订阅费，但是纽约时报网站几乎全部的收入都是由广告销售创造的。其中既包括展示广告，也包括分类广告。在线展示广告模式仍在发展，又出现了新形式的横幅广告的。

纽约时报网站管理自己的展示广告销售队伍。在有些情况下，纽约时报网站的销售代表和报纸的销售代表会一起联系客户。但是，大多数广告商都是要么选择这种媒体，要么选择那种。虽然其他互联网公司一般选择在线刊登广告，但是传统广告商仍然更习惯于印刷广告。

包括招聘广告的分类广告，由《纽约时报》的分类广告团队销售。公司鼓励他们“上行销售(upsell)”，从单一的印刷广告，到印刷广告加数字广告等任何可能的广告。

纽约时报网站能够追踪网站任何一部分的网页浏览。因此，可以不断获得关于哪些性能被使用了，哪些未被使用的反馈。网站还经常推出新产品，都是由销售人员、市场研究人员、软件开

图表 1 纽约时报数字事业部

经营结果（按年度）			经营结果（按季度）		
	收 入（百万美元）	损 失（百万美元）		收 入（百万美元）	损 失（百万美元）
1995	0.1	(11.4	99Q1	3.8	(5.1)
1996	6.0	(10.0)	99Q2	5.0	(4.6)
1997	10.1	(11.1)	99Q3	6.1	(8.1)
1998	14.2	(21.1)	99Q4	11.7	(14.2)
1999	26.8	(30.0)	00Q1	11.6	(10.0)
2000	49.9	(85.2)	00Q2	13.5	(15.5)
			00Q3	12.1	(20.0)
			00Q4	12.7	(39.7)
			01Q1	14.1	(7.6)
			01Q2	15.3	(1.8)

注：00Q4 收益反映与 Abuzz 收购关联的 2 270 万美元冲销。2001 年的经营结果包含数字档案分销业务创造的收入和收益。在 2000 年，纽约时报公司从这项业务中获得的收益为 1 590 万美元，收入为 1 680 万美元。

资料来源：SEC filings.

发人员、编辑人员以及总经理组成的跨职能团队创造的。

纽约时报数字事业部的财务报表如图表 1 所示。

发展纽约时报数字事业部

纽约时报数字事业部的管理方式，是在自《纽约时报》于 1995 年首次进入互联网行业以来六年期间内发展起来的。纽约时报数字事业部的发展涉及一系列决策，包括组织结构、领导风格、企业文化、人员配备、预算编制，以及绩效评价。

组织结构和领导风格

在 1995 年初，纽约时报公司信息系统部门的一名员工史蒂夫·鲁西阿尼坚信互联网将对企业产生巨大的影响。他的职责就是密切注意新兴技术，确保公司始终站在新趋势的前沿。

纽约时报公司派了 4 名员工——史蒂夫·鲁西阿尼、来自新闻台的 2 名员工、1 位广告经理，负责新的网站项目。他们投资于所谓的“内容铲出（shovelware）”，它只是使纽约时报公司把报纸上的内容“铲”到互联网上。

到 1995 年年中，纽约时报公司对互联网做出了更大的承诺。互动媒体专家马丁·尼森霍兹被聘为未来纽约时报数字事业部的总裁，那时，未来纽约时报数字事业部被称为纽约时报电子媒体公司，只有一个网站：NYTime.com。尼森霍兹先生的整个职业生涯都致力于互动媒体，包括此前曾在纽约大学担任研究工作，研究网络技术，还曾在广告公司 Ogilvy & Mather 任职 11 年，并在那里创建了首个致力于互动传媒的开发团队。

尼森霍兹先生向《纽约时报》的总经理和编辑报告。这是一项史无前例的行动，因为《纽约时报》如同大多数新闻机构一样，在编辑和业务之间建立了一座“长城”，以确保编辑的独立性。此后不久，长期从事外交事务编辑和外交通讯员的伯尼·沃兹曼被派来管理纽约时报网站的编辑事务，沃兹曼曾在冷战时代的莫斯科呆过多年，是公司头版头条的记录保持者。

尼森霍兹先生回忆起早期纽约时报网站新闻团队的雄心壮志：

> 在我们还是报纸的一部分的时候，我们的新闻组就希望发展成为第二个新闻编辑室。他们觉得《纽约时报》新闻编辑室创立了报纸，也需要创立一个致力于网络的新闻实体。

在接下来的 4 年间，纽约时报公司稳步增加在线业务的投资。同时，纽约时报网站的新闻编辑室也缩小了自己的关注范围。尼森霍兹先生继续说：

> 现在，我们清晰地划分了各项职能。报纸做新闻业，因为他们拥有基础设施和编辑能力。我们这里所创造的是价值增值。除了全天候更新新闻之外，我们为新闻报道增加了特色和功能。我们还补充了从其他来源购买的数据库。从某种意义上讲，我们（纽约时报网站）是在经营软件，他们（报纸）则是在经营新闻。

作为报纸的一个有机组成部分，纽约时报网站在内部被认为是公司一个值得信赖的部分。如果它被组织成了一个独立的经营单元，直接向公司经理报告（例如：类似于广播产权），那么情况就可能不是这样。事实上，《纽约时报》的许多高级经理都不乐意把《纽约时报》这样一个无价的品牌委托给一个他们无法控制的经营单元。因为纽约时报网站由《纽约时报》的人员密切控制，所以它发展起来的价值观和企业文化都类似于报纸，同样也继承了这个历史悠久的公司的决策风格。

但是，1999 年，互联网的估值开始骤增，纽约时报公司的高级管理层开始意识到纽约时报网站投入的资源不足。此外，他们还担心关于网站发展方向的富有建设性的、富有创造性的对话不足。

虽然媒体网站的最终经营模式与以往一样仍不确定，但是许多人都觉得简单的报纸式的经营不能充分利用互联网的无限潜力。竞争者都在大力投入在线业务，投资者也在向任何能使收入增长的业务投钱，而无论成本有多高。

因此，纽约时报公司实施了两项决策。首先，在 1999 年 5 月，管理层创立了一个新的运营部门——纽约时报数字事业部（最初称为“时报公司数字事业部”），直接向公司报告，而不是向报纸管理者报告。其次，发行了“追踪股票”（tracking stock，一类特殊股票，从理论上讲，追踪公司内部一个事业部的业绩），从而使纽约时报数字事业部可以按互联网的估值募集资本，而不是按报纸的估值。[1]

虽然纽约时报数字事业部被创立为一个独立的经营单元，改变了其正式的报告制度，但是这还仅是非正式权力体系转型的开始。与《纽约时报》的关系在慢慢地、潜移默化地改变。

最初，压力很大，因为报纸不愿意把经营了 150 多年的品牌委托为一个独立的事业部。对报纸尤其重要的是，新的事业部在业务和编辑之间树立了一座“长城”。尽管存在压力，尼森霍兹先生还是逐渐建立了信任和独立性，从而可以使他游刃有余地在网站上尝试新的创意。

在 1999 年创立时，纽约时报数字事业部负责纽约时报公司的所有网站产权，包括纽约时报网站、波士顿环球报网站、今日纽约网站（NY-Today.com，城市地区的娱乐和活动指南）、高尔夫文摘网站（GolfDigest.com）、今日品酒网站（WineToday.com），以及 Abuzz（一个新的技术驱

1. 结果是，追踪股票从未发行。在 2000 年末准备好时，纳斯达克狂跌，高盛认为纽约时报公司发行新的股票可能不会收到好的效果。但是，这时纽约时报数字事业部已成立为一个独立的经营单元。

动型、自然语言问题网站，可以把用户与能回答用户问题的网页或其他用户联系起来）。把纽约时报公司的所有网站一股脑儿交给一个事业部的部分原因在于它能促进相互学习。

纽约时报数字事业部以分权制的组织结构按“网站联盟”经营了大约一年。在这种体系中，纽约时报网站尝试了几种组织结构。名称经常反映报纸的传统，比如“发行人”。但是，纽约时报数字事业部的管理层得出结论，传统的职责不适宜于新组织。

到 2000 年末，纽约时报数字事业部承受着越来越大的赢利压力。因此，管理层决定通过集中化经营提高运营效率。今日纽约网站和今日品酒网站被整合进纽约时报网站，而高尔夫文摘网站则与几种高尔夫相关的印刷杂志一起卖掉了。最终，纽约时报数字事业部确立了由总经理迈耶先生和德塞斯托女士负责日常经营的组织结构。包括销售、营销、技术和内容开发（除编辑决策外）等职能部门的领导都向总经理报告。

为了促进跨职能之间的协调，公司任命了几个产品经理，他们也向总经理报告。所谓“产品”，就是指任何包装内容、广告，以及实现网站的互动功能的方式。例如：最近推出的电子邮件产品“生意经”就是在并购记者的激励下发起的，他希望通过互联网为更多的潜在读者提供深度报道。产品经理协调与其产品相关的所有工作，同时征求销售、市场和技术部门的意见。他们会为新产品制定商业计划，如果获得总经理和高层的批准，就持续管理新产品。

反过来，总经理向一个 6 人高级政策委员会报告，它由首席执行官尼森霍兹先生领导。2001 年 9 月，纽约时报数字事业部内部一致认为这种组织结构运行良好。

企业文化和价值观

《纽约时报》沉溺于传统之中，经营非常保守。但是，在 1999 年年中分立之时，人们同心协力要在纽约时报数字事业部创建一种不同的“互联网文化”。纽约时报数字事业部负责人力资源和联络的副总裁缪瑞尔·沃特金斯回忆道：

> 我们希望传递一个强烈的信号，我们是一个截然不同的行业，一个截然不同的公司，我们有风格迥异的文化。我们希望招募与《纽约时报》的员工持不同价值观的员工队伍。所以我们实施了大量变革。我们成立了一个文化委员会，负责塑造我们是谁，或者我们希望成为谁，我们需要采取什么行动才能实现目标。

纽约时报数字事业部力求创建一种实验性的文化。官僚式的控制、程序和文书工作都控制在最低限度。有些规定和控制允许存在，但是决不会被认为一成不变的。事业部注重团队方式和开放精神。信息实现共享，决策实现透明。

在 2001 年 1 月，纽约时报数字事业部搬进了位于曼哈顿市中心的一座新建筑，距《纽约时报》总部约 10 个街区。工作环境的设计旨在强化纽约时报数字事业部的新文化。设计现代，从这点上讲，与公司总部迥然不同。办公区内设立了大面积的开放空间——“团队空间”，包括一个中央咖啡厅，以鼓励交流与合作。高级管理层的办公室都设置了玻璃幕墙，以增强开放感。

波士顿环球报网站实际上几年前就决定把互联网事业部搬到一个单独的地方。据德塞斯托说：

> 如果能拉开一英里远的距离，就是理想的——近得足以获得支持，但也远得足以拥有自己的企业文化，足以迅速制定决策。

如果为纽约时报数字事业部创建单独文化的决策具有显著的副作用，那就是与纽约时报公司其他部门的交流中开始带有“我们与他们”的色彩。倾注在网络上的所有媒体注意力都促使公司形成了一种内部观念，即：纽约时报数字事业部是企业的辉煌一页。但这种观念却增添了公司的紧张气氛。

员工招聘和薪酬

事业部修订了招聘政策，以支持创建不同企业文化的要求。在纽约时报数字事业部与《纽约时报》报纸分开之前，纽约时报网站的大多数人员都是内部调配的。纽约时报数字事业部新的招聘计划要求从纽约时报公司外部大量招聘。

在20世纪90年代末，技术岗位的就业市场竞争极其激烈。事实上，招聘的困难似乎成了纽约时报数字事业部增长的最大限制。即将发行的纽约时报数字事业部追踪股票的股票期权在吸引纽约时报数字事业部所寻求的人才（即年轻、聪明、志向远大，并且拥有网络经验）方面至关重要。养老金计划虽然在《纽约时报》备受推崇，但是却被纽约时报数字事业部从薪酬中取消了。

在经历2001年的两轮裁员之前，纽约时报数字事业部的员工已发展到近400人，其中不到四分之一都曾在《纽约时报》工作过。2001年9月，人们开始关注如何确保互联网相关技能和知识转移回《纽约时报》。

新的员工构成的确具有副作用。沃特金斯女士评论道：

> 我们聚集了一群雄心勃勃、敢闯敢干的人，他们都渴望承担责任，享受自治权。他们具有高度的自信。即使没有经验，也无关紧要。

尽管纽约时报数字事业部依然在成长，但是它却不能满足所有对创造力、自治权和管理权的需求。在这样一个趋向过度竞争的内部环境中，纽约时报数字事业部不得不建立一种比纽约时报公司更强势的、更具对抗性的领导风格。

预算编制过程

在纽约时报网站初期，它的预算编制过程完全纳入纽约时报公司的预算编制过程中。聘用尼森霍兹先生表明纽约时报公司对这个项目的承诺显著提高，因为他的到任，会为增加网站投资提供始终如一的支持——他直接向报纸发行人和总编辑负责。纽约时报公司的首席执行官拉塞尔·莱维斯回忆道：

> 在尼森霍兹先生执掌大权之际，我们知道他会说："听着，如果要我负责探索这个领域，那么我们就必须做出郑重的财务承诺。"从那以后，投入的资金节节攀升。

但是，尼森霍兹先生仍然觉得在许多方面受到了为大公司工作的束缚。他回忆道：

> 从业绩角度来看，我们没有达到我们应该达到的水平。我们没有足够的资源建设必要的基础设施。但是，如果一个人为大公司工作，你就要或多或少地掌握"什么是可能"的艺术。由于必须完成的工作就需要花费大量资金，所以我认为在1997年是不可能的。

纳斯达克市场的繁荣，以及纽约时报数字事业部从《纽约时报》的分离，显著地改变了预算约束。华尔街鼓励大力投资，竞争者似乎也在迅速发展。

纽约时报数字事业部投入巨资打造世界级的IT基础设施，致力于互动媒体，这是一个与支持报纸运营的IT系统迥然不同的IT系统。迈耶先生回忆起了这项建设：

> 纽约时报网站运行的IT基础设施与《纽约时报》的截然不同。建设网站的IT基础设施要求积累新的专业经验。因为从所需资本而言我们的项目比报纸项目小得多，所以，如果我们是报纸的一部分，就很难优先安排。分离出来之后，我们可以发展得更快。同时，作为纽约时报公司的一部分，我们又可以充分利用公司可以从供应商那里获得的更好价格。

纽约时报数字事业部建立了自下而上的预算

编制方法。尽管大多数新项目的创意都是经验丰富的经理和记者想出来的，但是组织上下都鼓励新内容和新性能方面的创意。为了促进创意的产生，纽约时报数字事业部不仅不断审查网站的浏览数据，而且鼓励撇开这项数据思考问题。这就意味着要确保创意不仅能吸引现有客户，而且能吸引潜在客户。

有前景的创意会下达给产品经理，由其负责跨职能征求意见，制订微型商业计划。然后由高级管理层团队采用净现值分析，并结合经验判断，评估计划。

由于互联网市场迅速发展变化的性质，预算和预测都有可能迅速变化，所以要每月更新。其中涉及大量猜测，特别是预测收入。这个过程仍然与公司的预算编制过程相协调，并且在公司层面制订财务目标。但是，公司预算要求较小的变化，并且要按更长的间隔期修订。

纽约时报数字事业部投资新项目的速度曾一度受到其招聘和培训新员工的能力的限制。高级管理层团队要对提交的建议安排优先顺序。

但是，在 2000 年末和 2001 年初，财务资源再次成为主要约束条件。华尔街以惊人的速度转变了观点，开始更多地基于盈利能力，而不是收入增长，来评估网络股。由于预见到这种形势所带来的压力，尼森霍兹先生主动与纽约时报公司商谈裁员的可能性。随后，纽约时报公司对纽约时报数字事业部的预算进行了一系列渐进式削减。一月和四月先后进行了两轮痛苦的裁员。因此，许多没有引起用户特别注意的服务和内容都被终止使用了。

纽约时报数字事业部面临着尽快实现盈利的巨大压力。具有很大投机性的项目建议——在一年内没有明确回报的项目，被迅速否决。但是与被视作报纸核心的编辑相关的项目，以及与纽约时报数字事业部的技术基础设施建设相关的项目得以保留。即使这样，项目建议也要经过严格审查，以确保以最低的成本达到《纽约时报》的品质。

绩效评价

各种因素塑造了纽约时报数字事业部如何经营的观念。在早期，尽管预算纳入了公司预算，但纽约时报网站独立核算损益。绩效评价主要是由下列问题驱动：

- 我们能容忍我们产生的损失吗？
- 我们存在重大经营问题吗？
- 对核心业务或核心品牌造成损害了吗？

在 1995 年，纽约时报公司制定了一个非正式的目标，即纽约时报数字事业部将在 5~6 年内盈利。随着时间的流逝，较之预测和预算，财务业绩有所提高，长期盈利前景有所改善，这在一定程度上影响了关于内部业绩的判断。纽约时报数字事业部的首席财务官艾伦·陶斯评论道：

> 财务业绩不是惟一的指标。我们一直评价受众面、浏览量，以及各种消费者满意度。尽管我们产生了损失，但是实现财务底线目标仍然至关重要。

财务目标是由纽约时报数字事业部与纽约时报公司的高级管理层在公司预算过程中商定的。这些目标往往聚焦在对公司最重要的指标上，他们会逐年变化，但取决于公司的战略和经济形势。

纽约时报数字事业部追踪股票的发行需要向公众公布大量信息，并吸引财经报纸的不断报道。因为纽约时报数字事业部的预算在迅速增长，所以它也引起了越来越多内部人士的关注。如同其他网络股一样，收入增长成为影响业绩观念的最重要因素。公司内部经常对比收入与预测、收入增长与竞争者收入增长。

这是一个动荡不定的时期，陶斯女士回忆道：

> 在 2000 年上半年，我们刚刚有所起色。收入比预算翻了一番，而且在不断扩大。我们当时的收入预测一点儿意义都没有——忽

> 高忽低。今年低得不得了，明年又高得不得了。预算转眼就过时。但是，我们仍然期望积极、有力地控制费用，实现我们的最低收益目标。

纽约时报数字事业部对整个纽约时报公司的影响也是一项需要考虑的重要因素，而无论是内部还是华尔街。迈耶先生评述道：

> 我们必须向其他事业部一样运营。公司为我们制定了目标，我们也同意实现目标。由于在接受这份工作之前曾在独立的网络公司干过两年，所以我能告诉你纽约时报数字事业部的评价和管理都更像一个传统媒体公司的一个经营单元。

尽管纽约时报数字事业部的盈利能力变得越来越重要，但是却不容易计算，因为纽约时报数字事业部与核心业务之间存在经营上的重叠。在有些情况下，会核算这种业务重叠，进行特殊的内部转让。例如：纽约时报数字事业部要为使用《纽约时报》的内容每年支付500万美元（甚至更多，取决于其总收入）。纽约时报公司的报纸发行部门是纽约时报网站的最大广告商之一。他们支付的广告费则在市场价格的基础上大打折扣。

但是，公司并没有尽力为其他业务重叠领域分配收入或费用。例如：纽约时报数字事业部认为，它对《纽约时报》的品牌价值具有不可估量的积极影响，尤其是在扩大其地域覆盖范围方面(纽约时报网站85%的读者都来自纽约市区以外，而报纸则只有45%)。更具体地讲，到2001年，在新订阅《纽约时报》的用户中，绝大部分是因为首先浏览了在线报纸后才订阅的，但是纽约时报数字事业部却没有收取任何佣金。另一方面，在2000年末，由于盈利大的数字档案分销业务从核心业务划归纽约数字事业部管理，从而大大改善了纽约时报数字事业部的财务状况。

由于一个从内部创办的新事业部的绩效评价存在种种模糊性，所以业绩观念也不仅仅取决于财务数据，或者其他量化指标。业绩观念是通过内部讨论和政治交涉形成的。纽约时报数字事业部与核心业务之间的关系健康与否具有重大影响。正如德塞斯托女士所说的，“和自己的表姐弟成为朋友是件好事。”

由于从2001年初开始，核心业务经历了广告低迷时期，所以维持健康的关系越来越具有挑战性。核心业务的员工为了保持盈利努力节约每一分钱。有些人开始对纽约时报数字事业部感到忿忿不平，认为事业部“损失了几百万，却安然无恙。”

但是，到2001年9月，纽约时报数字事业部似乎很快就能报告第一个盈利季度了。

与核心业务的冲突

2001年9月末，在高级管理层团队开会讨论纽约时报数字事业部未来的组织结构时，几个领域的摩擦成为人们最关注的问题。每个领域的摩擦都是因核心业务与纽约时报数字事业部在经营上的重叠产生的。

编辑业务与《纽约时报》品牌

纽约时报数字事业部的编辑业务及其对《纽约时报》品牌的潜在影响仍然是人们关注的领域。几十年来，报纸业一直都把编辑和经营分开，并把这一原则奉为圣经。之所以形成这样一条原则，是因为在行业初期，许多肆无忌惮的雇主会为了销售产品而不择手段。随着时间的推移，读者就对其失去了信任。纽约时报数字事业部的执行副总裁林肯·米尔斯坦介绍了这个行业是如何幸存下来的：

> 多年之后，发行人建立了真正尊重不同部门的独特职能的组织……他们小心翼翼地构建组织，以便尊重编辑独立性。因此，我认为，一般而言，报纸已经发展成了“一口深井”。我过去曾在新闻编辑室工作，我十分了解这些深井。

在实践中，尊重最严格意义上分家的组织，都禁止新闻编辑室的职员与组织的其他职员交流。纽约时报数字事业部最初创办时也尊重这项原则。

但是，随着纽约时报数字事业部取得越来越多的经验，人们也开始越来越多地质疑这项原则。纽约时报数字事业部的网站上新增添的许多创新型性能都是来自记者、市场人员、销售人员和技术人员的跨职能合作。迈耶先生评论道：

> 我们太多的成功都有赖于为在线媒体迅速打造了世界级的 IT 基础设施。要充分利用它，就必须通力合作。新产品的成功取决于利用技术创造更好的用户和广告商体验，而不仅仅是文本和图片。

“生意经”就是一个很好的例子，但是还有其他例子，包括正在建设的新的房地产特别报道，以及与新线影院（New Line Cinemas）合作宣传《指环王》电影三部曲的计划，事业部将创建一个涵盖广告、影评、关于托尔金（J.R.R. Tolkien）的历史故事和他的书等在内的一体化在线宣传包。

广告销售

整合公司销售业务从一开始就是一项挑战。纽约时报数字事业部受到极大的激励，开始向报纸的传统客户销售网站广告空间。但是报纸的销售队伍却心不在焉。

首先，他们也不了解新媒体。其次，他们与主要客户的关系是经过几年甚至几十年建立的，不愿意冒险让“网络宠儿”闯进来葬送了这些关系。第三，人们预期数字销售比报纸销售小得多，所以有些报纸销售代表免费赠送网站空间以推动印刷品广告销售也是有情可原的。第四，大多数客户还只是刚刚开始习惯于在网站做广告。它比众所周知的印刷媒体销售难得多。佣金报酬自然鼓励更容易、价值更高的销售。最后，客户与客户之间也不统一。有些希望只联络一个销售代表，讨论两种媒体上的广告；而其他的则喜欢分开销售，分开联络。

在 2001 年，尼森霍兹先生觉得大多数障碍都有效地克服了。但是，许多《纽约时报》的客户仍然选择不刊登在线广告。

分类广告销售的整合比较顺利一些。这里，《纽约时报》团队面临着来自新网站的真正威胁，如 Monster.com，他们成了报纸招聘广告的替代选择，并且深受欢迎。因此，如何通过整合传统分类广告和在线分类广告来创造价值已迫在眉睫。

波士顿网站和《波士顿环球报》的编辑和经营人员创造了一个成功的整合方案，称为“波士顿作品”。新品牌既包括招聘启事，又包括就业市场分析，同时刊登在印刷品和网站上。在《纽约时报》成立了一个分类广告领导小组。最终，销售印刷品和在线招聘分类广告的全部责任都交给了报纸。纽约时报数字事业部仍单独负责管理在线房地产和汽车分类广告。

订阅销售

最初，人们非常担心在互联网上免费提供报纸内容将会对订阅销售产生负面影响，尤其是对于发行人员。在收集了大量网站读者群和纸质印刷版的读者群的比较数据之后，这些担忧逐渐消除了。网站的读者群是一群截然不同的受众——较年轻、更富有、地域上分布更广。此外，调查和专项小组也都否定了人们对在线注册在蚕食订阅销售的担忧。因此，网站被视作一项有益的补充，而不是竞争对象。

事实上，到 2000 年年中，网站已经成为报纸新增订阅的第二大来源。它是尝试阅读报纸的重要机制，最终，许多读者都更希望拥有一份印刷版的报纸。但是，截至 2001 年 9 月，发行人员都是独立于纽约时报数字事业部工作的。

思考题

1. 请描述一下纽约时报数字事业部时至今日的发展。纽约时报数字事业部的战略是什么？组织结构和管理控制符合战略吗？
2. 纽约时报数字事业部对纽约时报公司其余部门有什么影响吗？
3. 纽约时报数字事业部的管理方式与风险投资公司管理初创企业的方式比较起来如何？您从这种对比中领略到了什么？
4. 纽约时报数字事业部的业绩的内部观念对其经营有什么影响？
5. 您会变革纽约时报数字事业部现行的组织结构吗？
6. 如果变革，您所建议的变革
   a. 会怎样影响纽约时报数字事业部的企业文化和领导风格？
   b. 会怎样影响纽约时报数字事业部的可能预算？
   c. 会怎样影响纽约时报数字事业部的绩效评价方式？
   d. 会怎样影响产生网站新创意的方式？

案例9-2

康宁微阵列科技公司

康宁微阵列科技公司（CMT）的总经理格雷格·布朗刚刚向他的团队宣布了一些坏消息。在2001年上半年，电信领域的需求一落千丈，而这占康宁集团销售收入的73%。因此，康宁集团无法再为新创建的康宁微阵列科技公司继续融资。他通知微阵列科技公司，他们必须设法用现有预算的一半，甚至不到一半，维持自己的项目。

布朗先生知道，再也没有什么情况能像制定大幅预算削减计划那样考验管理团队的凝聚力了。但是，自他于1999年11月接管这个充斥着冲突的企业以来，管理团队已经显著增强了。因为他已经承诺在接下来的两周出差，所以他把问题留给他们自己解决，并期望回来时看到详细的建议。

机会：满足基因研究人员的需求

2000年6月，科学界实现了一个重要里程碑，绘制完成了人类基因组序列图。但是，即使在这项重大突破之前，分子生物学家早就开始从事新的基因试验。他们从具有简单遗传密码的生物体开始，比如酵母，然后再发展到更复杂的基因组和人类脱氧核糖核酸（DNA）的部分序列。

一旦科学家绘制了完整的人类基因组序列图，从理论上讲，成千上万的新测试就成为可能。没有任何一个科学领域会像基因组这样爆炸性地发展。研究人员探索关于生命遗传基因的新知识，特别是疾病的遗传标记。他们期望开展与某种疾病相关的基因子集的实验。他们预见到了医疗上的革命。

基因实验涉及DNA相互作用程度的测量，所谓测量，就是比较实验样本和控制样本之间的不同。由于基因的复杂性，以及实验设备的不完美性，实验总是要进行多次，然后根据统计推断得出结论。物理学上要求的高验证标准在基因研究领域是不可能的。实验产生了海量数据，需要大量计算。

为了提高基因实验的速度和效率，研究人员采用便于批量测试的设备。其中一种设备就是DNA微阵列——一种包含数千个微小DNA样本的载玻片。一套完整的基因系统包括往微阵列上“印刷”DNA的机器人，光学扫描仪（测量反应中发出的光）以及专用计算机。截至20世纪90年代末，大多数技术还仍然是新的、不完全可靠的。

1992年创办的一个企业——昂飞公司（Affymetrix）供应整套系统（包括微阵列）并成为市场领袖。昂飞公司销售成套系统（要么全部购买，要么什么也不购买），但未必能与市场上的其他设备共同使用。没有任何其他公司销售成套系统。

许多实验室都选择“自印刷”，即从其他供应商采购零部件拼装自己的系统。他们都说昂飞公司的产品价格高，也提到自己组装的方式至少同样可靠，同时也抱怨由于昂飞系统的一些内部运行方式没有披露，他们无法实现所希望的灵活性和控制。

本案例由达特茅斯学院塔克商学院克里斯·特林布尔教授和高特姆·贝勒（2003级）编写。

但是自印刷也不太理想。在一定程度上，这样做可能会侵犯昂飞的专利权，昂飞公司拥有庞大的法律队伍来积极提起诉讼。采用自印刷的公司有时必须向昂飞公司支付特许权使用费，这也是昂飞公司的一项重要收入来源。康宁公司的一位分子生物学家威廉·霍尔博士对自印刷的另一个不利方面做出这样的评论：

> "研究人员没有时间或没有耐心管理用于印刷微阵列的设施。这不是花钱雇他们来要做的事情。他们不想不断地拼装基因，或者处理印刷所必需的酶。这一般是技术层面的工作。遗憾的是，这是一个精确的过程。你必须投入最好的研究人员。"

印刷微阵列成本高，耗时长。仅准备 DNA 就可能占用研究人员 20%的时间。

康宁生命科学事业部及其对微阵列的兴趣

几十年来，康宁生命科学事业部一直在制造实验室玻璃器皿，包括烧杯、烧瓶、过滤器、玻璃瓶、试管、U 形管、量筒、管阀、导管及阀门组件。这些产品的年增长率一般为 4%~8%。在 1993 年，康宁生命科学事业部约占康宁集团总收入的 2%。

那年夏天，为了促进生命科学事业部的增长，并且在高速增长中的生物技术行业及分子生物产品领域赢得一席之地，康宁集团收购了众星公司（Costar）。众星公司是位于波士顿地区的一个初创企业，制造高科技生命科学实验室使用的各种产品，公司享有创新的美誉。

康宁集团没有把众星公司的管理团队迁至康宁集团位于纽约州的总部，而是把康宁生命科学事业部的总经理爱德华·哈丁顿及其几位下属调到了波士顿地区。但是，收购极其艰难。两种文化从未完全融合。众星公司的许多员工觉得他们的创新精神受到了威胁。他们不想被一家大公司"吞掉"，他们不想"康宁化"。由于种种困难，康宁集团的公司经理们有时甚至认为应该把生命科学业务剥离出去，因为"它并非真正是我们的业务"。

在 1997 年，康宁集团委托一个咨询顾问团队明确各事业部的增长机会，并予以评估。除了其余七项潜在机会之外，顾问团队还鼓励康宁生命科学事业部调研基因组市场。

先前众星公司的一位研究人员——萨缪尔·金，已经开始着手开创这样一个项目。尽管他在激发纽约州科宁市总部的经理们的兴致方面遇到了种种困扰，但是，他还是成功地争取到了康宁集团在法国的枫丹白露研究中心（FRC）的商业开发和研究人员的参与，从枫丹白露研究中心获得了进一步调研的融资支持。枫丹白露研究中心在开发光纤方面发挥了实质性的作用，现在正力图重新确立它在康宁集团内的重要地位。

在接下来的一年，即 1998 年，第二次顾问研究对基因组机会描绘了一幅更加详细的图画，确定了价值主张，并提出了未来有可能开办的三条生产线的最初商业计划。第一项是*微孔板*，一种供单细胞测试用的可调小的塑料板。康宁生命科学事业部已经采用有限的方式启动了这项商业计划——这项研究证实了它的潜力。第二项是 DNA 微阵列，康宁集团随后为其做出了更大的财务承诺。第三项是所谓的"直接结合分析"的基因组处理的产品，被推迟了。

在评估微阵列市场前景时，顾问和康宁集团的经理们得出一致结论，即公司拥有赢得独特竞争优势的各种能力。现有的供应商都是生命科学领域的专家——事实上，昂飞公司的几乎整个管理团队都拥有分子生物学的博士学位。但是，根据康宁集团与研究人员的谈话，我们可以得知，掌握印刷工艺是微阵列行业最具挑战性的方面。

印刷似乎是最适合康宁集团能力的制造工艺。他们在专用玻璃制造方面拥有无与伦比的专业经验。而且在其他商业线，他们还在微阵列生产的三个关键领域积累了专家经验——在玻璃上加特种膜、按微米尺度控制液体流动、不断改进微制造工艺。（印刷微阵列就是把成千上万个微小的液态 DNA 样本精确地固定在具有特种粘膜的玻璃上。）

提案非常简单。康宁集团将以低成本大规模生产可靠的微阵列。事实上，康宁集团认为他们能够开发出速度比昂飞公司快 10 倍的印刷微阵列技术。而且，他们认为他们能够开发具有一定质量、能显著降低基因组实验差异的印刷工艺。顾问们对医药行业的基因组研究人员进行了深入全面的访谈，得出的结论是，这项提案实际上非常有价值。

在这个过程中，他们期望促进生命科学事业部的发展，甚至期望创造下一个“大赢家”，即：与康宁光纤业务同样巨大的一次成功。基因组市场预测将在 10 年内增长至几十亿美元。由于意识到他们能分配给新企业的总资金有限，所以康宁集团砍掉了能源领域的一项投资，因为集团认为这项投资的回收期更长。

在继续讲康宁集团如何从 1998 年起打造了一个追求微阵列发展机会的企业集团之前，有必要了解一点儿康宁集团的历史、组织结构及其创新方式。

康宁集团：1851~2001 年

康宁集团考虑进入一个诸如基因组之类的全新市场并不奇怪。公司已经实现了多次再造，并且通过再造，存活的时间比一般公司都长得多。

创新——具体而言，就是不断根据玻璃和陶器领域的尖端研究推出新产品——一直是康宁集团的战略核心。康宁集团的许多创新只不过是改进现有产品，或者在现有市场推出新产品。但是，在其发展历史上，康宁集团大约每 20 年就成功地为强劲增长创造一个全新的平台。

例如：在 19 世纪 70 年代，康宁集团进入了灯泡这个新兴的市场，到 1908 年，灯泡占康宁集团收入的一半以上。康宁生命科学事业部于 20 世纪 20 年代开发的玻璃器皿技术（品牌是 Pyrex®）最终成了炊具消费品发展的一个平台。在 20 世纪 70 年代，遵照美国的清洁空气法规，康宁集团发明了首个用于催化式排气净化器（净化汽车尾气）的陶瓷基板。

康宁集团往往会剥离成熟的事业部。在 2002 年，它就不再制造灯泡或炊具。

在 20 世纪 80 年代，康宁集团推出了现代电信和计算机网络的中枢——光缆。这是康宁集团“又一次大革命”。到 20 世纪 90 年代中期，光缆的销售收入使康宁集团股票的价格猛涨。到 2000 年，电信事业部的销售收入惊人地占康宁集团收入的 73%，净收益占 69%……

光纤领域的成功导致了重大组织变革。康宁集团的非电信事业部都重新组建为康宁集团的一个独立事业部，称为“康宁科技”（参见组织结构图，见图表 1）。这个事业部的大多数业务专门供应汽车和能源领域的制造商，或者计算机显示器的制造商。这些业务并不拥有光纤市场那样的爆炸性增长潜力，但是也是能合理预测的。康宁生命科学事业部也是康宁科技的一部分。

康宁科技的总裁马丁·福特这样描述本事业部的战略：

> “我们的商业模式很简单。我们通常在技术上是求过于供的市场，向原始设备供应商提供我们首先开发的零部件。我们通常也是一个一流的供应商，即使不是，也被视作一流的供应商。我们拥有强大的知识产权。我们持续创新，满足不断变化的消费者需求。然后，我们寻求我们所开发技术的应用分支，服务其他市场。这就是我们所做的。”

康宁集团精心维护高品质的美誉，研发人员也理解在第一时间开发出正确的产品的重要性，这种偏爱因 20 世纪 80 年代的一项质量倡议而得到了巩固。康宁集团的业务所面临的威胁通常都是间接的，多来自淘汰其产品的替代技术或技术进步。例如：更先进的内燃机技术有一天可能会淘汰催化式排气净化器。政府法规的变动有时也

图表1 组织结构图

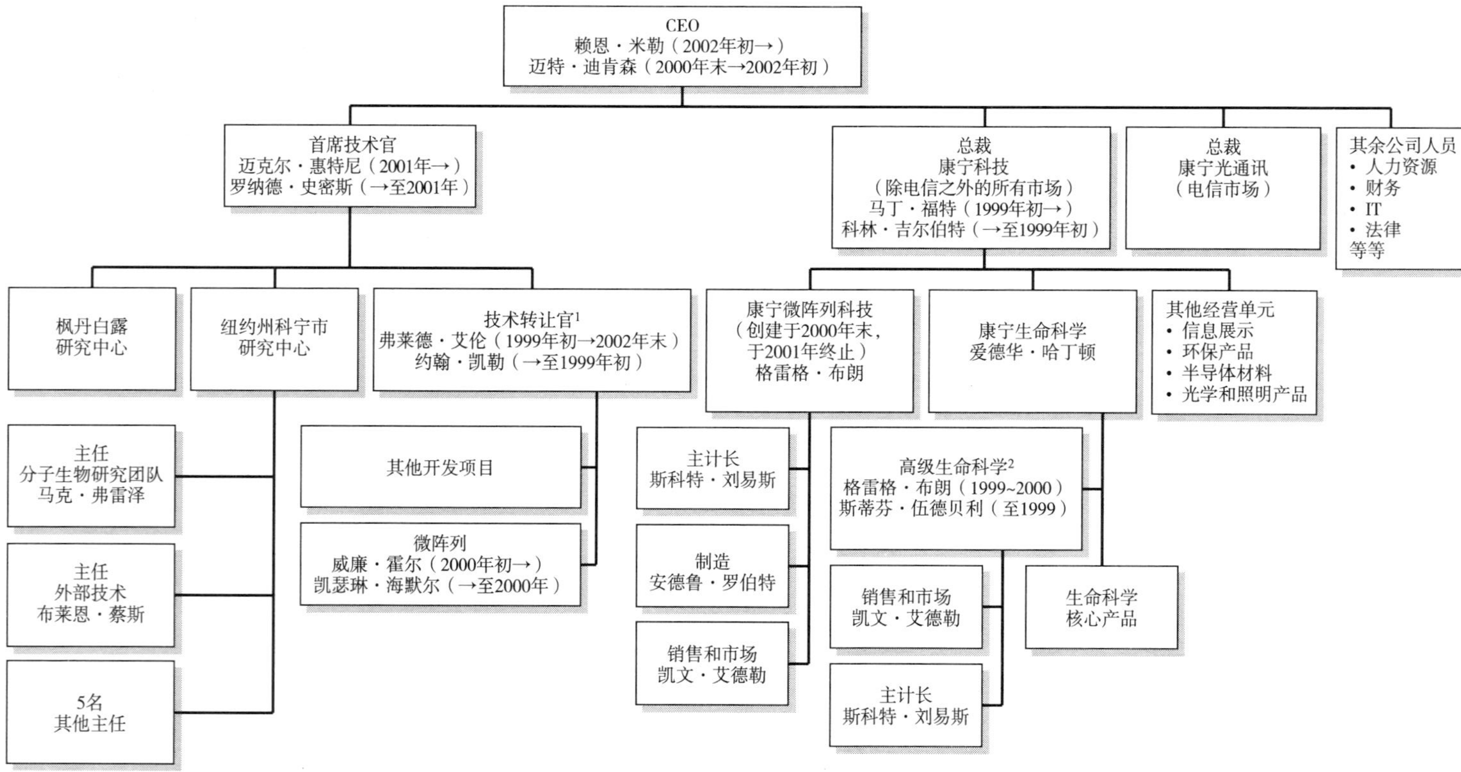

[1] 负责产品开发，负责管理把技术从实验室转化为投放市场的产品的过程。

[2] 于1999年终止。微阵列成为自己的分部。微阵列与生命科学分部的其余部分合并。

会威胁康宁集团的业务。

康宁集团在历史上大部分时间一直都是由霍顿家族管理。纽约州的科宁市也是一个由一家公司支撑的小镇。康宁玻璃博物馆或许是最有名的旅游景点。当地餐馆的工作人员都能一个一个地说出康宁集团的经理们的名字。

有些员工把康宁集团的企业文化描述为家长式的。在康宁集团的职业生涯往往都很长，人们希望高级管理层认真管理下属的职业生涯。员工注重高度信任、密切联系的关系，以及面对面、一对一沟通的价值。公司很少在半截从外部雇用员工。尽管外聘在 20 世纪 90 年代末日益普遍，但是他们却造成了不适。期望晋升的员工憎恨那些挤占了他们渴望职位的外聘人员。同时，有些外聘人员，甚至在几年后，都怀疑权力始终围绕着康宁的“内部人集团”。

康宁集团的科学家和工程师竞聘风险最大、最具创新性的项目，但是，情况也并非总是这样。在 70 年代初的低迷时期造成研发人员的裁员，所以许多技术人员都开始避免尖端项目，以保护自己的工作安全，这种情况持续了 10 年之久。有人甚至担心 2001 年电信业的低迷时期也有可能造成同样的后果。

电信资本设备市场，如光纤，是最易受到 2000 年末开始的网络泡沫的袭击的。在 2001 年前两个季度，康宁集团的光纤的新订单陡降，许多长期订单也都被取消了。截至 2001 年 4 月，康宁集团共削减了 4 300 个职位，既包括小时工，又包括固定员工，削减职位占员工队伍的 11%。此外，康宁集团把商誉，以及在早期电信收购中获得的无形资产都视作“坏账”，在第二季度计入了 48 亿美元的费用。康宁集团的股价从 2000 年 9 月的最高点每股 109 美元，降至了 2001 年 6 月末的 17 美元。

康宁集团管理创新

多年来，康宁集团开发并改进了一个管理创新的五阶段标准化程序。这个程序用来帮助康宁的研发机构和产品开发团队，以及业务事业部的协调、高效的运转。每个阶段都包括与市场相关的、与技术相关的、与制造相关的里程碑……大致在工作原型建立后，研究团队的科学家就把责任转移给开发团队的工程师，开发团队把它设计出来，业务单元确定其可制造性，并推出产品。

康宁的研发领导直接向高级管理层报告，业务部门的总经理也是一样。这种组织结构在创新过程中的某些阶段造成了双重领导责任。例如：开发团队的经理和指定接管业务的总经理在某个时期就会共同领导创新过程。

技术转让官弗莱德·艾伦负责康宁科技的全部开发项目，他自 1966 年起就在康宁工作，他坚定地支持体系化的创新过程，但是不太确信双重领导是否是一个好主意……

艾伦先生曾竭尽全力为“计划经理”创造一个更正式的职业生涯。他认为计划管理值得康宁集团最有才华的总经理去做。在他看来，计划经理要既了解市场学，又能有效地领导科学家和工程师。一个项目计划的风险和不确定性越大，对计划经理的要求就越高，因为创新过程本身就会变得越无法预测，越不具备线性……

艾伦先生将计划经理和项目经理区别对待，计划经理只能根据决策的质量来评价，而项目经理则实现创新过程中一个个短期里程碑，其绩效按照所耗费的时间和金钱来评价。

康宁集团的高级管理层团队竭尽全力创造一个能吸引优秀总经理到新经营单元的环境。管理一个重要的新部门，可能意味着一条成功的捷径，也可能会增加薪酬。但是，由于预见到的职业风险，总经理们有时不愿去。

高级管理层团队的经营理念是创新很艰难，且需要耐心。作为一个风险很大的企业的总经理，如果你开始有很强的职业背景，并且审慎地记载下每项决策，与高级管理层团队保持有效沟通，尽力从中学习一些经验，那么你的职业生涯就能经得起一次甚至更多次失败。事实上，康宁集团的总经理已不止一次地领导新产品的工作，已经司空见惯了。

在康宁集团，创办新企业的创意来自许多地方，包括研发人员、业务单元、客户以及咨询顾问。在决定一项创意是否值得投入更多的资源时，最初的评估经常只涉及研发部门的技术人员和业务人员。如果创意获得了认可，就会在康宁集团的年度计划周期内进行更加正式的评估。经常聘请外部咨询顾问来验证和进行最初计划。

在此之后，新企业的计划过程就类似于成熟的业务部门，只不过会引起高级管理层的更大关注。计划过程始于春季的长期（5 年）现金流量计划，以确定约束条件。然后在夏季继续进行战略评审，在秋季编制预算。

在预算编制过程中，成熟企业的财务模型往往利用历史数据预测未来趋势。对于新企业而言，因为没有任何历史，也缺乏稳定性，所以计划者建立的财务模型要抽象得多，更多地依赖于一些可质疑的假设。相对而言没有花费多少时间评审过去……

组建微阵列团队

在 1998 年决定把资本分配给微阵列开发之后，康宁集团的高级管理层团队开始重新进行人事安排。在高级管理层团队中，负责新企业的关键人物是康宁生命科学部的总经理哈丁顿先生，以及约翰·凯勒，他在艾伦之前担任开发团队的领导。二人都向科林·吉尔伯特报告，他在福特先生之前任康宁科技的总裁（参见图表 1）。

斯蒂芬·伍德贝利曾参与其他产品开发工作，当时任工厂经理，他被选派管理微阵列业务，并向哈丁顿先生报告。凯瑟琳·海默尔是康宁集团的一位资深工程师，被任命领导开发工作，并向凯勒先生报告。

马克·弗雷泽博士领导研究团队开发微阵列技术，并向康宁集团的首席技术官罗纳德·史密斯报告。弗雷泽博士一直在联合信号公司和康宁集团的科研部门工作。他大部分职业生涯都在研究高性能材料，尽管已经多年未参与生命科学研究，但是他所具备的生物学知识远超过在他同等职位的研究人员。

继而，伍德贝利先生、海默尔女士、弗雷泽博士都不再在纽约州的科宁市工作，而开始组建必备人员。为了使企业获得成功，领导者需要从康宁集团现有的团队中外借一些技能和资源，包括枫丹白露研究中心，从众星公司收购中发展起来的波士顿地区的生命科学团队（他们现在管理微孔板产品线），以及位于纽约州科宁市的大规模、多业务领域的研发机构。此外，他们三个都意识到他们很快就需要聘请分子生物领域的专家。

弗雷泽博士建立了一个分子生物研究团队，开始聘请了拉尔夫·汉森博士，他不仅是学术界的一名老兵，而且在已经开展微阵列印刷工作的企业拥有丰富的经验。汉森博士是世界闻名的科学家，与几个重要的研究机构都签有合同，并且经常在基因组会议上发表演讲。弗雷泽博士介绍了他和史密斯先生是如何制定早期聘用计划的：

> “我们需要各方面的专家，从化学合成，到处理 DNA 材料，总共 5 个或 6 个不同的技术领域。我们每个领域至少需要 5 个人。重要的是花些钱聘请到所需的人员，因为我们觉得我们已经落后了。我们负担得起，所以我们就这么做了。”

最终，弗雷泽博士聘请组建了一个约 25 人的团队，既包括外聘人员，又包括内部调用的。布莱恩·蔡斯博士是康宁集团研究机构的一名老兵，曾参与新企业的最初评估，他确定并组建了康宁集团传统科学领域的专家团队。海默尔女士和伍德贝利先生也组建了一个同等规模的开发和商业化团队，也外聘了分子生物专家。

人们的预期很高，因为他们已经获得了外部顾问研究的验证，而他们是严格而苛刻的。在为新企业配备人员时，高级管理层团队绕过了那些认为预测不现实的人。他们希望招募那些对项目抱有坚定信心的人。预期 5 年内实现收入 1 亿美元。由于电信业的蓬勃发展，在下一个计划周期就把预期提高至 2.5 亿美元。刘易斯先生回忆起当时的环境：

> “预期看上去有些激进，但不是极端地激进。围绕光纤的激动情绪让人们觉得似乎一切都在以每年 70%的速度增长。所以，如果你不预测 5 年内实现收入 2.5 亿美元，你就会听到：‘嘿……零不够多’。当然并非总是这样——只不过时间才刚刚过去四五年。”

伍德贝利先生觉得迅速投放市场是关键。市场在不断发展，谣传其他的一些公司，如摩托罗拉和安捷伦公司，正在寻求同样的机会。

研发团队开始研究用于制造微阵列的专利系统。因为开发这样一套系统预期需要两年，所以管理团队决定寻求一条捷径，利用已经商业化的现有印刷机器人，即康宁集团的潜在客户目前在自己的实验室使用的那些印刷机器人。这样做的理由有两个：（1）康宁集团仍然能够比其潜在客户做得出色，因为他们可以大规模生产，并且拥有完善和改进制造工艺的技能；（2）在专利系统开发期间密切联系多个客户将导致更快、更好的结果。

康宁集团的人员开始把这种方法称为“第一代”，把专利系统称为“第二代”。后者是一种独特的方法，开发团队认为借助康宁专利技术它能实现无与伦比的成本结构。枫丹白露研究中心与康宁集团的人员合作，专门致力于第二代。纽约和马萨诸萨的开发团队则集中精力把第一代产品推向市场。

早期的成功是于 1999 年推出了未印刷的镀膜玻璃片。伍德贝利先生的同事对产品投放市场惴惴不安，担心潜在的竞争者会发现康宁集团的一些专利科学技术。但是，伍德贝利先生认为开始与客户建立关系更重要。尽管伍德贝利先生从未向产品投入大量资源——它不是大奖——但玻璃片却颇受市场欢迎。用户说它远胜于其他替代产品，性能也更稳定。

在国际上，微阵列设备有四项不同标准。营销团队强调并鼓励客户接受一个惟一公开的标准……

同时，团队竭尽全力让第一代系统运行起来。他们没有预见到种种困难。康宁集团已经掌握了把液态膜镀在玻璃表面的工艺。这是许多康宁产品的共同要素。惟一的区别——当时似乎并不重要——在于液体包含 DNA。

开发团队在苦苦挣扎。他们在有效并充分组合大批量 DNA 方面遇到了麻烦。另外，不同供应商供应的 DNA 质量也参差不齐。因此，保持 DNA 液体与其要附着的玻璃膜之间的配比就很棘手。有一个供应商为了满足康宁的订单——它所收到的最大一笔订单，而转换一种新方法清洁 DNA 时，新的麻烦产生了。新的化学清洁物质干扰了印刷工艺。

康宁集团发现和纠正制造问题的方法，同处理 DNA 时所固有的和意想不到的不一致之间产生了矛盾。星期一，印刷过程似乎运行还正常，但星期二，莫名其妙的问题就会产生。

团队中物理科学家和生命科学家之间的紧张也与日俱增。生物学家习惯于不一致、无法完美解释的现象——这正是该学科的性质。但是，物理科学家却执着于达到完美，换句话说，就是制造工艺上极低的误差率。生物学家最终抱怨自己的观点找不到听众。蔡斯博士回忆起这种紧张气氛：

> “生物学家不赞成我们的系统方法。他们希望投放市场。康宁注重质量——注重让一切正常运行。我们说‘我们不应该具有这种差异。这一批很差。’生物学家则说‘你不明白需要什么。’我们说‘你不明白我们做得有多好。’他们则说‘人类或许有 10 万个基因。至今，我们仅知道 7 000 个左右。在我们这个世界上，10%的误差没什么大不了的。”

由于错过了开发过程中的里程碑，最初隐藏在创办新企业的激动之中的其他紧张情绪也都浮出了水面。枫丹白露研究中心的人员和康宁的团队无法有效合作。马萨诸塞的开发人员开始要求独立，认为他们自己能实现更大的发展，远远胜于与纽约的团队合作。开发人员和商业化人员之间的互动也是无果而终——生命科学事业部所拥有的新产品开发和投放经验远不如康宁的其他经营单元。

而且，生命科学核心业务与高级分子生物产品线（微孔板和微阵列）人员之间关系紧张。哈丁顿先生回忆起一件事：

> "我正在与我们的销售代表出差，一位客户对微孔板很感兴趣。销售代表说'噢！你必须联系卡罗，因为我不负责微孔板。'我差点儿没被气死。在接触客户时应该具有协同效应——我们在有些方面做得不错，但在其他方面还做得不够。"

销售工作不容易整合，因为采购各种工艺的客户迥然不同。生命科学核心产品价格不高，管理人员每年例行采购几次。相比之下，高级管理层仅参与关乎微阵列采购的系统层面的决策，并且要考虑很长一段时间。事实上，比商业计划中预期的时间还要长。

使这种紧张更加恶化的是，微阵列商业化团队所采取的是艾德勒先生所说的更精英主义的态度。他一边自责，一边回忆道，他曾告诉微阵列的销售代表，之所以选择他们，是因为他们是最优秀的，因为这个企业就是未来。无论何时，只要需要，他们就能成功地获得资源，而核心业务却一直在苦苦挣扎。康宁集团的一位经理评论道，扰乱电信事业部与康宁科技之间合作的也是同样的原因。

领导团队也在努力彼此适应。伍德贝利先生与哈丁顿先生之间的关系，以及伍德贝利先生与海默尔女士之间的关系也破裂了。他们召开的会议经常令人尴尬，在许多决策上无法达成一致。

到1999年末，尽管预算已增加至每年3 000万美元，但是第一代印刷工艺仍然未开发出来。第二代工艺也远远落后于开发计划。大多数参与新企业的人员都心灰意冷了。他们的期望已经破灭了。

诊断新企业的问题

福特先生继吉尔伯特先生之后，接任康宁科技的总裁，他关心企业的前景，希望能扭转局面，艾伦先生也是同样，他当时已经接替凯勒先生成为开发团队的领导（参见图表1）。

他们两人一致认为新企业的组织方式似乎不实用，由于康宁集团致力于光纤，所以康宁集团最优秀的领导并未选派来管理这个重要但风险也极高的企业。他们还注意到，管理新企业的团队缺乏凝聚力。更糟糕的是，参与项目的各种团队彼此不分享信息，有时甚至打架。

最后，福特先生和艾伦先生注意到，若让同一个总经理（哈丁顿先生）既负责成熟业务，又负责新产品线，则会产生相互冲突和太大的压力。生命科学事业部力求保持盈利，而微阵列企业则在快速地吞噬现金。

根据这些观察，福特先生和艾伦先生决定实施一些重大变革。

2002年，虽然有些事后诸葛亮，但是康宁集团的经理们对1999年末所发生的问题还有一些其他发现。弗雷泽博士说，为了使第一代产品投放市场，资源分配决策一直都是无效的。他是这样描述这个问题的：

> "若我们遇到问题，则我们会尽力解决他们，并且说'看，这个问题有五个方面。每个方面我都需要两个人来解决。'另一方面，专家会说'这个问题有五个方面，但是根据我的知识和经验，我知道三个方面是次要的，对我们努力做的事情几乎不会产生任何影响。我们只需要分别派两个人解决另外两个方面。"

此外，领导有时也会使出浑身解数，为解决每个问题寻找对相应问题有专家经验的人。这就在员工之间造成了分歧，因为有些人质疑为什么其他人会花费大量时间处理似乎并不重要的问题。弗雷泽博士也说，新企业迅速吸引了大量资源——或许太快，以至于新企业的资产未经充分考虑就装配上了，或者在信息不充分的情况下就装配上了。

尽管存在这些问题，但是弗雷泽博士还是觉得技术进步是显著的。康宁集团建立了一个大型科学家人才库，组建了新的实验室，确立了一些新的知识产权，创造了一些难以置信的发明，建造了基本的第二代印刷设备（但仍需进一步完善）：

> “早期的技术团队即使在面临分歧、过于乐观的市场进入时间安排、缺乏生命科学领域的管理经验的情况下也干得非常出色。我们的许多技术成就今天都在其他产品中获得了回报。”

而且，艾德勒先生评述说，为了按预定时间框架将新产品投放市场，海默尔女士和伍德贝利先生下定决心英明地在五阶段创新程序中推进项目，尽管公平地说他们并没有足够的权力降低人们的预期。

> “我们要制定大量决策才能回到计划上来。与你经营一个企业的方法相同。在风险投资界，如果你知道你有一定数量的现金，你就更多地集中于烧钱率（burn rate）。”[1]

艾伦先生回忆道，他们必须为重复各阶段提供更大的灵活性——还有许多不确定性需要解决，沿着一条道路前进不可能是一条成功路线。问题不会总能找到简单、有利的解决方案。虽然团队行动起来似乎是处于创新过程的第三阶段或第四阶段，但是更合理的评估就会表明他们仍然处于第二阶段。

重建微阵列经营团队

福特先生和艾伦先生多年来一直在发展格雷格·布朗的职业生涯。他们认为他是康宁集团最有才华的总经理之一。像大多数同事一样，他从未接触过生命科学业务。但是，他过去曾参与过开发项目，并且表现出了把科学家、工程师和经营人员团结在一起工作的能力。

1999 年 11 月，他们选派他接替伍德贝利先生，布朗先生觉得有些不情愿，但是福特先生和艾伦先生都知道他是一个“优秀士兵”，没有在这件事上留给他选择的余地。

艾伦先生把布朗先生看作一个计划经理，这意味着他要为新企业单独负责。福特先生希望更多地参与新企业，所以布朗先生就经常与福特先生和艾伦先生同时沟通。布朗先生和哈丁顿先生没有合作过，但是都积极沟通决策，并分享信息，以赢得相互信任。

在重塑企业的努力中，为了有助于建立更有效的工作关系，福特先生、艾伦先生和哈丁顿先生一致同意，把在马萨诸塞为此项目工作的人员迁至纽约州的科宁市。在这个过程中，大约有一半人员辞职了，包括一些主要科学家，如萨缪尔·金，他似乎在康宁集团收购了众星公司之后就从未抑制住自己对康宁的不满。

布朗先生开始时想赢得伍德贝利先生的充分配合，以确保顺利转型。事实证明伍德贝利先生的确提供了极大的帮助，后来他承认，他觉得把企业抛在身后如释重负。

布朗先生的授权权限是诊断任何问题，然后决定这个企业是否应该持续经营下去。但是，一旦他看到了商业潜力和技术装备，他就从未明确地考虑过退出：

1. 译者注：通常表示为每月耗费的资本的数额。

“我尽管跳了进去。可能性很大，攻克技术障碍的挑战也是我所一贯喜欢的。”

布朗先生学会了避免在上任伊始进行大的变革：

“我认为你不应该一来就开始乱搅和，你应该先了解情况。事情之所以如此，总是有原因的。”

但是，气氛已经剑拔弩张，布朗先生觉得必须立即采取行动：

“我永远都不会忘记这件事。星期一，我开始与团队谈话。星期二下午，我召集了每个人，因为我非常震惊。我说‘我们必须谈谈。这种荒谬的事情必须立即停止。我们都应该负责。我们都是领导。如果我们不迅速采取行动，这就会让我们自我毁灭。’”

他继续坚持冲突不能再掩盖了，所有困扰和失望都必须释放出来。有些人员后来告诉布朗先生这次会议是十分必要的，早就应该召开。布朗先生的一位亲密的同事——布莱恩·蔡斯脱颖而出，既作为一名高级技术顾问，又作为一种稳定的“理性的声音”，帮助把研发团队团结在了一起。

领导层的变革重新设定了人们的预期。新企业又有了一个新的起点。过去已被人们遗忘。虽然收入预期仍然是几个亿，但是开发里程碑大致往后推了一年。市场机会仍然具有吸引力。

但是，在2000年第一季度，新企业令人大失所望。团队给媒体和客户的预期是他们很快就能将酵母DNA微阵列（基于第一代制造工艺）投放市场。但是，他们发现第一批被污染了。团队似乎认为会受到布朗先生苛刻的指责，但是事实上并没有。操作上没有明显的失误。团队也尽力了，并且遵循了他们对制造工艺的最好的理解。布朗先生接受了问题，让团队诊断问题，然后修复问题。

但是，后来，布朗先生又对组织结构进行了其他变革。他让安德鲁·罗伯特负责制造，他是康宁集团的一名老兵，正处在职业生涯的自然转折点。此外，布朗先生和艾伦先生一致同意应该让更熟悉生命科学的人替代海默尔女士。在到史克必成公司进行客户拜访时，艾伦先生遇到了威廉·霍尔，他是采购康宁集团的未印刷镀膜玻璃片的首批客户之一。霍尔博士拥有分子生物学的博士学位，著述颇丰，并且持有几项专利，在过去7年中，一直在史克必成公司管理微阵列的大规模生产。

艾伦先生于2000年5月聘请了霍尔博士，替换了海默尔女士。从职务上看，霍尔博士向艾伦先生报告，但是艾伦先生明确表示领导企业的是布朗。这样，新的经营团队就建成了。

争取产品投放市场

在2000年夏天，团队努力改进第一代生产线，同时继续开发第二代制造工艺。团队聘请了一位全职的分子生物专家，培训供应商，制定新的行业标准，从而解决了DNA供应问题。因此，康宁微阵列科技于9月将第一代酵母微阵列产品投放市场。

但是当时市场已经发生了变化。研究人员已不再利用酵母DNA做实验，因为绘制人类基因组序列图取得了重大进展，从而使人们能够利用人类DNA进行更加吸引人的实验。虽然产品销售收入令人失望，但是客户却给予了积极的反馈。据哈丁顿先生说，从技术角度讲，产品绝对是一个“本垒打”。客户反馈增进了康宁微阵列科技团队的信心。康宁集团内部对企业业绩的看法也有所提升。

在这一期间，福特先生采取行动，消除哈丁顿先生承担的相互冲突的压力，这种压力是因同时管理新生企业和成熟企业的要求而造成的。他让微阵列企业成为一个独立的事业部，冠名为“康宁微阵列科技（CMT）”。微孔板产品线并入生命科学事业部，由哈丁顿先生领导。布朗先生现在直接向福特先生报告。

同时，第二代制造工艺的开发进展也令人失望。枫丹白露研究中心和康宁集团之间的关系有所改善。但是，文化差异和空间距离仍然造成技术有时无法完整、准确地从开发点（枫丹白露研究中心）转让给制造点（纽约州科宁市）。罗伯特先生这样描述他的职责：

> "我要领导从开发到制造的转化。但是工作结果却更多的是开发。在接下来的一年半时间里，发生了剧烈的变化。我们证实了可行性，但是却很难验证可复制性。"

罗伯特先生通过消除实验中的延误，竭尽全力加速学习的步伐。例如：他缩短了印刷机器人新喷嘴的总测试时间（这个过程包括分别在法国和纽约实施的几个步骤），从几个月缩短为几个星期。他还消除了与质量控制过程相关联的信息流的时滞，从几个星期缩短为几天。

尽管进行了这些改进，团队仍然错过了许多里程碑。但是，据刘易斯先生说，这些里程碑对布朗先生来说更实际，而团队则在诊断错误和克服困难上做得更成功。团队所不知道的事情变得越来越明确，也越来越明显。在开发过程初期制定的几项关键决策经过了重新审视。

尽管电信事业部在人员派遣上存在难题，但是迟滞的原因不能归结为资源缺乏。事实上，根据康宁微阵列科技团队所承诺的大胆的收入预测，罗伯特先生早在产品准备好之前多个月就建立了一个大规模的制造队伍。

2000 年 12 月，团队觉得第二代产品投放市场已为时不远，并直接或通过媒体与客户建立了一些预期。但是，接踵而来的是又一次艰辛的挫折。

同时，昂飞公司继续重申其长久以来的警告，即他们怀疑康宁的第二代系统侵犯了其专利，他们打算起诉。技术团队认为昂飞公司的专利可以置之不理，否则最终也会因行业内其他公司的法律诉讼而崩溃。但是，布朗先生和福特先生对问题进行了调研，一年前就开始与昂飞公司商量获得其印刷技术的某些方面的许可。磋商紧张而艰难地进行着。

形势急转

到 2001 年中期，开发团队已经跨越了许多障碍，第二代产品似乎即将再一次投放市场。团队成功地生产了一种独特的人类 DNA 产品，并且产出率达到了 80%。信心和激动与日俱增，尽管康宁微阵列科技之外的康宁集团员工所注意到的只是第二代产品仍未投放市场（团队还利用第一代系统成功地生产了一种人类 DNA 产品，并且也准备投放市场）。市场似乎也前景广阔——大约 30%的微阵列仍然是由潜在客户自印刷的，还有 44%利用昂飞公司昂贵的系统生产。[2]

同时，康宁光缆的订单却出乎意料地猛降。福特先生也左右为难。他预计 10 月份开始的 2002 年年度预算会议中公司会大幅度削减预算，而康宁微阵列科技的最好预测仍是 3 000 万美元损失。他征求布朗先生的意见，看有没有办法在预算削减一半甚至更多的情况下维持企业生存。

在出差两个星期回来后，康宁微阵列科技团队向布朗先生提交了一份年预算 1 500 万美元的商业计划。这份计划可以使企业继续发展，但速度会慢一些。布朗先生不仅对计划很满意，也对团队感到满意，因为经证明他们可以做出牺牲达成共识（弗雷泽博士参与了计划的制定，后来回忆道，计划过程没有争执不下，只能说明预算太大了，不能作为起点）。此后不久，布朗先生与昂飞公司就昂贵的许可协议的框架达成了一致意见。

同时，福特先生又聘请顾问公司调研康宁集

2. 来源：Mercer Management Consulting。

团的一系列增长选择，包括再次审视康宁微阵列科技。咨询顾问鼓励从系统层面看待基因组市场。他们预测本行业的盈利能力最终将会转为生物信息学——管理基因实验所产生的信息的计算机系统、软件和服务。他们建议康宁集团外购开发生物信息学的能力，而不是自己建设。咨询顾问认为，如果康宁集团这样做，他们肯定会在行业内赢得足够的影响，能够制定标准。但是收购究竟需要付出多大代价尚不明确。

生物信息学事实上正在发展。但是，在康宁集团，有些科学家却拒绝了这项咨询顾问建议，因为他们知道有些客户准备使用电子数据表程序进行数据的收集和分析。另外，他们认为实验室都保护自己有价值的结果，不愿意让外部人管理他们。

电信市场进一步疲软，以至于2001年9月成为众所周知的“九月地狱”。福特先生决定完全停止为康宁微阵列科技提供资金支持。布朗先生、艾伦先生和弗雷泽博士撰写了一篇长达40页的白皮书，说明康宁微阵列科技遵循新方法仍可以获得成功，他们都竭尽全力想改变福特先生的想法——但都是徒劳的。布朗先生回忆起福特先生的一些评论：

> “格雷格，我知道你们坚信这个行业。但是，老实说，我一无所知。我不了解客户，我无法为继续投资提供合理的理由。”

公司层面的其他人也无法提供支持，他们都忙于应对光纤市场，无暇它顾。福特先生引述了大量决策理由（没有特定顺序）：（1）资本稀缺；（2）无法控制知识产权和昂飞公司的强势姿态；（3）行业发展具有不确定性，包括通过收购进入生物信息学市场的必要性也不明确；（4）再次错过最后期限；（5）未印刷玻璃片的收入流每年不超过500万美元；（6）几个潜在的竞争者似乎在开发微阵列产品线方面的投入远远超过了康宁集团……（7）个人对行业的不适和不熟悉——公司管理团队的其余人都有这样一种感觉。

在2001年年末，决策制定了，叫停了项目。在采取了一切行动之后，一半的销售人员和大多数制造人员都裁掉了。但是研发部门的形势不太严峻——因为康宁集团内部的其他项目也安排了许多职位。所有印刷微阵列的工作都停了下来。全部酵母微阵列都廉价处理了，人类DNA的供应一概停止……

第二年

在接下来的12个月，电信市场没有任何复苏的迹象。康宁集团在全球范围裁掉了40 300个岗位中的12 000。他们宣布关闭七个主要的制造厂，把资本支出从25亿缩减至18亿美元，并且停止了电信领域的所有扩建项目。为了支付其余费用，康宁集团于2001年7月终止派发股利，于2001年8月发行新股，募集资金2.25亿美元，然后于2001年11月发行可转换债券，募集了6.65亿美元。

2001年的年终结果表明电信收入下降了14%，降至45亿美元，相比之下，1999~2000年间则增长了74%。整个公司的收入下降了12%，降至63亿美元，康宁集团蒙受了55亿美元的净损失（包括48亿美元的冲销）。长期负债占总资本的比例从27%上升至45%。在2001年末，标准普尔下调了康宁集团的债务评级，从A级降至BBB级，并且维持不利的前景。穆迪（Moaly）和惠誉（Fitch）也步其后尘，先后下调了康宁债券的评级。2002年4月，CEO迈特·迪肯森下台了，在任仅16个月。

布朗先生在管理康宁微阵列科技方面的业绩获得了肯定，被派往另一个与柴油机技术相关的新企业。福特先生认为这个项目成功的可能性较大，并预计布朗先生很快就能把它经营成一个重要的新部门。

霍尔博士继续在生命科学领域为康宁集团工作。由于保留了大量科学技术和工程技术，所以康宁集团继续评估生命科学市场中的潜在新产品。事实上，他们已经扩大了未印刷玻璃片的供应，开始提供套装，包括玻璃片和供印刷用的试剂。

到 2002 年秋季，除了印刷自己的微阵列外，基因组研究人员仍然未开发出替代昂飞系统的具有竞争力的产品。

讨论题

1. DNA 微阵列是一个值得康宁集团追求的合理的增长机会吗？
2. 康宁微阵列科技的商业模式与康宁科技的一般商业模式之间的区别是什么？
3. 康宁集团在分子生物学领域积累了足够的专家经验吗？为什么？
4. 为什么最初的微阵列领导团队无法有效运转？
5. 试评价格雷格·布朗接管新创建的康宁微阵列科技事业部的优势？
6. 电信行业的发展，以及随后的突然衰落对康宁微阵列科技事业部产生了怎样的影响？
7. 绘制一张图表，追踪人们在不同时间对康宁微阵列科技事业部运行状况的看法。这些看法是根据什么形成的呢？ 是根据什么改变的呢？试予以评价。
8. 在 2002 年，您猜测昂飞公司在微阵列市场中的地位有多稳固？为什么？

第 10 章

财务业绩分析报告

本章的焦点是分析财务业绩指标。第一部分介绍如何计算经营单元的实际与预算数据之间的差异。因为费用和收入预算都是经营单元预算的一部分，所以讨论也可以拓展开来，涵盖费用和收入中心。第二部分介绍高级管理层如何利用这些差异报告评价经营单元的业绩。在下一章中，我们将介绍如何将非财务业绩指标纳入管理控制过程。

计算差异

尽管本小节聚焦在比较实际业绩与预算上，但是经营管理者会采纳一种持续改善的思想，或者称之为“*Kaizen*”。他们并不认为最优业绩就是“节省费用”。大多数公司每月都分析各经营单元和整个组织的收入和费用的实际与预算之间的差异（有些公司每季度分析）。有些公司只是报告这些差异的数量，如图表 10.1 所示。这张报表表明实际利润比预算高出 52 000 美元，主要原因在于收入超出了预算。它并没有说明收入为什么高，也没有说明在

图表 10.1

业绩报告（1 月）

（单位：千美元）

	实　际	预　算	实际比预算好（差）
销售收入	$875	$600	$275
变动销货成本	583	370	(213)
贡　献	292	230	62
固定管理费用	75	75	—
毛利润	217	155	62
销售费用	55	50	(5)
管理费用	30	25	(5)
税前利润	$132	$ 80	$ 52

图表 10.2

差异分析分解图

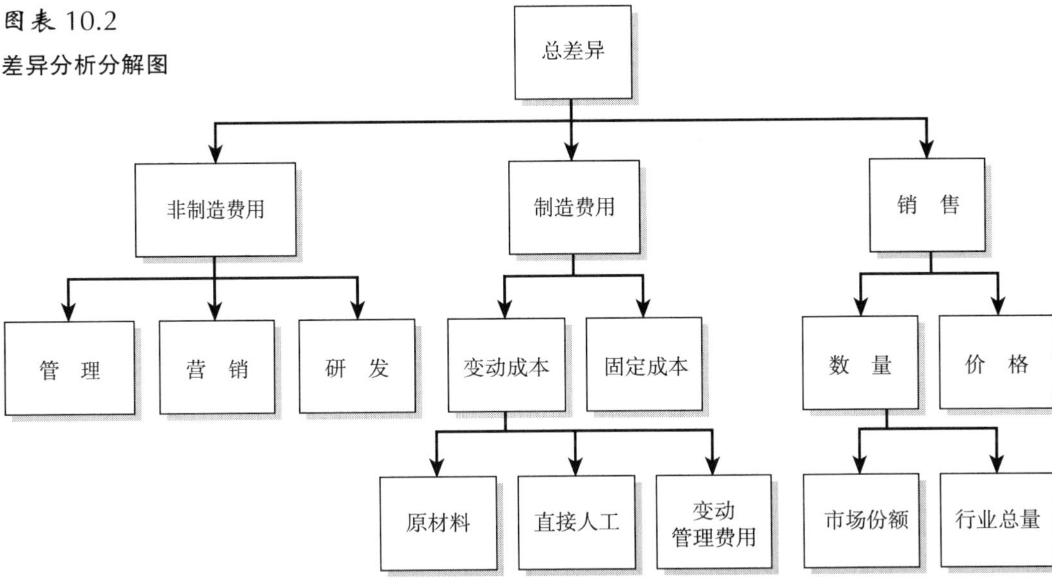

费用项目的差异净额中，是否存在彼此抵消的差异。

如果进行更全面的分析，就会明确差异的原因，以及组织单元的责任。有效的系统能够确定各部门的差异，一直到管理的最基层。差异是等级式的。如图表 10.2 所示，他们从经营单元总体业绩开始，分为收入差异和费用差异。收入差异又进一步划分为经营单元总体和经营单元内的各营销责任中心的数量差异和价格差异。他们还可以按销售区域和地区进一步划分。费用差异可以划分为制造费用与其他费用。制造费用还可以按工厂和工厂内的各部门进一步细分。因此，每项差异都可以与负责它的经理共同确定。这种类型的分析是一个强有力的工具，没有它，利润预算的效力就会受到限制。

利润预算自身包含了对整个行业的状况，以及公司的市场份额、销售价格和成本结构的一定预期。如果根据这些预期分析实际结果的变化，那么通过差异计算所得出的结果就会更"可控诉"。我们进行差异分析所采用的分析框架吸纳了下列思想：

- 明确影响利润的主要偶然因素。
- 按这些偶然因素分解总体利润差异。
- 聚焦在每项偶然因素的差异对利润的影响上。
- 通过变化一项因素，而其他因素保持不变计算每项偶然因素的单独的影响。
- 依次增加复杂程度，每次增加一层，从最基本的"常识"层开始（"拨洋葱"）。
- 如果在一个新创建的层面，进一步分析构成总体利润差异的偶然因素已无法为增加复杂程度提供合理的根据，那么就停止这个分析过程。

图表 10.3 1月份预算（单位：千美元）

	产品A 100*		产品B 100*		产品C 100*		总预算
	单 位	总 量	单 位	总 量	单 位	总 量	
销售收入	$1.00	$100	$2.00	$200	$3.00	$300	$600
标准变动成本	0.50	50	0.70	70	1.50	150	270
原材料							
人 工	0.10	10	0.15	15	0.10	10	35
变动管理费用	0.20	20	0.25	25	0.20	20	65
变动成本合计	0.80	80	1.10	110	1.80	180	370
贡 献	$0.20	20	$0.90	90	$1.20	120	230
固定成本		25		25		25	75
固定管理费用							
销售费用		17		17		17	50
管理费用		8		8		8	25
固定成本合计		50		50		50	150
税前利润		$ (30)		$ 40		$ 70	$ 80

* 标准销量（件）。

图表 10.3 提供了一个经营单元的预算的细节，它的业绩报告见图表 10.1。

收入差异

在本小节中，我们将介绍如何计算价格差异、数量差异，以及销售组合差异。我们按每条产品线计算，然后把各产品线的结果汇总起来计算总差异。正的差异是有利的差异，因为它表明实际利润超过了预算利润，负的差异是不利差异。

价格差异

计算价格差异时，用实际价格与标准价格之差乘以实际数量。计算如图表 10.4 所示。它表明价格差异为 75 000 美元，是不利差异。

销售组合差异与数量差异

销售组合差异与数量差异经常合在一起。销售组合与数量的综合差异计算公式如下：

销售组合与数量综合差异 =（实际销量 − 预算销量）

× 预算单位贡献

图表 10.4 价格差异（1 月）（单位：千美元）

	产品			合计
	A	B	C	
实际销量（件）	100	200	150	
实际单价	$0.90	$2.05	$2.50	
预算单价	1.00	2.00	3.00	
实际高于（低于）预算（每单位）	(0.10)	0.05	(0.50)	
有利（不利）价格差异	(10)	10	(75)	(75)

图表 10.5 销售组合与数量差异（1 月）（单位：千美元）

(1) 产品	(2) 实际销量	(3) 预算销量	(4) 差异 (2) – (3)	(5) 单位贡献	(6) 差异 (4) × (5)
A	100	100	—	—	—
B	200	100	100	$0.90	$ 90
C	150	100	50	1.20	60
合计	450	300			$150

销售组合与数量的综合差异的计算如图表 10.5 所示。结果是 15 万美元，是有利差异。

数量差异是因为销量超过了预算而产生的。销售组合差异则是因销售产品的比例不同于预算中假定的比例而造成的。因为各种产品的单位贡献均不相同，所以销售产品的比例与预算不同也会产生差异。如果经营单元拥有一个"富余的"销售组合（边际贡献高的产品占的比例大），实际利润就会高于预算；如果经营单元拥有一个"贫瘠的"销售组合，利润就会低于预算。因为数量和销售组合差异是联合的，所以区分二者的技术多少都有些主观臆断。下面就介绍其中一种技术。

销售组合差异

每种产品的销售组合差异可以通过下列等式计算：

$$销售组合差异 = [实际销量 - (实际总销量 \times 预算产品销售比例) \times 预算单位贡献]$$

销售组合差异的计算如图表10.6 所示。它表明产品 B 的销售比例高于预算，产品 A 的销售比例低于预算。因为产品 B 的单位贡献高于产品 A，所以销售组合差异是有利差异，数额为 35 000 美元。

数量差异

计算数量差异时，可以用销售组合与数量综合差异减去销售组合差异。也就是用15万美元减去35 000美元，结果就是11.5万美元。还可以计算每种产品的数量差异，具体如下：

$$数量差异 = (实际总销量 \times 预算比例 - 预算销量) \times 预算单位贡献$$

数量差异的计算如图表10.7所示。

其他收入分析

收入差异还可以进一步细分。在我们所举的例子中，图表10.4~10.7提供了按产品细分所需要的信息。具体细分如图表10.8所示。

市场畅销度与行业总量

收入分析的一种拓展就是把销售组合与数量综合差异区分为市场份额差异和行业总量差异所导致的差异。原则是经营单元经理要为市场份额负责，但是他们不为行业总量负责，

图表10.6 销售组合差异（1月）（单位：千美元）

(1) 产品	(2) 预算比例	(3) 按实际销量的预算组合	(4) 实际销量	(5) 差异 (4) − (3)	(6) 单位贡献	(7) 差异 (5) × (6)
A	1/3	150※	100	(50)	$0.20	$ (10)
B	1/3	150	200	(50)	$0.90	45
C	1/3	150	150	—	—	—
合计		450	450			$ 35

※ 1/3 × 450 = 150。

图表10.7 数量差异（1月）（单位：千美元）

(1) 产品	(2) 按实际销量的预算组合	(3) 预算销量	(4) 差异 (2) − (3)	(5) 单位贡献	(6) 数量差异
A	150※	100	50	$0.20	$ 10
B	150	100	50	$0.90	45
C	150	100	50	1.20	60
合计	450	300	150		$115

图表 10.8　按产品计算的收入差异（1 月）（单位：千美元）

	产品			合计
	A	B	C	
价格差异	$ (10)	$ 10	$ (75)	$ (75)
销售组合差异	(10)	45	—	35
销量差异	10	45	60	115
合　计	$ (10)	$100	$ (15)	$ 75

因为它在很大程度上受经济状况影响。要进行计算，就必须获得行业销售数据。具体计算见图表 10.9。

图表 10.9 的 A 部分提供了图表 10.3 所示的最初预算中的假设，B 部分提供了 1 月份实际行业总销量和市场份额的详情。

人们利用下列公式把市场畅销度对销售组合与数量综合差异种的影响与行业总销量对其的影响区分开来：

市场份额差异 =（实际销量 – 行业总销量）× 预算市场畅销度
× 预算单位贡献

市场份额差异可以按每项产品单独计算，总差异就是算术总和。计算如 C 部分所示。15 万美元的销售组合与数量综合差异中，有利的差异为 10.4 万美元，这是因为市场畅销度好于预算而造成的。其余 46 000 美元是因实际行业总销售额高于预算中假设的总销售额而造成的。

46 000 美元的行业总销量差异也可以按每项产品计算，具体如下：

行业总销量差异 =（实际行业总销量 – 预算行业总销量）
× 预算市场畅销度 × 预算单位贡献

行业总销量差异的计算如 D部分所示。

费用差异

固定成本

实际和预算固定成本之间的差异只要相减就可以得出，因为这些成本既不受销量的影响，也不受产量的影响。如图表 10.10 所示。

变动成本

变动成本是直接随销量成比例变化的成本。预算变动制造成本必须调整为实际产量。

图表 10.9 行业总销量与市场份额差异（1月）（单位：千美元）

A. 预算销量

	产品 A	产品 B	产品 C	合计
估计行业总销量（件）	833	500	1 667	3 000
预算市场份额	12%	20%	6%	10%
预算销量（件）	100	100	100	300

B.实际市场份额

	产品 A	产品 B	产品 C	合计
实际行业总销量（件）	1 000	1 000	1 000	3 000
实际销量（件）	100	200	150	450
实际市场份额	10%	20%	15%	15%

C. 因市场份额产生的差异

	产品 A	产品 B	产品 C	合计
(1) 实际销量（件）	100	200	150	450
(2) 按实际行业总销量计算的预算份额	120	200	60	380
(3) 差异（1–2）	(20)	—	90	70
(4) 预算单位贡献	$0.20	$0.90	$1.20	
(5) 因市场份额产生的差异（3 × 4）	(4.00)	—	108	$104

D.因行业总销量产生的差异

	产品 A	产品 B	产品 C	合计
(1) 实际行业总销量	1 000	1 000	1 000	3 000
(2) 预算行业总销量	833	500	1 667	3 000
(3) 差异（1–2）	167	500	(667)	—
(4) 预算市场份额	12%	20%	6%	
(5) （3 × 4）	20	100	(40)	
(6) 单位贡献（预算）	$0.20	$0.90	$1.20	
(7) 合计（5 × 6）	4.00	90.00	(48.00)	$46

图表 10.10 固定成本差异（1月）（单位：千美元）

	实际	预算	有利或不利差异
固定管理费用	$ 75	$ 75	$ —
销售费用	55	50	(5)
管理费用	30	25	(5)
合计	$160	$150	$ (10)

图表 10.11 变动制造费用差异（1 月）（单位：千美元）

	产品					
	A	B	C	合 计	实 际	有利（不利）差异
原材料	$ 75	$ 84	$300	$459	$470	$ (11)
人 工	15	18	20	53	65	(12)
管理费用（变动）	30	30	40	100	90	10
合 计	$120	$132	$360	$612	$625	$ (13)

假设 1 月的产量如下：产品 A，15 万件；产品 B，12 万件；产品 C，20 万件。并且假设 1 月份发生的变动制造成本如下：

原材料，47 万美元；人工，6.5 万美元；变动制造管理费用，9 万美元。图表 10.3 列示了标准单位变动成本。

用每种产品的标准成本的每项要素乘以该产品的产量，就可以把预算制造费用调整为在实际产量水平下应花费的数额。具体计算如图表 10.11 所示。

这张表表明 1 月份发生了 13 000 美元的不利差异。我们称之为“支出”差异，因为它是因支出超出调整后的预算 13 000 美元所造成的。它所包含的不利原材料差异和人工差异分别为 11 000 美元和 12 000 美元。有利的管理费用差异部分抵消了这些差异，数额为 1 万美元。

用于调整预算变动制造费用的数量是产量，而不是销量，销量用于计算收入差异。在我们这里所举的例子中，我们假设产量和销量相同，也就是说，1 月份生产的每种产品的数量等于 1 月份销售的数量。如果产量与销量不同，那么存货的变化就会产生成本差异。这可能造成产量差异，也可能不造成产量差异，取决于公司的存货成本核算方法。我们将在下一节中说明如何计算这种差异。

在这个例子中，我们假设全部非制造费用都是固定的。如果其中有些是变动费用，就应该采用与计算制造成本差异相同的方式，计算其差异。

汇总差异

在管理报告中可以采用几种不同的方式汇总差异。一种可能的方式如图表 10.12 所示。之所以采用这种方式，是因为金额可以很容易地追溯到前面的各种表。另一种报告方式是列示实际数额，以及差异。这样就可以表明每项差异在总收入或费用项目中的相对重要性。

图表 10.12 汇总业绩报告（1 月）（单位：千美元）

实际利润（图表10.1）	$132
预算利润（图表 10.1）	80
差 异	$ 52
差异分析——有利/(不利）收入差异：	
价格（图表 10.4）	$ (75)
销售组合（图表 10.6）	35
销量（图表 10.7）	115
收入净差异	$ 75
变动成本差异（图表 10.11）：	
原材料	$ (11)
人 工	(12)
变动管理费用	10
变动成本净差异	$ (13)
固定成本差异（图表 10.10）：	
销售费用	$ (5)
管理费用	(5)
固定成本差异	$ (10)
差 异	$ (52)

实践中的变形

我们刚才所举的例子，尽管复杂，但却是明确导致经营单元的实际利润不同于预算盈利能力的差异的较直接的方法。在这一小节中，我们将介绍这种方法的几种变形。

比较的期间

本例比较了 1 月份的预算与 1 月份的实际数量。有些公司利用累计业绩作为比较的基础。对于截止于 6 月 30 日的会计期间，他们会利用截至 6 月 30 日的 6 个月的预算与实际数额，而不是利用 6 月份的预算与实际数额。其他公司则比较全年的预算与目前对全年实际业绩的估计。在 6 月 30 日编制的报告的实际数额将包含前 6 个月的实际数字，以及目前对后 6 个月的收入和费用的最佳估计。

比较累计数字不会受本月所特有的临时偏离太大的影响，因此，管理者不必太关注。另一方面，它可能会掩盖非临时性的重要因素的出现。

比较年度预算与目前对全年实际业绩的预期，可以表明经营单元管理者距年度利润目标有多近。如果累计业绩比预算中的累计数额差，就可能要在剩下的几个月弥补差距。另一方面，导致实际业绩低于预算累计数额的力量还可能在剩下几个月中继续存在，这样就会使最终数字与预算显著不同。高级管理层需要对全年的利润做出切合实际的估计，不仅因为它可能表明需要改变股利政策以获得额外的现金，或者需要改变酌量性成本支出水平，而且因为目前对全年业绩的估计经常要提供给财务分析师和其他外部有关方。

获得切合实际的估计并不容易。经营单元管理者倾向于对自己在剩下几个月的经营能力持乐观态度，因为如果他们悲观，就会引起对自身管理能力的质疑。在某种程度上，这种倾向可以通过让经营单元管理者承担证明目前的销量、边际和成本的持续趋势的责任来克服。但是，对全年做出估计有些不可靠，而实际业绩只不过是一种记录。一种缓解问题的替代方法就是既报告累计业绩，又报告全年的业绩。

以毛利润边际为核心

在这个例子中，我们假设销售价格在预算中全年保持不变。在许多公司中，成本或其他因素的变化会导致价格的变化，营销经理的任务就是实现预算毛利润边际，即保持成本与销售价格之间的差额不变。在通货膨胀期间，这样的政策尤其重要。在这样一种系统中，差异分析不包含价格差异。但是，存在毛利润边际差异。单位毛利润边际差异是指销售价格与制造成本之间的差异。

在进行差异分析时，可以用“毛利润边际”替代收入公式中的“价格”。毛利润边际是指实际销售价格与标准制造成本之间的差额。现行的标准制造成本应该考虑因工资标准和原材料价格的变化（在有些公司，还应该考虑其他投入要素的重大变化，如电解铝行业的耗电）而导致的制造成本的变化。之所以使用标准成本，而不是实际成本，是为了使制造上的低效不致影响营销机构的业绩。

评价标准

在管理控制系统，评价实际活动报告时所采用的正式标准分为三类：（1）预先制定的标准或者预算；（3）历史标准；（3）外部标准。

预先制定的标准或者预算

如果精心地制定和协调，他们就会成为优秀的标准。在许多公司中，他们都是比较实际业绩的基础。如果预算数字只是偶尔收集，显然他们就无法提供一个稳定的比较基础。

历史标准

他们是过去实际业绩的记录。本月的经营结果可以与上月的经营结果比较，也可以与上年同月的经营结果比较。这类标准具有两个严重缺点：（1）两个期间的条件可能发生了变化，比较无效；（2）上一期的业绩可能难以接受。如果一位工厂每月发生的报废成本为500美元，且各月一直保持一致，但是，在缺乏其他证据的情况下，业绩是一直好，还是一直差，我们就不得而知了。尽管历史标准具有这些内在的缺点，但是有些公司还是采用他们，往往是因为无法获得有效的预先制定的标准。

外部标准

他们是从其他责任中心或本行业的其他公司获得的标准。一个销售分支机构的业绩可以与其他销售分支机构的业绩比较。如果这些责任中心的条件相似，这种比较就能为业绩评价提供一个可接受的基础。

有些公司找出他们认为在本行业管理最好的公司，并采用该公司的数字作为比较的基础，这些数字要么是通过与该公司合作获得的，要么是从公布的资料中获得。这个过程就称为制定标杆（benchmarking）。

关于公司的数据可以从年报或季报中获得，也可以从申报的10K表中获得（10K表数据可以从证券交易委员会获得，互联网上公布13 000家公司的数据）。行业数据一般公布在邓白氏公司（Dun & Bradstreet Inc.）的主要行业比率、标准普尔的计算机统计服务公司、罗伯特—莫利斯公司（Robert Morris Associates）的年报研究上。年度调查大多公布在《财富》、《商业周刊》、《福布斯》杂志上。行业协会也公布关于本行业公司的数据。

许多公司在互联网上公布自己的财务报表。利用这项信息作为与竞争者业绩比较的基础存在的问题是账户名称不一致。美国注册会计师协会实施了一个项目，寻求制定一套用于互联网报告的账户名称。人们称之为“XBRL项目”。当这些账户名称获得认可时，竞争者就应该很容易通过一套简单的计算机程序获得平均数据，及其他数据。关于这个项目的最新信息可以从美国注册会计师协会的网站上获得：www.oasis.open.org/cover/siteindex.html。美国财务官协会（FEI）也提供关于会员公司的业绩的信息，但是大多数只提供给项目的赞助人。它的会刊《财务官》上也刊登一些轶闻。

标准的局限

只有从有效的标准中推导出实际与标准业绩之间的差异才有意义。尽管人们习惯于称“有利差异”和“不利差异”，但是这些词暗含了标准是衡量应该实现的业绩的可靠指标。即使标准成本也未必是对具体情况下应该发生的成本的精确估计。发生这种情况是因为下列原因之一，或者兼而有之：（1）标准制定得不恰当；或者（2）尽管依照当时的情况标准制定得恰当，但是条件的变化使标准过时了。差异分析关键的第一步就是审查标准的有效性。

完全成本核算制度

如果公司实行完全成本核算制度，那么变动管理费用和固定管理费用就都会按标准单位成本计入存货。如果期末存货高于期初存货，那么本期发生的一部分固定管理费用就会保留在存货中，而不是流入销货成本。相反，如果本期存货余额下降了，那么释放到销货成本中的固定管理费用就会超过本期实际发生的数额。在我们的例子中，我们假设存货水平保持不变。因此，就不会产生处理与固定管理费用相关的差异时经常出现的问题。

如果存货水平发生了变化，并且如果实际产量不同于预算销量，那么部分产量差异就会计入存货。但是，全部产量差异均应该予以计算和报告。这项差异就是指按实际产量（如弹性预算中所列的）计算的预算固定生产成本与按实际产量计算的标准固定生产成本之间的差额。

如果公司实行变动成本核算制度，那么固定生产成本就不会计入存货，因此就不存在产量差异。固定生产费用差异就是指预算与实际之间的差额。

重要的一点是生产差异应该与产量关联起来，而不是与销量关联。

详略程度

在这个例子中，我们分析了几个层面的收入差异：首先，按总量，然后按销量、销售组合和价格。接下来又按行业总销量和市场份额分析销售组合与数量综合差异。在每个层面，我们都按产品分析差异。这种从一个层面到另一个层面的分析过程经常被称为“拨洋葱”，也就是说，依次拨开一层层的皮，只要认为值得进一步分析，这个过程就可以继续。有些公司并不像我们的例子这样建立许多层，而有些公司则建立了更多层次的分析。在有些情况下进一步分析营销差异是可能的，也是值得的，如下列情况：按销售地域，甚至按销售员；按国家或地区的销售；按主要客户、主要客户群，或某个行业的客户的销售；按直接邮寄、客户打电话，或者其他渠道创造的销售。还可以通过计算较低层级的责任中心的差异，以及确定具体投入要素的差异进一步更详细地分析制造成本，如工资标准和原材料价格。

这些分析层次都与责任中心的等级设置相符。除非能与负责的管理者联系起来，否则根据所报告的差异采取行动是不可能的。

利用现代信息技术，分析的详略程度几乎可以随心所欲，并且成本也可以控制在合理的限度内。问题是决定多大程度是值得的。答案部分取决于管理者所要求的信息——有些管理者是数字型的，而其他则不是。在理想的状况下，应该存在一些基本数据，可供任何类型的分析，但是日常只报告其中一小部分数据。

技术性成本和酌量性成本

正如我们在第4章中所指出的，技术性成本差异与酌量性成本差异的处理方式截然不同。

技术性成本上的“有利”差异通常表明业绩优良。也就是说，费用越低，业绩越好。这要取决于判断质量和准时配送是否令人满意的条件。

相比之下，如果实际费用与预算大体一致，那么通常就认为酌量性费用中心的业绩是令人满意的。这是因为有利的差异可能表示责任中心未能充分履行它承诺履行的职能。因为在酌量性费用中心，有些要素事实上是技术性成本（如：财务总监机构中的记账职能），有利差异通常对这些要素真正有利。

差异分析的局限

尽管差异分析是一个强有力的工具，但是它也的确具有局限性。最重要的局限是，尽管它能明确哪里存在差异，但是它却不能告诉您为什么会产生差异，也不能告诉您该对它采取什么措施。例如：报告可能表明营销费用中存在重大不利差异，它还可能表明这项差异是因促销费用高而造成的。但是，它不能解释为什么促销费用高，也不能说明应该采取什么行动。应该在业绩报告中附一份说明性报告，解释这些情况。

差异分析的第二个问题是决定差异是否重大。在某些分析过程中，在决定实际与标准业绩之间的差异是否重大时，可以采用统计技术。这些技术通常被称为“统计质量控制”。但是，只有在分析过程定期重复的情况下，他们才适用，如在生产线上操作一个机床。文献中包含一些文章，表明人们利用统计质量控制决定预算差异是否重大，但是这种现象在经营单元层面毫无关联，因为重复性行为的必要数量不存在。从概念上讲，只有预期纠正问题所带来的好处超过了调查成本时，才应该调查差异，但是基于这个前提的模型具有太多的不确定性，因而只是学术上的兴趣。因此管理者在决定哪些差异重大时，就依赖判断。而且，如果差异重大，但却无法控制（如：意想不到的通货膨胀），就没必要调查了。

差异分析的第三个局限是，随着业绩报告越来越高度综合，相互抵消的差异会误导读者。例如：经理在审视经营单元制造成本表现时，可能注意到节约因素了。但是，这可能是因一个表现好的工厂抵消了另一个表现差的工厂而造成的。类似地，若把处于不同开发阶段的不同产品线综合起来，可能会使各产品线的实际结果变得模糊不清。

此外，由于差异变得越来越高度综合，所以管理者越来越依赖于所附的说明和预测。工厂经理知道自己工厂发生了什么，并且能够轻而易举地解释产生差异的原因。但是，经营单元经理及其上级通常都必须依赖于工厂差异报告所附的说明。

最后，报告只表明发生了什么。他们并未表明管理者所采取的行动对未来产生的影响。例如：降低员工培训上的花费会提高目前的盈利能力，但是它可能会在未来造成负面后果。此外，报告只表明记录在账户上的事件，而许多重要事件都未反映在目前的会计交易中。例如：账户中并不反映员工士气。

管理行动

分析正式财务报告时有一项最重要的原则：月度利润报告不应该包含任何重大意外。一有重要信息，就应该通过电话、传真、电子邮件或个人会谈迅速沟通。正式报告证实了高层管理者从这些渠道获得的总的印象。他或她可能会根据这些信息，在收到正式报告之前就采取行动。

但是，正式报告至关重要。编制正式报告的最重要的好处之一就是它为敦促下级管理者主动采取纠错行动施加了预期的压力。而且，从非正式渠道获得的信息可能不完全，也可能会产生误导。正式报告中的数字提供了更准确的信息，报告可能证实从非正式渠道获得的信息，也可能对其提出质疑。此外，正式报告还提供了分析的基础，因为从非正式渠道获得的信息经常是概括性的，是不准确的。

通常，经营单元经理及其上级之间会进行一些讨论，经营单元经理会解释产生重大差异的原因，扭转不利形势应采取的行动，以及每项纠错行动的预期时间安排。这些解释肯定是主观的，并且可能带有偏见。同大多数一样，经营经理也不喜欢承认不利差异是因自己的错误而导致的。高层管理者根据自己的经验，可以判断经营单元经理诚实、坦率的可能性，并据此相应地评估报告。

除非可以导致行动，否则利润报告就毫无价值。行动包括表扬工作出色的员工、建议不同的做事方法、“严厉训斥”，或者激烈的个人行动。但是，决不能每月对每个经营单元都采取这些行动。只要经营正常，表扬可能就是最必要的，大多数人甚至也不希望经常被表扬。

小 结

经营单元经理定期向高级管理层报告各自的财务业绩，通常是每月一次。正式报告包括比较实际与预算收入和费用。实际与预算之间的差额可以按不同的详略程度分析。这项分析可以确定造成与预算利润的差异的原因，以及归因于每个原因的金额。

推荐读物

Dunk, Alan S. "Reliance on Budgetary Control for Manufacturing Process Automation and Production Subunit Performance." *Accounting, Organizations and Society* XVII, no. 4 (April - May 1992), pp. 195–204.

Govindarajan, Vijay. "Appropriateness of Accounting Data in Performance Evaluation: An Empirical Examination of Environment Uncertainty as an Intervening Variable." *Accounting, Organizations and Society* IX, no. 2 (1984), pp. 125–35.

Govindarajan, Vijay, and John K. Shank. "Profit Variance Analysis: A Strategic Focus." *Issues in Accounting Education* 4, no. 2 (Fall 1989), pp. 396–410.

Institute of Management Accountants. "Fundamentals of Reporting Information to Managers." *Statement on Management Accounting*. Supplement 5–6. Montvale, NJ, 1992.

案例10-1

差异分析问题

Ⅰ. 在本案例中，我们要求您对照预算，分析ABC公司的泰姆普事业部2月份和3月份的财务业绩，其预算参见正文中的图表10.3。

第一部分——1988年2月

下列数据说明了泰姆普事业部1988年2月份的实际财务结果。

销售收入	\$781
变动销货成本	552
贡　献	229
固定制造成本	80
毛利润	149
销售费用	57
管理费用	33
净利润	\$ 59

销　售

产　品	销　量	价　格	销售收入
A	120	\$0.95	\$114
B	130	1.90	247
C	150	2.80	420
合　计	400		781

生　产

		制造成本			
产　品	产　量	原材料	人　工	变动管理费用	合　计
A	150	\$80	\$20	\$40	\$140
B	130	91	21	35	147
C	120	190	15	30	235
合　计	400	361	56	105	522

本案例由约翰·迪尔登编写，并拥有版权。

思考题

1. 请编制一份利润预算的差异分析，假设泰姆普事业部采用变动标准成本核算制度。
2. 请编制一份利润预算的差异分析，假设泰姆普事业部采用全面标准成本核算制度。根据这项假设，实际销货成本为63.2万美元。（您能推导出这个数字吗?）
3. 行业总销量数字如下所示。请将销售组合与数量综合差异分解为因市场畅销度造成的差异及因行业总销量不同而造成的差异。只计算采用变动成本核算制度下的情况。1988年2月份行业总销量：

	件数（千件）
产品A	600
产品B	650
产品C	1 500

第二部分——1988年3月

下列数据说明了泰姆普事业部1988年3月份的实际财务结果。

损　益　表	
销售收入	\$498
变动销货成本	278
贡　献	220
固定制造成本	70
毛利润	150
销售费用	45
管理费用	20
净利润	\$ 85

销 售

产 品	销 量	价 格	销售收入
A	90	$1.10	$ 99
B	70	2.10	147
C	80	3.15	252
合 计	240		498

生 产

		制造成本			
产 品	产 量	原材料	人 工	变动管理费用	合 计
A	90	$40	$ 8	$17	$ 65
B	80	55	10	18	83
C	100	150	8	19	177
合 计	270	245	56	54	325

思考题

请回答第一部分所提出的同样的问题。若采用全面标准成本核算制度，则 3 月份的实际销货成本为 340 500 美元。3 月份的行业总销量如下所示：

	件数（千件）
产品 A	500
产品 B	600
产品 C	1 000

Ⅱ. 克罗克公司 1988 年 1 月份的利润预算如下所示：

		（千美元）
销售收入		$2 500
标准销货成本		1 620
毛利润		880
销售费用	$250	
研发支出	300	
管理费用	120	
费用合计		670
税前净利润		$ 210

编制预算时利用的产品信息如下所示：

	E	F	G	H
销量（千件）	1 000	2 000	3 000	4 000
单 价	$0.15	$0.20	$0.25	$0.30
标准单位成本				
原材料	0.04	0.05	0.06	0.08
直接人工	0.02	0.02	0.03	0.04
变动管理费用	0.02	0.03	0.03	0.05
变动成本合计	0.08	0.10	0.12	0.17
固定管理费用(千美元)	20	60	60	160
标准单位成本合计	0.10	0.13	0.14	0.21

1988 年 1 月份实际收入和成本如下所示：

		（千美元）
销售收入		$2 160
标准销货成本		1 420
标准成本净差异		160
实际销货成本		1 580
毛利润		580
销售费用	$290	
研发支出	250	
管理费用	110	
费用合计		650
净损失		$ (70)

1988 年 1 月份经营统计如下所示：

	E	F	G	H
销量（件）	1 000	1 000	4 000	3 000
销售价格	$0.13	$0.22	$0.22	$0.31
产 量	1 000	1 000	2 000	2 000
实际制造成本（千美元）				
原材料	$360			
人 工	200			
管理费用	530			

思考题

请编制 1988 年 1 月份实际利润与预算利润之间的差异分析。

案例10-2

太阳能电子公司

太阳能电子公司的总裁兼总经理约翰·霍登感到十分困惑。公司新聘任的财务总监兼财务经理丽萨·布洛克尔建立了一项新的制度，要求编制汇总损益表。这份报表将按月发布。霍登先生刚刚收到了一份1984年1月的汇总损益表（参见图表1）。

太阳能电子公司是一家小型的太阳能电池板制造商，创建于1977年中期，总部位于德克萨斯州。截至1983年末，它经过几个惨淡的年份幸存了下来，在行业内把自己定位为具有合理规模的公司。在有意识地将公司职业化的过程中，霍登先生于1983年秋季让布洛克尔女士加入了团队。在此之前，太阳能电子公司一直聘用一名全职的、全权负责的会计。

霍登先生的困惑起源于他没有预料到公司1月份会报告损失。虽然他知道销售收入下降了，但主要是由于正常的季节性因素，他也知道生产也被迫减产，以便降低存货水平，但是他仍然感

图表1

太阳能电子公司（B）
汇总损益表
1984年1月

销售收入			$165 000
减去：销货成本（按标准成本）			108 900
毛利润边际			$ 56 100
减去：销售费用		$ 26 500	
公司管理费用		18 000	
经营差异：			
直接人工	$ (3 500)		
直接原材料	500		
变动车间管理费用	(1 500)		
固定车间管理费用—支出	2 000		
固定车间管理费用—数额	(17 500)	20 000	64 500
税前利润			$ (8 400)

图表2

太阳能电子公司（B）
预算损益表
1984日历年度

销售收入		$3 000 000[3]
减去：销货成本（按标准成本）[1]		1 980 000
毛利润边际		$1 020 000
减去：销售费用[2]	$420 000	
公司管理费用	240 000	660 000
税前利润		$ 360 000

1. 标准销货成本包含：直接人工42万美元；直接原材料75万美元；变动车间管理费用36万美元；固定车间管理费用42万美元；布洛克尔女士把直接人工和直接原材料均视作变动成本。
2. 其中：12万美元被视作固定的。其余30万美元反映支付的10%的销售佣金。
3. 本年的预期销量为5 000件约当产品。一件“约当产品”就是指太阳能电子公司销售的最畅销的型号。

到意外。他不知道这第一个月份的经营结果是否预示着不可能实现全年的预算结果（参见图表2）。尽管1984年的预算反映的销量较1983年仅增长10%，但是他所关注的是，这样一个不好的开局可能会很难再“步入正轨”。

思考题

1. 对照预期的月平均利润3万美元来看，为什么1月份报告的经营结果如此糟糕呢？
2. 还有哪些数据有助于分析公司1月份的业绩？为什么？

案例10-3

盖尔沃公司

当巴萨克先生于1974年4月接替钱伯坦担任财务总监时，年仅31岁，他成了环球电气公司收购后重组的新高级管理层团队的第一人。在环球电气庞大的组织结构中，财务总监办公室代表着一个关键职能，这是一个不争的事实。巴萨克先生是一名经验丰富的会计，在环球电气的一家大型法国子公司拥有10年的工作经验。

他生动地回忆起他在盖尔沃公司最初的那段日子，他承认那时至少是令人兴奋的。

> 我于1974年4月初到达盖尔沃公司，恰好在钱伯坦卸任后不久。我是第一个到法国波尔多的环球电气的人，被迅速卷入了围绕所有权变更的种种问题。例如：在过去两年，根本没有真正起作用的财务报表。这就使制定商业计划极其艰难，尽管亨尼西先生和我已从6月份开始做计划。这项商业计划涵盖企业的方方面面，但是盖尔沃公司对公司财务的保密使我们几乎不可能获得任何人的帮助。

巴萨克先生的职责大体可以划分为两个部分：首先是编制环球电气公司所要求的各种报告；其次是监管盖尔沃公司的内部会计职能。虽然这两个领域密切相关，但是在介绍会计和控制职能时，最好区分开来，因为它是在环球电气公司收购盖尔沃公司之后建立的。

为了控制各经营单元，环球电气公司主要依赖于一套全面的财务报告制度。环球电气公司将近些年来的许多成功都归因于这套制度。环球电气公司欧洲地区的财务总监伯德瑞先生不仅仅把这套财务报告制度视作一项“检查”经营单元的工具。据伯德瑞先生说：

> 除了按传统意义上的销售收入、收益和投资报酬率衡量我们所取得的进展之外，我们认为财务报告制度可以引导我们的经营人员将精力放在那些不会引起注意的领域。例如：在存货上的投资水平。财务报告制度还迫使人们思考未来，并致力于未来的具体目标。大多数经营人员都过多地参与今天的问题，虽然可以理解，但是我们认为应该建立一种机制，迫使他们放远眼光，思考一下长期目标和战略。您也可以说我们把财务报告制度视作一项有效的培训和教育工具。

背　景

盖尔沃公司是由乔治·拉托尔于1946年创建的。在1974年之前，乔治·拉托尔一直是所有者，并担任总裁。在公司发展历史上，公司一直从事零部件装配与采购，随后组装成高质量、成本适中的电子测量和测试设备。在电气行业中，在它所从事的领域——测量仪器，盖尔沃公司是主要的法国公司之一。但是，在该行业的更复杂的领域，还有众多比盖尔沃公司大得多的公司。

本案例由莫里西教授编写，主要是作为课堂讨论的基础，而不是为了说明对行政管理形势的有效处理还是无效处理。

盖尔沃公司增长最快的时期开始于1960年前后。在1960~1971年期间，销售收入从220万（1971年新法郎）增长到了1 200万，税后利润从12万（1971年新法郎）增长到了1 062 000。1971年12月31日的资产共计880万新法郎。（1971年1新法郎 = 0.20美元）。公司的繁荣导致了大量产权收购，但是拉托尔先生始终坚信只有拥有盖尔沃公司的全部所有权，他才能自由掌控公司事务。作为所有者/总裁，拉托尔先生多年来一直事必躬亲，参与公司经营的每项事务，包括签发公司所有重要的支票。

1972年初，拉托尔先生十分关注为盖尔沃公司培养合适的管理接班人的问题。1972年1月，拉托尔先生聘请了一位“技术主管”做他的特别助理，但是这个人于1972年11月就辞职了。在盖尔沃公司的工人队伍于1973年建立工会组织之后，由于拉托尔强烈反对，所以时年54岁的拉托尔开始严肃地考虑把公司卖掉，然后投身于“家庭、慈善事业和一般社会事业”。1974年4月1日，盖尔沃公司出售给了环球电气公司，换回了价值450万美元的环球电气公司的股票。拉托尔先生成为盖尔沃公司董事会的董事长，大卫·亨尼西被任命为盖尔沃公司的执行董事。亨尼西先生时年38岁，已在环球电气公司工作了9年。

经营计划

环球电气公司的报告和控制制度的核心是一份极端综合性的文件——经营计划，它由各经营单元每年编制一次。经营计划是评价经营单元经理的基本标准，环球电气公司的高级管理层尽一切可能使经营计划具备权威性。

每年1月份，环球电气公司位于日内瓦的总部都会为欧洲各经营单元今后两年制定暂时的目标。人们称之为“初次审视”——力图泛泛地表述经营单元据以制定详细经营计划的目标。对于生产不只一条产品线的经营单元而言，不仅要制定经营单元的总体目标，而且要为各条产品线制定目标。负责制定这些暂时目标的是日内瓦的8个产品线经理，每个经理负责一组产品线。每个产品线经理根据自己对产品线的了解，以及对其市场潜力的最佳判断，制定产品线的暂时目标。

在财务报告制度中，环球电气公司认为盖尔沃公司应该被视为一个单独的产品线，尽管盖尔沃公司的经理们把公司的产品划分为三条不同的产品线——万用表、配电板式仪表和电子仪器。

对于环球电气公司在欧洲的300多条产品线中的每一条而言，目标都是按五个主要指标制定的。

1. 销售收入
2. 净收益
3. 资产总额
4. 员工总数
5. 资本支出

1~4月，这些暂时的目标都要在盖尔沃公司总部与经营管理层之间“议定”。正式会议要在日内瓦召开，以解决经营单元经理与产品线经理或总部其他人员之间的分歧。

同时也议定将要停产的产品。亨尼西先生把这个过程称为“一项复杂的锻炼”，他说，“它不仅包括认真分析停产一项产品对管理费用产生的影响，而且明确持有一项产品的存货所发生的成本。这项分析很好，环球电气公司利用这种方法挤压我们。”

在5月，位于日内瓦的环球电气公司欧洲总部以及位于美国的公司总部要审批议定好的目标。这些最后审批主要集中在上面提到的五个主要指标上。在1976年，资本支出总额目标和员工总数目标都受到了特别严密的监视。经审批的目标为编制经营计划提供了基础。

在6月和7月，盖尔沃公司制定经营计划。计划长达100页，详细介绍盖尔沃公司如何实现今后两年的目标。计划还包含一项对未来第5年的预测（如：1976年编制的计划就要预测1981

年)，但是不太详细。

总结报告

如果介绍一下经营计划所涵盖的信息的类型，就可以让您更好地理解它的范围。经营计划首先是一份一页长的财务与经营简要总结，包含下列比较数据：

上年（实际数据）
本年（预算）
下年（预测）
今后两年（预测）
今后五年（预测）

这份一页长的总结包含下列指标五年的摘要数据：

净收益
销售收入
资产总额
占用资本总额（长期负债和所有者权益的总和）
应收账款
存 货
厂房及设备
资本支出
折旧准备
销售利润率
总资产收益率
实用总资本收益率
总资产周转率
应收账款周转率
存货周转率
收到的订单
积压的订单
全职职工平均人数
员工工资总额
单位员工销售收入
单位员工净收益
每千元员工工资销售收入
每千元员工工资净收益
每千平方英尺厂房销售收入
每千平方英尺厂房净收益

预期本年以及今后两年净收益的变化要根据原因汇总，具体如下：

销 量
产品组合
销售价格
原材料采购价格
成本节约计划
会计变更及其他原因

这样分析净收益的变化原因，就可以迫使经营管理者认真评估所有影响价格、成本、销量或产品组合的管理行为对利润的影响。

财务报表

在摘要性的总结报告后面紧接着就是一整套本年和今后两年的预测财务报表——损益表、资产负债表和现金流量表。然后就在单独的报告中详细分析这些财务报表中的每个重大项目，这些报告涵盖诸如与总部的交易、建议的外部融资、应收账款和存货上的投资、员工数量和员工工资、资本支出，以及非重复性资产冲销等事宜。

管理行动

经营计划中还说明今后两年计划采取的重大管理行动，并估计每项行动将对销售总收入、净收益和资产总额产生的有利或不利影响。在盖尔沃公司 1976 年的经营计划（于 1975 年中期编制）中说明的重大管理行动中包括下列几项：

实施标准成本核算制度
修订价格
砍掉产品线中最老的、低边际产品
简化产品设计，并标准化

制定前瞻性的研发计划
实施产品计划

每个职能都需要单独制定计划——营销、制造、研发、财务控制、人事与劳工关系。这些职能计划以表述各项职能的任务开始，然后分析目前的问题和机会，并说明今后两年打算采取的具体行动。在1976年的经营计划中为控制领域制定的目标中，巴萨克先生表明他希望：

改进任务分配
更加广泛地使用IBM的设备
用受过更好培训、更具活力的人员替代不合格的员工

经营计划以一系列比较财务报表结束，其中说明如果销售收入降至预测的60%或80%，或者增至预测的120%，估计其产生的逐项影响。对于每个可能的销售水平，成本都划分为三类：固定成本、不可避免的变动成本、自主费用。管理层要说明在销售收入下降的情况下，将采取的控制就业、资产总额和资本支出的具体行动，以及这些行动何时生效。在1976年的经营计划中，盖尔沃公司表示如果2个星期的订单降至预算的60%以下，4个星期的订单降至75%以下，或者8个星期的订单降至60%以下，那么压缩规模的计划就付诸实施。它表示，在60%的年份，资产只削减至80%，在80%的年份，资产只削减至90%，“因为我们企业的重新现代化对于生存至关重要，所以不能放缓。”

计划的审批

在仲夏，完整的经营计划将提交环球电气公司总部。从初秋开始，就在日内瓦召开会议，审查各公司的经营计划。会议有来自环球电气公司欧洲和美国总部的高级管理层以及许多经营单元的总经理和职能经理出席，每项计划都必须在会上给出合理的解释。环球电气公司把这些会议视作其不断鼓励经营管理者分享解决普遍问题经验的一个重要组成部分。

经营计划在日内瓦审查会议上获得最后批准之前，公司高级管理层还经常提出一些修订建议。例如：在1976年9月，盖尔沃公司的经营计划中关于1977年的销售和净收益预测获得了认可。但是员工总数和资产总额的年末预测却分别下调了9%和1%。盖尔沃公司建议的全年资本支出被削减了34%，削减主要是由于环球电气公司对公司所有经营单元设定的限额。

经批准的经营计划就成为下年预算的基础，它应于11月中旬提交日内瓦。预算的总体设计类似于经营计划，惟一的不同之处在于各种金额，在经营计划中按年度反映，但在预算中被分解为了月度。不允许对经营计划的主要经营结果的总体预测与预算中详细反映的预测做任何微变动。重大变动要在10月中旬前向日内瓦提交申请。

向环球电气公司报告

环球电气公司在欧洲的每个经营单元都必须按照固定的时间表向日内瓦提交定期报告。环球电气公司的所有经营单元，无论是位于美国的，还是其他地方的，实质上都遵循着同样的报告制度。整个公司都采用类似的表格和账号。因为报告制度并不区分不同规模的经营单元，所以盖尔沃公司提交的报告与几倍于自身销售收入的经营单元一样。这些报告方便了环球电气公司欧洲区对经营结果进行计算机处理和汇总，不仅可供日内瓦及时审查，而且可及时传送至美国的公司总部。

向环球电气公司提交的大多数报告的核心是实际经营结果与预算的差异。销售和费用数据都既提供最近一个月的数字，又提供本年累计数字。此外还报告本年与上年之间的差异，因为这些数字每季度都提交环球电气公司的股东，以及报纸和其他财经报道机构。

报告内容

财务总监每月要提交 13 种不同的报告，从基本净收益报表，到关于资本项目状况的报告，报表应该在每月结束后第一周内完成，而资本项目状况报告则应在每月的最后一天提交。月度报告包括：

基本净收益报表
损益表
资产负债表
留存收益变动表
现金流量表
就业统计
接到、取消以及尚未发货的订单状况
公司间交易报表
与总部的交易报表
存货分析
应收账款分析
资本项目状况
财务总监月度经营与财务审查

最后一个项目，财务总监月度经营与财务审查，经常长达 20 页，甚至 20 页以上。它包含关于偏离预算的说明，以及对经营单元财务事宜的一般注释。

除了按月提交的报告之外，还有一些不经常编制的报告，大约有 12 种，要么是季报、半年报，要么是年报。

控制与报告系统的成本

包括编制年度经营计划的控制与报告系统，在时间和金钱上都为经营单元的管理者造成了严重负担。在盖尔沃公司 1976 年经营计划中有关控制职能领域的部分，巴萨克先生对系统的这方面进行了评论。

> 盖尔沃公司的前任行政管理经理（财务总监）是位税收专家，他不得不每年编制资产负债表和损益表。成本会计核算、永续存货计价、存货控制、生产控制、应收账款控制、预算等等，根本不存在。也没有为其他部门领导提供关于销售收入、成本和费用的信息。因此，很难转变为正式的月度报告制度。由于员工培训水平低，许多工作，如合并报表、月报和季报、预算、经营计划、新成本核算制度的实施、各种分析、上年账户重编报表等等都必须完全由财务总监和总会计师承担，因此占用了他们 80%的工作时间，而且还要每周工作 55~60 小时。在随后几年，财务总监办公室的员工人数就不再取决于盖尔沃公司的经营水平，而是根据环球电气公司的要求。
>
> 在一个以前不存在任何基础的公司实施环球电气公司整套成本与生产控制系统是一项艰巨的任务，它涉及为 8 000 个制造作业和 3 000 个组装作业建立标准时间，以及为 15 000 个零部件建立控制系统。

在 1977 年初访谈时，巴萨克先生说：

> 按时把数据提交环球电气公司一直是一个问题。我们只是缺少理解报告制度及其目的的必要的人。报告全部以英文表达，但我的下属中没有几个人精通英文。此外，美国会计方法也不同于法国采用的会计程序。另一个不太严重的问题是，在向环球电气公司报告时，必须把以法郎保持的全部内部记录换算为美元。
>
> 我尤其关心的是，在我们为环球电气公司编制的报告中，没有几份对我们在法国波尔多这儿的经营人员有用。当然，亨尼西先生会使用这些报告，还有一两个其他人也会使用。我尽一切可能鼓励人们使用这些报告。我的工作不仅是提供事实，而且是帮助管理者理解并利用所获得的数字。近来我们开始发布每个部门的月度成本费用报告，说明预算差异。这些收效都很好。

亨尼西先生还对满足环球电气公司报告制度的要求评述道：

> 如果不需要向环球电气公司报告，我们也会采取不太正式的方式，或者在不同的时间，做一些事情。环球电气公司决定整个组织都必须在规定时日到达某个基地。为了满足这些规定期限，就必须承担额外成本。此外，还应该注意的是，财务总监办公室的要求也会下发给其他领域，如营销、工程设计以及生产。

环球电气公司的欧洲财务总监伯德瑞先生承认计划和报告系统的成本太高，尤其是对于较小的经营单元而言。

> 这个系统是为大型企业设计的。我们认为支持这样一个系统所要求的一个经营单元的绝对最低年销售收入约为 1 500 万美元。但是，我们更希望至少为 3 000 万美元。根据这个标准，盖尔沃公司几乎是不可接受的。我们真的不知道，从它所要求的信息是否值得付出成本这个意义上讲，这个系统的成本是否过于繁重了。据合理的估计，约 50%的信息也会是任何同等规模的精于管理的独立企业所要求的，另外 25%是环球电气公司的特殊需要，还有 25%可能是“枯草”，应该清理掉。从理论上讲，我们应该每隔 5 年就把系统扔掉一次，只保留基本要素，重新开始。

作为本部门的一些日常活动的反映，巴萨克先生注意到，在 1976 年末，盖尔沃公司每个工作日出具约 200 张发票。那时公司拥有约 12 000 个活跃客户。

在 1977 年初，财务总监办公室聘用了 42 个人。该部门的组织结构如图表 1 所示。

总部业绩评价

盖尔沃公司的定期财务报告要转交日内瓦的伯德瑞先生。报告首先由伯德瑞先生的助手审查，他是审查从环球电气公司欧洲经营单元收到的所有报告的四个财务分析师中的一个。

在 1977 年初，伯德瑞先生介绍了这些业绩评价的目的：

> 业绩评价集中在主要指标的实际业绩与预算的比较上——销售收入、净收益、资产总额、员工总数以及资本支出。这些都是明确列示的数字。我们尽力发现是否有任何疑点或趋势初露端倪。当然，报告的书面部分也会被认真审查，尤其是对较之预算的差异的说明。如果一切按计划发展，我们就不采取任何行动。
>
> 报告可能包含各月对预测的修订。但是，如果未实现本年的计划目标，我们就认为形势很严峻。
>
> 如果一位经营单元经理遇到了问题，请求帮助，那么它就成了一个共同关注的问题。他很可能认为会用倒霉的一天解释问题是如何发生的，但是他也可以期望获得帮助。盖尔沃公司的产品线经理福瑞斯特先生，或者我们的一位专家会去法国波尔多看看，究竟谁去要取决于问题的性质。财务分析师中的一位会密切追踪盖尔沃公司的报告，除了财务分析师之外，我们还有成本核算制度和分析、存货控制、信用，以及工程设计方面的专家。
>
> 我们在数据处理方面未向盖尔沃公司提供他们所需要的、也是应该得到的帮助，因为我们在日内瓦这里的员工有限，我们无法满足全部需要。我们希望在 1977 年增加这方面的员工。

在提到盖尔沃公司近期的业绩时，伯德瑞先生说：

> 盖尔沃公司是一家小公司，我们并未给予它太多的时间或帮助，除非差异似乎消除了。这发生在 1976 年下半年，当时我们越来越关

图表 1 财务总监办公室的组织结构图（1977 年 1 月）*

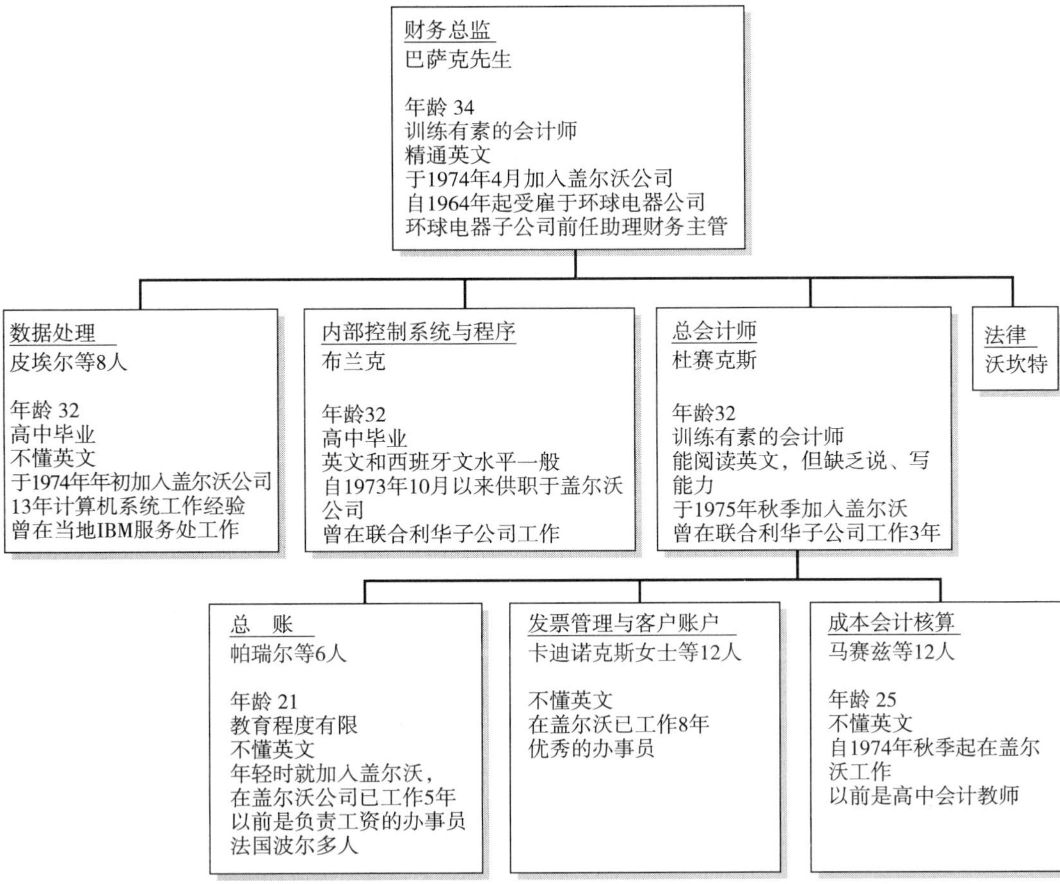

* 在环球电气公司收购盖尔沃公司之前，财务总监办公室的人员不到 20 人。

> 注盖尔沃公司的存货水平。亨尼西先生和我们在日内瓦的制造主管勃莱特先生之间就这个问题拍发了一系列电报，这些电报说明了应该如何使用报告（参见图表 2~图表 5）。
>
> 尽管 1973~1975 年间业绩平平，1976 年间经营处于低迷时期，但是我们觉得形势得到了控制，盖尔沃公司的前景不错。公司经营已经得到了扭转，1977 年似乎颇具前景。

尽管综合报告与控制系统似乎使环球电气公司看起来像一个高度集权化的组织，但是各经营单元的管理者却拥有高度的自治。例如：亨尼西先生就可以自由选择从环球电气公司的其他经营单元，还是从外部渠道采购零部件，只根据盖尔沃公司的业绩评价他。公司没有偏好的“内部”价格。为了鼓励这种交易，环球电气公司通过向销售部门免收某些费用而提供些微的激励，共计约占销售收入（非销售单元）的 2%。

同样，环球电气公司并不想把应税所得转嫁到低税收的国家。每个经营单元都被视同一个独立的公司，应在当地纳税，并遵守当地的法规。环球电气公司认为这个使各经营单元利润最大化的目标也会相应地使环球电气公司的利润最大

图表2 勃莱特先生拍发给亨尼西先生的关于存货水平的电报

收报人：亨尼西先生——盖尔沃公司
发报人：勃莱特先生——环球电气公司
日 期：1976年9月26日

以下是7月和8月的存货和销售数字，以及各月较之预算的差异（千美元）

	实 际	7月预算	差 异	实 际	8月预算	差 异
存 货	2 010	1 580	(430)	2 060	1 600	(460)
累计销售收入	3 850	3 900	(50)	4 090	4 150	(60)

8月的最新销售预测反映年末销售收入比预算下降了227，而年末存货水平则比预算增加了168。

要求拍发下列电报：从9月到12月的最新月度存货和销售预测，说明存货较之预算的差异，以及你们为了实现年末目标而计划采取的矫正措施。包括裁员、取消原材料采购等。

勃莱特

化。如果强迫每个经营单元利润最大化，就会影响到“内部”交易的转让价格。

盖尔沃公司的近期发展

一套标准成本核算制度自1976年起开始生效，它包括开发和加工成本，以及制造和装配成本。

据亨尼西先生说：

> 我们希望在1月份启动，但是我们推迟了。根据我们在1976年的经验，我们审查了全部标准，必要时，还在12月进行了修订。我们现在拥有了开发的历史和加工的经验，这是我们自1975年以来一直积累的。经证明，这对制定标准成本极其有用。同时，我们还把市场和销售预测更加有效地整合进定价决策。

在环球电气公司收购盖沃尔公司之前，整个公司采用单一的标准把车间管理费用分配给各项产品。多年来，这个标准一直是直接人工的310%。在1972年讨论他的定价政策时，拉托尔先生说：“我已经使用310%的标准多年了，它似乎很起作用，所以我认为没有理由改变它。”

钱伯坦先生一直认为，采用单一管理费用分配标准后，不太复杂的产品的负担过重，而电子产品本应该承担更多些。

拉托尔先生对这种观点的答复是：

> 我怀疑我们的电气产品定价太高，而电子产品则定价太低。那么这意味着什么呢？我们为什么应该降低万用表和电流器的价格呢？按照现行的价格，我们可以轻松地销售掉全部电气产品。

钱伯坦先生一直坚信盖尔沃公司最终会因竞争压力被迫采用更现实的方式分配费用。

1976年，作为新的标准成本核算制度的一部分，盖尔沃公司实际上的确修订了向产品分配管理费用的方法。公司建立了15个不同的成本中心，每个成本中心都单独制定分配标准。这些分配标准综合了直接人工成本和管理费用，从每人工小时13.19法郎到38.62法郎不等。

亨尼西先生在对公司近期发展进行评论时说：

> 正式的存货控制系统于1977年1月生效。它和标准成本核算制度一起，第一次能够真正使我们确定各种产品的盈利能力，正

图表 3 亨尼西先生拍发给勃莱特先生的关于存货水平的电报

收报人：勃莱特先生——环球电气公司

发报人：亨尼西先生——盖尔沃公司

日 期：1976 年 9 月 27 日

关于您 9 月 26 日的电报

9~12 月的月度存货预测（分类预测）（单位：千美元）

	9 月 30 日	10 月 31 日	11 月 30 日	12 月 31 日
原材料	53	51	50	50
外购零部件	180	185	190	195
自制零部件	95	93	93	91
在产品	838	725	709	599
产成品	632	694	683	705
其他存货	84	84	82	80
在建工程	55	58	48	44
储 备	(14)	(14)	(14)	(20)
INDICA	50	52	55	55
合 计	1 973	1 928	1 896	1 799

对于目前的差异，主要需要解释的是三项政策。这三项政策于 1975 年被采纳，并在月度信函中进行了讨论，正是这些政策导致 1976 年 12 月的预算低得令人乐观。第一项政策是要储备合理数量的销售样品，如果不这样，我们就无法像过时的产品那样实现销售收入 19%的增长。

第二项政策是尽可能地使销售收入翻番，延长各种型号的产品寿命，否则我们的许多成本节约都几乎是零。这意味着我们每月的制造计划可能包含维持 5 个月存货价值的 15 个型号，而不是维持 10 个星期存货价值的 30 个型号（从 70 个型号中筛选出来的）。第三项政策是通过维持几千种价值低的物品的最低存货来降低外购订单数量，您一定也认为这些价值低的物品会在首次采购时增加存货，而且事实也的确是这样，但是我们已经开始降低了他们的存货。矫正措施很多，包括裁员 55 人，年末达到 63 人，此外，我还会亲自审查全部采购订单，还会把几个系列的产品型号往后推，再加上客户延期的订单，这样就可以把一部分订单从 1976 年延至 1977 年。这不会产生严重的影响，因为几乎所有的产品系列都必须重新生产，必须服务于相对有把握的市场，但是有些部件则可以持有，并一直持有到 1 月。我们在密切注意销售缓慢的产品型号及其存货，并且我们拥有比 1975 年更均衡的产成品存货。

最后一个，也是最严肃的一个问题是，自我们开始实行标准成本核算制度以来，零部件、在产产品和产成品计价的准确性。临时存货盘点，再加上穿孔卡片上计量的差异，仍无法与采用保守的毛利润边际法得出的月末余额平衡，但是几乎所有差距都是在制度实行的头 4 个月发生的，因为头 4 个月误差太多，由于我们不断修订，后 4 个月几乎平衡了。零部件、在产产品和产成品的详细重新核对也在进行，每天都进行矫正。

您的存货专家也知道这些问题，并答应在允许的情况下提供力所能及的帮助。我们将随时与他们保持沟通，首先我们将对所有零部件进行记录，按新标准建立一个新的期初余额，这似乎与经营中的误差密切相关。我们只能循序渐进，否则还需要聘用大量间接人工。

亨尼西

图表 4 勃莱特先生拍发给亨尼西先生的关于存货水平的电报

收报人：亨尼西先生——盖尔沃公司

发报人：勃莱特先生——环球电气公司

日 期：1976年11月10日

您于9月27日拍发的最近一份电报对9月份的预测进行了分解，根据这些数字，9月份存货又比8月份增加了64 000，但是9月份的销售收入是145 000，比预算低。请您详细说明为什么尽管采取了目前的矫正措施，但仍未实现预测数字。

9月份	您的预测	实 际	差 异
原材料	53	96	(43)
外购零部件	180	155	25
自制零部件	95	108	(13)
在产品	838	917	(79)
产成品	632	723	(91)
其他存货	84	87	(3)
在建工程设计	55	52	3
储 备	(14)	(14)	—
INDICA	50	51	(1)
合 计	1 973	2 175	(202)

为了实现12月份的预测数字1 799，你们的在产产品必须降低318。这就意味着从9月30日到12月31日，每月大约降低100。因此，我还希望了解实际经营结果，以及关于您于9月27日的电报中所提到的几点在10月份、11月份、12月份期间的进一步裁减计划。请考虑一下在下列几个领域大胆采取行动：

1. 实际的主要生产进度表。
2. 短期存货短缺控制，以确保发货。
3. 对全部订单进行在产产品分析，以实现产出的最大限度销售。
4. 裁员。
5. 取消一切未经安排的供应商供货。你们通知过环球电气公司的其他仓库未经批准不要提前发货吗？
6. 详细通告环球电气公司其他仓库目前的所有短缺，他们应该负责存货的储备。

勃莱特

图表 5 亨尼西先生拍发给勃莱特先生的关于存货水平的电报

收报人：勃莱特先生——环球电气公司
发报人：亨尼西先生——盖尔沃公司
日 期：1976 年 11 月 15 日

关于您 11 月 10 日的电报

我们现在已经有了 10 月 31 日的数字。我们的实际经营结果如下：原材料：54，差异加 3；外购零部件：173，差异减 12；自制零部件：110，差异加 17；在产品：949，差异加 224；产成品：712，差异加 18；其他：82，差异减 2；工程设计：54，差异减 4；储备减 14，差异 0；INDICA：55，差异加 3；合计：2 175，差异加 247。在控制所有项目的情况下，惟一的重大差异是在产产品 224、产成品 18，因为我在 9 月份和 10 月份销售收入下降 311 的情况下，决定推迟完成几个系列产品的制造，而优先制造另一个系列的产品，其中大多数是供政府用的，按规定，他们可以在 1976 年出具发票，从而可以在部分程度上挽回销售收入。由于有前 8 天的订货，因此销售收入显著上升。目前在产品的生产时间不会比我们计划的生产时间超过 3~6 个星期。

但是您应该知道我们制造了许多相当于 4~8 个月存货价值的销量低的型号。本星期我们向您的专家提供了我们如何确定经济系列的例子。我们无法显著降低成本，因为在这个行业中，在 200 个型号中，至少要有 70 个型号上架销售，一般型号每月销售 15 件。关于您所提出的 5 点建议及 2 个问题，我们已经全部大胆地实施了，仓库间不存在短缺或超额供货。

亨尼西

确为存货计价。

我们于 2 月份安装了新的计算机，最初主要用于出具发票和营销分析。我们希望这能够使发票管理和应收账款管理所需要的人员数量从 12 人降至 6 人或 7 人。

思考题

1. 您如何评估环球电气公司的计划系统在盖尔沃公司的应用效率？
2. 请尽量详细地指出环球电气公司要求盖尔沃公司建立的所有新管理系统和技术。特别是要追踪盖尔沃公司在制定长期计划，以及年度计划时所采用的各种步骤。
3. 您如何评价亨尼西先生与环球电气公司日内瓦的高级管理层们之间的工作关系的效率？您从电报中是否推断出亨尼西先生作为经营主管有些独断？（注：您可能需要认真地并带有批判性地阅读一下电报。）
4. 从盖尔沃公司的角度审视一下这个系统。假设盖尔沃公司是一个独立的公司（即：不是环球电气公司的一部分）。如果您是盖尔沃公司的咨询顾问，您建议公司采用的管理计划和控制制度会与环球电气公司要求实施的有什么不同？（请尽量全面而具体地回答这个问题，例如：不要仅限于这样的回答“他们应该简化些，不要太正式”。）
5. 从环球电气公司的角度审视这个系统。环球电气公司施加的，与独立的盖尔沃公司所要求的计划和控制制度截然不同，有什么合理根据吗？（同样，请尽量具体说明）
6. 大型跨国公司，如环球电气公司，应该在多大程度上依赖于复杂的财务报告与控制系统来实现战略目标呢？
7. 如有必要，您会对环球电气公司的计划系统进行哪些具体变革呢？其他管理系统呢？如果管理控制过程需要改进，您将如何改进？

第 11 章

业绩计量

在第 10 章中，我们介绍了比较实际财务业绩与预算财务业绩的报告。这是一种类型的业绩计量。尽管财务业绩很重要，但只是组织业绩的一个方面。在本章中，我们将介绍其他方面。

在本章的第一部分，我们将讨论业绩计量系统，它综合了财务信息和非财务信息。业绩计量系统的目标是促进战略实施。在本章的第二部分，我们将讨论交互控制——利用管理控制信息的子集制定新战略。

业绩计量系统

业绩计量系统的目标是实施战略。在建立这个系统时，高级管理层要选择最能反映公司战略的指标。这些指标可以被视作现在和未来的关键成功因素。如果他们有所提高，那么公司的战略就付诸了实施。战略的成功取决于战略的合理性。业绩计量系统只是提高组织成功实施战略的可能性的机制。

图表 11.1 显示了业绩计量系统的设计框架。战略定义了关键成功因素。如果评价这些因素，并给予奖励，就会激励人们去实现它们。

财务控制系统的局限性

企业的一个重要目标是股东回报最优化。但是，短期盈利能力最优化未必能保证股东回报最优化，因为股东价值反映预期未来收益的净现值。同时，对持续信息反馈和管理控制的需要要求公司至少每年对经营单元进行一次业绩计量。在第 4~7 章，我们讨论了在向组织的子单元分配财务责任（成本、收入、利润、经济增加值）时应考虑的管理因素。但

图表 11.1
业绩计量系统的设计框架

资料来源：本图由 Craig Schneir 提供。

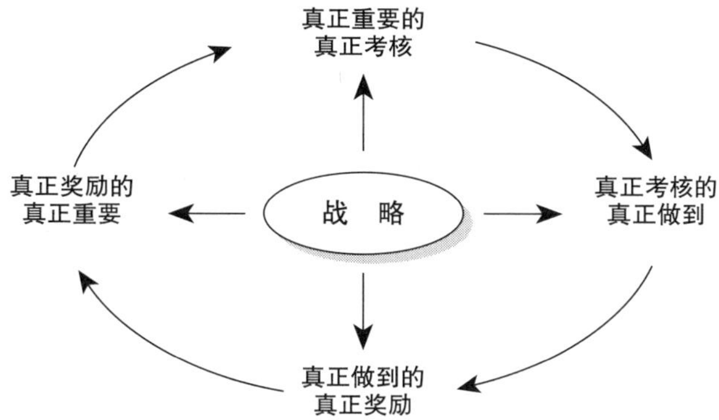

是，仅仅依赖财务指标还远远不够，事实上也无法充分发挥作用，原因如下。

首先，它可能会鼓励不符合公司长远利益的短期行动。为实现目前的利润水平而施加的压力越大，经营单元经理越有可能采取从长期看可能是错误的短期行动。例如，为了实现销售目标，管理者可能会向客户提供劣质的产品，而这又会对公司商誉和未来销售产生负面影响。这些就是所谓的“执行”失误（error of commission）。

> **实例** 博士伦公司的一些分部总裁，在实现净收益的压力下，开始运用一些策略，他们虽然从长期看会让公司付出沉重的代价，但是却能使短期奖金最大化。一个最受欢迎的策略就是为客户提供时间异常长的信用，以换取大订单。[1]
>
> 安然公司的经理们的薪酬都与短期业绩挂钩，并严重依赖于公司股价。为了维持高股价，他们鼓励把所有长期合同的预测利润都计入财务报表。[2]

其次，经营单元经理为了实现短期利润，可能不会采取有益的长期行动。例如，管理者可能不会进行保证长期利益的投资，因为他们会损害短期财务业绩。还有一个普遍的例子就是管理者在研发上投资不足。研发投入必须在发生当年支出，但是效益只能在未来显示。同样，管理者可能也不会建议风险大的投资——未来现金流具有很大不确定性的投资，因为现金流的不确定性会降低实现短期财务目标的可能性。换句话说，管理者可能只会建议“安全”的投资（即很可能创造充足未来现金流的投资），而不会建议能带来高回报的高风险项目。这些就是所谓的“遗漏”失误（error of omission）。

第三，采用短期利润作为惟一目标会扭曲经营单元经理与高级管理层之间的交流沟通。如果根据利润预算评价经营单元经理，那么他们就可能制定易于实现的利润目标，从而导致整个公司的计划数据错误，因为预算利润可能低于能够真正实现的数字。此外，经营单

1. Joyce Barnathan, “Blind Ambition,” *BusinessWeek*, October 23, 1995, pp. 78–92.
2. Paul Krugman, “Flavors of Fraud,” *New York Times*, June 28, 2002.

元经理可能不愿意承认他们可能未达到利润预算，除非经证明，他们不可能达到。这样就延误了矫正行动。

第四，严格的财务控制可能会激励管理者操纵数据。这可能采取几种形式。在一个层面上，管理者可能选择能借用未来收益实现本期目标的会计方法（如：不充分计提坏账损失、存货减值准备以及产品保修准备）。在另一个层面，管理者可能虚报数据，即故意提供不准确的信息。

实例 在博士伦公司，严格的财务控制导致数据操纵。据《商业周刊》报道："在 1993 年，在实现销售目标的压力下，隐形眼镜部门的经理发送医生从未订购的产品，强迫分销商储备高达两年的不需要的存货……并且向许多（分销商）保证，他们在隐形眼镜售出之前无需付款。"[3]

总之，仅仅依赖财务指标还不足以保证战略的成功实施。解决方案就是采用多个指标评价经营单元经理，既包含财务指标，又包含非财务指标。我们所指的非财务指标是支持战略实施的关键成功因素，或者关键业绩指标。

公司过去也采用财务和非财务指标，但是，他们往往在组织的基层采用非财务指标，用于任务控制；而在组织高层采用财务指标，用于管理控制。事实上，组织的各个层级都需要综合财务指标和非财务指标。高层管理者不仅要追踪表明过去决策结果的财务指标，而且要跟踪表明未来业绩的非财务指标，这一点很重要。同样，基层的员工必须了解自身的经营决策造成的财务影响。

一般考虑因素

把业绩计量系统比喻成为一个仪表板就能让我们清晰地理解管理控制系统需要综合财务和非财务指标：一个单一的指标无法控制一个复杂的系统，过多的指标又会使系统过于复杂，而无法控制。如果把这个比喻拓展开来，就能清晰地说明这一点。

一个业绩计量系统如同一个仪表板，拥有一系列反映许多不同过程的运行状况的指标。例如，其中有些指标告诉驾驶员（或者管理者）发生了什么，如里程表显示行驶了 4 万英里（或者报告表明股东权益目前为 10 亿美元）。其他指标则告诉驾驶员（或者管理者）正在发生什么，如转速表显示 6 000 RPM（或者准时配送率为 70%）。所有这些指标都是相互作用的，一项指标的变化经常反映另一项指标的变化：降低转速就可以增加每加仑油行驶的里程（或者提高准时配送率就会提高客户满意度）。

通常，改变一个指标的方式多种多样。比如说转速，可能会提高其他指标，也可能不会提高其他指标，所谓的其他指标，在这个例子中就是指每加仑英里数。了解了仪表板上

---

3. Barnathan, "Blind Ambition."

的一系列指标后，驾驶员就可以进行必要的权衡，比如挂二档开车，转速达 6 500 RPM，而不是挂五档（牺牲油耗），因为换档也需要额外耗费时间——或许还会产生其他可以或不可以忽视的后果。通过权衡，管理者也可以在短期获益或使组织长期成功之间做出选择。

平衡计分卡

平衡计分卡就是业绩计量系统的一个例子。按照这种方法的倡导者的观点，应该为经营单元指定目标，然后从以下四个角度予以评价：[4]

- 财务（如：利润边际、资产收益率、现金流量）。
- 客户（如：市场份额、客户满意指数）。
- 内部经营（如：员工保留率、经营周期缩短）。
- 创新和学习力（如：新产品销售收入所占百分比）。

在实现组织目标一致的同时，平衡计分卡促进了不同战略指标之间的平衡，从而鼓励员工从组织的最大利益出发采取各种行动。它是帮助公司专注经营方向、改善沟通、制定组织目标，以及提供战略反馈的工具。

平衡计分卡上的每项指标都侧重公司战略的一个方面。在建立平衡计分卡时，高层管理者必须选择一组指标，他们应该能：（1）准确反映决定公司战略成功的关键因素；（2）表明各个指标之间的因果关系，表明非财务指标如何影响长期财务结果；（3）广泛地反映公司目前状况。

业绩计量系统：其他考虑因素

业绩计量系统力图通过建立一套综合的战略指标——结果和动因指标、财务和非财务指标，以及内部和外部指标，强调组织的不同利益相关者的需要。

结果与动因指标

结果指标反映战略的结果（如收入提高）。这些指标一般都是“滞后型指标”，他们告诉管理者发生了什么。相比之下，动因指标则是“引导型指标”，他们表明在战略实施中各主要领域的进展。例如，经营周期就是一个动因指标。结果指标只表明最终结果，而动因指标则可以用于基层，表明最终影响结果的渐进式变化。

动因指标通过把管理者的注意力集中在经营的主要方面而影响组织的行为。如果一个经营单元希望缩短上市时间，那么聚焦在经营周期上就可以使管理者追踪这个目标实现的

---

4. Robert S. Kaplan and David P. Norton, *Balanced Scorecard* (Boston: Harvard Business School Press, 1996) .

如何，这反过来也会鼓励员工改进这项指标。

结果指标和动因指标密不可分。如果结果指标表明存在问题，而动因指标却表明战略实施顺利，那么就很有可能需要改变战略。

财务与非财务指标

组织建立了非常复杂的系统计量财务业绩。遗憾的是，正如许多美国公司看到的，在20世纪80年代，各个行业都是由非财务领域的变化驱动的，如质量和客户满意度，他们最终影响了公司的财务业绩。

实例 在20世纪70年代，无论就哪项财务指标而言，泛美航空公司、美国钢铁公司、施乐公司，以及IBM公司都是各自市场的主导者。但是，到了80年代中期，他们的地位受到了一些竞争者的威胁，这些竞争者实现了更高质量、更高客户满意度、更高水平的创新以及更好的商业模式。直到末期，这些都无法以财务方式来评价。

尽管他们意识到非财务指标的重要性，但是，许多组织都没有把非财务指标纳入经理层面的业绩计量，因为这些指标较之财务指标往往不太复杂，高级管理层不擅于使用它们。

内部与外部指标

公司必须在外部指标（如客户满意度）与内部经营指标（如产量）之间保持平衡。公司经常为了追求外部结果而牺牲内部发展，或者完全忽略外部结果，因为他们错误地认为优秀的内部指标就足够了。

实例 在最早采用平衡计分卡的公司中，有一个公司发现，尽管所有内部指标都表明公司业绩有了显著提高（残次品率下降了10%，准时配送率从50%左右跃升至90%左右），但是它的财务业绩和股价却停滞不前。公司没有同时参照两个信号采取行动，而是选择继续只根据内部指标采取行动，并且持续了4年之久。在整个期间，公司的外部指标都表明战略并没有发挥作用，但是公司却一直坚持它。最终，在公司针对长期糟糕的外部指标改变了战略之后，公司的财务结果才扭转过来。

驱动变化的指标

业绩计量系统最重要的方面就是计量结果和动因的方式能够促进组织采取符合战略的行动。组织实现目标一致的方式是把总体财务和战略目标与组织不同层级可以遵守和影响的基层目标联系起来。利用这些指标，所有员工都可以理解各自的行动如何影响公司的战略。

因为平衡计分卡中的指标与组织战略明确挂钩，所以这些指标必须是战略特定的，也是组织特定的。虽然存在基本的业绩计量框架，但是却没有基本的平衡计分卡之类的东西。

平衡计分卡指标是自上而下相互联系的，并且与整个组织的具体目标挂钩。目标可以进一步明确战略，从而组织既知道它需要什么，又知道必须做多少。

最后，平衡计分卡强调各项指标之间的因果关系。通过明确因果关系，组织就会理解非财务指标（如产品质量）如何驱动财务指标（如收入）。图表 11.2 举例说明了在因果关系中指标之间如何相互联系。更好地挑选、培训和发展生产工人（按“生产技能”评价）会导致生产质量提高（按“一次合格率”评价），以及更高的准时配送率（按“订货周期”评价）。这些改进反过来又会导致客户忠诚度的提高（通过“客户满意度调查”评价），这最终又导致销售收入的增加（按“销售收入增长率”评价）。

平衡计分卡不应该只是一个菜单式的指标罗列。相反，平衡计分卡中的各项指标必须按因果关系明确联系在一起，作为将战略转化为行动的工具。

对这种关系理解得越透彻，组织中的每个人就越能够随时为组织战略的成功做出直接而明确的贡献。

关键成功因素

在第 4~7 章中，我们介绍了几种财务指标。这里我们将讨论几种非财务指标，也被称为“关键成功因素”。我们需要强调的是，为一个经营单元选择的关键变量比我们这里所讨论的数量要少。

图表 11.2
指标之间的因果关系

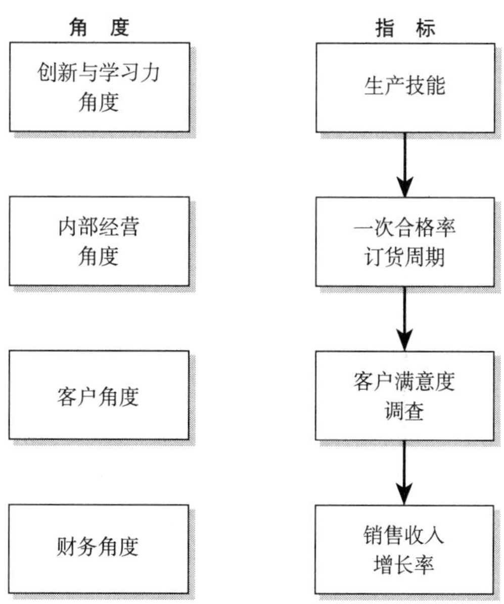

聚焦于客户的关键变量

下列关键变量聚焦于以客户为中心：

- 预定。在大多数经营单元，就某个方面来说，销量就是一个关键变量。从理论上讲，它应该是预定的销售订单，因为这个变量的意外变化会对整个企业在未来产生影响。因为预定先于销售收入，所以它是一个比销售收入更好的指标。这个变量的下降表明应该调整营销活动，以期增加销售或生产活动，或者二者兼而有之，从而改变经营活动水平。这种基本思想还有许多变形。例如：在杂志社，到期订阅户续订的比例就是一个关键变量。续订比例下降表明宣传工作出了问题，或者杂志的内容有问题。在餐饮业，就是用餐数量，并调整日期、季节、天气，以及其他可能的因素。
- 延期交货。表明销售与生产之间不平衡。延期交货可能表明客户不满意。
- 市场份额。除非密切注意市场份额，否则经营单元竞争地位的恶化可能会因整个行业的增长而造成的销量增加所掩盖。
- 主要客户订单。若经营单元向零售商销售，则从几个重要客户获得的订单可能很早就能表明整个营销策略的成功，如大型百货商店、折扣连锁店、超市、邮购店等。
- 客户满意度。这个变量可以通过客户调查、“神秘购物人”方法（暗访）以及投诉数量来评价。
- 客户保留率。这个变量可以通过保持客户关系的时间长短来评价。
- 客户忠诚度。这个变量可以根据重复采购、客户介绍，以及对客户的销售占客户同一产品或服务总需求的比率来评价。

与内部经营相关的关键变量

下列关键变量与内部经营相关：

- 生产能力利用率。生产能力利用率在固定成本高的企业尤其重要（如：造纸、钢铁、电解铝）。同样，在专业服务性组织，向客户收费的专业人员的总工时所占的比例——出售的时间，就是衡量固定资源利用率的一个指标。在酒店业，每天的入住率就是生产能力利用率指标。
- 准时配送。
- 存货周转率。
- 质量。质量指标包括以供应商计的废品率、延期交货的数量和频率、产品零部件的个数、产品通用与专用零部件的比例、产出率、一次合格率（即无需返工的产品比例）、废品、返工、设备损坏、未实现生产和配送进度的频率和次数、员工建议的数量、客户投诉的数量、客户满意度水平、要求保修的次数、实地服务费用、产品退回数量和频率等。

- 经营周期。经营周期的这个公式是用来分析存货需求的工具：

$$经营周期 = 生产时间 + 储存时间 + 配送时间 + 质检时间$$

只有第一个要素——生产时间增加产品的价值。其他三个要素都不能增加产品价值。因此，分析力图明确所有未直接增加产品价值的活动，并且消除或者降低这些活动的成本。例如，把在产品从一个工作台传送到另一个工作台并不增加价值，所以要尽力重新安排工作台的布局，以使传送成本最小化。

适时制系统除了把管理者的注意力集中在成本外，还集中在时间上。缩短经营周期能使成本降低。监控适时制系统的进展的有效方式之一就是计算下列比率：

$$\frac{生产时间}{经营周期}$$

从理论上讲，这个比率的目标应该是等于 1，但是它不可能一蹴而就。适时制系统的建立不是一劳永逸的。相反它是一个寻求不断改进制造工艺的发展的系统。公司可以为这个比率制定目标，并根据目标监控进展。如果强调不断提高这个比率，争取达到理想的数字 1，那么可以获得最佳的结果。

实施业绩计量系统

业绩计量系统的实施包括四个基本步骤：

1. 定义战略。
2. 定义战略指标。
3. 把指标纳入管理系统。
4. 经常计量指标和结果。

每个步骤都是反复循环的，同时需要整个组织的高层管理者和员工的共同参与。尽管财务总监负责监管其发展，但是它也是整个管理团队的任务。

定义战略

平衡计分卡在战略和经营行为之间建立了联系。因此，定义平衡计分卡的过程就从定义组织战略开始。在这个阶段，重要的是保证组织的战略目标明确，并制定经营目标。

对于单一经营的公司而言（如：模拟设备公司、美泰公司、Wrigley 公司），平衡计分卡应该在公司层面建立，然后向下延伸至各职能部门。但是，对于多元化经营的公司而言（如：通用电气、杜邦公司、康宁玻璃制品公司），平衡计分卡则应该在经营单元层面建立。

经营单元内的各职能部门都建立自己的平衡计分卡是很重要的，同时要保证经营单元的平衡计分卡与下级单位的平衡计分卡协调一致。对于多元化经营的组织而言，最后一步是，公司范围的平衡计分卡应该强调各经营单元之间的协同效应。

定义战略指标

下一步是确定支持组织战略的指标。此时组织必须聚焦在几个关键指标上，否则管理者就会不堪指标的重负（试回想一下我们的比喻，即“仪表板”上安装了过多的仪表）。此外，正如我们前面所讨论的，重要的是要使各指标按因果关系相互联系起来，如图表11.2所示。

把指标纳入管理系统

平衡计分卡必须纳入组织的正式和非正式体系、文化和人力资源管理中。例如，如果管理者薪酬只根据财务业绩确定，那么平衡计分卡的效果就会大打折扣。

经常计量指标和结果

一旦建立了平衡计分卡并开始运行，高级管理层就必须持续不断地进行计量。组织应该审视以下几点：

- 依照结果指标，组织运行得如何？
- 依照动因指标，组织运行得如何？
- 自上次计量以来，组织的战略发生了怎样的变化？
- 平衡计分卡指标发生了怎样的变化？

这些计量最重要的方面如下：

- 它们告诉管理层战略是否得到了正确的实施，是否成功，多么成功。
- 它们表明管理层重视这些指标的重要性。
- 它们使指标与不断变化的战略协调一致。
- 它们改进计量。

这些评价阶段圆满结束了四个步骤，并且为开始下一个循环提供了动力。

实施业绩计量系统的难点

除非正确处理了下列问题，否则他们会限制业绩计量系统的效用。

非财务指标与结果之间关联度低

简单地说，人们无法保证实现了非财务领域的目标，就能实现未来盈利能力。这是一个严重的问题，因为内在的假设是只有实现了单个目标，才能实现未来盈利能力。要确定不同指标之间的因果关系，说起来容易，做起来难。

在我们设法建立反映未来业绩的替代指标时，这就成了一个问题。虽然这并不意味着我们应该放弃拥有几个指标的系统，但是，对于公司而言，重要的是了解非财务指标与财务业绩之间的联系并未得到充分理解。

实例　在 1991 年的年度报告中，惠而浦公司宣布它已经制定了目标，并确立了指标，来追踪四个领域的业绩目标的进展。公司觉得为了实现每年 18%的股东权益收益率，它必须在这四个领域表现出色。在 1991~1995 年间，惠而浦公司实现的股东权益收益率并未超过 13.9%，平均只有 11.9%。这比前 5 年（1986~1990 年）平均 12.1%的股东权益收益率还低。

过分看重财务结果

正如前面所讨论的，大多数高层管理者不仅训练有素，精通财务指标，而且能够敏锐地感觉到公司财务业绩方面的压力。股东都是畅所欲言的，董事会经常代表股东施加压力。这种压力可能颠覆非财务指标的长期、不确定回报。

设计不合理的激励计划也会增加压力。在大多数情况下，高层管理者薪酬总是与财务业绩挂钩。这会破坏组织的目标一致性，致使管理者更看重财务指标，从而忽略其他指标。即使把奖励与多个指标挂钩的公司也可能对财务指标持有不同程度的偏见。

实例　美国信诺保险集团的财险和意外险分部就把平衡计分卡与奖金挂钩。在平衡计分卡的四类指标中，财务指标具有最大的影响，整整占奖金的一半。[5]

指标不更新

许多公司都没有正式的机制更新指标，使其符合战略的变化。因此，公司常常继续采用基于昨天的战略的指标。此外，指标经常会增加惯性，特别是当人们适应了一套指标之后。

指标过多

一个管理者在不失去工作重心的同时一次能追踪多少关键指标呢？除了说 1 个以上 50 个以下之外，这个问题没有正确答案。如果数量过少，管理者就会忽略对于监控战略执行

5. Brian McWilliams, "The Measure of Success," *Across the Board*, February 1996, pp. 16–20.

至关重要的指标；如果指标过多，管理者就可能因一次开展多项工作而冒失去工作重心的危险。

难于权衡

有些公司把财务指标与非财务指标综合在一份报告中，并且给予每项指标一个权重。但是，大多数平衡计分卡都未给各项指标指定权重。如果没有这种权重，就很难权衡财务指标与非财务指标。

计量实践

林格和希曼的研究结果（参见图表11.3）能让我们更深入地了解公司实际在计量什么，这些所谓的指标质量，以及哪些指标与薪酬挂钩。

指标类型

林格和希曼研究发现，在被调查公司中，76%的公司把财务、经营、客户满意度指标纳入了日常管理评价，但是，只有33%的公司表示他们把创新和变革指标纳入了日常管理评价。

指标质量

图表11.3表明财务业绩指标是惟一被视作高质量、具有时效性、与薪酬挂钩的指标。大多数被调查公司制定了经营指标和客户满意度指标，79%以上的公司认为这些信息具有极高的价值。遗憾的是，人们认为这些指标所具有的价值往往与其提供的信息质量之间存在巨大差距。

图表11.3所示的研究结果让我们毫不怀疑，员工业绩指标与创新和变革指标一般都被认为定义不清晰，质量差。具有讽刺意味的是，在这项研究中的大多数公司都认为有关公

图表11.3 公司采用的业绩计量系统及其意见

指 标	被调查者的采用比例/有利				
	高价值的信息	信息质量	定义清晰的指标	经常更新的指标	与薪酬挂钩
财务业绩	82%	61%	92%	88%	94%
经营效率	79	41	68	69	54
客户满意度	85	29	48	48	37
员工业绩	67	16	17	27	20
创新/变革	52	16	13	23	12

司在这些领域的业绩信息具有极高的价值。

指标与薪酬之间的关系

大多数管理系统都把财务指标与薪酬联系起来。如图表 11.3 所示，在被调查的公司中，约三分之一采用了客户满意度指标，以及接近四分之一采用了创新和变革指标来驱动薪酬决策。

交互控制[6]

管理控制的主要职责是促进战略执行。根据这种观点，如图表 11.4 所示，选定的战略就决定了成为控制系统设计和运行的核心的关键成功因素。最终结果就是战略的成功实施。如果行业处于一个日新月异的环境中，那么管理控制信息还可以为思考新战略提供基础。图表 11.5 对此做了说明。我们称之为*交互控制*。[7]

图表 11.4
作为战略实施工具的控制系统

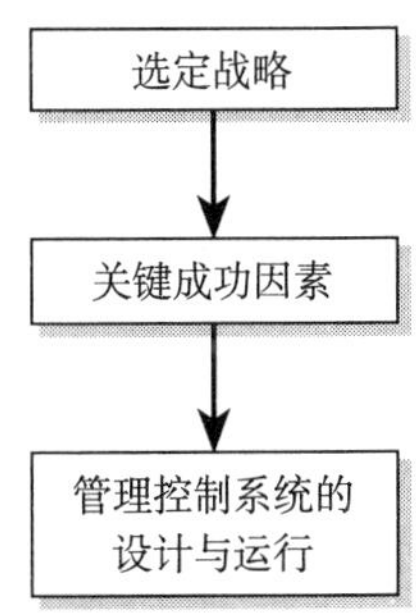

在一个飞速变化的动态环境中，建立一个学习型组织对于公司生存至关重要。*学习型组织*是指组织员工持续不断地学习应对各种环境变化的能力。在一个有效的学习型组织中，各级员工都应该能不断地审视环境，明确潜在的问题和机会，开诚布公地交流环境信息，为了成功适应新的形势而尝试不同的商业模式。*交互控制的主要目标就是促进学习型组织的建立。*

虽然关键成功因素在实施选定战略的控制系统设计中至关重要，但是战略不确定性指导着在新战略制定中以互动的形式利用管理控制信息的子集。*战略不确定性*是指基本环境的转变（客户偏好、技术、竞争者、生活方式、替代产品等的改变），他们可能潜在地破坏组织当前使用的游戏规则。

图表 11.5
交互控制

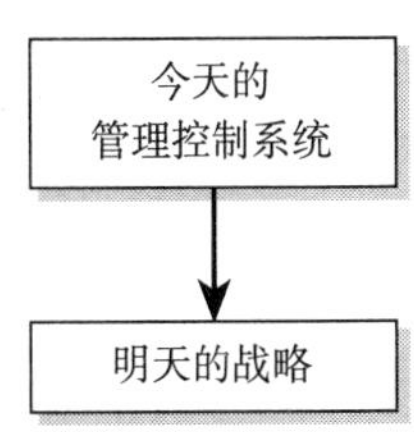

*关键成功因素与战略不确定性*之间存在根本区别。关键成功因素是从选定战略中演化而来的，因此，他们支持适用于现行产品和市场的战略的实施（图表 11.4）。而战略不确定性则是公司探寻新战略的基础，因此，它们促进新业务的发展。战略不确定性造成的是

6. This section is based on the research of Robert Simons, *Levers of Control* (Boston: Harvard Business School Press, 1995) .

7. 同上，第 91–124 页。

问题，而不是答案，即什么发生了变化？为什么发生变化？为了利用这种不连续性，可以发展何种新的商业模式？

交互控制可以提醒管理者注意战略不确定性，而不管这种不确定性是关乎问题（如：丢失市场份额、客户投诉），还是机会（如：因为某些政府管制取消了，所以打开了一个新市场）。这些就成为管理者通过思考新战略来适应飞速变化的环境的基础（图表 11.6）。

图表 11.6
作为战略制定工具的控制系统

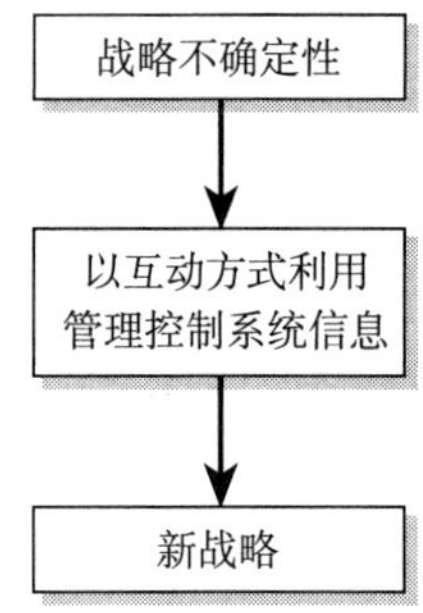

交互控制具有以下特点：

1. 反映企业面临的战略不确定性的管理控制信息子集成为焦点。
2. 高层管理者重视这类信息。
3. 组织的各级管理者都把注意力集中在系统所产生的信息上。
4. 上级、下属和同事面对面交流，解释并讨论信息对未来战略行动的意义。
5. 面对面交流是以辩论和挑战基本数据、假设和采取恰当行动的形式进行的。

战略不确定性涉及环境中的基本非线性转变，他们可能会创造一种新的商业模式。公司应该监控下列技术上的不连续性：

1. 互联网和电子商务的增长对许多公司都具有潜在意义。一些具体监控事项如下：
   - 互联网用户数量的增长速度。
   - 宽带通信的发展。
   - 基于公开标准的、安装运行成本低的、全球性的无处不在的点击界面的出现。
   - 计算能力和通信技术的进步。
   - 音频电话和互联网接入等移动通讯的发展。
   - 实现用不同语言实时交流的语音识别和机器翻译技术的发展和布局。
2. 融合技术具有下列影响：
   - 语音、数据和图像的融合对在家用电气（飞利浦）、通信（英国电信）、计算机（IBM）行业经营的公司具有重要意义。
   - 化学和数字技术的整合对诸如柯达之类的公司具有重大影响。
   - 硬件和软件的融合对诸如索尼之类的公司具有重大影响。
   - 工厂工程设计与生物技术的合并为生命科学领域的公司创造了机会（如：诺华、默克、辉瑞公司）。
3. 小型化为家用电气领域的公司（如：索尼、惠而浦、伊莱克斯）提供了机会。
4. 从实物产品向服务的转型正在迅速转变汽车行业（福特公司）和耐用消费品行业（通用电气公司）。

因全球化而造成的下列不连续性有可能创造新机会：

1. 自由化、放松管制以及私有化有可能在新兴市场——如俄罗斯、印度和巴西——创造巨大的新的客户群。
2. 来自新兴市场的新的竞争者可能成为未来的全球参与者。例如：来自印度的新兴全球竞争者名单中包括 Infosys（软件）、Ranbaxy（医药）、Reliance Industries（石化）以及多元化经营的 Tata 集团（多种制造和服务行业）。

交互控制不是一个单独的系统。他们是管理控制系统的一个有机组成部分。有些管理控制信息帮助管理者思考新战略。交互控制信息通常多为非财务性的，但不是绝对的。因为不同公司的战略不确定性也各异，所以不同公司的高层管理者可能会选择交互式地使用管理控制系统的不同部分。

实例 医疗用品行业的一个企业是一家静脉注射药品的传输产品的制造商，依靠低成本竞争。这个企业大规模制造并销售标准化的一次性产品，如注射器、拭布、输液管、血浆包装袋。这项低成本、大批量战略的关键业绩变量涉及产品质量以及制造和分销效率。这些因素并不是高层管理者所认为的战略不确定性。战略不确定性涉及药品传输技术的根本性变革，它会破坏企业的被市场认可的产品的信誉。如果技术进步导致药品传输方式变为口服，或者通过皮肤贴剂，或者其他尚未开发的技术呢？如果药品技术的性质发生了变化呢？企业能适应吗？[8]高级管理层对项目管理系统（管理控制系统的一个要素）采用了互动形式，把组织的注意力集中于十几个新兴技术问题上。高层管理者每月都要开几天会，讨论一些技术对企业的影响，如竞争者引进的技术、相关行业的技术或者内部开发的技术。新战略就从这些讨论中应运而生。[9]

百事可乐把尼尔森公司[10]每周发布的市场份额数据引用到交互控制系统。[11]百事可乐公司遇到的一些主要战略不确定性包括其他饮料替代软饮料；消费者对可口可乐的定价、宣传、广告行动的反应；消费者对无糖饮料的偏好等。这些战略不确定性影响市场份额。因此，百事可乐利用市场份额信息讨论未来战略行动。据百事可乐前CEO 约翰·斯科利说：“百事可乐的高层管理者都会在文件夹中放上有关尼尔森公司最新数字的图表……我们将深入研究数据，利用它寻找可口可乐的弱点，因为在这些弱点上可以成功地发起攻击；我们还会利用它探究为什么百事可乐在竞争中下滑了几个百分点……尼尔森公司为百事可乐每个人制定了基本竞争规则。[12]

8. 同上，第 94–95 页。
9. Robert Simons, “Control in an Age of Empowerment,” *Harvard Business Review*, March–April 1995, p. 87.
10. 译者注：美国最大的市场调研公司。
11. 同上，第 86 页。
12. J. Sculley, *Odyssey: Pepsi to Apple . . . A Journey of Adventure, Ideas, and the Future* (New York: Harper & Row, 1987) .

在用作交互控制系统之前，一个子系统应该满足下列条件：

1. 子系统中包含的数据应该简单明确，并易于理解和解释。百事可乐采用尼尔森公司发布的市场份额数据就是一个例子。
2. 子系统必须包含有关战略不确定性的数据。对于医疗用品公司而言，主要战略不确定性都围绕药品传输技术。公司的项目管理系统包含关于药品传输方面的新兴技术的数据，因此可以用作交互控制。
3. 子系统中的数据应该促进公司制定新战略。如果亚马逊公司打算扩大在印度的实物配送物流，因为变量与印度市场相关，所以公司就必须认真监控下列变量：个人电脑的销量、电话普及率、互联网联接数量。这些变量的巨大变化促使亚马逊公司制定新的行动计划。

小　结

业绩计量系统提供了一个把战略与行动联系起来的机制。它所基于的假设是：经营一个组织仅靠财务指标是不够的，必须特别注意制定复杂的、非财务指标。平衡计分卡采用各种不同类型的指标，包括结果指标与动因指标，财务指标与非财务指标，内部指标与外部指标。平衡计分卡背后的主导思想是：如果组织遵循所计量的指标，那么评价就能驱动组织变革。在实施平衡计分卡时，公司也会遇到许多陷阱：动因指标与结果指标之间关联度低；过分看重财务结果；缺乏改进机制；不更新指标；指标太多以及难以权衡。

管理控制的主要职责是促进选定战略的执行。若行业处于一个飞速变化的环境之中，则管理控制信息还能为管理者提供一个思考新战略的工具，我们称之为交互控制。交互控制不是一个单独的系统，而是管理控制系统的有机组成部分。交互控制信息往往是非财务性的。

推荐读物

Eccles, Robert G., and Philip J. Pyburn. “Creating a Comprehensive System to Measure Performance.” *Management Accounting,* October 1992, pp. 41–44.

Govindarajan, Vijay, and Praveen Kopalle. “Measurement of Disruptiveness of Innovations.” *Strategic Management Journal,* 2005.

Harbour, Jerry L. *The Basics of Performance Measurement.* Portland, OR: Productivity Inc., 1997.

Holloway, Jacky, et al., eds. *Performance Measurement and Evaluation.* London and Thousand Oaks, CA: Sage, 1995.

Ittner, Christopher D., and David F. Larcker. "Coming Up Short on Nonfinancial Performance Measurement." *Harvard Business Review,* November 2003, pp. 88–95.

Kaplan, Robert S., and David P. Norton. *The Balanced Scorecard: Translating Strategy into Action.* Boston: Harvard Business School Press, 1996.

______. *The Strategy-Focused Organization: How Balanced Scorecard Companies Thrive in the New Business Environment.* Boston: Harvard Business School Press, 2000.

Lingle, John H., and William A. Schiemann. "From Balanced Scorecard to Strategic Gauges: Is Measurement Worth It?" *Management Review,* March 1996, pp. 56–61.

Lipe, Marlys, and Steven E. Salterio. "The Balanced Scorecard: Judgemental Effects of Common and Unique Performance Measures." *The Accounting Review,* July 2000, pp. 283–98.

McWilliams, Brian. "The Measure of Success." *Across the Board,* February 1996, pp. 16–20.

Olve, Nils-Goran, et al. *Performance Drivers: A Practical Guide to Using the Balanced Scorecard.* New York: John Wiley & Sons, 1999.

Simon, Robert. "Designing High-Performance Jobs." *Harvard Business Review,* July-August 2005, pp. 54–63.

Tesoro, Ferdinand, and Jack Tootson. *Implementing Global Performance Measurement Systems.* San Francisco: Jossey-Bass, 1999.

Vitale, Mike R., and Sarah C. Mavrinac. "How Effective Is Your Performance Measurement System?" *Management Accounting,* August 1995, pp. 43–47.

案例11－1

模拟设备公司 (A)

模拟设备公司（ADI）是一家领先的集成电路制造商，生产用于模拟与数字数据之间转换的集成电路。1981~1996 年，模拟设备公司经历了经营上的大起大落，在增长时期，利润和销售收入均创纪录，但在停滞时期，也经历了有史以来的第一次亏损。为了满足不断变化的市场需求，模拟设备公司的管理层引入了大量不同的管理工具来实施变革。其中一种工具就是公司计分卡。

在诺兰—诺顿集团于 1991 年进行的一次调查中，模拟设备公司的公司计分卡被评为“最佳管理实践”。尽管享有了这样的殊荣，但是模拟设备公司的管理层在 1996 年仍然不知道如何改革公司计分卡，以最大限度地满足管理层的需要，特别是改革速度要多快，在多大程度上利用它将管理层的注意力集中在未来上。

背　景

模拟设备公司由雷·斯塔塔和迈修·罗伯于 1965 年创建于马萨诸塞州的剑桥。斯塔塔拥有麻省理工大学的电子工程学学士和硕士学位。1996 年，公司主要在一个行业领域经营：设计、制造和销售一系列高性能、混合信号数字集成电路，来解决现实世界无处不在的信号处理问题。公司的主要产品可以划分为四类：通用标准功能线性混合信号集成电路（SLIC）；专用线性混合信号集成电路（SPLIC）；数字信号处理集成电路（DSPIC）以及组装产品。专用线性混合信号集成电路是公司最大的产品领域，占销售总收入的 65%。

公司几乎所有的产品都是零部件，一般由原始设备制造商集成在各种设备和系统上，适于通信、计算机、工业仪表、军用/航空以及高性能消费电子产品应用。公司的产品销售遍及世界各地，1996 年，约一半的销售收入来自美国境外。

行业背景

现实世界的各类现象，如气温、压力、声音、图像、速度、提速、位置、旋转角度等，本质上都是模拟的，并包含不断变化的信息。模拟传感器能够探测这种信息。信号通常被转换为数字形式，输入微处理器，用来操作、储存或显示信息。在许多情况下，会采用所谓的数字信号处理技术对信号进一步处理。此外，数字信号也经常被转换为模拟形式，为模拟显示、声音或者控制功能提供信号。这些操作和转换综合起来称为现实世界信号处理（real-world signal processing）。

半导体技术的重大进步显著提高了信号处理中所使用的集成电路的性能和功能。这些技术进步包括混合信号集成电路的超大规模集成，它既包含高性能模拟电路，又包含高密度数字电路。集成电路的模拟电路部分用于操纵现实世界信号，但仍然是以模拟形式，同时也用于把模拟信号转换为数字形式（反之亦然）。数字部分用于模拟信号转换为数字形式之后的进一步处理。

本案例由柯克·亨德里克森（97 级）在维杰伊·戈文达拉扬教授的指导下编写。

公司战略

1996 年，模拟设备公司的战略是技术领袖。公司希望在市场上率先推出具有超级性能的新产品。模拟设备公司是世界上最大的通用标准线性混合信号集成电路（SLIC）的供应商之一。

在 1990~1996 年期间，模拟设备公司力求使传统稳定的 SLIC 业务与 SPLIC 和 DSPIC 的增长机会之间达成平衡。公司不断发展线性集成电路技术方面的专家经验，在大批量专用线性混合信号集成电路的应用上开发特定目标市场。模拟设备公司还拓展在模拟信号处理和数据转换方面的专家经验，开发数字信号处理集成电路。这些数字信号处理集成电路和专用线性混合信号集成电路针对电信、计算机及其他大规模应用中对高性能产品的许多新需求。这些产品具有高水平的功能（即：许多功能集于一个芯片），能够满足原始设备制造商对低成本集成解决方案的要求。

为了巩固公司在现实世界信号处理领域的领导地位，模拟设备公司在 1996 年实行下列战略：（1）拓展传统通用标准线性混合信号集成电路业务；（2）成为通用数字信号处理继承电路的主要供应商；（3）寻求系统层面信号处理集成电路的增长机会；（4）利用核心技术开发创新产品。

模拟设备公司的全面质量管理，1983~1986

自公司于 1965 年创办至 20 世纪 80 年代初，模拟设备公司的销售收入以每年 27%的速度增长。但是，在 1983 年，雷·斯塔塔意识到模拟设备公司在产品质量方面存在问题。公司的准时配送记录低于 60%。在有些情况下，公司的产出率仅为 10%。[1] 模拟设备公司的客户都在抱怨质量，而竞争者的准时配送记录和产出率均远远高于模拟设备公司。当时，斯塔塔曾进入菲利普·克劳斯比的质量学校学习。这是模拟设备公司首次引入全面质量管理（TQM）概念。

由于斯塔塔先生只对实施全面质量管理感兴趣，但并不希望增加更多的人员，建立一个质量改进部门，所以他让人力资源部门负责制定模拟设备公司的全面质量管理计划。最初的全面质量管理工作一直停留在管理者把自己当作老师照本宣科式地讲解。正如一位总经理所说的：“我集中精力拓展业务，而不是把精力集中于全面质量管理上。”

截至 1984 年末，模拟设备公司的销售收入已经达到了 3.13 亿美元。在 1984 年财务年度，销售收入增长了 46%，利润增长了 105%，接到的订单能保证 1985 年的销售收入再创新高。模拟设备公司的管理层觉得公司处于经济中一些增长最快的领域。公司的许多人都开始谈论模拟设备公司将在 1988 年成为一个价值 10 亿美元的公司。

遗憾的是，在 1984 年末至 1986 年末期间，销售收入仅增长了 6.7%，利润下降了 38%。正如斯塔塔先生所说的：“在 1982~1987 年期间，我们第一次没有实现五年目标——差距极大。的确，如同其他半导体公司一样，我们也受到了美国电子行业的低迷和美元坚挺的影响。但是，外部环境只是问题的一部分：内部也存在问题，而且必须予以纠正。”

工厂有 40%以上的产品无法按承诺时间准时交货。在质问与日常客户保持联络的 20 位经理时，“如果电话铃响了，是一位恼怒的客户，他会说什么？”经理们回答说：“客户会说‘我订的货呢?!’”

每百万件已送达客户的产品中次品就超过了 2 万件。竞争者，如摩托罗拉，则达到了每百万件次品数低于 1 000。而且，产品劣质还导致模拟设备公司的巨大浪费，整个集成电路的产出率不到 15%，意味着模拟设备从开始生产每 100 个

1. Howell, Shank, Soucy, Fisher, *Cost Management for Tomorrow*, Financial Executives Research Foundation, 1992, p. 128.

集成电路中，只有 15 个最后完工。这些远远低于行业产出率。

尽管在 1985 年模拟设备公司的模拟集成电路的销售收入下降了约 5%，但是整个行业的模拟集成电路的销售收入却增长了 25%。模拟电路行业恢复了增长，但是模拟设备公司的收入却停滞不前，盈利能力直线下降。

质量专家

在 1986 年，模拟设备公司聘请阿特·施内德曼负责担任提高质量和劳动生产率的副总裁。施内德曼先生曾经是贝恩公司的咨询顾问，曾直接参与制定了许多质量改进计划。人们认为他能够把模拟设备公司与“全面质量管理领域迅速积累的主流经验和知识联系起来”。并且认为他是一位能“帮助模拟设备公司的管理者更加专业化的老师”。斯塔塔先生希望“质量改进过程”（QTP）——模拟设备公司对全面质量管理的称呼，成为模拟设备公司的一种生活方式。

在经历了最初失败的质量计划后，模拟设备公司的许多总经理都对新的质量计划持怀疑态度。此外，他们还认为质量目标和公司的财务目标存在冲突。模拟设备公司的激励和绩效测评系统是建立在财务基础之上的，这又强化了人们的这种观点。

半生命周期

施内德曼先生认为“实施法定的‘质量改进过程’后，无论次品率处于何种水平，都会按固定的比率下降，所以在按半对数坐标纸上对时间描点时，它是直线下降的。”结果是在相同的时间间隔上，在每个过程中，次品率都会下降 50%。施内德曼先生将其称之为质量改进过程的“半生命周期”。正如斯特曼等所指出的，“半生命周期动态模型的基础是处于全面质量管理核心的互动学习循环。质量改进团队明确了次品的根本成因，然后按重要性排序，再利用计划—执行—检查—处理循环或者 PDCA 循环，再建议、设计、测试、实施解决方案。团队不断重复学习循环，直到造成大多数次品的根本成因都得到了矫正，然后再看下一个最重要的次品来源原因。”[2]

施内德曼先生收集了有关质量改进活动的数据。图表 1 举了三个例子说明他所收集的数据。例子强调在对数线性图中，有助于理解半生命周期的概念。通过这种方式对质量改进描点，人们很容易看到反映质量改进速度的直线。正如图表 1 所示，每个过程都具有独特的改进速度，可以找到与数据相吻合的直线的斜率来确定。这个独特的改进速度就是质量改进过程的半生命周期。（如果需要了解关于半生命周期概念的更多背景，参见附录 1：半生命周期/复杂性矩阵；附录 2：半生命周期与经验曲线之间的关系）。

利用 1987 年的五年计划作为工具，施内德曼先生制定了一系列质量指标（图表 2），这些目标符合他所认为的模拟设备公司的成功因素：制造高质量的创新产品，成为可靠的负责任的供应商。目标是将客户需求与每个指标的半生命周期预期综合考虑后确定的。

他所建议的质量改进目标包括在 1987 年把次品率降至每百万 5 000 件，到 1992 年降至每百万 10 件以下。许多管理者都嘲笑他。斯塔塔先生回忆道：“我们的组织的第一个反应就是在看似不现实的目标面前退缩了。但是我们提醒管理者，如果公司真的齐心协力改进质量，就没有理由达不到目标。”

模拟设备公司的计分卡

施内德曼先生建立了一页纸长的计分卡，列示了三类指标：财务、新产品和质量改进过程

2. John D. Sterman, Nelson P. Repenning, and Fred Kofman, “Unanticipated Side Effects of Successful Quality Programs: Exploring a Paradox of Organizational Improvement,” *Management Science 43*, no. 4 (April 1997) , pp. 504-5.

图表 1　说明半生命周期的三个例子

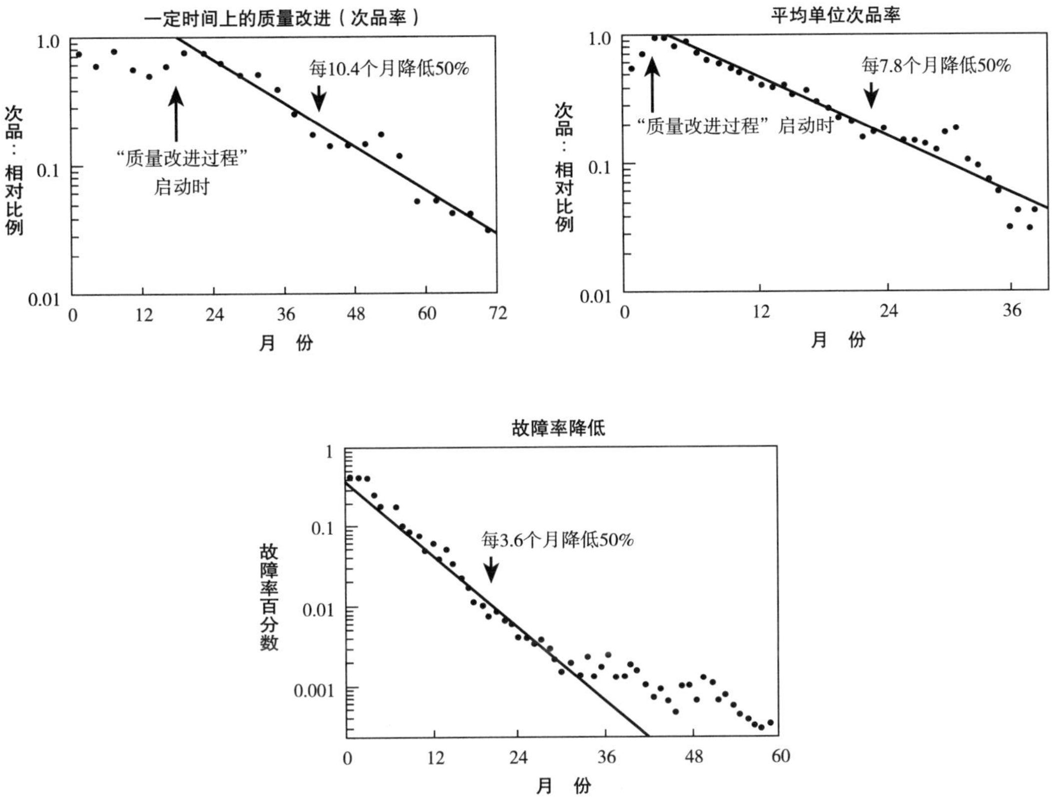

资料来源：Ray Stata, "Organizational Learning—The Key to Management Innovation," *Sloan Management Review*, Spring 1989, p. 69.

图表 2　模拟设备公司质量改进目标

指　标	1987	半生命周期（按月）	1992
外　部			
准时配送	85%	9	>99.8%
发出产品次品率	500/百万	9	<10/百万
订货到交货的时间	10 周	9	<3 周
内　部			
生产周期	15 周	9	4~5 周
生产次品率	5 000/百万	6	<10/百万
产出率	20%	9	>50%
上市时间	36 个月	24	6 个月

资料来源：Stata，"Organizational Learning，" p.70.

图表 3 1988 财务年度公司计分卡范例

		1988 财务年度	
		目 标	实 际
财 务			
销售收入	百万美元		
销售收入增长率	%		
利 润	百万美元		
资产收益率	%		
新产品新产品引进	#		
新产品预定	百万美元		
新产品盈亏平衡点	#		
新产品			
最大销售收入	百万美元		
上市时间	月		
质量改进过程			
准时配送	%		
经营周期	周		
产出率	%		
发出产品次品率	每百万件		
成 本	百万美元		
员工劳动生产率	%		
周转率	%		

(图表 3)。这三类指标能够表明了模拟设备公司是否实现了其目标。计分卡每季度编制一次。

模拟设备公司认为计分卡是一项突破，因为它把各种冗长的报告浓缩为一份一页纸的报告。它不仅评价各项关键成功因素，而且评价财务业绩。

施内德曼先生在接下来的一段时间为每项指标都补充了半生命周期及其目标。他之所以这样做，是为了在短期结果与模拟设备公司的长期计划之间建立联系，比如：到 1992 年将准时配送率提高到 99.8%。

使计分卡发挥作用

施内德曼先生在如何建立计分卡方面制定了下列原则：

- 整个计分卡必须容纳在一张 A4 纸上。
- 字体大小必须是 12，或者更大。
- 非财务指标必须是财务指标的 6 倍。

除了计分卡和全面质量管理之外，施内德曼先生还改变了模拟设备公司每 5 年制定一次 5 年计划的做法，改为每年制定一次 5 年计划。

他还帮助建立了各部门的计分卡。大多数部门的指标都是重叠的。所有指标都可以与模拟设备公司的总体计分卡直接联系起来。公司允许每个部门采用相同的计分卡，也可以采用独特的计分卡。通过为各部门量体裁衣，制定专门的计分卡，施内德曼先生为所有部门都提供了议定目标，以及确定目标的半生命周期的方法。

图表 4

客服准时性月度数据（1987 年 8 月~1988 年 7 月）

资料来源：Stata, "Organizational Learning," p. 72.

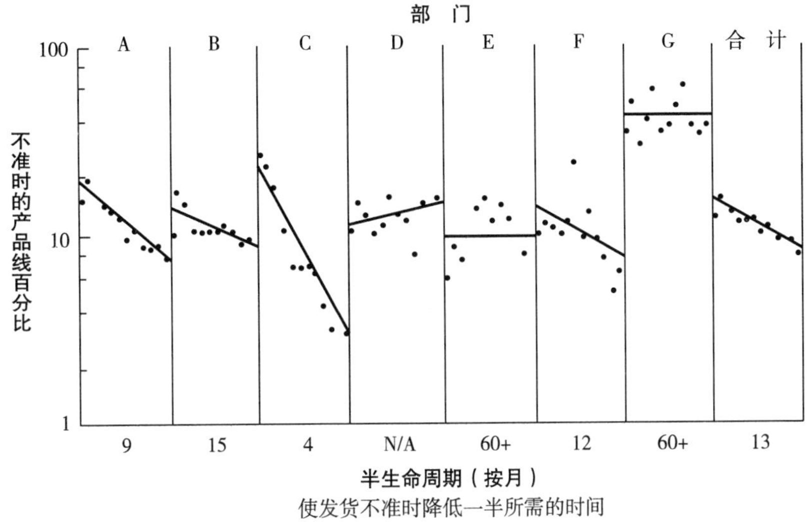

1988 年，施内德曼先生开始在整个公司普遍实行平衡计分卡。各部门逐渐建立了自己的计分卡，并且让下级单位也建立自己的计分卡。但也不要求他们必须建立独特的计分卡。较低层级的管理计分卡一般不太强调财务指标，而是更多地强调管理者能够施加影响的非财务指标。各部门都必须与其全部员工分享季度计分卡的结果。

部门的各计分卡指标的结果要进行比较。图表 4 表明不同部门如何比较在客服及时性方面的绩效。各部门一起列示，并且显示了质量改进的斜率，或者半生命周期。除了如图表 4 这样的报告之外，施内德曼先生还在执行理事会议上比较了平衡计分卡的业绩结果与目标结果。他指出了较大的有利差异（他用绿色标志圈了起来）和较大的不利差异（他用红色标记圈了起来），要求部门总经理解释原因。

古德罗·萨特勒是达特茅斯学院塔克商学院的毕业生，任模拟设备公司半导体事业部的副总裁和总经理，据他称，公司采用公司计分卡作为一项沟通工具。对于员工，它表示：

- 评价是决定成功的关键。
- 除非制定了各项指标，否则您就无法知道做得怎样。
- 这就是您的部门/工厂正在发生的情况。

对于管理者，它表示：

- 这些平衡计分卡指标是成功的衡量标准。
- 重点强调对于成功至关重要的指标。
- 您必须实现平衡计分卡所评价的目标。

到 1991 年，公司计分卡已经在整个组织广泛推广，并且建立在日报的基础上。

业 绩[3]

到 1990 年，模拟设备公司的各项质量指标已经有了显著提高。在 1987 年 7 月~1990 年 7 月之间，准时配送率从 70%提高到了 96%，经营周期从 15 个星期下降到了 8 个星期，平均产出率从 26%提高到了 51%，发出产品的次品率从每百万 500 件降至了 50 件。在 1987~1991 年期间，其他变量并未提高。产品开发时间并没有缩短。

3. 同上，第 503–21。

股票价格从1987年的25美元跌至了1991年的9美元，比整个市场的跌幅或者半导体行业的跌幅要大得多。在1990年，模拟设备公司经历了第一次亏损（图表5和图表6）。1991年也没有实现盈利能力目标，比目标低50%，并且有史以来第一次裁员600人（占工人队伍的12%）。为了应对财务危机，模拟设备公司决定实施战略转型，从强调标准功能线性混合信号集成电路（SLIC）业务，转而把重点放在在专用线性混合信号集成电路（SPLIC）和数字信号处理集成电路（DSPIC）的增长领域。

变化的角色

在此期间，在斯塔塔的直接领导下，模拟设备公司发生了显著的变化。公司将杰瑞·费舍曼提升为总裁，并提名了8位新的副总裁，其中包括5位外聘的。几个长期任职的副总裁都退休了。这些变化反映了模拟设备公司正在努力灌输不同文化。正如一位外聘的新任副总裁所说的，“模拟设备公司是产品导向型的，而不是客户导向型的。财务恶化的确带来了这些剧烈变化。”

在斯塔塔的领导下，整个高级管理层团队都进入了质量领跑者的角色，以表明质量改进是每个人的责任。在质量至上的时代，施内德曼先生一直是模拟设备公司的火炬手。现在该步入高级管理层时代了。在1992年中期，阿特·施内德曼先生从模拟设备公司辞职了，把火炬传递给了新的管理团队。

全面质量管理脱离正轨

由于全面质量管理最初强调成本降低，这让许多管理者觉得大多数成本都是在20世纪90年代初降低的。许多管理者还认为，全面质量管理计划的推行和不断改进所必需的投资远远超出了继续维持这项计划的诸多优势。

到20世纪90年代中期，模拟设备公司的财务状况有所反弹。管理层认为“质量改进过程”通过降低浪费提高了公司的盈利能力，但是，因为它主要是一个成本降低工具，所以并没有把模拟设备公司的增长归功于它。事实上，尽管模拟设备公司正在经历高增长、高盈利，但是许多质量指标都在下降。全面质量管理计划似乎处于停滞状态。管理层仍然承认全面质量管理的价值，只是觉得它不足以解决公司面临的新问题。

变化的管理系统

在施内德曼先生离开后，他所实施的管理系统大部分都被改革了，或者逐渐淡出了。依照古德罗·萨特勒的观点，存在“业绩悖论”。借用宾夕法尼亚大学沃顿管理学院马歇尔·迈耶教授的观点，萨特勒先生认为所有业绩指标最终都会恶化，而业绩将会提高。可变性会降低至某一点而没有必要进一步提高。人们会拿管理系统来博弈。因此，必须不断引进新的业绩指标。根据梅耶的观点，由于业绩指标驱动了更快的变化，“学习力的加速提高表明我们将以更快的速度在各指标之间循环。”简单地说，您的指标越有助于提高，它的价值就会丧失得越快。正如斯塔塔所说的，“我们现在意识到，随着我们变得越来越有经验，就越来越难获得有意义的数字。”

模拟设备公司开始寻求能够使数字更有意义的工具，特别是最能反映价值增长的数字。正如萨特勒先生所说的，“全面质量管理的一大问题在于它几乎未反映企业战略。全面质量管理擅长阻止财富减少，但是全面质量管理并不会自然而然地创造财富。”

萨特勒先生提到了一些关于全面质量管理在模拟设备公司获得成功的证据，比如供应的电气次品率从1987年的每百万2万件以上降至了1994年的不到50件。同期，由前及后的集成电路的产出率从不到15%提高到了60%以上。另一方面，他注意到在模拟设备公司启动全面质量管理时，因浪费造成的成本占销售收入的25%~35%，但在随后7年内降到了15%以下。模拟设备公司认为把因浪费造成的成本降低至3%还需

图表 5 合并损益表，1986~1995 年（单位：百万美元，每股数据除外）

	1995	1994	1993	1992	1991	1990	1989	1988	1987	1986
销售净收入	$941	$773	$663	$567	$538	$485	$453	$439	$370	$334
销售成本	464	394	351	302	272	244	215	201	172	151
毛利润边际	476	379	315	266	265	241	238	238	199	183
研发费用	134	107	94	88	89	80	69	60	56	45
营销及管理费用	184	170	159	151	152	136	126	122	108	97
经营费用合计	319	277	253	239	248	235	194	183	164	143
经营收益	157	102	63	26	17	6	44	55	34	40
非经营费用合计	(2)	5	7	7	8	20	7	4	9	8
税前收益	159	97	56	19	9	(14)	36	52	26	32
净收益	119	74	44	15	8	(13)	28	38	19	23
每股净收益	$1.00	$0.64	$0.39	$0.14	$ 0.08	($0.28)	$0.58	$0.80	$0.40	$0.51

图表 6 合并资产负债表，1986~1995（单位：百万美元）

	1995	1994	1993	1992	1991	1990	1989	1988	1987	1986
资 产										
流动资产										
现金及现金等价物、短期投资	$ 151	$ 182	$ 81	$ 18	$ 17	$ 8	$ 30	$ 23	$ 6	$ 6
应收账款净值	181	162	146	112	95	98	82	88	76	66
存 货	144	131	150	142	117	108	98	97	84	79
流动资产合计	526	505	403	297	249	232	223	221	176	162
厂房及设备	432	282	248	237	224	224	209	201	186	173
无形资产、递延资产及其他资产	44	29	27	27	30	31	21	27	35	34
	1 002	816	678	562	503	487	453	449	397	369
负债及股东权益										
流动负债：										
短期借款、长期负债及资本性融资租赁的流动	2	23	2	3	6	11	9	7	7	10
应付账款及其他应付款	174	135	99	82	77	93	51	55	46	37
递延税金	28	19	16	13	9	0	0	0	0	0
应交所得税	50	29	15	2	5	2	4	11	5	14
流动负债合计	254	206	133	100	97	106	63	73	58	60
长期负债及资本性融资租赁	80	80	100	71	37	24	12	23	30	29
其他非流动负债	11	8	13	17	15	14	14	13	12	10
股东权益	656	522	432	375	354	343	363	341	298	270
	1 002	816	678	562	503	487	453	449	397	369

要再花7 年时间。尽管管理层重视成本降低，但是认为不如寻求增加收入的方式重要。模拟设备公司的管理层利用动态复杂模型（参见图表 7）得出结论，增加收入比降低成本更难，而且需要更长的时间实施。

方针管理

模拟设备公司开始寻找创造财富的新方法。雷·斯塔塔先生在参与质量管理中心时，学习了一项被称为“方针管理”的技术。对于斯塔塔先生而言，方针管理是模拟设备公司事项的“质量改进过程”的延伸，是把公司的精力集中在财富创造上的一种现实的方法。它的主要思想是集中改进公司的一两个突破性指标。

正如萨特勒先生所说的，方针管理“从字面上看意味着政策配置和控制。方针管理告诉我们聚焦在最重要的目标上。模拟设备公司制定了两个目标：准时配送和新产品。在方针管理中，您所做的每一件事都基于数据收集和计划—执行—检查—处理循环（PDCA 循环）。”

方针管理还利用模拟设备公司从“质量改进过程”计划中所学到的各种技术。但是，公司发现实施方针管理所需要的努力远远超出了预期。

人们认为方针管理为增长提供了一种机制，所以它在模拟设备公司的计分卡中占据了主导地位。计算机产品事业部把方针管理指标置于其 1996 年的计分卡的首要位置。在公司的各个部门，这些指标都在计分卡中占据重要地位。在 1996 年，模拟设备公司方针管理的目标是：（1）白金账户要实现 98%的准时配送率；（2）新产品销售收入要占总销售收入的 25%（在过去 6 个季度内引进的产品）。

关键成功因素

模拟设备公司计分卡的补充指标被称为关键成功因素，他们评价与公司商业计划相关的重大事件。这些因素是模拟设备公司的策略计划的监控点。他们从公司的五年计划中衍生出来，每年更新一次，有时候甚至每季度更新一次，因为模拟设备公司的市场变化速度飞快。公司认为它的关键成功因素比计分卡与财富创造的联系更密切。

这两个指标之间的区别在于关键成功因素是不连续事件。正如萨特勒先生所说到，“关键成功因素并不受季度监控。另一方面，计分卡上的指标具有内在的局限性，无法捕捉每项经营战略的主要事项，尽管他们也需要定期审查。”关键成功因素要么实现了，要么没有实现。他们不是

图表 7
过程的动态复杂模型

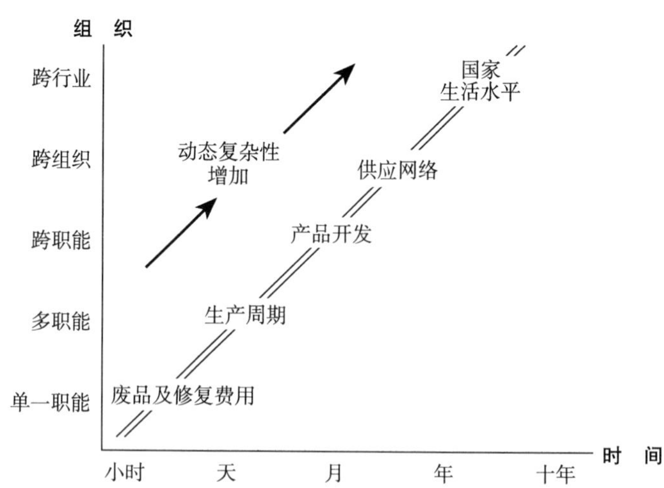

从一个季度到另一个季度连续不断的。计分卡指标，如准时配送，则是每季度都连续追踪的。

在 1994 年，斯塔塔先生让萨特勒先生负责整合全面质量管理和计划。萨特勒先生引进了几项新工具，比如：根据惠普公司的实践改进的“十步计划方法”，力求以全面质量管理所未采用的方式理解财富创造。在五年计划时，以及在为模拟设备公司制定战略计划时，采用了这些技术。关键成功因素都是利用这些工具确定的。

新计划系统的一个方面是计划由团队，而不是由计划小组制定。这些团队包括个人、直线经理和中层经理——负责实施计划的所有人。

1997 年成立了 60 个团队，研究诸如经营计划和竞争者分析之类的话题。模拟设备公司的管理层认为，由于正是这些团队制定了计划，所以他们将尽心尽力实现经营计划。

薪酬系统

模拟设备公司并没有把激励薪酬与根据计分卡指标得出的业绩挂钩。公司高级管理层的薪酬基于股票价格的上涨。所有其他员工的薪酬则基于两项因素同等权重的综合：公司收入的增长和公司税前利润的增长。萨特勒先生指出：“我们并不把管理者的薪酬与计分卡业绩密切联系起来。我们所在行业在风驰电掣般地发展。我们必须每年都变化我们的计分卡，以应对这样的环境。我们的薪酬思想基于跨职能协调与最大限度的团队合作。”

2000 年愿景

> 现在是为未来制定新愿景的时候了，它应建立在过去的成就之上；充分利用我们在信号处理领域的领导地位；在新兴市场捕捉新机会；把模拟设备公司迅速发展成一个百亿美元的企业。[4]

作为 1995 年计划过程的一部分，模拟设备公司制定了它 2000 年愿景，其中提出了三项主要目标：

- 在信号处理的七个关键领域建立领导地位。
- 把销售和利润的增长速度提高到 20%以上。

图表 8　1996 年四个经营动因

客户满意度	**新产品开发**
年末实现95%的准时配送率	新产品销售达 3 亿美元，毛利润边际实现 45%
从外部铸造厂采购107 000件6英寸CMO晶片	第一块硅片成功率达到 90%
从Limeric采购13 000件6英寸CMO晶片	在 6 个月内实现第一个硅片目标
从Wilmington Mod D 采购3 500件6英寸CMO晶片	在 15 个月内上市
从Sunnyvale采购2 000件6英寸晶片	每项新产品 1.5 个产品定型
组织能力	**财务预期**
新招聘 1 000 名员工	实现收入 12 亿美元，25%增长率
新招聘 150 名大学毕业生	50%毛利润边际，包括新制造设施
员工离职率低于 7%	研发净支出达到 1.75 亿美元
在提出要求 90 天内，90%的新员工必须到位	销售及管理费用达到 2 亿美元，或者是销售收入的 16%
建立员工之声基础数据库	经营利润实现 2.25 亿美元

资料来源：*Vision 2000: Leadership for the 21st Century*, Analog Devices, Inc., 1996.

4. *Vision 2000: Leadership for the 21st Century*, Analog Devices, Inc., 1996.

- 发展组织，并且发展所有员工的技能和竞争能力。[5]

通过方针管理，这些目标被转化为模拟设备公司每项职能的具体的、可评价的目标。2000年愿景还包括1996年的计划，它把关键指标划分为四项经营动因（参见图表8）。

每项经营动因都由一些基本目标支持。例如：到年底实现95%的准时配送率目标就支持客户满意度经营动因。1996年的四项经营动因既明确，又可评价。有些目标，比如准时配送制，也是计分卡的一部分。其他目标，如研发净支出实现1.75亿美元，就是关键成功因素。

模拟设备公司采用方针管理、质量改进过程、公司计分卡，以及关键成功动因，来制定布局并实施战略。虽然管理系统已经到位，但是问题依然存在：斯塔塔先生和模拟设备公司该如何实施必要的变革呢？模拟设备公司的公司计分卡在实现变革方面有多重要呢？这些管理系统在模拟设备公司应该怎样发展才能使公司实现2000年愿景中的目标呢？

5. 同上。

附录1

半生命周期/复杂性矩阵

阿瑟·施内德曼
(www.schneiderman.com)

根据半生命周期，如果您采用尖端的改进过程，您应该能够以恒定的速度弥补目前业绩与终极能力之间的差距。并不是所有过程的半生命周期都相同。相反，它取决于过程的复杂性。复杂性具有两个维度：技术复杂性和组织复杂性。

举一个技术复杂性的例子，数控机床比车床更复杂。新技术的技术复杂性高，因为其学习过程中的一部分与了解和改进技术有关。随着时间的推移、技术的成熟，以及技术利用越来越平常，也越来越为人所熟悉，技术复杂性就会降低。

若过程与本领域以外的过程有联系（中间投入和/或产出），组织就会变得复杂。这些过程可能是组织内部的，也可能是组织外部的（外部供应商或客户）；联系可能是单向的，也可能是双向的，或者说互动的；可能是日常的，也可能要求实时议定。所以过程可以覆盖整个组织范围，从完全独立的（单职能），到跨职能或者跨组织。随着企业文化、目标和各种参与者的目标发生潜在冲突，我们预期改进的速度会慢下来。

我按过程中的组织复杂性和技术复杂性（低、中或高）建立九个方格，然后把我所研究的改进努力分配在九个方格内，这样就得到了图表A所示的平均半生命周期矩阵。

对于组织和技术复杂性都低的过程，我观察到改进速度为每月50%，对于处于另一个极端的过程，改进速度就放慢很多，需要22个月才能达到50%。此外，还请注意，在改进放慢的时候，组织复杂性是技术复杂性的影响的2~3倍。

请注意，扁平式组织结构或者围绕过程而建立的组织，与职能型组织相比，对降低组织复杂性具有很大作用，因此可能提高改进的速度（即：缩短半生命周期的过程）。

这个半生命周期/复杂性矩阵可以按多种方式利用。作为制定目标的工具，它可以使我们在利用尖端渐进式改进工具和方法的时候理性地确定未来业绩。作为一项诊断工具，它可以使一个团队在同等复杂的改进过程用做标杆。作为反映组织学习力的指标，它在团队层面、经营单元，以及整个组织都可以轻松地加以运用。作为改进过程的规范，它可以使潜在用户能够将其与各种不同的方法进行比较。

图表A　目标半生命周期

月份

组织复杂性		技术复杂性：低	中	高
	高	14	18	22
	中	7	9	11
	低	1	3	5

附录 2

半生命周期与经验曲线之间的关系

阿瑟·施内德曼
(www.schneiderman.com)

在 20 世纪 70 年代，波士顿咨询公司的创办者布鲁斯·亨德森以一个新的名称大力宣传 T.P. 赖特先生发现，并于 1936 年出版的学习曲线理论。学习曲线是在飞机制造业中开发出来的，它所基于的观察是：按人月总数表示的单位直接人工耗用量会随着经验的增加而下降。亨德森先生注意到，单位成本也是这样。根据这项观察，他又开发了一个以经验曲线为基础的战略模型。

经验曲线，与半生命周期类似，也是一项实证观察。它是说累计经验（从最初至今的总产量，而不仅是本年）每翻一番，真实单位成本就会下降一个固定的百分比，例如：20%。如果您的第一个百万件产品的单位成本为 10 美元，那么您下一个百万件的单位成本应该为 8 美元。下两个百万件就应该为 6.40 美元，下四个百万件就应该为 5.12 美元，依此类推。因为成本是由累计产量所驱动的（例如在我们的例子中为 1+1+2+4 百万），所以成本下降的速度也会随着时间的推移而放慢。

另一方面，半生命周期方法预测次品率下降的速度随着时间的推移保持不变。为什么存在差别呢？ 我们无法肯定，因为经验曲线纯粹是一种实证观察，并不是基于任何基本理论。我们可以列出可能影响经验曲线的斜率的事项，但是我们无法写出他们作为独立变量的一个公式。另一方面，半生命周期模型也有理论基础。

帕累托图是一个图形工具，可以按顺序显示一个瑕疵的各项原因。除极个别的例外，这些图标都遵循80/20 原则：20%的成因能解释 80%的瑕疵。这就导致了按指数下降的帕累托图形。事实上，最大的成因，即根本成因，通常能解释 20%~40%的总瑕疵。让我们用 30%作为一个平均数字。对于一个具有平均复杂性的过程，一个经验丰富的改进团队的每个改进周期大约都需要 4 个月；4 个月提高 30%恰恰相当于 8 个月的半生命周期，符合半生命周期/复杂性矩阵的结论。对于不太复杂的过程，根本原因经常要更大一些，改进周期更短一些，从而也就解释了为什么半生命周期也较短些。对于更复杂的过程，往往存在更多的原因，因此根本原因就较小，而改进周期就更长。

请注意，我曾提过一个“经验丰富”的改进团队。要熟练运用改进过程，必须经过几个改进周期，所以，在最初的时候，半生命周期可能长得多。出于这个原因，我鼓励组织自掌握了新的改进示范之初就开始着手处理不太复杂的过程。

此外，还要记住，半生命周期针对的是瑕疵，而不是成本。当然，我们这里所定义的瑕疵是现行业绩和目标业绩之间的任何差距，他们是单位成本的主要动因，所以二者是明确相关的。20 年前，经验曲线的实践者都认为无法解释日本同行做出的大幅进步。他们怎么可能实现经验曲线的斜率比西方同行陡数倍呢？ 最初的反应是他们采用掠夺式的定价，按低于成本的价格销售。这场喧嚣甚至闹到了美国国会。但是，经过认真的研究，发现他们快速降低成本的事实是真实的，并且他们采用了一种过程改进的新方法。

思考题

时间框架：1986~1990 年

1. 在 20 世纪 80 年代后半个时期，模拟设备公司的战略是什么？
2. 根据模拟设备公司的战略，批判性地评估一下“半生命周期”概念。半生命周期的潜在好处和局限性分别是什么？公司怎样确定不同过程的半生命周期？半生命周期概念与经验曲线概念有何不同？
3. 请指出“质量改进过程”指标与财务系统报告的指标之间存在的冲突。我们应该相信哪些数字？他们能协调一致吗？
4. 图表 3 所示的公司计分卡所包含的信息是否可以作为实施模拟设备公司战略工具？批判性评估这一观点。每套指标在战略执行中发挥怎样的作用？财务指标与非财务指标的相对重要性应该如何？您希望还应该在计分卡中涵盖哪些信息？

时间框架：1990~1996 年

5. 请根据 20 世纪 90 年代前半期的模拟设备战略，评估公司计分卡及相关的管理计划与控制系统在 1990~1995 年期间在模拟设备公司的发展。
6. 您赞成模拟设备公司的薪酬思想吗？
7. 请描述一下模拟设备公司 1996 年的战略。在 1996 年，公司计分卡及其他管理系统应该如何变革才能更好地适应公司的战略需要？

案例11–2

模拟设备公司（B）

您无法仅凭运气就创造长期、可持续的增长。您必须让所有员工都聚焦于具体的目标，从而运用他们的想像力和创意。平衡计分卡的目的就是将战略转化为行动。

——鲍勃·斯塔西，质量改进主管

您必须评价，您也必须让每个人都负起责任。

——弗莱德·李，数字信号处理系统财务总监

在2001年，模拟设备公司继续在利用公司计分卡评价业绩方面发展顶级实务。在建立平衡计分卡的初期，他们的焦点集中在利用计分卡传达战略、驱动质量改进，以及强调成本降低。到20世纪90年代，模拟设备公司则聚焦于改进计分卡，以便它不仅能更加强调质量和效率行动，而且更加强调收入增长。到90年代末，模拟设备公司面临着新的挑战——在一个节奏更快、更具活力也更错综复杂的市场环境中有效利用公司计分卡。

2001年模拟设备公司所在的行业

系上安全带；坐稳！在2000年，模拟设备公司的销售收入实现了爆炸式的增长，增长率达到了78%，从15亿美元上升至26亿美元（比较财务结果参见图表1）。在模拟设备公司的历史上也曾有过许多强劲增长的年份，但是这一年是史无前例的。因为公司的产品是许多互联网设备的核心，比如个人电脑调制解调器和ADSL转换器，互联网的繁荣推动了模拟设备公司的大部分增长。公司还制造移动电话和无线基础设施的零部件，以及个人电脑配件，比如平板显示器，CD和DVD播放器，数字相机。

快速增长对管理而言是一种巨大的挑战。模拟设备公司环境的其他变化使事情进一步复杂化了：

- 模拟设备公司的新市场具有截然不同的需求特征。
- 模拟设备公司参与的供应链是分散化的（生产任何一种产成品都涉及更多的公司）。
- 数字和模拟市场之间在传统上的明显壁垒已经打破了。
- 产品设计过程要求更大的合作。

新产品组合意味着新需求动力

在20世纪80年代，模拟设备公司的元器件主要应用于工业和军事领域。一般而言，终端产品的生命周期长，故而，一旦设计使用模拟设备公司的元器件，这个元器件的需求就会持续多年。因此，模拟设备公司的许多产品需求都可以合理地预测。

驱动模拟设备公司在消费电子和通信领域的

本案例由达特茅斯学院塔克商学院的克里斯·特林布尔教授、维杰伊·戈文达拉扬教授和杰西·约翰逊（2002级）编写。

图表 1　半导体行业统计：模拟设备公司与竞争者 *

	销售收入（单位：百万美元）						
	1994	1995	1996	1997	1998	1999	2000
模拟设备公司	773	942	1 194	1 243	1 231	1 450	2 578
英特尔公司	11 521	16 202	20 847	25 070	26 273	29 389	33 726
德州仪器	10 315	13 128	9 940	9 750	8 460	9 468	11 860
马克西姆公司[1]	154	251	422	434	560	607	865
凌力尔特公司[2]	201	265	378	379	485	507	706
行业合计（全球）	102 000	144 000	132 000	137 000	125 000	149 000	204 000
	销售收入增长率（单位：百万美元）						
	1994	1995	1996	1997	1998	1999	2000
模拟设备公司		22%	27%	4%	–1%	18%	78%
英特尔公司		41%	29%	20%	5%	12%	15%
德州仪器		27%	–24%	–2%	–13%	12%	25%
马克西姆公司		63%	68%	3%	29%	8%	42%
凌力尔特公司		32%	43%	0%	28%	5%	39%
行业合计（全球）		41%	–8%	4%	–9%	19%	37%
	利润边际（单位：百万美元）						
	1994	1995	1996	1997	1998	1999	2000
模拟设备公司	10%	13%	15%	15%	7%	14%	24%
英特尔公司	20%	22%	25%	28%	23%	25%	31%
德州仪器	7%	9%	1%	19%	5%	15%	26%
马克西姆公司	16%	16%	29%	32%	32%	32%	32%
凌力尔特公司	28%	32%	35%	35%	37%	38%	41%
	资产收益率（单位：百万美元）						
	1994	1995	1996	1997	1998	1999	2000
模拟设备公司		13%	14%	11%	5%	10%	18%
英特尔公司		23%	25%	26%	20%	19%	23%
德州仪器		14%	1%	19%	4%	11%	19%
马克西姆公司		18%	37%	28%	27%	22%	24%
凌力尔特公司		27%	30%	22%	23%	20%	23%

* 注：英特尔公司和德州仪器公司传统上专注于数字设备，而马克西姆公司和凌力尔特公司传统上销售模拟设备。并非所有公司都采用起止时间相同的财务年度。

1. 马克西姆公司，全称“Maxim Integrated Products”，成立于 1983 年，总部位于美国加州，在设计、发展、生产线性和混合信号集成电路产品方面处于世界领先地位。

2. 凌力尔特公司，全称“Linear Technology Corporation”，生产标准高性能集成电路。

近期增长的技术市场，所具有的生命周期要短得多，经常只有一两年。从经营上看，这更难以管理。例如：存货管理变得更加复杂、更加富于变化。若需求难以预测，则在生命周期早期储备存货就很重要。但是到了生命周期末期，如果存货过时了，过量存货可能会削减利润。许多通信领域的产品的生命周期都太短，以致永远无法达到稳定的经营状况。

而且，模拟设备公司不断发展的产品组合还包含互联网相关设备的元器件，比如：光纤路由器、ADSL转换器、语音网络服务器等。模拟设备公司向诸如思科、Nortel、朗讯之类的公司供应产品。资本收购一般比大经济环境更动荡——在较新的、投机性更强的市场，比如与互联网相关的市场，更是如此。在2001年，由于许多网络供应商的财富一去不归，模拟设备公司也不例外。到2001年第三季度，模拟设备公司的收入也从2000年第四季度的峰值32亿美元回落到了19亿美元（换算成年收入），相当于年收入下降了40%。（半导体行业都难逃此劫，也同样在下降。在同一期间，英特尔公司下降了28%；德州仪器公司下降了36%；马克西姆公司下降了25%；凌力尔特公司下降了14%。）

供应链分解进一步增加了经营复杂性

在历史上大多数时期，模拟设备公司都是自己制造和分销元器件，然后直接向设备制造商发货。到2001年，下列领域出现了大量外包：

- 芯片制造设施经营者
- 全球元器件分销商
- 设备承包商

半导体芯片的制造一直是世界上最复杂的制造工艺之一。新的制造设施所要求的资本投资巨大——已经达到了10亿美元，预测到2015年将增长至100亿美元，大体相当于核电站的资本投资。在一个像半导体行业一样动荡的行业中，这些投资的风险极大。因此，一些主要依靠设计优势的公司，如模拟设备公司，越来越多地借助于与芯片制造专家建立联盟，即那些愿意承担风险，并且能够充分利用为多个设计者服务的规模经济的公司。尽管模拟设备公司仍然拥有一些制造设施，但是半导体公司无制造设施已经成为一项规则，而不是例外。

全球元器件分销商的重要性也在日益增长。模拟设备公司一直通过直接销售队伍服务大型客户，而只利用分销商服务小型客户。但是，有些设备制造商，比如思科，实质上一直作为物流合作商从事全球元器件分销（比如：艾瑞公司和安富利公司，控制着近一半的全球分销市场）。物流合作商协调思科公司的全部元器件采购，既从模拟设备公司采购，也从其他元器件制造商采购。

思科公司的元器件采购不是配送至思科，而是直接配送到第三方供应链参与者，设备承包商（比如：旭电公司和伟创力公司）。这些公司为思科及许多其他计算机和网络设备销售商进行组装和测试，而且，随着制造外包在这些行业变得越来越盛行，他们也发挥着越来越重要的作用。

对模拟设备公司的战略意义重大。由于在价值链中具有更多的环节，所以行业的总利润薄薄地分摊在较大数量的参与者身上。如果价值链中的任何一个环节变得太强大，那么这个环节就具备了控制利润的潜力。因此，个别分销商和承包商的急剧增长越来越成为模拟设备公司高级管理层们的关注点。在各种分销可能中：（1）承包商可能开始与分销商合并；（2）分销商可能有能力通过解密模拟设备公司非专利产品的产品编号系统合并元器件采购；（3）分销商或承包商可能成功建立复杂的电子商务平台，从而可以使他们无法轻而易举地从一个供应商转换到另一个供应商——迫使模拟设备公司参与商品竞争。这三项全都会削弱模拟设备公司的谈判优势。

最后，供应链的新结构也对需求管理提出新要求。由于参与者更多的介入（尽管互联网颇具前景），以及不完美的信息流，模拟设备公司很可能已不在终端客户的名单上。这就意味着需求预测所基于的信息不太准确、及时。

数字电路的主导创造了新的竞争

由于数字集成电路的成本在20世纪90年代持续下降，所以元器件设计者越来越少地依赖于模拟电路。但是，与现实世界相联系的界面，比如：扬声器、耳机、温度传感器、压力传感器，以及许多其他类型的仪器仪表，总是模拟的，因为这些信息的特点是持续变化。因此，在许多应用中，把模拟信号转换为数字信号，以及把数字信号转换回模拟信号的过程是拥有模拟技术的元器件制造商最重要的作用。而且，为了使与产品设计相关的“动产”最小化，人们越来越普遍地把转换和数字信号处理嵌在一个芯片上。

因此，数字集成电路的制造商，比如德州仪器，就有动力提高这方面的竞争力，以便他们能够提供完整解决方案。同样，模拟设备公司也在数字信号处理领域建立了优势，因而他们能够提供类似的完整解决方案产品。虽然模拟和数字元器件市场曾经独树一帜，但是这种独特性也开始减弱了。

共同开发产品

由于产品生命周期缩短造成的压力越来越大，模拟设备公司经营的另一个趋势就是，越来越需要合作式和一体化产品开发。例如：在与德州仪器的竞争中，模拟设备公司赢得了3Com的合同，为新型56K调制解调器供应元器件。模拟设备公司的建议被认为略胜一筹，因为他把多个芯片的功能集成于一个芯片上——一个既能实现从模拟转换为数字、数字处理，又能从数字传换为模拟的芯片。此外，模拟设备公司的设计能保证缩小体积，提高性能，更快上市。

上市时间至关重要，因为3Com打算赶在假期返校的销售突增期及时发布新产品。由于时间上的压力，模拟设备公司不得不与供应链的许多参与者合作设计新芯片，除了3Com公司之外，还包括计算机设计商、软件开发商以及芯片制造专家。一旦开发并认可了产品原型，就要求一系列相关合作，为新元器件准备制造和物流资产。

为了处理更加复杂和数量更多的行业关系，仅仅拥有一个传统的、经验丰富、善于销售且能满足客户规格的元器件销售队伍还远远不够。因此，客户关系均由“实地应用工程师”处理。实地应用工程师通过帮助客户设计整个信号处理系统，增强了同用户的关系。例如：实地应用工程师可能会增加功能，提高集成度，或者缩小电路板的空间。

模拟设备公司2001年的战略

在2001年，模拟设备公司仍然认为公司最大的优势在于创新和产品设计。他们力求将精力集中在具有最大增长前景的集成电路市场的“最佳点位”上。互联网繁荣创造了2000年的现象式增长。2001年决不会再重复，但是公司认为新产品设计是最具前景的增长领域，它涉及把数字信号处理器和模拟—数字—模拟转换器集成在一个芯片上，比如上面所介绍的3Com公司的应用。

模拟设备公司还计划集中精力提高现有产品的需求。他们计划投资于更好的电子商务应用，并为销售队伍提供更多的资源。

此外，成本和质量仍然是模拟设备公司的关注点。为了达到这个目的，公司完成了重组，允许集中化的生产计划，并且旨在继续推进各种生产倡议。这些倡议包括：使各厂的生产标准化；把组装和测试安排在一处；寻找测试成本更低的离岸经营地点；更有效地向工厂发布新产品设计。

模拟设备公司2001年的平衡计分卡

到20世纪90年代末，模拟设备公司在公司计分卡领域开展的先驱性的工作已在许多公司得到推广和普及。因此，软件公司开始开发定制的绩效管理解决方案，支持计分卡的实施。像许多其他公司一样，模拟设备公司也安装了“管理信息系统（EIS）”。管理信息系统支持采用事业部、部门甚至个人计分卡。各级管理者都可以按地区、产品、客户或渠道分解业绩。

管理信息系统还支持模拟设备公司采用三个不同的计划期间——每季度、每6个季度、每3~5年。有些标准报告得更频繁，例如：存货每周报告一次。因为模拟设备公司现在在一个复杂的合作商与供应商网络中运营，所以公司还在管理信息系统中越来越多地纳入外部指标。

因为公司业务正经历着不断的变化，所以模拟设备公司尽可能保持系统的灵活性。在经营条件变化后，他们经常引进新标准——图表2比较了1987年、1999年和2001年的计分卡。一般而言，模拟设备公司只有在肯定了新标准能够持续一段时间之后，才会花费巨额成本把新标准纳入管理信息系统。事实上，有些指标在电子数据表程序人工追踪。

模拟设备公司还警惕信息不要太多。在任何一个既定水平，要求一名经理密切监控的标准总数控制在10~20个范围内。依照负责质量改进的主管鲍勃·斯塔西的观点，若超出这个范围，经理们就会把所有时间都耗费在“寻找哪些指标更重要，而不是努力改进重要的事情上。”计分卡结果旨在激励行动，而不是引发无休止的分析。

事实上，CEO杰拉尔德·费什曼认为，在任何一个季度，50%的努力应该集中在不超过三个最重要的问题及其相关标准上。在一份季度讲话录像，以及在公司的通讯中，费什曼先生用平衡计分卡作为框架，回顾了过去一个季度的业绩，然后确定了下一个季度的三项关键成功标准。

在2001年第三季度，三个集中关注的领域是：

1. **收入增长率**——费什曼先生承诺“扩充队伍”，而不是像有些竞争者所做的那样削减销售人员的差旅费。
2. **新产品引进**——这项标准建立的标杆是目前对客户的现有承诺。
3. **渠道管理**——费什曼先生的目标是通过电子商务渠道改进服务质量，使分销合作商的数量合理化，并且改进销售过程和销售支持，以便销售队伍能够花更多的时间与客户面对面的交流。

在2001年，奖金公式仍然严格基于财务指标。模拟设备公司定期调整奖金公式——只要公司觉得战略的变化要求进行调整。任何变化都意味着对关键指标的更加关注。例如：在1999年，模拟设备公司把资产收益率补充进奖金公式。以前，他们将收入增长率和利润边际纳入了公式。

目标制定过程

在公司80年代最初推行计分卡时，模拟设备公司通过半生命周期质量（即：次品率或延期发货率降低50%所需要的时间）为许多指标制定目标。虽然半生命周期方法非常适用于“基于缺陷”的指标（如：生产瑕疵），但是它却不适用于财富创造指标，如新产品销售收入。而且，确定恰当的半生命周期也需要一些经验，随着产品生命周期的下降，模拟设备公司的业务也在迅速变化。许多过程都是创新的。不仅如此，模拟设备公司的许多过程现在都与其供应链的合作商一体化了，所以就更难预测切合实际的质量改进时间框架。（为供应链的其他参与者的各种计分卡指标制定目标更难——每个人都希望成为“供应链的主人”。）

在半生命周期不适用的情况下，模拟设备公司就采用两种方法制定目标。第一种方法类似于传统经营计划过程。例如：销售收入和边际指标就是这样。高级管理层要求为每个事业部制定经营计划，然后按领域、渠道和地区分解。然后再由高级管理层汇总审查——在审查后，一般要在上级和下级管理者之间进行议定。

在第二种方法中，计分卡目标由高级管理层综合分析和经验判断自上而下地制定。例如：要

图表 2 比较 1987 年、1999 年和 2001 年的计分卡指标

1987	1999	2001
财 务		
收 入	产品预定	产品预定
收入增长率	收 入	收 入
利 润	毛利润边际	毛利润边际
资产收益率	SMGA%[1]	SMGA%
	利 润	利 润
		资产收益率[2]
新产品		
新产品引进	6Q 窗口销售[3]	6Q 窗口销售
新产品预定	6Q 窗口毛利润边际%	6Q 窗口毛利润边际%
新产品盈亏平衡点[4]	硅片一次成功率	硅片一次成功率
新产品最大收入	第一块硅片制造时间	第一块硅片制造时间
上市时间	客户样本命中率[5]	客户样本命中率
	产品发布数量	产品发布数量
	每种产品的定型率[6]	每种产品的定型率
	新产品在产品	新产品在产品
		上市时间
质量改进过程		
准时配送率	准时配送率	准时配送率[7]
生产周期	生产周期	生产周期
产出率	产出率	产出率
百万产品次品数[8]	百万产品次品数	百万产品次品数
成 本	工作环境质量	工作环境质量
员工劳动生产率	客户反映	客户反映[9]
周转率	鲍德里奇国家品质奖得分	订货到发货时间拖沓[10]

1. 销售与管理费用占销售收入的百分比。
2. 通过管理信息系统，管理者还能够“钻透”资产收益率，审视存货、应收账款和固定资产。
3. 在过去 6 个月内投放市场的产品的销售。
4. 新产品累计销售占新产品盈亏平衡销量的百分比（按投放市场以来的月数索引）。
5. 索取产品样本后订购的百分比。
6. 这项标准与产品开发过程，以及完成一项设计所要求的设计重复次数相关。它与产品开发成本和上市时间密切相关。
7. 在 2001 年，这项指标基于客户要求的时间，而不是工厂承诺的时间。
8. 这是产品次品率，按每百万件数评价。产出率等于 1 减去所有制造过程的累计次品率。
9. 满足客户报价要求所需要的时间。
10. 订货到发货时间拖沓是指发货拖延的时间超出竞争者所要求的订货至发货时间的部分。

研究竞争者的最佳实践以确定各种指标。然后，管理者在模拟设备公司的独特背景下判断这项标准的相关性，并制定逐步改进的目标。

尽管存在这种方法，但是模拟设备公司的高级管理层觉得他们仍然需要真正为实现目标负责的员工买账。否则，管理层的努力就会浪费在维护目标上，而不是尽力改善经营上。从理论上讲，如果目标好高骛远，员工就会感受到压力，但是，就他们如何寻求改进而言，则不受约束。

目标制定过程要求跨职能合作。例如：分销经理和销售经理要共同制定目标，以防出现两个部门之间的过度竞争。此外，生产经理必须避免“局部最优”。例如：如果在生产的某个阶段产量目标过高，可能就会产生过量的在产品存货。公司的每个过程都与其他过程相关，要有效制定目标，就必须了解这些相互作用。

思考题

1. 在 1996~2001 年之间，模拟设备公司所处的行业发生了怎样的变化？
2. 如何为计分卡上的指标制定目标？谁来制定目标？ 为了使指标有用，制定目标的方法需要多么严格？请根据 2001 年不断变化的行业状况评估一下目标制定过程。
3. 模拟设备公司的计分卡在今天像在 80 年代那样有用吗？计分卡的局限性是什么？会出什么问题？
4. 您希望对模拟设备公司管理计分卡的方法做些变革吗？做哪些变革？为什么？
5. 指标/计分卡系统有缺陷吗？员工能就系统“博弈”吗？管理信息系统的危险是什么？

案例11-3

康普保险公司

康普保险公司的董事会决定建立一个客户管理中心（CCC），以阻止一定程度上因不满意公司的服务而造成的退保现象。这个计划的中心思想是为私人客户提供一个电话号码，用于解答有关康普保险公司所提供保险的所有疑问和问题。客户管理中心将每周7天、每天24小时提供服务，以确保时时刻刻总能有人员为客户服务。康普保险公司的人员能在首次电话服务中解决和处理客户90%的问题。其余10%的问题将在一天内由后继电话解决。

德里克·韦斯特马勒被任命为项目经理，负责客户管理中心的建立和发展。在发展这个中心时，他受命展示康普保险公司董事长所追求和表现出的企业家行为。公司董事长科克先生精力充沛，充满活力，他正在努力变革康普保险公司，从僵化的官僚制度，转变为由企业家精神支配的、行动敏捷的公司。这项计划旨在让中心作为一个集中服务利润中心，支持康普保险公司各个独立的保险经营单元。

德里克是一个经验丰富的经理，他把这项任命视作一个真正的职业发展机会。他开始思考哪些有意义的指标有助于这个中心成功。他很有政治头脑，希望这个中心的业绩建立在真正的成就之上。

背景：对增长速度放缓做出反应的产品线

康普保险公司是欧洲最大的保险公司之一。它的业务遍布世界各地，最近刚刚被另一家保险巨擎收购。在过去10年中，康普保险公司的年增长率一直保持在25%以上。公司曾利用一系列收购拓宽保险产品的类型，并且还通过内部增长满足它所服务的市场需求。它销售各种形式的医疗、人寿、意外、财产保险和车险。

在过去两年间，德国保险业的保费收入增长已趋于稳定。在1993年和1994年，保险业仍然保持着高增长率，增长率分别为10.3%和9.5%。但是，到了1995年，增长率却下降了，仅为4.8%。到1996年和1997年，增长率持平，而不是计划的3%，人们预期“即使有任何增长，增长率充其量也只是适中。”

增长率的下降是因一系列越来越明显的趋势而造成的：

1. 经济气候恶化，经济规模紧缩，失业率增加，实际收入停滞。
2. 一定程度上由于德国的统一而引起税收提高，社会福利缴款增加，。
3. 由于欧洲市场放松管制，竞争增加，并且在1995年“首次全面显现出来”。
4. 德国保险基本需求已普遍得到满足，而这正是1994年之前持续增长的一个领域。

尽管市场条件恶化，但是康普保险公司的运营部门仍能经常赢得市场份额。但是，竞争不断加剧，客户对价格的敏感度也不断增加，在二者的挤压下，私营保险市场不得不缩短保单、更多地取消现有保单。对于不同产品线，影响程度也

本案例由巴布森大学劳伦斯·卡尔教授编写。

各异。

为了适应市场环境，产品线和分支机构开始把更多注意力放在改进服务上，以确保代理人、经纪人和现有客户满意。解决这个问题有各种各样的方法，从为客户编辑通讯，到建立“呼叫中心”各不相同。后者是对许多客户、代理人和经纪人的投诉做出的反应，他们抱怨很难联络到工作人员，即使联系上了，服务水平也差。

在康普保险公司分权制的组织结构中，各产品线均独立地经营，并且建立了大量“呼叫中心”。那些较集中的产品线，如寿险和健康险，建立了自己的中央电话中心。有些分支机构还为那些把大量文书工作下放的产品线建立了“电话中心”。

把“退保率”问题重塑为客户忠诚度问题

传统上，公司通过两个品牌名称——“康普”和“南方”，专注于对价格不太敏感的中低端市场，由专门的代理人处理70%的这类业务。客户流失率的不断上升开始引起一些高级管理层的注意。他们聘请一家国际管理咨询公司进行研究。

在1996年3月，公司报告中“退保率”——退保的客户数量与投保总数量之比，已经于1995年达到了8亿德国马克（1996年为9亿德国马克），约占保费总收入的10%。退保率与德国其他保险公司可比。在有些产品中，如车险，退保率更高（20%），已经超出了极限，令公司不堪重负。

公司还报告代理人的佣金几乎只与创造的新保单持平。代理人把70%的时间都花费在创造足够的新业务上，以便跟上退保的比率。如果这种趋势持续下去，那么到2000年，他们就必须把时间100%地花在寻求新业务上，以便跟上退保的比率。

对退保客户的深度访问，或者称“根本原因调查”，表明康普保险公司可以影响58.7%的客户流失（无需改变保单），同时也说明公司流失客户群中5.8%是因公司错误而流失的。不满意的客户指出（除价格之外，33.3%）：代理人的问题（34.7%）；理赔处理不当（13.3%）；答复缓慢、官僚作风严重（9.3%）；信息量少（4.0%）。当客户提到价格高时，往往不是这样的问题，而是伴随着其他问题，如对代理人的不满。

最后，公司还发现了下列情况：

- 拥有一份以上保单的客户不太可能流失。
- 触发事件（如：对客户被工作人员推来推去，却未得到任何帮助，感到气愤）似乎会导致退保。
- 如果客户拥有几份保单，但退保了一份，可能在其他保单该续保时，客户也不会再续。

咨询顾问坚持认为，康普保险公司所采用的传统的市场调研技术无法探测这类问题，因为他们是以客户对一种（新）产品的满意度为导向的，而不是与事件/行动相关联。

康普保险公司的“退保率”问题可以用一个漏桶来形容。新客户不断地流入桶中，而同时许多又从大洞中漏掉了。产品线的焦点集中于增加流入量，而不是智慧地解决流出量的问题。这不仅是康普保险公司的问题，而是德国整个保险业的问题。

经过重新定义，公司把问题不仅聚焦在单个产品线的“退保率”或“客户流失率”上，而是把其看成一个客户忠诚度的问题。这一观点已深入各产品线，被视作公司的问题。

公司问题：从恶性循环到良性循环

客户把公司视作一个整体，而不只是他们购买了保单的一个产品线。事实证明，客户持有的保单越多，他们对康普保险公司的忠诚度就越高。客户拥有公司保单的时间越长，新产品的佣金就会越低，赔付率也就越低。如果这个良性循环能够导致客户保留率的小幅提高，盈利能力就会显著提高。

相反，如果客户仅持有一份保单，那么他们退保的频率就会很高。补充新保单又会向代理人支付佣金。如果这个过程获得了足够的动力——事实正是如此，所有保险公司都要忍受高退保率和高佣金。因此就形成一个恶性循环。

为了形成一个良性循环，客户保留率就必须成为一个战略目标。康普保险公司的产品线和分支机构存在许多积极的想法和反应。也有些经理想法完全不同。他们觉得这些反应往往只看到了表象，不会对企业产生任何积极影响。至于电话中心，一个产品线的高级管理层指出，时机尚不成熟，技术支持和人员培训都存在不足，不会从客户那里学到足够的经验。

客户必须被视作一个人、一个家庭，甚至是一个扩展的家庭，他们要经历一个贯穿着各种重大事件的生命周期（如：取得驾照、结婚、生子、买房、建立退休基金等），每个事件都创造新的保险需求。公司是一个各种产品线的集合。在对未来业务的预期上，康普保险公司应该尽力满足客户在人生所有阶段的需求。

而且，每个客户不应被视作具有一定统计平均值的集合体，而是应该，并且也能够分割成高盈利的客户群、不盈利的客户群、产生亏损的客户群。公司作为一个整体应该积极挑选最盈利的客户群，并把他们定为目标客户群，进一步研究。同时，它应该保护现有客户基础，具体方法是：（1）对早期客户流失信号要敏感；（2）认真监控触发事件；（3）尽力挽回“丢掉”的保单/客户。

虽然单个产品线的努力至关重要，但是，很明显，有些公司层面的管理者觉得需要一种全面的系统方法。但是，这样一种方法应该采取渐进的步骤。

第一步：“迅速命中”和新发现

数据表明，康普保险公司能够借鉴美国保险公司和银行的先进经验，学习大量客户保留创意，以及加强内部管理的新方法，并从中获益。康普保险公司的董事会在 1996 年 5 月至 1996 年 10 月间对客户忠诚度进行了一项专门研究。人们预期这将会为“迅速命中”创造新方法，并且堵上“桶上的洞”。

此外，项目在公司关注客户的主导思想上还产生了新发现。其中一位咨询顾问称：

1. 客户之所以打电话，一般是因为联系不上他的代理人（要么是兼职人员，要么是忙于开拓新业务），或者无法有效地解决问题。如果客户打电话给一个产品线，比如医疗保险，然后提出了关于寿险的问题，医疗保险的工作人员就会说：“我不知道”。平均而言，客户要联系 4 次才能找到正确的人，即便这样，在 30%的情况下，问题都得不到解决。如果一个疑问或问题处理得不当，客户往往就会退保。
2. 负责一个产品线的工作人员只有一个渠道（与该产品线为客户提供的保单相关的），并且无法获得客户其他保单的信息。但是，如果客户持有多份保单，由于客户对一个产品线的服务不满意而退保了一份，这个客户也可能退保其他保单。工作人员往往觉察不到，仅仅从字面上讲，由于它“未显示在他们的屏幕上”，企业就面临着危险。因此客户流失的模式也就一直隐藏不露。
3. 车险在绑住客户方面发挥着至关重要的作用，因为它经常是第一份保单。似乎大多数人都在周末购车，而保险公司恰好周末又不营业。此外，很难建立一个团队去帮助客户，因为，一般而言，客户无法在下午 5：00 之后联系到工作人员，工会不允许在下午 6：00 之后工作。因此，对这个创意的答复经常是“不错，但是不能这样做。”
4. 康普保险公司的大多数员工都在谈论客户，但却对客户服务未采取任何行动。公司拥有浓厚的分析文化。每当遇到某个有问题的数字时，他们都会说“医疗保险是这样，但是寿险不是这样”或者“其他保险公司更糟糕。”

5. 在 1997 年 6 月组建客户管理小组时，也邀请了董事会成员出席。除这项研究的负责人之外，只有一个人出席了。其他成员都表示：“我们了解客户。”

客户管理中心

到 1996 年 10 月，在客户忠诚度研究的结果出来之后，康普保险公司的董事会又请人对客户管理中心跨特定产品线服务的可行性进行了研究。其核心理念就是为客户提供一个电话号码，并由经过专业培训、能够有效回答各种问题的人员负责，因而就显著增加了服务质量。此外，一个中心处理所有问题将能够消除未来的处理步骤，从而消除产生失误的根源。最后，人们坚信，客户管理中心将是处理信息的最有效方式，成本也最低。

到 1997 年 1 月，客户管理中心的设计已初具轮廓，并且制定了下列目标：

1. 康普保险公司的私人客户将拥有一个，且只有一个电话号码，供查询各种问题。客户除了可以联系代理人之外，还可以使用这项服务。
2. 客户管理中心将每周 7 天、每天 24 小时开放。它将能够通过一次电话解决客户 90%的咨询，同时将带来服务质量和效率的显著提高。
3. 康普保险公司将从退保率的降低中获益，具体而言，若在过去，客户的咨询则不会得到解决，或者服务不令人满意。
4. 康普保险公司的其他目标还有：（1）成为保险业的服务领袖；（2）增加持有多份保单的客户的数量。

关注并提出解决方案

建议引起了大量关注。例如：代理人认为客户管理中心是对他们与客户之间的关系的一种威胁。因此，公司决定要把客户管理中心与客户之间的任何沟通都通知代理人。而且，客户管理中心还可以在客户无法联系上代理人的情况下，作为代理人的一种支持（如：在夜间或者在周末）。最后，客户管理中心能够帮助代理人联系潜在客户。一般而言，代理人与潜在客户签订保单的概率是 10%。客户管理中心能够通过电话为客户提供第一次服务，然后再提高这一概率。

产品线具有不同的关注点。他们认为，一个“通才”解决与其专业领域相关的问题是不可能的，而且要学会这样做，需要“至少 10 年”的经验。但是，人们发现产品线的工作人员被困在了一个恶性循环中。一般而言，在与客户交流的过程中，工作人员都想提供高质量的服务，但是真正做起来技术性就太强了。他们的答复“工于设计”，往往浪费时间，而客户早已暴跳如雷了。

此外，许多客户都问同类问题。如果必须重复相同的回答，专家可能变得厌烦起来，或者可能忘记回答部分内容。而拥有其他技能的人员，虽然不太专业，但可能根据事先准备好的“最佳答案”轻而易举地回答问题。

最后，事实证明，至少 70%~80%的问题（取决于产品线）都极其普通，无需专家回答，因为问题只涉及理赔状态，或者客户变更地址等。同样，专家可能会对这些问题感到气恼。一个拥有广泛产品知识的专门团队也能够解决其余 20%~30%的问题。

最后一组关注点涉及这样一项事实，即有些产品线和分支机构已经建立了呼叫中心。例如：如果有人变更了地址，那么产品线就会说中心无法处理，因为地址变更可能会影响与房屋有关的保险。或者有些产品线会说：“我们可以通过自己呼叫中心了解市场，但是现在我们却丢掉了耳朵，无法倾听了”，或者“为什么拆分一个战绩辉煌的团队呢？”

在讨论把客户管理中心集中起来时，有些分支机构刚刚建立自己的电话中心，把它作为一种工具，来筛选必须转给后端办公室的电话。分支机构的管理者声称“这是他们的未来”，并藉此赢得了员工的认可。拆散这个部门将会破坏员工对他们的信赖。前两项关注点可以通过协商，使中心的信息随时供产品线调用来解决。后一项关注点部分程度上可以通过承诺——服务中心将设在两个拥有电话中心的分支机构内，或在他们的基础上建立。这样，员工就很容易申请中央客户管理中心的工作。

到 1997 年 4 月，董事会已就服务中心设计的下列主要方面达成了一致。

1. 客户管理中心将成为一个“开拓性”的解决方案。它将是康普保险公司的惟一中心。分支机构及一些产品线新成立的其他呼叫中心将被关闭。
2. 它将集中处理全部客户咨询，全天候服务，并能够有效解决 90%的问题。
3. 中心将建立在康普保险公司现行组织体系之外，即：它不属于任何一个产品线或经营部。这样就可以签订更灵活的雇佣合同（灵活的工作时间和薪酬）。
4. 中心将作为一个利润中心，由产品线按电话数量付费，而不是作为一个成本中心，由公司或经营部的管理费用支持。
5. 中心将作为一个独立的中央服务经营单元，经营宗旨是为产品线提供支持。
6. 产品线将提供保险技术知识和能胜任的人员，并将明确组织与产品线的配合。

在第一年，客户管理中心将聚焦在客户提出的“咨询”上。此外，若客户退保，它还会代表产品线提出问询。初建时需要一套 EDP 系统[1]，起码应该能与康普保险公司的其余 IT 基础设施集成，从而能使客户管理中心的 EDP 中心自治，仅与中央 EDP 系统发生少量联系。

但是，中心一实现高效运营（预期在开业后半年内），就增加新任务。例如：中心可以参与理赔处理、纠正失误，或者变更信息（如地址）等。如果产品线提出要求，它还会实施市场调研。最后，它也可能成为代理人和经纪人的管理中心。

客户（取决于产品线）希望中心的“通才”解决 70%~80%的咨询。其余 20%~30%的问题将转交给中心的专业队伍，后者拥有广泛的产品知识。不仅在中心内部的问题处理过程要“透明、可追踪”，从而减少失误，而且与产品线的联系也要透明、可追踪。

成功的指标和评价

客户管理中心必须在一年内，即在 1998 年 5 月，建成并运营起来。公司及德国保险业都在密切关注这项工作。如果成功了，康普保险公司就会拥有首创的优势，而且也有助于重塑保险业。

但是，什么才是反映客户管理中心成功的有意义的指标呢？如何评价是否成功呢？新中心的项目经理德里克先生应该把重点集中于一项指标，还是反映更广义业绩的一套指标呢？他应该聚焦于多少指标上呢？哪些指标真正重要？他真正能影响哪些指标？如何影响呢？

在问及他将如何评价成功的客户服务时，德里克先生最初提到：“退保率下降。即与康普保险公司的服务质量相关的那部分退保率，应该下降。”但是其他高级管理层却对哪些因素构成“平衡计分卡”持不同意见。例如：一位高级管理层建议：“加快处理速度，提高处理效率（就缩减处理步骤）、质量（就失误减少而言），提供随时服务，以及改善电话接线员的态度。”

另一位通过负责代理人销售渠道进行销售的高级管理层说，关键问题是“我们的客户流失是否减少了”。当时，公司的客户基数每年流失和新增的比率均为 12%。如果客户管理中心能阻止

1. 译者注：即电子数据处理系统。

客户流失，降至11%，就意味着成功。但是，“代理人增加得比市场增长的快。”代理人队伍当时规模很大，如果适当裁员，就能创造更多具有企业家精神的专业代理人。如果调整一下佣金结构，代理人就会成为一支无往不胜的销售队伍。

一位咨询顾问为评价客户服务的成功描绘了一幅更加复杂的图画：“如果你们拥有两个联系客户的渠道——客户管理中心和代理人，那么应如何评价客户流失呢？”有些客户会打电话，而其他客户则不会。第一类客户之所以打电话，是因为代理人渠道不适用于他们。但是，对于第二类客户而言：他们对代理人满意吗？还是他们对服务漠不关心呢？一个评价指标应是：如果有人向管理中心推荐了一位新客户，后者对必须通过（竞争者的）代理人投保而牢骚满腹，那么向新客户推荐了康普保险公司的人有没有提到客户服务中心呢？此外，关于什么导致客户流失的描述应该变一变。“理赔处理糟糕”、“答复缓慢、官僚作风严重”、“信息太少”的比率应该显著降低。

对于股东价值，这位咨询顾问建议关注流失率的下降，以及销售更多的保单。最后，对于创新和学习力，他认为中心将产生目前代理人拥有的、公司原本无法获得的信息，例如：如果呼叫总量每周为20 000个，而其中1 500个都是关于新话题的，并且在不断增长，那么这项因素就成为一个值得关注的问题。最后，他对产品线意识不到中心会给他们创造机会感到惊讶。他们不应该思考中心的缺陷，而应该想一想中心能为他们做什么？

在与德里克先生的最后一次会面中，他重申，成功的“硬指标”是下列比率：尽管中心尽力“挽回”，但仍退保的数量（因服务质量差而造成的）与退保总量之比。如果客户责备产品线或者代理人，那么问题仍然是：“我们能挽回他们吗？”

德里克先生，这位具有政治敏锐度、精明能干的经理，希望确保客户管理中心的成功。他认为关键在于制定正确的指标。这些指标必须适用于全体利益相关者：客户管理中心的工作人员、产品线、公司管理者、客户，最后还有他本人。

思考题

1. 作为项目经理德里克·韦斯特马勒的顾问，您建议他采纳一套什么样的指标呢？
2. 建立一套平衡计分卡评价系统，表明这些指标和评价如何与您所认为的客户管理中心的关键成功因素联系起来。

案例11–4

伊纳格工业公司

我不明白，我有一个极好的新产品建议，绝对能赚钱，但是却被高级管理层否决了。无论我们对这个新产品如何定价，我们预期税前收益都能实现 39 万美元。这将为我们的税后每股收益贡献不止 15 美分，这远远超过了总裁在股东年度报告中大胆制定的 1993 年每股收益增长 10 美分的目标。总裁在大张旗鼓地吹捧每股收益，而他的下属却否决了这样一个盈利的项目，简直是莫名其妙。

这个困惑不解的发言人是萨拉·麦克尼尔——伊纳格工业公司消费产品事业部的产品开发经理。伊纳格工业公司是一个较年轻的公司，销售收入迅速增长到了 1993 年 2.22 亿美元的水平（1992 年和 1993 年的财务数据参见图表 1 和图表 2）。

伊纳格工业公司具有三个事业部——消费产品、工业产品和专业服务，每个事业部都大约占伊纳格工业公司销售总收入的三分之一。消费产品事业部是三个事业部中历史最悠久的一个，它设计、制造并销售一系列家用器具，主要用于厨房。工业产品事业部根据客户要求的规格制造独一无二的机床（即：它是一个大“作坊”），一般一个订单都需要几个月完成。专业服务事业部是三个事业部中最新的一个，它是通过收购一家提供土地计划、园林建造、结构设计和工程咨询服务的大公司并入伊纳格工业公司的。

由于各自活动的不同性质，每个事业部都被视作一个实质上独立的公司。公司层面的管理者和职员为数很少，他们的工作就是协调三个事业部的活动。协调工作的一个方面就是超过 150 万美元的新项目投资建议必须经首席财务官亨利·哈巴德审批。否决了麦克尼尔的新产品建议的人正是哈巴德先生，有关新产品的基本数据如图表 3 所示。

绩效考核

在 1992 年之前，每个事业部都被视作利润中心，事业部年度利润预算要由总裁和各事业部的总经理协商决定。在亨利·哈巴德先生的敦促下，伊纳格工业公司的总裁卡尔·兰德尔决定开始把每个事业部视作投资中心，以便能够把每个事业部的利润与事业部用来创造利润的资产联系起来。

从 1992 年开始，每个事业部都根据资产收益率评价。资产收益率定义为事业部的净收益除以事业部的资产总额。计算事业部净收益时，要用事业部的“税前直接收益”，减去事业部应分配的公司管理费用（根据事业部销售收入分配），以及应分担的税金（事业部的税前直接收益减去应分配的公司管理费用后的金额乘以税率）。尽管哈巴德先生意识到还有定义事业部收益的其他方式，但是他和总裁都倾向于这种方法，因为“它可以使（事业部）各部分的总和等于（公司）整体。

本案例由维杰伊·戈文达拉扬教授和安尼尔·奇卡拉（94 级）根据詹姆斯·里斯早期编写的一个案例进行改编的。

图表 1

损 益 表
1992年和1993年
(单位：千美元，除每股收益数字之外)

	截至12月31日的会计年度	
	1992年	1993年
销售收入	$212 193	$222 675
销货成本	162 327	168 771
毛利润边际	49 866	53 904
其他费用：		
开发费用	12 096	12 024
销售和管理费用	19 521	20 538
利息支出	1 728	2 928
合　计	33 345	35 490
税前收益	16 521	18 414
所得税	5 617	6 261
净收益	$ 10 904	$ 12 153
每股收益（1992年、1993年发行在外的股份分别为1 500 000和1 650 000）	$ 7.27	$ 7.37

同样，伊纳格工业公司的资产总额也在三个事业部之间进一步细分。因为各事业部均在独立的工厂经营，所以很容易将大多数资产，包括应收账款，划归各事业部。公司总部的资产，包括集中控制的现金账户，根据事业部销售收入向各事业部分配。所有固定资产都按资产负债表价值登记，即原始成本减去按直线法计提的累计折旧。这样，事业部资产的总和就等于公司资产负债表上反映的数额(1993年12月31日为226 257美元)。

在1991年，伊纳格工业公司的年末资产收益率（净收益除以总资产）为5.2%。据哈巴德称，这相当于9.3%的“毛收益率”。他把毛收益率定义为息税前收益（EBIT）除以资产。哈巴德先生觉得像伊纳德这样的公司应该至少实现12%的毛资产收益率，尤其是在公司利率必须按最新借款计的情况下。因此，他指示各事业部总经理，各事业部应该在1992年和1993年尽力实现12%的毛收益率。为了促使收益率提高到这个水平，哈巴德先生决定，新投资建议必须至少达到15%的收益率，才能获得批准。

1992~1993年经营结果

哈巴德先生和兰德尔先生都对1992年的经营结果比较满意。对于伊纳格工业公司的一些竞争者来说，1992年是特别艰难的一年。但是，伊纳格工业公司却设法将资产收益率从5.2%提高到了5.7%，毛收益率从9.3%提高到了9.5%。

在1992年年末，总裁对工业产品事业部的总经理施加压力，要求提高投资回报率，这表明该事业部并没有“担当起应负的责任”。事业部的总经理对这种评论忿忿不平，他说，“如果我们也像消费产品事业部那样拥有大量旧设备”，我们事业部也能实现更高的投资回报率。总裁回答道，他不明白事业部总经理的言论是否切题，并且补充说，“我不明白为什么旧资产的投资回报率就比新资产的投资回报率高呢，仅仅是因为旧资产成本低吗”。

图表 2

资产负债表
1992 年和 1993 年
（单位：千美元）

	12 月 31 日	
	1992 年	1993 年
资　产		
现金及短期投资	$ 4 212	$ 4 407
应收账款	41 064	46 821
存　货	66 486	76 401
流动资产合计	111 762	127 629
厂房及设备		
原　值	111 978	137 208
累计折旧	38 073	47 937
净　值	73 905	89 271
投资及其他资产	6 429	9 357
资产总计	$192 096	$226 257
负债及所有者权益		
应付账款	$ 29 160	$ 36 858
应交税金	3 630	3 135
长期负债的流动部分	0	4 902
流动负债合计	32 790	44 895
递延所得税	1 677	2 955
长期负债	37 866	46 344
负债合计	72 333	94 194
普通股	52 104	58 536
留存收益	67 659	73 527
所有者权益合计	119 763	132 063
负债及所有者权益总计	$192 096	$226 257

1993 年的经营结果既让卡尔·兰德尔失望，又让他感到迷惑。资产收益率从 5.7%降至了 5.4%，毛收益率从 9.5%降至了 9.4%。同时，销售利润率（净收益除以销售收入）从 5.1%上升至了 5.5%，所有者权益收益率也提高了，从 9.1%提高到了 9.2%。专业服务事业部轻而易举地超过了 12%的毛收益率目标；消费产品事业部的毛资产收益率为 10.8%；但是工业产品事业部的资产收益率却只有 6.9%（参见图表 4）。这些结果促使兰德尔先生对哈巴德先生说：

> 亨利，你知道，我的职业生涯的大部分时间都从事营销，但是，直到最近，我认为我才理解了投资回报率这个概念。现在我发现我们 1993 年的利润边际提高了，我们的每股收益也提高了；但是你们有两项投资回

图表 3
新产品建议中的相关财务数据

1. 预测资产投资*	$ 150 000
现 金	450 000
应收账款	900 000
存 货	1 500 000
厂房及设备※	$3 000 000
合 计	
2. 成本数据:	$ 9
单位变动成本	$ 510 000
差额固定成本(每年)☆	
3. 价格/市场估计(每年):	

单 价	销 量	盈亏平衡销量
$18	100 000 件	56 667 件
21	75 000	42 500
24	60 000	34 000

* 假设100 000件。

※ 年生产能力为120 000件。

☆ 包含按直线法计提的新厂房及设备的折旧。

图表 4 毛资产收益率的计算(1993年)

事业部	销售收入	EBIT	具体资产 营运资本	具体资产 固定资产	具体资产 分摊费用	具体资产 合 计	毛资产收益率
消费产品	74.3	10.8	60.8	34.6	4.6	100.0	10.8
工业产品	74.2	7.2	44.4	54.6	4.6	103.6	6.9
专业服务	74.2	3.3	18.0	0.0	4.6	22.6	14.6
合 计		21.3	123.2	89.2	13.8	226.2	9.4

报率指标下降了;投入资本收益率下降了,而所有者权益收益率则上升了。我只是不理解这些有什么差异。

而且,在过去两年间,我们的总经理之间的关系似乎越来越紧张。专业服务事业部的总经理似乎干得不错,她对我给予她的赞扬欢呼雀跃。但是,工业产品事业部的总经理每次碰到我,似乎都剑拔弩张。上星期,当我在同消费产品事业部的总经理共进午餐的时候,产品开发经理来到我们桌前,谈论前几天被你否决了的新产品建议,真的让我很难堪。

我一直在想,我是否应该探究一下人事部门的凯伦·克劳斯从她在大学参加的为期两天的组织发展研讨会上带回的想法。她认为,我们应该组织公司高级管理层和事业部总经理,参加为期一天的休闲集会,讨论一下投资回报率事宜。

思考题

1. 麦克尼尔先生的新产品建议为什么被否决了？应该被否决吗？为什么？
2. 您从 1993 年的现金流量表中能得出什么推论？按事业部细分有用吗？
3. 您从 1992 年和 1993 年资产负债表和损益表的比较中能得出什么推论吗？
4. 请评价一下兰德尔先生和哈巴德先生实施投资中心概念的方式。他们显然未预期到哪些缺陷？
5. 如果需要，兰德尔先生现在应该对投资中心的方法采取些什么措施？
6. 请分别为伊纳格工业公司的消费产品事业部、工业产品事业部、专业服务事业部设计一张平衡计分卡。
7. 您对兰德尔先生和哈巴德先生还有其他建议吗？

第 12 章

管理层薪酬

每个组织都有目标。管理控制系统的一个重要职责就是激励组织成员实现这些目标。本章将聚焦于激励机制和薪酬系统及其在影响员工追求目标一致的行为上的作用。管理者一般会把更多的精力放在能获得奖励的活动上，而对于那些不会给予奖励的活动，则不太重视。薪酬系统不奖励促进组织目标实现的行为，或者奖励与组织目标相悖的行为，此类例子不胜枚举。在本章中，我们将讨论如何设计总经理激励薪酬计划，从而避免出现“希望实现 B，却奖励 A 的蠢事”。

首先，我们将讨论关于组织激励的研究成果。然后，我们将介绍激励薪酬计划的性质，并区分短期计划和长期计划。接下来，我们将介绍如何在公司层面和经营单元层面确定管理者的薪酬。最后，我们将介绍代理理论——决定最优激励薪酬计划的方法。

关于组织激励的研究成果

激励人们按照促进组织目标实现的方式行为的关键，在于组织激励与个人目标之间的联系方式。人既受正面激励的影响，又受负面激励的影响。正面激励（或者称“奖励”）的结果是更大满足个人需求；相反，负面激励（或者称“惩罚”）的结果是更少地去满足个人需求。奖励激励是满足个人需求的一种诱惑，如果个人不加入组织，就无法获得。组织奖励那些遵照协议方式行为的参与者。关于激励的研究往往支持下列观点：

- 对奖励的预期往往比对惩罚的恐惧更强烈地激励个人，由此表明，管理控制系统应该是奖励导向型的。
- 个人奖励是相对的、依具体情况而定的。金钱报酬是满足个人需求的一种重要手段。但是，在超过了一定的满足水平之后，薪酬的数量未必像非金钱奖励那样重要。

- 如果高级管理层通过自己的行动表示管理控制系统至关重要，那么经营管理者也会认为它至关重要；如果高级管理层不重视管理控制系统，那么经营管理者也会上行下效。
- 若个人收到了关于自身业绩的报告或者反馈，则会受到高度的激励。若没有这种反馈，个人不可能产生成就感或自我实现感，也不可能想出如何改变自身行为，以实现目标。
- 随着行动与反馈之间的间隔时间的延迟，激励效果会越来越差。在组织的基层，最优的频率可能只是几个小时；对于高级管理层而言，可能是几个月。
- 若个人认为激励难以企及，或者太容易获得，激励效果最差。若需要付出一定努力才能实现目标，而且若个人认为目标的实现关乎个人需求，则激励效果最强。
- 若管理者与上级共同制定预算，则预算或者其他目标报告所提供的激励最强。只有管理者认为公平，且承诺要实现目标时，目标或标准才有可能提供强烈的激励。若承诺是一种公开记录，即管理者明确表示预算可以实现，则承诺的效果最大。

激励薪酬计划的特点

一位管理者的总薪酬包由三项要素构成：（1）工资；（2）福利（主要是退休金和医疗保险，但是也包括各类津贴）；（3）激励薪酬。大公司的管理者一般比小公司的管理者的薪酬高，同一个行业的公司往往在薪酬上彼此竞争。在其他方面，管理层薪酬很少有既定的标准。

三项要素是相互依赖的，但是，第三项要素与管理控制职能联系最大。因此，在本章中，我们将主要讨论激励薪酬这项要素。

对 1981~1985 年 14 000 名经理收到的工资及奖金的一项研究发现（219 个组织的 70 284 个观察值）：平均而言，奖金为基本工资的 20%，但是各组织存在显著差别，即使是同一个行业的组织也是这样。奖金所占比例的差异大于基本工资的差异。奖金比率高的组织往往比其他组织的财务业绩更好。[1]

大多数公司法和证券法都要求股东批准激励薪酬计划，以及对现行计划的修订（相比之下，股东并不批准工资，除了 5 位薪酬最高的高层管理者和所有高层管理者及董事的薪酬总和之外，年度代理人声明也不提供任何关于薪酬的信息）。法规规定，在年度大会投票之前，激励薪酬计划必须先由董事会批准。在把计划提交董事会之前，高级管理层经常聘请外部顾问予以协助，以确保它是最适宜组织的计划。董事会的薪酬委员会通常广泛参与讨论所建议的计划。

1. Barry Gerhart and George T. Milkovich, "Organizational Differences in Managerial Compensation and Financial Performance," *Academy of Management Journal*, December 1990, pp. 663–91.

激励薪酬计划可以划分为短期计划和长期计划。短期激励计划基于本年的业绩；长期激励计划则把薪酬与长期成就挂钩，与公司普通股的价格联系起来。管理者可以根据两种计划获得奖金。短期计划的奖金通常以现金支付，而长期计划的奖金则通常是公司普通股的期权。

短期激励计划

总奖金池

在一年中可以向符合条件的员工发放的奖金总额称为“奖金池”。在短期激励计划中，股东要投票决定计算奖金池的公式。这个公式通常涉及公司本年的总体盈利能力。在决定奖金池的规模时，最重要的问题是确保向高层管理者支付的总薪酬要具有竞争力。

确定奖金池的方法有几种。

最简单的方法就是使奖金等于利润的一定比例。例如，如果平均盈利年度利润为5 000万美元，并且要使高层管理者薪酬包具有吸引力，需要100万美元的奖励基金，那么奖金公式就可以定为按净收益的2%支付奖金。

许多公司不喜欢采用这种方法，因为它意味着，即使盈利能力差，也要支付奖金。而且，它未能反映追加的投资。因而，利润以及奖金都会因新增投资而提高，即使公司的业绩未变，甚至下降了。因此，许多公司采用的公式都是只有在实现了规定的资本收益率之后才支付奖金。要做到这一点，有几种方法。

一种方法是在实现了预先设定的每股收益水平之后，把奖金建立在每股收益的一定百分比的基础上。我们还采用前面的例子，假设下列情况：

1. 估计令人满意的盈利能力水平：5 000万美元。
2. 超过盈利能力水平之后，预期的奖金额：100万美元。
3. 发行在外的普通股数量：1 000万。
4. 发放奖金前的最低每股收益：2.50美元。
5. 奖金公式：在减去每股收益2.50美元之后，利润的4%。

但是，这种方法未考虑因留存收益再投资而造成的投资增加。解决方案是每年按留存收益年增长额的一定百分比提高最低每股收益。在上面的例子中，假设本年估计发放奖金前的利润为5 000万美元，股利为3 000万美元。激励薪酬计划就可以规定，在发放任何新增奖金之前的追加投资收益率必须实现6%。因此，来年的最低每股收益2.50美元就必须按下列方式予以调整：

留存收益的增加：

$$\$50\ 000\ 000\ (\text{利润}) - \$500\ 000\ (\text{税后奖金}) - \$30\ 000\ 000\ (\text{股利}) = \$19\ 500\ 000$$

发放奖金前所要求的收益的增加：

$$\text{总额} = \$19\ 500\ 000 \times 0.06 = \$1\ 170\ 000$$

$$\text{每股} = \$1\ 170\ 000 \div 10\ 000\ 000 = \$0.117$$

调整后的最低每股收益：

$$\$2.50 + \$0.12 = \$2.62$$

若公司经历了亏损，一般就不再下调所要求的每股收益。但是，只有留存收益超过了亏损前的水平，才增加所要求的收益。

另一种把利润与所占用的资本联系起来的方法是把资本定义为股东权益加长期负债。奖金等于息税前收益的一定百分比，减去按股东权益加长期负债之总和计收的资本成本（这类似于我们在第 7 章讨论的经济增加值概念）。公司之所以采用这种方法，理由是管理业绩应该基于有效运用公司资产获得盈利，而且还因为财务政策，而不是经营管理者，决定长期负债占总资本的比例，这个比例不应该影响人们对经营业绩的判断。

但是，还有一个选择是把资本定义为等于股东权益。这种方法与前一种方法都具有一个难点，即亏损年度会降低股东权益，因此会增加盈利年度的奖金数额。这可能会诱使管理层在利润低的年度“洗大澡”（take a big bath），便于未来更容易获得奖金。

个别公司把奖金建立在盈利能力较上年提高的基础上。紧随业绩差年份之后的业绩平平的年份会得到奖励，但是，紧随业绩极好的年份之后的业绩好的年份却得不到奖励。如果把奖金建立在本年较过去多年移动平均利润的提高上，那么这个问题就可以部分地得到纠正。

有些公司把奖金建立在本公司相对于本行业的盈利能力的基础之上。但是，获得行业比较数据可能很难，因为各公司的产品组合不同，所采用的会计制度也不同。这种方法还会造成业绩平平的年份奖金高，因为一个或多个竞争者业绩差。

在计算利润和这些公式的资本构成要素时，可以调整所报告的净收益和股东权益。某些类别的非常利得和损失，以及因终止经营而产生的利得或损失，都可以除外。此外，因收购其他公司而产生的商誉可以排除在外，即使它涵盖在公布的财务报表之中。

转　期

激励薪酬计划可能不会把奖金池全部发放完，而是根据公式确定的数额把一部分转期下年。每年，董事会的一个委员会都会决定再转期多少，或者如果奖金太低，就决定使用多少累计转期额。这种方法具有两种优势：（1）它更灵活。奖金发放不是通过公式自动确定的，董事会可以运用自己的判断。（2）若奖金发放严格基于每年按公式计算的数额，则会发生波动，它能够降低波动幅度。因此，在一个极好的年份，委员会可能会决定只发放部分奖金。相反，在一个相对较差的年份，委员会可能决定使用转期额，从而使发放的奖金超过了与本年业绩相符的合理数额。这种方法的劣势在于，奖金与本年业绩的联系不太直接。

递延薪酬

尽管奖金额按年度计算，但是，奖金可能分散发放，通常跨期 5 年。依照这种系统，高层管理者每年只能获得其应得奖金的五分之一。其余五分之四将在未来 4 年内等额发放。因此，管理者在这种激励薪酬计划下工作了 5 年之后，奖金就包含本年奖金的五分之一，外加前 4 年每次奖金的五分之一。在有些公司，递延的期间是 3 年。这种递延支付的方法具有下列优势：

- 管理者能够合理估计来年的现金收入。
- 递延支付可以对管理者收到的现金起到平滑作用，因为在现金支付时，平均了利润周期波动的影响。
- 退休的管理者还会在未来几年内继续收到奖金。这不仅增加了退休收入，而且通常还会提供税收优势，因为退休后的所得税税率可能低于工作期间的。
- 递延时间框架鼓励决策者从长计议。

递延奖金计划的一个劣势在于，高层管理者无法在应得奖金的年份获得递延奖金。因为一年的奖金发放与当年的业绩无关，他们的激励作用就会下降。

若奖金支付被递延，那么递延的奖金可能发放，也可能不会发放。在有些情况下，如果管理者在发放奖金之前离开了公司，就不会获得递延奖金。这种安排被称为“金手铐”(golden handcuff)，因为它对管理者离开组织起到了抑制作用。

长期激励计划

许多激励计划的基本前提是公司普通股价值的增长反映了公司的长期业绩。这种计划有几种类型。他们的使用率受所得税法的变动、会计处理的变更、股票市场的状况以及各种其他因素的影响。因此，不同的计划会在不同的时期流行。

股票期权

股票期权是在未来某个时日（行权日）或某个时日之后，按授予股票期权时商定的价格（通常为现行市场价格，或者现行市场价格的 95%）购买一定数量股份的权利。股票期权计划的主要激励作用是，他们引导管理者不仅注重公司短期业绩，而且要注重长期业绩。

实例 文蒂公司[2]对居高不下的人员周转率而感到棘手——全员年周转率为 300%。在引进了主要管理者股票期权计划之后，文蒂公司的这群人的周转率下降了，继而辅助管理人员的周转率也从 60%降至了 38%。这对全员周转率的下降每年大约贡献 150%。[3]

星巴克公司的 CEO 霍华德·舒尔茨认为，公司对员工的行为会反映在员工与客户交流的方式上，从而会决定星巴克的成败。公司为每位员工都提供股票期权，因此，在所有食品饮料公司中，星巴克的人员周转率最低。[4]

为了使管理者的利益与股东利益协调一致，2004 年，IBM 公司向5 000 名高层管理者宣布了新的股票期权计划。依照这项计划，如果 IBM 公司的股票上涨 20%，毫无疑问，股东会获得全部 20%的溢价，但是高层管理者也会获得 10%的溢价。[5]

如果管理者后来卖出股票的价格超过了买入价格，那么管理者就获利。与下面要提到的一些其他方法不同的是，按照股票期权计划直接买入股票能够为管理者提供可以一直保留的产权，即使离开公司之后，仍可以在任何时候卖出股票获利。但是，许多股票期权都是限制性股票。在买入后的规定期限内不允许管理者卖出股票。

实例 从历史上看，无论是在初创企业，还是在历史悠久的企业，特别是在科技领域，股票期权一直是奖励员工的流行形式。微软、思科、亚马逊、易趣就是在薪酬中采用股票期权的一些公司。原因有多个。首先，股票期权及其优势往往会为公司吸引优秀人才，而科技公司正是依赖人力资本的优秀才干而成功的。其次，只有员工能从中获利，他们才会自愿提出创意。第三，由于股票期权计划，公司可以降低员工的工资和奖金。第四，至此，股票期权的价值尚未降低净收益。最后，股票期权旨在鼓励员工树立长远眼光。

2002 年，在发生了几起会计丑闻之后，要求把股票期权计作费用的呼声越来越高。这样就可以让投资者更完整、更准确地了解公司的财务业绩。支持把股票期权计作费用的人包括沃伦·巴菲特、阿兰·格林斯潘以及财务会计准则委员会（FASB）。泰科、Global Crossing、世通、安然等公司的破产，促使改革的呼声高涨，而恰恰是在这些公司中，员工薪酬与股票期权密切联系，从而造成操纵财务数字以提高短期股价。[6]

---

2. 译者注：美国第三大汉堡包连锁店。
3. Kerry Cappell, "Options for Everyone," *BusinessWeek*, July 22, 1996, pp. 80–84.
4. Howard Schultz (CEO, Starbucks), *Entrepreneur*, November 2003.
5. *BusinessWeek*, March 8, 2004.
6. Alan Levinsohn, "Stock-Option Accounting Battle Heats Up after Seven-Year Détente," *Strategic Finance*, June 2002, p. 63.

影子股票

影子股票（phantom stock）计划奖励管理者大量仅用于记帐目的的股票。在一定期间的期末，比如说5年，高层管理者就有权获得相当于股票市值自奖励之日起的升值数额。这种奖励可能是现金，也可能是股份，或二者兼而有之。与股票期权不同，影子股票计划没有交易成本。有些股票期权计划要求管理者在买入后持有一段时间。这就涉及市场价格下跌的风险，以及持有股票的利息成本。在影子股票计划中则不会发生这种风险和这些成本。

股票升值权

股票升值权（stock appreciation right）是根据股票从奖励之时起到未来一定时日由于股票价值增加而获得现金的权利。股票升值权和影子股票同属于递延现金奖金，奖金数额是公司股票价格的函数。这两种激励薪酬计划都具有股票期权计划的优势。与现行的现金奖金相比，他们对最终的奖金额具有双向不确定性。

实例 汽车租赁公司艾维斯公司在尽了最大努力之后，同意被酒店连锁商HFS公司以7.63亿美元的价格收购，包括向艾维斯公司的管理层提供的8 500万美元的影子股票和股票升值权。[7]

绩效股

绩效股计划是在实现了特定的长期目标之后，奖励管理者规定数量的股份。通常，目标是为了在3~5年期间使每股收益实现一定比例的增长。因此，他们不受股票价格的影响。这项计划优于股票期权计划和影子价格计划的地方在于，奖励是基于管理者可以控制的业绩，至少可以部分控制。此外，奖励不取决于股票价格的上涨，尽管收益的增长可能造成股票价格的上涨。由于这项计划把奖金建立在业绩的会计评价上，所以也具有一定的局限。在有些情况下，公司高层管理者所采取的提高每股收益的行动可能不会对公司的经济价值做出贡献。

绩效单元

在绩效单元计划中，如果实现了特定的长期目标，就奖励现金。因此，这项计划综合了股票升值权和绩效股。它对很少的或者根本没有公开交易股票的公司尤其有用。要想使绩效单元计划成功，就必须认真确立长期目标。

实例 在2004年，除了工资和奖金之外，通用电气公司的CEO杰夫·伊梅尔特得到25万美元的绩效单元股（PSU）的奖励，他们与现金流业绩标准挂钩。要获得绩效单元股的奖励（每5年奖

---

7. Aaron Bernstein, "Should Avis Try Harder—For Its Employees?" *BusinessWeek*, August 12, 1996, pp. 68–69.

励一次)，杰夫·伊梅尔特就必须把经营现金流量每年增加 10%。[8]

对公司高层管理者的激励

在上一节中，我们介绍了如何计算总奖金池。在本节和下一节中，我们将分别介绍如何在公司高层管理者之间和经营单元经理之间分配总奖金池。

除了首席执行官之外，每个公司高层管理者都在部分程度上负责公司的总体业绩。业绩好就奖励，会激励这些公司高层管理者，而且高层管理者也有权获得奖励。但是，每个高层管理者所创造的业绩中，总有一部分无法计量。例如，人们如何计量首席财务官，或人力资源副总裁，或总法律顾问对利润的贡献呢？

为了促进激励，首席执行官（负责向董事会的薪酬委员会推荐奖励计划）通常把奖励建立在对每个人的业绩计量上。这些评价具有主观性。有些公司采用目标管理系统(MBO)，在年初商定具体目标，并由首席执行官评价是否实现了。

CEO 薪酬

首席执行官的薪酬通常在 CEO 提交了关于下属薪酬的建议之后，由董事会薪酬委员会讨论。从提交的建议中，可以相当明显地反映 CEO 对一定年度的激励薪酬比例的一般态度。在一般情况下，委员会仅仅是对 CEO 的薪酬适用同等的比例。但是，委员会也可能决定一个较高或较低的比例，从而表明对 CEO 的业绩评估不同。这是反映董事会如何看待 CEO 的业绩的关键信号，其重要性或许远远超过了董事会意见的任何其他方式的表达。它应该附有对决策理由的坦诚解释。

首席执行官的薪酬过高吗？由于在过去两年间，从互联网泡沫的破裂，到电信业的问题，商业界发生了一系列丑闻，严重影响了其他几家处于领导地位的公司，所以这个问题也被炒得沸沸扬扬。这些丑闻的影响之一就是推动了公司治理的实质性改革，它是为了恢复投资者的信心。为了确保董事会按照符合股东利益的方式行动，而不是以 CEO 的意志为转移，提出了几项建议：[9] (1) 禁止董事在任期内出售股票，以鼓励他们监督 CEO，而不用担心会对短期股价产生负面影响。（2）为董事任期设定法定限制，以避免董事在管理中建立牢固的地位。（3）每年对董事进行评价。（4）避免让公司的CEO 兼任董事长 。

实例 自2000 年以来，曾发生过数例设计糟糕的薪酬包。比如说众所周知的理查德·格拉索（纽

8. www.CFO.com.

9. "How to Fix Corporate Governance," *BusinessWeek*, May 6, 2002, pp. 69–78.

约证券交易所CEO)、丹尼斯·科兹洛夫斯基（泰科CEO)、凯莉·费奥丽娜（惠普总裁）在聘用合同终止后收到的巨款。为了防止这些事件重蹈覆辙，现在股东要求增强管理层薪酬的透明度。[10]

另一个获得了巨大动力的领域是迫使公司把股票期权按费用核算。[11]依照现行法规，公司并非必须按费用核算股票期权。人们认为诸如世通和安然之类的公司的破产与过多的股票期权有关。高层管理者为了提高短期收益和股价从而兑现自己的股票期权，便借助令人质疑的会计核算方法，并大肆进行不经济的收购。

诸如可口可乐和《华盛顿邮报》之类的公司已经开始自愿按费用核算股票期权。以下是支持在股票期权发放给最高管理层的年度按费用核算的观点。首先，CEO和最高管理层大约75%的薪酬都是股票期权。他们应该计入费用，就像其余25%（工资、现金奖金）的核算方式一样。其次，把股票期权视作费用就能更准确地反映收益，因此也能更有利于恢复投资者信心。例如，如果把股票期权计入费用，那么英特尔公司2001年的每股收益就只有4美分，比报告数字低80%。第三，依照现行的会计准则，公司就会觉得股票期权是免费的，因此就过多地向CEO发放股票期权。但是，股票期权会稀释股份，具有真正的成本。第四，把股票期权视作费用能防止最高管理层玩弄会计游戏——为了兑现股票期权而极力提高短期股票价格。最后，目前存在双重标准，因为在缴纳所得税时，公司可以把股票期权的发行价格与行权价格之间的差额计入费用，但在财务报告中则不允许。例如，由于2000年把股票期权计入了费用，微软公司的应税所得降低了20亿美元，但是在向股东提交的净收益报告中并不包含这项费用。

以下是反对把股票期权计入费用的观点。首先，与工资不同，股票期权不涉及现金支出。因此，把他们记作费用会对收益造成不当的削弱。其次，对股票期权的定价困难重重。它涉及各种假设和估计。因此，得出的结果易于受到操纵。第三，把股票期权视作费用会减少收益，降低股票价格。为了防止这些，公司就会减少股票期权的发行。这违背了员工持股的概念，会减损参与激励效应。第四，现金紧张的初创公司，尤其是硅谷的公司，多采用股票期权吸引人才。只要股票期权按费用核算会抑制公司发行股票期权，就会严重破坏技术领域的创新精神。最后，股票期权披露在资产负债表的附注部分，股票期权的核算不是使安然和世通公司破产的罪魁祸首。

实例 由于人们对股票期权的强烈反对，公司开始试验其他激励薪酬计划。卡地纳健康集团要求CEO持有相当于年薪5倍的股份。在可口可乐公司，如果CEO不在公司工作满5年，就会丧失所有股份。[12]

---

10. *New York Times*, April 3, 2005.

11. "To Expense or Not to Expense," *BusinessWeek*, July 29, 2002, pp. 44–48.

12. *New York Times*, April 3, 2005.

对经营单元经理的激励

在为经营单元经理制定激励薪酬包时存在各种各样的选择（参见图表 12.1）。

激励类型

有些激励是财务性的，其他则是心理性和社会性的。财务激励包括涨工资、奖金、福利和津贴（汽车、度假旅行、俱乐部会员资格等）。心理性和社会性的激励包括晋升机会、增加责任、增强自治、安排更好的工作地点，以及成就认可（奖杯、参与经理人发展培训

图表 12.1
经营单元经理的激励薪酬设计选择

A. 激励类型
1. 财务奖励
   a. 工资上涨
   b. 奖金
   c. 福利
   d. 津贴
2. 心理性和社会性奖励
   a. 晋升机会
   b. 增加责任
   c. 增强自治
   d. 安排更好的工作地点
   e. 成就认可

B. 奖金相对于工资的大小
1. 上临界点
2. 下临界点

C. 奖金基于
1. 经营单元利润
2. 公司利润
3. 二者的结合

D. 业绩指标
1. 财务指标
   a. 边际贡献
   b. 经营单元直接利润
   c. 经营单元可控利润
   d. 税前收益
   e. 净收益
   f. 投资报酬率
   g. 经济增加值
2. 期间
   a. 年度财务业绩
   b. 多年财务业绩
3. 非财务指标
   a. 销售增长率
   b. 市场份额
   c. 客户满意度
   d. 质量
   e. 新产品开发
   f. 人员开发
   g. 社会责任
4. 为财务和非财务指标设定相应的权数
5. 比较标杆
   a. 利润预算
   b. 过去的业绩
   c. 竞争者的业绩

E. 奖金决定方法
1. 基于公式
2. 主观决定
3. 二者结合

F. 奖金支付形式
1. 现金
2. 股票
3. 股票期权
4. 影子股票
5. 绩效股

等等)。在本章的这一部分，我们将讨论经营单元经理的财务激励，同时也承认经理既受财务激励的影响，也受非财务激励的影响。

> ***实例*** 在玫琳凯化妆品公司，除了根据自身领导的销售队伍所创造的销售收入取得酬金之外，各主管还会在奖励庆典上收到12支粉玫瑰，1块匾，以及1套定制的服装。如果主管保持了一定的业绩，就可以享用两年豪华别克或凯迪拉克。
>
> 在印度的业务流程外包业（BPO）中，由于IT人才的急缺，员工周转率一般约为75%。IBM在印度的业务流程外包的合作商Daksh公司，通过创新的激励计划，设法把后台运作的员工的周转率降低到了20%。若一名员工涨了工资，或者得了奖金，或者晋升了，员工的父母就会被邀请到公司共同庆祝，从而培养了对Daksh公司更深的忠诚度。[13]

奖金相对于工资的大小

关于如何组合经理总薪酬中的固定奖励（工资和福利）和变动奖励（激励奖金）的思想有两个流派。一种思想流派声称，我们聘用优秀的人才，支付丰厚的报酬，然后期望卓越的业绩（参见图表12.2)。信奉这种思想的公司强调工资，而不是激励奖金。我们称之为

图表 12.2

激励薪酬的两种思想

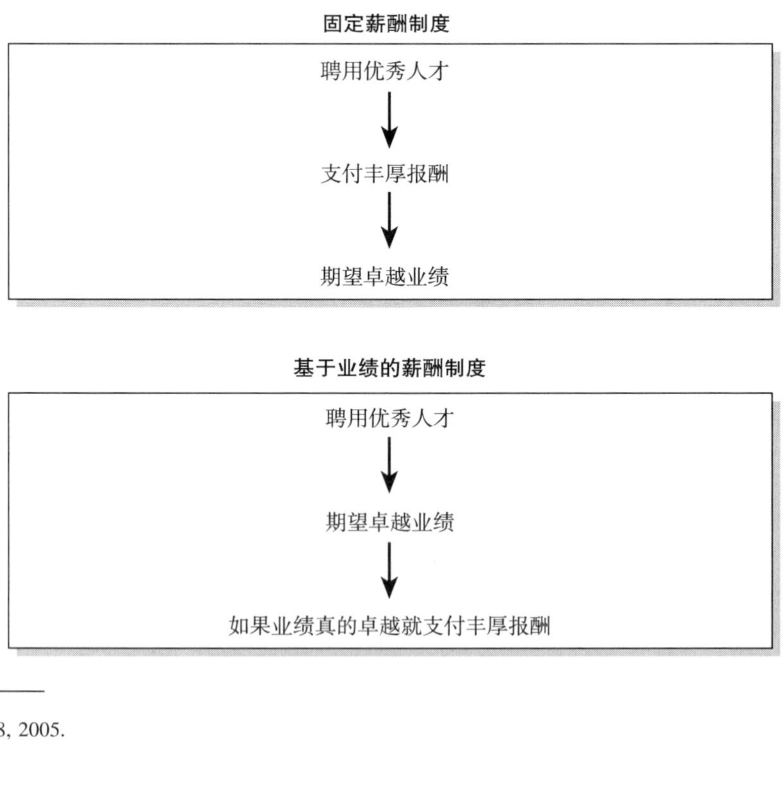

13. *New York Times*, August 8, 2005.

固定薪酬制度。薪酬不与业绩挂钩，因此不会有风险。这就引发了一个问题，如果经理业绩差，又会发生什么呢？但是，在有些情况下，固定薪酬制度也有优点，如下例所示：

实例 嘉信理财就是率先采用经纪折扣概念的券商。与传统的经纪商不同，嘉信的经纪人发固定工资，而不是销售佣金。若经纪人在佣金制度下工作，就会受到激励，为了挣更多的佣金，而最大化交易。因此，赚取佣金的销售人员未必会从客户的最大利益出发采取行动。嘉信的经纪人是为工资工作，而不是为佣金工作，所以一般不会急于求成地劝说客户，而是会从客户的长远最大利益出发采取行动。卓越的客户服务是嘉信的业绩之所以在行业内遥遥领先的原因之一。

另一种思想流派认为，我们聘用了优秀的人才，期望优秀的业绩，如果业绩真的很好，就支付丰厚的报酬（图表 12.2）。信奉这种哲学的公司实行基于业绩的薪酬制度。他们强调激励奖金，而不是工资。

一般而言，基于业绩的薪酬制度一直受到公司的普遍欢迎。美国薪酬协会对 2 800 家公司进行的一项调查表明，1999 年提供浮动工资的公司比例为 63%，比 1990 年的不到 15%明显上升。[14]

这两种思想的基本区别在于，依照固定薪酬制度，薪酬优先，业绩居其次。相反，依照基于业绩的薪酬制度，业绩优先，薪酬居其次。这两种思想对经理具有不同的激励意义。因为工资是有保证的收入，强调工资就会鼓励保守主义和自满情绪。而另一方面，强调激励奖金则往往会激励经理尽最大努力。出于这种理由，许多公司都采用激励奖金激励经营单元经理。

实例 从 1993~1999 年，日本松下株式会社会长森下洋一开始对公司进行战略调整。他把公司的核心业务从低利润的家用电气转换为高科技产品，如数字手机、数字电视和数字影碟，并进军新的产业，如软件设计和网络通信技术。日本公司（包括松下）传统上几乎完全根据工龄发放奖金。松下摆脱了这种传统，不再基于工龄，转而实行基于业绩的薪酬制度，外加对高层管理者发放股票期权。基于业绩的薪酬制度被视为松下自 1993 年以来的战略转型的关键。新兴数字技术的许多最佳创意都来自年轻的工程师，而在传统的基于工龄的薪酬制度下，他们不会因自己的创意而获得应有的奖励。[15]

临界水平

奖金计划可能具有上临界水平和下临界水平，或者说上限或下限。上临界水平是指获得最高奖金应实现的业绩水平。下临界水平是指低于它就不发放奖金的业绩水平。两个临

14. "Workers Thinking, Investing Like Entrepreneurs," *The Valley News*, January 9, 2000, p. E1.

15. "Putting the Bounce Back into Matsushita," *The Economist*, May 22, 1999, pp. 67–68.

界水平都会产生不利的副作用。若经营单元经理意识到已经实现了最高奖金，或者根本不可能发放奖金，则奖金制度就会与公司目标背道而驰。经理不会尽力使本期的利润最优化，而是会受到激励，降低一年的盈利能力（通过超支酌量性成本，如广告费或研发支出），以便创造机会，在下一年获得高额奖金。尽管这只会影响费用的入账时间，但是这种行为通常是人们所不希望发生的。

消除这种不正常行为的方法之一就是把冗余或不足转期下年，即：某个年度应发放的奖金等于当年应得的奖金加上上年的冗余，或者减去上年的不足。

奖金基础

经营单元经理的激励奖金可以只基于公司利润总额，或者经营单元的利润，或者二者相结合。认为应该把奖金与经营单元业绩挂钩的一种观点是，较之其他经营单元的业绩，经理的决策和行动会对本经营单元的业绩产生更直接的影响。但是，这种方法会严重损害经营单元之间的合作。

实例 昆腾公司建立了一个被称为“敢死队”的团队，要求在14个月内设计、制造并销售2.5吋磁盘驱动器（当时公司制造3.5吋磁盘驱动器）。（过去，公司的此类新产品需要花费24个月。）“敢死队”是一个跨职能的团队，由工程设计、制造、营销、财务和人力资源的人员组成。“敢死队”没有为各职能制定业绩指标，而是建立了基于团队的业绩指标，他们有助于团队按时推出新产品。[16]

在一个单一经营的公司中，若经营单元彼此高度依赖，则经理的薪酬就应该主要与公司业绩挂钩，因为经营单元之间的合作至关重要。另一方面，在一个大型联合企业中，经营单元通常都自治。在这种背景下，如果经营单元经理的奖金主要基于公司利润，就会适得其反，降低了劳动生产率。同时，还会削弱业绩与奖励之间的联系。这种制度也会产生“搭便车”问题。有些经理可能无所事事，但仍能因其他更兢兢业业的经理的努力而获得奖金。换句话说，若公司某年的利润低，业绩突出的经营单元就得不到应有的奖励。因此，在一个大型联合企业中，最好基于经营单元的业绩奖励经营单元经理，从而可以培养企业家精神。

对于相关多元化公司，经营单元经理的奖金最好部分基于经营单元利润，部分基于公司利润，以提供正确的激励组合。也就是说，使经营单元的业绩最优化，同时与其他经营单元合作，使公司业绩最优化。

---

16. Christopher Meyer, “How the Right Measures Help the Team Excel,” *Harvard Business Review*, May-June 1994, pp. 98-99.

实例 摩托罗拉公司就是一个相关多元化经营的公司，经营单元包括呼机、手机、对讲机单元。这些经营单元共享无线射频设计技术。为了鼓励各经营单元加强合作，经营单元总经理的薪酬基于整个公司的业绩。[17]

2000 年，在摩托罗拉尽力从几年糟糕的业绩中恢复过来的时候，再次强调了公司内部的合作，经理的薪酬基于他们在多大程度上促进了合作。

绩效指标

经营单元经理的激励奖金计划的一个难题在于，决定应采用哪些指标来确定奖金。

财务指标

如果经营单元是一个利润中心，那么选择财务指标时，就可以包括边际贡献、经营单元直接利润、经营单元可控利润、税前收益以及净收益。如果经营单元是一个投资中心，就应该制定三个领域的决策：（1）定义利润；（2）定义投资；（3）在投资报酬率与经济增加值之间做出选择。我们已经在第 5 章和第 7 章分别讨论了选择利润中心和投资中心的绩效指标时应考虑的因素。如果责任中心是一个收入中心，那么财务指标就可以是销量或销售收入。

实例 国际化妆品公司雅芳，在美国大约拥有 445 000 个销售代表。销售代表负责联系客户，销售产品，并根据销量予以奖励。在雅芳进入发展中国家市场时，比如印度，销售人员的这种奖励制度就更为重要。在发展中国家，零售渠道不太复杂，所以对终端用户的直接销售就变得非常重要。此外，大多数发展中国家的妇女都希望工作时间灵活，所以，兼职可作为贴补家用的一种手段。[18]

不可控因素的调整

除了选择财务指标外，公司还必须决定如何调整不可控因素。一般而言，他们要调整两类影响。一种调整是剔除经营单元层面以上的管理者制定决策所造成的费用。

实例 一家重要的家用电器公司报告称："几年前，我们决定关闭德国的一家工厂，它的生产能力只有 30%。费用在公司层面扣除。这并不是德国经理的决策，所以我们不能惩罚他。"[19]

---

17. "Motorola," *BusinessWeek*, May 4, 1998, p. 142.

18. "Scents and Sensibility," *The Economist*, July 13, 1996, pp. 57–58.

19. Kenneth A. Merchant, *Rewarding Results: Motivating Profit Center Managers* (Boston: Harvard Business School Press, 1989), p. 121.

另一项调整是消除“不可抗力”（火灾、地震、洪灾）造成的损失，以及非经理过失造成损失的影响。

实例 在问及如果仓库发生火灾，他是否予以调整时，一家分销公司的高层管理者所做的下列评论很典型：“我会首先假设这是无法预见的。然后，我会查看原因。火灾是安全事故造成的，还是对安全的懈怠心理造成的？如果火灾不是经理所能控制的，我就会予以调整。”[20]

短期财务目标的优缺点

把经营单元经理的奖金与实现年度财务目标（在调整不可控事件之后）挂起钩来是一个不错的主意。它促使经理为了实现财务目标而寻求不同的方式经营现有业务，并且发起新的活动。

但是，只依赖财务指标会导致几种负面影响。[21]首先，它会鼓励不符合公司长远利益的短期行为（如：设备维修不到位）。其次，经理可能不会从事颇具前景但损害短期财务结果的长期投资。第三，可能会激励经理操纵数据，以实现当期目标。

实例 美国旭日升公司是一家生产医疗产品的公司，它的经营采用分权制，并把分部经理的奖金与本分部的利润挂钩。如果一个分部未创造合理的利润，即使整个公司盈利了，它的总经理也不能获得奖金。1996年1月4日，旭日升公司的董事披露，公司的一个分部——旭日升生物医疗分部，伪造会计记录，虚增利润。有人认为生物医疗分部之所以伪造账簿记录，奖金制度难逃其责。[22]

克服短期倾向的机制

具有补充激励机制的补充财务指标可以克服年度财务指标的短期导向。例如，公司可能把经理的部分奖金建立在多年业绩（即3年或5年的业绩）的基础之上。尽管这对于拓展经理的时间跨度具有明显的优势，但是，也有一些缺点。首先，在多年奖励计划中，经理难以明辨自身努力与奖励之间的联系，因而就削弱了这种奖励的激励效应。其次，如果在所跨的多年期间内，经理退休了，或者调任了，实施这种奖励计划就变得更加复杂。第三，超出了经理控制范围之外的因素更有可能影响长期目标的实现。

实例 在投资银行和券商中，公司一般不会基于每笔交易所赚的利润为交易人发奖金。这样能

20. 同上，第125–126页。

21. J. J. Curran, “Companies That Rob the Future,” *Fortune*, July 4, 1988, pp. 84–89; “More than Ever, It’s Management for the Short Term,” *BusinessWeek*, November 24, 1986, pp. 92–93.

22. Tom Petruno, “Bonuses Can Have a Darker Side,” *The Valley News*, February 4, 1996, p. E3.

激励交易人为了获得高额报酬而冒很大的风险。但是，它也可能为组织造成严重的财务问题。英国的投资银行——巴林银行的倒闭就是一个例子。为了缓和这个问题，所罗门兄弟公司改革了奖金制度。只有公司实现了预先设定的股东权益收益率时，所罗门兄弟公司的员工才有权根据交易获得奖金。而且，一部分奖金是根据多年业绩决定的，以确保不会因短期行为而牺牲了所罗门兄弟公司的未来利润。[23]

纠正财务指标内在不足的另一种方法是，建立包含一个或多个非财务指标的平衡计分卡，如销售增长率、市场份额、客户满意度、产品质量、新产品开发、人员开发，以及社会责任等。其中每项因素都会影响长期利润。高级管理层可以按预期设计经营单元经理的长期与短期利润导向，并通过有选择性地挑拣财务和非财务指标，然后设定各项指标的权数，来涵盖财务指标所未能反映的因素。

实例 当百事公司的快餐连锁店塔可钟的 CEO 约翰·马丁在 1988 年启动他的转型计划时，他把决策从公司总部转到了连锁店经理，并且每个经理由负责 5 家连锁店，增加到负责 20 家。这种授权是在奖励制度的根本性变革的支持下进行的。奖金与服务水平、利润目标和销售收入挂钩，它明显提高了管理薪酬和计时薪酬。如果塔可钟的经理业绩好，就能获得相当于快餐业平均工资 3 倍以上的报酬。这些，再加上基于工作年限的奖金，降低了为追求高薪而从一个快餐连锁店跳槽到另一个的吸引力，要知道，这种行为是快餐店经理的一种通病。因此，塔可钟的快餐店经理的流动率降低了 50%，小时工的流动率降至了 30%。快餐店经理职责和奖励制度上的这些变化对塔可钟自 1988 年以来的显著改善做出了巨大贡献。在 1988~1993 年间，公司先后开业了 2 000 多家新店，全球销售收入从 15 亿美元增长到了近 40 亿美元，净收益翻了 3 倍，超过了 2.5 亿美元。同期，客户满意度（按物有所值的概念评价）也骤增，而竞争者的客户满意度却下降了。[24]

PA 咨询公司是一家总部位于英国的管理和技术咨询公司，按经营单元组织。公司把顾问的奖金与本经营单元的利润挂钩。这种制度有可能创造不合作的环境。为了预防起见，员工奖金还基于顾问介绍及服务的客户数量，以及同事、下属、上级和客户的主观评价。如果一个顾问向另一个经营单元介绍了客户，他或她就可以获得奖金。同样，如果一个顾问觉得借助另一个单元的人员的帮助就能更好地服务客户，就会受到鼓励去这样做，因为这样会提高客户和同事的评价。[25]

纠正短期倾向的另一种机制是把经营单元经理的部分奖金建立在长期激励计划的基础之上，如股票期权、影子股票、绩效股。这些计划可以使经营单元经理聚焦于：（1）公司

---

23. "Pay and Performance: Bonus Points," *The Economist*, April 15, 1995, pp. 71–72.
24. "Renewal at Taco Bell," *Transformation, Gemini Consulting 6*, Spring 1995, p. 8.
25. "Pay Purview," *The Economist*, August 29, 1998, pp. 59–60.

整体业绩；（2）长期业绩。前面已经讨论了这些计划的优缺点。

实例 联众集团旗下拥有四个广告代理商（麦肯环球、灵狮、德利广告、络维集团），公司为经营单元设计了激励系统，以确保他们专注于盈利能力和增长率。经理的薪酬基于长期业绩——4年的业绩，但是每两年奖励一次。这有助于防止经理跳槽，因为跳槽是代理业务永远的威胁。员工若超额完成了目标数字，或者达到了质量要求，比如建立了后继计划和服务客户，就奖励股票和奖金。[26]

制定比较标杆

经营单元经理的业绩可以通过比较实际结果与利润预算、过去的业绩或者竞争者的业绩来评估。一般的做法是根据利润预算评价经营单元经理。正如我们在第9章中所讨论的，在采用利润预算作为激励工具时，下列因素是要考虑的重要因素：（1）经营单元经理参与编制利润预算；（2）预算具有挑战，但也能实现。

奖金决定方法

经营单元经理的奖金可以采用严格的公式来决定，如：经营单元经营利润的一定百分比，或者纯粹的上级的主观评估，或者二者相结合。

实例 在1992年，福姆派克公司的员工尽管工作努力，但仍未拿到奖金，因为公司没有创造利润。员工不明白为什么没得到奖金，因为奖金是严格基于一位沉默寡言的CEO的自由裁量的。这挫伤了员工的积极性，并且产生了不信任。为了重拾奖金制度的诱惑力，福姆派克公司的CEO威廉·杜夫在告示牌上公布了月度销售收入和利润，以及本年累计数字。到1996年，福姆派克公司的员工似乎越来越信任奖金制度了。[27]

仅仅依赖客观公式具有一些明显的优点：奖励制度可以精确地制定，对于业绩标准没有丝毫不确定性或模糊性，上级无法在评价下属经理的业绩时施加偏见或偏好。但是，一个显著的缺点是客观公式可能会促使经理忽略了本经营单元在一些重要但无法量化的因素方面的业绩（如：研发、人力资源管理）。因此，大多数经营单元在决定奖金时适当地增加一些主观性是可行的，尤其是在经理对经营单元业绩的控制水平低的情况。在这种情况下，反映经营单元业绩的数量指标就不是反映经理业绩的有效指标。这类情况很可能在下列时候发生：

26. "Sibling Rivalry," *Forbes*, February 15, 1993, pp. 119–20.

27. Donna Fenn, "Bonuses That Make Sense," *Inc.*, March 1996, p. 95.

- 经营单元经理继承了前任所造成的问题。
- 各经营单元彼此高度依赖，因此，它的业绩受外部个人的决策和行为的影响。
- 战略要求更多地关注长远问题（尤其是在经营单元积极扩大市场份额，或者经营单元处于飞速发展的行业的情况下）。

实例 朗讯科技公司采用主观绩效评价，并放松了对从数字无线电和互联网电话到电镀和公共安全等领域的新企业的控制，在这些新企业，创新至关重要。[28]

代理理论

代理理论（agency theory）探究如何建立契约和激励以促使个人达到组织的目标一致。它试图描述在设计激励契约时应考虑的主要因素。代理理论中所称的激励契约与我们在本章中所讨论的激励薪酬安排相同。代理理论试图用数学模型表述这些关系。我们所做的介绍，说明了代理理论的总体概念，但没有提供实际模型。

概　念

只要一方（委托人）聘用另一方（代理人）提供某种服务，并且为了提供这种服务而授予代理人决策权，代理关系就存在。在公司中，股东是委托人，首席执行官是股东的代理人。股东聘用首席执行官，并期望他或她的行为从股东的利益出发。在较低的层级，首席执行官就是委托人，而经营单元经理则为代理人。挑战就成了如何激励代理人，以便使他们像自己是所有者一样有效率。

代理理论的一个关键要素就是委托人和代理人具有不同的偏好或目标。激励契约可以降低偏好上的分歧。

委托人和代理人的目标分歧

代理理论假设所有个体的行为都从自身利益出发。假设代理人不仅可以从财务薪酬中获得满足，而且能从代理关系所带来的额外利益中获得满足。比如：大量的休闲时间；舒适的工作环境；乡村俱乐部会员资格；以及灵活的工作时间。例如，有些代理人可能喜欢休闲，而不是勤奋工作。休闲被假设为勤奋的对立面。管理者的勤奋会增加公司的价值，而休闲则不会。代理人对休闲而不是勤奋的偏好就被称为“厌恶工作”。故意不付出努力则被称为“逃避工作”。

---

28. “A Survey of Innovation in Industry,” *The Economist*, February 20, 1999, pp. 5–28.

另一方面，假设委托人（即股东）只关心自己在公司的投资所取得的财务回报。

代理人和委托人在风险偏好方面也存在分歧。代理理论假设管理者偏好更多的财富，但是，随着更多财富的积累，边际效用，或者说满足感，就会递减。一般而言，代理人的财富大多与公司的财富密切联系在一起。这种财富既包括金钱上的财富，又包括人力资本。人力资本——市场认为管理者所具有的价值，受公司业绩的影响。由于财富的边际效用递减，代理人的大部分资本取决于公司，所以假设代理人厌恶风险：他们重视低于投资期望值的风险投资所带来的增长。

另一方面，公司股票由许多所有者持有，他们可以通过分散财富持有多个公司的股票来降低风险。因此，所有者只关心投资的期望值，是风险中性的。管理者则无法轻易地分散风险，这也正是他们厌恶风险的原因。

代理人行为的不可观察性

只要委托人无法轻易地监控代理人的行为，就会产生薪酬和津贴方面的不同偏好。股东无法监控 CEO 的日常行动，以确保他或她的工作符合股东的最大利益。同样，CEO 也无法监控经营单元经理的日常活动。

因为委托人对代理人的行为具有不充分信息，所以委托人永远都不能肯定代理人的工作对公司的实际经营结果做出了怎样的贡献。这种情况被称为*信息不对称*。这些不对称呈现为几种形式。若没有监控，则只有代理人知道他或她是否在为委托人的最大利益而工作。而且，代理人可能比委托人更了解工作任务。代理人可能拥有的这种额外信息称为“*私人信息*”。

委托人和代理人之间偏好的不同，以及代理人的私人信息，可能导致代理人向委托人传递误导信息。这种误导的一般性质被称为“道德风险”，即由于管理控制系统的性质的激励，被控代理人提供误导的私人信息。

控制机制

代理理论学家认为，解决目标分歧和信息不对称的方法主要有两种：监控和激励。

监 控

委托人可以设计管理控制系统监控代理人的行为，限制牺牲委托人的利益而增加代理人的福利的那些行为。审计财务报表就是一个监控系统的例子。财务报告是为了报告公司业绩而编制的，经第三方审计，然后报送所有者。

代理理论试图解释为什么不同的代理关系涉及不同的监控水平。例如，如果代理人的任务界定明确，用于监控的信息或“信号”准确，那么监控就更有效。如果任务界定不明确，或者不易于监控，那么签订激励契约就成为一种更有吸引力的控制工具。监控和激励并不是互斥的。在大多数公司，CEO 在签订激励契约时，同时还签订以审计财务报表作为监控工具。

激励契约

委托人可能会通过签订适当的激励契约尽力限制有分歧的偏好。代理人的奖励越依赖业绩指标，代理人提高指标的激励就越大。因此，委托人应该定义业绩指标，以便增进他或她的利益。实现它的能力被称为“目标一致”。若与代理人签订的契约能够激励代理人为委托人的最大利益而工作，则契约就被认为符合目标一致原则。

若薪酬计划不包含激励契约，则会产生严重的代理问题。例如，如果向 CEO 支付固定工资，可能就不会像薪酬既包含工资又包含奖金那样激励他们兢兢业业地工作。后者激励 CEO 更加努力地工作，以增加利润，增加自身的薪酬，同时也使委托人受益。因此，契约中会包含激励要素，以协调双方的利益，即委托人签订的契约允许管理层分享公司价值增值带来的财富。

实例　为了防止 CEO的风险厌恶，美国哥伦比亚广播公司在 CEO 莱斯·穆维斯的合同中包含了一条保护性条款，规定如果哥伦比亚广播公司被卖给另一个公司，就支付给他 500 万美元。在穆维斯到哥伦比亚广播公司几个月后，西屋国际就收购了哥伦比亚广播公司，合同中的这一条款也就生效兑现了。[29]

委托人面临的挑战是明辨与代理人努力和公司价值相关联的信号。代理人的努力，连同外部因素（如：总体经济状况、自然灾害），共同决定业绩。结果指标越准确地反映管理者的努力，指标在激励契约中的价值就越大。如果业绩指标不与代理人的努力密切相关，代理人就没有受到激励来增加他或她的努力。

没有一种激励安排能保证完全的目标一致。原因在于双方的风险偏好不同、信息不对称以及不同的监控成本。这些差异导致了额外的成本。即使有效的激励协调系统，也会造成偏好的某种分歧。我们称之为“残余损失”。激励薪酬成本、监控成本和残余损失之和称为“代理成本”（agency cost）。

CEO 薪酬与持股计划

公司以股票期权的形式向 CEO 支付奖金就是激励薪酬所固有的代理成本的一个例子。一种成本是所有者与 CEO 之间的风险偏好的不同。代理人已经是厌恶风险的，如果他或她

29. Marc Gunther, “Turnaround Time for CBS,” *Fortune*, August 19, 1996, pp. 65-68.

的薪酬基于股票价格的表现，就会带来更大的风险。为了弥补CEO所承担的这种风险，契约就必须增加预期薪酬的总额。此外，为了使潜在的不利因素最小化，代理人可能不会从事委托人认为可行的高风险高回报项目。

持股奖金计划的第二个问题是代理人的努力与股价变化之间缺乏直接的因果关系。股票价格受代理人所能控制的范围之外的因素的影响（如：总体经济状况、政府干预）。如果这些因素导致股票价格上涨，那么代理人不付出任何努力就会获得更多的报酬，但牺牲了所有者的利益。另一方面，即使代理人勤勤恳恳，股票价格也可能下跌。

除了这两个问题之外，持股激励契约更倾向于一个不包含激励要素的契约。正如我们前面所指出的，固定工资的相关代理成本更大。

经营单元经理和基于会计的激励

经营单元经理的努力和股票价格之间的关系比CEO的努力与股票价格之间的关系更疏远。人们很难区分各经营单元对公司股票价格上涨所做的贡献。出于这个原因，公司可能把经营单元经理的奖金建立在经营单元净收益的基础之上。但是，这种激励契约仍然具有代理成本，类似于我们在CEO持股计划中所讨论的那些。例如，产品的市场需求可能会由于新的替代产品的出现而下降，但是，管理者可能在新的、较小的市场范围内仍表现良好。然而，如果奖金严格基于净收益，代理人薪酬就会减少。此外，代理人可能会通过会计操纵虚增净收益，但实际上并不影响公司价值。例如，出售市场价值超过账面价值的固定资产。虽然基于经营单元净收益的契约比固定工资代理成本低，但是这些成本也不会完全为零。

评　述

代理理论是在20世纪60年代提出来的，自那以后，学术期刊上就发表了大量的相关文章。但是，代理理论对管理控制过程的实际影响却微乎其微，在现实世界中并没有取得什么回报。我们所说的“回报”是指管理者采用代理理论的研究成果改善了薪酬决策。许多管理者甚至都不知道代理理论。

代理理论意味着在非营利组织和政府组织工作的管理者，内在地缺乏实现目标一致所需要的激励，因为他们没有获得激励薪酬。许多人都不接受这个含义。

有些研究代理理论的人主张，代理理论模型仅仅是用数学符号表述了一些显而易见的事实。而其他人则认为模型中的各项要素无法量化（如：什么是“信息不对称成本”?），模型过于简化了现实世界中上下级之间的关系。模型只涵盖了几项要素。他们忽略了影响这种关系的其他因素，比如参与者的性格、不厌恶风险的代理人、非财务动机、委托人对代理人的信任、代理人完成目前任务的能力，以及接受未来任务的潜力，等等。

我们之所以介绍代理理论，是希望学生理解它有助于思考激励薪酬如何影响管理者动机，但是我们也提醒大家在解决实际薪酬问题时要慎用。

小 结

激励薪酬系统是关键的管理控制工具。激励薪酬计划大致可以分为两类：把薪酬与公司本期利润挂钩的激励薪酬计划，称为“短期激励计划”；把薪酬与长期业绩挂钩的激励薪酬计划，称为“长期激励计划”。在向公司高层管理者和经营单元经理分配总奖金池时，应考虑几项因素。如果激励系统明确涵盖了下列因素，就更有可能成功：

- 受奖励的总经理的需求、价值观和信仰。
- 组织的文化。
- 外部因素，比如：行业特点、竞争者的薪酬实践、管理人才市场、税收和法律问题。
- 组织的战略。

推荐读物

Banker, Rajiv, D. Gordon Potter, and Dhinu Srinivasan. “An Empirical Investigation of an Incentive Plan That Includes Nonfinancial Performance Measures.” *The Accounting Review*, January 2000, pp. 65–92.

Betcher, John G. *How to Design & Implement a Results-Oriented Variable Pay System*. New York: AMACOM, 1996.

Chingos, Peter T., and Peat Marwick, eds. *Paying for Performance: A Guide to Compensation Management*. New York: John Wiley & Sons, 1997.

Crystal, Graef S. *In Search of Excess: The Overcompensation of the American Executive*. New York: W. W. Norton, 1992.

Finkelstein, Sydney, and Donald C. Hambrick. *Strategic Leadership: Top Executives and Their Effects on Organizations*. St. Paul, MN: West, 1996.

Fisher, Joseph, and Vijay Govindarajan. “Profit Center Manager Compensation: Impact of Market, Political, and Human Capital Factors.” *Strategic Management Journal*, March 1992, pp. 25–27.

Hall, Brian J. “What You Need to Know about Stock Options,” *Harvard Business Review*, March–April 2000, pp. 121–31.

Henderson, Andrew D., and James W. Fredrickson. “Information-Processing Demands as a Determinant of CEO Compensation.” *Academy of Management Journal* 39, no. 3 (June 1996), pp. 575–606.

Henderson, Richard I., and Richard J. Henderson. *Compensation Management in a Knowledge-Based World.* Upper Saddle River, NJ: Prentice Hall, 1996.

Hills, Frederick S., et al. *Compensation Decision Making.* Harcourt Brace Jovanovich College and School Division, 1997.

Lederer, Jack L., and Carl R. Weinberg. "Are CEOs Paid Too Much?" *Chief Executive,* May 1996, pp. 26–31.

Martocchio, Joseph J. *Strategic Compensation: A Human Resource Management Approach.* Upper Saddle River, NJ: Prentice Hall, 1997.

Milkovich, George T., and Jerry M. *Newman. Compensation.* 3rd ed. Homewood, IL: BPI/Irwin, 1990.

———. *Compensation.* New York: McGraw-Hill College Division, 1999.

Rodrick, Scott S., ed. *Incentive Compensation and Employee Ownership.* Oakland, CA: National Center for Employee Ownership, 1999.

Sprinkle, Geoffrey B. "The Effect of Incentive Contracts on Learning and Performance." *The Accounting Review,* July 2000, pp. 299–326.

Zehnder, Egon. "A SimplerWay to Pay." *Harvard Business Review,* April 2001, pp. 53–62.

案例12－1

林肯电气公司（A）

人是我们最宝贵的资产。他们必须有安全感、赢得尊重、受到挑战，能主宰自己的命运，坚信自己的领导能力，遵循共同目标，认为自己受到公平待遇，易于接触领导，有全方位的沟通渠道。或许林肯电气今天面临的最重要的任务就是，为世界其他地方的林肯电气公司员工树立榜样。我们必须充分发挥合作与团队协作的优势，把高科技与人才紧密结合，从而使我们在美国的公司，以及我们所有的子公司和合资企业都能发挥最大潜力。

——乔治·韦利斯，林肯电气公司CEO

林肯电气公司是世界最大的弧焊产品制造商，并且是工业电动机生产商中的领先者。公司位于克利夫兰市的两家工厂共拥有2 400名工人，在其他国家的11家工厂也拥有同等数量的工人。其中不包括现场销售队伍，共200多人。公司在美国的市场份额（弧焊产品）估计为40%以上。

林肯电气公司的激励管理计划已闻名多年。许多大学的管理学教材都引用林肯电气公司的计划，作为实现更高劳动生产率的范例。当然，依照通用指标，公司也是成功的。

在詹姆斯·林肯于1965年去世时，人们担心管理系统会乱作一团，利润会下降，年终奖也会停发，甚至员工们也都这样认为。但是，事实恰恰相反，在林肯去世24年后，公司似乎依然强大如初。除了1982年和1983年间的衰退之外，每年都创造高额利润，发放高额奖金。员工士气高涨，劳动生产率也一直很高。除了退休员工之外，员工流动率几乎为零。林肯电气公司的市场份额一直都很稳定，并一直保持着史无前例的高股利。

历史回顾

1895年，在被压抑气氛笼罩下的艾罗特—林肯公司——一家生产林肯设计的电动机的制造商逼走之后，约翰·林肯拿着他的第二项专利，开始制造他改进后的发动机。他为年轻的赫伯特·亨利·道（后来创立了道氏化学公司）重新设计了发动机，并用这次所赚的200美元创办了自己的新企业，但尚未注册。

起步于经济萧条时期，又在经营仅一年后遭遇重大火灾，公司在头25年中一直艰难地成长着，但是并没有兴旺起来。在1906年，约翰·林肯注册了公司，并从他仅有的位于四楼的一个房间的工厂搬到了他在克利夫兰市东部建起的一幢三层楼的建筑内。他的工人队伍也扩充到了30人，销售收入一年增长到了5万美元以上。但是，约翰喜欢做工程师和发明家，而不是当管理者。在成功期间，一直由另一位林肯先生管理公司。

1907年，在与伤寒症搏斗了一番之后，他被迫在耄耋之年离开了俄亥俄州立大学。他的弟弟——詹姆斯·林肯，加入了这个羽翼渐丰的公

司。1914年，他成了公司的实际领导者，任总经理和副总裁。约翰仍是公司的总裁，并一直担任此职务多年，但是只参与一些业务开拓，以及发明创造工作。

詹姆斯·林肯早期的行动之一就是让员工选出代表组成一个委员会（称为“顾问委员会”），为他提供公司经营上的建议。顾问委员会每两周与首席执行官召开一次会议。这还只是一系列创新人事政策中的第一项，随着时间的推移，这些政策使林肯电气公司成为同时代的佼佼者。

顾问委员会成立的第一年，工作时间从当时标准的每周55小时，降至了每周50小时。在1915年，公司出资为每位员工提供一份寿险保单。自1917年起建立了一个焊接学校，并一直持续至今。在1918年，员工奖金计划试行。它没有推行开来，但是后来这个想法又浮现了出来。

林肯电气公司员工联合会成立于1919年，目的是为了提供医疗福利和组织社会活动。多年来，它还承担了几项其他职能。在1923年，实行计件工资制度，员工每年还享有两周的带薪休假，工资还根据消费者物价指数的变化而调整。1914年，为主要员工留出了约30%的普通股。全体员工购股计划始于1925年。

董事会于1929年表决通过了一项鼓励员工提建议的制度。作为早期计划一部分的现金奖励在20世纪80年代中期被停止了。如果提出建议，就奖励额外的“分数”，它会影响年终奖金。

具有传奇色彩的林肯奖金计划是由顾问委员会提出的，于1934年被采纳，并进行试点。第一年的奖金大约相当于工资的25%。之后每年都发放奖金。奖金计划成了林肯管理系统的基石，最近的奖金几乎相当于年薪。

从1944年起，林肯电气公司的员工开始享受养老金计划、内部晋升政策，以及持续就业。基础工资通过正式的岗位评价决定，并实行成绩评级制度。

在詹姆斯·林肯最后一本书的序言中，查尔斯·赫布鲁克对上述人事创新写道：

> 他们不是花钱买良好的行为。他们不是为了增加利润。他们不是解决劳工难题的良药。他们不是“改良”计划。他们所表达的是对于每位员工在工作中的重要性的认可和尊重。所有这一切都反映了詹姆斯·林肯的领导力，在他的领导下，他们得到了滋养和宣扬。

在二战期间，林肯电气公司史无前例地兴旺起来。在二战开始时，公司已经成了世界上最大的弧焊产品制造商。销售收入从1934年的约400万美元增长至1941年的2 400万美元。同期，单位员工劳动生产率不止翻了一番。海军价格审查委员会曾质疑如此高的利润。联邦税务局也质疑员工奖金的扣税问题，认为奖金不是从事经营的“正常的、必要的”费用，但是振振有词的詹姆斯·林肯有能力说服这些反对者。

当然，在1935年后，也很可能是在那几年前，林肯电气公司的劳动生产率就远远超出了同类公司的平均水平。公司声称，自1945年以来，林肯电气的劳动生产率水平是其他制造商的两倍多。从外部来源获得的信息往往也证明了这一点。

公司理念

詹姆斯·林肯是一位公理教会牧师的儿子，基督教的行为准则是其经营理念的核心。他对耶稣基督的教义坚信不移，这一点可以从摘自他的一本书的下面一段话中看出：

> 基督教道德准则应该主导我们的行为。如果它的确主导我们的行为，那么在分销成本上带来的节约就是不可限量的。广告应该是一种专家顾问与客户的接触方式，目的是在考虑了客户的所有需求的情况下，为客户提供最优产品。因而竞争将是提高产品质量、提高生产和分销产品效率的活动，而不是现在已习以为常的尔虞我诈。定价将反映生产效率。它将不再是客户接受之后立即追悔莫及的销售诡计。它将是符合所有相关方利益的，是对生产产品时所运用的能力的一种回报。

没有迹象表明林肯电气公司试图把他的员工或客户（或者大众）都转变为基督徒。董事长兼首席执行官乔治·韦利斯以及总裁唐纳德·哈斯丁，在演讲和访谈中都未曾提及基督教信条。公司的座右铭——“实际有限，而可能无涯”，贴在显著位置，但是公司并没有任何宗教标语，也没有建公司小教堂。

对客户的态度

詹姆斯·林肯认为公司的存在就是为了满足客户的需求。“在公司取得了成功，从而具有投资吸引力时，”他写道，“通常扩建所需要的全部资金都来自留存收益，他们是客户提供的。显然客户的利益应当优先，而不是股东的利益。”他在 1947 年说，“我们应该谨防把注意力都集中在利润上。在‘我得到了多少？’与‘我如何做得更好、成本更低、效用更大？’之间，差异是根本性的、决定性的。”韦利斯也把客户列为管理层最重要的支持者。这一点也反映在林肯电气公司的政策中，即“无论何时都根据成本定价、无论何时都对成本施压。”人们常说的林肯电气公司的目标是“以越来越低的价格制造越来越好的产品。”“显然”，詹姆斯·林肯说，“客户的利益应该是行业的首要目标。”

对股东的态度

在林肯电气公司，股东的利益被排在最后。这是詹姆斯·林肯的经营理念的延续：“最后需要考虑的群体才是持有股票的股东，因为他们认为持有本公司的股票比投资其他渠道获利更大。”关于如何切分激励管理所产生的效益，他写道，“对于因效率提高而大幅增加的利润，缺席股东也有份，即使他们不该得到该股份。”

对工会组织的态度

公司从来没有郑重其事地组织林肯电气公司的员工。虽然詹姆斯·林肯批评劳工运动“自私自利地希望牺牲它所服务的人的利益来改善自己的地位，”但是他仍然对工会成员很和气。他认为工会权力的滥用应归咎于“人类对管理层的虐待的自然反应。”这些评论表明了林肯对工人与管理者之间的正确关系的看法：“劳工与管理者不是两个对立的阵营，他们都是一个组织的有机组成部分，他们必须，也应该全面、愉快地合作。”

关于员工的信仰和假设

如果满足客户需求是企业的目标，那么员工业绩和劳动生产率就是实现这个目标的最佳手段。这就是林肯电气公司对员工的态度，它反映在詹姆斯·林肯的下列评论中，许多人都把公司的成功归功于它：

> 工人最大的恐惧就是没有收入，这也是经营公司的工业家的最大的恐惧……工业管理者非常了解公司需要持续不断的收入。显然，他完全忘记了工人也有同样的需求。
>
> （工人）与管理者一样渴望成为一个组织严密、为经济发展而努力工作的团队的成员……他不希望为那些不履行承诺的人创造利润，公司的缺席股东和闲散人员也同样不会做出承诺。
>
> 如果用金钱作为激励，那么就必须规定工人应得多少，就支付多少，必须按劳分配。
>
> 身份地位在所有人际关系中都至关重要。金钱的最大激励通常在于它是成功的标志……由此带来的身份地位是真正的激励……金钱本身只对吝啬鬼起激励作用。
>
> 如果要提高效率，小时工与管理层之间必须完全坦诚、充分理解。

林肯电气公司的业务

几十年来，弧焊一直是造船业的标准焊接方法。它是建筑业连接钢材的主要方法。大多数工业厂房都有自己的焊接车间，供维修和建设用。

拖拉机及各种重型设备的制造商都在制造工艺中专门采用弧焊。许多爱好者都拥有自己的焊接设备，用它加工金属器件，如院子中的家具和烧烤架。焊接雕塑作为一项艺术形式，也日益盛行。

虽然焊接技术不断进步，但是弧焊产品基本上没有变化。林肯电气公司的自保焊接工艺是一项久负盛名的例外。正如后面将要介绍的，这种工艺大幅降低了焊接成本，提高了质量和速度。最普遍使用的林肯焊丝——Fleetweld 5P，从20世纪30年代到1989年实际上一直未变。至少在40年间，世界上最流行的引擎驱动焊机——林肯SA-200，一直都是灰色的装置，包括一个四缸"Continental Red Seal"发动机，一个带直流控制钮的200安直流发电机。1989年的SA-200型号甚至与1950年的型号重量几乎相同，当然外观也几乎没有改变。

多年来，公司在美国弧焊产品市场中的份额似乎一直是40%左右。焊接产品市场比整个行业的增长略快。市场在价格上竞争激烈，标准产品的价格变化一般只有1%或2%。林肯电气公司的产品由工程方向的销售人员直接销售，也通过分销机构间接销售。广告费占销售收入不到0.75%。研发支出一般在1 000~1 200万美元之间，远远超过了竞争者。

另一种主要的焊接工艺——焰焊，自20世纪30年代以来一直竞争不过弧焊。但是，等离子弧焊却横空出世，侵占了一些市场，尤其是在金属管制造业中，它是一种相对新的工艺，它用超高温气体（等离子）把焊接电流限定在一个小区域内。在未来10年，技术上的重大进步似乎不可能创造优于弧焊的替代技术。此外，弧焊设备和技术上的变革可能是渐进式的，而不是革命性的。

产 品

公司主要从事弧焊产品的制造和销售——电焊机和金属焊丝。林肯还生产0.5~200马力的电动机。电动机的销售收入占销售总收入的8%~10%。公司最近在自动化设备上投入了几百万美元，它将使林肯电气公司0.5~200马力的电动机的生产能力翻番。

有些电焊设备由一个变压器或电动机及一个发电机组成；其他的则由一个内燃机和发电机组成，这些设备能产生30~1 500安的电力。这种电流被用于熔化金属焊丝，再把熔化后的金属以超高温喷雾喷到金属焊点上。在这个过程中会产生非常高的温度和非常烫的火花，所以操作人员通常必须配戴专用的眼镜、面部防护罩和皮手套，还有皮围裙和套袖。

林肯及其竞争者都经销一系列通用和专用焊丝，供焊接低碳钢、铝、铸铁、不锈钢和特种钢材用。其中大多数焊丝都满足美国焊接协会（一个行业协会）的标准。因此，一个制造商和另一个制造商的产品在大小和成分上实质上都相同。每个焊丝制造商都有几种特色产品，但是他们一般只占销售总收入的一小部分。

焊丝有两种基本类型：

1. 涂料焊丝，通常14英寸长，直径略小于铅笔，操作人员用一个专用绝缘焊把操纵焊丝，以保持正确的弧度，并保持金属的喷镀方式。焊丝按每箱6~50磅包装。
2. 成盘焊丝，直径0.035~0.219英寸，通过操作人员手持的焊枪或者自动定位设备定位的焊枪不断为焊弧填料。焊丝按盘或卷包装，重量14~1 000磅不等，有实芯的，也有空芯的。

制造工艺

总厂位于俄亥俄州的欧几里德市，在克利夫兰市的东郊。工厂没有仓库。原材料从工厂北面半英里长的卸货码头直接通过生产线，再送到南面一个极其有限的仓贮和装货区。各工作站使用的原材料都尽可能地靠近工作站储放。行政管理办公室靠近工厂的中心，完全是职能性的。主层下面的一个走廊从工厂中心的一个主入口通向生产车间。《财富》杂志曾宣布欧几里德工厂是美国管理十佳工厂之一，[1] 并把它与同时上榜的通用电气对比：

> 一位充满敬畏的供应商说，走进通用电气无与伦比的洗碗机新厂，就如同“踏进了凯悦酒店”。相比之下，步入林肯电气33年之久、幽深昏暗的工厂，就如同跌进了大城市邋遢的街区。只有当你看看这些工厂如何运转时，共同之处才显而易见。他们找到了合并设计与制造、提高质量、对自动化做出明智选择、贴近客户，以及善待工人队伍的方式。

位于俄亥俄州门托市的一家林肯电气公司的新工厂，从事一些焊丝生产业务，他们是从总厂迁移过来的。

焊丝制造是高度资本密集性的。从钢铁制造商那里采购的金属棒被拉成较小的直径，裁成一定长度，在焊条上涂上焊剂，或者镀上铜（增加传导性），然后卷在线圈或线轴上。林肯电气公司的自保焊丝是空芯的，里面填充类似于焊条涂料的材料。正如前面所提到的，在推出这项技术时，它代表着焊接技术的一项重大创新。公司对焊丝生产工艺严格保密，外部人不能接触这些工艺的细节。

林肯电气公司的焊接设备和电动机是由一系列装配线制造的。汽油和柴油内燃机是外购的组装件，但是实际上其他所有零部件都是用基本工业产品（如：钢棒材、钢板材和铜棒材传导线）制造的。

单个零部件，比如引擎驱动焊机的汽油箱、电动机和发电机的钢轴，都是由一个工厂中的众多小厂制造的（“厂中厂”）。例如：某些发电机的钢轴是由1名操作工用5台连续运转的大型设备从原钢棒材加工而成的。先用锯把钢材锯成一定长度，然后用数控机床把不同部分加工成不同直径，再用专用铣床切出键槽等等，直到生产出一个钢轴产品。操作工把钢轴从一台设备移到另一台设备，进行必要的调整。

另一名操作工打孔、定形、为外露罩上漆。一个人在转子轴上安装迭片，然后为转子缠线、绝缘并进行测试。产成品由起重机操作工移到附近的生产线。

工人的业绩和态度

林肯电气公司工人的业绩是史无前例的。林肯电气公司的员工工资一般都是克利夫兰地区其他工厂工人的两倍。但是，公司1989年的单位销售收入劳动力成本仅为26美分，远远低于行业平均水平。除了退休和新员工的离开外，工人流动率几乎为零。

林肯电气公司的单位员工销售收入超过了15万美元。工厂的一位观察员很快发现了这个数字为什么如此高。每个工人都忙于手头的任务，并且认真思考，没有人闲聊。大多数工人都没有工间休息。许多工人同时操作几台设备，独立制造各种零部件。工长则忙于计划和记录，几乎看都不看一眼他们所“监管”的人。制造流程似乎很高效——没有不必要的步骤、没有浪费的动作、没有浪费的材料。产成品接连不断地移到下一个工作站。

本案例的附录总结了一些对员工进行的访谈。

组织结构

林肯电气公司从不允许编制一份正式的组织结构图。这项政策的目的在于确保最大限度的灵活性。公司上下都实行开放的政策，鼓励员工把问题反映给最有能力解决的人。哈佛商学院的研究人员曾经绘制过一份反映林肯电气公司各种关

1. Gene Bylinsky, “America's Best-Managed Factories,” *Fortune*, May 28, 1984, p. 16.

系的组织结构图。公司也得到了这份组织结构图，但是管理层认为它具有破坏性。因此，本案例中未列出组织结构图。

或许由于员工队伍的素质和热情，林肯电气公司几乎没有日常监管。例如：一个普通的工长需要监管100 个工人，这种控制范围只允许工人—工长之间偶尔的交流。

但是，职位名称和传统的权力汇报关系确实对组织结构略有反映。例如：销售副总裁和焊丝事业部的副总裁向总裁报告，同样，各种助理职能，如人事主管和采购主管，也都向总裁报告。从这种隐含的关系中，我们可以推测出，生产工人与总裁之间有两层监管，或者最多有三层。

人事政策

正如我们前面所提到的，许多人都认为林肯电气公司的成功应归功于令人惊叹的人事管理。

招聘与选拔

每个招聘岗位都在公司布告板上内部公布，任何一名员工都可以应聘公布的岗位。只有初级岗位才从外部招聘。这些岗位都根据个人面试选聘。没有智商测验或心理测试。甚至都不要求具备高中文凭——但工程设计和销售岗位除外，他们都从具有研究生学历的工程师中选拔。由副总裁和工长组成一个委员会，面试由人事部初步筛选出来的候选人。最终的选拔由招聘岗位的工长进行。有个时期，人事部面试的 3 500 多名应聘者中，只选聘了不到 300 人。

工作安全感

林肯电气公司在 1958 年正式确定的保障连续就业政策已经实施多年了。自二战以来，公司就没有解雇过员工。从 1958 年开始，公司保证向每个具有两年工龄的工人至少提供每年 49 周、每周 30 小时的工作。

这项政策在 1981~1983 年的经济衰退时期遇到过严重的考验。作为资本性产品的制造商，林肯电气公司的业务具有高度的周期性。在上一个衰退期，公司尽力避免了销售收入的大幅下滑。但是，1982 年，销售收入猛跌了 32%，接下来的一年又跌了 16%。没有几个公司能承受住收入如此暴跌。但是，林肯电气公司不但盈利了，而且没有解雇一名员工，年终激励奖金照发。为了熬过这场风暴，管理层把大多数小时工的工作时间都削减到了每周 30 小时。许多员工都重新安排了工作，通过正常减员和限制招聘使员工队伍略有下降。许多员工都抱怨这种始料不及的不幸，让林肯电气公司的管理者有些意外和失望。但是，销售收入和利润以及员工奖金，很快就反弹了，一切又恢复了正常。

绩效评价

每个工长都采用“成绩评定卡”（如图表 1 所示）对下属进行正式评价，每年两次。员工业绩指标——“质量”、“可靠度”、“创意与合作”、“产出”彼此独立。这些评级卡上的标记被转换成分数，并且强制规定每个工长的评价分数按百分制平均。单项成绩评定分数一般都为 80~110 分。若超过 110 分，则需向高级管理层提交特别信函。在计算各评价工长的百分制平均分时，不包含这些分数（超过 110 分的）。提出改进建议经常能获得极高的分数。工长要与相关员工讨论单项业绩评定。每项保修申请都要追溯到导致产品缺陷的工人。若发生这样的事情，员工的业绩分数则可能降低，或者可能要求工人提供免费劳动，以补偿因保修发生的服务费。

薪 酬

林肯电气公司各岗位的基本工资水平都根据克利夫兰地区同类岗位的工资水平来决定。工资水平还需要按克利夫兰地区工资指数的变化每季度调整一次。基本工资尽可能地转化为计价工

图表 1 成绩评定卡

→ **不断提高质量** →

本卡评定您所从事的工作的质量。
它还反映您在消除失误、降低废品率和节约方面的成绩。

质 量

这项评级由本部门领导和车间的检查部门，以及总部和工程设计部门的其他部门领导共同评定。

→ **不断提高可靠度** →

本卡评定您的工长认为您在无人监督的情况下完成交付任务的可靠度。
它还反映您自我监督的能力，包括您的工作安全表现、条理性、对设备的维护，以及您对自身技能的有效使用。

可靠度

这项评级由本部门领导评定。

→ **不断增加创意与合作** →

本卡评定您的合作、创意及主动性。
新创意和新方法对于公司不断降低成本、提高产量、改进质量和工作安全，以及改善客户关系都至关重要。本卡肯定您在这方面的创意和倡议。
它还评定您的合作意识——您与他人的团队合作效率。此处将考虑的因素包括您对工长、同事及公司的态度，您在与他人分享知识方面所做的努力，以及在顺利实施新方法中的合作精神等。

创意与合作

这项评级由本部门的领导和车间的时间研究部门，以及总部和工程设计部门的其他部门领导共同评定。

→ **不断提高产量** → **缺勤天数**

本卡评定您的实际产出。
它还反映您是否愿意积极主动，并反映您的出勤记录。

产 出

这项评级由本部门领导和车间的生产控制部门，以及总部和工程设计部门的其他部门领导共同评定。

资。实际上，所有生产工人和许多其他员工——例如：叉车操作工，都实行计件工资。一经确定，计件工资就从未变动，除非因操作工人以外的原因造成工作方式发生实质性变化。

在每年的12月，将向员工发放一部分年利润，作为奖金。自1934年以来，激励奖金平均约为年工资的90%，略高于税后利润。1988年的平均奖金为21 258美元。即使在经营不景气的1982年和1983年，奖金也分别平均为13 998美元和8 557美元。个人奖金与成绩评定分数成正比。例如：假设奖金的数额为员工工资总额的80%。如果一个人的业绩分数为95，那么他就会获得相当于年工资76%的奖金（0.80 × 0.95）。

休　假

公司在8月停产两周，在圣诞节期间停产两周。在这期间可以休假。对于工作了25年以上的员工而言，在工长认为可以的任何时间，还可以休假一周。

工作任务

管理层有权调动工人，或者根据需要延长工时或缩短工时。至于向工人分派具体任务，工长则有无可争议的权力，尽管由于计件工资标准不同，工人也有自己的偏好。在1982~1983年的经济衰退期间，50名工厂工人自愿加入销售团队，在全国各地宣传销售一种新的焊机，这种新焊机用于汽车保养店和小型加工作坊。这项行动的结果是1 000万美元的销售收入和一件抢手的新产品。

员工参与决策

一想到参与式管理，人们通常就会联想到轻松的、非独裁式的氛围。但是林肯却不是这样。正式的授权很强大。“我们这里非常专权，”韦利斯说。詹姆斯·林肯着力强调保护管理层的权力。“在行业任何一个成功部门的管理层都必须拥有完全的权力，”他说。“管理层是教练，必须遵守它的命令。但是，工人是队员，自己能赢比赛。”尽管存在这种态度，但是，在林肯电气公司，员工还是有多种参与管理的方式。

首席执行官的助理理查德·萨博把岗位拓展与员工参与联系起来。他说：“我们所采用的最重要的参与技术就是让员工承担更多的责任。我们让一个高中毕业生承担的责任远远超出了其他公司让工长承担的责任。”但是，管理层对所允许参与的程度做出了限制。用萨博的话说：

> 当你使用“参与”时，要加上引号。因为我们认为每个人只应该参与他/她最了解的领域的决策。我认为生产工人不应该控制董事长的决策。他们对决策的了解没他多。

由工人选出的顾问委员会，每两周与董事长和总裁召开一次会议，讨论改善经营的方式。正如我们前面所提到，这个委员会自1914年成立以来，一直延续至今，对许多创新都做出了重大贡献。例如：激励薪酬最初就是由顾问委员会建议的。每个员工都可以接触顾问委员会的成员，并且要在下一次会议中对顾问委员会的所有建议做出答复。但是，韦利斯和哈斯丁都敏锐地指出，顾问委员会只提出行动建议。“他们没有直接权力，”韦利斯说，“若管理层认为他们提出的建议不符合公司的利益，则会遭到拒绝。”

依照最初的建议计划，将把建议所带来的第一年节约金额中的一半奖励给员工。但是，后来，建议的价值反映在了绩效评价分数中，它决定了员工个人的激励奖金数额。

培训和教育

生产工人要经过短期的在岗培训，然后才实行计件工资制度。林肯电气公司不提供离岗教育，除非公司有特殊需要。据萨博称，这项政策背后所隐含的思想是：并不是所有人都能利用这种培训项目，花公司的钱，机会却不平等，这样是不公平的。销售岗位的应聘人员已经是大学毕业生了，在工厂接受了在岗培训后，还要在一个地区销售办公室工作和培训一段时间。

福利和高级管理层津贴

医疗计划和由公司出钱的退休计划已经实行多年了。工厂餐厅只实现盈亏平衡，按通常成本的60%供应膳食。员工联合会不必由公司直接拨款，但也可以提供残障保险，还提供社交和体育活动。员工持股计划使员工持有了公司约 50%的普通股。依照这项计划，工作两年以上的每位员工均可以购买公司的股票。股票价格按账面价值确定。通过这项计划购买的股票只能由员工持有。

员工持股的股利和表决权均与公司外其他持股者相同。大约75%的员工都拥有林肯电气公司的股票。

至于高级管理层津贴，公司没有。高级管理层的办公室拥挤、简朴；高级管理层没有专用盥洗室或餐厅；也不享受预留的停车位。甚至最高层也都要花钱就餐，在员工食堂进餐。最近有一天，由于发表早餐会演讲，韦利斯工作迟到了，最后不得不把车停在了距工厂门口很远的地方。

财务政策

詹姆斯·林肯强烈地认为公司增长所需的融资应来自公司内部——通过创始人的初始现金投资，通过留存收益，以及通过在企业内员工购买股票。他认为这种方法具有下列优势：

1. 员工持股增强了团队精神。“如果他们彼此都渴望成功，那么公司的未来就是光明的。”
2. 持股能提供个人激励，因为员工觉得自己会因公司盈利而受益。
3. “所有权具有教育意义”。员工成为主人后“将会了解利润是如何创造的，又是如何丧失的；成功是如何获得的，又是如何丧失的……在全国各行各业的股东名单中没有几个人反对私有价值。”
4. “从内部获得资本可以控制扩建规模。”林肯认为，依照他的融资计划，不会发生没有保证的扩建。
5. “最大的优势在于工人的发展。在持股的激励下，他会成为一个更优秀的人”。
6. “持股是一种让工人觉得他和老板之间的鸿沟可以缩小的方法……持股有助于工人意识到他或她在游戏中的责任，以及胜利的重要性。

直到 1980 年，林肯电气公司从未借过钱。公司的负债主要包括应付账款和短期应计款项。

韦利斯简洁明了地表述了林肯电气公司不同寻常的定价政策：“任何时候都根据成本定价，任何时候都对成本施加压力。”这项政策致使最受欢迎的焊丝的价格从 1929 年的每磅 16 美分，下降为 1938 年的 4.7 美分。林肯销量最大的便携式设备——SA-200 焊机的价格从 1958~1965 年一直在下降。据坐落在德克萨斯州休斯敦市的美国劳动生产率中心的杰克逊·格雷森博士称，大约从 1934 年至 1970 年，林肯电气公司的价格增长速度仅相当于消费者价格指数的五分之一。这样就使林肯电气公司成为焊接产品市场无可争议的价格领袖。甚至日本的主要制造商都无法打进这个市场，比如新日本制铁株式会社的焊丝，以及大阪变压器株式会社的焊接设备。

公司每年都积累大量现金余额，准备发放年终奖金。1988 年奖金总额为 5 400 万美元。这些资金都投资于短期美国政府债券，或定期存单（CD），直到需要时才兑现。公司的财务历史数据如图表 2 所示。

林肯电气公司如何回报利益相关者

在对不同利益群体的重视程度上，林肯电气公司与大多数其他公司有所不同。韦利斯先生按优先顺序依次列出了这些利益群体：（1）客户；（2）员工；（3）股东。

图表 2 林肯电气公司的财务历史数据

	1974	1979	1980	1981	1982	1983	1987	1988	1989
销售收入 (百万美元)	$233	$385	$401	$469	$329	$277	$377	$478	$582
股东权益收益率*	25%	19%	16%	19%	9%	9%	15%	16%	12%
权益负债比率※	0%	0%	0%	0%	0%	0%	2%	7%	11%
产品数据:									
弧焊产品(占销售总收入%)						91%	91%	91%	91%
其他产品(占销售总收入%)						9%	9%	9%	9%

*股东权益收益率 = $\frac{\text{税后利润}}{\text{股东权益}}$

※ 权益负债比率 = $\frac{\text{长期负债}}{\text{长期负债 + 股东权益}}$

当然，公司客户受到的待遇不薄。林肯电气公司焊接设备和焊丝的价格被公认为市场上最低的价格。质量始终如一地保持在高水平。林肯电气公司产品的出错成本仅为收入的 0.04%，令人惊叹。Fleetweld 焊丝和 SA-200 焊机已经成了输油管道和炼油厂建设行业的，在这个行业，几十年来，价格几乎都不是他们选择供应商的依据，他们会根据品牌来决定供应商。位于路易斯安那州门罗市的一个林肯电气公司分销商说，他已经销售了几百台最受欢迎的 AC-225 焊机，它的保修期为一年，但是从未有人要求保修。

或许在管理层的支持者中，待遇最好的要算员工了。当然，他们的福利远不只是年终奖金，尽管它实际上使本已居平均水平的薪酬翻了一番。前面介绍的人事计划，以及附录中的评论都进一步说明了为什么林肯电气公司的工作这么炙手可热。

虽然股东被詹姆斯·林肯降至次要地位，但是实际上他们也没错。最近的股利已经超过了每股 11 美元，每股收益接近 30 美元。在 1980 年 1 月，向员工发售的限制性股票的价格已涨至每股 117 美元。到 1989 年，公司提出回购股票的价格为 201 美元。在与当时的美林证券纽约办事处、Pierce、Fenner 和 Smith 核实后，发现林肯电气公司的股票价格估计为每股 270 美元，但是没人出售。从技术上讲，这种价格只适用于林肯家族和少数其他大股东持有的以及员工在公开市场上买入的非限制性股票。林肯电气公司股票的关联风险是股票价值的决定因素，但是由于收益极其稳定，资本结构中负债少，而且每当员工出售限制性股票时，林肯电气公司的一贯做法就是购买，所以风险极小。

总结性评论

人们很容易认为林肯电气公司的成功在于员工的优秀，以及员工愿意比其他行业的工人更努力、更高效、更智慧地工作。但是，萨博先生则建议适当承认林肯电气公司管理者的功劳，他认为下列政策之所以得以实施，要归功于管理者：

1. 管理层把研发和制造限定于标准产品线，这些产品线被用来满足焊接行业的主要需求。
2. 新产品在获得管理层的批准前必须经制造部门审查，所有制造成本都必须经过证实。
3. 采购面临着巨大的挑战，他们不仅要以最低的成本采购原材料，而且要与工程设计和制造部门密切合作，以确保任何最新的创新都得以实施。
4. 对于减少废料、节约能源，以及保持产品质量，生产监管及所有人员都负有责任。

5. 生产控制、材料处理，以及工程设计均由高级管理层密切监督。
6. 管理层使成本节约成为林肯电气公司的一种生活方式，并且在多个领域制定了明确的计划，包括运输领域，因为这个领域可以产生巨大的节约。
7. 管理层建立了一个销售部门，他们都接受过技术上的培训，从而可以降低客户的焊接成本。这种销售方法，以及其他实质性的客户服务消除了不必要的虚饰，为所有相关方都带来了长期利益。
8. 管理层鼓励教育、技术发布，以及促进行业增长的长期计划，从而确保了林肯电气公司的市场潜力。

萨博先生写道：“它是真正意义上的个人和集体信仰体验。这种信仰就是我们一起能够实现个人所无法实现的成就。它不是一个完美的系统，但是这已经很不容易了。它要求无私的奉献和辛勤的工作。但是，它确实发挥了作用，我们的付出都是值得的。”

附　录

员　工　访　谈

下面罗列了员工访谈中的一些典型问答。为了保护隐私，我们改动了员工的名字。

访谈 1

爱德华·桑德逊，23 岁，高中毕业生，在林肯电气公司工作了 4 年，在访谈时，是焊丝事业部的设备操作工。

问：您是如何得到这份工作的呢？

答：我妻子怀孕了，我每小时只挣 3 块钱。有一天我就来到这里，申请了工作。就是这样。后来我不停地打电话，让他们知道我仍对工作感兴趣。

问：把奖金算在内，您去年大约挣了多少钱？

答：45 000 美元。

问：您来这里后，钱都怎么花了？

答：嗯，我们过得非常好，我们买了一套公寓。

问：是你们自己出钱买公寓吗？

答：不是，但是我也买得起。

问：您今年购买林肯电气公司的股票了吗？

答：没有，我还没买过林肯电气公司的股票。

问：您有没有觉得这里的管理者为员工考虑得很周到了？

答：我认为的确是这样。但是要做到他们今天的位置，就必须实干。

问：到处不都是这样的吗？

答：我认为这里尤其是这样。因为工龄真的不算什么。如果你在这里和一位有 20 年工龄的人一起工作，而你只工作了 2 个月，但工作出色，你也会比他先提拔。

问：你们实行计件工资吗？

答：我们这帮人是。我们中有 9 个制造光熔焊条，整个小组都根据我们制造的光熔焊条的数量计酬。

问：您认为自己比克利夫兰地区其他工厂的工人工作更努力吗？

答：是的。我想我可能工作更努力。

问：您认为这会伤害其他人吗？

答：不会，工作努力点儿决不会伤害任何人。

问：如果您能选择，您认为少挣点儿钱，生活节奏放慢点儿也会同样幸福吗？

答：不，我不在乎。如果我在乎的话，我不会干的。

问：您认为为什么林肯电气公司的员工比其他工厂的工人产量高？

答：公司就是这么设计的。你生产得越多，挣得就越多。

问：您认为是因为计件工资与奖金结合的缘故吗？

答：我认为，如果人们不知道年终能拿到奖金，就不会在这里工作了。

问：您认为林肯电气公司的员工会参加工会吗？

答：不会。

问：为林肯电气公司工作最大的好处是什么？

答：钱。

问：还有其他好处吗？

答：有，我们公司没有工会。我认为我不会在设工会的公司工作。

问：您认为现在自己是林肯电气公司的一名专业人员了吗？

答：是的。

访谈2

罗格·刘易斯，23岁，普渡大学机械工程专业毕业生，已参与林肯电气公司的销售培训计划15个月了，访谈时正在克利夫兰销售处工作。

问：您是如何得到林肯电气公司的工作的呢？

答：我看到林肯电气公司在普渡大学校园招聘。后来我又到克利夫兰参观了工厂，然后就得到了一个职位。

问：您认识高级管理层吗？他们知道你的名字吗？

答：是的，我认识所有高级管理层——哈斯丁先生、韦利斯先生、萨博先生。

问：您认为林肯电气公司的销售人员比其他公司的销售人员工作更努力吗？

答：是的。我认为其他公司不会有很多销售人员每周工作50~60个小时。这里每个人都努力工作。您可以去工厂走走，也可以去楼上看看，没有人闲坐着。

问：您认为在林肯电气公司工作有什么不利之处吗？

答：我不知道这是不是不利之处，但是林肯电气公司的确是一家纪律严明、克勤克俭的公司。我喜欢这样。销售处是职能性的，不是虚饰。

问：您认为林肯电气公司的员工为什么有如此高的劳动生产率？

答：计件工资有很大关系。林肯电气公司也比许多工厂都小。您可以站在一个地方，看着原材料从一边进来，产品从另一边出去。您就会觉得自己是公司的一部分。晋升的机会也很重要。公司有严格的内部提拔的政策，所以你知道自己会有机会。我想在许多其他地方，你不会像在这里这样，得到如此公平的人事安排。销售处规模也较小。我喜欢这样。我告诉人们我们在巴尔的摩的办事处只有两个人，他们会说，“别开玩笑了。”它规模小，更私人化一些。工资是最重要的。我听说这是世界上待遇最高的工厂。

访谈3

乔·特拉罕，58岁，高中毕业生，在林肯电气公司工作39年了，访谈时，任工具室的工长。

问：您去年的工资大概有多少？

答：56 000多美元。工资加奖金加股利。

问：您的奖金有多少？

答：大约26 000美元。

问：您得过什么特殊的奖励吗？

答：确实没有。

问：您的钱都怎么花了？

答：买房子，还有我的两辆车。我还买了一些债券和林肯电气公司的股票。

问：您对林肯电气公司的高级管理层有什么看法？

答：他们确实是一流的。

问：在林肯电气公司工作的最大不利之处是什么？

答：我觉得根本没有不利之处。

问：您认为自己比其他公司同类岗位的大多数人创造得更多吗？

答：我的确这么认为。

问：为什么呢？ 您为什么这么认为呢？

答：我们实行一套激励制度。我们所做的每一件事，都力争不断改进，以最低的成本制造更好的产品。我们尽力提高奖金。

问：如果少挣点儿，工作不这么努力，您会觉得同样幸福吗？

答：我想不会。

问：您认为林肯电气公司的员工会加入工会吗？

答：我想他们从未考虑过。

问：在林肯电气公司工作的最大优势是什么？

答：薪酬。

问：您能不能给我讲讲1965年去世的詹姆斯·林肯？

答：你是说吉米吧。他总是戴着套袖在车间走来走去。他身材魁梧，看上去总是那么高贵。满头银发，很和蔼的一个人。有一年，我是顾问委员会的一名成员。他每次都去。

问：他给您留下的印象是真正的关心员工吗？

答：我觉得他时刻都关心员工。

问：您有没有感到他的宗教虔诚？

答：没有，一点儿没有。

问：现在宗教不是计划的一部分吗？

答：不是。

问：您认为林肯先生睿智呢，还是认为他只不过是一个好人？

答：我会说他很有修养，很健谈——话总是源源不断地从他的大脑中涌出来。他总是知道自己在讲什么。

问：什么时候废止了合理化建议奖的？

答：大约 18 年前。

问：对公司造成很大损害吗？

答：我认为没有，因为我们仍然通过成绩评定系统奖励合理化建议。

问：您还有什么要说的吗？

答：这是一个理想的工作场所。工会似乎把其他地方都束缚住了。在其他地方，电工只做电工活，木工只做木工活。但是在林肯电气公司，我们都全力以赴，做任何需要做的事情。

问：那么最大的好处就是没有工会了？

答：没错！

思考题

1. 您认为林肯电气公司的战略是什么？在这个背景下，您认为林肯电气公司的业务的性质是什么？ 公司竞争的基础是什么？
2. 在林肯电气公司的组织和控制的总体方法中，哪些因素有助于说明公司如此成功？林肯电气公司的组织和控制机制是否符合公司战略要求？
3. 林肯电气公司的公司文化是什么？什么类型的员工最乐意在林肯电气公司工作？
4. 林肯电气公司的组织和控制方法对其他公司的适用性如何？为什么没有更多的公司像林肯电气公司这样运营？
5. 什么可能导致林肯电气公司的战略实施方法失败？林肯电气公司持续成功的威胁是什么？
6. 您想在林肯电气公司这样的环境中工作吗？

案例12-2

皇冠宝家具公司

引言

时间是2002年，皇冠宝家具公司的CEO布莱恩·斯托维尔正在反思他领导这个小型制造公司的9年来所看到的令人难以置信的变化。皇冠宝家具公司位于美国新罕布什尔州的克莱尔蒙特市，向美国各地的客户供应高端定制橱柜。在它所在的社区内，公司是一个令人尊敬的理想雇主，员工队伍精神振奋、士气高昂。它还赢得了全国成千上万的客户的信任。但是情况并非一直会这样。

行业概况

美国的家具行业十分分散，有5 000多家制造商通过多种分销渠道供应一般、半定制，以及定制家具。[1]在1998年，最大的制造商占有15%的市场，而第二大制造商仅占有7%。半数以上的制造商都雇佣不到10人。

家具的需求是紧随住房建设行业的趋势的。分销商和交易商分别占据制造商30%左右的家具采购。而家居中心和建筑商则平分剩余部分。直接从制造商采购的家具不到1%。由于90年代仓储式家装零售商的兴起，一般家具渐趋流行，而定制家具的市场份额则逐渐缩小，从1989年的26%降至1999年的不到15%。[2]

皇冠宝家具公司拥有85名员工，是一个相对大型的制造商，尽管有些家具制造商雇佣的员工在1 000名以上。皇冠宝家具公司制造定制家具，2001年，一套橱柜的平均销售收入为25 000美元，在高端家具制造市场竞争。

公司历史

诺姆·斯托维尔于1979年创办了企业，在自己的车库中生产了第一件家具。由于信守质量和服务原则，到1992年，诺姆已经把企业发展到了100多名员工，其中包括他的7个孩子。虽然销售收入在稳步增长，但是利润却微薄。斯托维尔先生的一个孩子——布莱恩·斯托维尔，在1992年负责销售，但是却对管理企业特别感兴趣。经兄弟姐妹和父亲同意后，布莱恩于1993年肩负起了经理的职责。

皇冠宝家具公司的产品和生产工艺

皇冠宝家具公司在占地33 000平方英尺（约为半个足球场大）的工厂内制造家具。按照轻工业标准，工厂算是小型的，这从拥挤不堪的在产产品和产成品存货中也可以看出来。每件橱

1. 一般家具，是预先设计的、具有一定宽度和高度的未组装家具，可选择性最小，通常由家居中心零售商经销。定制家具是一次性的，专门为某个客户设计，对性能和尺寸没有限制。半定制家具是二者的混合，具有标准宽度和高度，不同的性能和设计选择。
2. 引用的数字是按销量。按销售收入计算的定制家具市场份额从1990年的31%降至了1999年的26%。

柜，均可选择多种风格、木材和面漆，并按客户要求的规格专门设计。然后把设计交给生产车间，用原材料（主要是枫木、橡木、松木等）做成家具框架、门和箱子。各项工作都在车间按任务进行分配。每件家具都是用手磨砂，然后涂上着色剂或专用油漆。最终的产品还要组装、用毯子包裹后，再用卡车送货。从订货到交货一般需要 14~20 周，其中从订货到生产占了大部分时间。实际制造时间一般只有 10 天。尽管投资一般都用于新的切割和喷漆设备，但是工人对每套家具每一组件进行的精雕细刻才是皇冠家具公司的最大特色。

经营理念的变化

皇冠宝家具公司的环境类似于许多小型加工厂。不断增长的销售收入、兢兢业业的管理团队，以及令人满意的经销商网络，并没有转化为健康的财务业绩。有些员工很忠诚，但是大量岗位每年都经历 4 次或 4 次以上的重新招聘，因而员工平均年周转率为 300%。许多人都把管理层/员工关系描述为“是恐怖的”。一个员工回忆道“管理者过去常常有一个明确的态度，就好像在穷抖威风。他们会站在你背后监督你，以保证一切正常，如果有什么差错，就肯定会当面指出。”

缺勤风弥漫整个公司。管理层对这个问题以及许多其他问题的反应都是施加高压手段。行政管理者实施了一项政策，规定任何人若在节假日之前或之后请病假，都不能享受节假日工资。但是这些政策似乎一点儿效果都没有。

但是，最重要的问题是“在产产品质量控制差”。[3] 布莱恩回忆道：“虽然我们的产后质量很好，但是每件家具出厂前都要返工三四次。”在 1993 年初，布莱恩决定试验一种不同的方式。

一种新态度

布莱恩先生站在车间的一个桌子上，召开了一次公司大会，向人们描绘他的愿景。

“从今天起，”他说，“一切都会改变。现在我们大量的钱都浪费在返工和废料上了。我不想让那些钱流到门外去，我宁可发给你们大家。你们离开工厂时没有任何退休福利。看到这些，我感到很伤心。我希望能负担得起这些，给你们一些退休福利。从今往后，如果你们不关心产品的质量，就会丢掉工作。如果你们关心，就永远不会失去这里的工作。”

他继续说第二项主题：“今天，这里不是一个理想的工作场所。我的愿景就是，期望有一天人们会对你说，‘你在皇冠宝工作吗？哇！我多么希望能进去呀。’”

员工们都持怀疑态度，但是布莱恩请他们相信他。作为一个善意的姿态，他决定公司每天早晨提供点心和咖啡作为早餐，尽管公司实际上承担不起这些费用。一宣布改革，公司就开始了一系列的重组和痛苦的转型。管理层严格根据作工的质量评价员工，截至 1994 年，工资单已经从 76 个人，削减到了 53 个人。在这期间，销量和销售收入都有所增加。

基于团队的管理

与皇冠宝家具公司管理团队中大多数成员不同，布莱恩·斯托维尔的妻子蓓姬曾经有过在其他企业环境中从业的经历。作为一名家庭成员和股东，她参与了皇冠宝家具公司所面临的许多痛苦挣扎，其中最重要的就是管理层做出的重组决策。判断哪名员工是造成质量问题的来源具有很大的挑战，需要一定的策略。在布莱恩发表演讲 12 个月后，蓓姬提出了一个简单却有些激进的解决方案：跳过各级管理层，让员工自己决定同事

3. “产中质量控制”定义为在生产周期内的质量监控。产后质量是指产成品的质量。

中哪个应该留下。她支持采用一种基于团队的管理模式，赋予员工人事和管理决策责任。这种理念被采纳了，8 位生产线经理分别和他们先前管理的员工组成了工作团队。有些经理不愿被“降级”就辞职了。其他经理则轻松地适应了。还有些经理尝试过，但是无法在新制度下工作。

生产部门被转化为团队，由 12 人组成。每天都召开会议协调沟通、表达不满、提出工作改进建议、安排生产进度。但是，很快形成了一种模式，两三个人主导了讨论，而其余的人都保持沉默。为了解决这个问题，公司对全体员工进行沟通交流培训，并且把团队拆分成更小的组。

截至 1994 年，团队已经设计出了“同事考评表”或者称“计分卡”。用这些评价团队成员的业绩，建议工资涨幅，但最高涨幅由管理层制定。计分卡特意建立成主观性的，自采用之日起就一直未变。员工建立的计分卡详略程度不同，但是有一样似乎是不变的：许多员工都受到了不断地批评，但是却没有几个被停止加薪。结果几乎所有员工都同样获得了（最大幅度的）加薪。

自建立之初，团队就被赋予了招聘和解雇团队成员的权利。人力资源领导首先为团队空缺职位面试应聘人。然后由团队面试推荐的应聘者。在通过人力资源部门面试的人员中，75%以上都被团队否决了。

收益分享

1997 年，皇冠宝家具公司建立了一项激励制度用于降低人工成本。人工成本一般占家具制造商总成本的 25%。布莱恩和蓓姬[4]提出与员工分享人工成本节约，并制定了一项称为“收益分享”的计划。这项制度的运作方式如下：

1. 布莱恩用每月的销售收入乘以一个预定比例，用得出的数字决定奖金池最高额。预定比例基于对公司能承担的人工成本的合理估计。
2. 然后从这个数字中减去正常工作时间的实际人工成本、加班人工成本，以及节假日预算。
3. 剩余的资金根据工资额每月在员工中按比例分配。
4. 无论上一个月的业绩如何，每个月都重新开始。每个周一下午，都召开会议审查用于“收益分享”奖金的累计数额。自实施以来，95%以上的时间都发放了“收益分享”奖金，从 1997~2001 年，平均为年薪的 11%~20%。

“收益分享”制度有一个不利的结果，那就是对加班的员工不利。由于“收益分享”基于公司的总体业绩，奖金发放与工资挂钩，所以加班的员工获得的“收益分享”奖金份额就不成比例。在这种情况下，那些经常加班的人（经常未能按时完成工作）最终会被团队中的其他成员淘汰，因此，问题得以有效解决。

延期交货惩罚/奖励制度

皇冠宝家具公司因发货准时、完整而感到自豪。未完整发货的订单被视作“延期交货”。延期交货需要再发送遗漏的零部件，并在现场安装。由于“收益分享”奖金发放，延期交货的数量似乎有所增加。布莱恩一再重申延期交货对企业的长期影响。他解释道，因为企业非常依赖于客户满意度和口碑宣传，所以一定要保证每个订单都准时、完整地交货。但是这番话似乎也无济于事。

从 1998 年开始，每发生一次延期交货，就从“收益分享”奖金池中扣除 250 美元，以示惩罚。结果没产生什么效果，于是罚金就增加为 500 美元。同样，还是没有什么明显的效果。最后，在 1999 年，罚金增加至 1 000 美元，不仅

4. 布莱恩的妻子蓓姬·斯托维尔于 1994 年成为全职员工，于 2001 年成为皇冠宝家具公司的副总裁。

如此，公司保证，任何一周，若没有发生延期交货，则免费供应全体员工一顿午餐。延期交货发生的频率明显下降了。如果一周未发生延期交货，工人就兴高采烈，很快，几乎每个周四都免费供应一顿午餐。但是，并非所有人都高兴，尤其是前台办公室的人员，因为他们不得不承担更繁重的任务，每周为 85 名员工安排一顿午餐。有些人甚至怀疑每周花 500 美元供应一顿午餐是否合理。

工资上涨

在实施的第一年，“收益分享”奖金接近年薪的 20%。第二年，即 1998 年，布莱恩和蓓姬决定涨工资。他们认为员工应该更有能力申请贷款，用稳定的工资购买所能买到的任何物品。14 个月后，即 2000 年，再次涨工资；2001 年，又涨了一次。工资上涨的影响是将“收益分享”奖金维持在年薪的 25%以下。可以预见，员工对工资上涨都感到高兴，尽管有些人担心人工工资总额的上涨最终会造成失业。布莱恩向他们保证，这些额外的钱是由于劳动生产率的提高而产生的，是人工节约的直接结果，他还保证工作安全始终是优先考虑的对象。

生产安全

在诺姆·斯托维尔的领导下，制定了一项安全生产计划。1994 年，成立了一个安全生产团队，由吕蓓卡·斯托维尔和布莱恩的弟弟杰夫·斯托维尔领导。安全生产团队起草了工作规程和指南，并授权员工把违反安全规定的人驱逐出车间。安全生产团队决定违反安全规定的惩罚措施，包括解雇。每个人均应遵守同样的工作规程。甚至创始人和总裁也都要接受安全生产标准“再培训”。在安全生产团队工作成为在皇冠宝家具公司工作的一个必要部分，但有时并不令人艳羡，因为团队成员有时必须解雇违反安全生产规程的朋友，这是件令人痛苦的决策。

皇冠宝家具公司很久以来一直参与一个自行筹集、自我管理的工人薪酬信托，它由经过挑选的几个小型制造商组成。这个小集团与新罕布什尔州共同管理工人薪酬保险。要加入这个集团，就必须具备无可挑剔的安全生产纪录，并对安全生产做出承诺。在皇冠宝家具公司的安全生产纪录上，值得称赞的是，公司今天享有在这个集团中“经验众数”[5]最低的美誉。直到 1992 年，皇冠宝家具公司的“经验众数”一直都比州平均水平高 40%。但 2001 年下降了，比州平均水平还低 32%。

社区公民

皇冠宝家具公司认为社区利益是生产经营的重要组成部分。2001 年，皇冠宝家具公司赢得了首届“商务部克莱蒙特年度公司奖”。这个奖项是根据来自社区公民的提名数量和质量确定。据报道，商务部收到的许多对皇冠宝家具公司的提名都来自皇冠宝家具公司的员工。

2002 年，皇冠宝家具公司成立了一个由员工组成的委员会，从员工中集资，并由公司提供配套资金，供社区发展用。公司收到了无数要求，要求公司接受社区服务奖。公司委员会的员工轮流代表公司领奖。

沟通交流

很大程度上由于企业的组织结构是基于团队，所以沟通交流日益在公司盛行。布莱恩引进了一项开放政策，定期巡视车间，逐渐认识了全

5. “经验众数（experience mod）”指反映公司高于或低于州平均工人薪酬保险的乘数。“经验众数”基于工人工伤保险理赔的频率和严重程度。处于州平均水平的公司经验众数为 1。

体员工，并能叫出名字，还参加许多团队日生产会议（生产团队每天开三次会，审查生产进度和质量状况）。员工利用这个机会自由向布莱恩反映自己所关注的问题。车间范围的周会用来通报财务业绩、安全生产信息以及公司一般公告。布莱恩的一些社区商业同伴对信息分享的公开性感到震惊，因为他们认为其中许多都是商业秘密，他们“决不会让员工了解公司在人工上花了多少钱、赚了多少钱。”

皇冠宝家具公司并没有受到家族企业所共有的许多问题的困扰。家族成员之间的沟通一直很顺畅。布莱恩指出，尽管他所实施的许多变革都未得到父亲的支持，但是诺姆选择自由放任式的方法，从而给了布莱恩和蓓姬成功或失败的自由。

其　他

自 1993 年以来，皇冠宝家具公司为员工增加了多项其他福利。1996 年实施了 401K 退休计划。最初，公司支付退休计划的管理费用，但是并不为员工缴款。到 2001 年，公司开始缴款，占员工缴款的 50%，最高不超过工人工资的 10%。95%的员工都参与了退休计划——大约比同类计划的平均水平高 20%。专门为员工提供的福利包括：公司年度野餐会、附近体育馆的包厢票、公司赞助的滑雪项目、餐厅配备一个制冰激凌机和一个爆米花机、不断翻新的早餐等。

营　销

直到 1993 年，皇冠宝家具公司，与大多数其他定制家具制造商一样，也采用广泛的经销商网络（共 76 个）销售家具。1994 年，直接销售不到销售收入的 25%，1998 年上升到 50%，而 2001 年竟达到了 95%。实施这种转型的原因很简单。布莱恩觉得经销商攫取的 30%的边际可以更好地在公司内部使用，为室内设计/销售团队和不断增加的广告提供资金。设计团队接听潜在客户的电话，从专业设计人员和承包商那里寻求业务，准备报价、达成销售。团队从 1 个人发展为 13 个人，基础工资占三分之一，销售佣金占三分之二。皇冠宝家具公司的营销预算从 1994~2001 年增长了 4 倍，大量新增支出都分配给了在行业期刊刊登的广告。2002 年全国整合后的家装电视节目《再看鲍勃·维拉的家》（Bod Vila's Home Again）作为佛蒙特州家庭装修项目的一部分，特别报道了皇冠宝家具公司的工厂和优质工艺，从而使公司受到更加广泛的关注。

结　果

布莱恩在 1993 年的演讲中所描绘的宏伟蓝图似乎已经实现了。生产中的产品质量显著提高，从而显著提高了劳动生产率，大幅节约了材料。工厂员工的态度也大有改观。一位员工说出了许多人的心声：“我之所以保质保量地工作，是因为这是客户所希望的”他说，“斯托维尔家族为我做了很多，我也希望回报他们。”一位克莱蒙特当地的居民承认，城里许多人都希望到皇冠宝家具公司工作，因为“他们为员工的付出提供了丰厚的待遇。”还有一位员工说，“当人们发现我在皇冠宝家具公司工作时，人们对我的印象就非常深刻。”

财务结果也很坚实。从 1993~2001 年，销售收入翻了 3 倍多。毛利润边际占销售收入的百分比增长了 6%，比美国家具工厂的平均水平还高 15%以上。净边际从盈亏平衡提高到了 10%以上。与此同时，工资水平（包括“收益分享”）上涨了 2.5 倍。

更令人惊叹的是，员工流动率几乎降至了零，缺勤率也可以忽略不计，管理者与员工的关系也达到了有史以来的最好水平。随着客户、社区和员工的赞誉纷至沓来，布莱恩在想究竟是什么扭转了整个局面。是做了什么与众不同的事吗？还有其他方式能实现这样的结果吗？

皇冠宝家具公司的经验能推广到其他企业背景下吗？最后，由于注意到本地家具制造商的竞争对企业构成了威胁，他在想，皇冠宝家具公司应该如何进一步提高业已振奋的工人队伍的劳动生产率。

思考题

1. 皇冠宝家具公司的战略是什么？
2. 公司局面的扭转应归功于什么？
3. 皇冠宝家具公司的经验能推广到其他企业中吗？

案例12-3
沃辛顿工业公司

1999年，沃辛顿工业公司在钢铁加工及金属相关行业的销售收入实现了18亿美元。公司总部位于俄亥俄州哥伦比亚市，在11个国家经营着53家工厂，拥有7 500名员工。约翰·H·麦克奈尔于1955年创办了公司。他的儿子约翰·P·麦克奈尔于1996年成为董事长兼CEO。公司在过去5年间的财务业绩如图表1所示。公司的业绩一直都在行业内遥遥领先。《财富》杂志分别于1998年和1999年两度把沃辛顿工业公司选进"百家最适宜工作的地方"的名单。

公司分成三个经营单元：沃辛顿钢铁、沃辛顿汽缸、德富工业。

沃辛顿钢铁

沃辛顿钢铁创立于1955年，实际上是它创造了今天强大的钢铁加工行业。沃辛顿工业公司是一家历史悠久的行业领袖，拥有1 000多家客户，服务广阔的市场，其中包括汽车、草坪和园艺、建筑、五金器具、家具和办公设备、电控、休闲和健身、家用电气以及农机具等。公司在行业内提供的服务最广泛，从切割和制坯，到氢气退火、热镀，以及镀镍。

沃辛顿钢铁通过提供优质产品和服务，在扁钢定制加工领域赢得了领导地位。它提供增值服务，在大型钢铁制造商与钢铁终端用户的特殊需求之间架起了一座桥梁。

沃辛顿汽缸

沃辛顿汽缸提供全系列压力缸瓶容器，在行业内品种最齐全：

- 液化石油气（LPG）汽缸用于储藏各种用途的燃料，从燃气烧烤架和野营装备，到住宅供暖系统和工业用铲车，无所不能。在北美以外地区，液化石油气汽缸用于储藏商业和居民烹饪用燃料，如燃气灶和燃气炉。
- 制冷压缩机汽缸供商用和民用空调和制冷系统，还用于汽车空调系统。
- 工业用和专用高压气缸、乙炔气缸、复合汽缸用于储藏满足各种应用的气体，比如用于切割和焊接金属、供氧（医疗、潜水、消

图表1　财务业绩：1995~1999年（百万美元）

	1995	1996	1997	1998	1999
销售净收入	$1 126	$1 127	$1 428	$1 624	$1 763
毛利润边际	$183	$178	$207	$253	$294
毛利润边际占销售净收入百分比	16%	16%	15%	16%	17%
经营收益	$115	$99	$111	$136	$146
经营收益占股东权益百分比	19%	15%	16%	18%	21%

本案例由维杰伊·戈文达拉扬和约瑟夫·马齐里洛编写。

防)、半导体生产和饮料运输，以及压缩天然气。

德富工业

德富工业是美国最大的钢结构材料制造商，它是沃辛顿工业家族最重要的金属相关行业的增值部分。这个子公司于1996年被收购，总部位于匹兹堡，生产钢龙骨、楼板梁、屋架及其他金属附件，供应给批发分销商和商用和民用住宅建筑承包商。

德富工业发布了一套互动光盘，使人们在选择钢结构时比以往更加方便。这套设计工具为开发商、建筑师、承包商和建筑人员提供了行业最全面的金属结构产品，便于制定建筑规格。它可以供一位新手在设计地下室时应用，也可以供一位专家在设计一座大型的办公大楼使用。

行政管理系统[1]

我们将在本小节介绍沃辛顿工业公司的行政管理系统：价值观、组织结构、人力资源政策以及奖励制度。

价值观

约翰·麦克奈尔建立了公司的价值观，多年来一直保持不变（参见图表2）。价值观的核心是一条金科玉律：己所不欲，勿施于人。虽然价值观明确表示公司的首要责任是对股东负责，但是也强调把客户、供应商，尤其是员工视为宝贵资产的企业文化。事实上，公司鼓励全体员工参与利润分享计划，成为股东。

沃辛顿工业公司期望员工努力工作，促进公司成功，但是它对员工的待遇也很好。公司认为如果公正、诚信地对待员工，人们也就会公正、诚信。如果工作出色，员工就会受到表彰；公司还不断敦促员工发展自身技能。公司实行了一项学费支持计划，帮助员工接受继续教育。管理者办公室的门永远都是敞开的，以表示其亲和力。管理者鼓励公开交流，并尽力避免在公司中玩政治。所有这些，连同其他措施使沃辛顿工业公司的工人和管理者之间充满了高度信任。

这种相互尊重的氛围最终使沃辛顿工业公司的客户受益。员工知道自己的工作很重要，并且为干好工作而感到自豪。利润分享计划是促进公司成功的额外激励。因此，沃辛顿工业公司是以客户为中心的。工人生产了高质量的产品，并提供周到的服务。沃辛顿工业公司的销售人员不仅为满足客户需求而工作，而且为超越客户需求而工作。

公司对供应商一视同仁，不仅赞扬供应商的忠诚度，而且赞扬客户的忠诚度。

组织结构

沃辛顿工业公司认为自己的组织结构是扁平式的。例如：它的利润分享计划只确认四个基本层级：生产、行政管理、专业人士、高级管理层。这种扁平式的组织结构，再加上公司青睐小规模的工厂——少于150名员工，使员工更容易彼此沟通。它还增强了员工对公司的认同感和奉献精神。

工厂经理享有高度自治，按独立的利润中心运营工厂。有些职能是集中化的，如采购，因为这样对公司而言更经济。同样，人力资源服务是共享的，因为这样可以使沃辛顿工业公司能够提供统一的服务，这也使公司在新的收购中受益良多。在其他方面，沃辛顿工业公司实质上是分权制的。

人力资源政策

在沃辛顿工业公司，管理者不是惟一的关键

1. This section is based on work by Joseph A. Maciariello in *Lasting Value* (New York: John Wiley & Sons, 2000), chap. 11.

图表 2 沃辛顿工业公司的经营理念

收益：沃辛顿工业公司的首要目标是为股东赚钱，增加投资的价值。我们认为评价目标是否实现的最好指标就是每股收益的不断增长。

我们的金科玉律：对于我们的客户、员工、投资者和供应商，我们应该信奉己所不欲、勿施于人的原则。

人：我们坚信，人是最宝贵的资产。我们认为人会对认可、发展机会以及公平的薪酬做出积极的反应。我们认为薪酬应该与工作业绩直接挂钩，因此，只要可能，我们就采用激励、利润分享或其他方法。我们期望员工诚信地工作，我们也会诚信地付酬。我们信奉的经营理念是：为沃辛顿工业公司的全体员工提供持续就业。在填补岗位空缺时，我们都尽可能从沃辛顿工业公司、各分部或子公司中选拔。若员工需要从一个岗位调到另一个岗位，我们不会让个人受到财务上的损失。

客户：没有客户及其对我们的产品和服务的需求，我们就一无所有。我们将竭尽全力满足客户对质量和服务的要求。一旦对客户做出承诺，我们就会竭尽全力履行义务。

供应商：没有供应商为我们提供生产所需的优质原材料，我们就无法盈利。从定价的角度来看，我们只要求供应商在市场上有竞争力，并且对我们及其他客户都一视同仁。我们忠诚于那些能在所有市场条件下满足我们的质量和服务要求的供应商。

组织：我们信奉把业绩责任落实到各经营单元领导的分权制组织结构。所有管理者都拥有一定的经营范围和权力，并承担实现公司目标的责任。为了坚持这条经营理念，我们不制定公司工作规程。如果在某项公司业务中，有必要制定公司规程，那么管理者也可以制定。我们信奉用最少的总部职员和辅助团队满足股东和经营单元的最大需求。

沟通交流：我们通过各种可能的渠道与客户、员工、股东及经营单元沟通。

公民：沃辛顿工业公司在各级员工中都践行守法公民职责。在与世界范围的客户、邻居及公众打交道的过程中，我们始终坚持以职业方式、按照道德准则经营公司。我们鼓励所有员工积极参与社区事务。我们也支持有意义的社区事业。

资料来源：Joseph A. Maciariello，*Lasting Value*（New York：John Wiley & Sons，2000），p.182.

决策者。员工理事会中的生产工人也参与各种管理决策。在大多数工厂，工人都有机会被推选入理事会。他们至少每月召开一次会议，谈论重大问题，比如工厂生产安全，并且每季度都向同事们传达这些信息。

员工理事会的主要职责之一是决定新员工是否应成为长期工。在新工人有资格做长期工之前，都必须完成 90 天的试用期。在此期间，理事会成员将与他或她的同事讨论新工人的工作表现。如果同事们的评论都是正面的，理事会就以多数票表决并批准长期聘用。一旦批准后，新员工就按月发薪，而不是按小时计酬，并且有资格参与利润分享计划。如有必要，管理者还可以建议解雇员工。但是，一般而言，理事会也承认生产车间的工人最有资格评价其他员工表现如何。

员工理事会与管理者之间的关系是和谐的。管理者欣赏生产工人对问题的独特看法。他们愿意与生产工人在一个团队中合作。反过来，员工也报以信任和开放态度。

希望得到晋升的工人在沃辛顿工业公司也有很多机会。公司 95%的岗位空缺都是从内部应聘者中选拔的。晋升在很大程度上取决于工作成绩。公司鼓励希望晋升的员工参加课程学习，承担公司的其他工作，来提高个人素质和专业能力。只要懂得常识，具有领导能力和合作精神，就被认为是管理者的材料。这些技能比生产知识更重要。公司也涌现了大量成功故事，其中包括唐纳德·马勒尼克。他是从生产车间干起的，1999 年从公司总裁的位置上退休了。

奖励制度

公司通过有竞争力的工资和利润分享计划奖励业绩优秀的员工。在每个工厂的同类岗位中，工资都是位居上四分位。

利润分享每季度分配一次，它对每位员工都很慷慨。员工根据自身的身份——生产工人、行政管理、专业人士或者高级管理层，参与利润分享计划。随着员工级别的升高，股票占薪酬的比例就会越来越大。例如：高级管理层的股票根据固定公式计算，占总薪酬的比例可达 60%。相比之下，利润股仅占生产工人总薪酬的 20%~25%。他们与行政管理人员和专业人士分享的利润总额的大小既取决于公司总体业绩，又取决于各个工厂的业绩。员工明白沃辛顿工业公司及其各个工厂效益越好，他们挣的钱就越多。

这一点可以得到沃辛顿工业公司销售队伍培训计划的证实。这个计划意在通过提高客户满意度提高盈利能力。每个销售员都要在生产所售产品的工厂待 6 个月，与生产工人一起送货，掌握生产技能，学习技术领域的专业经验。同时还加深了他们对订单的盈利能力的理解。在沃辛顿工业公司，如果一个订单不盈利，就不会接受。员工明白自己和公司都负担不起这样的订单。

思考题

请从如何帮助公司战胜竞争者的角度，评估一下沃辛顿工业公司的管理系统。

案例12–4

Wayside 酒店

时间是 1992 年 5 月 11 日，凯文·格雷正在对美国孟菲斯机场的 Wayside 酒店进行每季度的例行检查。作为 Wayside 酒店的地区总经理，这家酒店是他管辖范围之内的一个。在检查期间，格雷先生被酒店经理雷恩·莱姆伯特叫到了一边，他对这家汽车旅馆的扩建建议提出了一些问题。

“凯文，我对下一个财务年度增加 40 个房间的计划有点儿担心。”

“为什么担心，雷恩？房间不够的话你们会把大量房客都挡在外面的，所有迹象都表明，市场将会显著增长。”

“嗯，我刚刚和艾德华·凯德谈过。位于托莱多市中心的酒店扩建了 80 个房间，他确信这已经降低了他的投资回报率。我真的很想同你谈谈扩建建议将对我的激励薪酬产生什么影响，以及我今年的收入将会受到怎样的影响。”

公司概况

Wayside 酒店位于密苏里州的堪萨斯市，成立于 1980 年，是联合汽车旅馆公司的后继公司。联合汽车旅馆公司根据两家全国性连锁汽车旅馆的许可协议经营几家加盟汽车旅馆。由于复杂的限制性合同条款，联合汽车旅馆公司无法通过网点布局扩建两家汽车旅馆中的任何一家。

后继公司是为了以 Wayside 酒店的名义拥有、经营和许可连锁汽车旅馆而成立的，同时也是为了继续经营联合汽车旅馆公司目前拥有的连锁汽车旅馆。管理层觉得发展自己的连锁汽车旅馆的战略能为他们提供更大的灵活性，并且能使他们更容易地实现长期增长。这项建议的另一个重要原因在于，新的公司战略允许管理者追求综合营销计划的实施，而这项计划是在过去 7 年中慢慢发展起来的。

公司的基本战略是服务于那些不讲究豪华环境的商务人员。酒店没有诸如大厅、会议室、酒吧或餐厅之类的公共区。相反，连锁酒店强调整洁的房间、值得信赖的服务，以及较其他全国性连锁汽车旅馆低 15%~20%的收费标准。汽车旅馆旁总是设有独立的餐馆——在有些情况下也由 Wayside 酒店经营。但是，一般而言，特许租约都是授予地区连锁餐馆。

Wayside 酒店的管理层尽力把酒店建在通往商务区、机场和工业区或购物中心的州际高速公路或交通动脉附近，并使之成为酒店的一大特色。在一个城市，人们经常会在各种战略要地看到 Wayside 酒店。这种战略是建立在一种信条之上的，即在一个城市的五六个地点建几家总共 600 个客房的小酒店，远胜于在一个地点建一家拥有 600 个客房的大酒店。这种战略造成在那些有能力支撑市场的城市酒店聚集。一旦在一个城市建立了几家酒店，管理层就会在与这座城市有商业联系的地区发展新的酒店。

Wayside 酒店很清楚公司激进的战略只有在各经营单元的经理都严格遵守公司战略的情况下才能成功。为了使经营单元经理保持积极进取的精神，公司制定了多方位薪酬计划。计划由四项要素构成，但是基本上与盈利能力挂钩。基础工

本案例由研究助理查尔斯·沙普利斯在埃德加·巴雷特教授的指导下编写。版权归埃德加·巴雷特所有。

资的计算与工龄、销售收入，以及坚持公司目标密切挂钩。激励奖金根据销量的增长计算。还有一项激励奖金采用公司的投资回报率计算。福利是最后一项因素，也是薪酬包中的一个重要因素(参见图表 1)。一般而言，基础工资从 16 000~21 000 美元不等，总薪酬在 24 000~30 000 美元之间。经营单元的经理总是住在酒店，他的妻子通常也参与酒店管理。因此，经理夫妇的平均年龄约为四十八九岁，或者更大。许多以前都没有汽车旅馆业的从业经验。

自成立以来，公司不断发展壮大，未来的发展前景也很乐观。公司的扩建战略发展成了“三层攻击”战略。最重要的是，管理层积极建设新汽车旅馆，追求最广泛的网点布局。其次，如果分析表明酒店在满负荷，或者接近满负荷运营，就新建 76 个客房和 116 个客房的酒店。第三，

图表 1 经营单元经理的薪酬包

基础工资

基础工资根据工龄和一个酒店的相对销量来计算。工资要进行年度审查，调整金额在很大程度上取决于地区总经理的建议。公司尽一切努力使工资水平与竞争者的保持一致。

销量激励

每个经营单元经理在获得税前利润后，还可获得相当于销售收入较上年涨幅的 1%的奖金。若销售收入下降了，就不发奖金，下一年的奖金将以收入下降年度之前一年的收入为基础计算。

投资回报率奖金

投资定义为流动资产、固定资产、其他资产，以及任何递延费用。回报定义为息税前收益。

计算奖金的公式为：

$$\text{投资回报率} \times \text{业绩系数} = \text{投资回报率奖金}$$

其中

$$\text{投资回报率} = \frac{\text{息税前收益}}{\text{投资}} \quad \text{和} \quad \text{PF} = \text{业绩系数}$$

业绩系数用于区分较大的投资和较小的投资，并用于抵消管理较大资产的内在复杂性。

投资规模（美元）	业绩系数值（美元）*
0~ 600 000	15 000
600 000~1 200 000	25 000
1 200 000~1 800 000	36 000
1 800 000~2 500 000	45 000
2 500 000~以上	50 000

* 经总部批准后，地区总经理有权自由决定增减一个酒店的业绩系数值。

福 利

每个经营单元经理均享受一套酒店内的公寓（两个卧室、一个厨房、一个书房）、销售用车、洗衣服务及本地电话免费。

已成为财务负担，或者未对规定投资回报率做出贡献的老酒店会被卖掉。Wayside 酒店通常都依三种规模的其中一种兴建——76 个客房、116 个客房或者 156 个客房。

Wayside 酒店是在美国证券交易所上市的公司。公司有 1 542 850 股发行在外的股票，平均浮动范围为 400 000 股。普通股价格也飙升，分析师觉得投资者的利益受大量因素的影响，但是主要与创新营销战略相联系。Wayside 酒店的平均入住率比竞争者高 10%~20%。公司专注的市场领域（商务旅行者）一般都不受季节性或环境性因素的影响。服务业分析师认为公司其他重要的优势是积极进取的管理层、因标准化而降低的建设成本和建设时间，以及现有酒店高效的质量控制。

孟菲斯机场的 Wayside 酒店

坐落在孟菲斯机场的 Wayside 酒店是连锁汽车旅馆中中等规模的一个经营单元——最初拥有 116 个客房。它位于布鲁克路与机场路的交叉口，距城市中心约 5 英里。这家汽车旅馆于 1984 年 2 月 9 日开业，并且在随后几年发展了大量客户。虽然第一年的入住率平均只接近 43%，但是多年

图表 2 部分经营统计（1 月 1 日~12 月 31 日）

	1991	1990	1989	1988	1987
入住率报告					
夜间闲置客房	41 975	41 975	41 975	41 975	41 975
夜间入住客房	36 634	35 595	33 454	32 613	31 522
入住率（%）	87.3	84.8	79.7	77.7	75.1
客房收入	998 277	857 839	680 789	577 250	510 656
客房平均收费标准（$）	27.25	24.10	20.35	17.70	16.20
周入住率（%）					
星期一	99	89	95	94	92
星期二	99	99	94	92	91
星期三	99	98	96	94	89
星期四	99	97	92	87	86
星期五	91	87	72	70	65
星期六	61	55	51	50	48
星期日	63	59	58	57	55
拒客记录*					
星期一	26.1	22.8	15.1	10.1	11.5
星期二	27.7	21.0	19.3	16.0	12.1
星期三	38.2	33.2	26.9	19.5	13.3
星期四	43.9	36.3	31.4	20.4	16.6
星期五	22.6	15.8	10.9	5.2	2.4
星期六	9.6	53.7	2.8	0.2	0.6
星期日	8.5	6.4	3.0	1.3	0.5

* 拒客是指顾客本人给汽车旅馆打电话订房间，或者给中央客房预定处打电话订房间，但被告知没有空房间的客户。更多信息参见图表 3。

图表3 “拒客”日统计（1991年）

周	星期日	星期一	星期二	星期三	星期四	星期五	星期六
1	0	25	26	36	45	0	0
2	0	23	21	24	25	0	0
3	0	10	11	17	23	3	0
4	0	20	21	16	46	5	0
5	0	16	17	25	38	0	0
6	0	20	15	38	43	7	0
7	0	25	32	45	25	0	0
8	0	10	12	42	46	10	0
9	0	21	14	40	71	12	0
10	0	23	28	39	23	15	0
11	0	19	25	41	45	16	0
12	0	25	30	43	39	20	0
13	0	46	42	24	45	21	0
14	0	28	25	58	40	30	0
15	0	35	14	61	63	32	0
16	0	24	22	25	45	43	4
17	0	13	46	26	49	15	11
18	0	25	19	13	45	12	11
19	0	43	40	61	71	10	15
20	0	22	55	62	68	45	23
21	20	42	36	67	55	46	36
22	22	39	35	50	47	39	33
23	23	22	33	38	35	38	32
24	24	28	25	25	41	17	0
25	10	29	24	15	41	25	10
26	0	24	20	39	35	18	6
27	0	30	18	25	24	42	38
28	25	29	15	35	35	45	27
29	29	26	66	41	82	11	12
30	15	25	50	62	65	18	9
31	13	42	43	47	48	16	5
32	17	31	25	35	50	17	15
33	18	32	16	28	32	18	12
34	12	15	22	23	28	20	14
35	10	14	25	27	26	21	23
36	6	17	24	61	67	15	12

图表 3 续表

周	星期日	星期一	星期二	星期三	星期四	星期五	星期六
37	19	56	27	43	40	15	16
38	18	55	71	39	42	20	18
39	14	16	35	46	41	23	17
40	5	12	20	48	47	27	6
41	16	23	15	45	53	29	5
42	7	25	18	42	43	31	4
43	0	18	20	41	39	43	4
44	0	19	21	48	53	46	11
45	0	29	23	19	47	47	4
46	0	31	24	25	29	41	16
47	0	20	26	31	33	52	12
48	10	22	16	49	52	26	10
49	15	24	18	40	38	20	8
50	16	21	19	31	41	10	4
51	43	37	45	47	37	15	2
52	35	31	40	38	42	6	20
合 计	442	1 357	1 440	1 986	2 283	1 175	498

来一直稳定增长。到 1991 年，每周 5 个晚上都接近满负荷运营。酒店 80%的收入都依赖于销售员和商务旅行者。

这块地产最初是在 1982 年花 225 675 美元购买的。汽车旅馆的建设成本共计约 923 020 美元，装修、硬件、软件以及办公设备花了265 500 美元。

Wayside 酒店提供初始产权资本 75 000 美元。母公司还向子公司提供 275 000 美元贷款，并以期票担保。一家全国性的保险公司为土地和建筑物提供 950 000 美元抵押贷款。最后，还从孟菲斯州际银行获得 405 000 美元，为设备和办公用品采购提供资金，同时提供必要的营运资本(经营数据参见图表 2 和图表 3，财务报表参见图表 4 和图表 5)。

Wayside 酒店大约有 10 个竞争对手，他们都是几家全国性连锁酒店的加盟商，都位于孟菲斯机场方圆两英里内。在这个地区内，还存在多家独立的汽车旅馆。但是，他们一般都是经济型的，做不到 Wayside 酒店久负盛名的质量。孟菲斯商务部最近的调查表明平均入住率大约在 72%左右，客房的平均收费标准为 29.00 美元。公司预计竞争对手中几家连锁酒店的扩建计划是，在未来 18 个月中新增客房 800 间。

扩建建议

Wayside 酒店的项目开发人员制定了一份扩建 40 间客房的预测成本表。成本调整是必要的，它取决于具体的城市和条件。但是预期差异不会太显著。

工程设计和法律费用预计在 18 000 美元左右。遵照联邦法规和地方建筑许可而进行的“环境影响研究”估计花费 12 000 美元。客房扩建和相邻的停车场设施的建设成本预计接近 105 万

图表 4
孟非斯机场的 Wayside 酒店

损 益 表 截至12月31日	1990	1991
收　入:		
客房收入	$857 839	$ 998 277
餐厅租金收入	29 148	32 304
其　他	15 798	19 148
收入合计	$902 785	$1 049 729
经营成本和费用:		
客　房	194 620	229 520
销售和管理费用	204 767	217 020
折旧和摊销	48 118	58 320
水电费	41 610	45 473
维修费	46 672	48 498
日常管理费	46 372	53 394
经营收益	320 626	397 504
利息支出	159 617	168 610
税前利润	161 009	228 894
联邦税金	55 746	83 406
净收益	$105 263	$145 486

美元。这项扩建预期每年新增非直接经营成本46 000美元（大部分是人事、水电费和维修）。直接客房费用预期维持在客房收入的23%的平均水平。向母公司支付的管理费用和预定费用根据公式计算，即：客房收入的5%加上每年每间客房30美元。

绩效考核

在当晚的晚餐后，凯文·格雷决定审查一下关于雷恩·莱姆伯特的薪酬包以及他的相关绩效评价文件。他检查了他的记录，以决定莱姆伯特先生1991年的总薪酬是多少。然后他大致计算了一下，如果在1992年扩建40间客房，那么他1992年的总薪酬将是多少（参见图表6）。

在过去几年中，格雷先生还建立了一份“20分绩效评价报告”，他根据它决定薪酬增幅（参见图表7）。这项制度是他从以前受雇的一家全国性食品服务公司借鉴过来的。虽然报告主要供自己用，帮助决定谁应该获得绩效加薪，但是格雷十分重视他的报告。事实上，他正在考虑使它成为整个公司的制度。他毫不犹豫地让经营单元的经理了解，他还寻求纯粹的投资回报率之外的其他事情。他觉得有多个变量可能严重影响盈利能力，但经营单元经理却无法控制。此外，他认为高效的运营在很大程度上依赖于客户满意度。

图表 5
孟菲斯机场的
Wayside 酒店

资产负债表	1990	1991
资 产		
流动资产：		
现 金	$19 050	$18 800
应收账款	86 825	101 620
商 品	22 817	25 312
预付费用：		
保 险	4 622	4 110
抵押利息	8 524	8 022
床上用品	2 320	2 480
流动资产合计	144 158	160 344
固定资产：		
土 地	225 675	225 675
建筑物及附属物、设备、家具	1 327 740	1 370 515
减去：累计折旧	(268 375)	(326 695)
固定资产合计	1 285 040	1 269 495
其他资产：		
特许权	12 000	10 500
办公用品	28 540	28 540
其他资产合计	40 540	38 950
资产总计	$1 469 738	$1 468 789
负 债		
流动负债：		
应付账款	$68 671	$53 066
应交税金	23 240	27 212
应计费用	59 915	52 611
流动负债合计	151 826	132 889
长期负债：		
应付抵押贷款	684 000	646 000
应付票据	302 500	248 000
应付母公司票据	140 000	105 000
长期负债合计	1 126 500	999 000
净 值：		
股 本	75 000	75 000
留存收益	116 412	261 900
净值合计	191 412	336 900
负债总计	$1 469 738	$1 468 789

图表6 扩建建议对莱姆伯特先生的收入的影响

1991年总薪酬		预测扩建后薪酬	
基础工资	$18 500	基础工资	$18 500
销量激励		销量激励	
(1 049 729 − 902 785) × 0.01		(1 485 859 − 1 049 729) × 0.01	
146 944 × 0.01 =	1 469	436 130 × 0.01 =	4 361
投资回报率奖金		投资回报率奖金	
$\frac{397\ 504}{1\ 468\ 789} \times 36\ 000$		$\frac{624\ 235}{2\ 573\ 789} \times 45\ 000$	
0.2706 × 36 000 =	9 743	0.2425 × 45 000 =	10 914
薪酬合计	$29 712	薪酬合计	$33 775

预测损益表（根据格雷先生的计算）

收　入：	
客房收入	$1 420 238
餐厅租赁收入	40 571
其他收入	25 050
收入合计	1 485 859
经营成本及费用	
客　房	326 700
经营费用	376 832
折旧与摊销	82 400
日常管理费	75 692
经营收益	$ 624 235

注：客房收入预测为47 184间入住客房，平均收费标准为30.10美元。这个数字或多或少可以归结于年度增长，但在很大程度是由于新增客房。

投资只是一个大致数字，实际数字可能有变化，但是差异不会显著影响投资回报率。

思考题

1. 对于Wayside酒店而言，所建议的投资是一项很好的投资吗？
2. 雷恩·莱姆伯特的关注有道理吗？
3. 酒店经理现行的薪酬包合理吗？如果不合理，什么才是合理的呢？
4. 地区总经理的绩效测评系统应该聚焦在凯文·格雷和公司用来评价酒店经理的同样的因素上吗？（地区总经理负责拥有10~15个汽车旅馆的任何一个地理区域。）

图表 7 绩效评价报告

	评级				
	(1) 差	(2) 平均	(3) 好	(4) 很好	
汽车旅馆环境					
外 观	____	____	____	____	* .2 = ____
内部环境	____	____	____	____	* .5 = ____
维修工作	____	____	____	____	* .3 = ____
客房现场检查	____	____	____	____	* .5 = ____
工作人员态度	____	____	____	____	* .3 = ____
管理因素					
精确度报告	____	____	____	____	* .3 = ____
客房预定控制	____	____	____	____	* .2 = ____
应收账款	____	____	____	____	* .2 = ____
工 资	____	____	____	____	* .3 = ____
可控费用	____	____	____	____	* .5 = ____
入住率	____	____	____	____	* .5 = ____
其他因素					
与 RGM* 的合作	____	____	____	____	* .3 = ____
销售拜访	____	____	____	____	* .3 = ____
人员流动率	____	____	____	____	* .3 = ____
投 诉	____	____	____	____	* .3 = ____
合 计	____	____	____	____	____

评级	
20.0~17.8	很好
17.7~15.0	好
14.9~11.0	必须改进
10.0~ 5.0	很差

* RGM：地区总经理。

第 3 编

管理控制变形

第 8~12 章介绍了我们认为最典型的管理控制过程。在本书的这个部分，我们将介绍一些导致修订这些典型的管理控制过程的因素，并说明这些修订的性质。控制系统的本质都是一样的，但是环境造成了详略程度的差异。在第 13 章中，我们将讨论如何按照公司和经营单元差异化战略区分控制。在第 14 章和第 15 章，我们将讨论在管理控制实践中，为适用于某些类型的组织所需的一些修订。这些类型的组织包括服务型组织（第 14 章）和跨国组织（第 15 章）。我们将在这几章探讨这些组织的特点及其对管理控制的意义。在第 16 章中，我们将讨论项目的管理控制，它与我们至此所集中讨论的持续经营组织的管理控制略有不同。

第13章

差异化战略的控制

许多因素共同影响公司的组织结构和管理控制系统。研究人员试图通过运用所谓的“权变理论”来考察这些因素。这种称谓只是意味着组织结构和控制过程依赖于各种外部和内部因素，或者说视它们而定。研究发现了几项影响控制系统设计的重要因素，其中包括规模、环境、技术、相互依赖度以及战略。

鉴于本书的总体框架，即：管理控制系统的目的主要是促进战略实施——我们在本章中将说明不同的战略如何影响管理控制过程。有两点评论至关重要。首先，本章所介绍的只是一种趋势，而不是严格的原则。其次，系统设计师在设计控制系统时必须考虑其他外部和内部因素（环境、技术、规模、企业文化、地理位置、管理风格）的影响。

在本章的第一部分，我们将讨论不同的公司战略——单一经营、相关多元化经营、非相关行业多元化经营——对控制系统设计的意义。然后我们将讨论不同的经营层面战略，各种经营宗旨（拓展、维持、收获）和竞争优势（低成本、差异化）与控制系统的形式和结构之间的关系。最后，我们将讨论管理风格对控制系统设计和运作的意义。

公司战略

把控制与战略联系起来的逻辑基于下列思想：

- 不同的组织一般都在不同战略背景下运营。
- 不同的战略要求不同的任务优先顺序、关键成功因素、技能、观点和行为来实现有效执行。
- 控制系统是影响被评价人的行为的评价系统。
- 因此，在控制系统设计中，一个持续的关注点应该是系统所诱发的行为是否符合公司战略。

组织结构的意义

正如我们在第 2 章所提到的，公司战略是一个连续统，“单一经营”战略在一端，“非相关多元化”战略在另一端。公司在这个连续统上的位置取决于多元化的程度和类型。不同的公司战略意味着不同的组织结构，因而也就意味着不同的控制。不同的公司战略对组织结构的意义如图表 13.1 所示。

在“单一经营”端，公司往往是按职能组织的。高层管理者负责制定公司在选定行业竞争的总体战略，以及在诸如研发、制造和营销等领域的职能性战略。但是，并非所有单一经营的公司都是按职能组织的。例如：快餐连锁店、连锁酒店、连锁超市和连锁药店都是“单一经营”的公司，但是他们都是按经营单元组织的。他们的许多店都既有生产职能，又有营销职能。相比之下，每个非相关多元化经营的公司（联合企业）都是按相对自治的经营单元组织的。由于经营规模大、业务多元化，这种公司的高层管理者往往聚焦于投资组合和业务组合管理（即：选择业务组合，然后向各经营单元分配财务资源），他们把产品/营销战略的制定授权给经营单元经理。因此，在公司战略的“单一经营”端，高层管理者可能极其熟悉公司参与竞争的行业，并且许多往往都是研发、制造和营销领域的专家。相比之下，在“非相关多元化”端，许多高层管理者往往只是财务方面的专家。

随着公司从“单一经营”一端发展到“非相关多元化”一端，经营单元管理者的自治往往会加强，原因有二：首先，与单一经营公司不同，非相关多元化经营公司的高层管理者未必拥有为一组独立的经营单元制定战略和经营决策的知识和专家经验。其次，在联合企业中，各经营单元之间几乎不存在相互依赖性，而在单一经营和相关多元化经营的公司

图表 13.1

不同的公司战略：组织结构的意义

	单一经营	关联行业多元化	非关联行业多元化
组织结构	职能	经营单元	控股公司
公司管理层对行业的熟悉程度	高	⟶	低
公司管理层的职能背景	关联经营经验（管理、营销、研发）	⟶	主要是财务
决策权力	更集中化	⟶	更分权化
公司员工规模	高	⟶	低
对内部提拔的依赖	高	⟶	低
水平调动的利用	高	⟶	低
公司文化	强	⟶	弱

中，各经营单元之间可能存在很大程度的相互依赖。相互依赖程度越高，就越需要高层管理者的干预。

因为公司层面的管理者不太干预经营单元的运营，所以较之同等规模的单一经营公司，联合企业的员工规模往往较小。由于不同经营单元之间具有非关联的性质，从内部提拔或经理从一个经营单元到另一个经营单元的横向调动不太可能使联合企业受益。此外，联合企业未必拥有单一经营的公司所经常拥有的一元的、具有凝聚力的强势公司文化。

对管理控制的意义

任何一个组织，无论它的组织结构与选定的战略多么协调，如果没有一个相符的管理控制系统，就无法有效地实施战略。虽然组织结构已界定不同管理者之间的报告关系及其职责和权力，但是要有效地运作，还需要设计合理的控制系统。在本章的这一部分，我们将讨论不同的公司战略的计划和控制要求。

不同的公司战略意味着设计控制系统所依赖的背景具有下列不同点：

- 随着公司变得越来越多元化，公司层面的管理者未必拥有公司各经营单元的活动领域的知识或经验。如果是这样，那么在高度多元化的公司中，公司层面的管理者就不能期望根据对活动精深的了解来控制不同的业务，因此，业绩计量的效果就有限了。
- 单一经营和相关多元化经营的公司拥有公司范围的核心竞争力（如摩托罗拉的无线技术），大多数经营单元都可以据此制定战略。因此，沟通渠道和核心竞争力在各经营单元之间的转移对这种公司至关重要。相比之下，在非相关多元化经营的公司中，各经营单元之间的相互依赖程度低。这意味着随着公司的多元化，它可能需要改变控制系统的重心，从强调发展公司，到强调鼓励企业家精神。

与不同公司战略相对应的控制系统的设计趋势如图表 13.2 所示。

战略计划

由于相互依赖程度低，所以联合企业往往采用垂直式的战略计划系统，即各经营单元编制战略计划，并提交给高级管理层审批。由于相互依赖程度高，相关多元化经营和单一经营的公司往往采用垂直式兼水平式的战略计划系统。水平因素可能以多种不同方式纳入战略计划过程。首先，集团高管可能负责为整个集团制定战略计划，明确集团内的各经营单元之间的协同效应。其次，各经营单元的战略计划可能具有相互依赖的部分，各经营单元的总经理要明确与其他经营单元之间的关键联系，以及如何利用这些联系。第三，公司总部可能要求相互依赖的经营单元制定联合的战略计划。最后，各经营单元的战略计划可以让同类经营单元的经理传阅，并接受批评和审查。

图表 13.2 不同的公司战略：对管理控制系统的意义

	单一经营		关联行业多元化		非关联行业多元化
战略规划	垂直式与水平式	→		→	只有垂直式
预算：					
通过预算编制相对控制经营单元经理	低	→		→	高
对实现预算的重视程度	低	→		→	高
转让定价：					
转让定价的重要性	高	→		→	低
采购灵活性	受制约	→		→	公允市场价格
激励薪酬：					
奖金标准	财务与非财务指标	→		→	主要是财务指标
奖金决定方法	主要是主观的	→		→	主要是基于公式
奖金基数	基于经营单元和公司业绩	→		→	主要基于经营单元业绩

这些方法不是互相排斥的。事实上，其中几种方法可以同时卓有成效地实施。

实例 NEC 公司是一个相关多元化经营的公司，它采用了两种计划系统：一种正常的经营单元计划系统和一种公司经营计划系统（CBP）。公司经营计划系统的战略计划适用于跨经营单元的重要计划。它迫使相互依赖的经营单元经理就战略计划达成一致，以充分利用这种联系。实际上，这个系统要求对重要的水平型问题进行特别计划。[1]

预算编制

在单一经营的公司中，首席执行官可能事无巨细，对公司的经营具有全面的了解，公司和经营单元的经理往往联系更频繁。因此，单一经营公司的首席执行官能够通过非正式的、以个人为导向的机制控制下属的经营，比如频繁的个人交流。如果是这样，就不会过于严重依赖预算编制系统作为控制工具。

另一方面，在联合企业中，首席执行官几乎不可能依赖非正式的人际交流作为控制工具。很多控制和交流都必须通过正式的预算编制系统实现。这意味着在联合企业中预

1. Michael E. Porter, *Competitive Advantage* (New York: Free Press, 1985), p. 403.

算编制系统具有下列特点：

- 经营单元经理对制定本单元的预算具有更大的影响，因为是他们，而不是公司总部，拥有关于各自生产和营销环境的大多数信息。
- 因为首席执行官没有其他非正式控制手段，所以经常更多地强调实现预算。

转移定价

在单一经营和相关多元化经营的公司中，商品和服务在经营单元之间的转移比联合企业更频繁。联合企业通常采用的转移定价政策是赋予经营单元采购的灵活性，采用公允市场价格。但是，在单一经营或相关多元化经营的公司中，协同效应至关重要，未必赋予经营单元制定采购决策的自由。在第 6 章中，我们曾讨论过采购的约束条件如何影响转移定价政策。

激励薪酬

不同的公司战略，激励薪酬政策也往往存在下列不同之处：

- 公式的运用。一般而言，联合企业更有可能采用公式决定经营单元经理的奖金。即：他们可能把大部分奖金建立在量化的财务指标的基础之上，比如百分之 X 的奖金基于实际经济增加值（EVA）超出预算经济增加值的部分。之所以采用这种基于公式的奖金计划，乃是因为高级管理层一般不熟悉各种独立企业的经营活动。

  单一经营和相关多元化经营的公司的高层管理者往往把经营单元经理的大部分奖金建立在主观因素的基础之上。在许多相关多元化经营的公司中，相互关联程度越高，就意味着一个经营单元的业绩越容易受到其他单元的决策和行动的影响。因此，若公司拥有高度关联的经营单元，与财务业绩指标严格挂钩的基于公式的奖金计划可能具有反作用。
- 盈利能力指标。若是非相关多元化经营的公司，经营单元经理的激励奖金往往主要由本经营单元的盈利能力决定，而不是由公司的盈利能力决定。其目的在于激励经理把经营单元视同自己的公司去经营。

  相比之下，单一经营和相关多元化经营的公司则往往把经营单元经理的激励奖金既建立在本经营单元的业绩基础之上，又建立在更大的组织单元的业绩基础之上（如：经营单元所属的产品类别，甚至可能是整个公司）。若经营单元相互依赖，总经理的激励奖金越强调本单元的独立业绩，单元之间越有可能发生冲突。另一方面，把总经理的奖金更多地建立在整个公司的业绩基础之上可能会促进经营单元之间的合作，从而更大地激励经理充分利用相互依赖关系，而不是只顾各自的经营结果。

实例 联合企业德事隆集团，在向经营单元经理分配奖金时所采用的最重要的业绩指标是本经营单元的投资报酬率。因此，激励奖金系统基于公式，与财务指标挂钩，并且，奖金依赖于经营单元的业绩。

经营单元战略

至此，把整个公司作为我们的观察单位，我们已经讨论了不同公司的控制系统之间的差异。在本小节中，我们将探讨同一个公司内的控制系统差异。多元化经营的公司把自己划分为经营单元，并且一般为各经营单元制定不同的战略。许多跨行业组织的首席执行官都不采用标准化的、统一的方式控制经营单元。相反，他们根据各经营单元的战略量体裁衣。

正如我们在第2章中所指出的，经营单元的战略取决于两个相互关联的因素：（1）经营宗旨（“它的总体目标是什么？”）；（2）竞争优势（“为了实现其经营宗旨，经营单元如何在行业内竞争？”）。一般而言，经营单元会从四种经营宗旨中做出选择：拓展、维持、收获和剥离。经营单元可以通过两种基本方式竞争并打造可持续的竞争优势：低成本和差异化。

经营宗旨

现有经营单元的经营宗旨可以是拓展、维持或收获。这些经营宗旨构成了一个连续统，一端是“纯粹的拓展”，而另一端是“纯粹的收获”。为了有效地实施战略，所选择的经营宗旨和所采用的控制类型应该协调一致。我们运用下列推理建立了控制—经营宗旨“匹配模式”。[2]

- 经营单元的经营宗旨影响总经理所面临的不确定性，以及他们在短期与长期之间所做的权衡。
- 管理控制系统可以系统地变化，有助于激励经理有效应对不确定性，做出短期与长期之间的正确权衡。
- 因此，不同的经营宗旨经常要求不同的管理控制系统。

2. 本小节引自大量聚焦于经营单元层面的战略实施问题的研究。一些主要参考文献包括：Govindarajan (1988), Govindarajan and Fisher (1990, 1993), Govindarajan and Gupta (1985). See the “Suggested Additional Readings” for this chapter.

经营宗旨与不确定性

以“拓展”为宗旨的经营单元往往比以“收获”为宗旨的经营单元面临更大的环境不确定性，原因有以下几个：

- “拓展”战略一般在产品生命周期的增长阶段采用，而“收获”战略则一般在产品生命周期的成熟或衰退的阶段采用。在增长阶段，诸如制造工艺、生产技术、市场需求、供应商/客户关系和分销渠道、竞争者数量以及竞争结构之类的因素变化更快，比在成熟或衰退阶段具有更大的不可预测性。
- “拓展”经营单元的目标是扩大市场份额。因为一个行业的全部公司的总市场份额是100%，市场份额的争夺是一个零和游戏。因此，较之“收获”战略，“拓展”战略使经营单元与竞争者之间的冲突更大。竞争者的行为可能无法预测，这就造成了“拓展”经营单元所面临的不确定性。
- 无论在投入方，还是产出方，“拓展”经理往往都会比“收获”经理更多地依赖外部个人和组织。例如：“拓展”经营宗旨注重追加资本投资（更多地依赖于资本市场）、生产能力的扩建（更多地依赖于技术环境）、市场份额的扩大（更多地依赖于客户和竞争者）、产量的提高（更多地依赖于原材料供应商和劳动力市场）等等。一个经营单元对外部依赖性越大，它面临的不确定性就越大。
- “拓展”经营单元经常处在新的、发展中的行业。因此，“拓展”经理可能在本行业的经验较少。这又增加了“拓展”经营单元的经理在与外部支持者打交道时所面临的不确定性。

经营宗旨与时间跨度

选择“拓展”战略，还是选择“收获”战略，对于短期与长期利润权衡具有重要意义。拓展市场份额的战略包括（1）降低价格；（2）重大研发支出（以引进新产品）；（3）重大市场开发支出。这些行动都旨在确立市场领导地位，但是他们也会压低短期利润。因此，“拓展”经营单元经理今天制定的许多政策可能在未来某个时期才会创造利润。另一方面，“收获”战略则集中在短期利润最大化上。

现在我们就讨论经营宗旨不同的经营单元在控制系统的形式和结构上有何差异。

战略计划

在设计战略计划过程时，需要考虑几个设计问题。经营单元对这些问题的回答往往取决于它所追求的经营宗旨（参见图表 13.3）。

若环境不确定，则战略计划过程就尤其重要。管理层需要思考如何应对不确定性，而这通常要求采用一种比年度预算更长期的计划观点。如果环境稳定，可能就根本没有战略

图表 13.3
不同战略经营宗旨：对战略计划过程的意义

	拓展	维持	收获
战略规划的重要性	相对高	→	相对低
资本支出决策的正式性	不太正式的贴现现金流分析；较长的回收期	→	更正式的贴现现金流分析；较短的回收期
资本支出评估标准	更多地强调非财务数据（市场份额、有效利用研发资金等）	→	更多地强调财务数据（成本效率、现金增量回报）
贴现率	相对低	→	相对高
资本投资分析	更主观、质化	→	更客观、量化
经营单元层面的项目审批限额	相对高	→	相对低

计划过程，或者只有一个泛泛的战略计划。因此，较之“收获”经营单元，战略计划过程对于“拓展”经营单元更关键、更重要。尽管如此，“收获”经营单元进行某种形式的战略计划可能也是必要的，因为公司的总体战略计划必须包含所有业务，以便有效地平衡现金流。

在筛选资本投资和分配资源时，对于“收获”经营单元，系统可能更量化，更强调财务指标。“收获”经营单元在成熟行业中运营，不会提供大量的新投资机会。因此，这类经营单元所要求的收益率可能较高，以激励经理追求真正高回报的项目。因为“收获”经营单元往往处于稳定的环境中（产品、技术、竞争者和客户均可预测），更有把握运用贴现现金流分析。评估“收获”经营单元的投资所要求的信息主要是财务方面的。

然而，“拓展”经营单元处于产品生命周期的增长阶段。因为公司总部希望利用成长市场中的机会，高级管理层可能会设定较低的贴现率，从而激励“拓展”经理为公司总部推荐更多的投资创意。由于产品和市场的不确定性，对“拓展”经营单元的有些项目进行财务分析可能不可靠。对于这类项目，非财务数据更重要。

预算编制

不同经营宗旨对设计预算编制系统的意义如图表 13.4 所示。在比较实际结果与预算的差异分析计算中，明确了差异是有利的，还是不利的。但是，有利差异未必意味着有利的业绩；不利差异也未必意味着不利的业绩。有利或不利差异与有利或不利业绩之间的联系取决于所评价的经营单元的战略背景。

图表 13.4

不同战略经营宗旨：对预算编制的意义

	拓展	维持	收获
预算的作用	侧重短期规划工具	⟶	侧重控制工具（“约束规范”）
经营单元经理对预算编制的影响	相对高	⟶	相对低
预算在年内的修订	相对容易	⟶	相对难
与上级的接触频率和非正式报告频率	更多的是政策问题；较少的是经营问题	⟶	较少的是政策问题；更多的是经营问题
上级对实际业绩和预算的反馈频率	频率低	⟶	频率高
预算定期考核中采用的“控制限额”	相对高（即更灵活）	⟶	相对低（即不太灵活）
对实现预算的重视程度	相对低	⟶	相对高
产出与行为控制	行为控制	⟶	产出控制

实例 一家工业测量仪器制造商把总体利润差异按主要成因在两个经营单元中分解：一个是“收获”经营单元——电表；一个是“拓展”经营单元——电子仪表。在对“收获”和“拓展”经营单元经理进行业绩计量时，高级管理层对市场份额、销售价格和制造成本差异做了截然不同的解释。[3]

一个相关的问题是，在经营单元经理的业绩计量中对实现预算的重视程度。我们在第 10 章中曾指出，不确定性越大，上级就越难以把下属的预算目标视作公司的承诺，就越难以把不利预算差异视作业绩差的明确反映。出于这个原因，“拓展”经营单元比“收获”经营单元较少依赖预算。

实例 SCM 公司采用了一个两维标杆来评价经营单元：一个维度是净收益业绩与预算之比较，另一个维度是业绩与具体目标之比较。经营单元的经营宗旨不同，这两方面所占的比率也不同。例如：“纯粹的收获”经营单元 100%按预算业绩评价；“纯粹的维持”经营单元 50%按预算评价，50%按目标实现程度评价；“纯粹的拓展”经营单元则 100%按目标实现程度评价。[4]

3. John K. Shank and Vijay Govindarajan, *Strategic Cost Analysis* (Burr Ridge, IL: Richard D. Irwin, 1991), pp. 95–113.

4. George E. Hall, "Reflections on Running a Diversified Company," *Harvard Business Review*, January–February 1987, pp. 88–89.

在预算编制中，在“拓展”经营单元和“收获”经营单元之间还可能存在下列差异：

- 较之“收获”经营单元，“拓展”经营单元的预算修订可能更频繁，因为他们的产品和市场环境变化更频繁。
- 在预算编制中，“拓展”经营单元经理可能比“收获”经营单元经理贡献更大、影响更大。这是因为“拓展”经理在迅速变化的环境中经营，比高级管理层更了解这些变化。对于处于稳定环境中的“收获”经营单元，经理具备的知识不太重要。

激励薪酬系统

在设计经营单元经理的激励薪酬包时，需要解决下列问题：

1. 相对于总经理的基础工资，其激励奖金应该是多少？激励奖金应该有上限吗？
2. 在决定总经理的激励奖金时，应该采用什么业绩指标（如：利润、经济增加值、销量、市场份额、产品开发）？如果采用多重业绩指标，他们的权重应该是多少？
3. 在决定奖金额时，应该在多大程度上依赖主观判断？
4. 激励奖金应该多长时间发放一次（半年、每年、两年等）？

经营单元的经营宗旨影响这些设计变量的决策（参见图表 13.5）。对于第一个问题，许多公司都采用这样的原则，即：战略风险越大，总经理的薪酬中奖金较之工资的比例就越大（即“风险/回报”原则）。他们认为，因为若经理管理更不确定的经营状况，则应该愿意承担更大的风险，所以激励奖金在他们的薪酬中的比例就应该更大。因此，“拓展”经理比“收获”经理更有可能依赖奖金。

对于第二个问题，若奖励与某个业绩指标挂钩，行为就会受到最大化这些业绩指标的愿望的影响。有些业绩指标（成本控制、经营利润和来自经营活动的现金流）更侧重于短期结果，而其他业绩指标（市场份额、新产品开发、市场开发和人员开发）则更侧重于长期盈利能力。因此，把激励奖金与短期指标联系起来往往促使总经理注重短期结果；同样，

图表 13.5

不同战略经营宗旨：对激励薪酬的意义

	拓展	维持	收获
奖金占的比例	相对高	⟶	相对低
奖金标准	更强调非财务指标	⟶	更强调财务指标
奖金决定方法	更主观	⟶	更多地基于公式
奖金发放频率	不太频繁	⟶	更频繁

把激励奖金与长期指标联系起来就可能促进长期结果。考虑到“拓展”和“收获”经理在经营视野上的相对差别，可能不太适宜采用单一的、统一的财务指标评价每个经营单元的业绩，比如经营利润。一个更好的主意就是采用多重业绩指标，但每个指标的权重不同，其取决于经营单元的经营宗旨。

实例 模拟设备公司和通用电气公司根据各经营单元的不同经营宗旨量身制定薪酬包。

模拟设备公司根据各经营单元的增长和利润潜力为经营单元设计奖金制度。例如：处于测试设备市场的经营单元与处于微处理器市场的经营单元面临着截然不同的条件和竞争。虽然有些经营单元未必具有很大的增长潜力，但是他们可能有能力创造高资产收益率（ROA）；其他经营单元或许有能力实现高增长，但是创造的资产收益率却较低。对于追求“收获”战略的经营单元，在决定经营单元经理的奖金时，应更重视资产收益率，销售增长则居其次。另一方面，对于追求“拓展”战略的经营单元，奖金权重应该更多地放在销售增长上，而资产收益率则居其次。[5]

通用电气公司既有成熟业务，又有年轻的业务。在成熟业务中，短期激励可能主导着经理的薪酬包，他们要负责实现现金流的最大化、实现高利润边际，以及保持市场份额。在较年轻的业务中，开发产品和制定营销战略最重要，促进实现长期业绩的非财务指标可能主导着经理薪酬的绝大部分。[6]

第三个问题是主观判断应该在多大程度上影响奖金额。在一个极端，经理的奖金可能严格基于公式，奖金与量化的指标业绩挂钩(如：奖金是实际利润超出预算利润部分的百分之 X)。在另一个极端，经理的激励奖金可能仅基于上级的主观判断或自由裁量。此外，激励奖金还可能基于公式和主观判断相结合的方法。大多数基于长期指标的业绩（市场开发、新产品开发、人员开发）都比大多数基于短期指标的业绩（经营利润、来自经营活动的现金流、投资报酬率）更难以客观地评价。正如我们已经指出的，“拓展”经理较之“收获”经理，应该更多地集中在长期运营上，所以一般用更多主观的指标评价他们。

至于最后一个问题，奖金发放的频率的确影响经理的经营视野，是注重短期，还是放眼长期？更频繁的奖金发放会鼓励经理集中在短期业绩上，因为它激励经理聚焦在短期内自己能影响的经营领域。奖金计算和发放不太频繁，则会鼓励经理放眼长期。因此，“拓展”经理收到的奖金往往不如“收获”经理频繁。

实例 普马克国际公司采用一种简单的逻辑设计特百惠分部总经理的激励奖金，该分部的经营宗旨是拓展市场份额：“如果你每年发放一次奖金，特百惠分部就可能减少广告和宣传活动，你当年的利润就会看起来不错。那么经销商就会倒大霉。如果你的目标是 3 年后的奖金，那么就不

---

5. Ray Stata，Modesto A. Maidique，“Bonus System for Balanced Strategy,” *Harvard Business Review*, November–December 1980, pp. 156–63.
6. “Executive Compensation: Looking to the Long Term Again,” *BusinessWeek*, May 9, 1983, p. 81.

太可能采取短期行为。”[7]

在2001年，在许多公司，由于业绩的下滑，董事会都降低了CEO的奖金。但是，董事会也往往会加强长期激励——如期权，以弥补在奖金方面的薪酬损失。[8]

竞争优势

经营单元可以选择差异化或者低成本参与竞争。若选择了差异化方法，而不是低成本方法，就会增加经营单元经营环境的不确定性，原因有三：

1. 产品创新对于差异化经营单元更重要。部分原因在于采用差异化的经营单元主要聚焦在独特性和排他性上，这要求更多的产品创新；而选择低成本的经营单元则主要强调降低成本，它一般更喜欢长期保持产品稳定。若经营单元更多地强调新产品活动，则往往会面临更大的不确定性，因为经营单元在用未经检验的产品博弈。
2. 采用低成本的经营单元一般拥有较狭窄的产品线，从而使存货维持成本最小化，并从规模经济中受益。另一方面，采用差异化的经营单元则往往拥有更宽泛的产品系列，从而创造独特性。产品广度产生了高度的环境复杂性，因而也就产生了高度的不确定性。
3. 采用低成本的经营单元一般不生产花里胡哨的产品，而只是大众产品，这些产品之所以成功，主要是因为它们的定价低于竞争产品。但是，如果客户认为产品优于同类竞争产品，那么采用差异化的经营单元的产品就会成功。因为很难了解客户偏好，客户忠诚度也会由于种种原因而变化，所以差异化产品的需求比大众产品的需求更难预测。

对于采用低成本和差异化的经营单元，其控制系统类似于我们前面所讲的“收获”和“拓展”经营单元的控制系统。原因在于采用低成本和差异化的经营单元所面临的不确定性类似于“收获”和“拓展”经营单元所面临的不确定性。

实例 一个经营范围很广的化工制造商采用差异化管理控制，让它的黄色染料经营单元聚焦在不同的关键成功因素上，遵循成本领先的战略；而它的红色染料经营单元则遵循着差异化战略。负责黄色染料的经理严格遵守理论上的标准成本，而不是目前可实现的标准成本。这些严格的财务控制效果显著。在两年期间内，黄色染料的实际成本从每磅5.72美元降至了3.84美元，从而为黄色染料经营单元带来了重大的成本优势。红色染料的关键战略问题是产品差异化，而不是成本领先。因此，红色染料经营单元的管理控制报告应聚焦在产品领先这个变量上（如：报告热喷雾染

7. I. Reibstein, “Firms Trim Annual Pay Increase and Focus on Long Term: More Employers Link Incentives to Unit Results,” *The Wall Street Journal*, April 10, 1987, p. 25.
8. Monica Roman, “Tough Times, CEO Style,” *BusinessWeek*, March 18, 2002, p. 48.

色开发项目就是一个里程碑)，而不是成本控制变量上。[9]

某一大型高科技制造商的高层管理者直接负责把客户满意度、质量、市场份额、人力资源纳入正式的评价系统。其动力在于他们已经意识到：公司的现有系统（在很大程度上是财务上的）削弱了通过客户服务聚焦于差异化的公司战略。[10]

最高管理层管理风格

一个组织的管理控制职能受高级管理层管理风格的影响。首席执行官的管理风格影响整个组织的管理控制过程。亚马逊网站的杰夫·贝索斯、美国在线的史蒂夫·凯斯、思科公司的约翰·钱伯斯、通用电气的杰克·韦尔奇、ITT 公司的哈罗德·吉宁以及 ABB 公司的珀西·巴内维克，这些都是尽人皆知的例子。同样，经营单元经理的管理风格也影响经营单元的管理控制过程，职能部门的经理的管理风格也影响本职能领域的管理控制过程。如果可行，设计师在设计和运作控制系统时应该考虑管理风格（如果首席执行官积极参与系统设计，事实也应该如此，那么系统就会反映他们的偏好）。

管理风格的差异

经理的管理风格各异。有些严重依赖于报告和正式文件，其他的则喜欢谈话和非正式的接触；有些人惯于具体地思考，而有些人则惯于抽象地思考；有些人是分析型的，有些人则采喜欢试错方式；有些人愿意承担风险，而有些人则厌恶风险；有些人注重过程，而有些人注重结果；有些人侧重以人为本，有些人则侧重以任务为导向；有些人是友善型的，有些人则是冷漠型的；有些人注重长期利益，有些人则注重短期结果；有些人独断专行（“X 理论”），有些人则鼓励组织参与决策（“Y 理论”）；有些人强调金钱奖励，有些人则强调用多种方法进行奖励。

管理风格受经理的背景和性格的影响。背景包括年龄、所受的正规教育以及专业经验，比如：制造、技术、营销或财务。性格特点包括诸如经理是否愿意承担风险，以及他或她对模糊性的承受程度。

---

9. Shank，Govindarajan，*Strategic Cost Analysis*, pp. 114–30.

10. Robert G. Eccles, “The Performance Measurement Manifesto,” *Harvard Business Review*, January–February 1991, pp. 131–37.

对管理控制的意义

管理风格的各个方面都会显著影响控制系统的运作。即使以同样的频率向CEO提交包含相同数据的同样报告，CEO管理风格不同，就会用不同的方式利用这些报告管理经营单元。正如我们在第3章中所介绍的，当杰克·韦尔奇接替雷金纳德·琼斯继任CEO时，通用电气公司的控制过程的根本转变就生动地说明了这一点。

管理风格影响管理控制过程——CEO喜欢如何使用信息、如何召开业绩计量会议等，反过来又影响控制系统实际如何运作，即使在新CEO上台后正式结构还未发生改变。事实上，CEO换人时，下属一般都会根据他或她在管理控制过程中的行为（如业绩报告或演讲，以及他发出指令的优先顺序），推断新CEO真正想做什么。

人性化与非人性化控制

组织中的人性化与非人性化控制是管理风格的一个方面。不同的经理，对正式预算和报告，以及非正式谈话和其他个人接触的重视程度不同。有些经理是"数字导向型"的，他们希望提供大量量化信息，并且花费很多时间分析这些信息，从中得出暂时的结论。其他经理则是"以人为本"的，他们只看几个数字，但是通常会通过与人交谈得出结论，在部分程度上根据对其他人的评估，从中判断所获信息的相关性和重要性。他们会走访各个地方，花时间与主管及其下属交谈，从而了解经营状况。

经理对正式报告的态度影响他们想要的报告详略程度、报告频率，甚至是偏好图表还是数字表格，还有是否希望在数字报告后面附上书面说明。管理控制系统的设计师需要明确这些偏好，并适应这些偏好。

严格控制与松散控制

经理的管理风格影响控制的严格与松散程度。像生产责任中心这样常规性部门的经理可以在严格和宽松的环境下工作，实际控制则反映了经理的上级的管理风格。因此，控制的严格程度不会反映在表格的内容或者正式控制文件、规章或程序上。它是这些正式控制机制如何使用的一个因素。

在组织等级制度中的级别越高，控制往往也会越松散：较高层的经理一般不太注意细节，而是更注重总体结果（即净收益，而不是如何获得结果的细节）。但是，如果一个CEO的管理风格不同，这种一般化可能就不适用。

实例 对于这一点，在哈罗德·吉宁领导下的ITT公司就是一个经典的例子。人们可能认为ITT这个联合企业应该基于对经营单元净收益的监控来管理，而不是通过对经营单元经营的方方面面进行详细评价。事实的确是这样，因为在联合企业，CEO一般在理解各经营单元的经营细节上都

有“能力局限性”。在这样一种背景下，正是哈罗德·吉宁的个人风格解释了他为什么对经营单元经理进行如此详细的评价。[11]

在兰德·阿拉斯克格接替哈罗德·吉宁继任 ITT 公司的 CEO 时，他改变了详细的、严格的控制系统，因为阿拉斯克格的个人风格不是原来的那种严格控制型的。[12]

CEO 的风格对管理控制具有深刻的影响。如果接管的新高层管理者管理风格不同，那么系统就会相应地变化。也可能经理的管理风格不适合组织的管理控制要求。如果经理意识到这种不一致，并相应地调整自己的管理风格，问题自然会消失。但是，如果经理不愿意改变，或者无法改变，那么组织就会产生业绩问题。在这种情况下，解决方案可能就是更换经理。

11. “The Case for Managing by the Numbers,” *Fortune*, October 1, 1984, pp. 78–81.
12. “ITT: Groping for a New Strategy,” *BusinessWeek*, December 15, 1980, pp. 66–80.

小　结

管理控制系统的设计师应该注意应用控制系统的战略背景。不同的公司选择的战略可以散布在一个连续统上，单一经营的公司在一个极端，非相关多元化经营的公司（联合企业）在另一个极端。在这种意义上，公司战略不同，管理控制过程也就不同。

经营单元的经营宗旨可以划分为“拓展”、“维持”或者“收获”，经营单元的经理也可以决定是基于低成本，还是基于差异化打造竞争优势。管理控制过程受经营单元选择哪种战略的影响。

本章把控制与战略联系起来的讨论不应该机械地使用。我们这里所提出的建议只是一种趋势，而不是普遍真理。事实上，控制系统应该在各个组织的独特外部环境、技术、战略、组织结构、文化和高级管理层管理风格的背景下设计。

推荐读物

Carney, K. "Successful Performance Measurement: A Checklist." *Harvard Management Update*, November 1999.

Fisher, Joseph, and Vijay Govindarajan. "Incentive Compensation Design, Strategic Business Unit Mission, and Competitive Strategy." *Journal of Management Accounting Research* 5 (Fall 1993), pp. 129–44.

Ghemawat, Pankaj, David J. Collins, Gary P. Pisano, and Jan W. Rivkin. *Strategy and the Business Landscape: Core Concepts*. Upper Saddle River, NJ: Prentice Hall, 2001.

Govindarajan, Vijay. "A Contingency Approach to Strategy Implementation at the Business Unit Level: Integrating Administrative Mechanisms with Strategy." *Academy of Management Journal* 31, no. 4 (1988), pp. 828–53.

Govindarajan, Vijay, and Joseph Fisher. "Impact of Output versus Behavior Controls and Resource Sharing on Performance: Strategy as a Mediating Variable." *Academy of Management Journal*, June 1990, pp. 259–85.

Govindarajan, Vijay, and Anil K. Gupta. "Linking Control Systems to Business Unit Strategy: Impact on Performance." *Accounting, Organizations, and Society*, 1985, pp. 51–66.

Herbold, Robert J. "Inside Micosoft: Balancing Creativity and Disiplin." *Harvard Business Review*, January 2002, pp. 72–79.

Tesoro, Ferdinand, and Jack Tootson. *Implementing Global Performance Measurement Systems*. San Francisco: Jossey–Bass, 1999.

案例13-1

Pelican 仪器公司

Pelican 仪器公司的总裁兼主要股东史蒂夫·帕克坐在桌子后面思考 1997 年的经营结果（图表 1）。公司已经连续两年超过了利润预算。显然史蒂夫·帕克对 1997 年的结果非常满意。他仍然希望了解一下研发、制造和营销部门在总体成功中的相对贡献。想着这些，他把他的助理叫进了办公室，这是一个刚从著名商学院毕业的学生。

"艾米，"他说道，"正如你从我们最近的财务结果中所看到的，我们已经超出了利润目标 622 000 美元。你能编制一份分析报告，说明研发、制造和营销分别对总体利润做出了多大贡献吗？"

满怀着刚刚成为一名职业管理者的热情，艾米·舒尔茨立即开始了工作。她收集了数据（图表 2），但是不知道下一步该怎么办。

Pelican 仪器公司的产品可以划分为两条主要的业务线：电表（EM）和电子仪表（EI）。电表和电子仪表都是工业测量仪器，功能相似。但是，这些产品在制造技术及其终端使用特点上有所不同。电表基于机械和电子技术，而电子仪表则基于微型芯片技术。电表和电子仪表是替代产品，正如机械表和数字表是替代产品一样。

Pelican 仪器公司在内部报告中采用变动成本核算制度。

思考题

1. 编制一份您觉得艾米·舒尔茨应该向帕克先生提交的报告。
2. 分别把自己置于下列六位经理的位置上：总经理（电表）、营销经理（电表）、制造经理（电表）；总经理（电子仪表）、营销经理（电子仪表）、制造经理（电子仪表）。这六位经理都竞争公司的奖金池份额。对于每位经理而言，请举例说明如何获得奖金池中的份额。
3. 作为帕克先生，您觉得竞争奖金池份额的六位经理 1997 年的业绩如何？（注：请在您的绩效评价中考虑电表和电子仪表经营单元的战略）。

图表 1
1997 年损益表

		预算（千美元）		实际（千美元）
销售收入		$16 872		$17 061
销货成本		9 668		9 865
毛利润边际		$ 7 204		$ 7 196
减去：其他经营费用				
营　销	$1 856		$1 440	
研　发	1 480		932	
管　理	1 340	4 676	674	4 046
税前利润		$ 2 528		$ 3 150

本案例由达特茅斯学院塔克商学院维杰伊·戈文达拉扬和约翰·尚克编写。

图表 2
其他信息

	电 表	电子仪表
单 价：		
平均标准价格	$40.00	$180.00
平均实际价格（1997）	30.00	206.00
单位变动产品成本：		
平均标准制造成本	20.00	50.00
平均实际制造成本	21.00	54.00
产销量信息：		
产销量——实际	141 770	62 172
产销量——计划	124 800	66 000
行业总销量（1997）——实际	$44 000 000	$76 000 000
行业总变动生产成本（1997）——实际	$16 000 000	$32 000 000
综合市场份额（销量百分比）：		
计 划	10%	15%
实 际	16%	9%

	计划	实际
公司总固定费用（单位：千美元）：		
固定制造费用	$3 872	$3 530
固定营销费用	1 856	1 440
固定管理费用	1 340	1 674
固定研发费用（专门用于电子仪表）	1 480	932

案例13-2

3M 公司

明尼苏达矿业和制造公司（3M）创立于1902年，2000年报告销售收入167亿美元。公司当年制造了6万多件产品。近35%的销售总收入，约56亿美元，来自前4年引进的产品，另外15亿美元来自2000年引进的产品。这些收入来源于3M公司的6个业务部：工业（胶带、砂纸和特种胶）；交通、商业标志及安全；医疗（包括医疗用品、外科手术用品，以及一次性尿布封闭物）；日用品及办公用品；电子及通讯；以及特种材料。2000年，这6个业务部都盈利。亚太地区、欧洲地区和拉美地区销量均实现了两位数增长。美国境外的业务占全部销售净收入的53%，占全部经营收入的63%。

3M公司确定了21种已经建立的以及新的战略品牌。其中最著名的品牌包括：Scotch® 胶带、Scotch-Brite® 清洁用品以及Post-it® 告示贴。较新的品牌包括：Vikuiti™ 显示增强产品、Volition™ 光纤网络解决方案、Command™ 胶以及Nexcare™ 急救产品。3M公司拥有75 000多名员工，每年创造500多种新产品。

3M公司已经形成了一种弘扬企业家精神的文化。公司以其垂直型组织结构而闻名，同时按技术和市场组织各项业务。在1985~2000年之间，3M公司的毛利润边际平均在48%以上。在这15年期间，公司的股东权益收益率平均为22.2%。在《财富》杂志的“美国最受尊敬的公司”的年度调查中，在过去15年中，3M公司有10年都荣登前10名。只有三家公司比它出现的频率高。在1985~2000年间，3M公司还经常名列《财富》杂志创新榜的前三名，除了Rubbermaid公司外，任何公司都没它出现的频率高。此外，在1995年，3M公司还荣获了美国政府的创新最高奖——“国家科技奖章”®。

在3M公司的发展初期，董事长兼CEO威廉·麦克奈特一直都被奉为公司的“精神奠基人”，他引进的政策和经营理念增强了3M公司持续创新的能力（参见图表1）。如今的管理层仍信奉这些政策和经营理念，并不断发扬光大，他们都认为创新是3M公司未来成功的基石。

思考题

请从创新帮助公司实施其战略目标的角度评估3M公司的政策和经营理念。

图表 1 3M 公司的部分政策和经营理念 *

15%选择：许多员工都可以选择每周花费 15%的时间发展自选的个人项目。甚至不需要向经理披露是什么项目，更不需要说明理由。

30%规则：经营单元 30%的收入必须来源于过去 4 年间引进的产品。经营单元奖金基于每个经理在多大程度上成功地实现了目标。

双重阶梯职业生涯：有两种职业发展阶梯：技术型职业发展阶梯和管理型职业发展阶梯。二者均有同等晋升的机会，从而使员工可以专注于自己的研发和专业兴趣。

种子资本：产品发明者一般都需要经营单元经理拨付种子资本，以开发新产品创意。如果经理拒绝提供资金，发明者就可以把创意提交给 3M 公司任何其他经营单元。如果没有一个经营单元支持这项建议，员工还可以找公司总部，要求“天才拨款”。这项拨款可以向员工提供达 5 万美元，让员工从事独立研究、产品开发以及测试新兴技术领域的营销。每年大约提供 90 项“天才拨款”。在获得种子资本之后，产品“倡导者”就组建一个风险团队开发产品。风险团队成员不是指派的。产品倡导者必须公开招聘。

宽容失败：如果风险项目没有成功，团队成员还可以恢复原来的工作。公司文化强调失败是成功之母。产品在市场上失败后，也不会受到惩罚。3M 公司已经开创了一系列浴火重生的传奇，或许最闻名的就是后来成为告示贴基础的不干胶。

奖励成功：如果风险项目实现了一定的收入目标，团队成员就获得晋升和表彰。一种表彰形式就是“金台阶奖”。如果新产品投放市场并在美国实现了 200 万美元的收入，或者全球实现了 400 万美元的收入，就授予这个奖项；另一项是“卡尔顿奖”，表彰那些通过根本性技术创新为 3M 公司做出重大贡献的技术人员。“卡尔顿奖”被视作一项至高的荣誉——是 3M 公司的“诺贝尔奖”。在新产品超过了临界销售收入目标之后，就成立一个单独的部门。在达到下一个临界点之后，就组建一个单独的经营单元。一旦经营单元达到近 2 亿~3 亿美元的规模，就被拆分。每个经营单元都是一个利润中心。产品倡导者可以获得领导新经营单元的机会。经营单元经理必须知道为他工作的每位员工的名字。一般而言，3M 公司几乎所有员工都有权参与利润分享计划。

研发支出：在过去 20 年间，3M 公司在研发上的投入约占销售收入的 6%~7%，并且不断地在增加研发支出。3M 公司的研发支出平均为一般制造公司的两倍。

三级研发：

经营单元实验室：聚焦于特定市场的近期产品。

业务部实验室：聚焦于跨期 3~10 年内的产品应用。

公司实验室：聚焦于跨期 20 年的基础研究。

技术论坛：3M 公司支持正式的和非正式论坛，支持知识分享。来自不同实验室的科学家组成了技术委员会，他们定期开会，讨论技术项目的进展。此外，科学家还在技术论坛上发表论文，这是 3M 公司的一个内部专业社团。技术分享的其他机制还包括详尽的电子邮件目录、经营单元在年度交易会上引进的新产品，以及奖励经营单元之间成功的技术分享。

客户联系：科学家经常会见客户，了解他们如何使用 3M 公司的产品。此外，还频频邀请客户参与 3M 公司科学家旨在开发产品创意的会议。

* 这些政策和经营理念总结在下列文献中：James C. Collins and Jerry I. Porras, *Built to Last: Successful Habits of Visionary Companies* (New York: HarperBusiness, 1995) , pp. 156–58; Ronald A. Mitsch, “Three Roads to Innovation,” *The Journal of Business Strategy*, September/October 1990, pp. 18–21.

案例13-3

德州仪器公司和惠普公司

德州仪器公司（TI）和惠普公司（HP）开发、制造和销售高科技电气和电子产品。1984年，德州仪器公司拥有三条主要业务线：（1）元器件，包括半导体集成电路、半导体组件以及电子控制设备；（2）数字产品，包括微型计算机、个人电脑、科学仪器以及计算器；（3）政府用电子装置，包括雷达系统、导弹制导和控制系统、红外监视系统。1984年，这三项业务分别创造了德州仪器公司销售收入的46%、19%、24%。惠普公司经营两条主要业务线：（1）计算机产品，包括工厂自动化计算机、工程设计工作站、数据终端、个人电脑和计算器；（2）电子测评系统，包括用于按标准测评电气设备运转情况的仪器、测量和显示电子信号的仪器、电压表、示波器。1984年，这些业务分别创造了惠普公司53%和37%的销售收入。每个公司的财务信息总结如图表1所示。

尽管德州仪器公司和惠普公司在同一个行业

图表1
财务信息总结
（百万美元）

德州仪器公司					
	1980	1981	1982	1983	1984
资　产	$2 414	$2 311	$2 631	$2 713	$3 423
股东权益	1 165	1 260	1 361	1 203	1 541
销售收入	4 075	4 206	4 327	4 580	5 742
经营利润	379	253	236	(288)	526
投资报酬率	32.5%	20.1%	17.3%	—	34.1%
惠普公司					
	1980	1981	1982	1983	1984
资　产	$2 337	$2 782	$3 470	$4 161	$5 153
股东权益	1 547	1 890	2 349	2 887	3 545
销售收入	3 099	3 578	4 254	4 710	6 044
经营利润	523	567	676	728	860
投资报酬率	33.8%	30.1%	28.8%	25.2%	24.2%

资料来源：Steven C.Wheelright, "Strategy, Management, and Strategic Planning Approaches," *Interfaces*, January–February 1984.

图表 2
对比德州仪器公司和惠普公司的战略

	德州仪器公司	惠普公司
	经营战略	
	基于长期成本地位，在标准化大市场打造竞争优势	基于独特的、高附加值/高性能产品在选定的小市场打造竞争优势
	职能部门战略	
营 销	高产量/低价格	高附加值/高价格
	快速增长	控制增长
	标准化产品	定制性能
制 造	规模经济和学习曲线	配送和质量驱动型
	垂直整合	有限垂直整合
	选址在低成本的大地方	选址在具有吸引力的小地方
研 发	工艺和产品	只有产品
	成本驱动型	性能和质量驱动型
	为成本而设计	为性能而设计
财 务	激进的	保守的
	较高的负债	没有负债
	管理完善	安全边际（宽松）

中竞争，但是两家公司选择的战略截然不同。图表2总结了与德州仪器公司和惠普公司的战略内容相关的五个主要概念。或许，德州仪器公司和惠普公司之间最重要的区别在于基本经营战略和职能部门战略（图表2）。他们采用截然不同的方法。德州仪器公司倾向于追求基于较大的、较标准化的市场竞争优势和长期、低成本的定位；而惠普公司则在选定的较小的市场中独特的、高附加值、高性能的产品打造竞争优势。两家公司用于支持预期竞争优势的运作战略也各异。

至于产品生命周期（图表3），德州仪器公司倾向于早期进入，然后扩张并巩固地位，从而在产品成熟后占据绝大部分市场份额；而惠普公司则倾向于开拓新市场，但是随后在成本驱动型的竞争者进入且市场成熟后就退出（或者引进其他新产品）。因此，两家公司以不同的方式看待价格和成本也就不足为奇了：德州仪器公司强调随着成本的节约持续降价，从而增加销量，充分利用共享的经验和学习力；而惠普公司则不太强调制造成本的降低，而是长期维持稳定的价格，以便在初期扩大利润边际。回报越早，退出市场的时间就越早，不但可以获得丰厚的投资回报，而且为进一步的产品研发提供了资金。

突出了战略差异的第四个概念是产品生产组合，它把产品生命周期与生产工艺生命周期搭配起来。惠普公司集中在更灵活的生产工艺上（如：加工车间和批量生产），以满足客户及低销量市场的需求；而德州仪器公司则集中在资本密集型、成本效益型的生产工艺（生产线和流水线），以供应更标准化的、高销量的市场。

第五个概念是投资组合，它进一步突出了公司战略上的差异。德州仪器公司寻求拥有主导市场份额的低增长业务的投资组合，从而为拥有较少市场份额，但前景广阔，有望成为“现金牛”的高增长业务提供现金；而惠普公司则只想拥有主导市场份额的高增长业务，重要资源的再分配只是为了为新业务融资。事实上，在惠普公司，任何利润问题的传统解决方案都是新产品和新业务。

图表 3 德州仪器公司和惠普公司在战略上的差异

A **德州仪器**

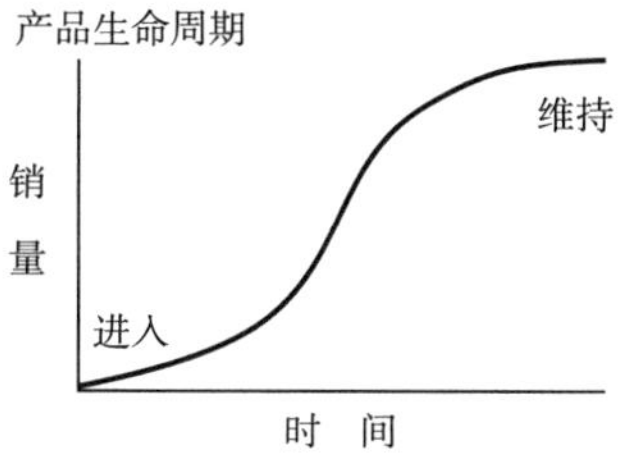

B **惠普公司**

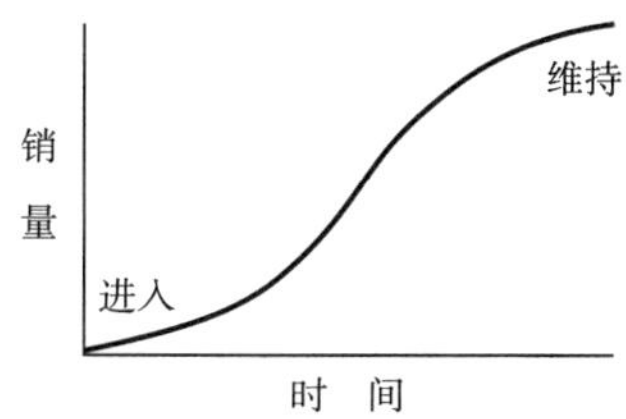

德州仪器公司倾向于在产品生命周期早期进入，一直维持到成熟期。惠普公司则倾向于创造新产品，然后在成熟后再替代它。

C **成本和价格（学习曲线）**

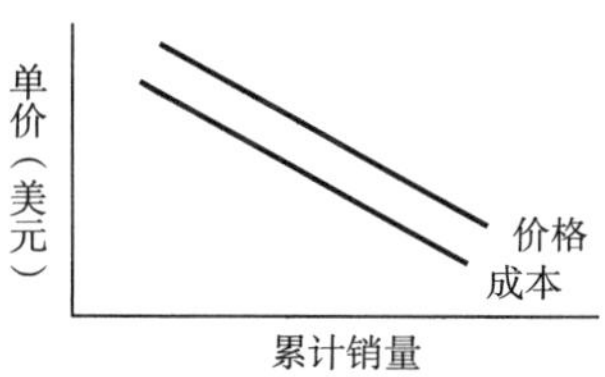

D

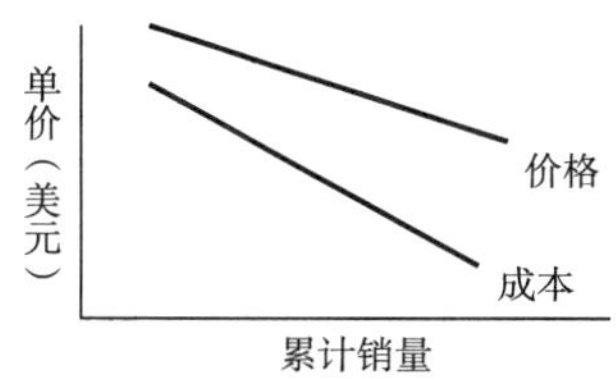

德州仪器公司强调大幅降低成本，并同时大幅地降价。惠普公司也期望降低成本，但是追求高边际，并长期维持价格稳定。

E **产品/工艺组合**

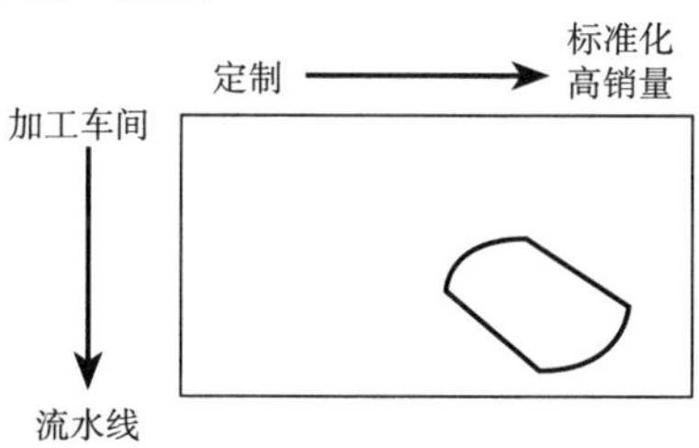

F

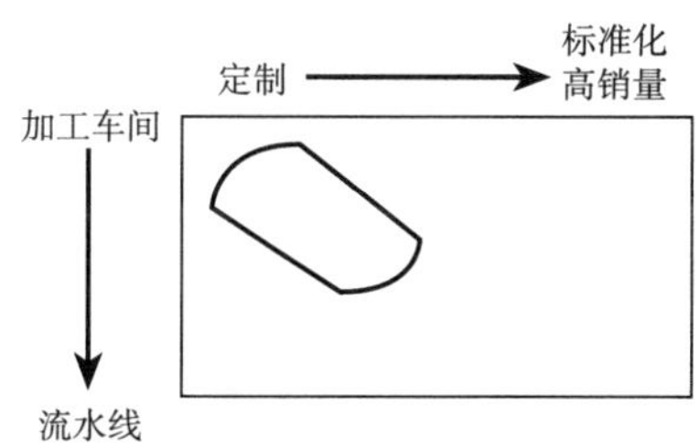

德州仪器公司集中在资本密集、成本效益型生产工艺上，以满足高销量、标准化产品的需求。惠普公司则集中在灵活的生产工艺上，以满足低销量、个性化产品的需要。

G **投资组合：市场定位与资源运动**

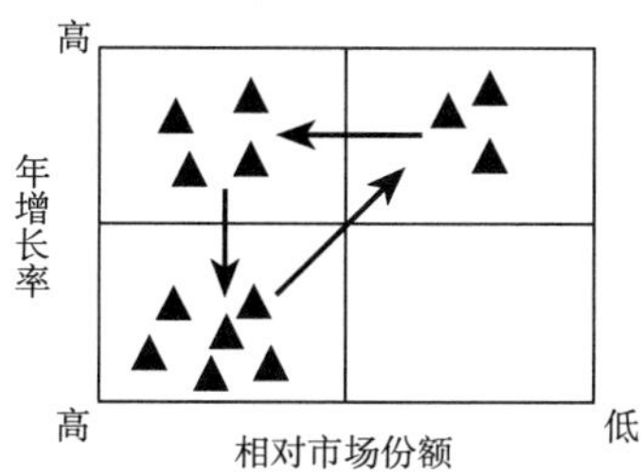

H

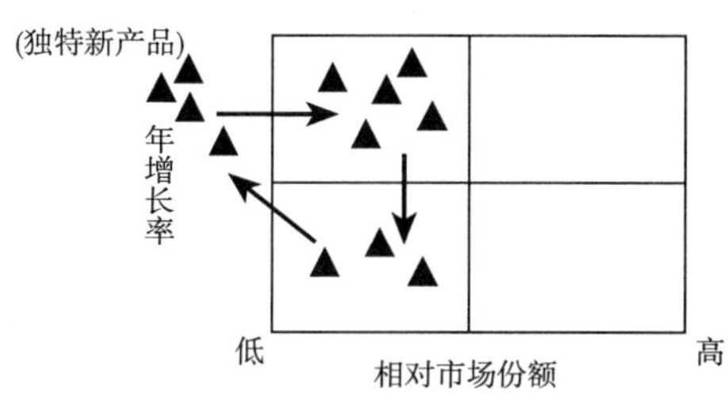

德州仪器公司追求平衡的业务组合，用成熟的大规模业务为年轻的高增长业务提供资源。惠普公司则追求一切能满足自身资源需求的高增长、高边际的业务。

思考题

根据两家公司之间战略上的不同，您认为德州仪器公司和惠普公司的计划和控制系统会有何不同：战略计划系统、预算系统、报告系统、绩效测评系统以及激励薪酬系统？

案例13-4

德州仪器公司

哈维—哈德逊电子公司（HHE）负责计划的副总裁保罗·艾尔默把文件往旁边一推，靠在椅子上。艾尔默先生一直在审阅文件，文件是关于德州仪器公司极其复杂并令人津津乐道的管理系统的。他希望自己能够充分了解德州仪器公司，以便评估是否应该在哈维—哈德逊公司应用同样的系统。

在过去几个星期中，他和几个直接下属一直在阅读与德州仪器公司的管理系统相关的各种文件、文章、年度报告和宣传册。很快，他们就要把各种观点综合在一起，并就他们对各种系统的理解程度及其相关的优缺点做出一些结论。

德州仪器公司——概述

德州仪器公司是一家跨国公司，生产各种产品，实际上所有产品都与电子工业相关。除了美国工厂之外，德州仪器公司还在加拿大、拉美、欧洲、澳大利亚和远东地区建有工厂。大约三分之一的销售收入都来源于美国境外。[1] 全球的员工总数为85 000。[2]

自1946年以来，德州仪器公司的销售收入平均年增长率为24%。利润增长速度超过了销售收入增长速度，在1971~1980年间，平均年增长率为34%。

预期在20世纪80年代电子工业会繁荣，将在80年代末达到2.80亿美元。[3] 由于较低的价格，以及由此而产生的较大的销量，德州仪器公司的销售收入预期会显著增长。但是，电子工业的快速增长模式对本行业的每个公司都带来了挑战——如何平衡创新与规模。一般产品/价格生命周期模式都从以小规模、高价格引进新产品开始。若有充分的需求，销量就会迅速扩大，从而降低单位成本，并相应地降低价格。在上述情形下，存货价值就会在几个月内显著下降。因此，就必须在存货计价时稳定地冲销。生产专用产品的设备又造成了另一个问题。由于技术更新快，设备就必须在短期内回收投资，否则就会负担不起。因此，生产和创新之间就存在基本冲突，换句话说，即研发投入与生产投入之间存在本质冲突。德州仪器公司解决这个困境的方法十分简单明了。“德州仪器公司决心在两方面都要领先。”[4]

本案例由研究助理唐纳·伯格斯泰德和埃加德·巴雷特教授根据公布资料编写。版权归埃加德·巴雷特所有。

1. L. M. Rice Jr., “Texas Instruments Management Philosophies and Growth Experience,” remarks to Instituto Panamericano de Alta Direccion de Empresa, Mexico, Texas Instruments, Inc., May 1980, p. 1.
2. 同上。
3. Floyd G. Lawrence, “Could This Be America’s Best-Managed Company? Part II—Texas Instruments Is Determined to Grow and Never to Grow Old,” *Today’s Manager*, May-June 1977, p. 5.
4. 同上。

公司历史[5]

德州仪器公司的增长一直都基于创新，而不是收购。但是1959年与金属和控制公司的合并除外。德州仪器公司的增长主要来源于因内部开发新产品和服务而形成的销售收入。在1980年，德州仪器公司的销售收入达到了41亿美元，净收入达到了2.12亿美元。

自成立以来，德州仪器公司一直是一个以技术为基础的公司。它创立于1930年，最初称"地球物理服务公司（GSI）"。地球物理服务公司的主要活动聚焦在全球石油储备的勘探上。

这是借助反射地震学技术来实现的，它是由组织的首位总裁兼创始人卡彻博士发明的。在经济大萧条时期，石油资源的重要性促进了地球物理服务公司的持续增长，并最终把公司推向了国际舞台。到1946年，地球物理服务公司已经在世界各国拥有了16个地球物理勘探队，收入达225万美元。[6]几乎所有的收入都与原始创新——地震学有关。

1946年，帕特里克·海格蒂加入了德州仪器公司（当时还是地球物理服务公司）。在他的影响下，公司开始制定新的目标，目的是为了把组织从地球物理勘探拓展到工程设计和制造。

最有影响的战略是以发展半导体为中心。到1956年，工作已取得了充分的进展，从而促使管理层开始思考在硅片上生产整个集成电路。1958年，德州仪器公司的杰克·科尔贝发明了第一块实用集成电路。

大约在1959年，德州仪器公司的管理层开始坚信公司创新性成功的战略发展存在一定的模式。管理层还认为创新不仅是改进产品所必要的，而且是开发和营销产品所必要的。这种思想最终导致了"OST系统"的开发。

到20世纪80年代初，德州仪器公司主要从事四个领域的活动：（1）电子工业；（2）地球物理勘探；（3）政府电子装置；（4）非电子工业产品。在电子工业领域，德州仪器公司集中在三个主要增长领域：（1）半导体设备；（2）分布式计算；（3）消费电子。之所以聚焦在第一个领域上，是因为它构成了电子工业革命的基础。分布式计算会根据需要为企业安装数据处理系统。最后一个领域在80年代被认为具有丰厚利润的市场潜力。[7]

公司文化

德州仪器公司形成了浓厚的内部文化，并且被高级管理层认为是公司成功的关键因素。这种文化强调勤奋工作、对公司忠诚以及团队精神。这种文化的形成是通过80%的专业员工直接从学校招聘，然后按照更严格的组织标准使之社会化的实践来维持的。[8]它还受到公司强调内部增长而不强调收购的政策的支持。没有几个高级管理层是从中层或高层进入组织的。据德州仪器公司的一位副总裁称，"德州仪器公司的文化是一种信仰……这种氛围会使人分化——要么融入公司文化，要么被拒之门外。"[9]

德州仪器公司使公司管理系统得以运转的能力似乎部分源于公司文化所创造的氛围。有些人在管理风格上拿德州仪器公司与日本公司比较。

---

5. Patrick E. Haggerty, "Three Lectures at the Salzburg Seminar on Multinational Enterprise," Texas Instruments, Inc., February 1977. This source has been used extensively as background for this section as well as for much of the remainder of the case.
6. Haggerty, "Three Lectures," p. 9.
7. "Texas Instruments Shows U.S. Business," p. 70.
8. Bro Uttal, "Texas Instruments Wrestles with the Consumer Market," *Fortune*, December 3, 1979, p. 51.
9. "Texas Instruments Shows U.S. Business," p. 68.

德州仪器公司的高级管理层并不认为这种比较有什么不好。按照德州仪器公司总裁弗莱德·布希的话来说：

> 日本的文化和社会非常适于提高劳动生产率以及增长率。日本人之所以勤奋工作、甘于奉献，并且积极进取，部分原因在于强调个人对优质工作的责任……日本文化有一种强烈的倾向，那就是保持个人目标与公司目标的协调一致。[10]

组织结构

尽管是以技术为导向的，但是德州仪器公司也生产各种各样的产品。到 1980 年，为了经营上的灵活性，公司把直线管理结构划分成了六个集团。这些集团如图表 1 所示，其组织形式如下：（1）半导体产品；（2）分布式计算产品；（3）消费电子产品；（4）材料和电子产品；（5）政府电子产品；（6）地球物理勘探服务。每个集团均由一位高级管理层负责，他直接向总裁报告。这些高级管理层负责各自业务的全球战略发展方向，以及日常管理。

每个集团又进一步划分为事业部，事业部又进而分解为产品客户中心（PCL）。一个产品客户中心被视作一个完整的经营单元，负责特定市场领域的一组产品和服务。产品客户中心的经理承担利润和损失责任。1980 年，德州仪器公司拥有 80 多个产品客户中心[11]。据称，这些产品客户中

图表 1
组织结构

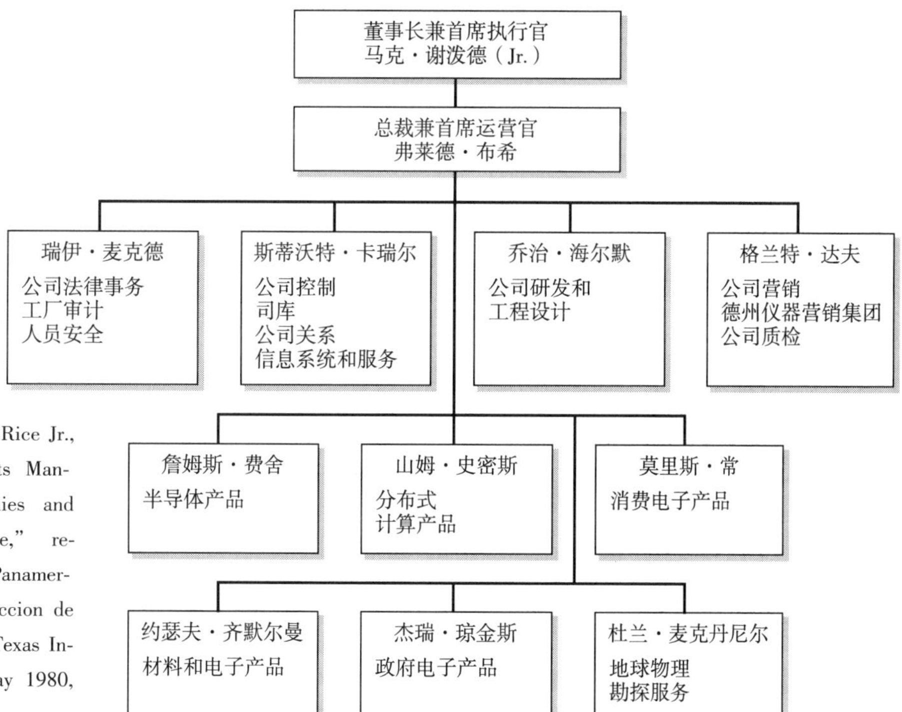

资料来源：L. M. Rice Jr., "Texas Instruments Management Philosophies and Growth Experience," remarks to Instituto Panamericano de Alta Direccion de Empresa, Mexico, Texas Instruments, Inc., May 1980, p. 2.

10. 同上。
11. Rice, "Texas Instruments Management Philosophies," p. 11.

心的设计方式是为了拉近公司与客户的关系。这样的设计也是为了给公司中层管理者提供创业体验。

目标、战略与策略[12]

德州仪器公司开发的OST系统是为变革和创新的管理而建立的一个系统。这个系统被称为OST系统（代表"目标、战略、策略"），它被用来定义公司进一步增长和发展应遵循的战略，并用于确定成功实施战略所要求的策略。这些策略是以量化形式提出来的，以便能够根据商定的量化目标评价业绩。系统把战略活动和经营活动严格区分。

如果按三个阶段审视，OST系统就更易于理解。第一阶段是建立目标层级。第二阶段是解释直线管理层的双重责任。第三阶段是讨论由战略和经营模式构成的矩阵型组织的影响。

目标层级

目标层级要求在组织高层简单表述量化目标，并辅之以一系列金字塔型的战略和策略。目标层级如图表2和图表3所示。

在目标层级的顶部是公司目标。这是在考虑了产品、市场及其对社会预期的看法后，对公司希望实现的目标的总体表述。它定义在对股东、员工和整个社会应负的责任的背景下公司所希望实现的财务目标。

目标层级的下一级是经营目标，他们描述了不同经营领域的长期机会。每个经营目标都表明：（1）各项业务的目标；（2）业务范围；（3）评估潜在机会；（4）研究与业务相关的技术和市场趋势；（5）概括本行业的行业结构和可预见的趋势。

绩效指标也在经营目标层级确定，其中包括诸如销售目标、预期利润、资产收益率和市场覆

图表2
目标层级

资料来源：E. W. Helms, "Texas Instruments Objectives, Strategies and Tactics System," remarks to Instituto Panamericano de Alta Direccion de Empresa, Mexico, Texas Instruments, Inc., May 1980, p. 3.

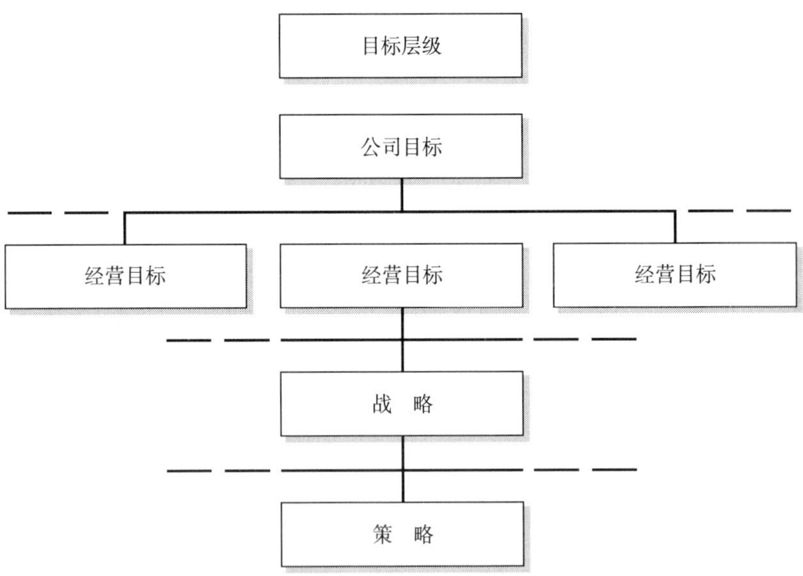

12. Speeches by Mr. Grant A. Dove of TI at the London School of Business Studies, May 22, 1970, and Haggerty, "Three Lectures," were used extensively in the preparation of this section.

图表 3　OST 系统内的目标层级

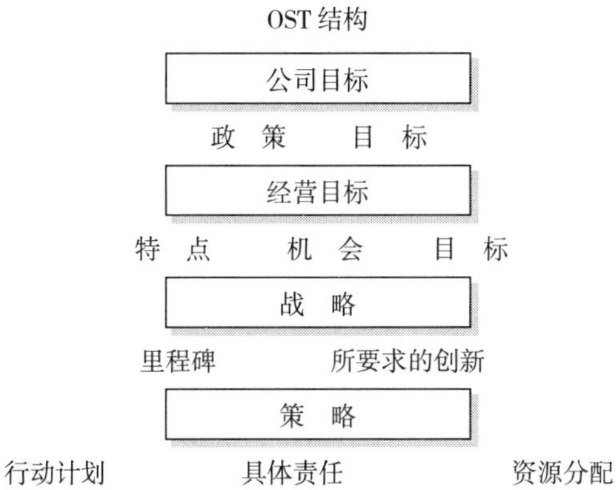

资料来源：E. W. Helms, "Texas Instruments Objectives, Strategies and Tactics System," remarks to Instituto Panamericano de Alta Direccion de Empresa, Mexico, Texas Instruments, Inc., May 1980, p. 3.

盖率之类的指标。经营目标涉及未来 5~10 年。头两年的预期被分解为季度指标，其余各年按年度编制。

每项经营目标至少每年审查一次，目的是为了根据德州仪器公司或者竞争者的成功或失败调整目标，同时也是为了适应经济环境的变化进行调整。如果认为目标不够宏大，经营目标也要调整。在一次演讲中，格兰特·达夫先生以下列方式做了表述：

> 我们期望目标具有足够的挑战性，甚至是令人震惊，足以迫使人们重新思考战略和策略。例如：每当我们有了清晰界定的战略，并让我们坚信能够超越经营目标时，那么这个经营目标就可能已经不够宏大，也就不可能是真正有创新性的战略思考。[13]

目标层级的第三级由支持经营目标的战略构成。战略聚焦在经济环境和机会环境上，并且提出一个问题——为了确保目标的成功应采取什么行动？制定战略的过程包括竞争能力分析，这涉及对市场机会进行的全面研究、对不可预见事件的长期计划，以及为了确定公司的技能、经营技术和现有市场是否足以支持战略并确保其成功而对公司资源进行的总体审查。如果不足以支持，就必须确定所需要的创新和所承担的责任。

在战略层面要确立一段长时间中的重要财务检验点，这可以使公司检验自己是否在按计划发展。战略的生命周期可以向未来延续几年，通常是 5~10 年。

策略行动计划（TAP）在目标层级的最底层建立。每项战略均由多个策略行动计划支持，每个策略行动计划都由一个项目经理主管。策略行动计划通常生命周期较短，一般为 6~18 个月。

策略行动计划文件详细介绍计划的量化目标，以及必要的资源，主要是人力和资本。它还描绘计划的不同部分的责任，制定管理者应该遵循的时间表。总之，策略行动计划定义一项计划对战略的贡献。

在目标层级中，越往下，就越详细。策略行动计划位于目标层级的最底端，由一个个工作包组成，这些工作包是 OST 系统内计划和资源分配的基础。

1980 年，德州仪器公司共制定了 9 项经营目标，60 多项战略，250 多项策略行动计划。[14]

双重管理责任

OST 系统的目的是为了提供一种方法，借以使长期战略目标成为公司的主要激励因素，同时

13. Grant A. Dove，speech presented at the London School of Business Studies, May 22, 1970.

14. E. W. Helms, "Texas Instruments Objectives, Strategies and Tactics System," remarks to Instituto Panamericano de Alta Direccion de Empresa, Mexico, Texas Instruments Inc., May 1980, p. 6.

图表 4

双重管理责任

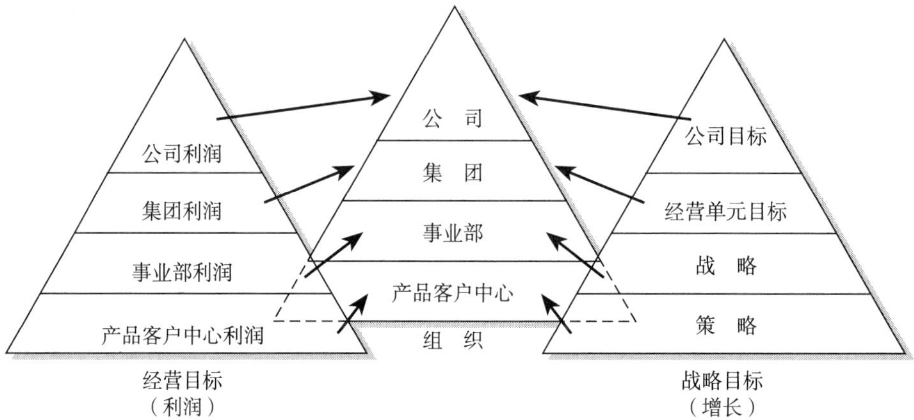

资料来源：E. W. Helms, "Texas Instruments Objectives, Strategies and Tactics System," remarks to Instituto Panamericano de Alta Direccion de Empresa, Mexico, Texas Instruments, Inc., May 1980, p. 7.

又仍能使公司有效处理日常运营。德州仪器公司试图把长期和短期经营方向结合起来的努力，反映在他们将 OST 系统置于传统的公司组织结构之上的方法上（参见图表 4）。

这就让管理层既要对“战略”模式负责，又要对“经营”模式负责。依此类推，产品客户中心的经理还要对策略行动计划负责；事业部经理也可能是一个战略管理者；集团管理者也可能负责管理经营目标的进展。

德州仪器公司约 75%的管理者都既为战略模式负责，又为经营模式负责。[15] 德州仪器公司觉得这样可以保持长期增长和短期盈利能力之间的平衡，而二者经常是彼此冲突的（参见图表 5）。

德州仪器公司明确的经营理念是通过赋予管理者双重责任，迫使管理者在分配时间时不要忽略公司长期创新需要。这些管理者都身兼二职，要实现增长和盈利能力双重目标。

在经营模式下，管理者首先要关注本经营单元目前的经营结果。换句话说，管理者主要关注短期盈利能力。业绩按照经营利润评价。在战略模式下，管理者关注他或她的具体战略的成功。而这个具体战略又是在 OST 系统下制定的长期计划的一部分。因此，评价管理者的标准就是其利用 OST 预算费用的速度和效益。

战略管理者的职责之一就是确定必须采用什么策略和行动计划，以实现战略。管理者必须在构建协调的战略计划时综合整个公司的必要策略行动计划。在这种情况下，管理者的“战略”责任可能会超出他或她的“经营”权力。为了全面履行战略职责，管理者可能必须与其他经营单元密切配合。

双重模式结构的影响

把这种双重制度形象化的最简单的方式就是将其与矩阵式组织进行对比。传统的矩阵式组织之所以如此安排是为了使项目组织与职能式经营结构重叠。任何一个项目都涉及一个经营单元的一项任务，或者要求完成许多跨几个不同经营单元的任务。德州仪器公司的这种制度的不同之处在于二者的重叠表明了战略模式与经营模式之间的关系（参见图表 6）。

15. 达夫在伦敦商业研究院的演讲。

图表 5
战略模式和经营模式之间的冲突

资料来源：E. W. Helms, "Texas Instruments Objectives, Strategies and Tactics System," remarks to Instituto Panamericano de Alta Direccion de Empresa, Mexico, Texas Instruments, Inc., May 1980, p. 10.

战略模式	经营模式
以长期为导向	以短期为导向
稳　定	灵　活
与公司目标协调一致	与经营需要协调一致
负责战略活动的进展	负责经营利润
表明增长观点	表明利润观点

← 冲　突 →

竞争关键资源
营销定价政策
经营/战略成本分配

图表 6　经营模式和战略模式构成的矩阵

战略模式	目标	战略	策略行动计划	经营模式：集团 1：事业部 A：PCC1	集团 1：事业部 A：PCC2	集团 1：事业部 A：PCC3	集团 1：事业部 B：PCC4	集团 1：事业部 B：PCC5	集团 2：事业部 C：PCC6	集团 2：事业部 C：PCC7
	1	A	1			X				
			2					X		
			3						X	
			4		X					
		B	5					X		
			6				X			
			7	X						
	2	C	8	X						
			9							X

译者注：PCC——产品客户中心。

资料来源：E. W. Helms, "Texas Instruments Objectives, Strategies and Tactics System," remarks to Instituto Panamericano de Alta Direccion de Empresa, Mexico, Texas Instruments, Inc., May 1980, p. 7.

任何一项战略都要求一个事业部和一个集团内的多个产品客户中心共同完成策略行动计划，或者要求多个事业部、集团及其相应的产品客户中心提供资源。例如：战略 A 要求完成四项策略行动计划。策略行动计划 1 要由集团 1 事业部 A 的产品客户中心 3 完成；策略行动计划3 则会在集团 2 事业部 C 的产品客户中心 6 找到必要的资源。其他两项策略行动计划也会以同样的方式找到适当的经营单元。按照这种方式，无须创建一种新的组织结构，就能实施战略计划。具体做法是：明确完成战略所必要的资源，然后把策略行动计划定位在能够提供必要资源和技能的产品客户中心。

资源分配系统

经营模式与战略模式之间的区别也明显体现在德州仪器公司的资源分配系统中。这两个职能的融资依公司的盈利能力而定，但是在很大程度上是一种高层决策，是长期和短期目标之间的权衡。正是由于这种区别，我们才编制两种预算——一种是经营费用预算，另一种是 OST 资金预算。此外，内部经营报表把经营费用和战略费用列示为两个单独的项目。

计划周期

在每年的第三个季度，公司发展委员会都会对来年所需的 OST 融资做出决策（参见图表 7）。

这项决策基于对经济和市场前景的分析，而这一分析又被转化为年度目标。拨付给战略模式的资金再按一种被称为“决策包排名”的方法进行分配。拨付给经营模式的资金按照所谓的零基预算技术进行分配。

战略资金

OST 资金要在经营目标之间进行分配，以每个目标的长期机会、动力和优先顺序作为决策标准。作为公司长期目标和预期的战略地图，德州仪器公司决策对目标、战略和策略的不断审查可以保持 OST 系统的不断更新。

决策包排名涉及几个阶段。如同目标和战略一样，策略也必须根据环境变化，或者公司长期发展方向的变化进行调整。必须不断产生新的策略行动计划，以弥补可能发现的与预期长期目标之间的任何差距。然后，这些策略行动计划按顺序排进决策包。“之所以称为决策包，是因为它包含实施创新所必需的所有资源。”[16] 然后战略管

图表 7
计划周期

资料来源：E. W. Helms, “Texas Instruments Objectives, Strategies and Tactics System,” remarks to Instituto Panamericano de Alta Direccion de Empresa, Mexico, Texas Instruments, Inc., May 1980, p. 13.

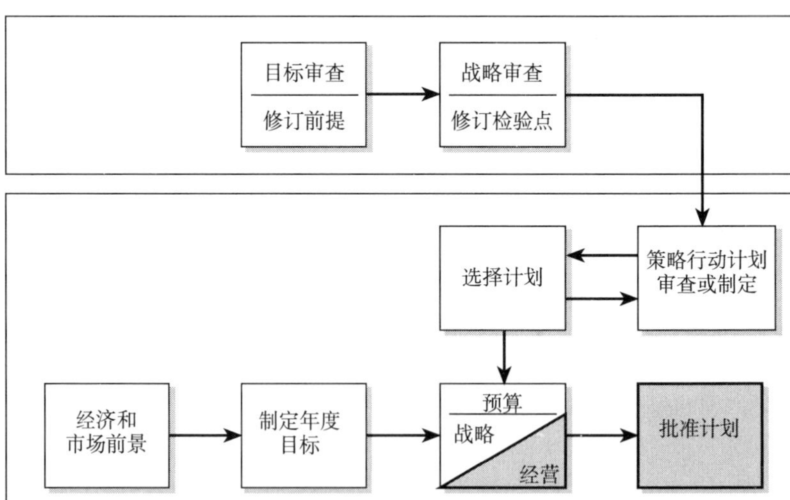

16. Haggerty, “Three Lectures,” p. 33.

图表 8　决策包排名

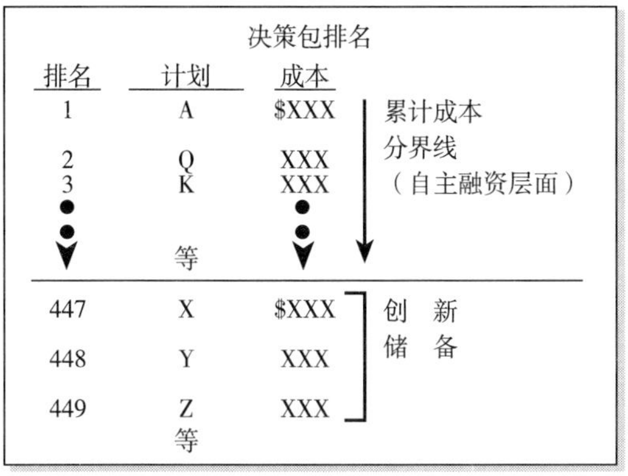

资料来源：Patrick E. Haggerty, "Three Lectures at the Salzburg Seminar on Multinational Enterprise," Texas Instruments, Inc., February 1977, p. 34.

理者根据重要性对决策包进行排序。分界线是根据各项经营目标和战略所能获得的资金数量划分的。超过分界线的决策包获得融资，而在分界线以下的决策包则被列入"创新储备"（参见图表 8）。

创新储备包含若有额外资金则能获得融资的决策包，或者由公司层面直接提供资金的决策包。出于这个目的，同时也是为了可能在未来产生的任何新机会，公司将留存一小部分 OST 资金（曾经为 10%）。

为了调整目标战略之间的资金分配，整个程序还要在目标层级重复。如同策略决策包所采用的方式一样，负责战略决策包的管理者也有机会要求再次审查，目的是为了在低于分界线但具有特殊潜力的情况下获得特殊融资。德州仪器公司觉得这样就可以使他们从事通常不会考虑的新的风险投资。

经营资金

拨付给经营预算的资金要利用所谓的零基预算技术在各项目和部门之间进行分配。采用零基预算的公司要求每个业务分部编制年度报告，说明当年预算的依据。零基预算可以与本质上是渐进式的传统预算方法对比。传统方法一般先确定新计划较上年费用所发生的变化，然后把必要的新增资金追加在上年预算上。相比之下，采用零基预算的管理者则必须每年从零开始，确定经营单元正常经营所必需的资金，然后说明这种需求的合理性。德州仪器公司认为，虽然零基预算的实施要求大量工作，但是它达到了使管理者参与预算编制过程的目的。他们还觉得零基预算让人们看到了经营单元资金的使用和需求，从而提高了资源分配过程的效率。

计划周期的时间安排

为了说明计划周期的时间基础，并使组织能够按计划运行，德州仪器公司遵循所谓的"四环节计划系统"（参见图表 9）[17]。德州仪器公司的集团副总裁莱斯先生为这个系统做了一些解释：

> 第一个环节是长期计划。它的核心是我们的年度战略计划会议，会议集中讨论我们在未来 10 年的走向。除了制定可评价的量化指标之外，长期计划还强调市场预测，以及可能对计划产生影响的产品和技术进步的预测。
>
> 第二个环节是中期计划。在设施、制造设备、产品和降低成本等方面做计划，1 年太短，而 10 年又太长。中期计划环节正好弥补了二者之间的差距，因为它集中在本年和未来 3 年。新产品、人员扩充、资本支出之类的审批都基于中期计划。在第二个环节中，本年及未来 1 年是至关重要的，因为它把战略、中期计划和滚动计划联系在了一起。
>
> 第三个环节是"滚动计划"，是对本年和未来 1 年的计划按季度进行更新。滚动计

17. Rice, "Texas Instruments Management Philosophies," p. 13.

图表 9

四环节计划系统

资料来源：L. M. Rice Jr., "Texas Instruments Management Philosophies and Growth Experience," remarks to Instituto Panamericano de Alta Direccion de Empresa, Mexico, Texas Instruments, Inc., May 1980, p. 13.

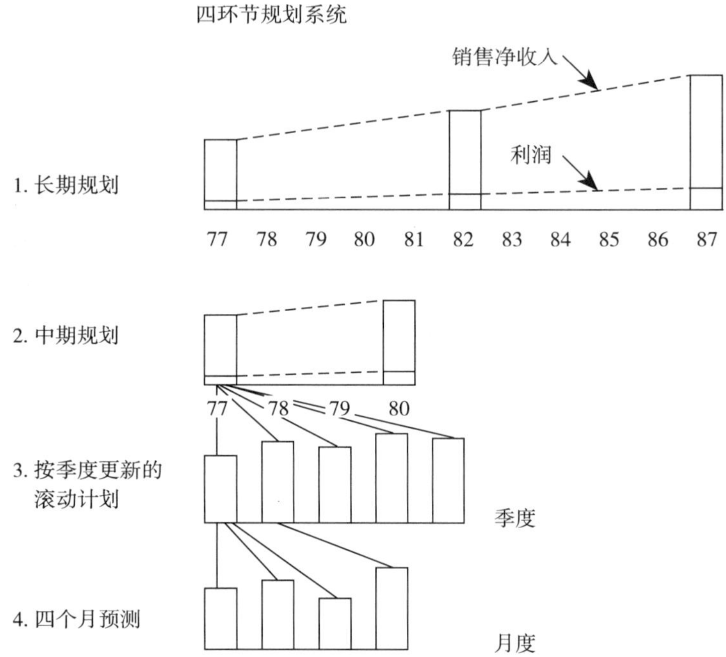

划是我们在近期经营的主要机制，它能对不断变化的经营条件做出迅速反应。

第四个环节是"四个月预测"周期。这是源于利润中心层面的月度经营计划工作，然后在公司层面汇总。它构成了德州仪器公司实现短期盈利能力的实时纠错可控制机制。

在每个环节中都利用财务模型和计划来预测和评价业绩。模型和计划还得到数字化管理系统的支持，尽可能地实时处理数据。利用这些数字化的系统，就可以迅速评估变化的直接影响和长期影响，然后采取必要的行动。[18]

报告系统

德州仪器公司的报告系统在损益表中把经营费用从战略费用中分列出来，如图表 10 所示。

管理者依据自己在组织中的职责分别对不同的费用承担责任，即：依据自己是战略管理者，还是经营管理者（如：产品客户中心），或者二者兼而有之。

在两种模式下，在组织结构中，上一级都要对下一级的工作进展进行评价。在战略模式下，责任从策略行动计划到战略，再到目标逐级传递；在经营模式下，责任从产品客户中心到事业部，再到集团逐级传递。每项策略行动计划的月度进展状况报告都在 OST 系统的各个层级传阅，从而可以迅速评估策略行动计划相对于多个标准的进展（即：预算、进度、人员、工厂）。

管理者在组织中的地位越高，就越希望承担双重责任。另外值得注意的是，较之经营费用，人们更希望把预算战略费用全部花完。对于德州仪器公司而言，这是指投入创新项目的费用。

18. 同上。

图表 10

在损益表中将战略费用和经营费用分列

资料来源：Patrick E. Haggerty, " Three Lectures at the Salzburg Seminar on Multinational Enterprise," Texas Instruments, Inc., February 1977, p. 33.

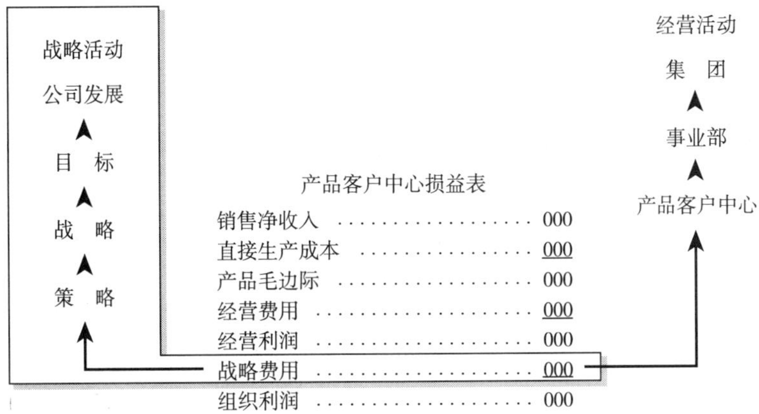

实施这种系统的一个难题在于 OST 费用的定义。德州仪器公司试图通过让集团经理列示那些他们视作“自主费用”的方式来解决这个问题。尽管集团经理对此做法在认识上并不完全一致，但是德州仪器公司觉得，只要所采用的定义保持一致，这种方法就有效。

激励薪酬系统

德州仪器公司的总体激励薪酬系统具有两个正式要素：（1）关键人事分析系统（KPA）；（2）股票期权计划。

KPA

借助对德州仪器公司员工的年度比较考评，关键人事分析系统希望确定那些在业绩上对公司贡献最大的管理者。这个过程的第一步由直接主管评价最低层的管理者。然后根据对公司的相对贡献，对这个层级的管理者进行排名。最后再把各部门的排名综合起来。

然后再在下一级重复这个程序，直到部门这个层级。此时，部门经理要确定那些他认为对公司做出同样贡献的人，无论其属于哪个具体职能和岗位的。这些“贡献相同”的人被称为“标杆”人物。树立标杆的目的在于把各组排名合并为一个部门排名。自此以后，每个人都被归类为 5 个比较排名组中的一个。排在前 20%组的人还要成对对比，以便产生新的排名。接着再在事业部和集团层面重复这种“标杆”和“成对比较”程序。

根据排名所反映的对公司的贡献，德州仪器公司为员工发放奖金。除了对基础工资的定期调整之外，高达 20%的员工可以获得奖金。尽管大多数奖金都发放给了处于高级的管理者，但是关键人事分析系统要求对各级管理者均进行考察。

股票期权计划

德州仪器公司的第二种激励薪酬形式是股票期权计划。必须在公司工作一定年限才有资格参与。公司股票期权的发放还与公司是否实现了每年的每股收益目标相联系。

为了提高组织各个层面的劳动生产率，公司还建立了其他几项计划。[19]

19. 本小节根据格兰特·达夫在伦敦商业研究院发表的演讲改编。

图表 11

公司委员会

资料来源：Charles H. Phipps, “The OST System,” exas Instruments, Inc., 1979, p. 14.

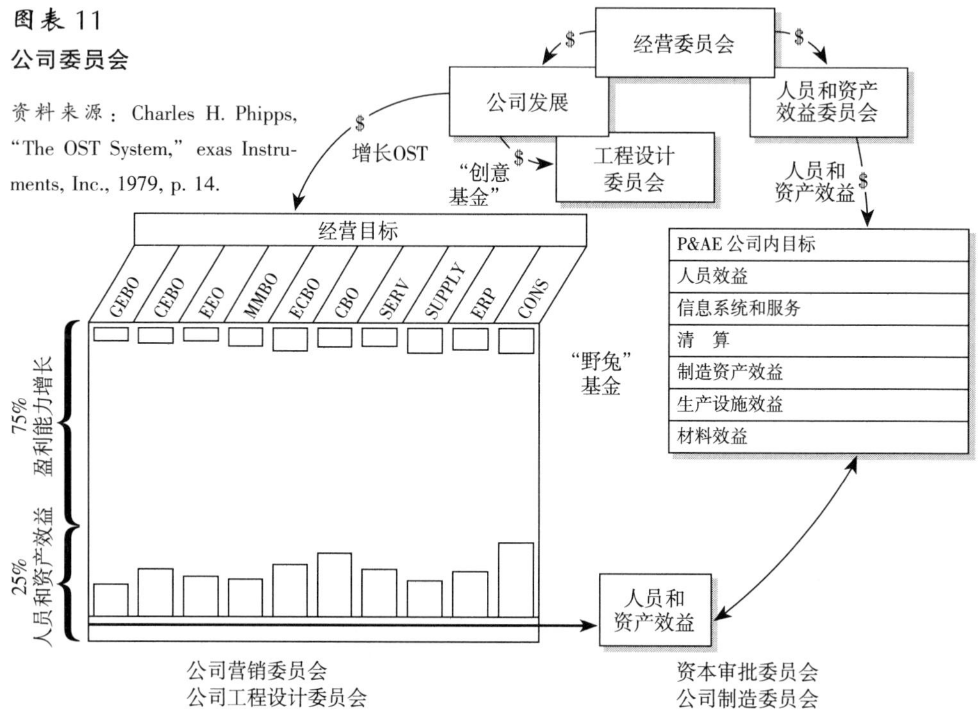

创 意

德州仪器公司力图认可这样一项事实，即：好的创意经常来自直接参与产品生产过程的员工。为了尽可能地挖掘创意，公司建立了一项名为“创意”的计划。若员工拥有产品或工艺改进创意，就可以获得高达25 000美元的拨款[20]。这项计划的所产生的一个闻名遐迩的结果就是德州仪器公司的“读写”设备——一种教授单词拼写的对话式学习设备。

高级管理层退休

德州仪器公司强迫高级管理层在55岁退休。这项政策的目的在于保证管理层的顺利交接。退休后的高级管理层有机会担任顾问职务，发挥自己的才能。退休为年轻的管理者提供了升迁的机会，因为高级管理层职位很早就有空缺。

经营委员会

经营委员会既处理经营问题，也处理战略问题，并且确定来年的OST预算。两个公司层面的委员会分配OST资金。这两个委员会是：(1)公司发展委员会；(2)人员和资产效益委员会。(参见图表11)

公司发展委员会负责外部经济分析，发起现行经营范围之外的新风险投资。此外，它还负责评价战略活动。

基于公司人员和资产的有效利用，人员和资产效益委员会负责评价公司提高劳动生产率的潜在可能性。在“人员效益”方面，德州仪器公司制定了政策，比如教育和培训计划、内部晋升机

20. “Texas Instruments Shows U.S. Business,” p. 82.

制、办公自动化、根据成绩和新岗位空缺颁发奖励，目的是为了激励员工最大限度地发挥自己的才能，为公司做贡献。最后一项根据“销售净收入/工资加福利”指数评价。德州仪器公司认为这项计划取得了成功，引用德州仪器公司的管理层的话就是：

> 所有这些都发挥了协同效应。它意味着态度、团队改进计划、产学研一体化、开放的管理政策、非体系化的论资排辈。它是目标统一的方法——每个人都专注于目标中自己的那部分……关键是灵活性。人一生中都追求两样东西：成就感和受人爱戴。如果你以最简单的组织结构营造了一个实现这些目标的氛围，你就会获得你想要的结果。[21]

德州仪器公司坚信资产的充分利用，通过采用激进的资产更新周期，一直处于资产劳动生产率的前沿。“资产效益”是人员和资产效益计划的第二个方面。这方面的进展用“(税后）净收益/平均资产”比率评价。[22]

结　论

一周内，艾尔默先生已经召集他的直接下属，即参与审阅德州仪器公司相关材料的人员，开了一个会，目的是为了决定哈维—哈德逊电子公司是否应该采用同样的系统。要制定决策，就需要完成对 OST 系统的分析，并评估这个系统在德州仪器公司运行的如何。此外，分析行业特点和/或公司目标和政策也是制定决策需要考虑的一个重要因素，因为他们促进了 OST 系统的成功。

思考题

1. 请总结德州仪器公司管理系统的重要特点。这些管理系统在多大程度上彼此强化？如何彼此强化？
2. 德州仪器公司怎样确保经营管理者在短期与长期之间合理分配时间？
3. 您为什么认为在 70 年代 OST 系统在德州仪器公司如此有效？为什么在 80 年代中后期不太有效？
4. 像这样的系统适用于其他组织吗，比如哈维—哈德逊电子公司？您预见会产生什么实施问题？

---

21. “How Texas Instruments Turns Its People On,” *BusinessWeek*, September 29, 1973, p. 88.
22. Rice, “Texas Instruments Management Philosophies,” p. 14.

第 14 章

服务型组织

前面各章的讨论大多是指制造型组织，即：生产和销售有形商品的组织。在本章中，我们将介绍服务型组织的管理控制系统——生产和销售无形服务的组织。我们将首先讨论区分服务型组织和制造型组织的一般意义上的特征。然后，我们再讨论专业服务、金融服务、医疗服务和非营利组织中产生的特殊问题。

一般服务型组织

在 18 世纪和 19 世纪早期，美国的劳动队伍主要集中在农业领域。在此之后，主要集中在制造业。在 20 世纪初，服务领域的从业人数超过了制造业领域的从业人数。到 2005 年，服务业领域的从业人员已增长为制造业领域从业人员的两倍多。在本章中，我们将考察服务型组织的管理控制系统。

特　征

出于多种原因，服务行业的管理控制与制造公司的管理控制略有不同。在本小节中，我们将讨论一些影响大多数服务行业的因素（其他的，关于特定服务行业的特征，将在后面讨论）。这些因素也适用于一般公司的法律、研发和其他服务部门。

缺失存货缓冲机制

商品可以以存货的形式持有，它是消除销量波动对生产活动造成影响的缓冲机制。服务却不能储存。飞机的座位、酒店的客房、医院的手术室，或者律师、医师、科学家及其他专业人士的时间如果今天不用，就会永远地消失了。因此，尽管制造型公司可以用今天手中的产品在未来赚取收入，但是服务型公司却不能如此。它必须尽可能地使未利用的生产能力最小化。

而且，许多服务型组织的成本在短期内实质上是固定的。在短期内，酒店无法通过关闭一些客房来大幅降低成本。会计师事务所、律师事务所以及其他专业组织也不愿在业务量低的时期解雇专业人士，因为不仅会影响士气，而且还会发生重新招募和培训费用。

因此，在大多数服务型组织中，一个关键变量是现有生产能力与需求的匹配程度。服务型组织实现这种匹配的方式有两种。首先，他们尽力通过营销活动和价格折让刺激非高峰期的需求。旅游线路和假日酒店会在淡季报低价；航空公司和酒店会在周末提供低价；公用设施在一天的客流量低的时间会提供低价。其次，如果可行，服务型公司也会根据预期需求调整员工队伍规模，采取的措施包括在淡季安排培训活动，以后用休假弥补繁忙时期的加班。

由于未售出服务所产生的损失至关重要，所以客房入住率、“计费小时数”、负荷因素、学生入学率、医院就诊人数，以及其他反映销售服务是否成功的类似指标，通常都是服务型组织的关键变量。

控制质量的难点

制造型公司可以在向消费者发货之前检查产品，产品的质量可以采用可视形式或者工具来测量（韧性、纯度、重量、颜色等等）。服务型公司只有在提供服务的时候，才能判断产品质量，而且判断经常是主观的。餐馆的管理层可以在厨房检查食品，但是客户满意度在很大程度上取决于服务形式。教育质量更难以衡量，因此没有几个教育组织建立了正式的质量控制系统。

劳动密集型

制造型公司需要添置设备和自动化生产线，因而替代了人工，降低了成本。大多数服务型公司都是劳动密集型的，无法做到这一点。医院确实会添置昂贵的设备，但是大多数是为了提供更好的治疗，而这会增加成本。律师事务所会通过增加合伙人和新的辅助人员来扩张。

多经营单元组织

有些服务型组织在不同的地方经营多个经营单元，每个经营单元规模都较小。这些组织一般是快餐连锁店、汽车租赁公司、加油站等。有些经营单元是自有的，其他的则是加盟经营。各个独立经营单元的相似性为分析预算和评价业绩提供了共同的基础，而这是制造型公司所无法实现的。各经营单元的信息可以与整个系统比较，也可以与地区平均值比较，从而确定哪个业绩好，哪个业绩差。但是，因为各经营单元不仅所提供的服务组合不同，利用的资源不同，而且还存在其他差异，所以在比较时要审慎。

历史发展

成本核算始于制造型公司，因为在编制财务报表时，需要为在产品和产成品存货计价。成本核算制度为制定销售价格，以及其他管理控制，提供了原始数据。标准成本制度、固定成本与变动成本的区分，以及差异分析都是在成本核算制度的基础上建立的。直到几十年前，大多数关于成本核算的教材还只涉及制造型公司的实务。

许多服务型公司（铁路及其他管制行业除外）并没有同样的动力去编制成本数据。他们使用产品成本及其他管理会计数据还只是最近时期——大部分是二战以后。今天，他们的管理控制系统已迅速发展，堪与制造型公司媲美。

专业服务组织

研发组织、律师事务所、会计师事务所、医疗机构、工程设计公司、建筑师事务所、咨询公司、广告代理、交响乐团及其他艺术团体，以及体育组织（如：棒球队）等都是专业服务组织，他们所提供的产品就是专业服务。

特殊组织特征

目 标

正如第2章所介绍的，制造型公司的主要目标是获得满意的利润，尤其是获得满意的资产收益率。专业服务组织拥有的有形资产相对较少。它的主要资产就是专业人士的技能，但是这在资产负债表上并不列示。因此，应用资产收益率对于这类组织实质上毫无意义。他们的财务目标是为专业人士提供合理的报酬。

在许多组织中，一个相关的目标是扩大规模。这在部分程度上反映了一种自然趋势，即把成功与大规模联系起来。它还在部分程度上反映了人员集中利用的规模经济，从而保持组织与时俱进。大型会计师事务所需要建立足够的分支机构，以满足审计客户的需要，因为有些客户的经营遍布世界各地。

专业人士

专业服务组织是劳动密集型的，而且需要特殊人才。许多专业人士喜欢独立工作，而不是参加团队。身为管理者的专业人士往往利用业余时间参与管理活动。会计师事务所的高级合伙人积极参与审计业务；律师事务所的高级合伙人也有客户。大多数职业的教育都不包含管理教育，而且都自然而然地强调专业技能，而不是管理技能。出于这个原因，以及种种其他原因，专业人士往往忽视了管理者。专业人士往往不太重视决策的财务意义。他们希望把工作做到最好，不管成本多高。这种态度影响了组织中辅助人员和非专业人士的态度。它导致了成本控制欠缺。

产出和投入评价

专业服务组织的产出无法以实物形式评价，比如件、吨或者加仑。我们可以评价律师花费在一个案件上的小时数，但是这是对投入的评价，而不是对产出的评价。产出是指律师的工作效果，这无法用案件诉讼摘要的页数来衡量，也无法用出庭小时数来衡量。我们可以评价医生每天的接诊数量，甚至可以根据投诉对这些患者分类，但是这决不等于评价医生所提供的服务的质量。所评价的充其量是医生治疗患者的效率，它在确定怠工者和勤奋者时有所用处。在有些专业服务组织中，收入是一个评价产出的指标。但是这些货币金额充其量与服务数量联系起来，而不是与服务质量联系起来（尽管从长期看劣质也会反映在收入下降上）。

> **例如：**关于学生对教师的评级的研究有 1 300 多篇文章和著作。他们为教师表现定义了 22 个维度（如："阐释清晰"、"课堂时间运用合理"），并定义了 20 个影响评级的变量（如：课程量、授课时间、性别、课程水平）。最好的评级系统能够确定优秀的教师和糟糕的教师，但是对于 70%或 80%介于两个极端之间的教师，没有任何一个系统能够提供一个满意的评级。[1]

而且，许多专业人士所从事的工作都是不可重复性的。没有两项咨询任务或者研发项目是完全相同的。这就为计划工作时间、制定合理的业绩标准，以及判断业绩的满意度造成了困难。有些工作实质上是重复性的：起草简单的遗嘱、地契、销售合同等类似文件；审计师清点实物存货；某些医疗和手术程序。为这些工作制定标准可能是值得的，尽管在运用这些标准时，要考虑影响具体工作的非常环境。

有些专业人士，特别是科学家、工程师和教授，不愿意记录自己所花费的时间，这就使业绩计量更加复杂化了。这种不情愿似乎由来已久。通常，如果高级管理层愿意适当强调精确时间报告的必要性，这个问题是可以克服的。但是，在决定如何向客户计费时，又会出现难题。如果正常的周工作时间是 40 小时，在一项工作上每小时的花费都应该按周工资的 1/40 计费吗？如果这样，那么在夜间和周末完成的工作应该如何算呢？（专业人士是

1. Based on William E. Cashin, "Reliability, Validity, and Generalizability of Student Ratings of Instruction," *IDEA Paper no. 20*, Center for Faculty Evaluation and Development, Kansas State University, September 1988.

"例外"员工——他们不受政府加班工资规定的约束)。如何计算花在阅读文献、参加会议,以及其他更新知识的方式上的时间呢?

小规模

除个别企业外,比如有些律师事务所和会计师事务所,专业服务组织一般都规模较小,并且在一个地点经营,在这类组织中,高管能够亲自体察发生什么,也能亲自激励员工。因此,不太需要复杂的管理控制系统,也不需要建立利润中心和正式的业绩报告。但是,即使小型组织也需要预算,根据预算定期比较、评价业绩,也需要一种把薪酬和业绩联系起来的方式。

营 销

在制造型公司中,在营销活动和生产活动之间存在严格的界限。只有高级管理层才两者都关注。在大多数专业服务组织中不存在这样严格的界限。在有些专业服务组织中,比如律师事务所、医药机构和会计师事务所,职业道德规范限制了专业人士公开营销活动的数量和特点(尽管近年来已放松了管制)。但是,几乎在所有组织中,营销都是最根本的活动。如果不能公开从事营销活动,那么就需要采取个人接触、演讲、撰文、在高尔夫球场交谈等形式。这些营销活动是由专业人士进行的,通常是由把大部分时间花费在生产性工作(即:为客户所做的工作)的专业人士从事。

在这种情况下,很难为负责发展新客户的人员确定适当的业绩。例如:在咨询公司中,公司成员与一位熟人在公司的一次交谈就可能达成一项新业务,也可能公司的一位专业人士的演讲或文章产生的声誉为公司赢得了新业务。而且,负责联系业务的专业人士可能本人不参与执行。直到最近,这些营销贡献一直都是从主观给予奖励,即在晋升和薪酬决策中予以考虑。现在,在有些组织中,如果能确定"销售"项目的人,就给予明确奖励(按项目收入的一定百分比奖励)。

管理控制系统

定 价

在许多专业服务组织中,提供服务的价格都是按传统方式制定。如果所在的行业,各成员都习惯于记录工作时间,那么一般就按花费的专业时间计费。小时计费标准一般根据专业人士的薪酬级别确定(而不是根据具体人员的薪酬),然后再加上管理费用和利润。在其他行业中,比如投资银行业,一般根据证券发行的货币金额计费。还有一些行业,项目存在固定价格。不同专业服务,价格也显著不同。科研专家的计费标准较低,而会计师和医师的计费标准则较高。

在制造型公司中，通常要确定服务价格中的利润要素，以便平均而言获得满意的资产收益率。正如我们前面所提到的，专业服务组织的主要“资产”是专业人士的技能，而它又是不可计量的。实际上，整个组织的总体价值远远高于单个人员独立工作的价值的总和。原因在于公司已经发生了招募和培训人员的成本，按个人才能及其他因素把他们组织在一起，并且制定了确保效率和效益的政策和程序。按照这种方式，公司不仅承担了生产令人满意的产品的责任，包括如果工作干不好而发生损失的风险，而且还吸收了不直接创造收入的人员的成本。这些考虑因素隐性地影响包含在计费标准中的“利润”要素。

利润中心和转移定价

辅助部门，如维修、信息处理、运输、电信、印刷、材料和服务采购，会根据自己的服务向使用和消耗部门收费。转移定价的原则与第 6 章中所介绍的相同。

战略计划和预算编制

一般而言，在专业服务组织中，正式战略计划系统不像同等规模的制造型公司那样完善。部分原因在于专业服务组织不太需要这类系统。在制造型公司中，许多项目决策都涉及厂房和设备采购方面的承诺。他们对未来几年的生产能力和成本都具有可预测的影响，一旦制定了决策，实际上就是不可撤消的。在专业服务组织中，主要资产是人。尽管组织极力避免人员规模的短期波动，但是较之实物工厂生产能力上的变动，改变人员规模和构成较容易，也更容易逆转。专业服务组织的战略计划主要由长期人事计划组成，而不是公司经营的全面计划。

专业服务组织的预算编制过程与第 9 章所介绍的类似。

经营控制

更多的关注点应该放在专业人士的时间安排上。公司密切注意“计费时间比率”，它是指计费小时数与专业人士的总工作小时数之比。如果为了充分利用闲置时间，或者出于营销和公众服务等原因，有些业务的计费标准低于正常水平，那么所形成的价格差异就必须密切关注。

无法制定工作业绩标准、对团队合作的渴望、管理矩阵式组织的相应问题，以及专业人士的行为特征都使专业服务组织日常经营中的计划和控制复杂化了。若工作由项目团队完成，则控制就聚焦在项目上。必须为每个项目编制一份书面计划，并且应该及时编制根据成本、进度和质量评价的实际业绩与计划业绩的报告，与我们将在第 16 章中介绍的相同。

业绩计量和评价

正如我们在前面所举的教师的例子一样，在两个极端，专业人士的业绩容易评判。而评价介于两个极端之间的大部分专业人士则难得多。对于有些专业人士而言，有时能获得客观绩效指标：投资分析师的建议可以与证券的实际市场行为对比；医生诊断的准确性可以通过检查切除的组织来验证；医生的技能可以通过手术成功率来评价。当然，这些指标也受到一定限制，在大多数情况下，业绩的评价最终都归结为上级、同事、自我、下属，以及客户的人为判断。

上级做判断最普遍。出于这种原因，专业服务组织越来越多地采用正式系统收集业绩计量意见，作为人事决策的基础，同时也作为与专业人士讨论的基础。有些系统要求对业绩的特定属性进行数量评级，并为这些评级提供一个加权平均。薪酬可以在部分程度上与这些数量评级挂钩。在矩阵式组织中，项目领导和职能单元的领导共同评判业绩。

专业人士的同事，或者下属进行的考评有时也是正式控制系统的组成部分。在有些组织中，也可能要求个人进行自我评估。客户所表达的满意或者不满意也是评判业绩的重要基础，尽管这种表达不可能总是召之即来。

实例 一个向机构客户销售投资建议的公司对接到客户的表扬和批评都有记录，并按提供相关评论或建议的分析师分类，把这项信息作为业绩计量系统的一部分。

预算可以用作计量成本业绩的基础，并用实际花费的时间与计划时间比较。预算和酌量性成本的控制对于专业服务公司和制造型公司同样重要。但是，这类财务指标在评估专业人士对公司盈利能力的贡献时不太重要。专业人士的主要贡献与工作量相关，最重要的是与工作质量相关，它的评估在很大程度上一定是主观的。而且，评估必须在当前进行，而不能等到知道新建筑是否设计合理，新控制系统是否真正发挥了作用，或者债券契约是否有疏漏之后。

在有些行业中，采用内部审计程序控制质量。在许多会计师事务所，除负责人之外，审计报告还要经合伙人审查，整个事务所的工作要由另一个事务所进行“同行评议”。一个建筑物的设计建议要经未实际参与项目的建筑师审查。

金融服务组织

金融服务组织包括商业银行和储蓄机构、保险公司，以及证券公司。这些公司所从事的经营主要是理财。有些充当中介机构，即：他们从储户那里吸收存款，然后再借给个人或公司。其他的则充当风险转嫁者。他们以保费的形式募集资金，再把保费投资，并承担发生特定事件的风险，比如死亡或财产损害。还有一些是交易商，他们为自己的账户或者为客户买卖证券。

金融服务领域

我们在这里对金融服务领域做一些一般的评论。首先，在 2005 年，金融服务机构总值 4 000 亿美元，占国民生产总值的 5%，但是他们在总体经济表现中的重要性远比这个数字大得多。金融服务领域构成了美国和世界经济的中流砥柱。

其次，30 年前，商业银行业、投资银行业、零售经纪商和保险业都是独立的行业。公司都专注于一个行业，也多在一个区域内竞争。但是今天则完全不同了。放松管制(如：“格拉斯—斯蒂格尔法案”的削弱）已经模糊了行业与地域的界限。金融服务机构不仅在多个领域经营（投资银行业、经纪商等)，而且在全球范围内竞争。在 20 世纪 90 年代，几起大型并购导致了金融服务业的合并（例如：花旗银行和旅行者银行的兼并；瑞士联合银行收购普惠银行；摩根士丹利银行收购添惠；德意志银行收购信孚银行)。在 21 世纪，行业界限的模糊、全球化和金融服务机构的合并还会加速。

第三，金融服务机构利用信息技术革命创新产品、开发新的交易方法。例如：嘉信公司推出了电话经纪人（一种自动化电话触碰屏式订单输入系统)、语音经纪人（一种自动化语音识别报价系统)、电子嘉信（基于互联网的经纪人服务)。诸如 E*Trade 和 Ameritrade 之类的新公司能够通过基于网络的交易，大幅降低了中介服务佣金。在 2002 年，35%以上的个人股票交易都是通过互联网操作的，但是，6 年前，这个业务领域根本不存在。

第四，金融服务领域对控制的需要已变得刻不容缓。在 20 世纪90 年代爆发的亚洲金融危机在部分程度上是由于泰国、印度尼西亚、日本及其他亚洲国家控制系统不完善所造成的，由于控制系统的不完善，致使银行产生了大量高风险的呆账。金融服务机构中最有名的失败案例就是 1995 年英国最古老的商业银行巴林银行的破产。不完善的控制在部分程度上造成了巴林银行的倒闭。[2]

第五，在 20 世纪 90 年代，金融服务机构设计的金融工具的新形式（如衍生工具）有时为客户造成了成百上千万的损失。1994 年 12 月，美国加州的橘郡在杠杆利率产品中损失了 17 亿美元。1994 年 4 月，宝洁公司对信孚银行提起了诉讼，因为它在信孚银行设计的利率交换交易中损失了 1 亿美元。1994 年 7 月，葛兰素史克公司在衍生工具和资产基础债券中发生了 1.8 亿美元的损失。[3]

最后，2002 年的公司丑闻为投资银行提供了巨大的动力来剥离研发部门。人们认为在现行制度下，投资银行家的利益，而不是投资者的利益，驱动了研究结果。研究分析师受

2. Thomas Sheridan, “The Barings Debacle,” *Management Accounting*, May 1995, pp. 6–7.

3. “Corporate Risk Management: A New Nightmare in the Boardroom,” *The Economist*, February 10, 1996, pp. 3–22.

到了利益冲突的潜在可能性感染，因为他们所分析的公司也买分析师的雇主所提供的高费率的投资银行服务。支持剥离的观点有许多：（1）剥离能保证研究数据客观；（2）目前，研究成本由投资银行承担。如果投资者必须承担，他们就会要求更高质量的研究；（3）如果投资者坚信研究是客观的，不偏不倚的，那么投资者信心就会提高。另一方面，还有几种观点反对剥离：（1）如果单立为一个独立的公司，研究成本就会上升；（2）最优秀的研究分析师会由于薪酬高而加入投资银行，从而使独立的研究机构只剩下一些才干较低的员工；（3）为了抑制成本，研究机构会发布简短的报告，而不是像现在这样发布内容翔实的股票分析。[4]

实例 在2002年期间，人们对花旗银行的一个经营单元所罗门投资银行的研究工作进行了一些调查。2002年10月30日，花旗银行自愿从投资银行中剥离了研究分析师。[5]

特殊行业特征

虽然管理控制系统的一般原则和概念均适用，但是需要根据金融服务机构的下列特殊性予以调整。

货币资产

金融服务机构的大部分资产都是货币资产。货币资产的现行价值比厂房及其他有形资产，或者专利等无形资产的价值更易于计量。货币是可交换商品的一个极端的例子。在任何时候，任何公司持有的货币都具有同等价值。一美元就值一美元，既是按面值定价，也是按购买力定价。货币的购买力会随着时间的推移而变化，但是在未来任何一个时间点，所有的货币都具有同等的价值。这就意味着每个人手中的货币在任何时候都是同质的。在金融服务行业，质量是指所提供的服务的质量，以及货币以外的金融工具的质量。没有必要为货币制定质量控制安全措施。

金融资产也可以方便快捷地从一个所有人转让给另一个人。在电子资金划转过程中，资金几乎是在瞬间划转的。在其他交易中，资金最多在几天内也能划转。它的便携性是盗贼和伪造者的巨大诱惑。出于这个原因，处理金融资产，尤其是处理货币资金的公司必须采取严格的措施保护他们。其中不仅包括保护货币和文件的物理措施，而且包括设计用于保持资金划转系统的安全的措施。

---

4. "The Research Conundrum," *BusinessWeek*, October 21, 2002, pp. 120–22.

5. "Rewriting the Rule Book at Citi," *BusinessWeek*, November 11, 2002, p. 36.

交易的时间间隔

债券发行、个人抵押贷款或者寿险保单，在财务上的最终成功还是失败可能要到 30 年以后才能知道。在这一期间，贷款或保单的合理性可能会发生变化，货币的购买力肯定也会变化。这就意味着参与审批和设计贷款、销售保单及为保单定价的人的最终业绩在最初决策时无法评价。它还意味着控制要求具备一种持续监督交易合理性的手段，包括对所有未收回贷款的定期审计（早期未及时发现“问题贷款”，是发生一连串的银行和储蓄机构破产案的重要原因之一）。

在另一个极端，有些交易是迅速完成的。许多交易都是根据交易人在前几分钟，甚至前几秒钟获得的信息进行的。对于货币交易和上市证券而言，几乎可以瞬间在世界各地的证券市场上获得新信息。交易人根据这些信息买卖证券。如果交易人买入证券，价格的未来变化会改变所持有的证券的价值。因此，需要一种报告所持有证券，以及在价格与交易人的证券逆向运动时评估组织风险的系统。这意味着公司必须建立一种精确便捷的系统，以获得信息，总结信息，估计所持证券的风险（如果适用），然后向交易人提供信息；计算机模型（“专家系统”）评估信息，有时无需人为干预就可以运行。

风险和回报

许多金融服务机构所从事的业务就是承担风险，换取回报。大多数经营决策都涉及风险和回报之间的权衡。风险越大，预期的回报就越高。在金融服务机构中，这种权衡比诸如设备购置和新产品引进之类的商业投资更明确。贷款利率和保单的保费都是基于对风险的假设，他们可能准确，也可能不准确。

技 术

技术引发了金融服务行业的一场革命。金融服务机构利用信息技术作为提供创新服务的方式。银行的自动柜员机就是一例。保险公司和共同基金都开发了电子市场。金融服务机构通过互联网上的网站以电子方式向消费者销售产品。投资银行利用量子物理学理论和高等数学公式设计了新的金融工具。银行通过提供计算机支付系统已经成了“虚拟”的。在线经纪服务也成为快速成长的领域。[6]

医疗机构

医疗机构包括医院、诊所，以及类似的医疗机构、保健组织、养老院和疗养院、家庭

6 “Technology in Finance,” *The Economist*, October 26, 1996, pp. 3-22.

护理机构及医疗实验室等。他们构成了美国规模最大的行业，占国民生产总值的14%，大体相当于所有耐用消费品制造商的总和所占的比例。[7]尽管他们具备非营利组织的大多数特点（我们将在下一小节中讨论），但是其中许多都是利润导向型的公司。

特殊行业特点

社会难题

社会渐渐认识到现行医疗服务系统无法运行的事实。尽管医生受到开业誓约的约束，保证为患者提供完善的医疗保健，但是这种系统却无法做到这一点。一方面，随着新设备和新药品的开发，每次就诊的费用将不可避免地增加；医院的费用从 1970 年的 280 亿美元上升为 2005 年的 4 000 多亿美元（这种趋势与制造型公司的一般经验形成了对照，在制造型公司中，新设备通常会降低单位成本）。另一方面，由于医疗技术的进步延长了老年人的寿命，患者的数量在不断增加，因为他们最有可能需要就诊。如果成本的现有增长速度持续得久一些，社会就负担不起可预见的患者数量的增加。医疗服务机构明白这个问题，但是他们不知道社会，尤其是国会，将如何解决它。但是，显然医疗服务将发生巨大变革。医疗机构必须时刻关注这些变革。

医疗服务提供者的变化

在医疗费用总体上涨的情况下，医疗服务提供的方式也发生了显著变化，从而导致了医疗服务提供机构的类型也发生了变化。许多传统上由医院对住院患者提供的医疗服务现在都由诊所门诊提供，或者在患者家中就诊。企业家进入了这个行业，提供新服务。同时还发生了从小型地方性医院向大型地区性医院或者医疗中心的转变。医院的床位数量从 1970 年到 2003 年下降了 30%以上。为了生存，医院必须具备灵活性，以适应这些变化，要么自己提供更多的就诊服务，要么取消不再盈利的住院服务。

第三方付款人

在 2005 年 9 000 多亿美元的医疗总支出中，43%由政府融资，35%由保险公司融资，只有 22%由患者个人承担。最大的政府项目是“医疗计划”（Medicare），它是为 65 岁以上的老年人和有一定残疾的年轻人提供支持的联邦政府项目。“医疗救助”为低收入群体的

---

7. Data in this section are taken from the following tables in the *Statistical Abstract of the United States*, 2002: No. 136 (overall expenditures) ; No. 166 (hospitals) ; and No. 629 (employment) . For moredetailed data, see the following annual publications: U.S. National Center for Health Statistics, *Health, United States;* U.S. Health Care Financing Administration, *Health Care Financing Review;* American Hospital Association, *Hospital Statistics*.

医疗服务买单，它由各州根据联邦政府制定的指南融资。

在 1983 年之前，“医疗计划”一直根据实际发生的“合理”费用报销，因此不会激励医疗服务提供机构控制成本。目前，“医疗计划”根据诊断关联群（DRG）为医院报销。医疗和手术程序被划分为 500 多个诊断关联群，每个诊断关联群每年制定一次固定费率，无论患者实际住院时间多长，或者实际发生的费用为多少，医院都按这个费率报销。其他第三方付款人也开始实行类似的报销制度。

诊断关联群系统，以及每位患者的医疗费用的增加，激励医院建立了复杂的成本核算制度，通常是从外部计算机软件组织购买系统，然后再根据自身需求调整。有些医院根据合同为其他医院提供信息处理服务。这些系统提供每位患者的信息（类似于汽车维修店的工作—成本制度），他们报告每个诊断关联群的实际成本与标准成本的比较。成本按部门分类，甚至还按各部门的出诊医师分类。

这项信息是医院传统上收集的信息的补充。它既聚焦在产出（患者医护）上，又聚焦在投入（每次检查的费用）上。

保健组织（HMOs）开始越来越多地为医生、医院和其他医疗服务提供机构报销。他们与公司签订合同，按人均固定费用为员工提供医疗服务。然后，保健组织再与医院及其他医疗服务提供机构签订合同，有时规定每个诊断关联群的固定费率。因此，保健组织就承担起控制费用的艰巨任务，以便支付的费用不至于超过收取的费用，但是也必须保证提供完善的医疗服务。

专业人士

在 2005 年，在医疗行业从业的专业人士超出了 300 万（医生、牙医、注册护士和临床医师），超过了除教育之外的任何其他行业。专业人士对管理控制的意义与我们在前面所讨论的一样。他们主要忠诚于职业，而不是组织。部门管理者一般都是兼任管理职能的专业人士。外科主任仍然做手术。从历史上看，医生往往不太重视成本控制。特别是人们有一种印象，即：他们要求患者进行的检查远远超出了最优限度，之所以如此，是因为如果医生未发现患者的全部症状，就有面临治疗不当的指控的危险。

质量控制的意义

医疗行业面对的是人的生命，所以医疗服务的质量至关重要。在医疗行业，手术程序中要求组织检查，个体医生要进行同行评议，还有联邦政府规定的外部审查机构的审查。

管理控制过程

由于具备上述种种特征，医疗行业的管理控制系统与我们在第8~12 章中所介绍的相同。由于产品组合的转变，同时也是由于新设备数量和成本的增加，医院的战略计划过程日益重要。年度预算编制过程依然是传统方式。医院可以迅速获得海量信息，用于控制经营活动。通过比较实际与预算收入和费用，可以分析财务业绩，明确重要差异，并针对具体情况采取适当措施。

非营利组织

根据法律定义，非营利组织是指不能向组织成员、管理人员或董事分配资产或收入，或者不能为了员工、管理人员或董事的利益分配资产或收入的组织。当然，组织可以为所提供的服务和所供应的商品向员工支付报酬，包括管理人员和组织成员。这种定义并不阻止组织获取利润；它只是阻止分配利润。一般而言，非营利组织需要获取适当的利润，目的是为了提供营运资本，也是为了未雨绸缪。

符合美国《联邦税法典》第501（c）条标准的非营利组织免征所得税（“非关联经营所得”除外）。在美国，有120多万个组织满足这些标准。如果是《联邦税法典》第501（c）(3) 条定义的宗教团体、慈善组织或教育机构，则捐助者向此类组织捐献的款项可税前扣除。这类组织被称为“501（c）（3）组织”。许多此类组织都免征财产税和特定类别的销售税。

在许多行业集团中，既有非营利组织，又有营利组织（即企业）。医院有营利的，也有非营利的；学校有营利的，也有非营利的；甚至宗教团体也有营利的。国际斯坦福研究所就是一个与营利的研究机构理特管理顾问公司竞争的非营利研究机构。

特殊行业特征

缺失利润指标

大多数企业的首要目标都是获取满意的利润。净收益就是为了这个目标评价业绩。但在非营利组织中则不存在业绩评价指标。许多非营利组织都有多个目标，组织在实现目标上的效益几乎无法用量化指标来评价。缺失令人满意的总体量化业绩指标是非营利组织最严重的管理控制问题。

如同企业一样，损益表也是非营利组织最有用的财务报表。但是，在两种类型的组织中，净收益数字的解读方式不同。在企业中，一般原则是，收益越大，业绩越好；在非营利组织中，净收益应该平均维持在略有盈余的水平。净收益大则表明组织未能提供资源提供者所期望的服务。一连串的净损失则会导致破产，如同企业一样。尽管财务业绩不是非营利组织的首要目标，但它是一个必要目标，因为如果收入平均而言低于费用，组织就无法生存。

捐赠资本

企业和非营利组织的会计交易只存在一项重大区别。它涉及资产负债表的股东权益部分。营利性组织与股东有交易——发行股票和派发股利，而非营利组织则没有。非营利组织接受缴入捐赠资本，而企业则没有（在企业和非营利组织中，股东权益都会因产生收益而增加）。

捐赠资本主要划分为两类：厂房和捐赠基金。厂房包括捐赠的建筑物和设备，或者捐入购买这些资产的资金、艺术品以及其他古董。捐赠基金包括捐赠人希望本金永远（或至少在多年内）保持完整，只将本金产生的收入用于现有经营的捐款。

收到（或承诺）捐赠资本并不是收入，即：捐赠的厂房或捐赠基金都不能为收到捐赠时的经营活动融资。捐赠资产必须与经营资产严格区分开。这是对“真正”捐赠的法律要求，也是“董事会指定”基金——尽管没有法律要求，但托管人决定视作捐赠基金的永久政策。法律规定资本捐赠应该与经营捐赠分开报告，即应该与旨在为现有经营提供融资的拨款及其他赠款产生的收入分开报告。

因此，非营利组织编制两套财务报表。一套涉及经营活动，包括经营报表、资产负债表和现金流量表，与企业编制的报表一样；另一套涉及捐赠资本，包括捐赠资本本期流入和流出表，报告捐赠资本资产以及相关负债和权益的资产负债表。捐赠资本的流入是指本期收到的资本捐赠，以及捐赠证券的利得；流出是指报告为经营收入的捐赠收益、捐赠证券的损失，以及厂房的冲销。

基金核算制度

许多非营利组织都采用一种被称为“基金核算制度”的会计核算制度。各种基金都设立单独的账户，每个账户都自我平衡（即：借方余额的总和要等于贷方余额的总和）。大多数组织都有：（1）一般基金或经营基金，他们分别对应于我们上面所提到的经营账户；（2）厂房基金和捐赠基金，核算前面所提到的捐赠资本资产和股东权益；（3）各种特殊目的的其他基金。其中有些如养老金，也存在于企业中，尽管在企业中，他们报告在财务报表的附注中，但不是在财务报表本身。其他的则可用于内部控制目的。出于管理控制的目的，主要焦点应该放在一般基金上。

治　理

非营利组织由理事会管理。托管人通常都不收取报酬，其中许多也不熟悉经营管理。因此，他们执行的控制一般都比企业的董事少。而且，因为较之企业，非营利组织的业绩更难于评价，理事会明辨实际问题或初露端倪的问题的能力也较差。

较之企业，非营利组织更需要一个强有力的治理委员会，因为治理委员会的警惕可能是发现非营利组织何时处于困境的惟一有效的方式。在营利性组织中，利润的下降就能自动反映这种危险。

管理控制系统

产品定价

许多非营利组织都未充分重视定价政策。按完全成本为服务定价是可行的。

“完全成本”价格是指直接成本、间接成本，或者还包括所有者权益增加的总和。这项原则适用于与组织目标直接关联的服务。非主营活动的定价应该以市场价格为基础。因此，非营利医院应该按完全成本为医疗服务定价，但是它的礼品店的价格则应该以市场价格为基础。

一般而言，服务单元越小、越具体，资源分配决策的基础就越好。例如：在几十年前非常普遍的一种做法，综合医疗日收费标准，就掩盖了实际提供的服务组合的收入。当然，超出了一定临界点以后，与服务单元定价相关的文书工作所发生的成本就超出了其获得的收益。

作为一般规则，在提供服务之前确定价格就能为管理控制提供方便。如果组织能够弥补所发生的成本，管理层就不会有动力去考虑成本控制。

战略计划和预算编制

非营利组织必须决定如何最好地把有限资源分配给有价值的活动，因此战略计划比一般企业的战略计划更重要、更耗费时间。战略计划过程与我们在第 8 章中所介绍的相同，只不过由于缺失利润指标，使项目决策更主观。

预算编制过程与我们在第 9 章中所介绍的相同。大学、福利性组织，以及其他非营利行业组织，在预算年度开始前，都知道收入的大体数额。他们无法选择通过增加营销活动来增加收入。他们编制预算，是为了使组织在估计的收入范围内至少实现盈亏平衡。他们要求责任中心的管理者把支出限定在预算金额内。因此，至少就财务活动而言，预算是最重要的管理控制工具。

经营与评估

在大多数非营利组织中，都无法知道最优经营成本是多少。因此，责任中心的管理者往往按预算支出，尽管预算金额可能高于必要的支出。相反，他们也不会支出那些能带来丰厚回报的费用，仅仅是因为费用未包含在预算内。

尽管非营利组织拥有经营效率低下的名声，但是出于种种原因，这种观念已经发生了变化。许多组织都越来越难以募集资金，尤其是从政府渠道募集资金。这致使他们节衣缩食，并且越来越关注管理控制。正如我们前面所提到的，最显著的变化是医院成本，原因在于引入了根据诊断关联群的标准价格报销的制度。

尽管存在这些区别，在服务型组织中，管理控制系统的本质与我们在本书前几章所介绍的是一样的。

小　结

服务型组织的管理控制不同于制造型组织，主要是因为生产和销售之间缺失存货缓冲机制，评价质量难度大，以及服务型组织是劳动密集型的特点。专业服务组织没有把资产收益率作为首要目标；专业人士的行为特征包括不关注成本；产出评价是主观的；营销活动与生产活动之间没有清晰的界限。业绩计量可以通过同行评议来实现。在任何情况下，它往往都是主观的。金融服务机构与工业公司存在两个根本区别。首先，他们的“原材料”是货币。在任何时候，一个单位的货币存货对于所有组织都具有同等价值，因此就消除了这方面的控制需求。但是，来自各种渠道的货币的成本截然不同。第二，许多交易的盈利能力直到发生数年后才能评价，从而就产生了持续定期审计的必要。特别是，只有从今天的贷款、投资和保费中获得的未来收入超过了与这些收入相关的资金成本（类似于制造型公司的销货成本），并足以弥补经营费用和损失时，金融服务机构才能获利。医疗机构尽量采用诊断关联群系统（DRG）使成本标准化。他们以及社会，必须面对现行控制和服务系统无法运转的事实。非营利组织缺乏利润指标所提供的控制优势。他们必须核算捐赠资本，而这在企业中则很少发生。在非营利组织中，支出决策是主观的。但是，为了应对资金来源的减少，他们已经成功地提高了效率。

推荐读物

Anthony, Robert N., and David W. Young. *Management Control in Nonprofit Organizations*. 6th ed. Burr Ridge, IL.: Richard D. Irwin, 1999.

Botten, Neil, and John McManus. *Competitive Strategies for Service Organizations*. West Lafayette, IN: Purdue University Press, 1999.

Crawford, Richard D., and William W. Sihler. *Financial Service Organizations: Cases in Strategic Management*. New York: HarperCollins College Division, 1994.

Douglas, Patricia P. *Governmental and Nonprofit Accounting*. Orlando, FL: Harcourt Brace Jovanovich, 1991.

Hayes, Samuel L., ed. *Financial Services: Perspectives and Challenges*. Boston: Harvard Business School Press, 1993.

McLean, Daniel. *Managing Financial Resources in Sport and Leisure Service Organizations*. Champaign, IL: Sagamore, 1999.

案例14-1

奥瑞利联合公司

在1990年，奥瑞利联合公司是美国最大的广告代理公司之一。当年全球的广告业收入为2 600多亿美元，相比之下，1984年则只有1 250亿美元。在1990年，20家最大的公司几乎占全球广告收入的35%。其中14家都是独立广告代理网络，6家为广告集团（即拥有一个以上广告代理网络的公司）。大多数公司的总部都位于美国或英国。广告集团的激增是因客户跨入全球市场而产生的需求造成的。

各种规模的公司都聘请广告代理机构开发和执行营销计划、广告战略和广告活动。广告代理机构不仅包括只提供传统广告服务的公司，而且包括拥有广泛的市场调研和咨询能力的公司。为了最好地服务客户，广告代理机构必须非常了解客户的产品和战略。广告商和代理商之间最成功的合作可以持续多年。奥瑞利联合公司与许多客户都已经合作了20年之久了。

客户向广告代理机构付报酬的方式有两种。传统上，广告代理商按照投放在电视、广播或印刷品上的广告费用收取其中的15%的佣金。客户的账单是按全部金额出具的，然后再由媒体给广告代理商15%的回扣。创意工作和活动的开发不向客户收费（现金支出除外）。

由于用户越来越多地使用非广告服务，所以广告公司需要引进了一种基于费用的系统。这些服务包括设计、绘图、市场研究、销售宣传、直接邮递活动、推销、活动筹划以及建立公共关系。对于这些非传统服务，按小时向客户收费，外加实际支出（类似于律师事务所的计费）。对于活动的制作（实际制作材料或影印），按成本外加15%向客户收费。这种计费系统是必要的，因为回扣对于新服务和不同媒体来说已经不再可行了。

奥瑞利联合公司组织了6个业务部，如下所示：

账户管理：账户经理及其下属负责与所有客户联系。这个团队还需要开发营销计划，完成战略目标，协调广告公司内部的其他业务部。

创意管理：创意部构思、创造并开发广告文案或广告艺术作品。

信息管理：信息部主要计划和从事市场调研。它还提出宣传战略和促销计划建议。拥有一个资料室和培训团队，负责客户销售培训。

媒体管理：媒体部开发媒体战略，购买各种媒体的空间和时间。

行政管理：本部门从事整个机构的日常管理，包括人力资源、财务和辅助职能。

制作管理：在过去，代理商聘请制片人并预定工作室，在外部制作电视和广播拷贝。随着奥瑞利联合公司不断壮大，它建立了一个制作部门，聘用一些制片人、导演和制作人

本案例由安尼尔·奇卡拉（94级）在维杰伊·戈文达拉扬和罗伯特·安东尼教授的指导下根据哈佛商学院麦金尼斯和耶格尔以前编写的一个案例改编。

员。制作部门拥有一些制作和编辑设备。这个团队须与创意管理团队和账户管理团队密切合作。

账户经理最终负责客户账户的管理，包括在机构内协调公司的创意、营销和媒体战略。新的账户经理一般都负责一个账户。随着职业的发展，还会交给他/她更多的账户。由于人员流动频繁，所以每次接到一个转过来的账户，这些经理都必须学习新的业务。学习是一项成本高昂的投入，但是奥瑞利联合公司认为它能为新产品带来新思想。

新客户决策

高级管理层最关键的职责之一就是决定接受哪位客户。若潜在客户的产品与现有客户的产品彼此竞争，则不予以考虑。除此之外，奥瑞利联合公司将考虑任何满足下列条件的新客户：(1) 拥有稳固的商业信誉；(2) 拥有良好的社区形象；(3) 产品能满足消费者需求。

奥瑞利联合公司运用过去的经验评估新账户的利润潜力。公司所服务的客户近50个，产品达250项，覆盖广泛的产品类别。它利用现有账户的数据估计服务新账户的成本。此外，它还估计扩大产品市场份额的必要支出。一般而言，一项产品的成本都包括广告费。如果广告费能弥补因扩大市场份额和维持产品销售而花费的广告成本，那么就足以证明这项业务是可接受的。

新产品引进

在投放新产品之前，必须研究一大堆问题。信息管理部从市场调研开始，利用焦点客户群确定该产品是否有消费需求。如果存在需求，就明确消费者收益。试销阶段旨在评估消费者的认可度。奥瑞利联合公司拥有一个调研小组，对全国几千名消费者进行试销。

一旦明确了消费者需求，就根据消费者利益制定一项具有创意的战略。然后继续用试销决定战略执行效果。如果这个阶段的试销不成功，就认为销售信息未得到有效传达，并改变战略执行。

公司结束试销阶段后，就向客户提出建议，说明全面投放产品的可能结果。只有在客户决定继续投放后，公司才能从中创造大量收入。这项收入需要根据全面产品投放所必要的广告预算来计算，而且必须涵盖至此所发生的全部费用。管理层最初对产品成功概率的评估对奥瑞利联合公司的盈利能力至关重要。

现有产品支持

现有产品的广告战略与新产品的广告战略截然不同。尽管人们对产品过时的问题会持续关注，但是现有产品的市场认可度必须研究清楚。现有产品需要依靠广告维持消费者对其特性的认知度。客户的营销团队与公司密切合作，制定扩大产品市场份额的新计划。

现有产品的新营销活动始于前一次活动结束之时。是否开展新营销活动既需要客户的判断，又需要公司的判断。产品市场份额下降，就应该考虑新营销活动。此外，应对竞争威胁是维持产品的关键。

账户经理负责公司的新营销活动。首先，创意部门制定战略。账户经理及其下属与客户的销售团队一起审查战略。双方就广告战略和营销计划达成一致，并准备广告宣传材料。然后媒体部安排用各种媒体手段执行计划。

账户盈利能力

公司高级管理层的另一项关键职责就是评估各种账户的盈利能力。最盈利的账户是那些用同一个文案频繁做广告的账户。公司的主要成本是在广告文案完成之前（包括制作广告文案）所发生的。在此之后，公司只是购买媒体时间和空间执行广告计划。经常更新广告文案的客户远不如重复使用一个广告文案的客户盈利。经常更新文案意味着增加创意和制作，而这又是一项成本高昂的工作。

客户的规模经常影响盈利能力。对大型客户来说，广告计划必须在多个层级予以明确，这就需要公司付出大量的时间和精力。计划的修订和无数的发布会有时也会使针对大型客户的账户无利可图。

有许多比盈利能力更紧迫的理由要求公司保留一个客户账户。如果公司代理的客户其他产品的账户盈利，就会保留一个不盈利的产品账户。此外，出于竞争原因，客户可能选择维持一个略有盈利的产品线。在这种情况下，就不太需要做广告。即便如此，公司仍然代理这类账户。

人员成本

人员成本构成了代理一个账户的大部分成本。工资占奥瑞利联合公司总收入的 60%~65%。在一般的广告代理商中，其他费用占收入的 20%~25%，其余 10%~20%是税前利润。

除了行政管理人员之外的所有员工都要填写出勤表，记录工作的小时数，这些出勤表是按客户账户分开填列的。向具体客户分配服务时间的行政管理人员也这么做。几乎 85%的工资都由客户承担。因为 65%的收入都支付工资，85%的工资都由客户承担，所以 55%的收入都是直接人员成本。在奥瑞利联合公司，如果一个账户的相关直接工资低于收入的 55%，那么这个账户就被认为盈利。

几乎 20%（销售收入的 4%~5%）的非工资费用都可以分配给客户。其中包括差旅、招待、草稿费用、研究，以及广告文案的预先测试。间接费用包括租金、电话费、水电费。这些费用都根据直接人员成本分配。

奥瑞利联合公司对于账户的盈利能力极其保密。只有三个人了解账户的盈利能力：公司董事长、总裁和财务主管。之所以制定这项政策，是为了鼓励员工向客户提供最高水平的服务，而无论账户是否盈利。公司管理层认为，如果账户不盈利，员工对其服务的质量就会差。决定是否保留一个账户是高级管理层的工作，公司其余人员只负责服务客户。

T&D 公司账户

T&D 公司是一个生产工具和模具的大型制造商，产品销售给工业客户。T&D 公司拥有多个业务部，每个业务部都独立经营，但涉及总体公司形象时除外，其中包括广告。T&D 公司的各业务部不仅聘请奥瑞利联合公司，而且聘请其他的广告代理机构。

在最近一次审查之前，人们一直认为 T&D 公司账户对奥瑞利联合公司是盈利的。但是，最近对 T&D 公司国际部账户的审查引起人们对其盈利能力产生了质疑。T&D 公司国际部账户的损益表如图表 1 所示。

国际分部不在大众传媒中做广告。它自己进行艺术设计。奥瑞利联合公司的主要职责就是提供广告文案并购买媒体空间。奥瑞利联合公司负责 T&D 国际的账户经理花费了大量时间和精力学习客户的业务，了解 T&D 公司的经营目标。目的在于制定一项能赢得客户公司管理层支持的广告计划。账户经理还花费了大量时间让广告文编人员熟悉客户，以确保广告文案符合 T&D 公司的政策。

奥瑞利联合公司总部的一名员工安尼尔·齐卡拉接到通知为公司高级管理层准备一份报告，审查 T&D 国际的账户。报告要涵盖所有相关问题，提出替代行动方案，估计每个替代行动方案的后果，并表明齐卡拉的建议。

思考题

1. 您建议奥瑞利联合公司应该采用什么样的管理控制系统？
2. 您将在本案例最后提到的安尼尔·齐卡拉的报告中写些什么？

图表1
T&D国际分部损益表

客户：T&D国际分部	
产品：专业产品	
时间：截至1989/12/31	
营业额	$870 000
佣金和费用	$154 500
直接工资：	
账户管理	45 000
广告文案	55 000
艺术设计	25 000
媒　体	7 500
行政管理	3 750
	136 250
其他直接费用：	
不计费成本	1 500
差旅费	500
招待费	1 500
	3 500
间接费用：	
租　金	20 000
员工福利	8 000
电话费	5 250
间接服务部门	36 500
其他间接费用	17 000
	86 750
费用合计	226 500
税前利润（损失）	($72 000)

案例14-2
威廉—奥利维会计师事务所

在1984年初，威廉—奥利维会计师事务所的政策委员会批准了管理合伙人泰德·约翰逊的建议，制定了一项适用于公司所有合伙人的激励薪酬计划（计划如图表1所示）。公司的一位高级合伙人评论道：

> 依照我的意见，这项激励计划是朝正确方向迈出的重要一步。我们希望合伙人提高收益。但是，同时，我们也不能无视公司更长远的发展。我认为激励计划明确考虑了合伙人工作任务的多元化性质。但是，我敢肯定，随着我们积累的经验越来越多，计划也需要适当调整。

在1984年，威廉—奥利维会计师事务所是美国最大，也是发展最快的会计师事务所之一。它在50多个城市设立了分支机构，拥有500多名合伙人。公司最主要的增长源于通过收购地方和地区性会计师事务所而奠定的基础。每个分支机构都从事审计、管理咨询以及税务服务。各个分支机构被划分为五大区，每个区由一个地区主管领导。向地区主管报告的是合伙人主管（PIC），他负责管理每个分支机构。每个地区的主管也是地区分支机构的主管合伙人，大约15个合伙人及相关辅助人员组成了公司的执行办公室。执行合伙人，包括全国管理合伙人都向政策委员会报告。政策委员会由合伙人选出，并定期轮换。

注册会计师行业

尽管从理论上讲，美国拥有成千上万个会计师事务所，但是注册会计师行业却由为数不多的10来个国际大公司所垄断。这些公司承担上市公司90%的年度审计业务。在这10大国际会计师事务所中，每家的审计业务都约占总收入的60%~75%，税务咨询服务和管理咨询服务构成了其余收入来源。在过去15年间，审计业务在各公司总收入中所占的比例一直在下降。各大会计师事务所都在全国最主要的城市设有分支机构，每个分支机构都提供全方位的客户服务。在任何一个地区，没有一家事务所可以完全垄断。事实上，任何一家事务所在任何一个城市或任何一个州拥有20%的市场份额都是极其罕见的。

职业道德禁止采用公司制，但是，就公司治理、管理层更替和利润分配而言，各大会计师事务所都按类似于控股专业服务公司的形式经营。在过去40年间，会计行业的增长和盈利能力都表现出色。在10大会计师事务所中，这一期间的复利年增长率超过了10%。1984年，合伙人的年收入平均在10万美元以上。

从传统上讲，审计业务是所有公司的“主要赚钱机器”。但是，近些年来，审计业务已显露出趋于成熟的迹象，如：增长缓慢、边际下降、价格竞争激烈、客户忠诚度下降。尽管许多人认为年度审计已经成了一种“商品”，但是在1984年，平均而言，这项业务仍然获利丰厚。

不同会计师事务所对审计环境的变化所做出的反应也不同：有的不予理睬，希望它能消失；有的强调产品差异化以获取溢价；有的力图确立低成本领导地位，制定激进的价格政策；有的则尽力把产品组合转向非审计服务，因为这些非审计业务仍然

图表 1 会计师事务所评价系统

政策委员会批准把可分配收益的 15%用作 1984 年的浮动薪酬；其中，10%基于合伙人的业绩分配，而合伙人的业绩则根据责任报告中制定的目标评价；5%分配给各事务所，根据本事务所的评价系统发放。*

评价系统用来提高事务所管理的关键领域，奖励有进步管理或维持现有高标准的事务所。评价标准可以调整，以强调管理层认为合伙人应该关注的领域。因此，只需改变分配比率，就可以使重点从净收益转变为计费小时数，或者从与上年对比的业绩转变为与标准对比的业绩。它也会造成同事之间的压力，因为公司会对每个事务所评级，并把排名传阅。

评价系统将评价四个关键责任领域：业务管理、业务拓展、人力资源、客户服务。

在这些关键责任领域内，将分别对事务所的六个具体因素进行评估。他们是：

- 净收益
- 回款（未收回天数）
- 计费小时数增长率
- 客户服务
- 人力资源开发
- 公司凝聚力承诺

评价系统将在未来几年全面实施。在 1984 年会计年度，评价将基于净收益、回款、计费小时数等方面的业绩。其余三项因素将尽快补充进评价系统。

权 数

正如我们从所附的**表 A** 中所看到的，三项因素分别指定了一个百分比，列示在“权数”一栏中，即：在 1984 年财务年度，各事务所在这三项评价中的权数分别为 60%、15%和 25%。

表 A 还列示了用于评价各项因素的三个标准。

与预算对比的业绩

与上年对比的业绩

与“理想”或标准对比的业绩

这些标准也被指定了一个百分比权重，列示在“复合权数”一栏中，分别是 50%、20%和 30%，它强调管理层的不同重视程度。

评 分

列示在**表 A** 中的“基本分数”是对各事务所的评级，具体如下：

5 优秀

4 高于平均

3 平均

2 低于平均

1 不满意

为了决定一个事务所应该怎样评级，特制定了下列标准：

净收益

1. 净收益与预算的百分比

2. 净收益与上年的百分比

图表 1 (续表)

3. 净收益与理想目标20%的百分比

未收回天数（回款）

4. 未收回天数与预算的百分比
5. 未收回天数与上年的百分比
6. 未收回天数与标准（105天）的百分比

计费小时数增长率

7. 计费小时数增长与预算对比的百分比
8. 计费小时数增长与上年对比的百分比

— 不采用与标准（5%）对比计费小时数增长百分比，因为它会较上年业绩重复，因为公司上年实现了5%的目标。

然后基于预算净收入把事务所划分为两类。

— $220万以上

— $220万以下

根据这八项标准对各类事务所评级（5到1），评级时利用钟形曲线理论，如下所示：

最高 10%—5

20%—4

40%—3

20%—2

最低 10%—1

在根据1984年预算评价业绩时，预算是地区主管、副主管和主管合伙人就事务所能够实现的合理数字达成一致。这就使我们能够继续在1984年改进预算编制程序。这个评价的目的是为了使预算处于各事务所能够实现的合理水平。

例外事项

- 若事务所在年末亏损，则被排除在奖金池分配范围之外，除非在预算中就预计到亏损，并且亏损得到了负责经营的全国主管的批准。他们在八个标准上的评级均列示为零，无论其在回款和计费小时数上得到任何结果。
- 若事务所上年净收益占净费用的百分比低于10%，在评级时就调整为10%。之所以这样做，目的是为了使上年发生损失或者净收益低的事务所不会在两年数据对比时获得高评级。具体说明如下所示：

	1983 年实际	1984 年实际	1984 年超出 1983 年%
事务所 A:			
净费用	1 000	1 050	
净收益	20	40	100%
事务所 B:			
净费用	1 000	1 200	
净收益	300	400	33%

若没有这项规则，事务所 A 的评级就会远远高于事务所 B，而这并不符合逻辑。在调整后，事务所 A 的净收益为 1983 年净费用的 10%，因而结果就是：

	1983 年	1984 年	1984 年超出 1983 年%
净收益	100	40	(60%)

图表1 (续表)

- 在本年或上年发生的兼并或两年都发生的兼并，将从两年的实际经营结果中扣除，目的是为了保证比较的有效性。
- 新成立的事务所（没有“上年”经营结果）采用下列方式确定权数：

  与预算（70%）对比业绩

  与标准（30%）对比业绩

在适用了上述所有规则之后，将得到计算结果（表B），依照最终加权分数按降序排列各事务所。然后利用钟形曲线理论给出最终的评级。奖金池根据下表分配：

评 级	适用于基础工资的百分比		
	平均值	最高值	最低值
5	10.0%	11.25%	8.80%
4	7.5	8.75	6.30
3	5.0	6.25	3.80
2	2.5	3.75	1.25
1	0.0	—	—

5%的激励薪酬储备根据所示的评级来分配，分配比例按照上表所示的百分比数据。

激励奖金池将根据各个合伙人在相关会计报表目标上的成绩来分配。这项分配要经地区主管和副主管批准。

总结评论

事务所评价系统中惟一不发生变化的要素就是它的理念，意识到这一点是非常重要的。其他的因素都会根据公司的需要不断变化。

事务所评价总结（1984财务年度）事务所：______ 表A

	复合权数	基本分数	调整后分数	权 数	合 计
净收益					
与预算对比收益	50%				
与上年对比净收益	20%	—			
与标准业绩对比	30%				
合 计	100%			60%	—
未收回天数（回款）					
与预算对比未收回天数	50%				
与上年对比未收回天数	20%	—			
与标准业绩对比	30%				
合 计	100%			15%	—
计费小时数增长率					
与预算对比计费小时数增长率	50%				
与上年对比计费小时数增长率	50%				
合 计	100%		—	25%	—
总 计				100%	—

图表 1 （续表）

事务所评价总结（1984 财务年度）事务所：虚构 表 B					
	复合权数	基本分数	调整后分数	权 数	合 计
净收益					
与预算对比收益	50%	3	1.5		
与上年对比净收益	20%	5	1.0		
与标准业绩对比	30%	4	1.2		
合 计	100%		3.7	60%	2.22
未收回天数（回款）					
与预算对比未收回天数	50%	4	2.0		
与上年对比未收回天数	20%	5	1.0		
与标准业绩对比	30%	3	0.9		
合 计	100%		3.9	15%	0.59
计费小时数增长率					
与预算对比计费小时数增长率	50%	3	1.5		
与上年对比计费小时数增长率	50%	4	2.0		
合 计	100%		3.5	25%	0.89
总 计				100%	3.70

* 案例注释：根据事务所评价系统分配的奖金池，即合伙人收入的 5%，在正常年份约为 200 万美元。每个人的奖金从 0~15 000 美元不等。

是高度差异化的，因此对价格不太敏感。

会计师事务所的竞争地位可以通过一个二维图来审视，一个维度是服务，另一个维度是客户规模（参见图表 2）。

尽管各大事务所每年都从这 12 项业务中创造收入，但是，就格子图中的总体定位而言，任何两个事务所都是不可比的。因为所有事务所都受自身吸引和留住一流专业人才的能力的约束，所以思考应该把重点放在格子图中哪个位置，是事务所战略计划的主要因素。

因为注册会计师事务所惟一拥有的生产资源是人，所以人力资源的成功管理对于所有事务所的繁荣而言都是至关重要的。人员流动率高（既有自愿的，又有被迫的）一直都是行业挥之不去的问题——每雇佣 10 名注册会计师，只有不到 4 名会工作 4 年以上，不到 1 名或 2 名能成为合伙人。没有人在合伙人以下的职位干一辈子的。行业规则就是“要么晋升，要么出局”。升任合伙人一般要等到 8~15 年以后。在大会计师事务所，合伙人与一般注册会计师的比率从最低的 1:5 到最高的 1:12 不等。显然，合伙人/一般人员比率是一个战略变量。

从传统上看，40%的收入都为专业人士发放了工资（每个成员应该创造相当于工资 2.5 倍的收入），40%支付了管理费用（其中许多是为辅助人员发工资），20%作为利润分配给了合伙人。这种 40-40-20 经济模型多年来在各事务所间出奇地经久耐用。

威廉—奥利维会计师事务所

威廉—奥利维（WO）会计师事务所的名称

图表2 会计实践

客户规模	服务组合			
			咨询	
	意见审计	税务咨询服务	项目咨询	一般咨询服务
大型（《财富》1 000强公司）	(1)	(4)	(7)	(10)
中型（上市公司，但规模不大）	(2)	(5)	(8)	(11)
小型（私营公司，规模不大，不足以配备专业财务管理人员）	(3)	(6)	(9)	(12)

下列注释是关于各业务领域的：

(1) 这是低增长业务。公司内部审计的扩张会对其造成侵蚀。客户对价格的敏感度不断提高，导致逐渐加强“控制审计费用”，以及会计师事务所之间的价格竞争。许多人认为基本的法定审计意见现在已经成了一种“商品”。要参与这个业务领域，“大八”的形象是关键。

(2) 几乎所有真正增长的审计业务都在这里。会计师事务所可以把非审计工作作为赢得审计客户的方法。这个业务领域也是价格敏感型的，但是还是有一定空间推行和向客户提供高质量的个性化服务和差异化战略的。随着客户的成长，他们通常会在某个临界点转向几大会计师事务所，即使最初不是聘请几大会计师事务所。

(3) 这是一个非常次要的业务领域，因为小型公司一般不会进行年审，除非银行或其他借款人要求。

(4) 这是一个限制性的业务领域，因为大公司往往会自己配备税收计划和税务咨询人员。

(5)、(6) 这些是大规模、增长的、利润丰厚的业务领域。他们是一个最好的例子，能够反映一个代表低价格敏感型、高产品差异化的业务领域。

(7)、(8)、(9) 这些都是盈利的业务领域，对价格不太敏感，具有高度的差异化。会计师事务所明显的竞争优势和业务专长在于与财务控制、计算机财务系统和财务计划相关的项目。大会计师事务所在愿意接受哪类项目的选择上截然不同，可以从单项咨询服务到全面管理咨询服务。

(10)、(11) 这些是非常小的业务领域，因为相关的专长不仅存在于会计师事务所，而且同样存在于公司。

(12) 这是一个重要的、盈利的业务领域，有些会计师事务所积极开发这个领域，但并不是所有事务所都如此。

是两家公司的名称组合，这两家公司要追溯到50多年前。通过多达40多起地方性和地区性会计师事务所的兼并，公司逐渐形成了现有的规模。事实上，尽管现有的名称使用还不到10年，但是威廉和奥利维先生都早已在20年前就去世了。

现有的公司拥有2 500多名专业人士，还有500多位合伙人。1983年收入超过了2亿美元，有20多家分支机构的收入超过了500万美元。在前25强市场领域中，威廉—奥利维会计师事务所在规模上排名前6。在50个区域市场中的10个市场里，它是最大的公司。算上它的国际会员所，就计费小时数而言，威廉—奥利维会计师事务所也名列几大事务所之一。它的主要客户是“中等规模”的公司。就发展历史、规模、服务组合和管理挑战而言，事务所的情况与其他大事务所是类似的。威廉—奥利维事务所的一个显著特征就是，对于它三分之二的会员所而言，很难成为当地六大事务所之一。因此，它的许多会员所都面临着极其严峻的营销考验。

会员所主管合伙人的工作

从本质上讲，会员所的主管合伙人就是一个适度自治的利润中心的总经理。每个会员所都是威廉—奥利维会计师事务所网络的一部分，因此，也会承担其他会员所的客户在当地的关联公司的部分工作。此外，每个会员所也会向其他会员所外包一些自己客户的工作。但是，各会员所的大部分工作要由本会员所为客户提供。主管合伙人负责管理规模从年收入 100 万~3 000 万美元不等的业务，服务的市场遍布曼哈顿及印第安纳州的曼西市。

实际上每位主管合伙人的职业路径都是相同的——会计专业大学毕业生，初级会计师（一个工作团队的技术专业人士），高级会计师（监管每项任务的工作团队），管理会计师（监管几个工作团队，并保持一定的客户量），客户服务合伙人（管理几个客户的总体关系，同时承担计费小时数负荷），然后晋升为管理一个会员所。一个人可以从事审计、税务或者咨询，可能在某个阶段承担辅助工作，也可能不承担，但是主旋律都是相同的——沿着公司的技术阶梯晋升。

考虑到主管合伙人的工作，以及在这种工作背景下激励薪酬的作用时，这样的职业路径可能会引发一些重要问题，首先，实际上只有肩负起主管合伙人的职责时，主管合伙人才积累了一些一般管理经验，而且这些经验都是技术上的。其次，成功荣登主管合伙人的宝座所需要的技能未必与成功的总经理所需要的技能紧密关联——“管理”不同于“执行”。第三，尽管升任主管合伙人是每个新聘用的会计师的梦想，但是在真当上之后，许多人似乎又都不喜欢当了。对于当主管合伙人，人们所喜欢的是以任务为导向的项目工作，为客户提供技术服务，因客户器重自己的专家经验而确立的地位，积极参与工作团队，以及在项目的规定时间内成功管理工作进度。这些事情与做一位成功的主管合伙人基本无关。事实上，尽管许多主管合伙人尽力参与会员所的工作(因为他们喜欢这些工作)，但是公司的政策是主管合伙人根本不应该有计费小时数——主管合伙人应该把时间百分之百地投入在管理事务所上。一个人进入了注册会计师行业，然后在一个大会计师事务所获得了成功，他/她未必真正希望成为总经理，可能也不擅长做总经理，但这不足为奇。令人惊奇的是，从客户服务合伙人到主管合伙人的巨大转变，对于许多新培养的主管合伙人而言并不令人高兴。

泰德·约翰逊对激励计划的看法

在威廉—奥利维会计师事务所，泰德·约翰逊正处于全国管理合伙人的 5 年任期中。如果愿意，并且如果政策委员会再次推选了他，他还可以续任。他是从威廉—奥利维会计师事务所兼并的公司中一路晋升上来的。他已管理了一个会员所 10 年了，这家会员所是威廉—奥利维会计师事务所最大的会员所之一。在升任全国管理合伙人之前他曾是地区主管。他认为他的任务就是促进公司盈利能力的提高，同时保证制定正确的战略决策，以保持公司长期繁荣。在威廉—奥利维会计师事务所，战略计划的概念尚处于萌芽状态，在其他几大会计师事务所也同样如此。约翰逊先生正在探索有什么方法能够让公司管理都围绕正确的战略核心运转。但是，同时，在日常管理中，他却身陷困境。

一个主要的问题是缺乏经验。三分之一的主管合伙人在这个岗位上工作的时间都不到 4 年，其中大约有 10 位任期还不到两年。因此，在相当多的会员所中，一个关键的问题就是怎样让主管合伙人“像总经理一样思考”，而不是像客户服务人员那样。此外，在许多会员所，利润不像合伙人所希望的那样好。这不仅仅是那些主管合伙人缺乏经验的会员所的问题。对于会员所来说务实的日常经营管理技能似乎太过缺乏。对于泰德·约翰逊而言，这个问题尤其棘手，因为他之所以当选最高级管理层理职位，在很大程度上都是因为人们一致认为他有能力领导公司更好地实现利润。他的前任退休有些“早”，因为人们普遍认为公司管理力度不够。

泰德·约翰逊的另一个问题在于，许多主管合伙人希望自己置身于高级管理层管理的范围之外。他们甘愿管理一个独立的企业。他们愿意向执行办公室支付“固定管理费”，以换取事务所名称的使用权，以及全国技术专家经验的使用权。但是，他们并没有实现从地方性事务所到全国性事务所的地方会员所的心理转变。必须使他们相信，地方会员所的繁荣与全国事务所的繁荣息息相关。

最后，约翰逊先生坚信为短期利润而管理会伤害企业的长远利益。因此，除了让主管合伙人以利润为导向、致力于利润增长外，他还必须尽力让他们把眼光放长远，并且不局限于本地会员所。为了应对这项挑战，约翰逊先生并不完全认为公司所极力推行的理念（“我们必须证明威廉—奥利维会计师事务所可以与几大会计师事务所平起平坐”）与关系公司未来及公司赖以生存的利润增长是适宜的。从总体上讲，泰德·约翰逊先生认为新的激励系统有助于“校准”合伙人的行为，促进公司的成功。

案例编写者从事务所的合伙人那里获得了一些关于新激励计划的评论。

在快速增长地区的大会员所主管合伙人

这项计划的真正核心是短期利润。净收益、回款和计费小时数都与获得利润直接相关。但是，对于我而言，在这个高增长的地区发展新客户也同样重要。这取决于我在潜在客户面前是否能树立起有利形象。这就意味着我必须发表演讲、出入乡村俱乐部、赢得人们的欢迎、参与社区活动、参与商界领袖的活动，如路德瑞俱乐部和商会。此外，我还必须在内部培养人才，使事务所能够在未来增长。这意味着要付高薪，允许大量培训时间，安排大量“督导”时间。就其对目前收入和短期利润的影响而言，所有这些活动都是负面的。事实上，所有这些活动都要占用我本可以用在计费工作和回款工作上的一部分时间。此外，如果我在培养本会员所的年轻人才上获得了成功，这些人才很可能会“输出”给其他会员所，因为整个公司都需要优秀的管理人员。所以，我最后只得到一句谢谢，然后必须从头再来，再拿出更多的人才培养支出，而这又会损害当前利润。在我看来，我本人并没有因促进公司发展而获得任何奖励。

地区主管

在这个事务所，利润就是游戏的名称。它也应该是，因为它在最终分析中最重要。这是企业，企业赢分的方式就是获得利润。当然，增长目标、无形因素及盈利能力之间的平衡很难，但是我们向合伙人付高薪，让他们做的正是这些。没有增长的利润，或者没有利润的增长都容易做到——难点在于二者兼得。杰出的合伙人正是能同时实现二者的人。我认为激励计划不仅以短期利润为核心，而且关注长期发展，而这恰恰是步入了正轨。

主要会员所的主管合伙人

激励系统规定，到1985年我们将把“客户服务”、“人力资源开发”，以及“公司凝聚力承诺”因素纳入合伙人的薪酬决定体系中。我想提几个问题。“客户服务”意味着什么？“人力资源开发”意味着什么？“公司凝聚力承诺”又意味着什么？我们如何根据这些指标逐月，甚至逐年评价业绩呢？若公式中有六个因素，我们应该为每个因素指定什么样的权数？在不同会员所中，这些权数都相同吗？谁决定权数？我认为，在我们确信我们的激励计划能激励合伙人做高级管理层希望他们做的事情之前，我们必须解决一些基本问题。

思考题

1. 威廉—奥利维会计师事务所犯了“希望 A 却奖励 B 的错误”吗？
2. 您认为主管合伙人会很担心正式奖励系统中不包含的各项因素吗？
3. 以未来为导向的“软”业绩领域能充分量化以纳入奖励系统吗？
4. 根据手头的这些管理任务，您如何为威廉—奥利维会计师事务所的各会员所构建一套评价指标呢？（采用什么指标？各项指标应指定什么权数？）对于不同的会员所，您的答案也不同吗？
5. 根据您对行业发展、威廉—奥利维会计师事务所在行业中的地位，以及泰德·约翰逊对威廉—奥利维会计师事务所的经营宗旨的认识的理解，您认为新激励计划对于公司管理是一项积极因素，还是一项消极因素？

案例14-3

哈兰基金会

哈兰基金会创立于1953年，它是根据美国明尼阿波利斯市的一位富有的捐赠人马丁·哈兰的遗嘱创立的。他的遗赠大约为300万美元，只是泛泛地规定了基金的目的：基金的收益将用于造福明尼阿波利斯市及其附近社区的居民。

在后来的35年间，基金托管人发展了一系列服务。其中包括三个婴幼儿诊所、一个儿童特殊教育中心、三个家庭咨询中心、一项药物滥用计划、一项上门护理计划，以及一个大型康复机构。这些服务分别由九家机构提供，他们坐落在明尼阿波利斯市及附近城市。哈兰基金会是与国内其他几家提供类似服务的协会紧密相系。

基金会的经营实际上只实现盈亏平衡。一小部分收入来自哈兰遗赠财产的本金获得的收益。主要收入来源是向客户收取的费用、捐赠，以及市、州和联邦政府的拨款。

图表1是最近的经营报表。项目费用包括与各项目相关的全部费用。行政管理费用包括总部的费用，但募集资金的费用除外。70%的行政管理费用都是人员支出。工作人员（两名高级管理层除外）的年收入和福利平均为18 000美元。

1987年，基金会决定从事两项其他活动。一项是夏令营，它的客户将是身体残疾的儿童。另一项是研讨会，旨在为社会服务性组织的管理者服务。对于这两个项目，都有必要确定应该收取的费用。

哈兰夏令营

露营地是1986年由一位即将退休的人在拥有了多年之后捐献给基金会的，后命名为“哈兰夏令营”。这块不动产有30英亩，面朝着一个湖，建筑物大约一次能容纳60个露营者。哈兰夏令营计划在夏季经营8个星期，招募在那里度过一个或两个星期的露营者。经营政策是向每个露营者收取一笔费用，以弥补经营露营地的成本。许多露营者可能都无法支付这笔费用，所以基金会将向他们提供经济资助。经济资助将涵盖部分，甚至全部费用。经济资助的来源是基金会的一般基金，举办者也希望能从政府获得一些拨款。

基金会的财务副总裁亨利·库利智从美国露营协会以及附近的其他两家露营组织获得了一些关于成本的，作为计算露营费的基础。尽管哈兰夏令营至少能够接待60名儿童，但是，他决定第一年每次只招募50名。因而第一年夏季总共能接待400名露营者。为了保证提供经济资助，他认为招募50名露营者不会有困难。他在此基础上编制的预算如图表2所示。

库利智先生与基金会的总裁萨利·哈瑞斯先生讨论了一下这项预算。哈瑞斯先生赞成招募400名露营者的计划，并且也认为预算估计是合理的。在讨论期间，对几个未列示在预算上的事项提出了问题。

基金会的总部继续筹划夏令营，做必要的宣传，筛选申请者，并做出经济资助决策，支付账单，还有其他记账和会计核算工作。没有好方法能够预测出这些活动需要多少资源。行政管理部门共有10名工作人员，估计此项活动大概需要这些人一年工作时间总和的一半。

图表 1
经营报表（截至1986年6月30日的财务年度）

收　入：	
向客户收取的费用	$917 862
政府机构拨款	1 792 968
捐　赠	683 702
投资收益	426 300
其　他	24 553
收入合计	3 845 385
费　用：	
项目费用：	
康　复	1 556 242
咨　询	157 621
婴幼儿诊所	312 007
教　育	426 234
药物滥用	345 821
上门护理	267 910
其　他	23 280
项目费用合计	3 089 115
辅助项目：	
行政管理	480 326
应付全国协会会费	24 603
资金募集	182 523
其　他	47 862
辅助项目合计	735 314
费用总计	3 824 429
净收益	$20 956

图表 2
哈兰夏令营预算

工作人员工资及福利	$90 000
食　物	19 000
经营用品	4 000
电话费及水电费	9 000
保险费	15 100
设备租赁费	7 000
或有支出及杂项支出	7 200
合　计	$151 300

总部不准备招聘新的工作人员。其他活动的工作量通常在夏季略有削减，所以人们认为现有的工作人员能胜任额外工作。

在夏令营中，每周大约也会有4名志愿者协助工作人员。夏令营将为志愿者免费提供食宿。在预算中未考虑志愿者所提供的服务的价值。

预算中也没有包含场地设施的折旧。湖滨地带的不动产是十分昂贵的，如果露营地及其建筑物出售给开发商，或许能实现高达50万美元的收入。

研讨会

基金会计划在1987年秋季举办一次为期一天的研讨会，讨论1986年通过的所得税法案以及其他新近颁布的法规对社会服务性组织的影响。［尽管这些组织都免征所得税（非关联经营所得除外），但是人们预期最新的法律法规会对捐赠、投资政策及人事政策等产生影响］。研讨会的部分目的在于创造收入，部分目的在于为小型福利性组织提供服务。

1987年春季，哈瑞斯先生批准了研讨会计划。下列信息摘自库利智先生当时写的一份备忘录。

> 估计会有30人参加研讨会。
>
> 研讨会将在当地酒店举办，酒店收取会议室租赁费200美元，每人的膳食费为20美元。
>
> 声像设备租赁费为100美元。
>
> 聘请两名主讲人，每位支付500美元。
>
> 宣传资料的打印和邮寄费为900美元。

在研讨会上，将为每位与会者提供一个包含相关资料的笔记本。笔记本的制作费为10美元，将印刷60本。

库利智先生将主持研讨会，哈兰基金会的工作人员也会出席研讨会。酒店也向他们以及两位主讲人收取膳食费。

其他零星现金支出估计为200美元。

在这个领域，一天的研讨会的收费标准为50~495美元不等。若收费标准为50美元，则不包含膳食费，它是经纪公司的收费标准，他们或许认为研讨会有利于在客户中建立自己的信誉；495美元是几家全国性组织的收费标准，他们每年在美国各地举办几百场研讨会。在明尼阿波利斯地区举办的数个为期一天的研讨会的收费标准都在150~250美元之间，包括膳食费。

除了参加研讨会的人数之外，上述估计都是基于可靠的信息，并且也得到了哈瑞斯先生的认可。

思考题

1. 为期一周的夏令营应向露营者收取多少费用？
2. 假设收费标准为100美元，研讨会的盈亏平衡点是多少？
3. 研讨会的收费标准应该是多少？

案例14-4

皮德蒙特大学

当休·斯科特于1984年就任皮德蒙特大学第12任校长时，这所大学正经历财务危机。多年来，入学率一直在下降，而成本却在不断上升。所造成的赤字用“准捐赠”基金的本金弥补了。(对于真正的捐赠基金，只有收入才能用于经营目的；法律规定本金不得挪用。准捐赠基金是由早年的盈余累积而成的，只有收益才能用于经营目的，但是法律并不禁止使用本金。) 准捐赠基金几乎要耗尽了。

斯科特先生立即制定了一项扭转财务困境的措施。他提高了学费，冻结了教职员工的招聘，并且削减了经营成本。尽管他来自另外一所大学，并因此受到了皮德蒙特大学教职员工的一些怀疑，但是斯科特先生是一个循循善诱的人，教职员工及理事一般都拥护他的行动。在截至1986年6月30日的财务年度，学校经营略有盈余。

在1986年，斯科特先生找到奈尔·麦克姆，他是皮德蒙特大学的校友，现为一家本地管理咨询公司的合伙人。麦克姆先生主动请缨审查一下学校的情况，并准备推荐一些维持学校财务健康的永久性方法。斯科特先生接受了他的请求。

麦克姆先生在接下来的几个月里把一半的时间都花在了皮德蒙特大学，并与斯科特先生、其他行政管理人员及理事进行了广泛交谈。在1987年初，他提交了他的报告。报告建议增加员工招聘和资金募集活动，但是最重要也是最受争议的一项建议是，把学校重新组织成一系列利润中心。

当时，主要的财务控制手段是各学院的院长和辅助部门的行政领导提交的年度支出预算。在与校长和财务副总裁讨论后，通常再稍作调整，预算就获得批准。人们一般都知道各学院不能超出预算规定的教职员工规模和工资总额，但是不太重视遵守其他规则。

麦克姆先生建议，院长及其他行政管理人员将来都应该提交涵盖本学院活动的收入和支出项目的预算。建议还包括职责的转变，以及将收入贷记创造收入的利润中心、将费用借记应承担的利润中心的新程序。他利用1986年的数字大体估计了一下各利润中心的收入和费用。如图表1所示。

校理事会对建议展开了一系列的讨论。校理事会由校长、各学院院长、教务长和财务副总裁组成。尽管人们都支持总体理念，但是对于一些细节存在异议，具体如下。

行政管理费用

目前，各系不分配整个大学的行政管理费用。麦克姆先生的建议是把这些费用按各利润中心的相对费用比例分配给他们。研究生院的院长认为这不公平。行政管理部门发生的许多费用事实上都与本科生院密切相关。而且，对于无法控制数额的分配费用还需要承担责任，他们也不喜欢。

捐　赠

来自于每年的捐赠的收入将会抵减资金募集

本案例由哈佛商学院罗伯特·安东尼编写并拥有版权。

图表1 皮德蒙特大学：1986年的收支建议（大体估计）（百万美元）

利润中心	收 入	支 出
文科本科	$30.0	$29.2
文科研究生院	5.6	11.5
商学院	15.3	12.3
工程学院	17.0	17.3
法学院	6.7	6.5
神学院	1.2	3.4
未分配收入*	5.0	——
合计，学术	80.8	80.2
其 他：		
行政管理	10.1	10.1
体 育	2.6	2.6
计算机	3.4	3.4
维 修	5.7	5.7
图书馆	3.4	3.4

* 不受限制的捐赠收入，由校长分配。

活动的成本。每年的捐赠净收入，再加上捐赠收益（指定给特定学院的捐赠及其收益除外），将由校长根据各学院的需求分配，然后提交校理事会审批。各学院的院长认为这赋予了校长太大的权力。虽然他们想不出具体的替代方案，但是认为应该寻找一种能够限制校长随意分配权的方式。

体育系

皮德蒙特大学的校运动队所创造的收入不足以弥补体育系的经营成本。麦克姆先生的建议是让这个系自给自足，向参加校内运动的学生收费，同时也向使用游泳池、网球场、体育馆及其他设施的人收费。尽管没有强烈的反对意见，但是有些人觉得这会引发学生的不满，也需要大量新的文书工作。

维 修

每个学院都有一个维修部门，负责本院的校舍维护，以及零星修缮工作。重大修缮工作由各学院提出申请，由校维修部门承担。麦克姆先生的建议是将来校维修部门要按实际成本向各学院和其他利润中心收费，包括直接成本和管理费用。商学院的院长说，如果在外部承包商的价格低于维修部门的情况下，利润中心有权聘请外部承包商从事维修工作，那么这项建议就是可行的。麦克姆先生解释道，他与维修部门的领导讨论过这种可能性，但是遭到了反对，理由是外部承包商无法满足皮德蒙特大学所要求的高质量标准。

计算机

目前，计算机主机及相关设备都坐落在工程学院，并由其监管。学生和教职员工可以随意使用，但是也会在计算机房对过度使用进行非正式检查。在这些计算机中，大约四分之一的负荷都用于行政管理工作。几台计算机主机和几百台微机和字处理器遍布学校的各个角落，但是究竟有多少台，并没有集中记录。

麦克姆先生的建议是根据使用量对工程学院的计算机的每位使用者收费。费用将用于弥补设备的成本，包括管理费用。每个学院均应负责控制本院教职员工及学生所发生的费用，以便总费用不超过学院的预算（计算机安装了可以便捷地把费用归属给各用户的软件）。有几个院长反对这项计划。他们指出，学生和教职员工都不了解计算机的潜在价值，他们希望鼓励使用计算机，并以此作为教育和研究的一个重要部分。如果收费，就会适得其反。

图书馆

校图书馆是储藏图书及其他资料的主要场所，每个学院都有小图书馆。麦克姆先生的建议是向使用校图书馆的每个学生和教职员工收取费用，可以按年计费，也可以以花费在图书馆的时间或借阅的图书数量为基础计费。（图书馆有一个安全出口，并设置了一个门卫，所以关于图书馆的使用量的记录不太难获得。）人们不太满意这项计划所要求的大量文书工作，但是人们也并不认为它像其他事项那样重要。

交叉注册

目前，被一个学院录取的学生也可以在另一个学院免费注册课程。麦克姆先生的建议是录取学生的学院要向学生注册课程的学院付费。收费标准是学生注册课程的学院的一学期学费，除以一名学生一学期通常注册的课程数量，并根据具体的课时进行调整。

思考题

1. 应该怎样解决上述每个问题？
2. 您认为引进利润中心还有其他问题吗？如果有，您将如何处理他们？
3. 利润中心方法的替代方法是什么？
4. 假设大多数问题可以得到满意的解决，您建议采用利润中心的概念，而不是替代方法吗？

案例14-5

汉 华 银 行

在 1960 年，汉华银行是美国最大的银行之一，平均存款余额在 10 亿美元以上。公司在纽约市区设有一个总部，以及几十个分支机构，公司部分组织结构图如图表 1 所示。

分支机构的经营视同独立的银行。他们接受活期存款、储蓄和定期存款，提供各种类型的贷款，以及其他银行服务，服务对象为个人、商业和工业客户。分支机构的规模及特点各不相同。平均存款余额从 100 万~1 亿美元不等，平均贷款额度从 0~1 亿美元不等。而且，各分支机构的存贷款比率也迥然不同。大多数分支机构的存款都高于贷款，但是个别分支机构的贷款高于存款。简而言之，不同分支机构的资产和负债规模及构成显著不同。因为这些差异与分支机构的地理位置相关，所以难以评价与比较分支机构的业绩，这是总体计划和控制所固有的特点。计划和控制系统的设计与运作由控制部负责。

在提交高级管理层的各种报告中，季度比较损益表（如图表 2 和图表 3 所示）在分支机构的绩效评价中发挥着核心作用。季度比较损益表用于反映分支机构在三个重要目标上的成绩：（1）分支机构应该在预算内经营；（2）分支机构应该不断扩大存款和贷款；（3）分支机构应该赚取令人满意的利润。因此，季度比较损益表列示了每个分支机构本期、本期累计，以及上年同期累计的预算和实际存款、贷款、收入、费用和收益。

预　算

在 11 月初，各分支机构都要编制来年的预算，提交给银行部和高级管理层。公司向每个分支机构发放一本小册子，内容包含样表、24 页的详细说明，以及一套简要的政策指南，是高级管

图表 1

部分组织结构图

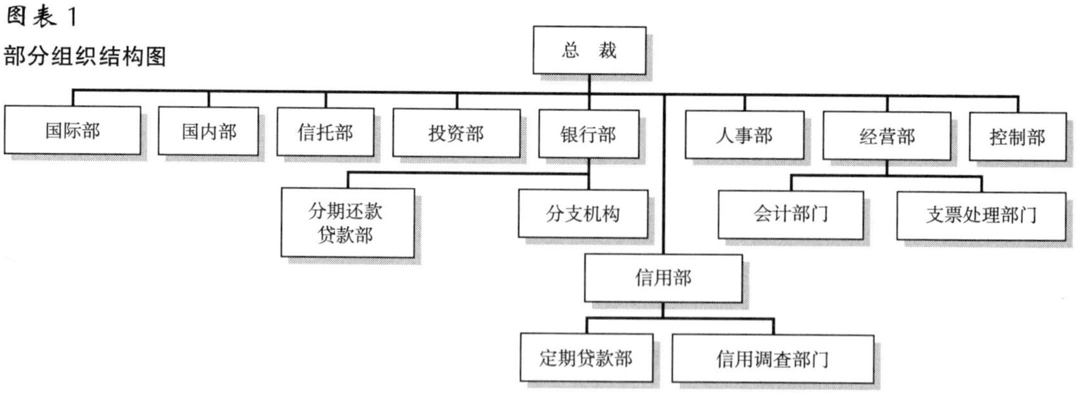

本案例由哈佛商学院罗伯特·安东尼编写。版权归哈佛大学所有。哈佛商学院案例 172-228。

图表 2 比较损益表（1960 年）——分支机构 A

第三季度 实际	第三季度 预算		1月1日至9月30日 实际	1月1日至9月30日 预算
		收 入：		
$ 13 177	$ 12 600	贷款利息	$ 33 748	$ 35 200
6 373	4 800	服务收费——一般账户	14 572	14 100
3 816	3 600	服务收费——特殊账户	11 114	10 700
1 168	1 300	保险箱租赁	4 317	4 500
2 237	2 154	分期还款贷款（净额）	5 126	5 406
—	—	特殊贷款（净额）	—	—
1 010	1 200	手续费、佣金和其他收入	3 321	3 300
27 781	25 654	直接收入合计	72 198	73 206
104 260	102 128	盈余资金利息	324 434	306 166
$ 132 041	$ 127 802	收入总计	$ 396 632	$ 379 372
		费 用：		
$ 32 363	$ 32 617	工 资	$ 96 151	$ 97 164
2 995	2 995	递延报酬	8 865	8 865
5 232	4 689	员工福利	14 925	14 067
11 485	11 489	租金和场地占用费	34 398	33 947
6 824	7 560	存款利息	20 455	21 780
9 458	8 090	其他直接费用	25 688	23 930
3 128	3 097	行政管理费	9 676	9 725
19 183	17 642	服务部门费用	57 059	52 399
6 415	5 061	间接费用	14 964	14 273
97 043	93 200	费用总计	282 181	276 150
34 998	34 602	税前净收益	114 451	103 222
18 955	18 741	所得税准备（贷方）	61 978	55 906
$ 16 043	$ 15 861	税后净收益	$ 52 464	$ 47 316
$12 655 000	$12 550 000	平均存款——活期	$13 134 000	$12 650 000
979 000	1 100 000	储 蓄	986 000	1 057 000
55 000	55 000	定 期	40 000	43 000
233 000	190 000	美国国债	213 000	183 000
$13 922 000	$13 895 000	合 计	$14 373 000	$33 000
900 000	870 000	平均贷款余额	775 000	827 000
5.82	5.76	平均贷款利率	5.82	5.69
		收益率：		
4.08	3.95	盈余资金（借方）	4.05	3.95
6.50	6.40	储蓄存款	6.46	6.40
26.5%	27.1%	净收益率（税前）	28.9%	27.2%
		备 注：		
—	—	损失——税前	—	—
—	—	贷款回收——税前	—	—

图表 3 比较损益表（1960 年）——分支机构 B

第三季度 实际	第三季度 预算		1月1日至9月30日 1960 年实际	1月1日至9月30日 1960 年预算
		收 入：		
$951 617	$833 300	贷款利息	$2 646 813	$2 202 750
7 015	7 400	服务收费——一般账户	24 020	21 900
8 211	7 600	服务收费——特殊账户	23 284	22 600
2 049	2 100	保险箱租赁	6 712	7 100
9 202	9 478	分期还款贷款（净额）	21 402	23 790
—	212	特殊贷款（净额）	85	556
8 081	3 100	手续费、佣金和其他收入	22 517	12 800
986 175	863 190	直接收入合计	2 744 933	2 291 496
(191 650)	(121 960)	盈余资金利息（借方）	(430 444)	(121 493)
$ 794 525	$ 741 230	收入总计	$ 2 314 489	$ 2 170 003
		费 用：		
$ 69 308	$ 62 633	工 资	$ 197 572	$ 185 634
5 646	5 646	递延报酬	16 938	16 938
9 180	7 989	员工福利	25 833	23 967
27 674	27 775	租金和场地占用费	82 726	83 375
15 878	18 230	存款利息	47 589	52 650
25 637	23 660	其他直接费用	86 112	71 400
17 232	17 072	行政管理费	53 321	53 606
89 724	95 719	服务部门费用	290 082	283 531
22 406	18 001	间接费用	53 643	51 166
282 685	276 725	费用总计	853 816	822 267
511 840	464 505	税前净收益	1 460 673	1 347 736
277 212	251 576	所得税准备（贷方）	791 100	729 934
$ 234 628	$ 212 929	税后净收益	$ 669 573	$ 617 802
$67 901 000	$70 000 000	平均存款——活期	$69 425 000	$72 667 000
2 354 000	2 700 000	储 蓄	2 328 000	2 600 000
74 000	90 000	定 期	52 000	66 000
5 194 000	1 900 000	美国国债	4 086 000	1 733 000
$75 523 000	$74 690 000	合 计	$75 891 000	$77 066 000
72 129 000	65 500 000	平均贷款余额	67 446 000	57 666 000
5.25	5.10	平均贷款利率	5.24	5.10
		收益率：		
4.08	3.95	盈余资金（借方）	4.05	3.95
6.50	6.40	储蓄存款	6.46	6.40
64.4%	62.7%	净收益率（税前）	63.1%	62.1%
		备 注：		
—	—	损失——税前	5 559	—
—	66	贷款回收——税前	798	—

理层为指导预算编制而制定的。说明中给出了编制各个项目的预算必须遵守的程序。例如，预测应该以上年的季度数字为标准；贷款利息等收入项目应该根据预测的贷款数额和贷款利率编制；粉刷费用不应该计入建筑物修缮费用中，等等。

因为工资是最大的单项支出，招聘和解聘员工都会发生大量成本，所以在编制这个项目预算时必须非常认真仔细。公司指示各分支机构都必须先全面检查因计算机化或其他改进而导致的劳动生产率的提高，检查生产活动水平的预期变化，以及增加加班或临时工的有利和不利之处，以便达到下一年的人员配备要求。如果据此决定的分支机构的人员配备数量超出了高级管理层先前批准的规模，就必须向银行部的总部和预算委员会全面报告产生差异的理由。高级管理层对分支机构未在预算中提出，而后又要求增加人员的做法极其苛刻。

总而言之，有两种类型的收入和费用——一种类型可直接归属于一个分支机构的，一种类型不可以直接归属于一个分支机构的。公司要求分支机构只对可控直接费用编制预算。间接费用由控制部分配给分支机构。此外，某些直接费用的预算也由控制部编制，如：固定设备的折旧、员工福利及递延报酬，因为各分支机构只能间接控制这些费用。

损益表

控制部在编制损益表时遇到了大量问题，尽管这些损益表最有益于分支机构和银行部的管理。控制部采取下列方法解决了其中一些问题。

分期还款贷款

各分支机构发放的分期还款贷款的账簿记录、派发息票，以及部分回收贷款的工作均由分期还款贷款部集中处理。因此，分期还款贷款取得的收入最初也贷记这个部。这项收入在很大程度上可以归属给发放贷款的分支机构，因此也就需要重新分配给他们。现行的程序是在各分支机构在一个财务年度内发放的全部间接分期还款贷款分配经营总收入的基础上，再减去“借入”资金的直接成本和本部门的经营费用。

公司考虑的另一种分配方法是根据分支机构收到的还款数量分配分期还款贷款部的净收益，因为这项指标反映了花费在息票处理上的时间。这种替代方法并没有被采纳，因为它无法充分激励分支机构争取更多的新贷款，尤其是因为客户可以选择在任何一个分支机构分期偿还贷款。还有一种替代分配方法是采用未收回的贷款的平均余额为基础。财务总监认为这可能比现行的分配方法更公正，但是，他的意见是采纳新分配基础获得好处不足以抵消增加的必要的记账工作。

盈余资金（借入资金）的利息

分支机构及其他经营单元如果有超过自身贷款、现金及其他资产需求的盈余资金，就与投资部分享净收益。资金需求超过可用资金的分支机构及其他经营单元要为“拆借”的资金付费。各分支机构的存贷款比率不同，有些分支机构为盈余资金收取的利息高于直接收入。这项重要收入和费用的计算如图表 4 所示。

如图表 4 的上半部分所示，第一步是计算一个分支机构的盈余资金（或拆借资金）。资金被划分为两类储备：（1）特种储备——来源于特种长期、高收益市政债券的收益，它被视作储蓄和定期存款的投资；（2）常规储备——来源于其他证券投资、贷款利息和杂项收益的收益。因此，特种储备投资产生的回报高于常规储备投资。

第三，若分支机构拥有储蓄存款，则根据他们在储蓄存款中的份额，按照特种储备的利率贷记收益。在特种储备中，储蓄存款超过投资本金的部分，连同储蓄存款之外的盈余资金，也从常规储备投资收益中分配比例份额。拆借资金的分支机构要按常规储备的利率付费。总之，两个储备的两种利率具体如下：

图表 4 盈余资金利息收入的计算——分支机构 A（1960 年前三个季度）

盈余资金的计算		（单位：千美元）
活期存款合计	$13 134	
减去：银行间余额—浮动	(727)	
加上：税金和贷款账户	221	
调整后的活期存款	12 628	
减去：准备金（18%）	(2 273)	
活期存款净额		$10 355
储蓄存款	1 026	
减去：准备金（5%）	$ (51)	
可用于投资的存款净额		11 330
减去：贷款、现金及其他资产		(1 229)
盈余资金净额		$10 101

盈余资金利息收益的计算

	本 金		年利率		三个季度		利 息
特种投资储备（63%）	$ 614 000	×	7.88%	×	3/4	=	$ 36 270
常规投资储备（37%）	361 000	×	4.05%	×	3/4	=	10 962
储蓄存款（100%）	975 000	×	6.46%	×	3/4	=	47 232
常规投资储备——活期存款	9 126 000	×	4.05%	×	3/4	=	277 202
盈余资金净额	$10 101 000						
盈余资金利息							$324 434

特种储备利率：特种储备净收益/特种储备证券本金（总储蓄存款的一部分）

常规储备利率：常规储备净收益 ÷ 盈余资金减去拆借资金减去特种证券本金

在 1960 年的前三个季度，常规储备的预算利率和特种储备的预算利率分别为 3.95% 和 7.81%。实际利率分别为 4.05% 和 7.88%。因此，对于分支机构 A 而言，前三个季度的盈余资金的利息的计算如图表 4 的下半部分所示。

租赁费和场地占用费

有些分支机构在租赁的场地上经营，而其他的则在银行所有的建筑物上经营。第一类分支机构按实际租金付费；而第二类则按“公允租赁价值”计费，由外部房地产评估师确定。人们认为采用这种做法就能把两类分支机构置于同等基础之上。公允租赁价值计费是由贷记房地产账户的项目相抵消的内部记账分录，因此反映了各建筑物的盈利能力。公允租赁价值的确定并不难，关于其计算也不存在任何重大争议。

广告费

一般广告或系统化的广告均计入其他间接费用（关于其他间接费用的分配参见后面）。与某个分支机构相关的广告直接计入该分支机构，但是若广告是投放在广播、电视和报纸等大众媒体上，其中 33% 的费用分配给其他间接费用，67% 分配给所涉及的特定分支机构。这一例外情况的原因是，若使用大众媒体，则整个银行都会在一定程度上受益。

银行部总部和一般行政管理费用

银行部总部的所有费用，包括总部工作人员的工资，都根据各自上年的平均总存款分配给分支机构。公司认为平均总存款是反映分支机构经营活动的最优单项指标。

银行行政管理人员的工资首先分配给各分部，所依据的标准是每个管理人员在解决每个分部问题时所花费的时间。然后再把据此分配给银行分部的行政管理人员工资在各分支机构之间分配，所依据的标准是各自上年的存款总额。所有其他管理费用也都据此分配。

会计部门

整个银行的大多数会计工作都集中处理。但是，因为中央会计部门直到 1959 年才建立，在 1960 年仍有几个分支机构独立进行会计核算。因此，中央会计部门的费用只向它所服务的分支机构分配。在会计部门按职能设立了八个成本中心，每个成本中心都有自己的分配基础。其中四个成本中心分配基础列示如下：

1. **常规簿记成本中心**。在会计部门，指定一个永久性的工作人员处理各分支机构的账户。向分支机构进行的分配基于这个指定工作人员的工资、福利及相关管理费用。
2. **银行总账成本中心**。分配的基础是根据时间分析所确定的借记和贷记行为。因为这个成本中心的主要工作就是把各项交易记入总账，所以人们更喜欢用借记和贷记分录的数量作为分配基础（如：账户的数量）。每当认为较上次调查期间发生了重大变化时，分析部门就对借方和贷方统计进行一项新调查，至少每年一次。
3. **特种支票成本中心**。同 2。
4. **特种报表分部**。分配基于所处理的大量账户。这个分部的工作是根据客户的特殊要求发送特殊报表。

在采用现行的、基于成本中心概念的方法之前，寄出报表的重量一直是分配整个部门费用的基础。人们认为现行的做法更准确，不仅因为很少有一个成本中心向另一个成本中心提供临时的人员和设备服务，而且因为反映成本中心活动的指标也存在重大差异。

在财务总监看来，关于会计部门发生费用的主要争议不在于分配的基础，而在于会计部门发生费用的绝对水平。会计部门所服务的分支机构不断抱怨，认为与那些自行进行会计核算工作的分支机构相比，他们处于不利地位，因为中央会计部门计收的费用显著高于自行进行会计核算工作所发生的费用。财务总监认为持这种意见的分支机构未意识到，在那些自行进行会计核算工作的分支机构损益表中列示的记账费用只是真正记账费用的一部分，因为一部分管理人员的工资、场地占用费、办公用品费等未计入该项目。若一个分支机构的会计工作集中处理，节省下来的管理费用通常就会反映为贷款和存款的增加，以及管理的普遍改善。

支票结算部门

这个部门的总费用要分配给 12 个按职能划分的成本中心，所依据的分配标准是各成本中心的员工数量及工作量。然后再把各成本中心的成本计入各分支机构。分配的基础举例如下：

1. **IBM 验证机使用——外汇**：基于所处理的支票的数量分配。
2. **IBM 验证机使用——存款**：基于存款次数分配。
3. **支票台**：基于所处理的支票的数量分配。
4. **划转工作**：基于存款次数分配。
5. **监管工作**：按人工成本的比率分配给各支票结算部门的成本中心。

与会计核算中心一样，反映经营活动的指标（处理的支票数量和存款次数）基于定期调查，并且在分支机构的经营活动需要新的调查之前一直保持不变。为此，每个成本中心的活动至少要每年审查一次。

在支票清算部门的费用分配上有两个重要的问题。一个是分支机构兑现其他分支机构签发的支票；另一个是分支机构接受在另一个分支机构开户的客户的存款。在决定费用分配基础的定期活动分析中，“兑现的支票的数量”是指在分支机构实际兑现的支票，无论账户是否在本分支机构开立。同样，“存款项目的数量”是指在分支机构存款的次数。尽管人们认为这些分支机构间的服务在很大程度上相互抵消了，但是控制部最近的一项研究表明，事实上他们造成了某些分支机构的分配不公。控制部目前正在研究，拟向受益最大的分支机构（开立账户的分支机构）开始收费。

信用调查部门

尽管大多数分支机构都有自己的信用分析人员，但是他们也经常要求总部信用部门协助调查。因此，总部信用调查部门发生的费用要分配给要求提供服务的分支机构。分配基础是所要求的信用调查的数量，然后用分析所需要的时间加权。各种类型调查的权数都由分析部门根据实际时间决定。

定期贷款部门

来源于定期贷款的收益计入发放贷款的分支机构。在与客户商定贷款条件时，在起草贷款合同时，以及在审查现有贷款时，定期贷款部门的工作人员都积极为分支机构提供咨询。因此，把定期贷款发生的费用分配给使用这种服务的分支机构是必要的。分配的基础是审批的贷款笔数、未收回的贷款笔数、对现有贷款的修订次数，然后再用这三类中每类的单位处理时间加权。为了确定权数，分析部门让定期贷款部门的工作人员估计每类贷款花费的时间。

人事部门

人事部门的费用要向所有经营单元分配，分配标准是各经营单元的员工数量占公司员工总数的比率。

其他间接费用

具有一般管理费用性质的费用项目，如：经营部发生的费用（审查分支机构的直接费用除外，它直接计入成本）、高级培训项目的费用、总的机构广告费、捐赠支出等等，都计入这项。这些费用在分支机构间的分配基础是各分支机构年度经营费用（不包括其他间接费用和存款利息）占所有分支机构的总经营费用的比率。

存款和贷款

在比较损益表的下半部分列示的是预算和实际的贷款和存款余额。高级管理层和分支机构管理者都密切关注这些反映分支机构经营水平的基本指标。但是，财务总监认为分支机构业绩的最终检验不应该基于这些项目，而应该基于收益。他坚持认为存贷款变化所产生的影响应该反映在损益表上。

财务总监关于分配的观点

财务总监认为在上述收入和费用项目的分配中存在主观臆断是不可避免的。由于拥有几十个分支机构，每个分支机构又具有独特的经营特点，所以不可能建立一种适宜于所有分支机构的“完美的”或者“正确的”系统。在财务总监看来，更重要的是分支机构经理一致认为系统总体上是公正的。他认为，如果分支机构的经理都认可系统的公正性，就有可能成功。因此，财务总监也明确告知分支机构经理系统随时可以修订，并鼓励他们提出改进意见。在控制部尽最大努力探索了一个可行的系统之后，提出修订建议就是分支机构经理的职责了。财务总监声称已经采纳了分支机构经理的一些建议，对系统进行了几项修订。

但是，他提醒分支机构经理不要漠不关心、盲目接受，而应该是积极的、具有建设意义的接受。在接受系统时，分支机构经理应该关注报告的经营结果，并尽力改进系统。因此要尽早明确告知分支机构经理将利用损益表评价他们的业绩。他认为此举会引起分支机构管理者的重视，因此可以防止管理者对结果的漠视态度。

分支机构经理对分配的态度

两个分支机构 A 和 B 的经理对系统持不同意见。如图表 2 和图表 3 所示，两个分支机构的经营特点不同，这一点反映在 1960 年第三季度的比较损益表上。分支机构 A 规模较小、存款比重大、自行会计核算、在租赁的场所经营；而分支机构 B 则规模较大、贷款比重大、使用中央会计部门的服务、在银行自有的建筑物经营。

分支机构 A 的经理的评论。损益表是有用的，因为我想至少一目了然地看到我是否遵循了预算，如果没有，也可以发现是什么原因导致了与预算差异。

我们分支机构的收益较低，因为地理位置限制了业务量。我们的存款高于贷款。因此，我们可以从盈余资金中分配到一定的收益。事实上，您也可以看到，在 1960 年前三个季度，盈余资金的利息是直接收入总额的 4 倍多。盈余资金 4.05%的收益率似乎也比较公平，但是我们总是尽力增加贷款，目的是为了增加收益。但是，我们分支机构所处的地理位置是一个限制性因素。

因为租金和场地占用费是实际支付给建筑物所有者的费用，所以我们对此没有任何争议，但是服务部门的计费肯定太高了。我们无法控制这些费用，但是却要对此付费。我不是抱怨这不公平，相反，我认为分支机构应该分担这些费用。我惟一感到疑惑的是那些提供服务的部门是否尽了最大努力降低成本。

在向我们分支机构计收的服务部门发生的费用中，大约一半都是支票结算服务。尽管我不知道分配基础，但是我不怀疑它的公平性。此外，即使我应该质疑分配基础，或许他们也听不到。从我们分支机构到高层的沟通渠道又长又繁琐。

目前，我们自行会计核算，但是很快就会由总部会计部门集中处理。我听说有些经理抱怨集中会计处理计收的费用高于自行会计核算。但是，诸如威望、客户关系之类的无形利得可能也是计费高的一个恰当理由。无论计费高低，如果高级管理层决定集中处理会计核算，我们也别无选择。也许从长远看更有利。

尽管我无法确切地知道其他直接和间接费用，还有管理费用中都计入了哪些项目，但是我认为不会过多。控制部也尽力做到公平。

总之，我认为损益表是有用的，但是在解读损益表时，您应该考虑许多因素。

分支机构 B 的经理的评论。损益表公正地反映了分支机构的经营状况。的确，分支机构的地理位置与经营状况息息相关。在评价一个分支机构时，地理位置是应该考虑的一项重要因素。举一个极端的例子，在沙漠中，您是不会需要一个分支机构的。如果一个分支机构在分配了应承担的费用份额之后无法显示收益，或许它存在的意义也就丧失了。

业务量高和经营效率高都对高收益水平做出了贡献。我们分支机构的贷款高于自有存款所能维持的水平。因此，我们要为拆借资金支付利息，其理论依据是，如果我们从外部借入资金，我们也必须支付利息。当然，通过提高存款，我们就可以满足贷款要求，并且增加了收益来弥补拆借资金的利息。实际上，我们一直尽力为本分支机构争取存款。但是，除了这种特别努力之外，我们也没有忽视争取更多的贷款机会，因为即使在支付借入资金的利息之后，贷款仍能增加收益。

我们分支机构在银行自有的建筑物经营。但是，我们并没有支付颇具争议的折旧和维修费，而是支付了公允租赁价值。我们对这种做法十分满意。

我们分支机构的会计核算是集中处理的。我认为，如果我们自行会计核算，费用就会更低；但是，竞争银行设立了集中化的会计部门，所以我们也必须亦步亦趋。我猜这或许也能带来一些无形的好处。

如果我真的做下来全面考察一下所有分配基础，我可能会发现一些需要改进的地方。但是，事实上我们必须划一条界线，一定程度的主观臆断是不可避免的。而且，我们分支机构为什么提出质疑呢？我们对目前的分配方法感到很满意。

银行部总部的评论。我们把这份报告（图表2和图表3）奉为圣经。如同真正的圣经一样，它必须审慎解读。许多报告中未列示的因素都影响分支机构的业绩。例如：在一个经济下滑的地区，分支机构的经理必须加倍地努力，才仅仅能保证存款不会下降；而在经济增长的地区，经理却可以整天看《纽约时报》，仍能保证存款的显著增长。分支机构的地理位置、外观、装潢，以及经营设施的布置，所有这些都会影响业务量。利率水平的变化是不可控的，但它也会对收益产生显著影响。在总部，我们知道这些因素，并且在阅读报告时予以考虑。遗憾的是有些经理，例如：处在经济下滑地区的分支机构的经理，可能不相信我们也考虑这些因素。这样的经理会担心报告中所反映的显而易见的糟糕业绩，而这会对他产生不良的心理影响。

报告的另一个难点在于它鼓励经理过于关注本分支机构，而不惜牺牲整个银行的利益。若客户搬到了城市的另一个地区，经理可能会尽力劝说他保留在本分支机构的开户，尽管客户可以享受由居住地附近的分支机构提供的更好服务。我们甚至听说两个分支机构竞争相同客户，这当然不会提高银行的声誉。此外，还有另一个问题，经理可能因为担心增加费用而不愿增加新的出纳员，尽管他实际上确实需要增加新出纳员来更好地为客户服务。

当然，损益表只是考评银行经理业绩的一项因素。其他因素还有相对于本地区经济增长潜力的存款的增长、为争取新业务而打的电话的数量（我们每月都报告此项指标）、难以回收的贷款量、客户的投诉信、控制部进行的年度经营审计，最重要的是，人员流动率或者其他反映人员发展情况的指标。其中有些指标反映在这些统计数据中（参见图表5），它是由银行部总部编制的。

图表 5　分支机构报告

	单位：千美元（除另有说明外）		1月	2月	3月	4月	5月	6月	7月	8月	9月	10月	11月	12月	平　均	
	存款——平均余额															
1	活期(个人、公司)	$	14 038	13 473	12 330	12 919	13 108	12 911	12 596	11 907	12 746	12 202				1
2	活期——银行	$	50	50	—	—	—	—	—	—	—	—				2
3	特种支票	$	221	218	220	251	235	216	237	244	236	219				3
4	税金及贷款账户	$	118	149	238	124	270	321	232	202	265	196				4
5	储　蓄	$	987	974	1 001	990	976	1 012	972	978	986	1 013				5
6	圣诞俱乐部	$	15	23	30	35	41	46	51	55	60	63				6
7	定　期	$	—	—	—	—	—	—	—	—	—	—				7
8	合　计	$	15 429	14 887	13 819	14 319	14 630	14 506	14 088	13 386	14 293	13 693				8
	账户数量															
9	活期（个人、公司）		1 515	1 513	1 507	1 503	1 516	1 511	1 514	1 497	1 478	1 473				
10	活期——银行		1	—	—	—	—	—	—	—	—	—				
11	特种支票		868	865	884	892	894	900	903	911	939	948				
12	储　蓄		585	587	593	589	587	591	593	587	621	645				
13	圣诞俱乐部		540	536	534	538	533	530	526	519	516	511				
14	定　期		—	—	—	—	—	—	—	—	—	—				
15	合　计		3 509	3 501	3 518	3 522	3 530	3 532	3 536	3 514	3 554	3 577				
	贷　款														年平均	
16	贷款总额——平均余额	$	723	755	720	627	672	773	841	889	971	961				16
17	分期还款贷款——金额	$	20	24	36	31	35	22	25	34	27	39				17
18	特殊贷款部门——月末	$	—	—	—	—	—	—	—	—	—	—				18
	借款人数量															
19	贷款总额		48	58	50	49	51	54	55	60	62	63				
20	分期还款贷款——发放金额		24	37	46	50	32	30	28	45	44	39				
21	特殊贷款部门		—	—	—	—	—	—	—	—	—	—				
22	人员——分支机构数量		4	4	4	4	4	4	4	4	3	3				
23	员工数量——批准预算		25	25	25	25	25	25	25	25	25	25				
24	合　计		29	29	29	29	29	29	29	29	28	28			年合计	
25	加班和晚餐补助（四舍五入）	$	276	135	273	93	496	123	536	370	350	220				25
	服务费（四舍五入）															
26	常规支票账户	$	1 543	1 578	1 445	225	2 550	858	2 378	1 998	1 997	1 833				26
27	特种支票账户	$	1 017	1 119	1 220	1 397	1 223	1 322	1 313	1 237	1 266	1 340				27
28	合计	$	2 560	2 697	2 665	1 622	3 773	2 180	3 691	3 235	3 263	3 173				28

图表 5 （续表）

季度及累计收入和费用	四舍五入		第一季度	第二季度	1~6 月	第三季度	1~9 月	第四季度	1~12 月
	收入总额	$	133 060	131 531	264 591	132 041	396 632		
	费用总额	$	92 060	93 088	185 138	97 043	282 181		
	税前净收益	$	41 010	38 443	79 453	34 998	114 451		
	税后净收益	$	18 799	17 622	36 421	16 043	52 464		
	平均贷款利率		5.80	5.83	5.81	5.82	5.82		
	收益率——盈余资金		4.02	4.06	4.04	4.08	4.05		
	收益率——储蓄存款		6.52	6.55	6.54	6.59	6.55		

1960 地址和分支机构号 ________

	单位：千美元	1月	2月	3月	4月	5月	6月	7月	8月	9月	10月	11月	12月	平　均	
	常规支票账户——数量														
1	开户——新户	26	17	7	15	16	17	10	9	14	11				1
2	开户——分支机构内部转移	—	1	1	1	4	—	1	—	—	—				2
3	开户——分支机构间转移	—	1	1	—	3	—	2	—	1	—				3
4	开户数合计	26	19	9	16	23	17	13	9	15	11				4
5	销　户	24	17	12	17	6	19	9	17	24	14				5
6	销户——分支机构内部转移	—	2	1	2	2	—	—	8	6	1				6
7	销户——分支机构间转移	4	3	2	1	2	3	1	1	4	1				7
8	销户数合计	28	22	15	20	10	22	10	26	34	16				8
9	开户或销户净数	−2	−3	−6	−4	+13	−5	+3	−17	−19	−5				9

	常规支票户/平均销户数——月度		1月	2月	3月	4月	5月	6月	7月	8月	9月	10月	11月	12月
10	销户	$	16	7	8	15	7	14	4	11	18	7		
11	销户——分支机构内部转移	$	—	19	2	4	2	—	—	6	4	1		
12	销户——分支机构间转移	$	5	6	2	—	1	3	1	1	2	2		
13	平均销户数合计	$	21	32	7	19	10	17	5	18	24	10		

	自 1 月 1 日起——累计*		1月	2月	3月	4月	5月	6月	7月	8月	9月	10月	11月	12月
14	开户数（第 1 行）		26	43	50	65	81	98	108	117	131	142		
15	销户数（第 5 行）		24	41	53	70	76	95	104	121	145	159		
16	开户——本月平均(第 14 行)	$	83	191	162	143	120	102	120	109	114	127		
17	销户——平均余额合计(第 10 行)	$	16	23	26	41	48	62	66	77	95	102		

图表 5 （续表）

		1月	2月	3月	4月	5月	6月	7月	8月	9月	10月	11月	12月	平 均	
	业务发展														
18	电话数量——客户	3	8	7	4	10	8	6	9	5	5				18
19	电话数量——潜在客户	3	4	4	4	1	4	2	6	5	5				19
20	合　计	6	12	11	8	11	12	8	15	10	10				20
21	特殊支票账户——开户	26	21	31	21	19	22	15	33	37	29				21
22	特殊支票账户——销户	13	24	12	13	17	16	12	25	9	20				22
23	特殊支票账户——净数	+13	−3	+19	+8	+2	+6	+3	+8	+28	+9				23
24	储蓄户——开户	17	9	22	9	15	24	15	9	52	39				24
25	储蓄户——销户	21	7	16	13	17	20	13	15	18	15				25
26	储蓄户——净数	−4	+2	+6	−4	−2	+4	+2	−6	+34	+24				26
27	保险箱——新租用	9	6	3	9	3	6	5	6	4	—				27
28	保险箱——终止租赁	9	4	9	11	12	10	6	7	7	3				28
29	保险箱——净数	—	+2	−6	−2	−9	−4	−1	−1	−3	−3				29
30	个人汇票的销售数量	523	543	583	643	421	467	447	419	452	367				30

思 考

本案例涉及服务行业中的分支机构利用利润中心的概念来进行管理控制。在银行业中的一个特殊问题是如何制定资金的转让价格。

请讨论一下在汉华银行的控制系统中，下列系统组成部分是否合理。

1. 总部费用的费用分配。应该分配这些费用吗？分配方法得当吗？
2. 业绩报告中包含的不可控费用。应该从损益表中删除不可控费用吗？如果应该删除，哪些项目会受到影响呢？
3. 特点相异的分支机构的绩效评价。这种报告制度提供了足够的信息吗？信息太多吗？应该停止编制图表 5 吗？
4. 把分支机构组织成利润中心。您认为分支机构应该按“利润中心”来评价吗？哪些是分支机构成功的关键因素？这些因素在多大程度上是可以由分支机构经理控制的？
5. 采用的转移定价系统。如果您认为利润中心系统应该继续作为控制工具，那么请您讨论一下图表 4 所提供的数据是否适宜于制定转移定价。您能建议制定分支机构间的资金转让价格的更好方法吗？美国最大的银行之一——美国银行，对每个利润中心使用资金计费，计费标准是为获取具有类似到期日和风险的资金所支付的现行利率。例如：如果分支机构发放为期 90 天的贷款，并将按银行支付 90 天定期存单的现行利率计费。汉华银行应该采纳这种做法吗？

案例14-6

大都会银行

大都会银行的高级副总裁弗雷德·马普尔在1993年8月参加一个高级管理人员研讨会时研究了汉华银行案例。授课老师告诉大家该案例最初是在20世纪60年代编写的。马普尔先生告诉本案例编写者说大都会银行的管理控制系统与汉华案例中所介绍的系统如何不同，以及为什么不同。

背　景

由于20世纪70年代银行业放松管制，商业银行业就成了利润丰厚的业务。银行赚取了利率价差（贷款产生的利率与存款支付的利率之间的差额），这提供了一个利润丰厚的边际。贷款增长和费用控制增加了盈利能力。20世纪80年代是银行业亏损的时期，因为向欠发达国家发放的不良贷款都无法偿还，巨额贷款损失使收入大量流失。此外在20世纪80年代末和90年代初，房地产贷款和杠杆交易的损失十分巨大。银行业与非银行竞争者之间的竞争日益激烈，比如：经纪公司以货币市场账户进入了这个行业。因此，商业银行考察了各个领域，以明确盈利业务，并寻求缩小规模的机会。

银行被划分为两个经营单元：全球银行和地区银行。全球银行为《财富》1 000强公司、境外跨国公司和上市公司提供高额的信贷、公司理财以及证券服务。地区银行不仅负责零售银行业务和中端市场商业银行业务，而且为拥有高额财富的个人提供个人银行业务。

本案例介绍了零售银行集团，它是地区银行的一个组成部分。1992年，地区银行创造的收入和净收益约占大都会银行的32%，资产占大都会银行总资产的28%。

1991年，为了分析零售银行业务，大都会银行认为需要深入地评估一下客户与产品的盈利能力，并为此成立了一个团队。这个团队建立了新的组织结构和管理控制系统。

这个团队意识到整个组织必须齐心协力朝一个共同的方向努力。为了实现这个目的，他们制定了下列经营宗旨、战略以及经营协同/联系。

零售银行集团的经营宗旨

“我们的经营宗旨是以客户为本。我们把客户视作公司最重要的资产。我们认为创造公司价值的最佳方式就是创造客户价值。在与大都会银行进行交易时，价值是一种切身体验。它是产品、价格、便利和服务的结合。通过为客户提供最大价值，大都会银行将在我们所选择的市场中被奉为零售金融服务业的领袖”。

零售银行集团的战略

零售银行集团的战略是通过创造最佳客户价值扩大特许经营。

1. 创造最佳客户价值会形成下列四项原则：
   a. 理解并预测客户需求。
   b. 开发产品和服务，满足重要需求。

本案例由安尼尔·奇卡拉（94级）在罗伯特·安东尼教授指导下编写。

c. 便捷地提供优质服务。

d. 制定竞争性价格。

2. 坚持这项战略就会通过下列行动促进收入增长，巩固特许经营。

a. 通过积极追求新价值主张争取新客户。

b. 扩大并增强与现有客户和新客户的关系。

零售银行集团正在积极建立一个战略平台，通过创造最佳客户价值促进特许经营的增长。建立这个战略平台需要发起各经营单元和组织间广泛的参与。

经营协同和联系

了解市场

明确重要市场领域目前服务不足或服务过量的业绩机会，这样我们就能更好地满足他们的需求——为价值主张制定收益和价格参数。

提出并传达价值主张

把我们对市场的深入理解转化为一个盈利的、独特的服务主张，并把这项主张传达给目标受众——为具体运作确定出成本、生产能力和服务水平目标。

调整执行系统

保证价值主张在执行时能实现最大的盈利能力，并建立所需的服务能力——确定量化经营模型（如：市场和供应），以支持严格的绩效管理。

升级绩效管理系统

保证目标制定、计划、绩效评价和奖励系统能激励组织各个层级取得最佳经营业绩——明确哪些需求可以确保经营模型升级或市场理解力建立、可以满足价值主张或执行系统的需求。参见图表1。

零售银行集团

零售银行集团（RBG）服务三类客户：地区客户、商业和专业服务业务，以及全国范围的客户。零售银行集团以前按分支机构网点组织。按

图表1

业绩改进循环运动是确定所有重大业绩提高机会，并按轻重缓急排序的系统性规则，它嵌入了一个持续的改进系统。

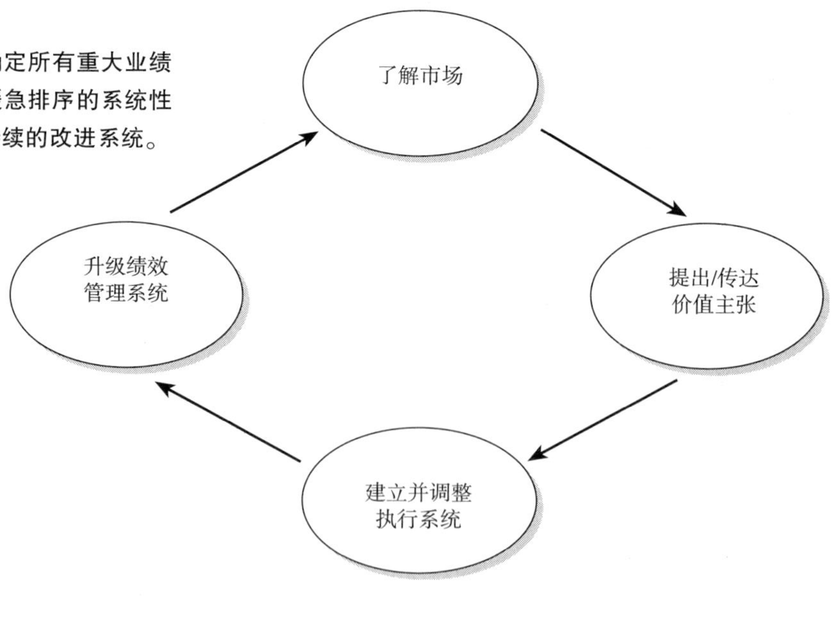

照新的组织结构，零售银行集团按三条主要业务线组织：本地市场部、零售银行卡服务部以及全国客户服务部。本地市场部为依赖于分支机构的客户提供存款、保险、投资和小企业贷款服务；零售银行卡服务部处理全国范围的支付系统和循环信用；全国客户服务部由与贷款相关的非支付系统组成，包括抵押贷款、房屋抵押、教育、休闲和汽车贷款（参见图表 2）。

本地市场部的组织

本地市场开发

市场开发部负责了解市场。市场开发部的目标是确定在现行价值主张下无法赢利的服务领域存在哪些重大业绩机会。在这个过程中，关键的步骤包括了解需求领域和现有服务的价值；估计重新设计服务所带来的经济机会；评估现有的竞争地位；进行环境分析（即：法规、技术、经济和人口统计）。主要客户群被划分在各种业务领域，每个业务领域都表现出相同的特点，如：人口、行为和心理历史纪录特征。根据产品、服务和分销渠道跟踪各业务领域。监控各业务领域的目标在于评估盈利能力和价值主张，审查价值创造过程，通过过程再造消除非价值创造过程。市场开发部的业绩取决于主要市场领域的盈利能力、新市场领域开发计划的进展以及本地市场总

图表 2

部分组织机构图

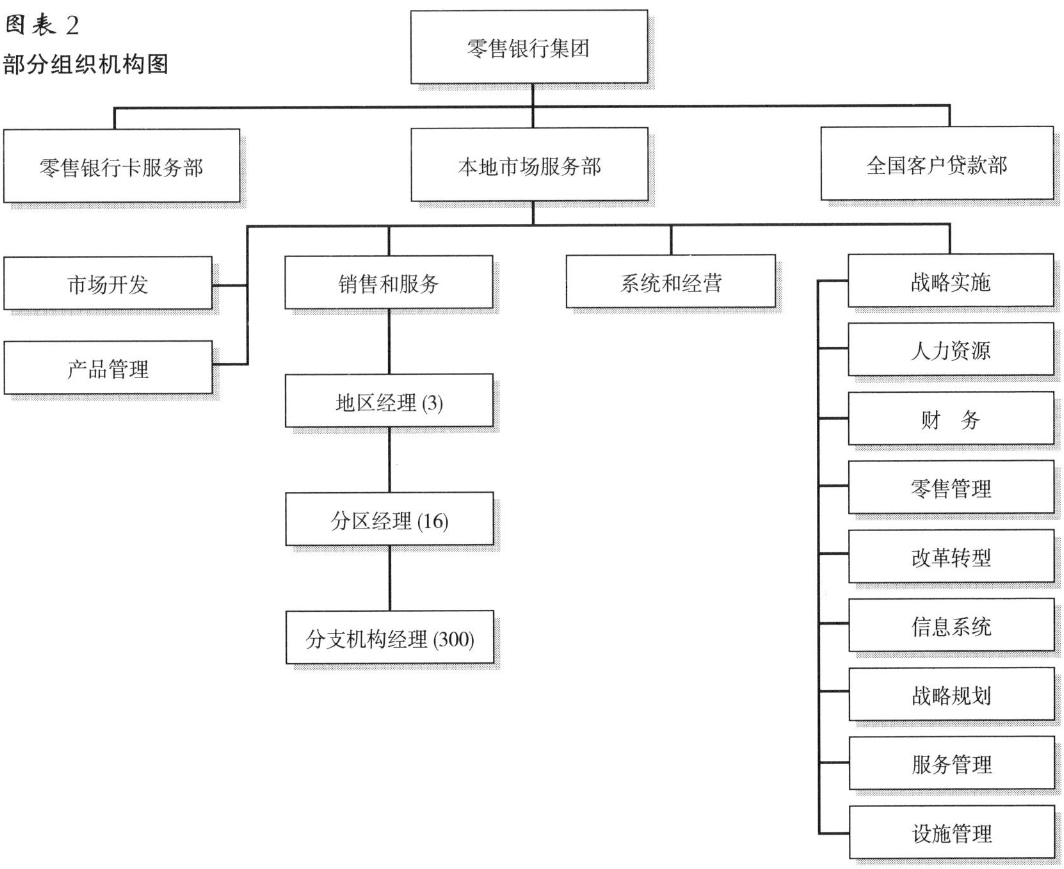

体营销预算的有效管理。

本地市场开发部还充当开发新业务线的催化剂。由于竞争日益加剧，扩展服务领域的需求就变得至关重要。因此，采用了围绕保险、投资和电子银行业务（即借记卡和家庭银行）的主要业务线战略。

产品管理

产品管理部负责与市场开发部合作，共同保证所提供的产品能满足客户需求，能提供适当的价值功能，并且制定的价格能盈利。总体目标是以盈利的价格满足独特市场需求/价值，并把价值主张传达给目标客户群。关键步骤包括设计新的价值主张，具体做法是根据支付意愿增加/删除性能，并建立定价水平/体系、功能、服务水平和接入方式。传达新价值主张包括整理信息、选择渠道以及品牌管理。产品管理部每周都准备一份报告，详细说明产品的销量变化、大都会银行的价格，以及竞争者的价格（既有从内部获得的信息，又有从外部数据收集机构获得的信息）。这些研究结果，连同产品性能改进建议、新产品和定价都要提交定价委员会会议，定价委员会由本地市场服务部各部门的人员组成。产品管理部的绩效根据各类产品的盈利能力评价。

销售和服务

销售和服务部监管银行的本地分销渠道，包括分支机构、自动提款机，以及客户电话服务。销售和服务部负责执行产品管理和产品开发战略。销售和服务部的总体目标是建立/调整执行系统，以确保价值主张的执行实现了最大盈利能力，并建立了必要的经营能力。在这个过程中，关键的步骤是评估实际和目标作业业绩指标之间的差距（即：成本、客户满意度、服务水平、收入和产出）；保证所有作业都能创造价值；通过制定标杆和最佳实务对比（即：规模、服务水平、技术）进行内部和外部调查。销售和服务部的业绩根据主要业绩指标评价，这些业绩指标用于反映战略目标和增长目标。

分支机构经理也属于销售和服务部，他们的业绩根据奖金激励计划（BIP）评价，它与各市场领域和产品类别的战略和增长目标直接联系。奖金激励计划制定了11项具体标准（参见图表3）。每项标准都有一个权重分数，以及权重分数的波动范围。每个分支机构都规定这11项标准的具体目标。如果实现了目标，分支机构就获得指定的权数；如果超额完成了目标，就可以获得更高的分数，但不会超过权重分数的波动范围；如果业绩低于目标，所得的分数就低。分区经理、分支机构经理以及关键人员的薪酬都受奖金激励计划的影响。这些指标与汉华银行案例中所介绍的利润中心系统有显著区别。

辅助职能

集中化的辅助部门，如人力资源、财务、战略计划、服务管理、信息系统、后台运作、零售设施、改革转型[1]，都被视作费用中心，其财务业绩根据预算评价，还根据整个集团的财务业绩（包括关键财务指标）以及支持市场开发、产品管理、销售和服务部的战略的实施情况评价。

全国业务部的组织

零售银行卡服务部和全国客户服务部服务于大都会银行的全国客户。这两个部门负责创造资产、信用审核、客户服务、质量控制和全国客户的汇款处理。他们的业绩根据自身的盈利能力评价。

1. 改革转型由零售银行再造构成，包括劳动生产率提高、经营和服务流程再设计（即：余额保留计划、质量，以及以客户为本）。

图表 3
奖金激励计划中评价指标的权重分数

存款增长率：		
个人交易	12	
个人投资	8	
商业投资和交易	15	
小 计		35
资产增长率：		
抵押贷款	3	
房屋抵押和短期贷款	7	
直接贷款分期还款	3	
循环信用	5	
商业贷款	6	
小 计		24
收 入：		
非银行投资	12	
手续费	9	
小 计		21
客户满意度		20
总 计		100

零售银行卡服务部

经营宗旨

零售银行卡服务部利用全国客户基础和直接沟通渠道，塑造一个具有竞争优势的全国性购买和支付系统为用户提供基本的、“真正有价值”的服务。这些服务将在客户整个一生中建立持久有效的联系，并将用信用产品作为联系的突破口。

除了为银行卡产品重新定位之外，零售银行卡服务部也建立了未来愿景，它不仅能使大都会银行全面实现在新世界中的潜力，而且可以作为“银行卡发展”的指向灯。

重新界定的战略职能如下所示：

1. 主要职责是提供战略蓝图，把营销、经营、产品开发和产品管理等综合起来，并指引方向。
2. 确保组织不只聚焦在交易上，而是要为这些工作创造良好的环境和框架。顾全大局有助于整个组织具备适应变化的能力。
3. 为了使大都会银行的特许经营的定位具有竞争力，同时也是为了扩大收益基础，要拓展购买/支付系统产品和服务的视野。
4. 提供更多的项目管理和实施支持。

全国客户服务部

经营宗旨

经营宗旨是建立多种渠道、基础广泛、具有成本效益的初始生产能力，从而创造具有吸引力的、风险可调的收益资产。

1. 利用风险管理能力以具有竞争力的价格为广泛的客户群提供具有竞争力的产品，同时保证服务水平能提高客户满意度。
2. 成为房屋抵押贷款市场的一流参与者。由于市场的规模和深度，贷款产品的盈利能力，以及颇具吸引力的房屋抵押借款人人口统计，房屋抵押贷款产品提供了一个坚实的发展基础。大都会银行拥有丰富的经验，可以充分利用市场的现有格局。

3. 在我们的产品领先，且产生了丰厚的经济回报领域和/或有吸引新客户的机会的领域，继续提供客户贷款。

全国客户服务部由四条主要业务线组成，每条业务线都拥有很强的竞争能力：

1. 大都会银行建立了拥有巨大价值的抵押贷款特许经营。抵押贷款业正经历着快速的合并，大都会银行在创造贷款和提供服务两个方面都已经发展成了一流的银行。规模经济、有效的风险管理、新创造贷款技术的提升、服务升级、次级市场系统都是巨大的挑战。

   服务反映了在抵押贷款期间所能收获的价值。效率是关键。实施的新系统和新技术（自动化流程/成像技术）将会巩固我们的地位。

2. 大都会银行还发展成了学生担保贷款的最大提供者之一。在这个不断兼并的行业中，它是具备纵向整合能力的为数不多的数家公司之一。由于学生贷款具有担保性质，而且抵押资产要求低，所以创造了稳定的收入流。所面临的挑战是持续实现增长，并不断降低经营风险。

3. 全国客户理财服务是一项利润丰厚的客户理财业务，在全国12个地区分行经营，并将继续利用他们的全国分销系统通过信函拓展房屋抵押贷款。

4. 客户资产部是一个边际高、股东权益收益率高的部门，它聚焦在本地市场。大都会银行占有消费贷款的大部分市场份额，稳居第二位。

转移定价

大都会银行对银行各经营单元之间提供的资金和服务采用转让价格。零售银行集团以存款吸纳资金，这些资金被整个银行用来发放贷款和进行投资。吸收的所有资金都划转到大都会银行的资产部，它是公司的一个职能部门。资产部的主要职责是剔除经营结果中的利率风险，藉此使与资产和负债不匹配的相关利润或损失所产生的影响最小化。

资产部计算具有不同到期日的不同产品[2]的利率或“综合利率”。综合利率基于“核心利率”和现行（或稍滞后的）LIBID利率[3]的平均值。核心利率是银行的历史平均利率。它适用于一类资金中的特定部分。对于其他产品，利率则完全基于LIBID。还有一些产品，则与具有同样到期日的大笔借款的利率相联系。为了考虑竞争银行的利率，有些利率根据从产品管理部和外部数据收集机构获得的信息做了适当调整。

销售和服务部（分支机构和电话服务）还为公司其他部门提供广泛服务，那里一般都聚集了众多的公司客户、中端市场和私人银行客户。此部门为近75种不同服务分别指定了费用标准（为所提供的服务支付的报酬），其中包括存款、支票兑现、账户维持、自动柜员机交易，以及工资发放。单项收费在年初制定，依据所提供服务的数量和每项服务的相关费用总额来估计。每项服务的交易成本都通过商定利率乘以实际数量来计算。

利润计划过程

零售银行集团的预算编制过程分四个阶段。

2. 活期存款、NOW奥瑞利联合公司账户（可转让支付凭证）、储蓄账户、91天期存单、6个月期存单等都是产品。

3. LIBID是“伦敦银行同业拆入利率”的英文缩写，它是一个普遍使用的短期利率。

第一个阶段，市场开发部为各主要客户部门制定总收入目标；第二个阶段，产品管理部开发具体产品功能，制定价格，为营销计划和总收入预测提供支持；第三个阶段，销售和服务部以及其他辅助部门根据市场部和产品部的计划以及关键业绩指标，确定经营费用水平和适当的手续费。最后一个阶段是前面三个阶段的综合，为整个零售银行集团制定统一的计划。计划过程需要 5 个月时间，始于 7 月初。

思考题

1. 请比较大都会银行的零售银行集团和汉华银行的相应机构。
2. 您认为银行的组织结构和控制系统符合银行的战略吗？
3. 您建议大都会银行对组织结构和控制系统实施哪些变革？

第 15 章

跨国组织

在本章中，我们将介绍跨国组织的管理控制问题和实践。大多数境外控股公司的实践都类似于境内控股公司。我们在第 8~12 章中所介绍的计划和控制过程——战略计划、预算编制、经营、差异分析和报告、业绩计量和管理层薪酬，一般也适用于跨国组织，但是需要依据跨国组织环境进行适当调整。例如，境外经营可以按费用中心、收入中心、利润中心或投资中心组织，在选择哪类责任中心时所需要考虑的因素基本上类似于境内经营的公司。但是，一项重要区别在于，即使出于控制的目的，境外经营被视作费用中心或收入中心，但在会计核算时经常被视作利润中心。许多境外经营都是在东道国注册成立的法人实体，因此，根据法律和税收要求，他们必须维持一套完整的会计记录。

全球性组织存在三个特殊问题：文化差异、转移定价和汇率。本章将专门探讨这三个话题。尽管我们的讨论针对的是美国公司及其境外子公司，但是，它们也是任何国家的母公司及其境外子公司普遍存在的一般问题。

文化差异

影响跨国企业管理控制的重要环境变量之一就是不同国家之间的文化差异。根据定义，跨国组织在多个国家经营，因此在总部协调和控制子公司时必须克服文化差异。无论是在一个组织内，还是在一个国家，“文化”都是指共同的价值观、假设和行为准则。若一个组织是跨国的，则与国家和地域特点息息相关的深厚的文化差异就会很多，并且会对管理控制产生显著影响。霍夫施泰德提出了一种理解文化的方式。[1] 该研究对 IBM 遍布 64 个国

1. H. Hofstede, “Motivation, Leadership, and Organization: Do American Theories Apply Abroad?” *Organizational Dynamics*, Summer 1980, pp. 42–63.

家的约 8 万名员工进行问卷调查，系统分析了文化差异。根据霍夫施泰德的观点，文化在四个方面存在差异。

1. 权力距离指权力不平等地分配和集中的程度。具有高权力距离文化的国家包括菲律宾、委内瑞拉和墨西哥。具有低权力距离文化的国家包括以色列、丹麦和奥地利。
2. 个人主义/集体主义指人们把自己定义为个体还是集体的一部分的程度。具有高度个人主义文化的国家包括美国、澳大利亚和英国。具有高度集体主义文化的国家包括沙特阿拉伯、委内瑞拉和秘鲁。
3. 不确定性规避指人们对不确定情况的威胁的感受程度。不确定性规避程度最高的国家包括日本、葡萄牙和希腊。不确定性规避程度最低的国家或地区包括新加坡、中国香港和丹麦。
4. 男性气质/女性气质指主导价值观对积极主动和物质主义（“男性气质”），与关注人和生活质量（“女性气质”）的强调程度。具有高度“男性气质”文化的国家包括奥地利、瑞士和意大利。具有高度“女性气质”文化的国家包括瑞典、挪威、荷兰和丹麦。

霍尔提出了另一种分类。根据他的观点，各种文化彼此不同，他们都落在一个连续统上，在这个连续统的一端是“低语境文化”（德国、瑞士、斯堪的纳维亚半岛、北美、英国），在这种文化中，人们很直率，谈判效率很高；而另一端则是“高语境文化”（中国、韩国、日本、沙特阿拉伯），在这种文化中，人们在切入正题之前努力建立个人关系，谈判既缓慢，又拘泥于繁文缛节。

我们可以据此推断出在不同文化中哪种类型的计划和控制系统更高效。在注重个人主义的文化中，员工可能更希望基于个人业绩颁发奖励；而在强调集体主义的文化中，员工可能更喜欢基于团队业绩颁发奖励。在权力距离低的文化中，更喜欢决策分权制和更多地参与预算编制；而在权力距离高的文化中，则恰恰相反。在不确定性规避程度低的文化中，而不是在不确定性规避程度高的文化中，主观业绩评价更有效。低语境文化更认可正式计划和控制系统；而在高语境文化中，建立人际关系和相互信任则至关重要，因此非正式控制可能更有效。

跨国组织的高层管理者必须了解并尊重文化差异，然后据此调整各国的管理控制。

转移定价

商品、劳务和技术的转移定价反映了境内外经营的管理控制的一个主要区别。在境内经营中，转移价格系统的标准仅仅是第 6 章中所介绍的那些内容。但是，在境外经营中，在制定转移价格中，还有几个因素至关重要。其中包括税收、政府法规、关税、外汇管制、资金积累以及合资企业。

税 收

不同国家的实际所得税税率显著不同。若转移价格系统造成利润分配给低税率国家，则可以降低公司的全球所得税总额。

政府管制

若缺失政府管制，公司就会制定能够使高税率国家的应纳所得税最小化的转移价格。但是，各国政府的税收当局都知道这种可能性，所以通过了一些法律法规，影响转移价格的计算方式。

关 税

关税经常按产品进口价值的一定比例征收。价格越低，关税越低。就转移定价而言，关税的税负通常与所得税的税负相对。尽管如果转让价格低，运往一个国家的商品的关税就低，但是计入该国的利润——以致就利润征收的所得税——相应地就高。因此，在决定适当的转让价格时，必须计算这些因素的净影响。因为所得税一般都比关税多，所以国际转移定价通常受所得税因素的影响大于关税因素的影响。

外汇管制

有些国家限制使用外汇进口某些商品。在这种条件下，降低转移价格就可以使子公司进口更多数量的商品。

资金积累

公司可能希望在一个国家，而不是另一个国家积累资金。转移价格就是把资金转入或转出一个国家的方式。

合资企业

合资企业增加了转移定价的复杂性。假定一个美国公司在日本与当地一个日本公司建立了合资企业。如果美国母公司对转移到日本的零部件计收较高的价格，日本合资企业的合作方可能就会抵制这种价格，因为它降低了日本合资企业的利润，从而降低了日本合资企业的合作方的利润份额。1961 年，部分原因是为了避免转移定价争议，福特汽车公司购买了英国在福特有限公司的少数股权。出于同样的原因，直到 20 世纪 80 年代末，通用汽车与丰田公司的合作，才开始利用合资企业。

图表 15.1 跨国公司采用的转移定价方法

定价方法	加拿大[a]	日 本[b]	英 国[c]	美 国[d]
基于成本的方法：				
变动成本—实际或标准	5%	3%	5%	1%
完全成本—实际	—	—	—	4
完全成本—标准	26	38	28	7
变动成本加成	—	—	—	1
完全成本加成	2	—	5	28
基于成本的方法合计	**33%**	**41%**	**38%**	**41%**
基于市场的方法：				
市场价格	—	—	—	26
市场价格减销售费用	—	—	—	12
其 他	—	—	—	8
基于市场价格的方法合计	**37%**	**37%**	**31%**	**46%**
议定价格	**26%**	**22%**	**20%**	**13%**
其 他	4%	—	11%	—
	100%	**100%**	**100%**	**100%**

[a] R. Tang, "Canadian Transfer Pricing in the 1990s," *Management Accounting*, February 1992.

[b] R. Tang, C. Walter, and R. Raymond, "Transfer Pricing—Japanese vs. American Style," *Management Accounting*, January 1979, pp. 12–16.

[c] A. Mostafa, J. Sharp, and K. Howard, "Transfer Pricing—A Survey Using Discriminant Analysis," *Omega* 12, no. 5 (1984) .

[d] Y. Roger, and W. Tang, "Transfer Pricing in the 1990s," *Management Accounting*, February 1992, pp. 22–26.

转移定价方法的运用

图表 15.1 说明了一组由总部位于加拿大、日本、英国和美国的跨国公司在跨境商品转移中所采用的转移定价方法。

法律因素

几乎所有国家都限制公司在制定与境外子公司交易中制定转移价格的灵活性。目的是为了防止跨国公司规避东道国的所得税。请思考下列例子：[2]

2. "Taxing Multinationals: The Donnybrook Ahead," *BusinessWeek*, September 9, 2002, pp. 86–89.

- 为了使税金最小化，美国跨国公司把资产转移到低税率国家。例如，开曼岛就设了50家银行。
- 美国跨国公司都把“名义”公司总部搬到了百慕大，因为那里不征收公司所得税。例如，英格索兰公司[3]、埃森哲咨询[4]、泰科国际都把百慕大作为总部，但他们所有的业务都是在别的地方开展的。
- 公司把知识产权（比如专利）转移到爱尔兰，因为它是一个低税率国家。美国总部为获得使用这些知识产权需付出高昂的价格，藉此把应税所得从高税率国家转移到低税率国家。

涉及跨国公司税收问题的法律可能会由于以上提到的规避行为而不断变化。目前，美国的法规基本上是《联邦税法典》第482节所制定的各项规定。从总体上看，第482节尽力保证受控纳税人的各经营单元（即能够控制境内和境外利润中心之间的交易的公司）之间的财务交易视同各经营单元是非受控纳税人（以公允方式进行交易的独立实体）。若发生争议，则第482节允许联邦税务局按它认为合理的转移价格计算，证明价格不合理的举证责任由公司承担。这与《联邦税法典》的大多数条款形成了鲜明的对比，因为他们都允许公司选择替代方法，而由联邦税务局承担证明公司的方法不可接受的举证责任。

第482节规定了如何制定受控公司之间的销售价格。可接受的公司间定价方法如下所示(优先顺序按降序排列)：

1. *可比非受控价格方法*。公允价格根据跨国公司与非关联客户之间，或者两个非关联公司之间的商品或劳务的可比销售确定。

   可能影响价格的环境包括产品的质量、销售条件、市场水平以及商品销售的地理区域；但是，数量折扣、促销折让以及汇率和信用差异造成的特种损失除外。

   降低价格，甚至按低于完全成本的价格销售，在某些情况下是允许的。比如在开拓新市场期间，或者在维持某个地区的现有市场期间。

2. *再销售价格方法*。如果可比销售不存在，下一种优先考虑的方法就是再销售价格方法。依照这种方法，纳税人根据从关联公司购入的资产在非受控销售中再销售的最终销售价格计算。然后从再销售价格中减去适当的加成，这是基于同一个关联公司或者在可比市场销售同类资产的其他再销售者所进行的非受控销售。

   税法要求在下列情况下采用这种方法：（1）如果不存在可比非受控销售；（2）再销售发生在公司间采购之前或之后的合理期间内；（3）再销售者除了包装、贴标签

3. 译者注：英格索兰公司总部位于美国新泽西州，是全球500家最大工业企业之一。其产品曾参与巴拿马运河和三峡大坝等举世瞩目的工程。
4. 译者注：埃森哲咨询是全球领先的管理及信息技术咨询机构，在全球48个国家和地区设有110多家分支机构，拥有约95 000多名员工。

等外，并没有改变实物形态，藉以显著增加资产的价值；也没有运用无形资产显著增加其价值。

3. 成本加成法。这是三种方法中最后才选择的方法。依照这种方法，确定公允价格的起点是生产产品的成本，产品成本依照合理的会计方法计算。然后在此之上加上适当的毛利润，它是成本的一定比例，并基于同一个销售者或其他销售者进行的同类非受控销售，或者本行业的主导价格。

这三种方法的公式如下所示：

1. 可比受控价格方法：

转移价格 = 可比非受控销售的价格 ± 调整数额

在受控销售中，交易在受控公司的两个成员之间进行。在非受控销售中，交易双方中一方不是受控公司的成员。

2. 再销售价格方法：

转移价格 = 适用的再销售价格 – 适当加成 ± 调整数额

适用的再销售价格是指受控销售中买入的资产由买方在非受控销售中再销售的价格。

适当加成 = 适用的再销售价格 × 适当加成百分比

适当加成百分比 = 买方（再销售者）或其他公司在类似于受控再销售的非受控采购或再销售中赚取的毛利润百分比（按销售百分比表示）

3. 成本加成方法：

转移价格 = 成本 + 适当加成 ± 调整数额

适当加成 = 成本 × 适当毛利润率

适当毛利润率 = 卖方或其他公司在类似于受控销售的非受控销售中赚取的毛利润率（按成本百分比表示）

《联邦税法典》第 482 节的意义

从管理控制的角度来看，《联邦税法典》第 482 节具有两个重要意义，我们接下来逐一讨论。

1. 尽管法律限制公司在制定转移价格中的灵活性，但是这些约束性法律也有一个适用范围。
2. 在有些情况下，法律约束决定必须运用的转移价格类型。

转移价格的范围

在许多跨国公司中，管理层单纯用于控制目的的转移价格，与法律允许使所得税和关税影响最小化的转移价格之间有所不同。因为在对许多商品和劳务适用《联邦税法典》第482节时存在一定的主观性，所以一项产品或劳务所允许的转移价格就存在很大的变化范围。管理层可以通过把转移价格尽可能地维持在这个范围的极限实现所得税和关税的最小化。例如，如果美国母公司向子公司销售产品，而子公司所在国的所得税税率显著低于美国，那么通过把转移价格控制在法律允许的最低限度内，利润就能转移到境外子公司。但是，这种做法可能导致管理控制问题，因为较之独立实体之间发生的交易，外国子公司的利润将报告得更高，而美国的母公司的利润将报告得更低。

在处理这个问题时存在两个极端的政策。有些公司允许子公司按公允方式相互交易，所得税和关税的影响应该是多少就是多少。根据这项政策，人们并不质疑转移价格的合法性，因为子公司尽力遵照法规所要求的去做——按公允方式交易。依照这项政策，境外转移定价政策本质上与境内转移定价相同。因此，转移价格系统都支持管理控制系统。另一方面，这项政策还会造成更高的总成本。

在另一个极端，为了使公司成本最小化、现金流量最大化，或者为了获得最优的货币组合，境外转移价格几乎完全可以由公司总部控制。然而，这样一种政策会严格地限制控制系统的用途，因为在某些情况下，转移价格可能与买卖双方均独立的情况下的主导价格无关。如果遵守这项政策，那么就会产生如何处置控制系统的问题。

一种可能是在内部评价时调整利润，以反映具有竞争性的市场价格。例如，在分析利润预算报告时，实际收取的价格与未考虑税收因素时发生的价格之间的差额，就可以加在销售产品的子公司的收入和买入产品的子公司的成本中。但是，这种做法令人质疑，没有几个公司采用。如果联邦税务局提出要求，公司就必须披露这些调整，他们的存在会引起人们对纳税时采用的转移价格的有效性提出质疑。

许多在制定价格时力求所得税和关税最小化的公司，在编制利润预算和报告中所采用的转移价格与会计核算和纳税时相同。经批准的预算反映了从转移价格中产生的任何不公正现象。例如，如果子公司的销售价格低于正常价格，那么它就会发生预算损失。如果实际业绩的报告表明子公司的损失低于预算，并且其他条件都相同，那么就认为它的业绩是令人满意的。简而言之，转移价格在编制预算和分析经营结果时都要予以考虑。

如果利润预算和报告反映了不经济的转移价格，那么就必须十分谨慎，确保子公司的管理者制定符合公司最大利益的决策。例如，假设子公司A从子公司B采购一系列产品，而转移价格却把大部分利润都给了B。在这种情况下，子公司A就可以不积极向B销售产品，或者把营销集中在能更多地增加报告利润的产品上，从而提高本公司的报告利润。这种做法会与公司的最大利益相悖。因此，如果在编制预算时采用了不经济的转移价格，就要格外警惕这种情况。采用除盈利能力之外的其他业绩评价指标可能是必要的，比如：

销量或市场份额。

转移定价制度的法律约束

在有些情况下，法律约束可能要求采用某种转移定价制度，或者不应该采用某种转移定价制度。例如，在第 6 章中介绍的两步转移价格制度可能会受到税务局的质疑，仅仅是因为《联邦税法典》第 482 节未提到，并且国外也很少知道。

在其他情况下，《联邦税法典》第 482 节所隐含的“完全成本”方法可能会限制公司以低于完全成本的价格转让产品的能力。例如，营销部门可能希望以低于正常价格的价格向市场推出新产品，或许价格低得都不足以弥补完全成本。这可能是一个合理的营销策略，但是联邦税务局可能不承认它是计算转移价格的有效基础。

如果《联邦税法典》第 482 节要求采用不同于控制目的所采用的转移价格，那么公司所处的境况就无异于那些在税收中采用一套转移价格，而以控制为目的要采用另一套转移价格的公司，只不过这种公司可以安全地调整子公司的收入和成本，来计入《联邦税法典》第 482 节所要求的转移价格与公司所希望采用的转移价格之间的差额。因为一般假定公司不会反对在纳税时采用偏好的转移价格，所以记两套账实际上不会有什么损害。

少数股权

无论何时，只要涉及少数股权，最高管理层在子公司之间分配利润的灵活性就可能受到严格的限制，因为少数股权拥有分享公司利润的法定权利。在这种情况，子公司必须尽可能地以公允方式交易。

汇 率

美国境内公司的现金流量以美元计量，在某个时点，每一美元都与其他任何一美元具有相同的价值。相比之下，跨国企业（MNE）的现金流量则以多种货币计量，每种货币与美元的比价在不同时点都是不同的。这些差异使子公司及其管理者的业绩计量问题复杂化了。具体而言，跨国企业在汇率变化中存在外币折算、外币交易和经济风险敞口。我们首先简要讨论一下汇率，然后再定义三种类型的汇率风险及其对管理控制系统设计的意义。

汇 率

汇率是一种货币相对于另一种货币的价格。它既可以用购买一个单位的外国货币所需要的本国货币的数量表示（称为直接标价法），也可以购买一个单位的本国货币所需要的外国货币的数量表示（称为间接标价法）。例如，如果美元（$）是本币，法国法郎（FF）是外币，那么把汇率表示为$0.20/FF，就是直接标价；表示为FF5/$，就是间接标价。在外汇市场，两种标价法都采用，但是交易人通常采用一种或另一种标价法表示一种货币。图表15.2举例说明了2000年1月19日交易量最活跃的货币的主导汇率的两种标价法。

通常使用的汇率（如上面）称为*名义汇率*。*即期汇率*是某个时日的主导名义汇率。*实际汇率*是调整了两国之间的通货膨胀差异之后的即期汇率。此外，还有*远期汇率*是指今天约定的在未来某个时点交割时所采用的汇率。

在采用直接标价法时，如果购买一个单位的外币所需要的美元数量增加了，那么就说美元相对于外币*贬值*了；相反则是*升值*了。例如，假设一年前美元/英镑的即期汇率是$1/£，今天的即期汇率是$1.20/£。这些汇率就分别是一年前和今天的主导"名义"汇率。就名义汇率而言，我们会说美元相对于英镑贬值了20%，因为今天与一年前相比，要多花20%的美元才能买到同等数量的英镑。

但是，假设这一期间美国和英国的通货膨胀分别为10%和5%。那么根据*购买力平价*（PPP），这些通货膨胀率就预示着美元相对于英镑应该贬值了5%左右，或者说大约相当于两国通货膨胀之差，而不是20%。因此，根据购买力平价，我们预期今天的汇率就会是$1.05/£。按照$1.20/£的即期汇率，美元的名义价值比购买力平价所预示的多贬值了14.3%。币值多贬值的14.3%就是美元的实际贬值，即超出两国通货膨胀之差的部分。类似的观点同样适用于升值的情况。实际汇率是调整美国和英国的通货膨胀差异之后的汇率，在我们所举的例子中，就是$1.143/£。

自从20世纪70年代初发展了浮动汇率制度以来，实际汇率发生了巨大波动。从广义上讲，实际汇率的变化会造成本国制造商相对于外国竞争者的成本竞争力的变化：如果其他所有条件都相同，而美元对日元的实际汇率下降了10%，那么美国公司相对于日本竞争者的成本竞争力就可能提高10%。原因如下：美元实际贬值10%一定意味着以美元标价的商品比美日两国的通货膨胀通常造成的价格调整还便宜10%。

图表15.2

2000年1月19日各种外币的汇率

国　家	货币单位	单位外币美元数量（直接标价法）	单位美元外币数量（间接标价法）
英　国	英镑	0.6128	1.6320
德　国	马克	0.5171	1.9337
日　本	日元	0.0095	104.85
瑞　士	瑞士法郎	0.6265	1.5963
欧　洲	欧元	0.9886	1.0115

汇率风险的不同类型

汇率的外币折算风险敞口（translation exposure）是指名义汇率变化对跨国公司的损益表和资产负债表带来的风险。它是由于跨国公司必须以单一货币（通常是本币）合并报表而造成的，尽管现金流量是以多种货币计量的。要了解跨国公司的外币折算风险敞口，就要了解下列问题的答案：假设公司的现金流量以多种货币计量，并且在本年内币值发生了名义变化，那么收入、费用、资产和负债应如何合并为某个时点的一种货币呢？

交易风险（transaction exposure）是指公司在今天达成、但在未来某个时日付款的跨境交易中的汇率风险。在此期间，这种支付或收款承诺尚未履行，名义汇率可能发生变化，从而使交易的价值产生风险。这类交易包括以外币标价的应收账款和应付账款，以及未偿还的负债或利息等。

经济风险敞口（economic exposure）是指公司现金流因实际汇率的变化而产生的汇率风险。经济风险敞口还指汇率的运营风险敞口和竞争风险。

业绩计量的标准选择

在对跨国公司进行的一项调查中，周和捷豪维兹发现几乎所有被调查者在评估子公司业绩时都建立了实际与预算对比的业绩计量系统。[5] 在编制和跟踪预算时，对于业绩计量标准有三种基本选择：编制预算时的主导汇率（初始汇率）、编制预算时预测的汇率（预测汇率）或者在跟踪预算时的主导实际汇率（期末汇率）。因此，在编制和评价预算时，所采用的标准有九种可能的组合，如图表 15.3 所示。[6]

但是，并不是九个单元都可行。只有下划横线的五个才可行。显然可行的单元包括采用同一标准（初始—初始，单元 1；预测—预测，单元 5；期末—期末，单元 9）编制和跟踪预算的三个单元。[7] 同样，采用“初始”利率编制预算，而采用“期末”汇率跟踪预算（单元 3）也是可行的；采用“预测”汇率编制预算，但采用“期末”汇率跟踪预算（单元 6）也是可行的。然而，采用“期末”汇率编制预算，而采用“初始”汇率或“预测”汇率跟踪预算则不符合逻辑（因此排除了单元 7 和单元 8）。同样，采用“预测”汇率编制预算，而采用“初始”主导汇率跟踪预算似乎也不合逻辑（因此就排除了单元 4）。

---

5. F. D. S. Choi and I. J. Czechowicz, “Assessing Foreign Subsidiary Performance: A Multinational Comparison,” *Management International Review* 4 (1983), pp. 14–25.
6. These possibilities were originally discussed in D. Lessard and P. Lorange, “Currency Changes and Management Control: Resolving the Centralization/Decentralization Dilemma,” *Accounting Review*, July 1977, pp. 628–37.
7. 按“最终”汇率编制预算意味着在计量业绩时，用期末的主导利率重述最初的预算。

图表 15.3

业绩计量标准的选择

编制预算 \ 跟踪预算	初始	预测	期末
初始	1	2	3
预测	4	5	6
期末	7	8	9

控制系统设计问题

从业绩计量的角度来看，这些是控制系统设计中的重要问题：

- 子公司的管理者应该为汇率波动对净收益的影响负责吗？
- 在业绩计量时，母公司应该采用本国货币呢，还是应该采用当地货币呢？而且，在编制和跟踪预算时，应该采用初始汇率、预测汇率，还是期末汇率呢？
- 在子公司管理者的业绩计量中，母公司应该区分不同类型的汇率风险的影响吗？如果应该区分，又怎样区分呢？
- 与负责子公司的经理的评价有所不同，不同类型的汇率风险应该如何影响子公司经济业绩的评价呢？

外币折算影响

现在我们举一个例子，一个美国公司在法国拥有一个子公司。图表 15.4 列示了子公司的预算和实际。假设初始汇率是 FF10/$，期末汇率是 FF11/$（即：无论就实际汇率，还是名义汇率而言，法国法郎都贬值了 10%，所以法国的通货膨胀率未变）。为子公司规定了销量目标，根据这个目标，采用初始汇率的预算利润是$1，或者 FF10。此外，再假设法国子公司发生的所有成本都以法郎计量，销售也完全以法郎计量；它不从事任何跨境交易。这样的子公司称为平衡经营单元（balanced unit）。假设子公司实现了所有销量目标，但是汇率变成了 FF11/$。根据新汇率，子公司创造的美元利润将只有 0.91 美元——或者按美元计，不利预算差异为 10%——尽管它实现了销量目标。

即使实际业绩恰恰等于预算业绩，法国子公司的经理应该为汇率波动负责吗？法国子公司是自给自足的（即它不从事跨境交易）。因此，子公司的经理不必关注应对汇率变化的战略和经营决策（如定价和外包）。此外，汇率变化完全在子公司经理的控制范围之外。因

图表 15.4 平衡子公司的预算和实际业绩

(初始汇率：FF10/$；期末汇率：FF11/$)

	预算		实际	
	法国法郎	美元	法国法郎	美元
收入	100	10	100	9.09
利润	10	1	10	0.91

此，子公司经理不对外币折算影响负责似乎是公平的。实现这个目标的最简单的方式就是采用同一个标准编制和跟踪预算（如图表15.3 所示的单元 1、5 或 9）。

在图表 15.4 所举的例子，如果跟踪预算采用的标准与编制预算相同（FF10/$），那么子公司就创造了 1 美元的利润。换一种方法，如果年末的预算按期末汇率 FF11/$重设，那么我们就只能预期子公司创造 0.91 美元的利润。因此，如果编制和跟踪预算时采用同一个标准，那么标准的选择就是不相关的（无论是本币，还是外币；无论是初始汇率、预测汇率，还是期末汇率），所得到的业绩就反映了经理不受外币折算影响的经营业绩。

但是，母公司在年末蒙受了“外币折算”损失。母公司对汇率的变换无能为力。如果他们在评价子公司经理的业绩时采用外币折算利得或损失，就会导致几个问题：（1）它会强迫子公司负责自身无法控制的因素；（2）它并没有消除外币折算利得或损失；（3）它未考虑子公司所面临的其他类型的汇率风险（参见下一小节）；（4）它会混淆子公司经理的业绩和子公司的业绩（参见下一小节）。

在公司向股东报告时，就要合并外国子公司和母公司的会计数字。在境外子公司的损益表和资产负债表折算为母公司的货币单位时，发生的外币折算利得和损失不应该影响子公司经理的业绩计量。在编制财务报告时，计算折算利得和损失所要求的方法参见本章末的附录。

经济风险敞口

在我们前面所举的平衡经营单元中，汇率只产生了外币折算影响。但是，若子公司也有跨境交易，那么它们也受经济风险敞口的影响。有效应对经济风险敞口的控制系统与我们前面所讲的应对外币折算风险敞口的控制系统存在根本性的区别。在经济风险敞口中，控制系统应该根据子公司积极应对实际汇率变化的决策评价子公司经理。我们将用两类基本的跨国企业子公司说明如何做到这一点：“净进口商”和“净出口商”。

净进口商是指在本国销售大部分商品，但从境外（从姐妹公司或外部公司）进口大部分投入的子公司；**净出口商**是指在境外销售(销给姐妹公司或外部公司）大部分产品，但从本国采购大部分投入的子公司。正如下面的例子所示，假定发生了汇率变化，这种子公司就不仅受外币折算的影响，而且受实际汇率变化造成的“依存”影响。

为了简化例子，我们将考虑本国和东道国之间存在交易（与姐妹公司交易或与东道国外的其他公司交易）的公司。从这个例子中得出的结论可以一般化为任何拥有跨境交易的子公司。此外，我们将在分析中涵盖平衡经营单元，以便比较。假设美国跨国企业在法国拥有三个子公司——A、B、C。子公司A是一个平衡经营单元，即上一小节中所举的例子。B是一个净进口商，它从美国的母公司采购投入，在法国销售全部产出；C是一个净出口商，它完全从法国采购，在美国销售全部产出。初始汇率是$1 = FF10，编制的预算如图表15.5所示。

现在，同前面一样，我们假设就实际汇率而言，美元相对于法国法郎升值了10%，跟踪预算时的新汇率是$1 = FF11。假设母公司采用初始汇率（FF10/$）编制预算，采用期末汇率（FF11/$）跟踪预算。我们假设从母公司的角度来看，年末三个子公司的业绩如图表15.6所示。

净出口商超出了预算（无论是按美元，还是按法国法郎；无论是利润目标，还是利润边际），平衡经营单元大体符合预算水平（按法国法郎实现了利润目标，但是按美元略低于预算。无论按哪种货币，都实现了边际目标），净进口商未实现预算（无论是按美元，还是按法国法郎；无论是利润额，还是利润边际）。

现在，让我们仔细考察一下汇率的影响。请注意，根据新的实际汇率的假设，无须付出更多的努力，净出口商就能实现FF110的销售收入。事实上，给定需求和成本结构的性质，它本来能够实现甚至高于FF110的销售收入水平。因此，给定实际汇率的变化，FF109的销售收入表明未达到预期的水平。而且，在成本上未实现预算（因为它发生的本地成本是FF95，尽管预算是FF90），还会进一步恶化销售收入未实现预算的状况。

现在，让我们看一看净进口商。根据新汇率假设，相对于投入没有类似的汇率风险的竞争者而言，子公司B在成本上的竞争力就变弱了。B的成本是8.63美元，而完全在本地采购的竞争者（例如：平衡子公司）发生的成本只有8.18美元。他们在价格上就削弱了子公司B，从而赢得了利润和市场份额。但是，净进口商不仅超出了法国法郎销售收入目标，而且从本地采购的投入的成本比原始预算还要低。

图表15.5　A、B、C的预算（初始汇率：FF10/$）

	A：平衡		B：净进口商		C：净出口商	
	法国法郎	美 元	法国法郎	美 元	法国法郎	美 元
销售收入	100	10	100	10	100	10
成 本	90	9	90	9	90	9
利润（额）	10	1	10	1	10	1
利润（边际）	10%	10%	10%	10%	10%	10%

图表 15.6　A、B、C 的业绩（现行汇率：FF11/$）

	A：平衡		B：净进口商		C：净出口商	
	法国法郎	美　元	法国法郎	美　元	法国法郎	美　元
销售收入	100	9.09	103	9.36	109	9.91
成　本	90	8.18	95	8.63	95	8.63
利润（额）	10	0.91	8	0.73	14	1.28
利润（边际）	10%	10%	7.9%	7.9%	12.9%	12.9%

这个例子不仅强调了采用不同的标准编制和跟踪预算可能不公平，而且还突出了管理者业绩和子公司业绩的评价问题。此外，这种情况混淆了外币折算影响和依存影响。如果只考虑外币折算影响，那么就会批评经理 B，而奖励经理 C。如果把依存影响与外币折算影响分离开来，那么就会奖励经理 B，而批评经理 C。为了说明这一点，就会告诉经理 C，由于美元的实际增值，他或她的 FF109 的销售业绩表明业绩不够好；如果他或她期望超额完成预算，并获得奖励，那么子公司就应该做得更好。

像 B 和 C 之类的子公司（都有跨境交易），实际汇率变化需要重大战略和经营决策。例如，如果美元相对于外国货币贬值了，意味着以美元计价的商品比以外币计价的商品变得便宜了。对于从美国进口的子公司而言，这就提供了重大战略机会。例如，它现在就可以通过降低以当地货币表示的价格，无成本地追求市场份额战略，从而增加需求，扩大市场份额。而且，就美元盈利能力而言，它也不会蒙受损失。或者，子公司还可以追求“撇油”战略，即把以当地货币表示的价格维持在贬值之前的水平，然后在不丢失市场份额的情况下捞取额外的美元利润。

一方面我们说明了因汇率本身的变化而奖励或惩罚子公司经理是不公平的；另一方面，若实际汇率变化创造了上面所讲的战略机会，则根据决策质量评价管理者的业绩就至关重要了。正如外币折算影响一样，采用同样的标准编制和跟踪预算就可以避免不公平的奖罚。

交易影响

处理交易风险的基本方法是借助适当的外汇套期保值战略。套期保值是指降低未来现金流的相关风险的任何交易。在这个过程中，买入套期保值的公司就把风险转嫁给了卖出套期保值的实体——如果是外汇市场，一般就是商业银行。这种套期保值服务很自然地是有成本的。

大多数公司一般都进行套期保值，例如，无论什么时候，只要公司买保险，它实际上就是在进行套期保值交易。套期保值对于从事国际贸易的公司特别普遍，它被用作抵消交易风险影响的手段。对交易风险进行套期保值的方式多种多样。举个最简单的例子：如果美国公司向法国公司销售产品，以法国法郎标价，它就可以同时买入在应收账款到期日以同样价格购买法国法郎的权利。如果它在销售中发生了交易损失，它就会在套期保值中获得同等数额的利得。其他套期保值技术还有利用期权市场，以相同的货币将资产/负债和收入/费用配比。普遍使用的套期保值技术是利用远期和期货市场，以及外汇期权市场。从业绩计量的角度来看，关键的问题是是否应该让子公司经理为套期保值交易风险负责。

套期保值交易可能最好由母公司进行，而不是让各子公司从事，理由有多个。首先，在大多数跨国企业中，公司的不同部门都有应收账款和应付账款，如果关于这些交易的信息集中收集和处理，自然就可以相互进行套期保值。这就可以降低与套期保值相关的交易成本。其次，母公司可能比子公司更易于获得更广泛的（或许更复杂的）具有各种到期日的套期保值工具。第三，我们没有理由假设子公司的经理能比公司司库更好地预测汇率。事实上，母公司未必希望子公司经理进行套期保值，因为这样有可能使子公司的经理成为汇率投机者。

因此，从业绩计量的角度来看，没必要让子公司经理为交易影响负责。

子公司的业绩

至此，我们已经说明了区分子公司的经济业绩与子公司经理的业绩之重要性，这里所讨论的指导意见主要是分离汇率对子公司经理的业绩的影响。重要的是意识到：子公司本身的经济业绩应该反映外汇折算风险敞口、交易风险和经济风险敞口的积极或消极后果。

如果子公司的长期经济业绩（在纳入了汇率影响后）一直很差，尽管经理的业绩很优秀，那么母公司就应该解决一个更基本的问题：跨国公司继续在这个国家经营还有经济意义吗？或者说它是否应该把企业搬到别处？ 对这个问题的回答就是经营场所决策，而不是业绩计量决策。这些应该是独立的决策。

管理因素

在设计跨国公司子公司的业绩计量系统时，公司可以利用下列指南：

- 子公司经理不应该为外币折算影响负责。实现这个目标的最简单的方式就是采用同一个标准比较预算和实际结果，并利用差异分析把通货膨胀的相关影响分离出来。经理担心标准的适当与否毫无意义。跨国公司应该选择任何适宜的标准。
- 交易影响可以通过跨国公司的总体套期保值需求的集中协调得到最好的处理。这样操作可能成本更低，更简单，并防止了子公司经理变成汇率的预测者和投机者。
- 子公司经理应该为经济风险敞口造成的汇率依存影响负责。
- 在以一个国家的选址决策或搬迁决策为基础的子公司业绩计量，应该反映外币折算风险敞口、交易风险和经济风险敞口的后果。

在 1982 年的一项调查中，萨迈泽拉等发现，在计量子公司经理的业绩时，79%的被调查者都采用不同的标准编制预算和报告业绩；66%采用汇率的某种预测编制预算，采用期末实际汇率报告子公司的业绩；13%采用初始汇率编制预算，采用期末实际汇率报告业绩。[8] 这些发现与我们前面所制定的指南不一致。

产生这种不一致的原因可能有两个。首先，其中大多数控制系统都是 20 世纪五六十年代建立的，当时汇率是固定的。由于浮动汇率新近才推行，跨国公司未必已经根据新的现实调整了业绩计量系统。其次，许多公司未必区分经理的财务业绩和子公司的财务业绩。

无论原因是什么，重要的是意识到若跨国公司在编制预算和报告实际业绩时采用不同的标准，则会遇到我们所讨论的各种类型的风险。

8. Jean-Pierre Sapy-Mazella, R. Woo, and J. Czechowicz, "New Directions in Managing Currency Risk: Changing Corporate Strategies and Systems under FAS No. 52," *Business International Corporation*, New York, 1982.

小　结

从管理控制的角度来看，有三个话题是跨国企业所特有的：文化差异、转移定价、汇率。除了目标一致之外，在制定跨国企业的转移价格时还应考虑的其他重要因素是：税收、政府管制、关税、外汇管制、资金积累和合资企业。

子公司的经济业绩评价应该纳入外币折算风险敞口、交易风险和经济风险敞口的消极或积极意义。但是，在评价负责子公司的经理的业绩时，应剔除外币折算风险敞口和交易风险的影响。即使这样，子公司经理也应该为经济风险敞口所造成的汇率的依存风险负责。

附 录

财务会计准则第 52 号：外币折算

财务会计准则第 52 号要求采用“完全现行汇率法”（all-current method）折算资产负债表。依照这种方法，资产负债表的所有项目都要按资产负债表日的实际汇率折算。[9] 外币转换成折算利得和损失直接贷记或借记股东权益。他们不影响本年的净收益。这种核算方法类似于英国实行的方法。损益表项目按收入或费用确认时的实际汇率折算，但如果采用实际汇率太复杂，公司也可以采用加权平均汇率。

外币折算范例如下：

假设美国公司拥有一个瑞士子公司，其财务报表如下（按瑞士法郎计）：

期初资产负债表 1989 年 12 月 31 日	
资　产	Sfr 100 000
负　债	Sfr 60 000
股　本	20 000
留存收益	20 000
	Sfr 100 000

在 1990 年期间，子公司发生了下列两项交易：

(1) 从本地银行借入 10 000 瑞士法郎：

1990 年交易		
资　产	Sfr 10 000	
负　债		Sfr 10 000

(2) 经营收益 5 000 瑞士法郎：

收　入	Sfr 15 000
费　用	10 000
利　润	Sfr 5 000

9. 采用“完全现行汇率法”的名称是相对于“现行/非现行汇率法”而言的，财务会计准则委员会曾考虑过后一种方法，但否决了。依照“现行/非现行方法”，只有流动资产和流动负债按现行汇率折算。

例（2）的影响是使资产增加了 5 000 瑞士法郎，留存收益增加了5 000 瑞士法郎。

期末资产负债表 1990 年 12 月 31 日	
资　产	Sfr 115 000
负　债	Sfr　70 000
股　本	20 000
留存收益	25 000
	Sfr 115 000

假设 1989 年 12 月 31 日瑞士法郎价值为 0.60 美元，1990 年 12 月31 日价值为 0.50 美元。1990 年的平均价值为 0.55 美元。

依照财务会计准则第 52 号，子公司的经营结果将按下列方式与母公司财务报表合并：

美国公司将在合并损益表中计入 2 750 美元的利润，在留存收益中抵减 2 250 美元，并

期初资产负债表 1989年12月31日	
资产（Sfr100 000 × 0.6）	$60 000
负债（Sfr60 000 × 0.6）	$36 000
股本（Sfr20 000 × 0.6）	12 000
留存收益（Sfr20 000 × 0.6）	12 000
	$60 000

损益表	
收入（Sfr15 000 × 0.55）	$8 250
费用（Sfr10 000 × 0.55）	5 500
利　润	$2 750

单列出来。这反映了瑞士法郎贬值所造成的财务影响，或者也可以说，美元升值所造成的财务影响。

期末资产负债表 1990年12月31日	
资产 (Sfr115 000×0.5)	$57 500
负债 (Sfr70 000×0.5)	$35 000
股本 (Sfr20 000×0.5)	10 000
留存收益 (Sfr20 000×0.5)	12 500
	$57 500
美元留存收益调整：期初余额	$12 000
利　润	2 750
计算出的期末余额	14 750
实际期末余额	12 500
外币折算损失	$ 2 250

推荐读物

Bartlett, Christopher A., and Sumantra Ghoshal. *Managing across Borders*. 2nd ed. Boston: Harvard Business School Press, 1999.

Eden, Lorraine. *Taxing Multinationals: Transfer Pricing and Corporate Income Taxation in North America*. Toronto: University of Toronto Press, 1998.

Govindarajan, Vijay, and Anil Gupta. *The Quest for Global Dominance*. San Francisco: Jossey-Bass, 2001.

Gupta, Anil, and Vijay Govindarajan. "Knowledge Flows within Multinational Corporations." *Strategic Management Journal*, March 2000.

———. "Knowledge Flows and the Structure of Controls within Multinational Organizations." *Academy of Management Review*, October 1991, pp. 768 - 92.

Harzing, Anne-Wil Kathe. *Managing the Multinational: An International Study of Control*. Cheltenham, UK: Edward Elgar, 1999.

International Transfer Pricing. New York: Business International Corporation and Ernst & Young, Economist Intelligence Unit, 1993.

OECD. *Transfer Pricing Guidelines for Multinational Enterprises and Tax Administration*. Organization for Economic Cooperation & Development, 1998.

案例15-1

AB Thorsten

您会从我的报告中看到，XL—4 项目 70 万瑞典克朗投资的投资回报率很高，而且还是我们在瑞典的产品开发和增长战略的逻辑延伸。我的管理团队和我极力推荐这个项目。

—— 安德斯·额克斯特罗姆，斯德哥尔摩 AB Thorsten 经营主管
(Roget S. A. 全资子公司)

额克斯特罗姆在瑞典可能增加的任何 XL—4 销售都可以在斯德哥尔摩现有的工厂生产，无须追加投资。额克斯特罗姆不仅对销售潜力过于乐观，而且他还低估了将会面临的制造问题和成本。我建议您通知额克斯特罗姆，他从比利时进口任何想通过 XL—4 在瑞典销售的东西，这符合 Roget S. A. 的最大利益。

—— 皮埃尔·兰姆勃特，负责境内外销售及制造的副总裁
工业产品部，Roget S. A.（布鲁塞尔）

Roget S. A.

Roget S. A.[1] 是比利时最大的工业公司之一。公司是通过三家在比利时生产和销售化工产品的公司合并后于 1928 年成立的。Roget S. A. 的规模不断扩大，到 1981 年，已经拥有了 21 家工厂，生产 208 种基本化工产品和专用化工产品，产品行销整个欧洲。

在 20 世纪 70 年代中期之前，Roget S. A. 在比利时一直都分为一个大的制造部和一个大的销售部。销售部的一个部门专门从事出口销售。但是，在 70 年代末，出口迅速增长，国内市场日益复杂，所以公司建立三个主要产品事业部（食品、工业、纺织），每个产品事业部都拥有自己的制造工厂和销售组织。此外，公司还建立了外国子公司，接管某些地区的业务。例如：在工业化工产品领域，公司建立了两个子公司——一个在英国，一个在瑞典（Thorsten），它服务整个斯堪的纳维亚半岛。同时，工业化工分部的国内销售部向欧洲其他地方出口。英国和瑞典分别占该分部销售的 9%和 5%。

基罗特先生（参见图表 1）负责所有工业化工产品；兰姆勃特先生负责所有国内经营（化工产品的制造和销售）及向未设立子公司或工厂的国家出口；额克斯特罗姆先生负责斯堪的纳维亚半岛。公司采用相当自由的奖金制度，并根据各事业部的利润奖励各级管理者。

这种制度，连同内部提拔的政策，对 Roget S. A. 管理者的激励程度远非竞争者所及。它还有助于公司留住关键人才，因为在这个行业中，经验至关重要。公司的许多管理者一生都从事化工

本案例根据 AB Thorsten (A)、(B)、(C) 案例改编。由萨默和希林洛教授编写。

1. “AB” 和 “S. A.” 是瑞典和比利时通用的一种缩写，类似于美国的 “Corp.” 或 “Inc.”（公司）。

图表 1

Roget S. A. 组织机构图

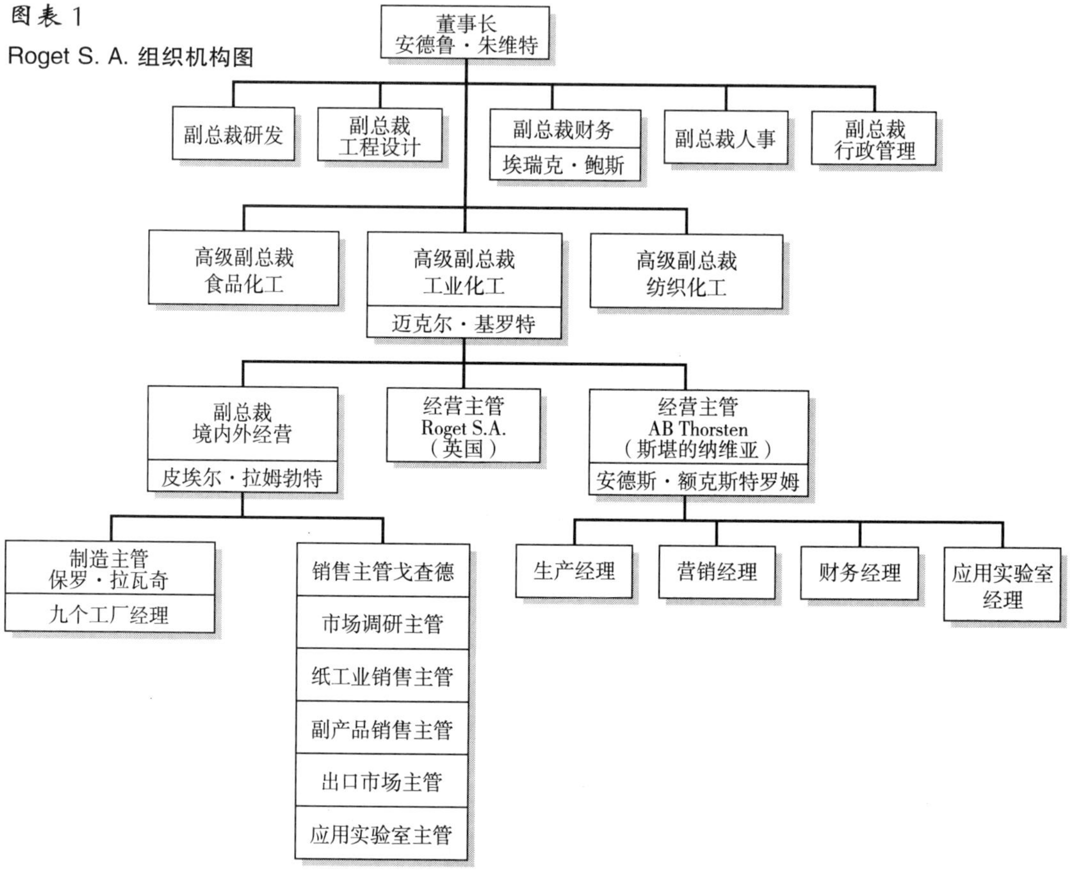

行业。这是一个复杂的行业，需要花费多年的时间来学习。

有些政策——游戏规则——控制与子公司之间的关系。这些政策旨在维持整个 Roget S. A. 的效率，同时给予子公司经理充分的自治。例如：一个子公司的经理可以决定在本地市场销售 Roget S. A. 哪些现有的产品。产品出口在世界各国都统一报价。当然，双方均可以议定价格。其次，公司鼓励子公司向布鲁塞尔的管理部门提出新产品开发建议。如果认为可行，就在比利时制造新产品供应世界市场。第三，如果在本地市场投资合理，子公司的经营主管就可以建立制造工厂。

AB Thorsten

AB Thorsten 是 Roget S. A. 于 1972 年收购的。自那以后，AB Thorsten 的董事会就由四个人组成：负责 Roget S. A. 工业化工事业部的高级副总裁迈克尔·基罗特先生、瑞典银行家英孚·诺格林先生、斯德哥尔摩实业家欧瓦·斯文森先生，以及经营主管。瑞典法律要求在瑞典注册成立的任何公司至少要有两个外部董事，Roget S. A. 管理层觉得很幸运找到了两个与诺格林先生和斯文森先生齐名的人，在 AB Thorsten 的董事会任职。

在 Roget S. A. 收购后的头四年间，AB Thorsten 的销售收入一直在 500 万和 700 万瑞典克朗之间波动，但是在 1976 年跌至了最低点。[2] 当时公司陷入了严重的危机，董事会认为惟一的选择就是卖掉公司，并聘请一个全新的管理团队改革和整顿公司经营。

根据瑞典董事的建议，安德斯·额克斯特罗姆先生被聘任为经营主管，他是皇家科技学院的毕业生，年仅 38 岁。他拥有 16 年的工作经验，曾任大型造纸公司的生产工程师，以及大型造纸公司事业部经理。

额克斯特罗姆先生于 1977 年 1 月加入 AB Thorsten。自那以后，销售收入增长到了 2 000 万瑞典克朗，利润也达到了 Roget S. A. 管理层认为非常满意的水平。

额克斯特罗姆先生说在他加入 AB Thorsten 时，他知道是在冒险：

> 我喜欢创建公司的挑战。如果我在这里干得出色，我就会让诺格林先生和斯文森先生，以及在布鲁塞尔的 Roget S. A. 管理层对我抱有信心。我觉得在这种情况下获得成功就会教会我胜任高级管理层的各种能力。所以我选择了这项工作，尽管我当时（甚至时至今日）也收到了来自其他公司的工作邀请。

制造 XL—4 的最初建议

在 1980 年 9 月，额克斯特罗姆先生通知 AB Thorsten 的董事会，他建议研究一下在瑞典建立 XL—4 工厂的可行性。XL—4 是用于干燥纸张的一种淀粉基胶粘剂。他解释说他和客户中的工程师都发现了一种有助于造纸厂以低成本改造大型造纸设备的新方法，从而他们就会使用 XL—4 替代竞争者的产品。大型造纸厂不仅能显著节约原材料处理和储藏成本，而且能大幅缩短干燥时间。干燥时间缩短了，就会提高造纸设备的有效生产能力。额克斯特罗姆先生认为他的创新将允许他在瑞典开拓一个 XL—4 市场，规模相当于 Roget S. A. 目前的全球市场规模。这项产品目前在 Roget S. A. 的国内部生产，年产量 600 吨，未向瑞典销售。额克斯特罗姆先生说：

> 在那次会议上，基罗特先生及其他主管似乎都热情高涨。在接下来的 6 个月里，我们进行了分析。我的营销主管利用先进的市场调研技术估计瑞典的市场潜力为每年 800 吨 XL—4，这些用户将采用我们建议的定制加工方法。我们走访了重要客户，并在三家大型公司的造纸厂试用，证明在引进了我们的设备设计之后，就会真正实现大幅节约成本和提高生产能力。我们认为，如果我们能以每吨 1 850 瑞典克朗的价格销售产品，我们就能在 3 年内至少赢得一半的市场份额，或者说每年 400 吨的销量。同时，我电话联系了比利时的公司设计部门的领导，要求他帮助设计年产 400 吨 XL—4 的工厂，并帮助估计投资成本。这只是常规的事情。总部辅助部门是顾问型的，一向遵照任何请求。他委派了一位项目经理和四名工程师设计工厂和设备并估计成本。同时我也从下属中派了三个人负责该项目。在 3 个月内，这个联合工作小组就报告，称工厂的建造成本大约为 70 万瑞典克朗。我们把这些都总结在预测计算中（图表 2）。
>
> 这项计算，连同一份完整的书面说明，都在 1981 年 4 月初邮寄给了基罗特先生。我觉得格外激动，我的大多数员工也同样激动。我们都知道引进新产品是我们持续增长和营利的关键。投资回报率远高于 Roget S. A. 财务副总裁制定的新投资指南所要求的最低标准 8%。我们也知道利用现代管理工具分析得不错。在所附的信上，我要求把它放在下一次 AB Thorsten 董事会的议事日程上。

2. 本案例中的大多数货币金额都以瑞典克朗表示。

图表 2 XL—4：瑞典投资建议（瑞典克朗）

	1	2	3	4	5	6	7	8	9	10
年 末	工 厂	营运资本	销售价格/吨	变动成本/吨	毛利润/吨 (3–4)	吨 数	总毛利 (5 × 6)	宣传成本	税 金☆	净现金流量 (1+2+7–8–9)
0	–700 000	–56 000*								
1		– 2 000*	2 000	1 000	1 000	200	200 000	130 000	(35 000)	–756 000
2		– 7 000*	1 850	1 000	850	300	255 000	75 000	20 000	103 000
3			1 850	1 000	850	400	340 000	50 000	75 000	153 000
4			1 850	1 000	850	400	340 000	50 000	75 000	215 000
5			1 850	1 000	850	400	340 000	50 000	75 000	215 000
6			1 850	1 000	850	400	340 000	50 000	145 000	145 000
7	+150 000※	+65 000*	1 850	1 000	850	400	340 000	50 000	145 000	360 000

* 这些营运资本投资额是税后净额。

☆ 税金是在按直线法在5年内计提70万美元折旧后计算出的。

※ 销售额扣除了税金，假设工厂将在7年末关闭。

1981年4月28日在斯德哥尔摩召开的下一次董事会的会议纪要中，引用了额克斯特罗姆先生在向其他董事解释投资建议时的发言：

> 您会从总结表（图表2）中看到这个项目是盈利的。先生们，根据瑞典市场的销售收入，这些数字显然可以证明在瑞典的这项投资是合理的。Roget S. A. 的财务副总裁制定了一项政策，要求任何新投资至少都应该达到8%的投资回报率。根据最保守的7年经营寿命期，这项投资建议也远远超出了这个标准。我的管理团队和我都极力推荐这个项目。

额克斯特罗姆先生后来回忆起基罗特先生作为AB Thorsten董事长所做出的反应：

> 基罗特先生说这个项目对他而言似乎很明确。他问了一些积极的问题，主要是关于我们在更长时期内每年销售400吨以上的可能性，以及我们如何为进一步扩建而融资的问题。我解释说我们在瑞典坚信我们的判断，我们甚至能在不到一年的时间内达到每年400吨，只是不得不保守地估计3年的转型期。我们还向他表明，我们计划通过在瑞典借款为下一步的扩建融资。即：如果Roget S. A. 能提供初始投资，并且如果能很快实现400吨的目标，任何进一步的扩建都很容易获得本地银行的融资。两个瑞典董事证实了这一点。董事会一致投票通过建立工厂。

关于XL—4投资建议的异议

一个星期之后，基罗特先生打电话给额克斯特罗姆先生：

> 我与这里国内部的生产和营销人员又进行了多次讨论。他们认为工程设计和工厂建设成本是精确的，但是您对销售预测过于乐观。你可能要详细说明一下理由。

额克斯特罗姆先生说：

> 我敦促他下周召开一次会议。由我、我们来自瑞典的营销和生产主管，以及四个来

> 自比利时的人——基罗特、拉瓦奇（制造主管）、戈查德（销售主管）和拉姆勃特（境内外经营副总裁）出席。这是我一生中出席的最糟糕的会议之一。会议整整开了一天。戈查德说他们有其他国家的销售经验，据他判断，市场潜力和我们的市场份额都过于乐观。我一次又一次地告诉他，我们是如何根据定制加工法估计出这个数字的，但是他只是一再重复他认为过于乐观。然后，拉瓦奇先生说这项产品的生产太复杂，即使工人经验丰富，并且经过培训，在比利时生产也有难度。我告诉他，我只需要5个受到培训的生产工人，如果他愿意，他可以派两个人来帮助培训瑞典工人两个月。我努力劝说他，如果他们对瑞典的技术没有信心，他们可以帮我们监管生产，直到我们学会为止。他重申制造上的困难是不可估量的。
>
> 然后，拉瓦奇先生说，因为 Roget S. A. 全球的市场每年也只有600吨，所以瑞典一个工厂就能生产400吨是令人难以想像的。基罗特先生结束了会议，但却未做出任何决定，他说他希望所有相关人员对这个项目进行进一步的调查。他表示他自己也会思考一下，然后通知我们什么时候召开下一次会议。

额克斯特罗姆先生返回了斯德哥尔摩，并向他的下属和董事会的两名瑞典董事传达了会议精神：

> 他们和我一样对这个结果失望。我们在这里提出了项目建议，并且运用了优秀的财务技术。Roget S. A. 的管理层经常夸夸其谈地强调分权利润责任制的必要性，以及境外子公司维护自治权和提出项目建议的必要性。我的一名下属说，似乎他们说的是分权制，但做起来却徒有虚名。AB Thorsten 董事会的瑞典银行家诺格林先生表示惊讶。我是经过认真考虑的。对于 AB Thorsten 而言，它的确是一项合理的投资，XL—4 将有助于在瑞典再建一个高增长的公司。不管怎么说，布鲁塞尔的管理层并没有理解这一点。我让人给基罗特先生写了一封信，告诉他我不知道项目为什么被否决了，并且告诉他 Roget S. A. 有权利这样做，但是我准备辞去主管的职务。不是因为我感到气愤，也不是因为我有权要求 Roget S. A. 的全球总部做出决策。只是因为，如果我把时间花在研究政策上，就是浪费时间，因为母公司的管理层根本不理解。

最后，额克斯特罗姆先生说：

> 虽然我肯定不会把这些问题抛到公开会议上，但是我认为那些比利时的生产和销售人员只希望打造自己的帝国，在比利时赚钱。他们根本不关心 AB Thorsten 和瑞典。我们提出创意和项目建议，却被他们拿来捞取回报。

进一步研究

基罗特先生在1981年5月底收到了诺格林先生的信。然后他联系了梅瑟斯、拉瓦奇、戈查德和鲍斯（Roget S. A. 的财务副总裁），告诉他们瑞典的 XL—4 项目已经成了 Roget S. A. 最重要的问题，因为它对公司利润、公司士气，以及子公司管理层的自治权都具有重要意义。他让他们认真地研究一下这个问题，并在一个月内向他报告研究结果。同时，他还写信给额克斯特罗姆先生，“公司总部的各个成员都在认真地研究项目建议。我会在6个星期内写信告诉你我的最后决策。”

拉瓦奇先生的答复

在接到深入研究 XL—4 项目的指示一个月之后，拉瓦奇先生发给基罗特先生一份备忘录，解释他反对项目建议的理由：

> 根据您的要求，我重新全面审查了XL—4项目建议中所包含的所有成本数字。我发现在瑞典生产这项产品极其不经济，原因有二：(1) 管理费用会更高；(2) 变动成本会更高。
>
> 首先，我们可以以更低的管理费用在现有的工厂生产XL—4。假设AB Thorsten的确每年销售了400吨，从而使我们的全球销售收入增长到了1 000吨。我们可以在比利时生产全部1 000吨，投资基本上与现在的投资相同。如果我们生产1 000吨，我们的固定成本就会每吨降低120瑞典克朗。[3]这就意味着在国内和瑞典以外的国家的出口(每年600吨）中，会节约72 000瑞典克朗，在包括瑞典在内的全球生产中（1 000吨）会节约12万瑞典克朗。其次，我们还可以节约变动成本。如果我们在比利时生产其余400吨，那么每年1 000吨的总产量就会延长生产周期、降低平均生产准备成本、增加原材料采购批量，从而实现大规模采购和原材料处理，降低采购价格。我的会计部门已经研究了这个问题，得出的结论是，我们的平均变动成本会从950瑞典克朗下降至930瑞典克朗。假定瑞典每年生产400吨，那么每吨20瑞典克朗的差额就意味着比利时的国内生产能节约12 000瑞典克朗，全球生产能节约2万瑞典克朗。新增利润的税金在比利时和瑞典大体相同——约为应税所得的50%。总之，不应该建设新工厂。额克斯特罗姆先生是一个聪明的年轻人，但是他不了解粘剂行业。一开始他就会陷于高成本的生产陷阱中。我建议您通知AB Thorsten的管理层，他们必须从比利时采购产品，这符合公司的利益。

鲍斯的答复

也是在这个星期，基罗特先生收到了Roget S. A. 财务副总裁埃瑞克·鲍斯先生发来的备忘录，内容如下：

> 随信附上如果Roget S. A. 把比利时工厂XL—4的年产量从600吨提高到1 000吨，估计所需要的营运资本（图表3）。最初，我们需要54 000瑞典克朗，用于新增存货和应收账款。到第二年末，将增至74 000瑞典克朗。图表3所示的营运资本数额是基于现行法律，它允许企业从应税所得中扣除新增存货成本。我还看了看拉瓦奇先生计算的固定和变动制造成本，我完全同意他的计算。总之，我认为没有理由花70万瑞典克朗在瑞典新建一个工厂，因为我们比利时工厂的剩余生产能力足以以更低的成本和更低的生产风险生产新增产量。

基罗特先生的答复

1981年7月初，基罗特先生给额克斯特罗姆先生发了一封信，表示XL—4项目建议会比他所预想的问题多得多。他附上了一份拉瓦奇先生和鲍斯先生的备忘录。他说他现在还没有最后批准。他还说一旦做出决定，就通知额克斯特罗姆先生。

额克斯特罗姆先生的想法

额克斯特罗姆先生表达了他对事情的进展表示出的一些不耐烦：

3. 斯德哥尔摩工厂的固定成本总额相当于每年18万瑞典克朗。除以600，就等于每吨300瑞典克朗。如果分摊在1 000多吨上，那么平均固定成本就是180瑞典克朗。

图表 3 XL—4：比利时的建议（瑞典克朗）

年末	1 工厂	2 营运资本	3 销售价格/吨	4 变动成本/吨※	5 毛利润/吨 (3–4)	6 吨数	7 总毛利 (5×6)	8 宣传成本	9 税金	10 净现金流量 (1+2+7–8–9)
0	0	–54 000*								–54 000
1		–10 000*	2 000	1 380	620	200	124 000	130 000	(3 000)	–13 000
2		–10 000*	1 850	1 380	470	300	141 000	75 000	33 000	23 000
3			1 850	1 380	470	400	188 000	50 000	69 000	69 000
4			1 850	1 380	470	400	188 000	50 000	69 000	69 000
5			1 850	1 380	470	400	188 000	50 000	69 000	69 000
6			1 850	1 380	470	400	188 000	50 000	69 000	69 000
7		+74 000	1 850	1 380	470	400	188 000	50 000	69 000	143 000

* 营运资本为扣除税金后的净额。

※ 单位变动成本 = 1 380（瑞典克朗）

制造成本	=	930
从比利时运至瑞典的运费	=	50
瑞典进口关税	=	400
变动成本合计	=	1 380

我们 AB Thorsten 还有其他发展项目，这种长期计划花费的时间和精力太多。此外，仅仅关注企业的正常经营问题就已经占用了我大量的时间。有时我甚至想告诉他们自己去卖 XL—4 吧！

思考题

1. 利用图表 2 的数字，您估计瑞典的建议的净现值是多少。内部收益率为多少？
2. 图表 3 所示的比利时的建议的净现值（贴现率为 8%）和内部收益率是多少？
3. 比利时和瑞典各执一词的说法中，双方支持和反对方案的主要观点各是什么？
4. 额克斯特罗姆先生和比利时的管理层所表达的一切看法都是开诚布公的吗？双方各自还有什么隐藏在背后的打算，他们在哪些方面一致？在哪些方面可能产生分歧？
5. 如果您处在基罗特先生的位置，您会支持瑞典的建议，还是支持比利时的建议？为什么？
6. 忽略您对第 5 题的答案，如果不建工厂，而是把产品从比利时运送到瑞典，那么转让价格应该是多少？
7. Roget S. A. 的竞争优势是什么？Roget S. A. 在工业化工行业的战略是什么？现行的管理控制系统支持这种战略吗？
8. 您建议基罗特先生对管理控制系统实施哪些变革？

案例15-2

飞鹰电气公司

2005年1月，飞鹰电气公司的CEO李·摩根准备评价飞鹰公司各子公司的业绩并分配奖金池。近些年来，这项工作已成了摩根先生的一项挑战，因为几个子公司对飞鹰的绩效测评系统（PES）都怨声载道。摩根先生叫来了飞鹰公司的财务总监约翰·特雷西，与他进行了下述谈话：

摩根（CEO）：约翰，我想我们该再审查一下我们的绩效测评系统了。高田良（日本子公司的经理）一直抱怨根据同一个标准评价所有子公司是不公平的。

特雷西（财务总监）：但是我在1993年设计绩效测评系统时所考虑的最重要的因素或许就是公平性。我们要求境内外每个子公司的经理都要为预算美元利润负责，从而实现公司盈利能力目标。

摩根（CEO）：高田先生认为，他们经营单元的增加值来源于低成本生产。他觉得，因为他大部分产品都销售给美国的折扣商和家装分销渠道，所以价格竞争十分激励，利润边际很低。

特雷西（财务总监）：的确是这样。但是它是一个巨大的市场，高田享有飞鹰公司的独家授权，供应美国市场。

摩根（CEO）：史蒂夫·鲍嘉（丹麦子公司的经理）建议采用投资回报率奖励经理，因为它是一个综合指标，不仅纳入了盈利能力，而且考虑了我们在子公司的投资。

特雷西（财务总监）：我们可以考虑这个指标，但是您知道投资回报率作为业绩标准也有许多局限性。

摩根（CEO）：埃尔菲索·卡耐拉（墨西哥子公司经理）建议我们在制定预算和跟踪预算时采用相同的汇率。

特雷西（财务总监）：在这种情况下，谁应该为汇率变化承担责任呢？

摩根（CEO）：这正是他所说的要点。他觉得，境外子公司的经理无法控制汇率波动，却要求他们为美元盈利能力负责，实际上是惩罚境外子公司经理。

特雷西（财务总监）：瞎说！还有谁能比子公司经理更好地决定采购、供应和定价战略？我们总部已经管理了交易风险和外币折算风险。难道他们不应该管理外汇风险中的经营因素吗？

摩根（CEO）：对！我猜是这样。我们一直主张境外子公司经理必须在战略和策略上注意汇率波动的经济影响。

特雷西（财务总监）：而且，大多数股东都在美国，所以我们的首要目标是使美元回报最大化。

摩根（CEO）：但是高田先生抱怨日元的坚挺损害了他的边际。

特雷西（财务总监）：他每年都拿这当借口。自从他1999年负责日本的经营以来，高田先生就一直要求提高奖金，尽管他们经营单元的业绩并

本案例用于课堂讨论由宾利学院Mahendra Gujarathi教授和达特茅斯学院维杰伊·戈文达拉扬教授编写。

不令人满意。

摩根（CEO）：但是为什么汇率变化如此重要呢？我回想起大学学过的经济学课程，购买力平价会解决汇率变化的。换句话说，通货膨胀和汇率会彼此抵消的，从而使管理业绩不受汇率变化的影响。

特雷西（财务总监）：确实，但是那只是从长期来看发生的。在短期内，汇率变化未必完全反映两国通货膨胀率之间的差异（参见附录 A）。

摩根（CEO）：那么我们应该采取些什么措施呢，约翰？

特雷西（财务总监）：或许我们需要在跟踪预算时对预算做适当调整。

摩根（CEO）：我们不应该在绩效测评系统中再强调财务因素，而制定鲍嘉先生多次建议的新指标吗，比如市场份额？

特雷西（财务总监）：如果我们把各子公司经理的愿望都纳入绩效测评系统，那么我们岂不要每个经理都建立一个不同的系统！

全球家用电器业

由于过去 30 年来的并购，2004 年，家用电器行业只剩下了不到 10 家公司，控制着约 50% 的全球市场。在家用电器行业，全球化的公司有伊莱克斯（瑞典）、通用电气（美国）、美泰公司（美国）、惠而浦公司（美国）、松下公司（日本）和西门子公司（德国）。其余 50%的市场由各个国家中国产家电的竞争者控制着。整个行业发展缓慢，以致竞争极其激烈。一个公司的增长主要是通过收购或者抢占竞争者的市场份额来实现的。

在零部件的制造中存在显著的规模经济，比如：家用电器的关键部件压缩机和电动机。零部件的设计改进基本上都集中在提高家用电器的性能上，如节能、降低噪音、节水能领域。家用电器行业的三个主要市场是低端市场（几家东欧和中国的公司，以及私营品牌供应商在竞争）、中端市场（伊莱克斯公司在竞争）、高端市场（惠而浦公司的厨房设备子公司和美泰公司定位在几种产品上）。美国家用电器的分销商包括主要零售商（Sears、JCPenny），家用电器商店、折扣店（山姆俱乐部、好市多批发公司、BJ 批发俱乐部），以及家装渠道（家得宝、劳氏公司）。由于零售商规模大，所以能够在价格、配送和信用条件上对家用电器制造商产生巨大的影响。

飞鹰公司及其墨西哥、丹麦和日本子公司

飞鹰公司是一家上市公司，是家用电器行业的一家全球化公司，产品广泛，包括电冰箱、厨房用具和洗衣设备（洗衣机和烘干机）。飞鹰公司 2004 年的销售收入为 11 亿美元。飞鹰公司的总体战略是全面参与家用电器行业三个层次的市场（低端、中端、高端）。

在飞鹰公司的子公司中有三家境外公司，分别在墨西哥、丹麦和日本。每个子公司的经营性质及其在总体战略中的职能如下所示。

飞鹰公司于 1995 年收购了墨西哥一家冰箱生产商全部股权。这个子公司拥有供应墨西哥不断增长的中端冰箱需求的生产能力。而中端冰箱也是其主要产品。冰箱是在墨西哥设计、生产、分销。换句话说，子公司发生的所有成本、创造的所有收入都是以墨西哥货币比索计量。

丹麦的市场拥有颇具吸引力的客户群，他们买得起价格昂贵的厨房用具，并且希望购买性能齐全的炊具产品。但是，需求不够大，没必要在丹麦建立一个具有规模效益的工厂。而且，飞鹰公司的美国工厂拥有生产优质新奇厨房用具的技术专利，它的生产能力显著过剩。因此，在 1997 年建立了丹麦子公司，独家授权在丹麦营销飞鹰公司的产品。丹麦子公司完全从飞鹰的美国工厂采购产品，转让价格相当于标准完全成本。在丹麦市场，没有任何其他供应商销售一模一样的厨

房用具，因而给丹麦子公司带来了明显的优势。在丹麦厨房用具市场，大多数其他公司都是本地的小公司，只在丹麦市场生产和销售产品。

日本子公司成立于1999年，是一个生产经营单元。日本工程师擅长零部件设计以及高质量、低成本制造。子公司生产低成本洗衣设备(洗衣机和烘干机)，独家授权在美国销售，一般是把供应低端市场的“商店”品牌供应给折扣商和家装分销渠道。在日本，洗衣设备的制造大多控制在几家大中型国内制造商手中，他们生产节能、节省空间的设备，在日本销售。在美国，其他向折扣店和家装分销渠道供应产品的“私营品牌”的洗衣设备供应商包括以采用节约制造技术的本地（美国）知名公司。

飞鹰境外子公司的预算和实际盈利能力

在征求了子公司高级管理层的意见，并考虑市场条件的预期变化后，飞鹰公司的总部每年年末都为子公司编制预算。对于境外子公司，预算采用上年末的汇率，分别以本国货币和美元编制。三个子公司2004年的预算如下所示：

子公司预算——2004年			
	墨西哥	丹　麦	日　本
预算销量*	200 000	50 000	250 000
美元预算：			
销售收入	74 550 000	41 400 000	102 000 000
成　本	59 640 000	33 117 360	81 579 175
利　润	14 910 000	8 282 640	20 420 825
本国货币预算：			
销售收入	799 176 000	284 832 000	12 219 600 000
成　本	639 340 800	227 847 437	9 773 185 165
利　润	159 835 200	56 984 563	2 446 414 835

* 销量在墨西哥表示冰箱；在丹麦表示厨房用具；在日本表示洗衣设备。

2004年初，飞鹰公司在子公司的投资如下所示。2004年，子公司投资未发生重大变化。

	墨西哥	丹　麦	日　本
美元投资	149 100 000	20 706 600	510 520 625
本国货币投资	1 598 352 000	142 461 408	61 160 370 875

每个国家的实际销量、产品组合实际上也保持不变（墨西哥、丹麦和日本分别为199 600件、50 700件和249 000件）。每个国家家用电器行业的实际通货膨胀也几乎与飞鹰公司上述预算中所预期的相同。三个子公司2004年的实际业绩如下所示：

子公司预算——2004年			
	墨西哥	丹　麦	日　本
美元业绩：			
销售收入	74 563 850	42 109 552	11 515 435 972
成　本	59 626 129	32 417 764	9 521 015 957
利　润	14 937 721	9 691 788	1 994 420 015
本国货币业绩：			
销售收入	819 083 888	272 448 801	103 000 322
成　本	654 993 022	209 742 930	85 161 145
利　润	164 090 866	62 705 871	17 839 177

在跟踪预算时，飞鹰公司采用年平均汇率，因为销售收入和成本一般在一年中是统一的。汇率如下所示：

汇　率			
	墨西哥	丹　麦	日　本
汇率（1美元兑本国货币）			
2003年年末	10.720	6.88	119.8
2004年平均	10.985	6.47	111.8

2004年整体经济的平均通货膨胀分别为：墨西哥5.00%；丹麦4.30%；日本2.25%；美国2.30%。2004年，各国家用电器行业的通货膨胀率与整体经济的通货膨胀相当。

思考题

1. 依照飞鹰公司现行的绩效测评系统，您将如何评价墨西哥、丹麦和日本的分公司经理的业绩呢？哪个经理应该获得最高奖励，哪个经理应该获得最低奖励呢？
2. 利用附录 A 所介绍的方法，计算 2004 年墨西哥、丹麦和日本名义汇率变化和实际汇率变化。根据您的计算，您在跟踪预算时会对 2004 年的美元预算进行哪些修订呢？您将如何评价飞鹰公司在三个国家的经理的财务业绩呢？哪个经理应该获得最高奖励，哪个经理应该获得最低奖励呢？为什么？请评估一下三个国家的经理对汇率变化的反应是否得当。
3. 如果采用投资回报率，而不是利润边际作为业绩指标，三个子公司的业绩排名会有所不同吗？请说明一下采用投资回报率作为业绩指标的优势和局限性。较之飞鹰公司的现行标准，您认为投资回报率是一个更好的绩效评价指标吗？
4. 请评估一下飞鹰公司在编制预算时采用年初汇率，而在跟踪预算时采用年平均汇率是否得当。请说明采用什么方法才能让各国的经理更好地应对通货膨胀和汇率变化呢？
5. 假设在过去 5 年中，日本子公司经理每年报告的美元利润边际和投资回报率都低于预算。但是，如果调整实际汇率变化，它在这 5 年中每年的业绩都超过了修订后的预算。您会建议关闭日本子公司吗？ 为什么关闭？为什么不关闭？
6. 请说明飞鹰公司境外子公司的现行绩效测评系统的优缺点。您建议绩效测评系统实行哪些变革呢？

附录A

关于汇率和通货膨胀率之间关系的简要说明

购买力平价（purchasing-power parity）理论指的是两个国家之间的汇率变化大体相当于通货膨胀率之间的差额。例如：如果美国的通货膨胀率为4%，日本的通货膨胀率为0%，日元的美元价值将会上涨4%左右。更正式地表述是，如果母国和外国的通货膨胀率分别为 i_h 和 i_f，那么

$$e_t = (1 + i_h)^t$$
$$e_0 = (1 + i_f)^t$$

其中 e_0 是期初一个单位外币的美元价值，e_t 是期末一个单位外币的美元价值。

例如：如果美国和阿根廷的年通货膨胀率分别为4%和14%，今天的即期汇率是一个阿根廷比索（ARS）相当于0.33美元，那么一年后阿根廷比索的价值就是

$$e_1 = (0.33)(1.04/1.14)^1 = 0.301$$

换句话说，较美元，阿根廷比索在一年内将会贬值8.80%[(0.301 - 0.33) /0.33]。如果年末实际汇率是ARS1 = US0.32，那么比索在一年内的名义贬值就只有3.03%[(0.32 - 0.33) /0.33]。因此，自年初以来，阿根廷比索的实际升值为5.77%(8.80% - 3.03%)。

购买力平价对绩效评价的意义

因为汇率变化反应了通货膨胀水平的相对变化，所以汇率的名义变化不应该对一个境内公司与其境外竞争者的相对竞争地位产生任何影响。

虽然购买力平价理论从长期看有效，但是从短期看却常常背离这一理论。这种背离（即：汇率的实际变化）会显著影响不同国家和公司的竞争地位。一般而言，一个国家的货币的实际价值下跌会使出口产品更具竞争力；相反，货币的升值则会伤害国家的出口商和与进口商竞争的生产商。对于一个公司而言，实际汇率变化的影响取决于公司投入和产出的需求价格弹性、竞争程度，以及主要竞争者所处的地域。

案例15-3

林肯电气公司 (B)

自1972年以来，俄尔冈先生一直按林肯所激励的保守主义管理公司。1986年，俄尔冈先生去世，韦利斯先生接任CEO的职务。唐·黑斯廷斯成了总裁。自此之后，林肯电气公司所孜孜以求的“非我所创”综合症已经开始崩溃了。正如黑斯廷斯先生所说的，“如果不是我们开发的，我们就不会制造。但是今天这种感觉已一去不复返了。”

在韦利斯先生和黑斯廷斯先生的领导下，公司扩大经营地域。“今天我们必须全球化，建立全球制造能力。我们不能只在美国生产，向境外出口，”黑斯廷斯先生注意到了这一点。林肯电气公司在加拿大、澳大利亚、巴西和墨西哥进行了大量收购，在委内瑞拉和日本建立了新工厂。随着行业在欧洲不断兼并，林肯电气公司也在德国、意大利和挪威收购公司，建立制造基地，开拓统一的共同市场。

在1990年，林肯电气公司收购了Harris Calorific公司，它是等离子焊接产品和气焊产品的制造商和全球分销商，在美国、意大利和爱尔兰建有工厂。Harris Calorific公司的前母公司艾默生电气公司也拥有浓厚的公司文化，该公司向其所属各事业部施加了很大的压力去推行低成本战略。

图表1勾勒了林肯电气公司1986~1998年间的全球扩张。行业观察家一直在想：林肯电气公司能成功地向境外输出它独特的文化和控制系统吗？结果似乎是喜忧参半。1990~1993年间，林肯电气公司的境外经营蒙受了财务损失，但是在随后的5年间，公司似乎又扭转了这种趋势。

林肯电气公司如何成功地把它的DNA移植到墨西哥[1]

在1988~1992年间，林肯电气公司在墨西哥收购了3个独立的公司，并把他们合并组建了林肯电气墨西哥公司（Lincoln Electric Mexicana S. A. de C.V.）。尽管当时3个工厂都赔钱，但是他们的地理位置保证了林肯电气公司能在中美洲和南美洲国家蓬勃发展客户——如果它能扭转局面的话。墨西哥的工人知道这项收购，并且意识到美国母公司将需要实行变革，改善企业。

林肯电气公司开始在墨西哥公司实施它的一些基本制度，比如：计件工作、成绩评定卡、奖金计划。林肯电气墨西哥公司早期的一位经理詹姆斯·德拉尼招聘了几名志愿者先进行尝试，然后逐渐地引进了计件工作制度。当同事们注意到这些志愿者挣得多时，就要求参与。计件工作制度于1991年由大卫·莱伯兰克进行了推广，后来他成为林肯电气墨西哥公司的经营经理。这项制度的推广成功地使劳动生产率在随后几年提高了两倍。

莱伯兰克先生还进行了其他变革。他是林肯电气理念的坚定信仰者，主要负责把“林肯方式”融入墨西哥子公司。但是，莱伯兰克先生知道，为了获得成功，林肯方式必须适应墨西哥文

本案例由维杰伊·戈文达拉扬和约瑟夫·马齐里洛编写。

1. This section is based on work by Joseph A. Maciariello in *Lasting Value* (New York: John Wiley & Sons, 2000) , chap. 8.

图表1 林肯电气公司的全球扩张

1986年	收购Airco及其在蒙特利尔和克利夫兰的工厂。
1987年	收购L'Air Liquide及其在澳大利亚的弧焊业务。
1988年	收购了Brasoldas and Torsima，它是巴西的一家焊接设备和消费品生产商。
1989年	在日本市郊建立了一家焊接产品工厂。
	在委内瑞拉建立了一家消费品工厂。
1990年	完成了对艾默生电气公司的Harris Calorific公司的收购。Harris Calorific公司制造和分销等离子切割和焊接产品以及气焊产品。生产工厂位于美国乔治亚州、加利福尼亚州、意大利和爱尔兰。
1991年	收购了Messer Grieheim GmbH，它是一家生产弧焊设备的德国公司，位于德国沃克郡。
1992年	收购了挪威奥斯陆的Lincoln Norweld，其生产工厂遍布挪威、英国和荷兰。
	于1988年收购了两家墨西哥公司，1992年又收购了一家，把他们合并为一家公司。
1993年	收购了西班牙一家公司发行在外的少数股权。
1996年	收购电子焊接系统公司，它是焊接供电设备和等离子切割设备的设计者和供应商，总部位于意大利。
1998年	收购加拿大Indalco Alloy，Inc.75%的股权，它是铝焊丝的优质供应商。
	收购德国的Uhrhan & Schwill GmbH，它是为焊管制造厂设计和安装焊接系统领域的领袖。
	收购As Kaynak 50%的股权，它是EcZacibasi Holding的子公司，是焊接产品的市场领袖，总部位于土耳其伊斯坦布尔。

资料来源：年度报告。

化。

例如：公司的美国工厂未建立工会，但是在墨西哥城的新厂却建了。事实上，墨西哥是一个高度工会化的国家。工会组织者把目标锁定在未建立工会的公司，但他们组织工人的方式经常损害公司高效运营的能力。

莱伯兰克先生没有把工会赶走，而是选择与之建立建设性的关系。他制定了一项开放政策，尽力了解工厂的全体420名员工。他努力改进这些员工与工会领导之间的沟通。他与工会领导达成了一项协议，把未参与计件工作的工人排除在工会之外，如叉车司机和维修工人。他们占林肯电气墨西哥公司工人队伍的25%~35%。

莱伯兰克先生的努力终于获得了回报。工会领导遵从了林肯电气的制度，接受了计件工作制度，部分原因是他们意识到收入丰厚的工会工人能够支付更多的工会会费。

事实上，林肯电气墨西哥公司的员工工资非常丰厚。林肯电气一般付给工人的工资都高于工会所能议定的工资。尽管墨西哥城的员工都由工会代表，但是林肯电气公司一直坚持这项原则。生产工人的年工资介于5 000~7 000美元之间——比其他公司的工资标准高出两三倍。正因为如此，所以公司招聘时非常严格。尽管在剧烈波动的南美市场，林肯电气公司不能保证工人终身就业，但是它的确尽其所能为员工提供工作。

业绩差的员工会被解雇。业绩好的就根据奖金制度予以奖励。在墨西哥，所有公司都必须把税前收益的10%作为奖金发放给员工。此外，林肯电气墨西哥公司还向工人发放第二份奖金，它基于公司成绩评定系统。这个系统建立了四项成绩评定标准：团队目标实现程度；自我提高/合理化建议；纪律/质量；团队/责任/领导力。公司还采用更正式的目标制定过程为工作团队和个人制定目标。这些标准和正式目标制定过程正是使它区分于克利夫兰的成绩评定系统之处。两种系统的对比如下所示：

林肯电气墨西哥公司	林肯电气公司
成绩评定标准	原始标准
团队目标实现程度	产 出
自我改进/合理化建议	可靠性
纪律/质量	质 量
团队工作/责任/领导力	创意与合作

尽管林肯电气墨西哥公司的系统比克利夫兰的系统更正式、更依赖于团队业绩，但是它的奖金比率——奖金池总额除以获得奖金的工人的工资总额——却在稳定增长。到 1998 年，奖金已经从基数 0 增长到了 60%。相比之下，1998 年，克利夫兰的奖金比率则只有 56%。下表说明了林肯电气墨西哥公司的奖金比率的增长：

年 份	奖金比率
1994	0%
1995	19
1996	38
1997	55
1998	60

林肯电气墨西哥公司在 5 月发放政府规定的奖金，在 12 月 12 日发放本公司的绩效奖金，这一天是墨西哥拜祭它的守护神瓜达卢佩圣母（the Virgin of Guadeloupe）的日子。因此，绩效奖金也是作为一项嘉奖发放的。员工不是惟一需要庆贺的人，事实证明奖金提高了墨西哥子公司的劳动生产率和盈利能力。

在美国以外的工厂实施林肯电气管理系统的难点[2]

林肯电气公司在世界其他地方输出它的管理系统和经营理念的努力并不成功。例如：在德国，公司的计划一开始就撞了南墙，显然德国工人不像林肯电气公司的美国工人那样效率高。正如黑斯廷斯先生所解释的："尽管德国工厂的工人技术水平很高，总的来说也都很可靠，但是，他们不像我们克利夫兰工厂的工人那样勤奋，工作时间也短。在德国，工厂平均每个工作周为 35 小时。相比之下，林肯电气公司的美国工厂平均每个工作周则为 43~58 小时。只需通知一下，公司就可以要求工人加班——这种灵活性是林肯电气管理系统成功运行的关键。缺少这种灵活性是我们的系统无法在欧洲运行的一个原因。[3]

林肯电气公司也没有充分预料到当地政府强制的社会福利使成本大涨，更没有预料到当地的劳动法使自己无法实施作为经营基石的管理系统。例如：德国法律不允许计件工资。并且规定劳动力流动和工人的交叉培训是不合法的，从而使林肯电气公司很难建立竞争激励和管理系统。

巴西法律同样破坏了林肯电气公司在该国的管理系统。在巴西，连续两年向员工发放的奖金就成为了基本工资的一部分。这就破坏了林肯电气公司的奖励系统。最终，以上这些以及在巴西、委内瑞拉的其他障碍让林肯电气公司决心重组，剥离德国、巴西、委内瑞拉和日本的工厂。

问题在于林肯电气公司想做得太多，也太快。公司从 20 世纪 80 年代末到 90 年代初的 5 年内收购了 9 家企业，建立了 2 家新厂。匆忙之间，它恰恰忽视了一个促使它成功的因素：人。它没有充分考虑文化差异，以及他们如何影响管理系统。它的摊子太大了，以致无法正确地移植管理系统。

而且，它为欧洲的资产支付了溢价，尽管全球范围的衰退已初露端倪。它之所以这样做，是因为跨国公司都希望在欧盟取消欧洲所有内部关

2. 同上，第一章，第 17-19 页；第八章，第 116-18 页。

3. Donald Hastings, "Lincoln Electric's Harsh Lessons from International Expansion," *Harvard Business Review*, May–June 1999, p. 174.

税之前建立制造工厂，从而为这些资产创造强劲的需求。但是，在林肯电气公司收购了这些资产后，经济衰退造成了生产能力的大量过剩。

管理层变动[4]

在 1993 年之前，林肯电气公司的高级管理层团队主要是由内部逐级提拔的管理人员组成，都没有什么有意义的国际经验。引用黑斯廷斯先生的话说："1992 年 8 月，我离开美国，前往欧洲。尽管我也缺乏丰富的国际经验，但是我别无选择。其他任何高级管理层也都没有。首席财务官艾丽斯·斯莫利克与我同行，他甚至连护照都没有，我们不得不在最后关头匆忙给他办了一个。"[5]

从 1993 年起，林肯电气公司偏离了"从内部提拔"的政策，开始从外部招聘高级管理层。来自固特异、西屋国际和 FMC 等公司的高级管理层加入了林肯电气公司的高级管理层行列，他们都拥有丰富的国际经验。

同年，林肯电气公司任命了三名外部新董事以替代三个内部人。第二年，公司又增加了一名"外部董事"。新董事会成员都是来自通用电气、西屋国际、美国弹簧公司和 Key Bank 的 CEO 和高级管理层。他们都拥有丰富的国际经验。1990~1998 年期间的公司数据参见图表 2 和图表 3。

思考题

根据林肯电气公司的经验，在向国外输出独特管理系统时，我们可以从中吸取哪些教训？

图表 2　1990~1998 年财务亮点（单位：百万美元）

	1990	1991	1992	1993	1994	1995	1996	1997	1998
销售净收入	$797	834	853	846	907	1 032	1 109	1 159	1 187
净收益	$ 11	14	(46)	(38)	48	61	74	85	94
股东权益报酬率*	4%	6%	(20%)	(22%)	28%	24%	21%	21%	20%
财务杠杆比率+	34%	40%	55%	62%	52%	26%	18%	17%	17%

* 股东权益报酬率 = $\frac{税后利润}{股东权益}$

+ 财务杠杆比率 = $\frac{长期负债}{长期负债 + 股东权益}$

资料来源：年度报告。

4. This section is based on the writings of Donald F. Hastings, chairman emeritus of Lincoln Electric Company. Donald Hastings, "Lincoln Electric's Harsh Lessons from International Expansion," *Harvard Business Review*, May–June 1999, pp. 163–78.

5. 同上，第 170–71 页。

图表 3 1990~1998 年各地区业绩（单位：千美元）

	1990	1991	1992	1993	1994	1995	1996	1997	1998
销售收入：									
美　国	$548 761	$507 518	$517 611	$572 535	$682 483	$765 287	$808 894	$865 254	$886 148
欧　洲	216 554	291 104	282 331	217 931	167 361	217 334	230 222	216 333	218 557
其他国家	100 439	101 146	95 286	96 079	115 254	127 878	145 975	162 800	173 365
税前收益：									
美　国	39 946	45 742	24 860	42 570	81 091	97 044	101 236	112 565	125 693
欧　洲	(1 952)	(10 128)	(52 828)	(68 865)	5 843	11 350	10 264	10 014	14 935
其他国家	(4 444)	(1 346)	(7 183)	(22 903)	4 410	10 246	12 867	14 427	10 191
可辨资产：									
美　国	283 998	289 682	294 730	389 247	350 012	404 972	416 911	489 431	542 462
欧　洲	209 315	284 341	246 457	172 136	161 691	188 906	183 938	163 519	186 666
其他国家	92 747	84 905	85 839	69 871	75 880	80 594	87 808	96 850	119 344

案例15-4

印度联合利华公司

联合利华公司在印度的子公司——印度联合利华公司（HLL）的董事长曼维恩德·辛格·邦加重读了一遍《印度商业》2002年3月18日一期的封面故事。《印度商业》是印度读者最广泛的商业新闻出版物。他对他和他的公司获得的正面报道感到很欣慰。印度联合利华公司一直是印度最受尊敬的跨国公司之一。

但是，这篇文章也重点报道了公司所面临的最大挑战。公司的许多核心品牌都趋于成熟。虽然在20世纪90年代初期和中期，销售收入增长率维持在令人满意的两位数水平，但是，在1999年、2000年和2001年，却下降至了7%、5%和4%。因此，公司鼓励各级管理人员献计献策，以恢复以前的强劲增长。

从历史上看，公司的增长战略一直由两项主要因素所主导。首先，印度联合利华公司根据现有资产和生产能力基础对各种机会按优先顺序排序。例如：在建立了制造和销售面粉的供应链之后，印度联合利华公司便进一步拓展，进入了具有附加值的面粉加工产品领域，如：面包。其次，他们尽量避免管理人才过度分散。根据这些原则，印度联合利华公司坚持只进入他们有信心获得成功的新业务领域。

但是，由于印度联合利华公司的销售收入增长率不断下降，邦加先生激励人们拓宽思路，考虑全新的投资项目。在他审查一些项目建议时，深受项目潜力的鼓舞——任何时候绝对不缺创意。但是，他也关心实施上的相关挑战。印度联合利华公司拥有必要的技能吗？

印度联合利华公司一直致力于创新，并为自己的许多成就感到自豪。例如：由于他们在适合印度乡村低收入人群所需产品上的创新性开发和营销上所取得的重大进展，他们赢得了普遍认可。此外，他们还于1995年在市场上投放了一个新品牌——Kissan Annapurna，它是一个食品品牌，包括碘盐。最后，也是最近，由于一项关键突破，他们巩固了自己在盐业中的竞争地位。因为出于健康原因，要在许多盐中加碘，而他们的研究实验室发现了一种为盐强化碘的改进方法。通过这项专利技术可以为碘加上一层保护，从而防止在印度独特的烹饪环境中流失。

这些成功为印度联合利华公司增添了许多信心。但是，邦加先生想知道，随着公司为了实现增长而进一步拓展核心业务，他们所采用的管理实践和理念是否具有持续的价值。

为印度乡村穷人服务

1999年，印度的人口超过了10亿，仅次于中国，居世界第二位。尽管市场潜力巨大，但是按照全球标准，印度的人口仍然贫困，按购买力平价计算的平均年收入只有2 200美元。[1]

从历史上来看，跨国公司并不定位于穷人。他们的产品和服务都是为发达国家的客户所设计的，从而造成市场上没有为穷人定价的产品。因此，随着跨国公司在全球的扩张，他们往往只服

---

1. www.economist.com。

务于所在穷国的经济金字塔的顶层。

全球扩张是一项紧迫的管理挑战，它把许多跨国公司的销售收入增长率都提高到了惊人的水平，并且可以持续多年，甚至几十年。因此，在全球扩张完成之前，没有探索其他增长途径的压力（也没有可用资源）。以创新性方法为贫穷客户服务是一个潜在的途径，在 21 世纪初许多跨国公司都把注意力转移到了这个方向。

印度联合利华公司超前于大多数跨国公司，它早在 20 世纪 80 年代就开始迎接这项挑战，把注意力集中在香皂和洗涤剂上。[2] 公司坚信，服务穷人的方法不仅从经济角度看是最英明的事，而且从社会角度看也是最正确的。通过为穷人制造优质可靠的品牌产品，印度联合利华公司提高了人们的生活水平。作为对这个市场的承诺的一部分，印度联合利华公司在管理人员培训时要求受训人员在乡村待 6~8 个星期。印度联合利华公司的母公司——联合利华也分享了同样的热情。它相信到 2010 年，一半的销售收入都将来自发展中国家，而在 2000 年，它仅占 32%。

印度联合利华公司深入乡村穷人的方法中包括致力于研发工作。这偏离了低收入市场的一般战略。许多公司都认为高科技研发不可能适宜于低价产品的预算，并且认为为穷人开发产品仅仅是通过降低质量而使现有产品更便宜。印度联合利华公司的密集型研发方法获得的回报是开发出了“微风 2 合 1”——一种把洗发和香皂合二为一的产品，它不仅是成本经济型的，而且不像一般香皂那样伤害头发。印度联合利华公司还发现采用小包装，甚至一次用量，是成功的关键，因为穷困的客户往往一次买不起较大数量的产品。

印度联合利华公司也改变了针对乡村穷人的营销方法。由于识字率和电视的普及率迥然不同，所以印度联合利华公司不得不将其对传统媒体渠道的依赖降至最低限度，而去寻找以更人性化、更直接的方式向消费者传递信息。他们的解决方案包括聘请演员、舞蹈演员和魔术师进行流动演出，在娱乐村民的同时，也教育他们卫生保健知识，提升他们对印度联合利华公司品牌的认知度。这些宣传活动往往在几天前就让村民激动不已。公司还利用能把成千上万的人聚集到同一个地点的节日，进行产品展示。在产品展示时，教育潜在客户认识污垢和细菌的危险，用紫外线灯向他们显示细菌位于手的哪个部位。

最后，印度联合利华公司发现了新的销售方式。它借鉴雅芳和安利的方式，鼓励村民自己经营，销售印度联合利华公司的产品。虽然印度联合利华公司也向本地商店分销产品，但是更人性化的销售方式促进了营销工作，让消费者看到使用印度联合利华公司产品的好处。这种销售方式要求大量培训工作，因为许多渴望向邻里销售印度联合利华公司的产品的人都是文盲，没有相关工作经验。

拓展产品组合

印度联合利华公司在向印度乡村穷人提供品牌产品方面的开拓性工作逐渐对公司的整个品牌组合产生了影响。印度联合利华公司仍然致力于探索其他增长机会。在 20 世纪 90 年代初，食品类在总体产品组合中仅占一小部分，只有食用油。联合利华公司在全球各类食品市场中都积累了丰富的经验，根据它的建议，印度联合利华公司认为他们能够大力拓展食品业市场。其中有三个方面的理由：

- 市场巨大——食品占印度全部经济消费总额的 50%。
- 印度联合利华公司在印度乡村销售产品的现

2. For a more detailed description of Hindustan Lever's initiatives to serve India' s rural poor, see Rekha Balu, “Strategic Innovation: Hindustan Lever Ltd.,” *Fast Company*, June 2001, p. 120. The remainder of this section briefly summarizes that article.

有系统可用于大多数食品产品。

- 尽管印度拥有浓厚的民族和文化多样性，但是印度联合利华公司已证明有可能创造全国范围的大规模市场品牌。

在1993年，通过收购，他们进入了水果和蔬菜产品加工领域，比如：番茄酱、果酱和冷饮料。此外，在1994年，公司委派了一个四人研发团队，调查食品类的各种增长机会。研发团队了解到印度80%的食品现货销售都是原材料、未加工过的——基础的谷物和其他主食是最大的食品类别，其中大多数都是在本地生产和销售。

因为这是一个如此巨大的市场，所以研发团队调查了几种主要市场，包括小麦、大米、豆类、盐、调料等。每种食品都有不同的供应链、生产及相应的消费者决策过程。因为盐是印度联合利华公司许多其他产品的原材料，所以公司拥有大量关于盐业市场的知识。因此，研究工作进展迅速，几乎立即就把盐业选作一个扩张领域。在又经过了一年的努力后，研发团队又把面粉市场选作居于第二位的具有吸引力的市场。

在许多标准中，最重要的一个是消费者对品牌质量的承诺和重视程度。例如：大米未列入选择之列，因为消费者自信他们能根据外观检验并判断大米的质量。相比之下，小麦的品牌承诺就至关重要，因为消费者需要花费大量人工烘制面包，并且只有在做好面包后，才能判断小麦的质量。盐的品牌价值也很大，因为消费者自己无法添加碘这种健康添加剂。

市场进入——Kissan Annapurna 碘盐

公司经过广泛的研究，包括成百上千小时倾听消费者意见和检验诸如新鲜度、纯度、质量和便捷程度之类的概念，确凿地证明纯度是盐最重要的特性。初期的宣传把产品定位于优于非品牌产品，因为非品牌产品含有杂质，甚至外观脏且有变色。因为印度联合利华公司认为任何现有品牌都无法转化为盐的品牌，所以决定创建一个新品牌——Kissan Annapurna。

在1995年进入市场时，印度每年消费的650万吨的盐中，只有10%是品牌精盐。印度联合利华公司认为与其一个一个地争取现有品牌精盐的消费者，不如通过升级产品，来拓展市场，这样更合理。

即使在印度较发达的城市，大多数消费者也都消费非品牌盐。尽管印度75%的人口都在乡村，但是印度联合利华公司还是决定首先致力于城市市场，以证明新产品是否能生存。

生产和分销战略

在印度，盐的生产能力远远超过了需求。为了避免进一步增加生产能力，同时也是因为印度联合利华公司觉得它最大的竞争力在于研发和营销，印度联合利华公司立即开始寻求生产合作伙伴。基本筛选标准是生产工艺的质量和企业管理者的诚信。一旦合作伙伴就位，印度联合利华就在管理生产、转让技术、提升质量和清洁度标准中发挥了积极作用。随着时间的推移，他们已经能够提高生产商的生产利用率，从而降低了成本。

印度联合利华公司希望把财务风险控制在最低限度。通过生产能力的联盟，以及与公司其他产品分享分销资源，新产品固定资产投资几乎为零。

尽管生产和分销方法发挥了巨大作用，但是成本竞争力仍是印度联合利华公司的一大难题，因为每个市场的竞争都是本地化的。印度联合利华公司面临着高额运输成本，尤其是在印度的北部和东部，他们距离成本效益最高的盐业生产基地最远。本地非品牌生产商所面临的运输成本则低得多，也没有精炼或包装成本。由于这个原因，Kissan Annapurna 盐定价为每公斤6个卢比(约为0.03美元)，是一般非品牌盐的成本的两倍。

虽然城市市场最初的反应表明，有可能把非

品牌盐的消费者升级为品牌盐的消费者，但是降低成本仍是优先考虑的问题。印度联合利华公司发现了一种降低成本的方式，他们采用了不同于公司其他产品的分销管理方式。因为盐的保存期限、价格重量比，以及税收都不同于印度联合利华公司的其他产品，所以简单地在公司其他产品的分销系统中搭便车就不太合理。终究，盐的分销比公司其他产品更严重地依赖于铁路运输，没有太多的中间商，有时甚至销售给批发商而不是零售商。

营销战略

印度媒体的分散性为印度联合利华公司提供了一个渐进式试销产品的机会。在最初投放产品的几个城市，印度联合利华公司感到很欣慰，因为发现他们成功地把消费者从非品牌盐消费者升级为了品牌盐消费者。

但是，随着新产品展示的不断进行，他们开始关注公司的纯度定位战略并没有使产品与其他品牌盐显著区分开来，没有充分差异化，因此担心未必能留住赢得的新客户。因此，印度联合利华公司开始探索更强势的产品定位方式。他们把重点从纯度转移到健康上，即从产品特性转移到消费者利益上。从本质上讲，他们把产品定位为健康产品，因为没有杂质。

后来，印度联合利华公司调研了在宣传中增加有关碘的信息的可能性。尽管所有品牌盐都是碘化盐，但是印度人都没有真正从营销的角度利用碘化盐的概念。

碘是调节人体机能的关键化学元素，特别是对于甲状腺。缺碘会造成儿童智力发展不正常，身体发育不良。

政府采取了不同措施解决这个公共卫生问题。在有些国家，几乎所有盐都是碘化盐。而在其他国家，人们没有碘缺乏症，并且反对化学食品添加剂，盐就不碘化。在个别发展中国家，包括印度，普遍存在碘缺乏症。多个非营利、非政府组织也参与游说，希望政府在保证人口摄入足量碘方面发挥更积极的作用。

人们认为盐是最理想的碘摄入途径，因为每个人都食用它。水不太理想，因为它的来源过多、过于分散。在研究了与碘相关的卫生保健问题之后，印度联合利华公司发起了一项活动，教育公众认识摄入足量碘的重要性。因为印度联合利华公司认为与甲状腺肿相关的营销信息，特别是视觉信息，没有吸引力，所以他们决定聚焦在智力发展上。

安妮儿·杜阿是 Kissan Annapurna 盐的高级品牌经理，她回忆起了发现这样一个强有力的却又未曾开发的营销切入点时的激动心情：

> 每位母亲都希望孩子比邻居家的孩子更聪明。因此，让孩子食用碘盐就符合她的利益。这就是这个大胆的创意。利用这个创意，我们触动了目标消费群心中那根感性的弦。这是一个巨大的机会，因为研究表明，在印度几乎每一个地区都处于碘缺乏症的危险之中。我们看到尤其在印度有巨大的机会和需求。

父母们最初怀疑他们的方式。在焦点客户群中，典型的反应都是：“如果您认为我们会相信孩子的智力发展这样玄妙的东西取决于正确摄入盐，您一定认为我们真的是傻瓜。”

为了证明他们的说法，印度联合利华公司寻求权威政府机构的支持。最终他们还必须为政府的支持付费。政府反过来利用这笔钱支持研究项目。由于政府的支持，焦点客户群对印度联合利华公司所传递的信息的反应有了显著改进。

然后，印度联合利华公司大胆地启动了他们的宣传计划，极力强调碘的健康因素。一般的广告可能会演一个孩子问父母一个智力题——一个父母答不出来的问题。然后孩子会告诉父母答案，而父母则会为此而骄傲。印度联合利华公司还提供 Annapurna 奖学金，并举办竞赛，鼓励儿童提出有趣的问题和答案。

按照印度联合利华公司在香皂和洗涤剂领域的开创性技术，“展示车”在印度乡村巡游，表演节目。对于许多乡村居民而言，这些表演可能是他们有生以来第一次观看的移动电影，所以在“展示车”抵达之前，全村就早已沸腾了。公司还在学校集会上宣传，留给学生一些盐试用品和优惠券。卫生保健图表也张贴在学校墙壁上。虽然成本很高，但却创造了绝佳的口碑。

在寻找建立竞争优势的新资源时，印度联合利华公司的研究员发现了一个问题。印度人习惯在烹饪前用大量盐腌食品，而不是洒在食物的表面。而且印度的调料和烹调方法创造了各种分解盐、蒸发碘的条件。盐中的许多碘都蒸发掉了。

因此，印度联合利华公司开始了多年的研究工作，开发防止碘流失的技术。到 2002 年，印度联合利华公司推出了一种新的改进后的盐，它含有所谓的“稳定碘”，已在 80 个国家注册了专利。他们发现，如果碘包上一层氢化铝和氢化镁（二者都含在盐内）膜，那么即使在印度的烹饪方法中也能留住碘。关键是，印度联合利华公司能够通过核成像技术证明外包膜材料在消化过程中会分解——否则碘又会排出体外。

领导外包膜技术研究的马赫德鲁先生通过这个项目思索了管理思想：

> 在某些产品上，我们知道我们必须做基础研究。如果从营销角度、从消费者角度看能引起足够的关注，我们就准备投入资源。我们坚持了两年半。每 3~4 个星期就检查一下进展。我们在做什么？我们有进展吗？产生什么问题了吗？值得继续投资吗？我们怎么知道成功了呢？

正如许多基础研究项目一样，准确地预测研究进展很难。

由于拥有了新的技术突破，印度联合利华公司信心百倍，认为他们能够把成功建立在盐类产品上。到 2002 年，印度联合利华公司已遥遥领先，占据了 17.7%的市场份额，把原来雄踞市场份额第一位的塔塔公司拉下马来。

建立主要食品机构

印度联合利华公司是从内部为 Kissan Annapurna 团队配备人员的。高级品牌经理安尼尔·杜阿在成功完成了其他两个品牌的指定工作后，从 1995 年一开始就负责 Kissan Annapurna 品牌发展。调任负责新产品投放工作的人员都是根据一定素质挑选的，并按照这些素质定期评价，作为绩效评价过程的一部分。古南德·卡坡先生于 1999 年升任印度联合利华公司负责食品类的执行董事，他介绍了人员配备战略：

> 我们可能拥有亚洲最好的管理团队。这正是我们公司的优势，也是我们从内部配备人员的原因。对于新品牌，我们一般找那些在过去的指定工作中表现出强烈动力的人，那些更善于处理不确定性的人。您想要敏于行、头脑灵活的人。而在成熟行业中，您可能会丧失这些素质。

人们深知，为新产品工作能加速在公司的晋升。高级管理层经常会为有才华的下属提供为新产品工作的机会，但是一般而言这样做并不符合他们自身的利益。出于这个原因，人员配备决策都是由直接向公司报告的人力资源部门制定。印度联合利华公司的大多数管理人员都追求新产品方面的任务，尽管有些人更喜欢积累专一的职能经验，追求一般管理职业路径。

因为为新产品工作加速了职业生涯发展，所以印度联合利华公司觉得不需要提供任何基于新产品业绩的激励薪酬。职业发展的潜力足以作为一种奖励。

Kissan Annapurna 的组织结构遵循了其他品牌的组织结构模式。但是，因为营销系统有所不同（以城市为中心，严重依赖批发商等），所以按职能进行的人员配备水平也略有不同。

但是，管理团队建立了一种不同于核心业务

的文化。部门的一个运营经理苏迪帕·沙哈帕卡回忆起最初的日子：

> 在我 1996 年调任到这里时，我觉得的确缺失组织结构。在此之前，我一直在洗涤剂部门工作。那里的制度很完善。他们确实有一些特立独行者和桀骜不驯者，但是人们大体都明白要遵守制度。他们理解制度的约束性。而在这里，我们只是尽力寻找做事的方法，以及如何获得成功。起初有点儿害怕，界限突然就消除了。您决定做什么，您完全有自由，可以大展身手，所以您可以实现您的创意，证明您的创意是有价值的。您必须自己进行内部沟通，完成每件事。这里根本没有制度，只不过是一个小工厂。

沙哈帕卡先生还认为他向其报告工作的经理是跨职能的，更能根据对优势和劣势的大体估计迅速决策。

随着时间的推移，逐渐建立了各项制度，这个机构也觉得越来越像核心业务。例如：在销售队伍中，强调“印度联合利华方式”。销售团队与公司的销售战略团队一起工作，总结适用于整个组织的经验教训。

主要食品机构的管理控制

印度联合利华公司在投放新品牌方面拥有丰富经验。因此，他们能够合理估计创建新品牌的成本。虽然没有数学公式，但是有大量其他品牌的数据。他们每年都为新业务攀升时他们愿意承担的总亏损确定一个上限。

这个上限不是直接商定的。相反，品牌管理团队会确定他们在建立品牌时希望采取的具体行动步骤。上限的协商将集中在实际采取哪个行动步骤上。然后，如果总预算不符合以前的品牌发展经验，就会重新考虑计划。在品牌的寿命期内，最大的不确定性涉及碘外包膜技术的研究。

每个月，公司总部都会审查财务结果，并详细分析计划与实际的差异。行动计划的任何变动都基于这些绩效评价。有几个主要绩效指标要定期审查，包括从非品牌产品升级到品牌产品的消费者的比例（较之从其他品牌产品转换过来的）。这个变量是财务预测的重要输入信息。他们还密切监测毛利润边际率，并把它视作客户对品牌的重视程度的直接反映。

在碘盐业务的发展过程中，经营计划并没有真正发生任何重大变动。虽然存在地区障碍，需要克服，但是没有发生影响总体计划的变化。

未来方向

邦加先生觉得恢复印度联合利华公司以前的收入增长水平需要采用更积极的方法。他的管理团队将在下一周开会，讨论他们将根据什么标准从数个建议中做出选择。

思考题

1. 请说明一下印度联合利华公司在 1995~2002 年期间所采用的销售收入增长战略，并予以评价。
2. 请评价一下印度联合利华公司在实施 Kissan Annapurna 碘化盐这个增长项目时所采用的控制系统和组织结构。
3. 在向董事长邦加先生提交的数个增长建议中，您会采用什么标准从中做出选择？
4. 您为什么选择这些标准？
5. 根据您的决策，印度联合利华公司应该保留哪些管理实践和管理控制过程？还必须建立哪些新的管理实践和管理控制过程？

案例15-5

施乐公司（B）

我们国际和国内的转移定价系统没有真正的程序上的差异。但是，对于国际转移定价系统而言，问题的广度要大得多。转移定价和外币折算对于我们而言不成问题。由于我们依照清晰明确的简单指南运作，所以我在管理中可以迅速解决潜在的冲突。

——拉霍南丹·萨齐，公司财务总监

萨齐先生正在解释施乐公司轻松解决许多跨国公司都面临的两个变化莫测的问题的过程，即跨国转移定价和外币交易。他进一步说明了管理控制系统的细节。

转移定价

正如萨齐先生所介绍的转移定价政策一样，纯粹的国内转让采用全面标准成本定价方法，而境外转让则采用公允市场价格方法。这是一般原则，但是整个系统十分灵活，可以对不断变化的市场条件迅速做出反应。文件处理行业竞争极其激烈，施乐公司的管理层意识到他们必须应对各种全球市场压力和竞争挑战。施乐巴西公司的一位经理宣称："转移定价系统是用来对市场发动进攻的。虽然我们向市场推出产品，但施乐公司知道收入的来源是客户。"

国内转移定价不像国际转移定价那么复杂。美国公司的财务总监解释道：

> 我们从隶属于办公文件产品事业部的纽约等地的工厂采购复印机。一般而言，转让都基于全面标准成本，其中包括一小部分管理费用。如果我们需要考虑竞争定价威胁，那么我们就无法重新议价。制造单元不能按低于成本的价格销售，因为他们的组建原则是至少能弥补成本。在这种情况下，各单元的财务总监会讨论在定价侵蚀销量的情况下节约成本的可能性，及其对销量的意义。公司财务总监会在适当时候介入，协调双方，以达成解决方案。激进的经营目标和激烈的竞争往往使会议开得热烈而艰难。我们同处于一个法律实体中，转移定价的影响在合并报表时抵消了。人们的主要关注就是转移定价对实现经营单元业绩目标的影响。
>
> 过去，转移定价曾经是一个大问题。由于严格的经营单元业绩目标，我们完全聚焦在单个经营单元上。而今，我们意识到了市场份额的价值，以及应对竞争的必要性。我们明白了业绩来源于对外部客户的销售。除了"TQL（全面质量领先）"之外，工厂对成本也很敏感。

由于问题的广度较大，所以境外经营单元之间的转移定价更复杂一点儿。其中涉及两个不同的法律实体、两套不同的政府机构（税收、关税等），以及两种不同的货币。在这种情况下，施乐公司采用了基于市场的转让价格（市场价格减

本案例由巴布森学院劳伦斯·卡尔副教授编写。

去折扣）。这种方法符合美国税法的要求，也符合大多数其他国家的税收当局制定的法规的要求。此外，市场价格遵循了 OECD 指南。转让价格的单位（货币）依产品附加值（将在下一节解释）而变化。基于市场的转让价格不仅为销售单元提供了一定的边际，而且为购买单元提供了足够的边际。这样就使购买单元在本地市场上具有竞争力。

购买单元应遵守关税等法规。各地区的销售处与工厂合作，让他们随时了解所在国的法规，并定期通知工厂法规要求的变化。他们还确保生产工厂了解竞争压力。施乐公司的销售单元不断鼓励提高质量和改进价格（TQL 计划的一部分）。

施乐公司的新企业文化提升了客户的认知度。销售单元知道自己必须应对内部客户（购买单元）。同时，他们也明白企业成功源自外部客户的满意度。

转移定价对业绩规划的财务影响既涉及购买单元的经理，又涉及销售单元的经理。诸如关税税率或国家法规（即：配额等）之类的外部因素可能会对业绩产生负面影响。由于最近在经营单元和经理的绩效考核中纳入了更多的经营统计，所以压力有所缓和。萨齐先生指出：

> 我们了解经营情况，并不只根据财务数字管理。我们在财务总监定期会谈时可以公开讨论潜在的问题，它为探索替代解决方案提供了一种手段。这正是财务经理能帮助直线经理全面理解其决策的意义。我们还避免让公司高层感到惊讶。

公允市场价格保留了法律实体的独立性，但同时也要求管理者更密切地考虑各种经济变量。来自南美的一个经营单元经理发表了如下见解：

> 财务指标的确公平。但是，有时有些事件是我们所无法控制的，他们会改变我们的业绩。如货币贬值，或者出乎意料的本地通货膨胀，或者不确定的法律环境。我觉得管理层有时不考虑这项因素是不公平的。我们需要跨更长期限（一年以上）的财务指标。

如同国内转移定价一样，如果现行的竞争形势发生了变化，或者诸如货币、税金、关税和国家法律之类的经济变量发生了变化，那么就需要重新议定跨国转让价格。在这种情况下，他们运用基于市场的转让价格，作为议定价格的参考标准。公司财务总监解决各实体之间的冲突或僵局。

货币风险会引起转移定价上的重大波动，它是合并境外业务的关键。萨奇先生对施乐公司的政策做了如下解释：

> 所有经营单元都要为各自交易的货币风险负责，无一例外。经理们必须进行管理。对于通过制造单元采购的产品，规则很简单。如果制造增加了三分之一以上的产品价值，那么制造单元就要负责管理货币套期保值。请注意，转让价格采用购买方的货币计算价格；如果制造单元增加的产品价值不到三分之一，那么购买单元就要负责货币套期保值。请注意，转让价格采用卖方的货币计算价格。在这种情况下，价值就传递到营销机构，要求补偿。实质上，我们根据基于成本和最终销售价格的附加值确定转让价格。

施乐公司的管理层用本地货币和美国货币计量境外经营单元的业绩。但是，境外经营单元的经理意识到合并报表时采用的货币是美元，美元报告也是公司规划的基础。境外经营单元经理以美元形式做出承诺，公司管理者期望他们实现这种承诺。管理本地货币波动的压力明显落在了境外经营单元经理的肩上。

萨齐先生对外币折算风险货币政策做出了如下解释：

> 外币的正常波动，即从 3%~5%，应由境外经营单元管理者负责弥补。我们以美元合并、报告公司的经营结果。我们也期望经理们报送经营规划。对外币折算风险的管理

图表 1

温瑞工厂的报告体系

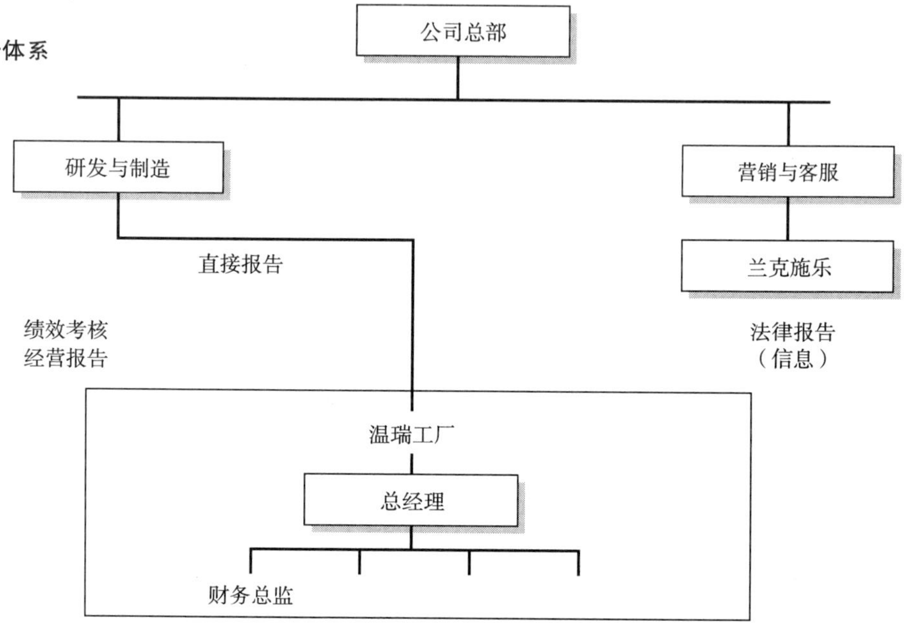

由本地经理决定。如果货币相对于美元的币值波动幅度大于 3%~5%，那么外币折算风险就变成了公司的问题。我们将盯住标准规划发展速率（PDR），协调并共同管理境外经营的风险。在每周一次的财务总监非正式会谈中，我们也定期讨论货币话题。

萨齐先生表示，如果货币有利于境外经营的发展方向，那么公司就在经营单元绩效考核时把推升了的财务结果打折。在这种情况下，公司管理层可能授权境外经营把受货币驱动的那部分利润投回本经营单元，但取决于投资建议的吸引力。

萨齐说："我们会在财经委员会上，以及在财务总监之间的电话中，定期讨论外币和转移定价话题。我们彼此信任，也乐意讨论这些话题。我们就是这样防止年末引起公司震惊的。"

一个经营单元的下属部门的经理发表了一下见解：

在美洲客户运营部（中南美洲）中，美元是我们的记账本位币。[1] 我们用美元交易，基于会计核算的业绩指标也是以美元计量。我们计算出一个规划发展速率（PDR），以此作为所有外币折算的参照标准。我们每季度更新一次转让价格。

关于转移定价、外币折算和绩效考核系统的例子如下。

荷兰温瑞工厂定期向美国营销单元销售或转让复印机。荷兰温瑞工厂从法律上讲是兰克施乐公司的一部分，但是，在绩效考核时，总经理要向制造支持部报告，这是公司总部的一项职能。公司管理层做了如下解释：

荷兰温瑞工厂的厂长目前通过兰克施乐公司的制造经营机构向制造支持部报告。我

1. 本地货币是美国以外的所有其他国家的记账奥瑞利联合公司本位币。

> 们目前正在研究关于如何协调重点工厂，让它们过渡到向经营团队/经营事业部报告。但是，荷兰温瑞工厂的产品序列不只支持一个经营事业部。有些领域重点工厂未涵盖，仍然向制造支持部报告。

请注意在荷兰温瑞工厂（图表 1），有些职能不仅向温瑞工厂的厂长报告，而且向制造支持部以外的机构报告。

业绩指标由制造支持部驱动，材料和供应职能由各负责机构驱动，如组织机构图所示。这项职责将按照图表 1 所示的报告体系转移给各事业部，并接受制造支持部、供应部门、一体化供应链，以及客户服务机构的支持。从本质上讲，总部支持机构为经营事业部提供服务，并维持适当的业绩指标。

思考题

1. 您是西部地区销售的财务总监，销售经理向您寻求帮助。加利福尼亚的一家大型银行拥有 200 个分支机构，由于价格原因，它选择取消施乐复印机合同（年租赁收入为 100 多万美元）。一个西海岸组装厂参与竞争，报价比您的低 27%。在不会对预算产生重大影响的情况下，您可以弥补上 5%~7%的差价。如果要争取到客户，您需要工厂的定价帮助。您联系了美国客服部的财务总监，因为销售收入的损失会严重影响您的预算。施乐公司有哪些选择？萨齐先生如何解决这个问题？
2. 温瑞工厂向美国客服部转让复印机，价格是欧盟港口 FOB 价。如果美国客户的价格为 100%，温瑞工厂的转让价格为 60%，请回答下列问题：
   a. 采用什么货币为交易计价？
   b. 谁为套期保值负责？
   c. 作为温瑞工厂的财务总监，您的货币风险是什么？
   d. 这将如何影响您的业绩指标？
   e. 这个系统对您而言公平吗？如有必要，您会进行哪些变革？

第 16 章

项目管理控制

在前几章中，我们聚焦在一直从事同类活动的组织的管理控制上。第 16 章将介绍一种用于项目管理控制的略有不同的过程。我们将首先讨论项目性质，以及项目管理过程与持续经营的控制有何不同，然后用主要篇幅讨论：（1）项目控制发生的环境；（2）项目控制过程的各项步骤，即项目计划、项目执行和项目评估。

项目性质

*项目是指旨在达到足以引起管理层重视的特定结果的一系列活动。*项目包括建设项目、生产大型独特产品（比如：涡轮机）、工厂重组、开发和营销新产品、咨询项目、审计、收购和剥离、诉讼、财务重组、研发工作、开发和安装信息系统等等。

一旦管理层批准了所要从事的活动的一般性质，批准了完成工作所需的大体的资源数量（或者，在有些情况下，批准了工作第一阶段所需的资源数量），项目就开始了；一旦实现了目标，或者取消了项目，项目就结束了。建筑物的建造和修缮可以称为项目，但建筑物的日常维护则不是；制作电视“特别报道”可以成为项目，但制作电视晚间新闻则是持续经营。

项目完成后可能导致持续经营，如成功的开发项目。从项目组织转换为经营组织的过程涉及复杂的管理控制问题，但是我们不在这里讨论这些。[1]

项目各不相同。在一个极端，项目可能只涉及一个或几个人，需要几天或几个星期，从事以前多次重复的工作，例如：会计师事务所从事的年度财务审计；在另一个极端，项

1. For a discussion of this problem, see Paul R. Lawrence and Jay W. Lorsch, *Organization and Environment* (Homewood, IL: Richard D. Irwin, 1969) .

目可能涉及成千上万个人，需要几年，从事的工作不同于以前，如人类首次登月工程。我们这里的讨论不会涉及这两个极端情况。相反，我们集中在具有正式控制系统，并且消耗足够的资源，从而有必要建立正式管理控制系统的项目。极其复杂的首创项目比我们这里所介绍的具有更复杂的控制问题，但这些问题和管理控制系统的一般性质是相同的。

对比持续经营

本小节介绍使项目管理控制有别于持续经营活动的管理控制的项目特征。

单一目标

项目通常具有单一目标，而持续经营则具有多重目标。在持续经营的组织中，除了监管日常工作之外，责任中心的经理还必须监管日常工作，制定影响未来经营的决策，订购影响未来经营的设备，计划营销活动，制定和实施新规程，为新岗位培训员工。尽管项目经理也制定影响未来的决策，但是所跨期间是截至项目结束。项目业绩可以根据预期的最终产品评判，而经营业绩则应该根据经理实现的所有经营结果评判，其中有些直到一年后才能知道。

组织结构

在许多情况下，项目组织是叠加在持续经营的组织之上的，它的管理控制系统也叠加在持续经营组织的管理控制系统之上。在持续经营组织中，不存在这些问题。必须在项目组织和持续经营组织之间建立令人满意的关系。同样，项目的管理控制系统必须在某个点上与持续经营组织的控制系统相啮合。

集中在项目上

项目控制集中在项目上，它的目标是在一定期间内，以最优的成本获得令人满意的结果。相比之下，持续经营组织的控制则集中在一定期间，如一个月，以及这一期间实现的所有结果上。经营活动的管理控制的主要焦点是成本，质量和生产进度则视作例外，即：正式系统强调成本绩效，但是如果认为质量和生产进度令人不太满意，就需要编制特别报告。

需要权衡

项目通常涉及范围、进度和成本之间的权衡。成本可以通过缩小项目的范围来降低。进度可以通过加班成本来缩短。同样的权衡也发生在持续经营组织中，但是他们不是这类组织的一般日常活动。

不太可靠的标准

项目的业绩标准往往不如持续经营组织的可靠。尽管一个项目的规格，以及制定规格的方法可能类似于其他项目，但是从理论上讲项目设计只用一次。

但是，评价重复性项目活动的标准可以根据过去的经验，或者根据最优时间和成本的工程分析制定。只要一个项目的各项活动类似于其他项目，那么从这些项目中获得的经验就可以被用作估计时间和成本的基础。如果项目是建造房屋，那么就存在关于建造类似房屋的单位成本的优质历史信息（但是，材料、建房技术，或建筑规范的变化可能使这项信息不宜于作为建造下一座房子的成本指南，而不同工地的具体问题也可能影响一座房屋的实际成本）。许多项目都明显有别于先前的项目，因而历史信息无济于事，必须考虑他们的特性。建造房屋的成本估计通常包含或有因素，但是在计算工厂生产产品的标准成本时，这项或有因素并非惯例。

计划的不断变化

项目计划往往不断发生显著变化。一个建设项目的无法预见的环境条件，或者在咨询项目中发现的意外事实，都可能会导致计划的变动。研发项目一个阶段的调查可能会完全改变后面各阶段的最初计划。

不同的节奏

项目的节奏不同于持续经营。大多数项目开始小，逐渐达到巅峰活动量，然后在接近结束时又逐渐缩小，只剩下收尾工作。持续经营活动则往往在相当长时间内维持在同一活动水平，然后从这个水平变化成了另一个水平，或沿同一水平变化。

更大的环境影响

项目往往比持续经营的工厂受外部环境的影响更大。工厂的四壁和屋顶可以保护生产活动不受环境影响。建设项目则发生在户外，受气候及其他地理条件的影响。如果项目涉及采掘，那么地下条件也可能导致意外的问题，即使对于建造房屋这样一个简单项目也是如此。咨询项目发生在客户的经营场所，目的是为了“寻求解决方案”，无论是地域上的，还是组织上的。

许多项目的资源都要运到项目工地。建设项目的工人要到项目工地去。建设项目还有其他物流问题，一般不会发生在生产经营中。生产线的工人一般都在室内工作。

例　外

这些区别并不是泾渭分明的。一个加工车间一般都生产不同的最终产品，比如：印刷公司。但是，这类组织的管理控制集中在一个月或一定期间内活动的整体性，而不是单项工作。在有些项目中，团队成员是聘来工作的，他们与持续经营组织的职能部门无关。研究实验室的项目是在经营场所进行的，而不是在外部设施上进行的。

控制环境

项目组织体系

项目组织是临时性组织。从事项目时组建一个团队，项目完成后就解散团队。团队成员可能是发起组织的员工，也可能是专门雇佣的，有些人或者全体成员也可能与外部组织签订了雇佣合同。

如果项目完全或部分由外部承包商承担，那么项目发起人就应该迅速与承包商的工作人员建立密切的工作关系。正如我们将在后面讨论的，这些关系受合同期限的影响。如果项目由发起人组织，那么有些工作就可能指派给组织内的辅助单元，并与他们建立类似的工作关系。例如：建筑公司的中央草图设计单元可能为所有项目设计草图，这种安排的管理控制问题类似于外包草图设计的情况。

矩阵式组织

如果项目团队的成员是发起组织的员工，那么他们就有两个“老板”：项目经理和永久性委派的职能部门经理。这种安排称为*矩阵式组织*。在船舶修理中，技术工人（例如电工、金属片制造工、水管工）都是从造船厂的各种职能部门抽调的，需要他们的技能时，就参与项目工作。但是，他们最基本的忠诚是对于职能部门的忠诚。他们是否在规定时间出现在工作现场在部分程度上取决于职能部门经理制定的决策，职能部门经理决定需要他或她控制的资源的所有项目的优先顺序。因此，项目经理拥有的人事权不如生产部门经理大，生产部门的员工对本部门有难以分割的忠诚。

项目经理希望全神贯注于本项目，而职能性责任中心的经理则必须考虑本责任中心的员工参与的所有项目。这种利益冲突是不可避免的，而且会制造紧张气氛。

组织结构的发展

不同类型的管理人员和管理方法可能适宜于项目的不同阶段。在建设项目的计划阶段，建筑师、工程师、调度员和成本分析师占主要地位。在项目执行时，管理者应该是生产经理。在最后阶段，工作逐渐减少，主要任务可能就是由项目发起人验收，同时，营销技能成为基本要求（尤其是咨询项目）。

合同关系

如果项目由外部承包商承担，就要另外建立一级项目控制。除了承担项目的承包商执行的管理控制之外，发起组织也有自己的控制职责。承包商可能把自己的控制系统应用在项目上，但这种系统可能需要适当调整，以提供发起人需要的信息（这并不意味着系统重复了，发起组织的系统应该利用项目系统产生的数据）。

合同安排形式对管理控制具有重要影响。合同分两类：固定价格合同和成本补偿合同。每类合同都有许多变形。

固定价格合同

在固定价格合同中，承包商同意在规定日期按规定价格完成规定工作。通常，如果工作未按项目标准完成，或者不符合进度安排，就要罚款。因此，承包商似乎承担了所有风险，因而也就承担管理控制的所有责任。但是，事实决非如此。如果发起组织决定改变项目的范围，或者承包商遇到了合同未约定的情况，就下达“更改指令”。双方必须就每项更改指令的范围、进度和成本意义达成一致。只要更改指令涉及成本的增加，这些成本就由发起组织承担。建造一座传统的房屋可能会下达十几个更改指令。在一些复杂的项目中，甚至会下达几千个。在这些情况下，工作的最终价格实际上不是事先固定的。

在固定价格合同中，发起组织负责审计工作的质量和数量，以确保符合规定要求。这是一项全面的工作，同在成本补偿合同中审计工作成本一样。

成本补偿合同

在成本补偿合同中，发起组织同意支付合理的成本和一定利润（经常设定一个“不能超出”的上限）。在这类合同中，发起组织对成本控制具有重大责任，因此需要与固定合同承包商所采用的系统和人员可比的管理控制系统和相关人员。成本补偿合同适宜于事先无法可靠估计范围、进度和成本的项目。

合同类型对比

固定价格合同的价格是由承包商报出或建议的。在计算价格时，承包商考虑了或有因素，为或有因素留出的余量因不确定性的程度而变化。因此，对于不确定性大，为或有因素留出的余量也相应较大的项目，在固定合同中，发起组织最终支付的价格可能比成本补偿合同高，因为成本补偿合同不考虑或有因素。额外支付的钱是承包商承担额外风险的一种回报。

固定价格合同适宜于项目范围可以事先准确界定，且不确定性低的项目。在这些情况下，承包商无法通过议定“更改指令”而显著提高价格，因此可以激励他控制成本。如果承包商签订的合同不包含关于因项目范围或不可控的不确定性导致的调整的充分条款，那么他就会抵制发起组织进行合理更改的要求，在极端情况下，他可能不愿意完成项目。如果承包商甩手走了，就会两败俱伤：发起组织得不到项目结果，承包商也得不到报酬，而且双方都会发生诉讼费。

在成本补偿合同中，利润要素或者称佣金通常应该是一个固定货币金额。如果是成本的一定比例，那么就会激励承包商提高成本，藉此提高利润。但是，如果项目范围或进度发生了显著变动，通常就要调整固定佣金。

合同变形

这两类合同有许多变形。在*激励合同*中，竣工期或成本目标，或二者兼而有之，都是事先规定的，如果提前竣工，或者发生的成本低于目标成本，就奖励承包商。奖励形式是竣工奖金或成本奖金，或者二者兼而有之。竣工奖金按节约的时间计算；成本奖金按节约的成本的一定比例计算。这类合同似乎克服了成本补偿合同的内在缺陷，因为它没有这种奖励。但是，如果目标不现实，激励也就无效。因此，激励合同是一种中间立场，它适宜于能够在一定程度上可靠地估计竣工时间和成本的项目。

不同的合同类型可能适用于项目的不同活动。例如：由于高度的不确定性，直接成本可以依照成本补偿合同补偿，而承包商的管理费用则可以按固定价格合同弥补，可以是项目总金额的一定比例，或者是每个月的一定比例。如果管理费用采用固定价格合同，就可以激励承包商控制成本；避免检查个人工资标准、福利、奖金及其他津贴合理性的必要性；减少承包商为不称职的人员支付大笔工资费用的倾向；鼓励承包商尽快完成项目，从而可以把监管人员解放出来，去从事其他项目。但是，这类合同也可能激励承包商吝惜监管人员、吝惜完善的控制系统，或者吝惜促使项目以最有效的方式完成的其他资源。

如果单位成本可以合理地估计，而工作量不确定，那么合同可以规定以固定单位价格适用于实际工作量，例如：在承办酒席的活动中，经常按每餐的规定金额支付费用（可能再加上月度固定管理费用）。

信息体系

工作包

在项目控制系统中，信息按项目要素归集。最小的要素称为*工作包*，归集这些工作包的方法称为*工作分解体系*。

工作包通常指相当短的期间（一个月左右）内可计量的工作增量。它应该有一个清晰的、可确定的竣工点，称之为*里程碑*。每个工作包都应该由一个经理负责。

如果项目具有相同的工作包（例如：办公楼的每层的电力工作都是一个独立的工作

包)，每个工作包都应该以相同的方式定义，以便比较同类工作包的成本和工作进度信息。同样，如果一个行业为某类工作包的业绩建立了成本或时间标准（正如建筑行业的许多细分市场一样)，或者，如果项目组织根据以前的工作建立了此类标准，那么就应该遵循这些标准的定义。

间接成本账户

除了直接项目工作的工作包之外，还为管理和辅助活动建立成本账户。与工作包不同，这些活动没有定义的产出。他们的估计成本通常按单位时间计量，比如：一个月，正如持续经营的责任中心的管理费用的计量方式一样。

账户表、项目成本的核算规则，以及审批权力和具体签字权力也都事先规定。哪些成本项目将直接计入工作包呢？货币成本归集的最低级别是什么呢？除了发生的实际成本之外，成本承诺应该入账吗？（对于许多类型的项目，这都是极其可行的。）究竟如何把管理费用和设备耗费分配给各工作包呢？

如果在项目期间，事实证明工作分解体系或者核算系统不实用，就必须修订。这可能要求重述许多信息，既包括已经收集的信息，又包括未来计划中涵盖的信息。在中途修订信息体系很难，这是一项耗时费力的工作。为了避免这项工作，项目计划者应该在项目开始之前对设计和安装合理的管理控制系统予以充分考虑。

项目计划

在计划阶段，项目计划团队以曾作为项目决策基础的粗略的估计作为起点。它把这些估计修订为产品、工作进度和成本预算的具体要求。它还建立一个管理控制系统，以及基本的工作控制系统（或者根据以前采用的系统调整）和组织结构图。把负责工作的人员的名字逐个填进组织结构图的方框中。

即使在一个不太复杂的项目中，也要编制一份项目计划计划，即说明每项计划工作由谁来负责；什么时候完成，以及各项计划工作之间的相互关系。计划过程本身是总体项目的一个子项目。为确保计划活动正确地实施，也需要建立一个控制系统。

项目计划的性质

最终的计划由三个相关部分组成：范围、工作进度和成本。

在范围部分，说明每个工作包的具体要求，以及负责人员和机构的名称。正如许多咨询项目和研发项目一样，如果项目的具体要求模糊不清，那么这部分就必须是泛泛的、简明扼要的。

在工作进度部分，说明完成每个工作包所要求的估计时间，以及各工作包之间的相互关系，即：哪个工作包必须在另一个开始之前完成。我们把这组关系称之为“工作关系网”。工作关系网将在下一小节中介绍。

成本在项目预算中表述，通常称之为控制预算。除非工作包十分大，否则货币成本只反映几个工作包的合计数。单个工作包使用的资源以非货币形式表述，比如：人—天数或者立方码混凝土。

工作关系网分析

在编制项目的时间进度时，可以利用几个工具。他们的首字母缩写词分别是 PERT（项目评估与审查技术）和 CPM（关键路径法）。每项技术都分三个基本步骤：（1）估计每个工作包所需要的时间；（2）明确各工作包之间的相互依存性（哪个工作包必须在另一个工作包开始之前完成）；（3）计算关键路径。综合起来，我们称之为*工作关系网分析技术*。工作关系网图包括：（1）数个*节点*（即里程碑），每个节点都是项目竣工之前所必须完成的子目标；（2）连接一个节点和另一个节点的线，这些线表示“*活动*”。完成各项“活动”的估计时间标在工作关系网图中。比如说 A 和 B 的连接两个事件的一项活动表示在事件 A 发生之后，才能开始事件 B。这些活动就是工作包。因此，工作关系网图就反映了在项目竣工前所必须完成的各事件的时间顺序。

关键路径和浮动时间

计算机程序可用于分析项目工作关系网。他们可以明确*关键路径*，即：完成项目工期最短的事件的时间顺序。关键路径如图表16.1 所示。为了完成事件 B，必须首先完成事件 A。这需要 2 个星期。A–B 还需要 5 个星期。B–C 还需要 3 个星期，项目才能竣工。这就是关键路径，共需要 10 个星期的时间。请注意，为了完成事件 B，还必须从事活动 X–B，估计需要 4 个星期。但是，活动在完成了A–B 和 X–B 之后，活动 B–C 才能开始。X–A 和 A–B 共需要 7 个星期，而仅需要 4 个星期就完成的 X–B 则可以在这 7 个星期内的任何时间完成。因此，我们称活动 X–B 有 3 个星期的“*浮动时间*”（slack）。

图表 16.1
关键路径（X–A、A–B、B–C 表示关键路径）

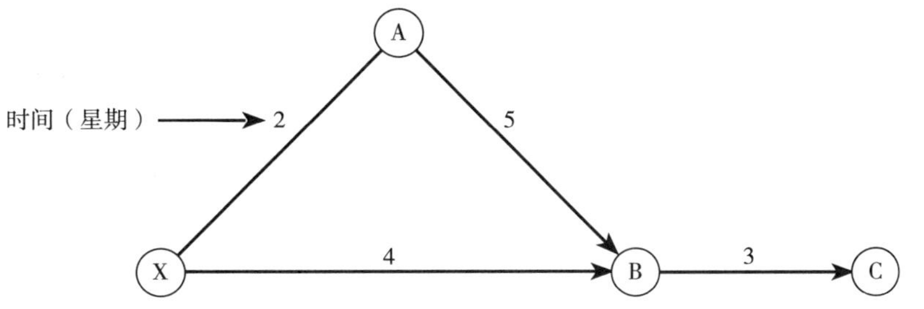

关键路径法和浮动时间的概念具有几个管理控制意义。首先，在控制过程中，需要特别注意具有关键路径的活动，少注意具有浮动时间的活动（但是不能让时间悄悄地溜走，耗费掉浮动时间。然后活动自动出现在关键路径中）。其次，在计划过程中，应该注意减少关键路径活动所需时间的可能性。如果存在这种可能性，就能够减少项目的总工期。第三，通过增加成本来减少关键路径时间是可行的，比如：通过加班，但是不应该花钱减少具有浮动时间的活动的完成时间。

概率 PERT

正如项目评估和审查技术（PERT）的最初设想一样，工作关系网中每项活动所需的估计时间都基于概率计算。每项活动进行三种估计：最可能的时间，乐观的时间和悲观的时间。乐观和悲观的时间分别代表正态概率分布中的 0.01 和 0.99。人们很快发现这种方法在实践中极难应用。负责进行三种估计的工程师及其他人员发现这项工作最难。事实证明，在大多数情况下，所有估计量根本不可能以相同的方式解读所要表达的“乐观”和“悲观”。尽管在文献中，以及对 PERT 技术的正式描述中，仍然使用“概率 PERT”，但是，在实践中，概率部分并未普遍应用。

估计成本

由于实践原因，成本经常在包含几个工作包的归集级别估计。单个工作包使用的资源按实物数量控制，而不是按成本控制，核算每个工作包的成本没有实际意义。

大多数项目的成本估计都不如制造商品的成本估计精确，因为项目不太标准化，因此，同类工作累积的成本信息不是比较的有效基础。但是，如果承包商过去从事过同类工作，那么这些工作包所发生的成本就是估计新项目成本的起点。对于某些工作，已经建立了有助于估计成本的行业准则或经验法则。

显然，没有人知道未来会发生什么。因此没有人准确地知道未来的成本实际会是多少。在估计可能发生的成本时，必须考虑两类未知事项。第一类是*已知的未知事项*。有时要估计知道将来会发生的活动的成本，比如：为房屋打地基。工作的性质已知，但是成本未知，经常可以根据过去的经验在合理的限度内估计。但是，如果遇到了意外事件或其他情况，这些估计可能就会远远偏离实际。

其他未知事项称为*未知的未知事项*。对于这些活动，估计者不知道他们会发生，因此，显然无法估计其成本。例如：工作中断；风暴和洪灾造成的破坏；材料延期交付；意外事件；政府检验员未及时验收等。固定价格合同通常规定因此类事件导致的成本应加在固定价格中。

在评估阶段采用成本估计时，必须意识到不可能估计的未知事项的成本。他们的实际成本可能在零和任何金额之间变化，没有可定义的上限。如果合同未规定把所有这些成本加在固定价格中，那么估计者就应该为其留出一定的或有准备。

编制控制预算

控制预算在工作快开始时编制，并在做出成本承诺之前留出足够的时间让决策者审批。对于长期项目，最初的控制预算只详细编制项目第一阶段的预算，以后阶段就粗略地估计成本。以后阶段的详细预算在这些阶段开始之前编制。之所以把控制预算编制推迟到工作开始之前，是为了确保控制预算涵盖关于范围和工作进度的最新信息、成本分析结果和关于工资标准、材料价格及其他变量的最新数据。因此，它可以避免根据过时的信息进行预算估计，否则就是浪费精力。

控制预算是业绩计划和控制之间的重要联系。它既反映项目发起组织对项目成本的预期，又反映项目经理对按这个成本完成项目的承诺。随着项目的进展，如果可能超出预算，那么项目在经济上就不再合理。在这些情况下，发起组织可能重新审查工作范围和工作进度，也可能修订他们。

其他计划活动

在计划阶段，还从事其他活动：订购材料；获得批准；进行初步面试；选择人员等等。所有这些活动都必须予以控制，并融入总体工作中。

一组活动涉及人员选择和组织。在人员到位后，要彼此认识，并了解自己适合项目的哪个岗位，要了解项目的其他部门能提供些什么，不能提供什么，而且还要了解人们期望他们做些什么。在这个阶段了解的信息和建立的预期都是“控制气候”的一部分，同时他们也会对成功完成项目产生深刻的影响。

项目执行

在计划过程结束时，大多数项目都会建立工作包的具体要求、工作进度和预算。此外，还要明确负责每个工作包的经理。工作进度反映每项活动的估计时间，而预算则反映项目每个主要部分的估计成本。这项信息经常以财务模型的形式表述。如果各具体工作包所使用的资源以非货币形式表述，比如：所需要的人—天数，那么控制预算只反映大规模归集的单个工作包的货币成本。在控制过程中，关于实际成本、实际时间和实际成果的数据要与估计数据比较。比较可以在达到项目的指定进展时进行，也可以定期进行，比如每周或每月。

基本上，项目发起组织和项目经理都关注这些问题：（1）项目会按工作进度安排的完成时间完成吗？（2）已完成的工作会达到规定要求吗？（3）工作会在估计成本范围内完成吗？如果在项目期内的任何时间对任何一个问题的回答是“不”，那么项目发起组织和项目经理就必须了解为什么，还要了解应采取的矫正行动。

这三个问题不能单独考虑，因为有时利用财务模型及其他可获得的信息，在时间、具体要求和成本之间进行权衡是可行的。例如：为了保证按时竣工，可以批准加班，即使这会增加成本；也可以放松一些具体要求，以降低成本。

报告的性质

管理者需要三类略有不同的报告：问题报告、进展报告和财务报告。

问题报告既报告已经发生的问题（如因任何可能的原因而造成的延误），也报告预计未来会发生的问题。关键问题要打上标记。迅速把这些报告送达有关经理至关重要，以便启动矫正行动。他们经常通过面谈、电话或传真传送。为了保证速度，可以牺牲精确性。经常使用粗略估计——人—小时数，而不是人工成本；或者使用砖块数量，而不是材料成本。如果所报告的事情重大，那么在口头报告后，还要提交书面文件，备作记录。

进展报告比较实际工作进度和成本与计划工作进度和成本，他们还对不与工作直接相关的管理活动进行类似比较。采用类似于持续经营分析时所采用的差异分析技术，可以对价格差异、工作进度拖延，以及类似因素都采用量化形式确认和计量。

财务报告是关于项目成本的精确报告，如果是成本补偿合同，就必须编制，作为按进度付款的基础。他们通常也是固定价格合同财务核算分录的必要基础。但是，对于管理控制目的而言，这些报告不如进度报告中所涵盖的成本信息重要。因为财务报告必须准确，所以他们要经过认真核查，而这个过程又耗费时间。所以能迅速获得的大致信息对于项目管理更重要。

管理报告中的许多信息都来源于在任务控制系统中收集的详细记录。其中包括诸如工作进度、出勤记录、存货记录、采购订单、领用申请，以及设备记录之类的文件。在设计这些任务控制系统时，应考虑他们作为管理控制信息来源的用途。

报告数量

为了确保满足所有信息需求，有时管理会计人员编制的报告会超过最优数量。不必要的报告，或者报告中的无关信息会在编制和传送信息时产生额外成本。更重要的是，使用者可能花费不必要的时间阅读报告，也可能忽略掩埋在大量详细数据中的重要信息。因此，在项目实施期间，经常需要审查这套报告，这样就可以取消一些不必要的报告，简化其他报告。

这个文书问题（文献中经常称之为信息过载）未必严重。有能力的管理者知道哪些报告，或者报告的哪些部分可能对自己有用，他们首先会把注意力集中这些报告上。如果，但只是如果，在检查中发现了潜在的问题，他们也会参考更详细的信息。

完工比例

有些工作包在报告日只能部分完成，因此必须顾及每个工作包的完工比例，作为比较实际时间和工作进度安排的时间、实际成本与预算成本的基础。如果以实物形式计量工作成果，如浇注的混凝土的立方码，就可以很容易的计量一个工作包的完工比例。如果找不到数量指标，如在许多研发项目和咨询项目中，那么完工比例就是主观的。有些组织比较实际人工小时数与预算人工小时数，作为估计完工比例的基础。但是它假设实际人工完成了所有计划工作，但事实上未必总如此。关于进展的描述性报告可能有用，但是他们却难以解读。如果完工比例无法根据量化数据确定，那么经理就依赖于个人观察、会议及其他非正式来源，作为判断项目进展的基础。

总结进展

除了确定单个工作包的完工比例之外，整个项目的进展总结也有用。在达到规定的进展时，经常按进展支付工程款。因此，系统通常包含单个工作包的归集方法，它是对工作成果的总体计量。一个简单的方法就是采用已完成的工作包的实际人工小时数与项目的总人工小时数之比率。但是，只有项目是劳动密集型的时候，这种方法才可靠。如果系统包括每个工作包的估计成本，那么基于每个工作包的计划成本加权也可能有用。

重大事项一览表

在建筑项目快结束时，发起组织要编制一份有待完成的事项的清单，包括需要弥补的缺陷。这份“重大事项一览表”要与项目经理商定。直到完成了合同规定的工作，才支付尾款。在项目实施期间按进度分期支付的款项会略小于累计成本加利润，因此提供了一个缓冲。

报告的用途

问题报告

经理花费了大量时间处理问题报告。一般的项目都有许多此类报告，经理的任务之一就是决定哪些问题报告应该最优先考虑。在一天有限的几个小时内，大型项目的经理不可能处理所有导致或可能导致项目进展不太顺利的情况。因此，经理必须决定自己应注意哪些问题；哪些问题应交由其他人处理；哪些问题应该忽略不计。

进展报告

经理不仅尽力限制个人所关注的问题点的数量，而且还尽力避免花费太多时间解决眼下的问题，以至于没有时间用来认真分析进展报告。这种分析可能揭示出未反映在问题报告中的潜在的问题，经理必须明确这些问题，并计划如何解决他们。但是，人们往往花费太多的时间处理眼下的问题，而没有足够的时间明辨尚未出现的问题。有些经理特地抽出大块时间思考未来。

分析进展报告的方法是我们所熟悉的“例外管理”。如果一个领域的进展令人满意，就不需要注意这个领域（除了祝贺负责人之外）。注意力应该集中在进展令人不满意，或者可能不满意的领域。

比较实际时间与工作进度安排，实际成本与预算的分析报告相对直接。在解读时间报告时，通常的假设是：如果一个工作包在估计时间之前完成，那么就要祝贺负责人；如果花费的时间超过了估计时间，就要提出质疑。而成本报告的解读略有些难，因为如果实际成本低于预算，那么质量就可能受到影响。由于这个原因，除非有独立的方法估计成本应该是多少，否则优秀的成本表现就会被解释为符合预算，既不高，也不低。

比较已完成工作的实际成本与预算成本至关重要，它未必与这一期间的预算成本相同。误解的危险如图表16.2所示，它反映了项目的实际成本和预算成本。在9月末，累计实际成本是345 000美元，而预算成本仅为30万美元，表示成本超支45 000美元。但是，截至9月实际完成的工作的累计预算成本仅为26万美元，所以真正的超支为85 000美元。

关于间接成本的报告单独编制。这些报告计量成本的方法不同于关于项目直接成本的报告所采用的方法。若是直接成本，则用实际完成的工作的实际成本与预算成本对比。若是间接成本，则用一定期间（如一个月）的实际成本与同期的预算成本对比。

图表 16.2
解读成本/
工作进度报告

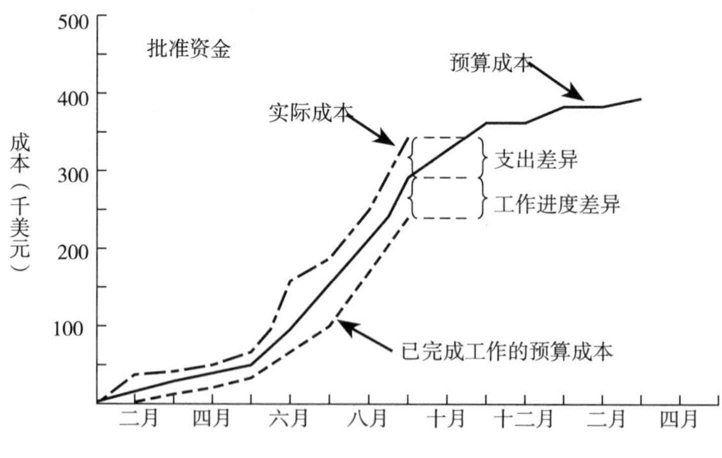

完工成本

在进展报告中，有些组织比较已完成的工作的累计实际成本与预算成本。其他的则报告目前对整个项目的估计总成本与整个项目的预算成本之对比。目前的估计成本可以用累计成本加上估计的完工成本，即完成项目还需要花费多少成本。后一类报告是反映项目的预期结果怎样的一种有用方式，它假设估计完工成本计算正确。

在大多数情况下，目前对总成本的估计应该至少等于累计发生的实际成本，加上对剩余工作的最初估计。如果允许项目经理采用较低的数额，那么他们就会过于乐观地估计，从而掩盖预算超支。事实上，如果累计超支数额是由可能在将来持续存在的因素导致的，如意外的通货膨胀，那么目前对未来成本的估计应该高于最初的估计数额。

信息的非正式来源

因为书面报告是有形的，所以对管理控制系统的描述往往聚焦其上。在实践中，这些报告通常不如项目经理从与工作负责人、下属的交谈中，从定期或临时召开的会议上，从非正式备忘录中，从对工作状况的亲自检查中收集的信息重要。根据这些信息来源，项目经理可以了解潜在问题，以及导致实际进展偏离计划的情况。这项信息还有助于项目经理理解正式报告的重要性，因为这些报告可能没有说明影响实际业绩的重要事件。

在许多情况下，在编制正式报告之前都会发现问题，并采取矫正行动，正式报告只不过是证实项目经理已经通过非正式渠道了解到事实。这就是对“正式报告不应该包含任何出乎意料的事项”这一原则的解释。但是，正式报告仍是必要的。他们是对项目经理通过非正式方式了解到的信息的备案。如果后来对项目产生了质疑，尤其是如果对项目结果产生争议时，这种备案就至关重要。此外，阅读了正式报告的下属管理人员可能发现他们没有准确反映实际情况，从而会采取措施纠正误解。

修　订

如果项目复杂，或者工期长，就很可能背离计划的三个要素(范围、工作进度、成本)中的一个或多个。最普遍的事就是发现可能成本超支，即实际成本超过了预算成本。如果发生了这种情况，发起组织就可能决定接受成本超支，继续按最初计划实施项目；也可能决定缩减项目范围，目的是为了将最终结果控制在最初成本限度内；如果发起组织认为预算超支不合理，也可能决定撤换项目经理。无论做出什么决定，通常都会修订计划。在有些情况下，发起组织可能认为目前对获益的估计低于目前对完工成本的估计，因此决定终止项目（已经发生的成本都是沉没成本，因此在决策时应该忽视）。

如果修订了计划，就会产生下列问题：未来的项目进展是应该根据修订计划跟踪呢，还是根据最初计划跟踪呢？一般认为修订的计划能更好地反映目前对业绩的预期，但是，也存在一定的危险，即能言善辩的项目经理可能不合理地增加了预算成本，或者通过修订计划来涵盖，从而掩盖了累计的效率低下。无论哪种情况，修订的计划都可能只是一个“弹性底线”，即它不但没有为业绩计量提供明确的标杆，而且会掩盖效率低下。

通过对建议的修订采取强硬态度，就可以使这种可能性最小化。但是，也有可能忽视这样一个事实，即根据定义，修订的计划未反映项目启动时所预期的情况。另一方面，如果继续根据与最初计划的对比监控业绩，人们就不会重视这种对比，因为众所周知最初计划早已过时了。

解决这个问题的方法就是既比较实际成本与最初计划，也比较实际成本与修订计划。这类总结报告的第一部分反映最初预算、经批准的所有修订，以及修订的原因。另一个部分则反映目前的成本估计，以及导致修订预算与目前的成本估计之间的差异的因素。图表16.3就是这类报告的一个范例。

项目审计

在许多项目中，在竣工时都要进行质量审计。如果延期了，就可能掩盖单个工作包的工作缺陷。他们会被后来的工作所覆盖。例如：建筑项目中管道工程的质量就无法在墙和屋顶都建好后检查。在有些项目中，在工作进展中还会进行成本审计；而在其他项目中，直到项目竣工后，才进行成本审计。一般而言，人们更倾向于在工作进展中审计。这样就会发现潜在失误，并在发展成严重问题之前予以矫正。但是，项目审计师不应该过度占用负责工作的人员的时间。

图表 16.3
项目成本总结
（单位：千美元）

最初预算	$1 000
批准的修订：	
因为通货膨胀	50
因为项目要求变化	200
因为时间延误	60
因为成本节约	(30)
修订后的预算	1 280
目前的完工成本估计	1 400
差　异	$　120
差异解释	$　20
材料成本增加	60
加　班	40
支出差异	$　120

近些年来，内部审计师把自身的职能拓展为所谓的“经营审计”。除了审查所发生的成本之外，他们还要求对他们认为未达标的工作采取管理行动。如果实施得当，经营审计就十分有用。但是，也存在极大危险，即：审计师毕竟不是项目经理，他们会事后猜测项目经理根据决策时自身所了解的全部情况制定的决策。

项目评估

项目评估分两个不同方面：（1）对项目执行的业绩评价；（2）对项目结果的评估。前者在项目结束后不久进行，而后者则在几年后才可行。

业绩评价

项目执行的业绩评价具有两个方面：（1）对项目管理的评价；（2）对项目管理过程的评价。前者的目的在于协助项目经理决策，包括奖励、晋升、建设性批评，或者重新分配任务；后者的目的在于发现从事未来项目的更好方法。在许多情况下，这些评价都是非正式的。如果项目的结果不令人满意，而且项目很重要，那么就值得进行正式评价。此外，对成功项目的正式评价还可以发现未来项目提高业绩的技术。

因为项目的工作往往不如工厂的工作标准化且不易于计量，所以项目评价比生产活动的评价更主观。它类似于营销活动的评价，因为外部因素对业绩的影响必须予以考虑。对于对实际环境下的实际业绩是否令人满意的判断是一个高度主观的问题。

成本超支

若实际成本超过了预算成本，就称之为成本超支。对于有些人来说，这意味着实际成本太高了。但是，如果说预算成本太低了，也是一个同样合理的结论。如果超出的成本是因项目范围的变化，或其他不可控因素造成的，那么只能解释为低估了成本，而不是实际成本过高了。由于既需要分析预算成本，又需要分析实际成本，成本报告的解释就被复杂化了。

在分析成本时，一个普遍的错误就是假设预算反映了成本应该维持的水平。事实上并没有反映。预算充其量是根据编制预算时可获得的信息估计了应该维持的水平。这项信息很少准确反映项目中所遇到的情况。只要它不准确，预算就未必反映成本应该维持的水平。而且，预算数字只是人为的估计，在部分程度上是基于判断和假设。尽管理性的人所做出的判断和假设各不相同，但是预算中只涵盖一组结论。

事后评断

在回顾项目管理得如何时，人们会自然而然地依赖于当时无法获得的信息。通过事后评断，人们通常可以发现哪些决策制定得不“正确”。但是，当时制定的决策可能完全合理。项目经理可能当时无法获得全部信息；项目经理也可能因为其他问题更需要优先考虑而没有解决某个问题；项目经理也可能是根据个人考虑、权衡或书面报告中未记录的其他因素制定了决策。

但是，也可能从正面反映管理差。例如：项目经理把资金或其他资产挪作私人使用。如果项目要求发生了重大变化，或者成本超支，就应该批准这些变化，而且应该重新计算现金流量，以确定项目的投资报酬率是否可接受。再举一个管理差的例子：由于项目经理未加强控制系统，而导致其他人盗窃物资。但是这更难判断，因为过于严格的控制可能阻碍项目进展。如果有证据证明项目经理认为成本控制远不如按工作进度实现优秀结果那样重要，那么也表明管理差，但是它不是决定性的。如果结果出色，而且财务上很成功，那么项目发起组织就可以忽略预算超支，正如动画项目和投资银行交易经常发生的那样。

对管理过程的评价可能表明在项目执行期间所进行的审查不够，也可能表明根据这些审查未及时采取行动。例如：根据当时可获得的信息，审查可能表明项目应该重新定位，甚至终止，但是却没有这样做。这可能表明应该更频繁、更全面的分析项目进展。因此，未来项目对此类审查的要求应该予以修订。

项目结果的评估

只有在经过一定时间，足以计量实际收益和成本时，才能评估项目成功与否。这可能需要几年的时间。除非可以具体计量影响，否则这种评估未必值得。举个极端的例子：引进新产品线的收益通常是可以计量的，因为与产品线相关的收入和费用是可知的；而如果成本掩盖在各种产品成本之中，并未单独追溯给新设备，那么安装一台节省人工的设备的收益就无法确定。而且，除非可以根据这项分析采取某种行动，否则评估项目就毫无意义。

对于许多项目而言，由于无法以客观、可计量的形式表述预期收益，而且实际收益也无法计量，所以项目结果的评估就复杂化了。在这些情况下，量化的收益/成本分析是不可行的，必须依赖经验丰富的人对项目结果进行主观判断。政府和非营利组织从事的大多数项目，辅助经营单元从事的许多研发项目，以及目的在于提高安全保障或者消除环境缺陷的项目，都属于这种情况。

评估的一部分应该是比较实际结果与项目批准时的预期结果。预期结果是基于某种假设（例如对新产品而言的市场规模、市场份额、竞争者反应、通货膨胀），这些假设应该在项目审批过程中备案。除非认识到这种备案的必要性，否则记录会不完整或者模糊不清。评估者应该预见到这种备案的未来需要，并确保收集保存了必要信息。由于这些局限，对结果进行正式评估（经常称之为“完工后审计”）[2]的项目没有几个。前一段中所强调的要点表明了选择要评估的项目的标准：

1. 项目应该很重要，值得正式评估中付出巨大精力。
2. 项目结果通常应该可以量化。具体而言，如果项目旨在创造一定数额的新增利润，那么可归属给项目的实际利润应该可以计量。
3. 难以预期变量的影响应该是已知的，至少可以大致地估计。他们不应该大于项目批准时的假设变化的影响。如果由于产品市场消失，新产品引进的结果不令人满意，那么就无法从评估中了解到很多有价值的信息。
4. 评估的结果应该有机会导致行动。特别是，分析可能导致未来项目建议和决策方法的改进。

有时，应该选择未达到标准的项目进行分析。如果评估仅局限于重大项目，那么不太重要的项目控制系统的缺陷就可以忽略。

2. 在对 282 个大型工业公司进行的一项调查中，只有 25%的报告采用了调查者所描述的“充分事后审计程序”，并且只用于选定项目，通常这些项目是具有长期意义和重大资源承诺的项目（Lawrence A. Gordon，Mary D. Mayer，“Postauditing Capital Projects,” *Management Accounting*, January 1991, pp. 39–42.）

小　结

持续经营的管理控制与项目的管理控制之间最重要的区别在于持续经营无限期地持续，而项目则会结束。图表 16.4 说明了这一点。持续经营的管理控制系统的各要素循环发生：按照规定方式，一个导致另一个。尽管有些经营活动这个月与下个月有所不同，但是其中许多都保持相对不变，月复一月，甚至年复一年。相比之下，一个项目则有开始，从一个里程碑走向下一个里程碑，然后停止。在项目寿命期内，要制定计划，执行计划，评估结果。评估定期进行，并会导致计划的修订。

图表 16.4

管理控制各阶段

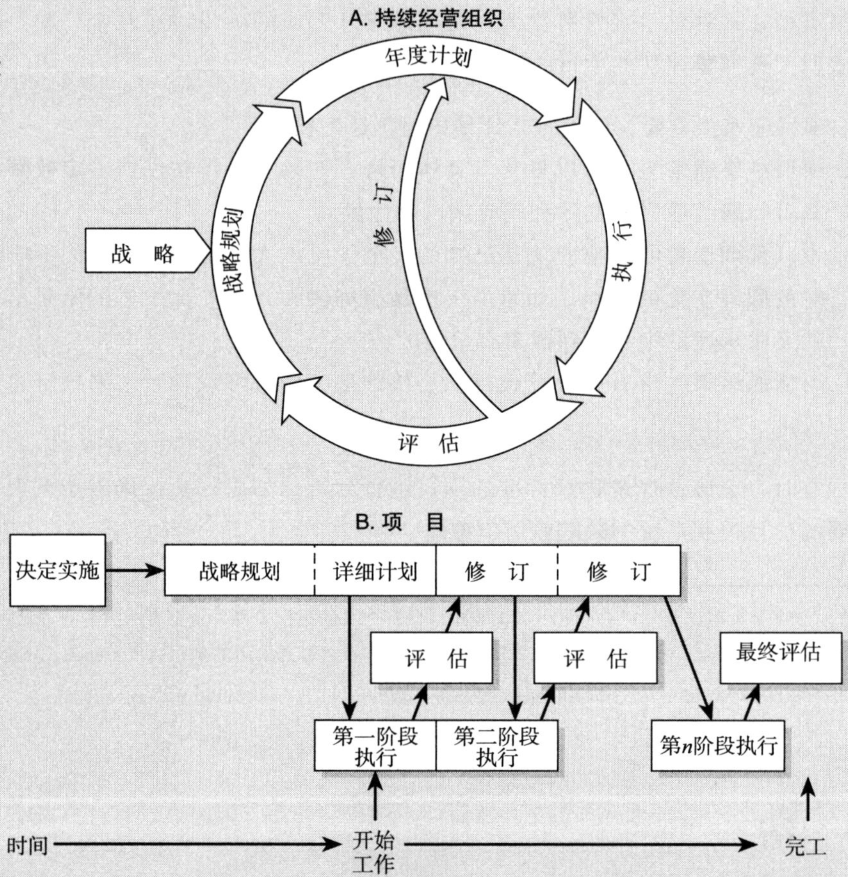

推荐读物

Devaux, S. A. *Total Project Control.* New York: John Wiley & Sons, 1999.

Goldratt, E. M. *Critical Chain.* Great Barrington, MA: North River Press, 1997.

Lester, A. *Project Planning and Control.* Oxford: Butterworth–Heinemann, 1999.

Lewis, J. P. *Mastering Project Management: Applying Advanced Concepts of Systems Thinking, Control and Evaluation.* New York: McGraw–Hill, 1998.

Pillai, A. S., and K. Srinivasa Rao. "Performance Monitoring in R&D Projects." *R&D Management* 26, no. 1 (January 1996), pp. 57–60.

Sigurdsen, A. "Method for Verifying Project Cost Performance." *Project Management Journal* 24, no. 4 (December 1994), pp. 26–31.

Spinner, Manuel Pete. *Elements of Project Management: Plan, Schedule, and Control.* Upper Saddle River, NJ: Prentice–Hall, 1998.

案例16-1

现代飞机制造公司

现代飞机制造公司（MAC）生产和销售一种非常畅销的六座、单引擎商务喷气机（机型69C）。市场研究表明，欠发达的友好国家需要成本相对低的亚音速战斗机/轰炸机来装备空军防御部队。现代飞机制造公司的商务喷气机的军用版命名为F-69战斗机/轰炸机。MAC采用现成技术供应性能极其稳定，极易维修保养的战斗机/轰炸机。

现代飞机制造公司成立了一个F-69项目组，尼基·圣·约翰任项目经理。总裁明确表示F-69是现代飞机制造公司的项目，决不能推迟规定的首次试飞时间。这对F-69飞机的每份价值500万美元的后继生产合同至关重要。

F-69引擎是现代飞机制造公司的战斗机/轰炸机目前所采用的现有喷气机引擎型号。但是，这种引擎将做适当改进，需加上一个后燃器（它是F-69战斗机/轰炸机的规格的一部分）。估计时间是：修改设计（6个月）；设计后燃器，以便与改进的引擎匹配（4个月）；改进引擎和后燃器的制造（5个月）；原型组装和引擎测试（3个月）。

机身采用现代飞机制造公司69C型公司用喷气机的机身，客舱改装为炸弹舱，机头行李舱改安装7.62mm的机关枪。估计时间为：设计机身改装（7个月）；工程设计与风洞测试（3个月）；原型制造和机身组装（6个月）。

子系统，如超高频无线电（UHF）、导航系统、自动驾驶仪、仪表等等，都采用现成零部件，即目前采用的稳定性高、易于维修保养的子系统。由于雷达子系统太复杂，所以没有设计。F-69战斗机/轰炸机只是日间战斗机/轰炸机。飞机上将安装供射击和人工投弹用的简单的引导计算瞄准子系统。这个子系统也是现成的硬件。估计时间是：子系统招标（4个月）；选择子系统（2个月）；发包（2个月）；子系统运载（6个月）；在原型飞机上安装测试（3个月）。

在F-69战斗机/轰炸机原型完成时，将会进行一系列为期一个月的动力测试和滑行测试等，之后就立即进行首次试飞。如果所有测试都获得成功，F-69原型设计和规格将用于生产阶段。

思考题

1. 请利用关键路径法（CPM）技术，为F-69生产项目建立一个工作关系网。
2. F-69原型完全组装好需要几个月？
3. F-69首次试飞需要几个月？
4. 关键路径是什么（引擎、机身、子系统）？
5. 如果F-69炸弹舱的炮弹架延期交货了，那么尼基·圣·约翰应该批准利用加班弥补拖延的时间吗？
6. 如果调准引擎的中心轴与后燃器的中心轴的调整夹具延期两周才收到，那么尼基·圣·约翰应该批准利用加班弥补上拖延的时间吗？
7. 如果一个子系统的供应商发生了罢工，致使超高频无线电延期两个月才交货，那么尼基·圣·约翰应该批准再组建一个班次，从事原型飞机生产活动中的子系统测试和安装吗？
